内蒙古自治区“十四五”职业教育规划教材

铁路货运组织

（第三版）

主　编◎左　瑛　李延岭　刘　丽

主　审◎高　蓉

西南交通大学出版社

·成　都·

图书在版编目（CIP）数据

铁路货运组织 / 左瑛，李延岭，刘丽主编. —3 版
. —成都：西南交通大学出版社，2023.3（2024.8 重印）
ISBN 978-7-5643-9212-3

Ⅰ. ①铁… Ⅱ. ①左… ②李… ③刘… Ⅲ. ①铁路运输 – 货物运输 – 组织工作 – 高等职业教育 – 教材 Ⅳ. ①U294.1

中国国家版本馆 CIP 数据核字（2023）第 047900 号

内蒙古自治区“十四五”职业教育规划教材
Tielu Huoyun Zuzhi (Di-san Ban)
铁路货运组织（第三版）

主　编 / 左　瑛　李延岭　刘　丽

责任编辑 / 宋浩田
封面设计 / 曹天擎

西南交通大学出版社出版发行
（四川省成都市金牛区二环路北一段 111 号西南交通大学创新大厦 21 楼　610031）
发行部电话：028-87600564　028-87600533
网址：http://www.xnjdcbs.com
印刷：四川森林印务有限责任公司

成品尺寸　185 mm × 260 mm
印张　32　　字数　793 千
版次　2013 年 10 月第 1 版
　　　2015 年 9 月第 2 版
　　　2023 年 3 月第 3 版
印次　2024 年 8 月第 9 次

书号　ISBN 978-7-5643-9212-3
定价　59.00 元

课件咨询电话：028-81435775

第三版前言

随着铁路运输事业的发展，新技术、新设备、新工艺、新规范的不断应用，铁路货运改革不断深入，需要更多铁路运输高技能人才充实到铁路职工队伍中来。为满足铁路运输行业对人才的需求，我们在第二版教材基础上，精心编写了本教材。

本教材在编写过程中，积极贯彻职业教育发展方向，根据职业教育国家教学标准要求，对接职业标准（规范）、职业技能等级标准，以培养适应新时代铁路运输发展需要的高技能人才为目标，结合现场工作和教学规律，汲取相关书籍的精华，融入新知识、新技术、新工艺和新规范，采用项目教学法，将知识技能与企业岗位要求对接，课程内容与职业标准对接，实现课证融通。

本教材适用于铁道运输类专业核心课程教学，可供成人教育及货运员、货运安全员、货运值班员等系列货运岗位一线人员的岗位培训使用，亦可为参加铁路货运系统技能比赛的选手提供参考。

此次修订针对课程内容进行了优化，分为十三个项目，内容包括：铁路货运工作任务及劳动安全、铁路货运工作场所、铁路货运车辆与设备、铁路货运基本条件、重载运输与班列运输、整车货物运输组织、集装货物运输组织、货物装载与加固技术条件应用、超限超重货物运输组织、危险货物运输组织、鲜活货物运输组织、货运收入、货物损失处理。

本教材由包头铁道职业技术学院左瑛和包头铁道职业技术学院李延岭、刘丽担任主编，由呼和浩特铁路局集团有限公司包头货运中心高蓉担任主审。参加编写人员的分工如下：左瑛负责项目一、项目八的任务 1 ~ 4、项目十三的任务 1 ~ 3；包头铁道职业技术学院苏桂莲负责项目十、十一；李延岭负责项目五、项目十三的任务 4 ~ 6；刘丽负责项目三的任务 1 ~ 2、项目十二；包头铁道职业技术学院马艳琴负责项目八的任务 5 ~ 9；包头铁道职业技术学院张晨宇负责项目二的任务 1 ~ 2、项目六；包头铁道职业技术学院秦启瑄负责项目七；包头铁道职业技术学院崔杨负责项目九；包头机电工业职业学校刘晓婷负责项目四；呼和浩特铁路局集团有限公司包头货运中心李云鹏负责项目三的任务 3 ~ 4；呼和浩特铁路局集团有限公司包头货运中心刘笑涵负责项目二的任务 3 ~ 4。

本教材编写过程中，得到了呼和浩特铁路局集团有限公司相关处室、站段及相关技术人员的大力支持和帮助，并得到了他们的宝贵意见，在此表示感谢。

由于编者水平及经验有限，教材难免存在不妥及疏漏之处，恳请读者批评指正，以便在修订过程中能不断得到完善。

修订者

2022 年 7 月

第二版前言

第一版教材出版后由于铁路建设的发展和铁路货运改革的层层深入，设备更新，铁路货运规章配套更新，为使教材更适应新设备、新规章、新形式，对教材部分内容进行修订以适应工作新常态的需要。本教材是在2013年出版的“铁路职业教育铁道运输类专业新编系列教材”——《铁路货运组织》的基础上修订而成的。在修订过程中继续采用项目教学法，实现知识技能与企业岗位要求的对接，课程内容与职业标准对接，进一步推行任务驱动、项目导向等教、学、做一体的教学模式。

本教材可作为铁道运输专业的核心课程教材，也可为铁路现场货运岗位工作人员进行岗位培训提供参考。

此次修订将课程内容分为四个学习情境，在每个学习情境中设置学习项目。四个学习情境分别是明确铁路货运工作、一般条件货运组织、特殊条件货运组织、铁路货运收入及安全。

本教材由包头铁道职业技术学院左瑛担任主编，由包头铁道职业技术学院张澍东担任主审，包头铁道职业技术学院李延岭进行后期校对。参加编写人员分工如下：包头铁道职业技术学院左瑛（项目五、八、十一）；包头铁道职业技术学院苏桂莲（项目九、十）；包头铁道职业技术学院刘晓婷（项目四、十二）；包头铁道职业技术学院刘丽（项目六、七）；包头铁道职业技术学院李延岭（项目二）；包头铁道职业技术学院马艳琴（项日一）；呼和浩特铁路局包头站董志军（项目三）。

本教材编写过程中，得到了呼和浩特铁路局相关处室、站段及相关技术人员的大力支持和帮助，并提出宝贵意见，在此表示感谢。

由于编者水平及经验有限，教材难免存在不妥及疏漏之处，恳请读者批评指正，以便在修订过程中能不断完善。

修订者

2015年6月

第一版前言

为贯彻教育部《教育部关于推进中等和高等职业教育协调发展的指导意见》(教职成〔2011〕12号)文件精神，推进职业教育教学改革，坚持“以就业为导向，以服务为宗旨”的办学方针，培养面向铁路运输一线的技能型人才，结合铁路现场的实际需求，按照职业教育的规律，在认真总结近几年铁路职业教育改革的基础上编写了本教材，以满足技能型人才培养的需要。

本教材的编写是在充分调研的基础上，汲取了相关教材的精髓，通过分析岗位工作任务、技能要求、铁路货运岗位职业标准及铁路运输企业新知识、新工艺、新技术和新方法对课程内容进行设计。教材采用项目教学法，实现知识技能与企业岗位的对接，课程内容与职业标准对接，有利于推行任务驱动、项目导向等教、学、做一体的教学模式。以案例和任务为主线，基于工作过程，既实现职业技能的培养又培养学生良好的职业素养。

本教材可作为铁道运输专业的核心课程教材，也可为铁路现场货运岗位工作人员进行岗位培训提供参考。

本教材由包头铁道职业技术学院左瑛任主编，李景宏任副主编，由包头铁道职业技术学院张海志担任主审，包头铁道职业技术学院刘丽进行后期校对。参加编写人员分工如下：包头铁道职业技术学院左瑛(项目一、二、三、四)；包头铁道职业技术学院刘晓婷(项目五、六)；包头铁道职业技术学院李景宏(项目七、十、十一)；包头铁道职业技术学院苏桂莲(项目八、九)。

本教材编写过程中，得到了呼和浩特铁路局相关处室、站段及相关技术人员的大力支持和帮助，并提出宝贵意见，在此表示感谢。

由于编者水平及经验有限，教材难免存在不妥及疏漏之处，恳请读者批评指正，以便在修订过程中能不断完善。

编　者

2013年7月

目 录

项目六　整车货物运输组织

项目七　集装货物运输组织

项目八　货物装载与加固技术条件应用

项目九　超限、超重货物运输组织

项目十　危险货物运输组织

项目十一　鲜活货物运输组织

项目十二　货运收入

项目十三　货物损失处理

项目一　铁路货运工作任务及劳动安全

知识目标

（1）了解货运管理组织机构，说明货运工作的法规依据。

（2）复述电气化劳动安全控制措施、作业禁止事项及货运、装卸作业安全规定。

（3）描述《中长期铁路网规划》目标及铁路货物运输发展趋势，列举“八纵八横”高速铁路主通道。

能力目标

（1）模拟货运岗位工作，为托运人（客户）提供服务，说明该岗位须遵守的相关法规依据。

（2）运用铁路货物运输劳动安全规章、规则进行案例分析。

思政目标

（1）养成良好的安全意识、责任意识、环保意识，遵章守纪、尊重生命、热爱劳动，履行职业准则和行为规范。

（2）养成良好的团结协作精神，主动适应团队要求，服从班组的工作安排。

（3）了解我国铁路货物运输发展规划，提升对中华民族的认同感、自豪感。

项目思维导图

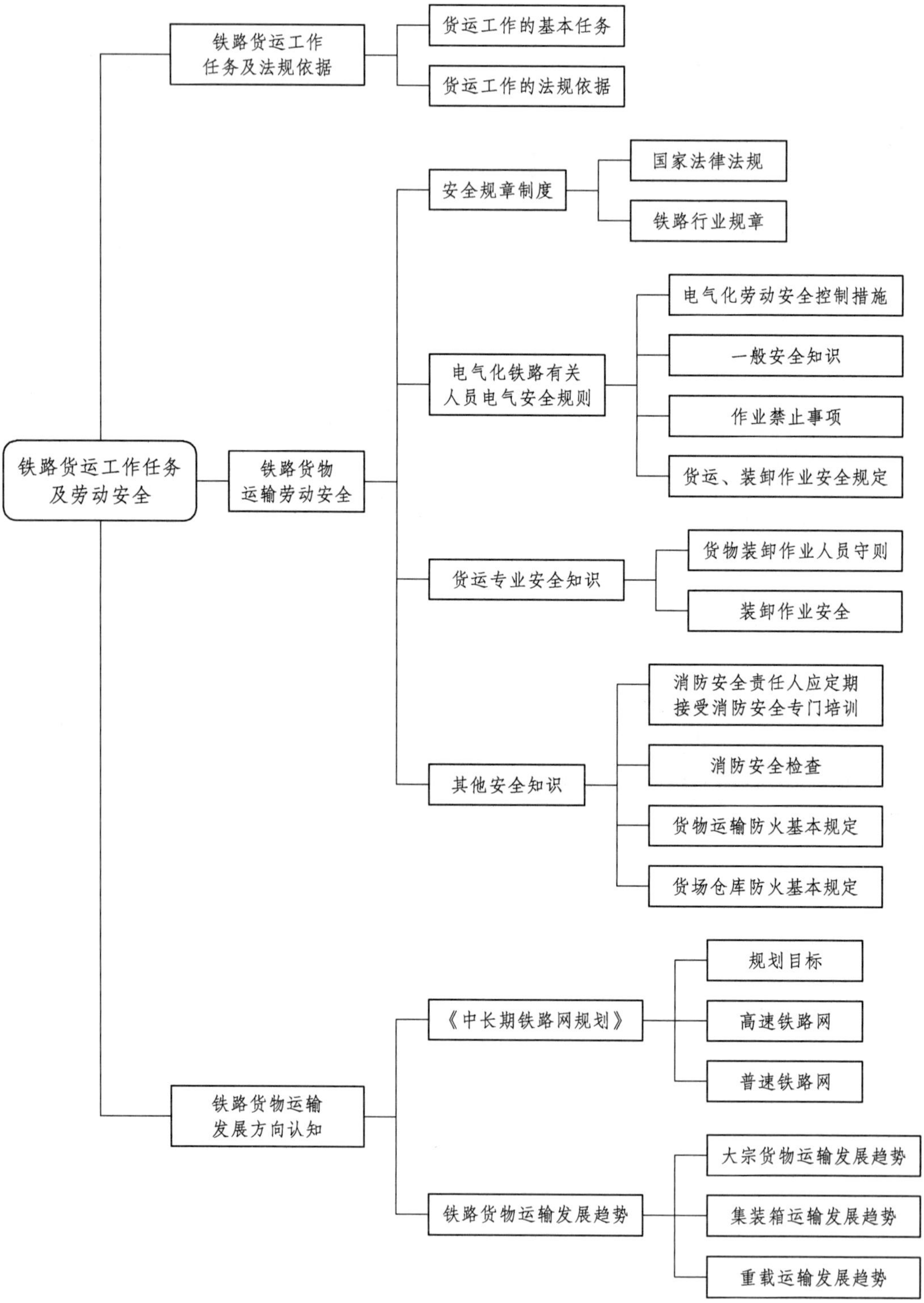

铁路货运工作任务及劳动安全
铁路货运工作任务及法规依据
货运工作的基本任务
货运工作的法规依据
铁路货物运输劳动安全
安全规章制度
国家法律法规
铁路行业规章
电气化铁路有关人员电气安全规则
电气化劳动安全控制措施
一般安全知识
作业禁止事项
货运、装卸作业安全规定
货运专业安全知识
货物装卸作业人员守则
装卸作业安全
其他安全知识
消防安全责任人应定期接受消防安全专门培训
消防安全检查
货物运输防火基本规定
货场仓库防火基本规定
铁路货物运输发展方向认知
《中长期铁路网规划》
规划目标
高速铁路网
普速铁路网
铁路货物运输发展趋势
大宗货物运输发展趋势
集装箱运输发展趋势
重载运输发展趋势

引导案例

案例 1："三全"营销获"增白"

"全公司八成的'白货'运量来自大板车务段，而大板车务段近四成'白货'运量来自林东车站"，一谈起"白货"运输，内蒙古集通铁路（集团）有限责任公司大板车务段林东车站站长金凤奎一脸自豪，"我们就是依靠一套完整的'营销经'赢得了客户，拉回了货源。"

林东车站充分依托所在的赤峰市巴林左旗矿产资源丰富的优势，在"白货"营销上大做文章，形成了营销前准备足、营销中服务细、延伸营销垫后的一套"营销经"。

1. 营销前准备足

底数清，营销有靶子。车站干部职工利用休班时间，详细了解辖区内 56 家企业的产品品类、产量、去向、运输方式及运费等信息，建立客户档案。东山水泥厂年产 7 万吨水泥，主要销往大板、林西、赤峰等地；赤峰宇邦矿业有限责任公司年产 2.5 万吨银，主要销售地在河北、湖南、河南等地；赤峰超越饲料有限责任公司年产 1 万吨秸秆颗粒，主要发往沈阳等地……这些信息都是他们走访获得的。

定位准，营销有重点。车站将客户细分为三类：稳定客户、准客户、目标客户。对赤峰中色锌业有限公司、赤峰山金银铅有限公司等已经与铁路建立稳定运输关系的稳定客户，营销重点就是做好常态化工作；对巴林左旗恒源粮油购销有限公司、赤峰丰粮油有限公司等具有发运意向和条件的准客户，重点掌握客户生产及运输需求；对赤峰红岭矿业有限责任公司、赤峰宇邦矿业有限责任公司等具有发运条件但还没有发运意向的目标客户，重点就是主动上门营销。

2. 营销中服务细

营销不光是跑跑腿、动动嘴，细致的服务才是打动客户的关键。车站在营销中下足"细"功夫，为客户制定装载方案、运输方案、仓储方案，替客户算实效账、经济账、便捷账。从赤峰站发货到泰山，铁路运费每吨 117 元，汽运每吨 66 元，合计 183 元。而从林东车站发货到泰山，铁路运费每吨 167 元，汽运每吨 6 元，合计 173 元，每吨能节约 10 元，一车能省 600 多元，一年能省十几万元。为了避免矿粉比重随季节性变化而造成亏吨，车站坚持一批一测比重，严格划线装车，并积极与企业沟通协调，安装装载机电子秤 6 台，不让货主吃亏。

3. 延伸营销垫后

双重营销，双赢局面。车站针对部分货主有销售不畅的困扰，发动全体职工充当货主的营销员，通过各种渠道，积极为货主联系买家，在帮助货主打开销路的同时，也为车站拉回了货源。林东站站务员徐广军通过在开鲁县的同学帮林东镇河沙厂找到买家，签下河沙运输订单 144 车 9 546 吨，创收 20 多万元。副站长刘波通过网络渠道为林东磊鑫矿业有限公司联系到买家，获得每月发往泰山 1 200 吨叶蜡石的订单。

思考问题：

1. 林东车站在营销中，为客户制定装载方案、运输方案、仓储方案，替客户算实效账、经济账、便捷账等工作涉及铁路货运哪些岗位？
2. 相关货运岗位工作的法规依据都有哪些？

案例 2：摔伤轻伤事故

2018 年 4 月 8 日上午 9:30，××货运中心××营业部运输组织员陈×派乙班值班员钱×等一组 6 人对京 MD9321 门吊进行日常维护保养工作，9:40 时，装卸值班员钱×带领本班人员 5 人，对京 MD9321 门吊大梁走行部分进行擦拭除尘作业。起重工张×负责 9321 门吊南侧大车平梁的清扫工作，10:55 在清扫完毕准备下车时，起重工张×未从平梁梯处下车，而是从平梁经门吊支腿跳过，因脚踩空失去平衡，从门吊大车平梁上摔下，造成臀肌粗隆骨折轻伤事故。

思考问题：根据事故概况分析事故原因。

任务 1　铁路货运工作任务及法规依据

任务导读

货运作业是货物运输的基础，在货运作业中应坚持依法经营，认真贯彻执行《中华人民共和国铁路法》（以下简称《铁路法》）等相关法律、法规和规章，正确地办理货运作业，对保证货物安全、迅速、经济、便利地到达目的地起着至关重要的作用，只有熟悉和掌握货运作业的基本条件，才能不断提高作业效率，改进服务质量，优化作业程序。

知识点

一、货运工作的基本任务

铁路货运工作融合生产、管理和服务于一身，其基本任务包括以下几点：

（1）根据国民经济计划、社会经济发展需求及铁路运输能力，贯彻实行计划运输，制订货运工作方案，组织合理运输、直达运输、联合运输，提高货运组织工作水平。

（2）严格遵守货物运输法规，确定货物运输条件，正确划分和履行铁路与托运人、收货人在货物运输过程中的责任，确保货物运输的安全和完整。

（3）采用新型货运设备，推广先进的货物运输方法和科技成果，挖掘既有设备能力，加速货车周转，提高运输效率。

（4）加强货场管理，加强专用线和专用铁路的作业管理，提高货物作业能力，改进货物运输生产过程的作业组织，推行作业标准化，提高作业质量和作业效率。

（5）正确分析和妥善处理货运事故，建立安全防范体系，不断提高货运质量和铁路信誉。

（6）经常对职工进行政治思想、职业道德和技术业务教育，不断提高职工的素质，更好地为货物运输服务。

二、货运工作的法规依据

（一）货运合同的法律依据

1.《中华人民共和国民法典合同编》(简称《民法典合同编》)

《中华人民共和国民法典合同编》
全文请扫码观看

《中华人民共和国合同法》是调整横向经济关系的法律规定，而在 2020 年，合同法已正式归入《中华人民共和国民法典》。在铁路货物运输中必须以《民法典合同编》为依据，实行铁路货物运输合同制度，以便调整承运人与托运人、收货人之间的经济关系，正确实现货物运输，如图 1-1 所示。

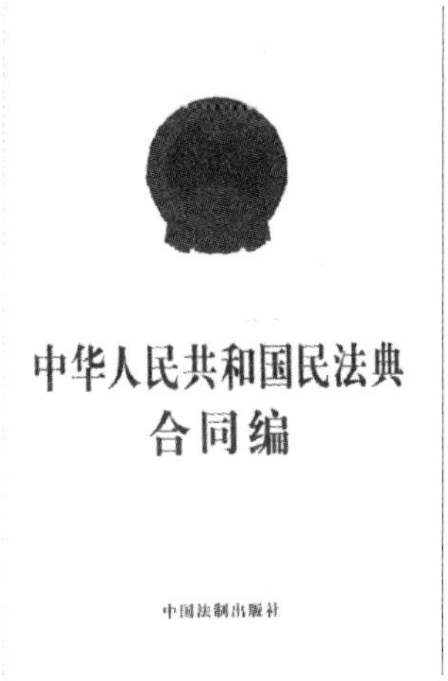

图 1-1　《中华人民共和国民法典合同编》

图 1-2　《中华人民共和国铁路法》

2.《中华人民共和国铁路法》(简称《铁路法》)

《铁路法》是保障铁路运输和铁路建设顺利进行的法律规定，是组织铁路货物运输必须遵守和执行的法律依据，如图 1-2 所示。

3.《铁路货物运输合同实施细则》(简称《实施细则》)

《实施细则》是以《合同法》作为依据，结合铁路货物运输的特点而制定的经济法规，是《合同法》的补充。它是组织铁路货物运输更为直接的依据。

《铁路法》请扫码观看

4.《中华人民共和国民法通则》(简称《民法通则》)

《民法通则》是涉及调整铁路货物运输合同的法律，对当事人违反合同应承担的民事责任做了规定。

（二）《铁路货物运输规程》

《铁路货物运输规程》(简称《货规》)是货物运输的基本规章。它是根据国家有关方针、政策和法令，以《民法典合同编》《铁路法》《实施细则》为依据而制定的。

《货规》请扫码观看

《货规》由国家铁路集团有限公司（简称国铁集团）颁布，在全国范围内实行。它具体规定了铁路货物运输的基本条件、货物运输合同、货物的搬入搬出，货物的承运交付，装车卸车、货运事故的处理赔偿、承托双方责任的划分。它是组织铁路货物运输最为直接的依据，承运人、托运人和收货人都必须遵照执行。

对于未纳入《货规》或《货规》规定的未尽问题，则制定《货规》的引申规则或办法。它们有：

（1）《铁路货物运价规则》（简称《价规》）。

（2）《铁路危险货物运输管理规则》（简称《危规》）。

（3）《铁路鲜活货物运输规则》（简称《鲜规》）。

（4）《铁路超限超重货物运输规则》（简称《超规》）。

（5）《铁路货物装载加固规则》（简称《加规》）。

（6）《铁路货物运输计划管理暂行办法》。

（7）《货运日常工作组织办法》。

（8）《快运货物运输办法》。

（9）《铁路集装箱运输规则》（简称《集装箱规则》）。

（10）《铁路货物保价运输办法》（简称《保价办法》）。

（11）《铁路货物运输杂费管理办法》。

（12）《货车使用费核收暂行办法》。

（13）《铁路专用线专用铁路管理办法》。

（14）根据《货规》精神制定的其他办法。

（三）铁路内部货运管理规则与办法

1.《铁路货物运输管理规则》（简称《管规》）

《管规》明确规定了货物运输各环节的作业内容和质量要求，是铁路货运工作人员货物运输的工作细则。《管规》不作为托运人、收货人与铁路间划分权利、义务和责任的依据。

2.《铁路货物损失处理规则》

《铁路货物损失处理规则》是铁路处理货运损失的规定，同样不作为承运人与托运人、收货人划分权利、义务与责任的依据。

其他规定还有《铁路货运检查管理规则》《铁路集装箱运输管理规则》《铁路货物保价运输管理办法》《货车篷布管理规则》《铁路超限超重货物运输作业管理规定》《货装职工守则》等。

（四）国际联运规章

《国际铁路货物联运办法》适用于通过两个以上国家铁路，使用一份运送票据并以连带责任办理的直通货物运送。仅供我国国内铁路使用。如果同托运人、收货人或同国外办理国际联运业务和交涉事项，仍须依据国际联运有关规章。

（五）水陆联运规章

《铁路和水路货物联运规则》适用于通过铁路和水路两种不同运输方式办理的直通货物运送。是水陆联运中关于运输条件、办理手续、运杂费计算以及托运人、收货人同铁路、水路之间的权利、义务和责任划分的基本规章。对铁路、水路和托运人、收货人都具有约束效力。

（六）军运规章

军运规章适用于军事运输。军运规章主要有《铁路军事运输管理办法》《军用危险货物铁路运输管理规则》《铁路军事运输计费付费办法》等，针对军事运输的等级、运输计划、装载、运行、卸载以及军运危险货物的组级划分和军事运输费用的计算，作了具体的规定，对铁路和军方都具有约束力。

（七）《铁路客货运输专刊》

《铁路客货运输专刊》是国铁集团相关主管部门登载铁路货运法规部分修改的内容，使铁路及社会公众知晓的专刊。

（八）铁路局（集团公司）对国铁集团规章的补充规定

通常适用于本铁路局（集团公司）管内，一般限于执行国铁集团规定的一些作业程序和方法等方面的内容，不能同国铁集团规定相抵触。

（九）其他相关法律法规

其他相关法律法规包括国务院、国务院其他部委、各部委与国铁集团联合发布的货物运输相关法律法规。

任务 2　货运作业劳动安全

任务导读

随着我国经济建设的发展和共建"一带一路"的推进，我国交通领域发展也是主要组成部分，其中铁路运输的发展是我国交通运输领域发展的重中之重，是推动国民经济增长的重要推动力。

铁路货物运输是铁路运输的重要组成部分。随着经济发展和运输市场的变化，铁路货运安全对铁路运输经济效益和社会效益的影响较大。因此，做好铁路货物安全运输工作将是铁路运输工作的重点。

知识点

一、安全规章制度

相关内容请扫二维码观看。

二、电气化铁路有关人员安全规则

相关内容请扫二维码观看。

三、货运专业安全知识

（一）货物装卸作业人员守则

1. 九个禁止

（1）开关车门禁止手扶门框、迎面站人。严禁用叉车、铲车撞车门，禁止从棚车窗口装卸货物、抛扔杂物。

（2）禁止用其他物品代替支门器、车门卡。

（3）捆扎篷布货物的绳索禁止拴在车钩、制动装置各部件、车梯上。

（4）禁止使用不良的梯子、跳板、渡板。

（5）电压低于 380 V 时，禁止使用磁吸盘作业。

（6）禁止在站台货件空隙处及货垛上坐卧休息。

（7）敞车装卸作业时，禁止人与机械在同一区域内同时作业；若车内有人作业时，必须在醒目位置上挂安全警示牌（夜间使用警示红灯）；待人撤离、撤除警示牌后，机械方准作业。站台上使用大型装卸机械进行作业时，人机必须采取隔离措施。

（8）在接触网未停电接地时，禁止吊车进行装卸作业。

（9）电气化区段装卸作业时遇有长度超过 2.5 m 的货件，禁止竖起装卸。

2. 十九个做到

（1）在装卸作业前后，由装卸工组指定专人在来车方向左侧钢轨上设置带有脱轨器的固定或移动红色信号牌（灯）进行防护的设置与撤除。脱轨器使用中、撤除后应加锁。

（2）在非货物装卸专用线装卸（含列车），应在车站同意的时间内设置防护。遇有恶劣天气时，应派专人看守。

（3）装卸、整理货物及测量高度时，必须在安全区域标志内并确认无电（检查隔离开关锁于分闸状态）后，方准进行。

（4）装卸或搬运集装箱时，要稳起轻放。叉车作业时，不得叠摞两箱搬运。

（5）装卸作业前必须检查确认车门、钩链、槽轮、车窗、车底板良好，车内无异状、异味后方准作业。

（6）开启棚车车门时，用拉门绳将门拉开小缝隙，检查确认装载的货物无倒塌、脱落危险时再全部拉开。

（7）开启敞车下侧门时，应使用拉门绳从车上将车门拉起，逐个开启，车门前严禁站人，防止车门落下和货物溜下伤人。不得从开启的敞车下侧门钻进、钻出。

（8）装卸作业未完需调车时，要将车内货物倒匀，码放牢固，撤离车上全部人员，关好车门，撤除防护信号。

（9）无电区内，揭苫篷布作业人员必须站在车中间，刮风天气应站在上风头。

（10）堆码货物应牢固，距钢轨头部外侧的距离不得少于 1.5 m。站台上堆放货物距站台边缘的距离不得少于 1 m。人力堆码货物的高度不得超过 2 m。线路两侧集装箱堆码不得超过 2 层。

（11）装卸危险物品应按货运员介绍的品名、性质、作业方法、消防及防护办法、急救措施做好准备，在货运员指导下作业。

（12）冬季作业要保持场地无积冰、无积雪，流动装卸机械作业应采取防滑措施。

（13）站台、线路两侧堆码易滚动货物时应打掩，防止货物滚动侵入限界。

（14）装卸作业车辆与站台之间的缝隙必须使用具备防窜动装置的安全渡板。停留的机动车辆应做好防溜止轮措施。

（15）装卸有毒、有害货物必须穿戴专用防护用品。

（16）在跳板上行走要避免产生共振，一块跳板上行走不得超过 3 人。

（17）用于车厢内照明的行灯电压不得大于 36 V，外部必须有防护网罩，并配置良好的胶皮绝缘软线。

（18）在带电的接触网下，不准在敞车、平车、罐车等车辆（棚车、保温车、家畜车内除外）上进行装卸作业。

（19）装卸作业过程中，货运人员使用手机、手持机录入生产数据时，应站立在装卸设备作业区域之外，不得边走边操作，应随时注意装卸设备动态。需要进入作业区拍照、检查装载情况时，必须喊停装卸设备。

（二）装卸作业安全

（1）使用跳板跨线装卸时，应在跳板两侧不少于 20 m 的线路上设置防护信号。但跨越正线、到发线时，须经车站值班员同意。

（2）在线路上进行装卸作业或维修装卸机械时，在到发线上，应得到车站值班员同意；在调车线上，应得到调车领导人同意；在装卸线上，应得到货运员同意，并按规定防护后，方可进行。

（3）装卸作业时，两个车组距离不足 40 m 时，应在两组车的外方设置防护信号。

四、其他安全知识

相关内容请扫二维码观看。

任务 3　铁路货物发展方向的认知

任务 3 铁路货物发展方向的认知正文内容请扫码观看

《中长期铁路网规划》请扫码观看

项目小结

（1）了解货运管理组织机构，说出货运岗位名称及工作，说明货运工作的法规依据。

（2）复述电气化劳动安全控制措施、作业禁止事项及货运、装卸作业安全规定。

（3）描述《中长期铁路网规划》目标及铁路货物运输发展趋势，列举“八纵八横”高速铁路主通道。

思政园地

“一带一路”倡议下我国国际铁路货物联运相关内容请扫码观看

项目训练与测试

一、技能训练

（一）训练任务

每 7 位同学分为一组，按照各货运岗位工作内容进行模拟演练。

（二）训练目的

正确辨识货运岗位名称及工作，运用货运工作的法规依据。

（三）训练要求与准备

（1）按照岗位作业指导书进行岗位工作任务模拟。

（2）避免出现办理程序的错误（如漏程序、程序颠倒、多程序等）。

（3）训练要求：在训练过程中要服从指导教师安排，保持良好的秩序，注意个人仪表仪态和礼貌用语。

二、综合测试

（一）选择题

1.《中华人民共和国铁路法》（　　）实施。

A. 1990 年 9 月 7 日　　B. 1990 年 5 月 1 日

C. 1991 年 9 月 7 日　　D. 1991 年 5 月 1 日

2. 铁路货物运输的基本规章为（　　）。

A.《价规》　B.《货规》　C.《管规》　D.《鲜规》

3. 下列（　　）不属于《货规》引申规则。

A.《铁路货物装载加固规则》　　B.《铁路集装箱运输规则》

C.《铁路货物运价规则》　　D.《铁路货物损失处理规则》

4.（　　）明确规定了货物运输各环节的作业内容和质量要求，是铁路货运工作人员货物运输的工作细则。

A.《货运日常工作组织办法》　　B.《铁路货物运输管理规则》

C.《铁路货物运价规则》　　D.《铁路货物损失处理规则》

5.（　　）适用于通过两个以上国家铁路，使用一份运输票据并以连带责任办理的直通货物运送。

A.《国际铁路货物联运办法》　　B.《铁路和水路货物联运规则》

C.《铁路军事运输管理办法》　　D.《铁路客货运输专刊》

6. 任何人员及其所携带的物件、使用的工具与接触网设备的带电部分必须保持（　　）以上的距离。

A. 2 m　B. 4 m　C. 6 m　D. 8 m

7. 电气化区段装卸作业时遇有长度超过（　　）的货件，禁止竖起装卸。

A. 0.5 m　B. 1 m　C. 1.5 m　D. 2.5 m

8. 线路两旁堆放货物，距钢轨头部外侧不得小于（　　）。

A. 0.5 m　B. 1 m　C. 1.5 m　D. 2.5 m

9. 在装卸线的分段绝缘器内侧（　　）处设安全区域标志。

A. 2 m　B. 4 m　C. 6 m　D. 8 m

10. 对高于（　　）电压的信号设备进行带电作业时，应使用带绝缘的工具，穿绝缘鞋。

A. 36 V　B. 24 V　C. 12 V　D. 25 V

11. 上班前必须（　　），休班时间要合理安排。

A. 带安全设备　B. 充分休息　C. 安排好家人　D. 有效率

12. 我国现行的安全生产方针是（　　）。

A. 安全第一、预防为主、综合治理　　B. 安全第一、综合治理

C. 预防为主、综合治理　　D. 安全第一、预防为主

13. 严禁（　　）、串岗、私自替班或换班，不得做与工作无关的事。

A. 脱岗　B. 离岗　C. 调休　D. 请假

14. 装卸作业时，两个车组距离不足（　　）时，应在两组车的外方设置防护信号。

A. 20 m　B. 40 m　C. 60 m　D. 80 m

15. 遇雷雨天气时，禁止操作隔离开关。严禁（　　）操作隔离开关。

A. 工班长　　B. 职工　　C. 断电后　　D. 带负荷

（二）简答题

1. 何谓“三懂三会”？
2. 简述货运岗位名称及工作。
3. 简述铁路运输系统作业人员劳动安全关键点控制措施。
4. 简述货物装卸作业人员守则的“九个禁止”。
5. 简述货物运输防火基本规定。
6. 简述《中长期铁路网规划》的规划目标。

项目一综合测试参考答案请扫码观看

项目二　铁路货运工作场所

知识目标

（1）认识铁路货运组织机构、货运岗位的名称和工作内容、货运规章种类。

（2）掌握货运站及货场的作业内容。

（3）熟悉货场分类及配置形式。

（4）了解货运设备及配线。

（5）熟悉专用线安全管理、运输管理、作业管理。

能力目标

（1）根据办理货物的品类、年运量并结合货场配置类型特点，简单绘制货场配置图并合理安排货运设备。

（2）对车站衔接专用线（专用铁路）管理指导。

（3）整车货物作业中人员及任务安排（即明确哪些人做哪些事）。

思政目标

（1）加强科学技术作为先进生产力与现代企业管理制度相融合的思想政治工作管理体系认知。

（2）培养劳动精神，提升职业认同感，增强岗位安全责任意识。

项目思维导图

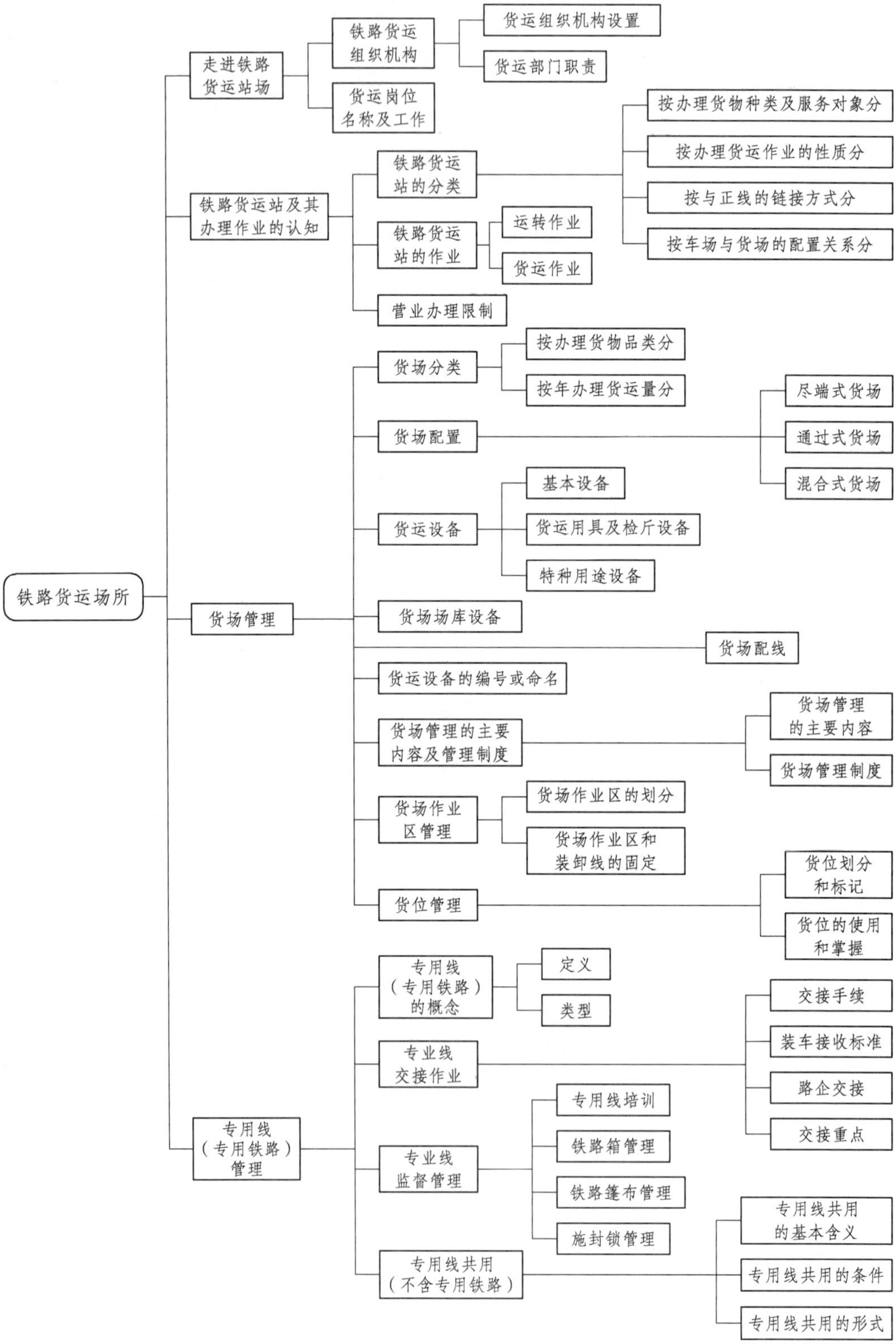
铁路货运场所
走进铁路货运站场
铁路货运组织机构
货运组织机构设置
货运部门职责
货运岗位名称及工作
铁路货运站及其办理作业的认知
铁路货运站的分类
按办理货物种类及服务对象分
按办理货运作业的性质分
按与正线的链接方式分
按车场与货场的配置关系分
铁路货运站的作业
运转作业
货运作业
营业办理限制
货场管理
货场分类
按办理货物品类分
按年办理货运量分
货场配置
尽端式货场
通过式货场
混合式货场
货运设备
基本设备
货运用具及检斤设备
特种用途设备
货场场库设备
货场配线
货运设备的编号或命名
货场管理的主要内容及管理制度
货场管理的主要内容
货场管理制度
货场作业区管理
货场作业区的划分
货场作业区和装卸线的固定
货位管理
货位划分和标记
货位的使用和掌握
专用线（专用铁路）管理
专用线（专用铁路）的概念
定义
类型
专业线交接作业
交接手续
装车接收标准
路企交接
交接重点
专业线监督管理
专用线培训
铁路箱管理
铁路篷布管理
施封锁管理
专用线共用（不含专用铁路）
专用线共用的基本含义
专用线共用的条件
专用线共用的形式

引导案例

2021年11月25日，初冬时节，新疆铁路新棉运输进入旺季，在遍布天山南北的棉花仓储基地的铁路专用线上呈现一派繁忙的景象：一辆辆叉车往来穿梭，倒装棉包。中国铁路乌鲁木齐局集团有限公司发挥铁路运输骨干作用，畅通棉花出疆运输通道，全力满足市场需求。

新疆有着得天独厚的棉花生长自然条件，是我国最大的产棉区。当年，新疆棉花种植面积达到3 718万亩，总产量为520.06万吨。从11月初起，铁路新棉运输工作陆续开始。

随着全国各地棉花需求量持续上升，乌鲁木齐局集团公司畅通原材料供应通道，当年前10个月共发运棉花242万吨。按照计划，自11月起至当年年底，该局集团公司新棉运量约为60万吨，全年棉花运量将突破300万吨。

乌鲁木齐局集团公司高度重视棉花运输工作，在运力、运能等方面给予重点倾斜，开辟新疆棉花外运绿色通道。为确保出疆棉花运输的通畅，该局集团公司克服运用车不足、管内大风天气行车受限等困难，全力组织抢运。各货运中心棉花装车站采取请车优先、配车优先、装车优先、挂运优先的“四优先”措施，确保棉花运输“一路绿灯”。

为确保棉花运输安全，该局集团公司结合冬季运输特点和棉花的易燃特性，安排专人盯控所有棉花装车站的各环节作业，严格执行消防安全管理制度，确保棉花随到随装、运输安全万无一失。

导入问题：铁路货运中心在运输新疆棉上起到了哪些关键作用？

任务1　走进铁路货运站场

任务导读

2013年，铁道部改组为中国铁路总公司（现称中国国家铁路集团有限公司），政府职能则由新成立的国家铁路局承担，实现了政企分开。为加快转变铁路运输发展方式，适应铁路管理体制改革需要，推动铁路货运全面走向市场，更好地服务经济社会发展和广大人民群众。

2013年6月15日，铁路总公司宣布实行货运组织改革，以此为契机，建立以网上受理、“实货制”运输和全程物流服务为重点，针对大宗稳定货物通过协议运输的方式给予运力保障，对其他货物随到随办、敞开受理，规范运输服务和收费管理，推动货运全面走向市场。

知识点

一、铁路货运组织机构

（一）货运组织机构设置

中国国家铁路集团有限公司（简称国铁集团，下同）作为承接原铁道部主管运输职能的企业，其主要职责为：以铁路客货运输服务为主业，实行多种经营。负责铁路运输统一调度指挥，负责国家铁路客货运输经营管理，承担国家规定的公益性运输，保证关系国计民生的重点运输和特运、专运、抢险救灾运输等任务。负责拟订铁路投资建设计划，提出国家铁路网建设和筹资方案建议。负责建设项目的前期工作，管理建设项目。负责国家铁路运输安全，承担铁路安全生产主体责任。

在机构设置方面，主体部分延续了原铁道部的机构设置，沿用国铁集团—铁路局集团—站段的垂直管理模式。在货运业务管理方面，国铁集团层面由货运部负责全路货运的统一管理工作。

在铁路局集团层面，成立货运部，货运部下设若干货运中心，即“前店”。货运中心负责营销业务，将运输业务交由铁路局集团传统的站段（即“后厂”）办理。货运中心依据地理位置和业务范围划分，在货运中心管辖范围内，由货运中心或货运中心下设的物流营销部门统一对外，客户对接的是货运营销员或客户代表。在货运中心内部，由货运中心统一协调路局内部各种资源，从计划下达到装车作业等工序均由货运中心负责办理。后厂涵盖传统路局的各个站段，机关单位有机务部、车辆部、运输部、供电部、电务部、调度所等等，具体的运输业务执行交由站段。

货运中心实行中心—货运车间—货运站三级管理模式，将原属于车务站段的货运车间、货运班组划归货运中心。为便于开展营销业务，对从事货运营销业务的人员，按现有货运岗位职名进行管理。对外可使用货装值班员、货运员、货运调度员等岗位名称。

机务段负责机车和司机的管理并负责本站段管辖范围内的机车运行操纵，车辆段负责维护铁路货车，负责调配车辆的使用，运输部负责编制行车计划和运输组织，调度所负责局管内所有列车运营的统一指挥，供电段负责管辖区域内的供电作业。货运站是具体办理货运的窗口部门，货物的接取送达，装卸作业统一交由货运站完成，是实现“门对门”的终端服务部门，具体组织结构如图 2-1 所示。

（二）货运部门职责

1. 国铁集团货运部职责

（1）国铁集团货运部拟订集团旅客、货物、装卸及物流服务有关规章制度和标准并监督实施。

（2）负责集团旅客、货物、装卸及物流服务的安全管理和质量管理工作；承担总公司旅客、货物、装卸及物流服务业务的管理工作。

（3）指导、协调集团所属运输企业的市场营销工作。

（4）承担集团铁路运价、保价及相关管理工作。

（5）参与国际铁路联运和对港铁路联运工作。

（6）负责铁路客户服务中心业务管理工作。

2. 各铁路局货运部职责

（1）负责管内货运营销、货运客户服务、货运统计分析等工作。

（2）负责管内门到门运输组织、货运多元化经营等工作。

（3）负责管内各项经营指标任务的分劈、兑现和考核。

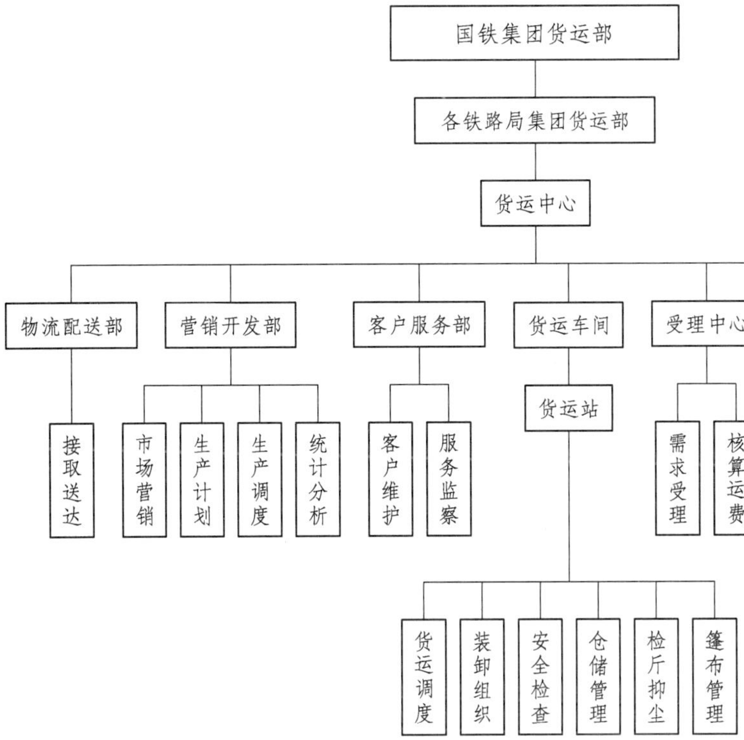

图 2-1　铁路货运组织机构图

（4）负责管内货运安全、货运设备及人员管理、货运信息系统建设，负责区域内货运规章、运价、危险品、专用线、装卸、装载加固、保价等货运基础管理。

（5）负责管内专用线（专用铁路）及企业自备车的管理。

（6）负责与管内的运输站段协调安全、经营、稳定等工作。

3. 管内各货运中心职责

（1）制定区域内年度货运重点工作安排。

（2）负责监督管理区域内各货运站的装载加固、危险货物运输、集装箱、零散货物运输、超限超重货物运输及军事运输作业。

（3）负责运输统计、分析管理，根据运输需求，编制年度、季度、月度装车计划。

（4）负责生产调度指挥，与地方政府对接，搭建交流平台，形成市场、政府、企业、物流为一体的市场营销机制。

4. 货运车间职责

（1）根据月度货物运输计划和旬间日历装车安排计划，组织货物上站，保证装车。

（2）按列车编组计划规定组号合理安排货区货位组织进货。

（3）按列车运行图出车时间和出车内容配送空车。

（4）办理承运收费和有关票据业务，按出车时间和内容装车。

（5）取重车，连挂编组，送运转场。

（6）收集卸车信息，安排卸车货位、机械、劳力。

（7）送卸车、对货位、组织卸车、组织货物交付、腾空货位。

（8）组织车辆的整理和换装作业。

二、货运岗位名称及工作

（1）货装值班员：从事组织和指导车站货物运输生产和货物损失处理等工作的人员。

（2）铁路货运员：从事货物运输承运、保管、装车、卸车、交付作业的人员。

（3）货运调度员：从事铁路货车的调配、编组、解体、货流和车流衔接等作业的操作人员。

（4）货运检查员：从事铁路运输过程中的货物（车）交接检查、换装整理的人员。

（5）货检值班员：从事铁路运输过程中的货物（车）交接检查工作的组织指挥人员。

（6）装卸司机：指操作装卸机械进行货物装卸、搬动作业和设备维护保养任务的人员。

（7）电动起重机司机：指操作电动起重机械进行货物装卸作业，并对设备进行维护保养的人员。

货运管理组织机构如图 2-2 所示。

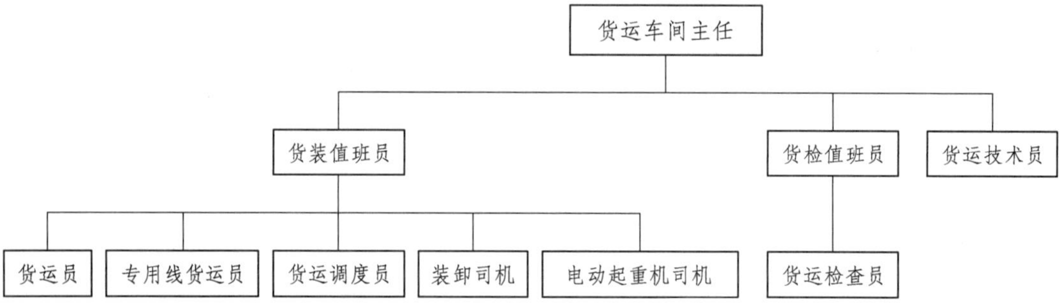

图 2-2　货运车间组织机构图

任务 2　铁路货运站及其办理作业的认知

任务导读

货运作业是铁路货物运输的基础。在货运作业中坚持依法经营，认真贯彻执行相关法律、法规及规章制度，正确地办理货运作业，对顺利完成货物运输至关重要。只有熟悉和掌握货物运输的基本条件，才能在安全的基础上，不断优化作业程序，提高作业效率，改进服务质量。

知识点

一、铁路货运站的分类

货运站是指专门办理或主要办理货运营业的车站，主要办理货物承运、保管、装卸、中转、换装和交付等作业或为专用线、专用铁路服务。

（一）按办理货物种类及服务对象分

（1）综合性货运站，是指办理多种货物运输种类或多种品类货物的货运营业站和专用线作业的车站，一般设在大城市、工业区或港口等有大量货物装卸的地点，并设有较大的货场，通常可办理各类货物的整车、零担及集装箱货物的发、到作业。

（2）专业性货运站，是指只办理单一运输种类或单一或物品类货运营业的车站，如办理煤、矿石、石油、木材、粮食等大宗货物的车站或办理危险货物的车站，一般设置在货源产地的地点。

（二）按办理货运作业的性质分

（1）装车站，指装车量大于卸车量的车站，如办理煤、木材、矿石、石油、矿物性建筑材料等大宗货物发送作业的车站。

（2）卸车站，指卸车量大于装车量的车站，如位于钢铁、石油、火力发电等工业企业附近的车站及位于大城市的综合性货运站。

（3）装卸站，指装卸作业量大致相等的车站，这类车站双重作业比重较大，一般位于中、小城镇。

（4）换装站，指办理不同轨距铁路之间或水陆联运货物换装作业的车站。港口站、国际铁路货物联运的国境站、不同轨距铁路联轨站都属于此类。

（三）按与正线的连接方式分

（1）尽端式货运站，指车站到发场仅一端衔接铁路正线的货运站。

（2）通过式货运站，指车站到发场两端均衔接铁路正线的货运站。

（四）按车场与货场的配置关系分

（1）横列式货运站，指车场与货场横向布置的货运站。

（2）纵列式货运站，指车场与货场纵向布置的货运站。

（3）车场与货场分离布置的货运站，指货场远离车场的货运站。

二、铁路货运站的作业

货运站的作业主要包括运转作业和货运作业。除了办理客货运输各项作业外，还要办理与列车运行有关的各项作业，如列车的接发、会让、越行，车列的解体、编组，机车的换挂、整备，车辆的检查、修理等。具体组织机构如图 2-3 所示。

（一）运转作业

货运站的运转作业主要包括接发列车、解体和编组列车、按货物装卸地点选分和取送车辆以及摘挂列车的甩挂作业等，在配有调车机车的货运站，还应包括机车的整备作业。

（二）货运作业

货运站的货运作业主要包括办理货物的承运、交付、装卸与保管以及办理铁路与其他运输工具的联运等。某些车站还办理车辆的洗刷除污及上水作业。

货运站具有到发的列车多以小运转列车为主、到发列车的数量较少、到达的车辆主要为本站作业车，调车作业主要是向装卸车地点取送车辆等特点。因此，货运站的运转设备一般比较简单，而货运设备则比较齐全。

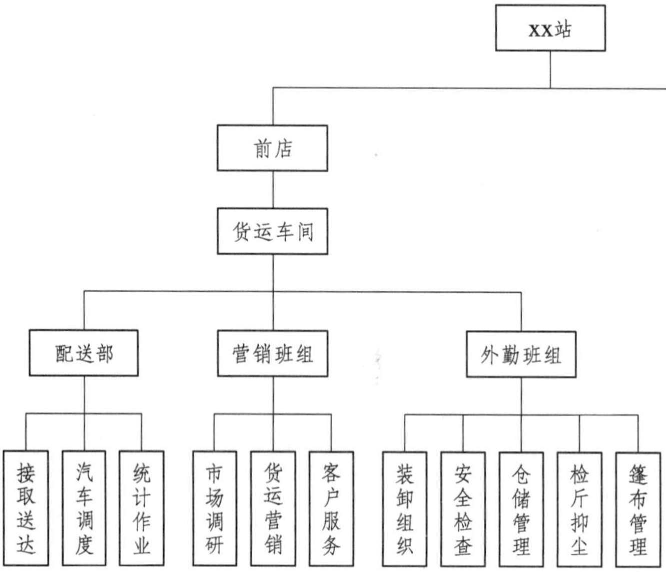

图 2-3　某货运站组织机构图

不同类型的货运站，根据货源、货流特点的不同，其货运作业的侧重点也不同：

（1）在大城市和大的铁路枢纽卸大于装的车站上，货运作业应侧重于卸车和出货工作的组织。

（2）在装大于卸的车站上，应加强货源、货流的组织和进货、装车工作。

（3）在港口站和不同轨距的铁路联轨站上，应组织好货流与车（船）的衔接和换装作业。

三、营业办理限制

车站的营业办理限制（包括临时停限装）和起重能力。主要根据《货物运价里程表》站名索引表有关"营业办理限制"栏和"最大起重能力"栏中的规定来确定。

在营业办理限制方面，用符号△表示不办理；用○表示仅办理；不能用符号表示的，另加文字说明。各种营业办理限制，除明定适用于专用线者外，都指站内营业办理范围。

常用营业办理限制符号（见表 2-1）表示如下。

表 2-1　常用营业办理限制符号含义表

营业办理限制符号	表示含义
○货	不办理货运营业、没有专用线、专用铁路货运作业
○专	仅办理专用线、专用铁路货运作业
○路	站内仅办理路用货物发到
△牲	站内不办理活牲畜到达

续表

营业办理限制符号	表示含义
△湿	站内不办理怕湿货物发到
△散	站内不办理散堆装货物发到
△蜂	站内不办理蜜蜂货物发到
□危	站内办理危险货物

以上符号中，△货和㊄专是对车站货运营业范围的总体描述，适用于整车、集装箱。

任务 3　货场管理

任务导读

货运站是以办理货运作业为主的车站，而货场是铁路货运站的重要组成部分，是铁路运输服务社会的窗口。

铁路货场办理的货物种类繁多、作业性质复杂，一项作业可能需要多个部门来完成，铁路运输设备除机车、车辆外，其他固定设备（如贮藏设备、搬运设备、装卸设备等）都集中在货场内，因此，如何在市场经济条件下，合理布置货场，强化货场内各项作业的标准，保证货场内各项设备的数量与质量，提高货场作业能力，整顿货场货运作业秩序，确保经济效益，是目前急需解决的一个重要课题。

知识点

一、货场分类

（一）按办理货物品类分

（1）综合性货场，是指办理整车、集装箱、零散货物两种以上运输种类及多种品类货物作业的货场。

（2）专业性货场，是指专门办理单项运输种类或单一货物品类的货场。有整车货场、危险品货场、粗杂品货场、集装箱场等。专业性货场的设置应根据货物性质及业务繁简、设备条件等实际情况确定。

（二）按年办理货运量分

综合性货场根据年办理货运量不同分为大、中、小型货场。

（1）大型货场年货运量 100 万吨以上。

（2）中型货场年货运量 30 万吨以上未满 100 万吨。

（3）小型货场年货运量不满 30 万吨。

货运量大、发到货物品类多的车站，为避免作业过于集中和便于管理，可分设几个货场。

当在同一车站设有几个货场时，各货场间可按货物运输种类或办理货物的品类、方向进行合理分工。

二、货场配置

货场配置类型基本上可分为尽端式、通过式和混合式三种。

（一）尽端式货场

尽端式货场是由一组以上尽头式装卸线组成的货场。其装卸线一端连接车站的站线，另一端是设置车挡的终端，如图 2-4 所示。

尽端式货场的优点：布局紧凑，货场线路和通道都较短，车辆取送和货物搬运距离相对较短；线路呈扇形分布，线路与通道交叉少，因而进出货的搬运车辆和取送车作业干扰少，有利于作业安全；运量增加时，货场扩建比较方便。

尽端式货场的缺点：车辆取送作业只能在货场一端进行，使作业车辆的取送受到较大限制；取送车作业与装卸作业有干扰。

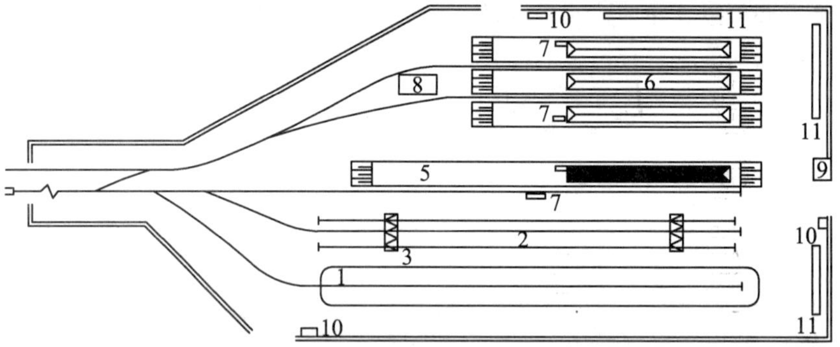

1—货物线；2—笨重货物及集装箱场地；3—龙门吊；4—仓库；5—普通货物站台；6—雨棚；7—货运员办公室；8—货运办公室；9—货运营业室；10—门卫室；11—货场其他办公用房。

图 2-4　尽端式货场布置图

（二）通过式货场

通过式货场是由一组以上贯通两端的装卸线组成的货场，其装卸线两端均连接车站站线，如图 2-5 所示。

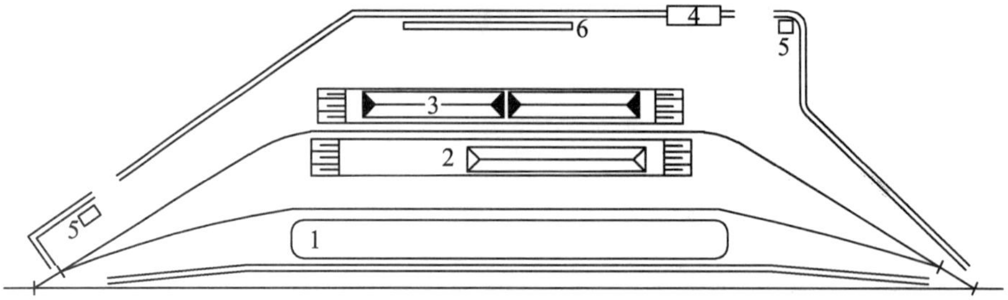

1—堆放场；2—雨棚，站台；3—仓库；4—货运办公室；5—门卫；6—其他办公用房。

图 2-5　通过式货场布置图

通过式货场的优点：货场两端均可进行取送车作业，这对无配置调车机车的中间站，利用本务机车取送时，上、下行方向均可作业，十分方便；取送车与装卸作业干扰少；利于办理成组、整列的装卸作业。

通过式货场的缺点：货场线路较长，建设投资相对较大；取送零星车辆时走行距离较长；货场通道和装卸线交叉较多，取送车与搬运作业易产生干扰。

（三）混合式货场

混合式货场是根据办理货物的种类、作业方法，将装卸线一部分修成尽端式，一部分修成通过式。所以混合式货场同时具有尽端式货场与通过式货场的优、缺点，对混合式货场的布局和使用，应根据货物品类和运量大小来确定。一般地，对运量较小的货物，在尽头式装卸线作业；对运量较大的货物，在通过式装卸线作业。混合式货场如图 2-6 所示。

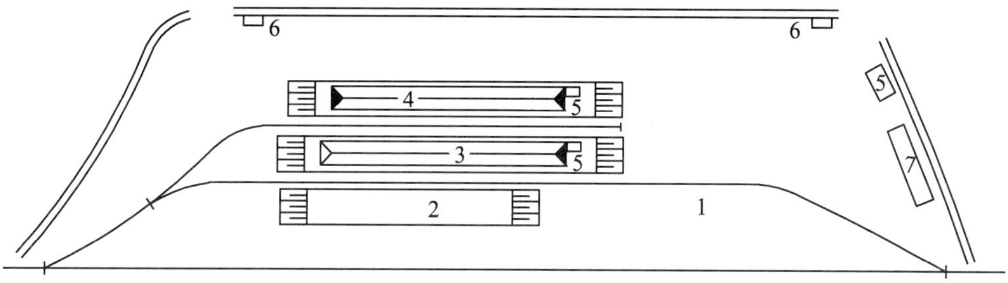

1—堆放场；2—站台；3—雨棚；4—仓库；5—货运办公室；6—门卫室；7—其他办公用房。

图 2-6　混合式货场布置图

三、货运设备

货运设备是指在车站或货车上直接用于货物装卸、运送、保管作业以及其他为办理货运业务服务的设备。

（一）基本设备

（1）货场用地，建设货场并设置各项场、库、线路、机具、房舍、衡器等设备设施的地方。

（2）线路，系指装卸货物用的线路以及为货运服务的线路，如装卸线以及货场内的调车线、牵出线、留置线、加冰线、货车洗刷线、轨道衡线、换装线、危险品货车停留线等。

（3）货物仓库及雨棚。

（4）各种货物站台、低货位、高架线、各种滑坡仓、漏斗仓。

（5）货场照明设备。

（6）直接为货运职工和货主服务的房舍，如货运营业室、货运员办公室、门卫室、值班室、休息室、工具室、表簿台账资料库等。

（7）货场硬化地面、道路、道口、货场围墙。

（8）上水管路及排水设备。

（9）消防及保安设备，如避雷设备、报警设备等。

（10）电力及通信、信号设备。

（11）通风采暖设备。
（12）货场内港池、码头。
（13）货场清扫设备。

（二）货运用具及检斤设备

（1）货运用具，包括装卸作业和保管货物所需的各种用具，如跳板、防湿枕木、防湿篷布等。
（2）检斤设备，包括台秤、汽车衡（地磅）、电子秤、轨道衡等。

（三）特种用途设备

（1）货车洗刷、除污、污水处理设备。
（2）加温冷却设备（包括加冰台、加冰机械、制冰设备、贮冰库等）。
（3）危险货物专用设备，如在经常办理危险货物的车站，应建有具备通风、洗涮、避雷、报警等安全设施的专门仓库。
（4）牲畜专用设备（包括饮水栓）。
（5）军用装卸设备。
（6）篷布及维修设备。

货运设备还包括集装箱及其他集装用具，各种装卸机械，用于维修、制造、鉴定货运用具的有关设备，监测设备和用于货运作业的电子计算机等。

四、货场场库设备

货物在运送过程中，往往需要在车站货场作短时期的保管，铁路对于货物负有安全保管的责任。因为对于发送货物，一般不可能在承运的同时就进行装车，而到达的货物，一般也不可能在卸车的同时就进行交付。为保证货物的完好，车站货场必须有相应的场库设备。场库设备的作用，不仅在于能储存和保管货物，而且还要按到站和去向集结货物，组织配装和组织直达运输。可见场库设备在完成货物运输过程中起着重要的作用。

货物场库可以从所保管的货物类别和建筑特征等方面进行分类。

货物场库按所保管的货物类别可分为普通货物场库及煤场、矿石堆场、仓库、油库、冷藏库、危险品仓库等。

货物场库设备按建筑特征可分为堆货场、仓库、雨棚和货物站台等。

（一）堆货场

堆货场是主要用来装卸和短期存放不怕湿的散堆装货物、粗杂品、集装箱和阔大货物的场地。堆货场可以修建成平货位或低货位两种基本类型。

1. 平货位堆货场

平货位堆货场（见图 2-7）是指地面与装卸线相平的堆货场，即一般常见的堆货场。为了使货物不受污损以及便于装卸和搬运机械作业，地面应以块石、沥青或混凝土铺砌。

图 2-7　平货位堆场

2. **低货位堆货场**

货物堆放场的地面低于线路路肩 1.5 m 以上的，被称为低货位堆货场，人们通常称其为低货位。低货位堆货场适用于散堆装货物的卸车作业。使用低货位卸车，可以减轻劳动强度，提高卸车效率，增大货位容量。如图 2-8、2-9 所示。

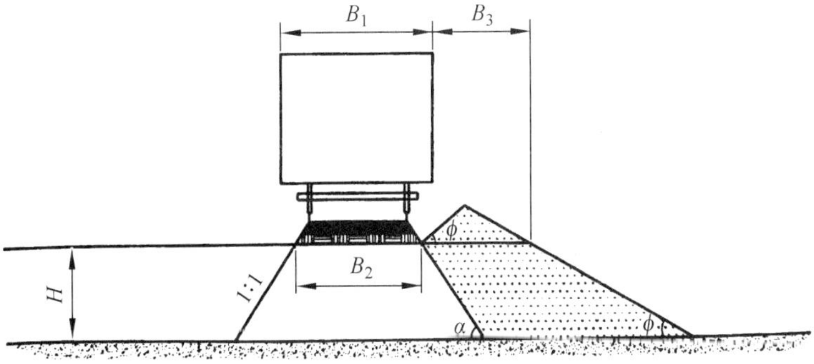

图 2-8　斜坡式低货位示意图

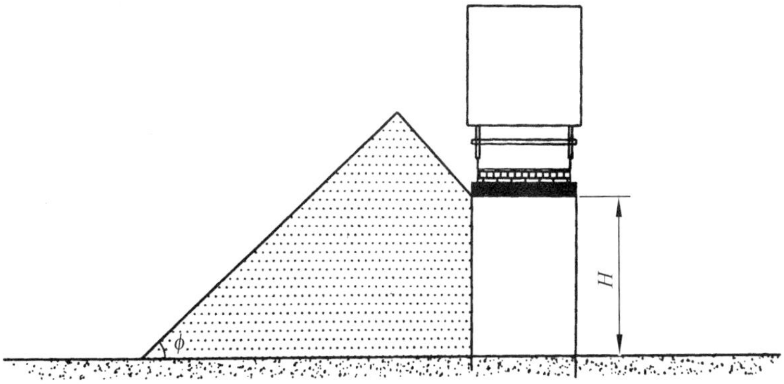

图 2-9　直壁式低货位示意图

（二）货位站台

货位站台是指为了便于装卸车作业而修建的高于轨顶 1.0 m 以上的平台建筑物，主要用来存放不怕风、雨、雪及阳光等自然条件影响的货物。货物站台按其结构及高度不同，可分为普通站台和高站台两种。

1. **普通站台**

普通货物站台是指站台面距轨面高度 1.1 m 的站台，即与普通货车地板高度基本相同。普通货物站台按其与装卸线的配置形式又可分为以下三种。

（1）侧式站台。

侧式站台是最常见的站台，站台与装卸线平行，用来存放不怕风、雨、雪及阳光等自然条件影响的成件包装货物，以用人力、手推车和叉车等进行装卸作业的货物。具体如图 2-10 所示。

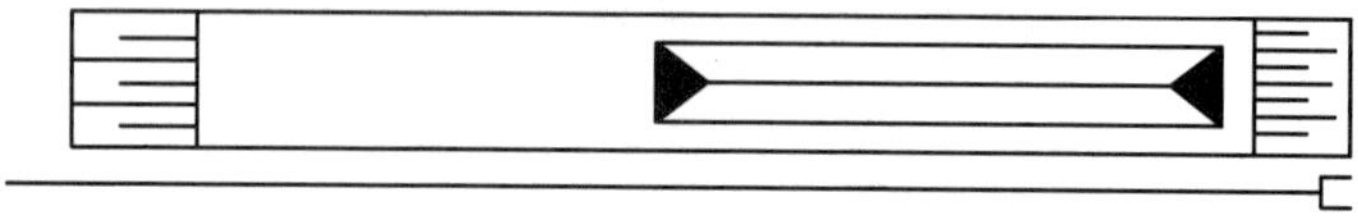

图 2-10　侧式站台示意图

（2）尽端式站台。

尽端式站台是站台设置在装卸线的尽端，与装卸线垂直的普通货物站台，如图 2-11 所示。尽端式站台用来装卸能自行移动的带轮货物（如坦克、汽车、拖拉机等）。

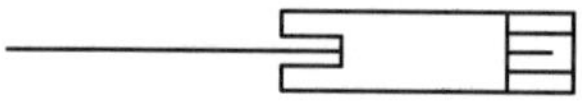

图 2-11　尽端式站台示意图

（3）混合式站台。

混合式站台是侧式站台与尽端式站台合并布置的形式，分为 L 形和凹形两种，如图 2-12 所示。混合式站台兼有侧式站台和尽端式站台二者的功能。这种布置能充分发挥站台设备的使用效率，减少投资。

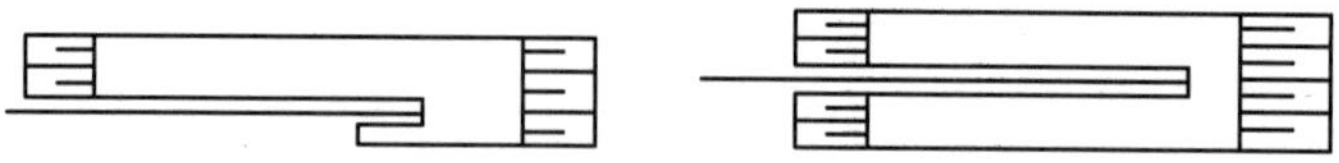

L 形　　凹形

图 2-12　混合式站台示意图

2. **高站台**

凡站台面距轨面的高度大于 1.1 m 的站台，统称为高站台。它有利于散堆装货物及不易破碎的小型货物装入敞车的作业，可以节省劳力，并加速货物的装车作业。高站台分平顶式、滑坡式和跨线漏斗式三种（后两种一般在企业内采用）。

（三）仓库

仓库是为存放易受自然条件影响的货物、危险货物和贵重货物而修建在普通站台的封闭式建筑物。仓库一般设计成库外布置装卸线路。但在雨雪多、风沙大、气候严寒的地区，作业量大时，也可设计为跨线仓库。其优点是货车在库内作业，不仅改善了装卸工人的劳动条件，并可保证雨雪天不中断作业，避免货物遭受湿损，仓库如图 2-13 所示。

（四）雨棚

雨棚是为避免货物受自然条件影响而修建在普通站台上的带有顶棚的非封闭式建筑物。

雨棚主要用于存放怕湿、怕晒货物。在多雨雪地区，针对作业量大的货物，可根据需要采用跨线雨棚。雨棚如图 2-14 所示。

图 2-13　仓库

图 2-14　雨棚

（五）雨搭

雨搭是仓库、雨棚的辅助防雨设备。为避免货物在装卸和搬运作业时遭受雨雪侵蚀而湿损，雨搭一般应伸至站台边缘。多雨地区且作业繁忙的，装卸线一侧雨搭可伸至线路中心线以远；搬运站台一侧的雨搭一般以伸出站台边缘 3 m 为宜，如图 2-15 所示。

图 2-15　雨搭

（六）货场场库需要面积的计算

1. 场库面积计算

场库的面积，分有效面积和辅助面积两部分。有效面积是指直接用于堆放货物的面积；辅助面积是指用以搬运、装卸和检查货物的走行通道、货位间隔以及设置衡器等所需要的面积。场库面积应根据货运量、货物保管期限以及单位面积堆货量（包括辅助面积在内）等因素确定，可按式 2-1 计算其需要量 F:

$$F = \frac{Qat}{365p}\ (\mathrm{m}^2) \tag{2-1}$$

式中：Q——仓库、雨棚、货物站台或堆货场年度货运量，t；

a——货物发送或到达的月度不均衡系数，大、中型货场一般可采用 1.2 ~ 1.5，小型货场一般可采用 1.5 ~ 2.0，季节性特别显著和有特殊情况的货场按实际情况计算，也可参考表 2-2 中的数值；

t——货物保管期限，以昼夜计，一般可采用表 2-3 的数值；

p——仓库、雨棚、货物站台或堆货场单位面积堆货量，t/m^2，一般可采用表 2-3 的数值。

表 2-2　车站发送或到达货运量波动系数

年发到货运量（万吨）	10 ~ 30	30 ~ 100	≥100
运量波动系数 a 值	1.25 ~ 1.60	1.20 ~ 1.50	1.10 ~ 1.40

注：

① 货运量较小时取高限，反之取低限。

② 当工业品运量较大时，取接近低限值；当农业、商业品运量较大时，取接近高限值。

表 2-3　货场设备使用面积计算中的有关技术参数

类　型	单位面积堆货量 p /（t/m^2）	货位宽度/m	占用货位时间 t/d		货车平均静载重 /（t/车）
			发送	到达	
整车怕湿货物	0.50 ~ 0.70	4 ~ 6.5	2	3	39
零散货物发送	0.25	9	2	—	26
零散货物到达	0.20	9	—	3	26
露天站台货物	0.25 ~ 0.45	6.5 ~ 12	2	3	48
整车笨重货物	1.0	4	2	4	41
散堆装货物	1.0	4	2	3	54
整车危险货物	0.50	5.5	2	3	38
集装箱货物	0.26	—	2	3	25

注：

① 单位面积堆货量包括：库棚内包括纯堆货面积；叉车或人行通道、货盘间作业和堆货间隔等面积；笨重货物和散堆装货物场地包括纯堆货面积和堆货间隔的面积，但不包括汽车通道和辅助机械走行场的面积。

② 对在河港、码头转驳的货物，其占有货位时间可适当增加。

货物发送或到达的月度不均衡系数可按式 2-2 计算：

$$a=\frac{Q_{月}}{Q/12} \tag{2-2}$$

式中：$Q_{月}$——当年最大月到（发）运量，t。

在确定年度货运量时，应注意有些车站到达或发送的货物并非全部都经由货场场库保管。因此，在考虑 Q 值时，应把不经由货场场库保管的这一部分货物扣除掉。

2. 场库宽度和长度的确定

（1）场库宽度。

① 仓库、雨棚宽度（内侧）。仓库、雨棚的宽度应根据货运量、货物种类、作业形式、库棚内装卸作业方式和采用的装卸机械类型等因素确定。仓库、雨棚宽度可按式 2-3 计算：

$$B=\frac{P_{静}M}{pl}\ (\mathrm{m}) \tag{2-3}$$

式中：B——仓库、雨棚宽度，m；

$P_{静}$——货车平均静载重，t/车；

l——仓库门中心间距（一般采用 14 m）；

p——单位面积堆货量，t/m^2；

M——车长范围内布置货位排数。

大、中型货场装卸机械化程度较高，为了便于装卸机械作业，仓库、雨棚的宽度应该大些，一般应不小于 15 m；小型货场仓库、雨棚宽度可采用 12 ~ 18 m。

② 站台宽度。

站台的宽度，可根据货物品种、作业量、作业性质、装卸搬运机械设备及站台上设置的库棚等情况确定，同时应考虑站台边缘应留的装卸作业通道。

一般露天站台宽度不小于 12 m，平顶式高站台单向站台的宽度采用 12 ~ 18 m，双向站台的宽度为 19 ~ 28 m。

③ 堆货场的宽度。

应根据货物种类、货运量、装卸机械类型及货位的布置等因素确定。

（2）场库的长度。

场库的长度（L）应根据场库需要面积（F）和所采用的宽度（B）加以确定，并应考虑一次取送车组长度的要求。可按式 2-4 确定。

$$L=\frac{F}{B}\ (\mathrm{m}) \tag{2-4}$$

仓库、雨棚的长度应适中，每节库棚不宜过短，也不宜过长，以便于库棚管理，组织成组装卸作业及减少取送车作业与装卸作业的干扰。

站台长度应与站台上所设置的库棚长度相配合，露天站台的长度可根据需要确定。

堆货场的长度，可根据堆货场需要面积与所采用的宽度确定，同时，应结合所采用的装卸机械类型和数量来选取。

五、货场配线

配线包括货物装卸线、调车线、牵出线、货车洗刷线、轨道衡线、换装线、危险品货车停留线等。

（一）货物线

货物线，也称装卸线，是指办理各类货物装卸车作业时车辆停留的线路。一般地，在货场内应根据货物品类和运量分别设置仓库、雨棚、站台货物装卸线，集装箱货物装卸线，笨重货物装卸线和散堆装货物装卸线。

货物装卸线总有效长度是指可以用作装卸货物的线路长度，除应满足平均一次来车的长度外，还应保证货物装卸线两侧有足够的货位。因此，应分别计算出两者所需要的长度，并选择其中较大者作为货物线的有效长度。

（1）平均一次送车需要的装卸线有效长度（$L_{铁}$），可按式（2-5）计算：

$$L_{铁}=\frac{Q_{年}al}{365P_{静}c}\ （m） \tag{2-5}$$

式中：$Q_{年}$——年度货运量，t；

a——月度货物发送或到达不均衡系数；

l——货车平均长度，m；

$P_{静}$——货车平均静载重，t；

c——每昼夜取送车次数，一般小型货场取 1，中型取 2～3，大型货场取 4。水陆联运货场年运量在 40 万吨以下者取 2，年运量在 40 万吨以上者取 4。

如按不同品类的货物划分货区时，应分别按各类货物的不均衡系数及货车平均静载重计算货物线的总有效长度。

（2）存放货物需要的场库设备长度（$L_{货1}$），可用两种方法计算：

$$L_{货1}=\frac{Qat}{365pd}\ （m） \tag{2-6}$$

式中：d——货物线一侧或两侧场库设备的总宽度，m；

t——货物的保管期限，d；

p——场库设备的单位面积堆货量，t/m^2。

$$L_{货2}=\frac{Qalt}{365qn}\ （m） \tag{2-7}$$

式中：n——货物装卸线一侧或两侧的货位排数（即一个车长范围内所容纳的货位个数），人力装卸一般可按一侧一排计算，机械装卸应根据起重机伸臂长度或跨距而定，散堆装货位、低货位、滑坡仓式和跨线漏斗式高站台等应根据容纳车数而定。

如取送车周期大于货位周转期，即第一次来车卸下的货物所占用货位，在第二次来车之前已经腾空，货物保管期限和货位排数就不起控制作用。此时，货物装卸线总有效长度取决于平均一次送来的车组长度。因此，只计算 $L_{铁}$ 即可。

（二）牵出线

大、中型货场牵出线的数量应根据货场内调机的数量及每昼夜牵出线被占用的总时间来确定。尽端式货场通常只有一台调机作业，所以一般只设一条牵出线。

货场牵出线的总长度（L）可按下式计算：

$$L = l_n + l_{机} + l_{安}$$

式中：l——货车平均长度，可取 14 m；

n——牵出车列的车辆数，可取经常取送的最大车辆数；

$l_{机}$——机车的长度，m；

$l_{安}$——牵出停留地点至车挡的安全距离，取 10 m。

货场牵出线应具有足够的有效长度，否则调车时要分批牵出，这将增加调车作业次数，延长作业时间，影响货场的作业效率。为满足货场作业的要求，货场牵出线的有效长度原则上不应小于列车长度的一半，如受地形条件限制或作业量较小时，牵出线可适当缩短，但也不宜小于 200 m。

（三）存车线

货场存车线是暂时存放车辆或选分车组用的线路。存车线的设置应根据货场作业量、车辆取送调车作业的复杂程度、车场与货场的距离及货场设备的作业能力等因素来确定。中小型货场不宜设存车线。大型货场装卸作业、车辆选编调车比较复杂，利用咽喉区及空闲的装卸线调车干扰大时，可设置存车线。存车线宜设计 1 ~ 2 条。

（四）轨道衡线

轨道衡线是指装有轨衡器设备，专门衡量重、空车质量用的线路。在工业站、国境站、港湾站及某些需要用轨道衡检斤的货场内，应设有轨道衡。

轨道衡线一般应设在通往装卸地点的咽喉区，以保证车辆进入轨道衡及轨道衡到装卸地点作业的流水性，避免货车为了检斤而产生折返走行。

六、货运设备的编号或命名

（一）货场命名

只有一个货场时，即以站名命名；有两个以上货场时，以车站为中心按方位命名，如东货场、南货场等。

（二）货场内线路的编号或命名

一般以车站线路为基准，按向外的顺序编号，如货 1、货 2；如果划分了货区的货场，可按货区再具体划分，如散 1、散 2、零 1、零 2 等。

（三）货物站台的编号

以邻近线路名称命名，如货 1 站台，零 2 站台。当一股线路上有两座以上站台时，应按顺序编排，如货 5 一号站台、货 5 二号站台等。

（四）货物仓库及雨棚的编号或命名

按顺序以数字编号，如 1 号货棚、2 号库。也可按运输种类或用途顺序编号或命名，如整车到达 1 号库、整车到达 2 号库或危 1 号库、危 2 号库等。

（五）货位的编号

货位的编号一般用 3 位数字表示，如 508 货位中 5 为线路编号，08 为货位编号。以单、双号区别一侧。

为了加强货运设备管理，车站要设专职或兼职人员管理货运设备。货运营业站，必须建立货运设备履历簿。

车站应有专人负责货场内电子计算机的管理和维修工作。货场应建立电子计算机设备管理、维护保养、使用操作制度和硬件、软件台账。

货场管理的主要内容及管理制度

七、货场作业区管理

（一）货场作业区的划分

货运量较大的大、中型货场，根据装卸线路的分布、装卸机械的配备、货物运输种类、作业性质、货物品类等情况，把货场划分为若干区。如按货物运输种类不同分，可分为整车、零担、集装箱作业区。按办理种别不同分，分为发送、到达、中转作业区。按货物品类不同分，可分为成件包装货物、散堆装货物、粗杂品、笨重货物、危险货物、鲜活货物作业区。也有按东、南、西、北、中分区的。每个货区设一名货运值班员，负责该货区管理及货运组织工作。货场作业区划分时，还应考虑下列因素：

（1）要考虑货物性质。

不同性质的货物对设备要求不同，包装货物一般属贵重、怕湿货物，应存放在仓库和雨棚内。堆装货物属不贵重、不怕湿货物，应存放在露天堆货场。笨重货物和集装箱货物，需用起重机械装卸，可集中在一个作业区，避免起重机械远距离地走动，提高起重设备的运用效率。鲜活货物需要加冰上水，应集中在有加冰上水设备的线路上。

（2）要考虑货物流向。

在有几个方向的枢纽站及有两个以上货场时，可按方向划分货场作业。在零担发送量大的货场可按上、下行分库，同一去向货物不要分开，有利于配装高质量的整零车。

（3）要考虑运输方式。

不同的运输方式，对作业区的划分有不同的要求，零担货物要求按普零、笨零各集中在一个作业区，便于掌握和管理。整车货物要求按货物性质分区。

（4）要考虑减少取送车次数和有利于双重作业。

（5）要考虑有利于货物进出和搬运作业。

对大宗货物和笨重货物应固定在道路平坦和搬运距离较近的地方，同时要考虑与取送车作业不相干扰。

货场分区的目的在于合理运用货场设备，保证货物安全，便利取送车和搬运作业，促进货区、仓库、线路的专业化，使职工熟悉业务，加强责任心，提高工作质量，加快货物运输和车辆周转。

（二）货场作业区和装卸线的固定

货场作业区和装卸线的固定就是固定作业区和装卸线的使用范围。货场作业区和装卸线固定有以下优点：

（1）作业地点固定，任务明确，互不干扰。

（2）工作专业化，便于提高作业效率。

（3）便于固定装卸机械的使用。

（4）便于实施计划管理和贯彻岗位责任制。

八、货位管理

货位是场库在装车前和卸车后暂时存放一辆货车装载的货物或集结一个到站或方向的货物所需要的面积。正确地划分和合理地使用货位，直接关系到货场作业能力的大小。

（一）货位划分和标记

货位的划分：货位根据货场的具体条件因地制宜地划分，整车货位原则上要求能容纳一车的货物，其面积为 $80 \sim 100\ m^2$，每个货位宽度为 $6 \sim 8$ m。零担货物则以集结一个去向或一个到站的货物为一个货位，集装箱货位适当增大。

货位的标记方法：整车货物货位一律采用号码制，即分仓库、站台和堆货场别按照顺序编号。发送和中转零担货物，按去向、到站或按自然中转范围进行标记，也有去向、号码同时采用的，到达零担货物采用号码制。货位标记应标在货位明显处，使工作人员容易看到。标记的方法既可用油漆写在墙壁上，也可以用木牌或金属牌悬挂在铁丝上或钉在枕木头上。

（二）货位的使用和掌握

货位的布局与线路的配列形式，通常有平行式和垂直式两种：平行式的配列，即货位长的一边与线路平行，一般在堆货场中划分货位时采用；垂直式的配列，即货位长的一边与线路垂直，短的一边与线路平行，一辆车长内可有几个货位，一般适用于仓库、雨棚、站台划分货位时采用。

在同一条线路上，装车和卸车货位的使用要有利于卸后车辆的利用，提高双重作业比重；有利于人身、货物、设备安全，便于装卸作业和取送车作业；有利于提高调车作业效率，按方案组织成组挂线装车。其使用形式有以下几种。

1. 一线两侧装卸货位

线路一侧为装车货位，另一侧为卸车货位。其优点是单批作业车数多，便于双重作业，进出货不干扰。适用于运量大且发、到量相等的车站，如图 2-16、2-17 所示。

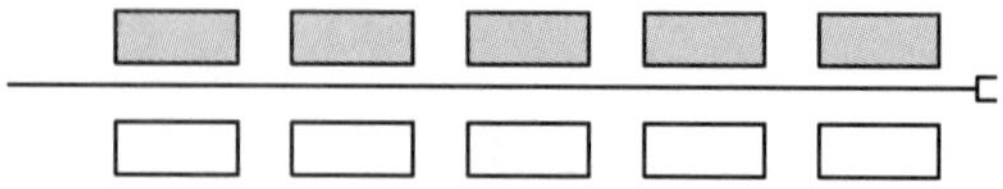

图 2-16　一线两侧装卸货位

图 2-17　一线装卸间隔货位

2. 一线装卸间隔货位

在一条装卸线上，装车与卸车货位间隔固定。其优点是便于双重作业，卸后利用时车辆移动距离短。缺点是调送车辆需拉开空档。进出货相互干扰。适用于运量小、装卸少、线路一侧有货位且无调车机的车站，如图 2-17 所示。

3. 一线装卸混合货位

在一条线上，一半为装车货位，一半卸车货位。优点是货车卸空再次利用时调车行程短。缺点是一次送入作业车数少，不适合大组车作业，适用于一批作业车不多又无调车机的车站，如图 2-18、2-19 所示。

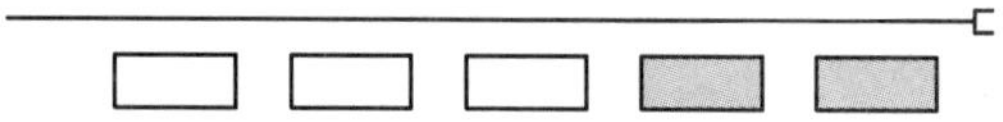

图 2-18　一线装卸混合货位

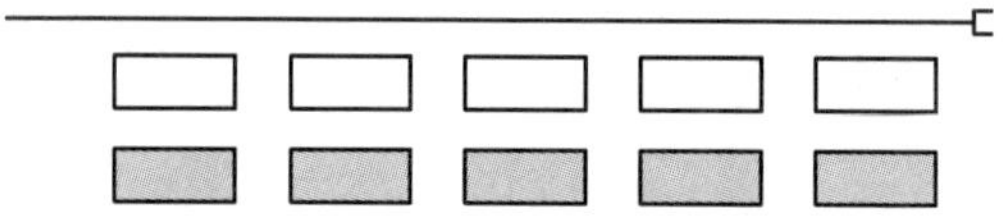

图 2-19　一侧装卸平列货位

4. 一侧装卸平列货位

在线路的一侧外面是装车货位，里面是卸货车位。优点是一次作业车数多，卸后无需调动车辆就可直接装车。缺点是装车搬运距离长，进出货相互干扰。适用于受地形限制、线路不多、一侧地面宽度较大的山区站，如图 2-17 所示。

货场内的进货、装卸和取送车作业，都是根据货位占用情况编制计划的。因此，必须掌握货位的占用情况。货位的占用情况，由车站货调或货运值班员掌握。掌握的方法一是在办公室内悬挂货位示意图，在图上挂表示牌以显示货位占用情况；如挂红表示牌表示发送货物或中转货物，挂白表示牌表示到达货物，不挂表示牌表示货位空闲。从而让工作人员能准确地掌握货位的占用情况，正确指挥货场进出货、装卸车和取送车作业。二是利用计算机及开发的程序对货位进行管理，类似酒店客房管理模式。

任务4　专用线（专用铁路）管理

任务导读

铁路专用线、专用铁路既是铁路网的延伸部分，也是铁路运输网的重要环节。在政策文件和数据统计中，铁路专用线通常包括专用线和专用铁路两部分。铁路专用线、专用铁路承担着工矿企业的煤炭、铁矿石、有色金属、石油、粮食以及危险货物、大型机械等货物的装卸和运输任务，完成铁路70%以上的装卸作业量，是铁路运输系统的重要组成部分。

知识点

一、专用线（专用铁路）的概述

中国铁路按照投资和管理的主体分为国家铁路、合资铁路、地方铁路和专用铁路。由国铁集团管辖的铁路称为国家铁路；各省、市、自治区管辖的铁路称为地方铁路；国家与地方或多家业主投资修建经营的铁路称为合资铁路；专门为某种用途修建的铁路称为专用铁路（因动力配属不同还可再分为专用线和专用铁路，但无本质区别。若从衔接关系看，都是与铁路运营网衔接的线路，所以多数情况下认为专用铁路是特殊的专用线）。

（一）定义

铁路专用线是指由企业或者其他单位管理的与国家铁路或者其他铁路线路接轨的岔线。专用线按企业内部运输要求和拥有的调车设备等特点，分为以下两类。

1. 专用线

凡与铁路营业网衔接的企业自有线路，但由铁路管辖和负责车辆取送作业的企业铁路称为专用线。

2. 专用铁路

凡与铁路营业网衔接，企业自有线路、自己管辖并备有机车、自行办理取送作业的企业铁路称为专用铁路。这类企业一般规模都比较大，如冶金联合企业大型机械厂、炼油厂、大型煤矿等。专用铁路一般都设有工业站，供解体和编组列车使用。

铁路专用线与专用铁路都是企业或者其他单位修建的，主要来为本企业内部运输服务的，两者实质上没有多大差别，我国目前有铁路专用线两万多千米，作业量占全路运量的80%左右。由此可见，专用线工作是铁路运输工作的重要组成部分，我们应该给予足够的重视。

（二）类型

铁路专用线包括以下几个主要类型：

1. **森林铁路**

森林铁路是专为林区林业生产服务的铁路，主要由各省（自治区）、市、县林业局和林场管理。

2. **工矿企业铁路**

工矿企业铁路主要有两部分：一是矿区铁路，以煤、铁矿专业铁路居多；二是大型工业企业厂内运输铁路，以钢铁联合企业居多。

3. **军用铁路**

军用铁路包括各大城市的军运站、军用物资储运线和仓库、机场及军事基地专用铁路等。

4. **无机车、无厂内运输的专用线**

厂矿企业的专用线还可分为厂外线和厂内线，厂外线是指与全国铁路网其他企业及原料基地相衔接的铁路，厂内线是专为厂矿企业内部服务的铁路。专用线等级的划分以厂外线的设计标准为主，按年度货运发送量分为三级：Ⅰ级为年度货物发送量400万吨以上；Ⅱ级为150万～400万吨；Ⅲ级为150万吨以下。

二、专业线交接作业

（一）交接手续

专用线货运员会同企业运输员，在运输安全协议规定的地点，使用“货车调送单”按铁路规定办理交接。施封的货车凭封印交接；不施封的货车、棚车、冷藏车凭车门、窗关闭状态交接。敞车、平车、砂石车不苫盖篷布的，凭货物装载状态或规定标记交接；苫盖篷布的，凭篷布现状交接。

铁路货车篷布、企业自备篷布及需要回送的货车装备和加固装置，应在货车（物）交接的同时一并办理交接。针对上列物品，企业按有关规定或协议妥善保管或回送。

（二）接收标准

专用线内装车的货物，车站发现有下列状况之一时，应加以改善，达到标准后接受。

（1）凭封印交接的货车，发现封印脱落、损坏、不符、印文不清或未按施封技术要求进行施封。

（2）凭现状交接的货物，发现货物装载加固状态或所做的标记有异状或有灭失、损坏痕迹。

（3）规定应苫盖篷布的货物而未苫盖、苫盖不严、使用破损篷布或篷布绳索捆绑不牢固。

（4）车门、车窗未关严（需要通风运输的货物除外），车门插销未插牢固。

（5）使用敞车、平车或砂石车装载的货物，违反《铁路货物装载加固规则》的要求。

（6）违反铁路规定的货车使用限制或特定区段装载限制。

（三）路企交接

路企交接是指车站与专用线所连接的企业进行车辆（箱）、货物的交接过程，此过程也是路企运输责任划分的过程。送车预、确报时车站应按企业使用车要求拨配状态良好的货车。车站在向专用线送车前，按协议规定时间，向专用线发出送车预、确报，内容包括：空、重车数，车种，货物品名，收货人，去向，编组顺序，送车时间。

路企交接流程：

（1）及时通知企业运输员到现场接车对位。

（2）会同企业运输员现场逐车交接。

（3）在铁路货运站安全监控与管理系统（见图 2-20）的“路企交接”模块内与企业运输员办理路企交接签认。

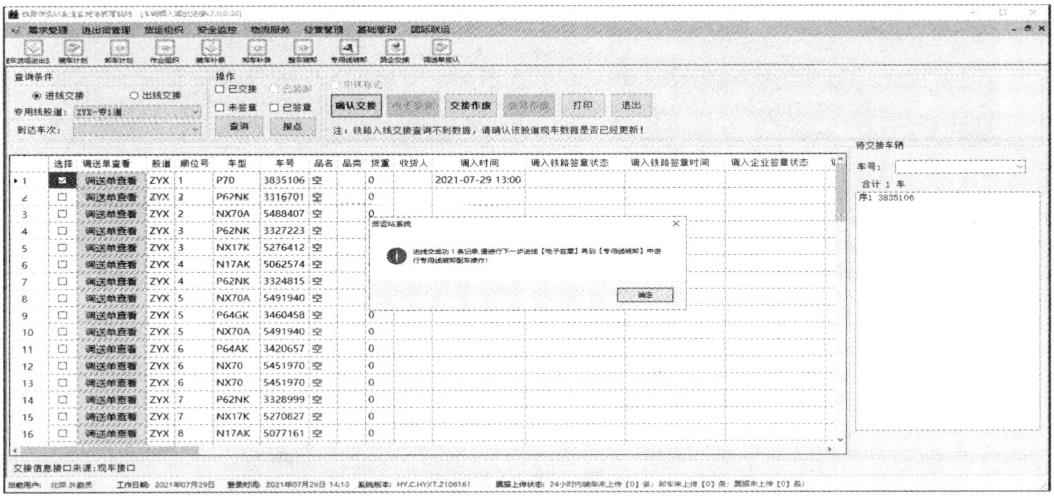

图 2-20　铁路货运站安全监控与管理系统

（四）交接重点

1. 车门、窗、盖、阀关闭情况

（1）棚车：使用 10 号镀锌铁线 1 股将两侧车门上部门扣和门鼻捆牢拧固 3 周及以上并剪短燕尾，如图 2-21 所示。

图 2-21　棚车车门上部门鼻捆绑

（2）敞车：在敞车车门锁闭部件齐全、关闭状况良好的情况下，使用 10 号镀锌铁线 1 股在中门下插销与车体插销槽间、中门上插杆与车门间两处同时捆绑，捆绑线应捆牢拧固 3 周及以上并剪断燕尾。两种结构的敞车中门具体加固方法如图 2-22 所示。

图 2-22　敞车中门捆绑

（3）罐车：

① 专用线、专用铁路企业单位装车作业前要认真对罐车阀件进行安全检查，对于罐车阀、盖等附件、配件不齐全或作用不良的罐车，要立即补足配件或进行修理，严禁使用和排空。

② 专用线、专用铁路企业单位罐车装、卸作业后，要及时关严罐车阀件，盖好人孔盖，拧紧螺栓，防止运行过程中螺栓松动或人孔盖开启，如图 2-23 所示。

图 2-23　罐车顶盖关闭

篷布苫盖质量

2. 集装箱装车

集装箱装车前，必须清扫干净车地板，确认箱体、车体上无杂物。使用集装箱专用平车或共用平车时，装车前必须确认锁头齐全、状态良好；装车后必须确认锁头完全入位，箱门处的集装箱专用平车门挡或共用平车端板立起。

未安装 F-TR 型锁的集装箱专用平车或共用平车装运空集装箱时，必须使用 4 股及以上 8 号镀锌铁线捆绑牢固。其中，使用共用平车时，将集装箱底部角件与车辆捆绑牢固；使用专用平车时，将相邻两箱底部角件捆绑在一起，仅装运一箱时，将集装箱底部角件与车辆底架捆绑牢固。

端部有门的20英尺集装箱使用集装箱专用平车或共用平车装运时，箱门应朝向相邻集装箱；但使用 X_{3K} 和 X_{4K} 集装箱平车，两端箱位装载集装箱、中间箱位未装载集装箱时，箱门应朝向外侧门挡。

三、专业线监督管理

（一）专用线培训

企业运输员要经过岗前资格性培训，经考试合格后持证上岗，并定期参加适应性培训，主要内容应包括货物受理、承运、交接检查、监装卸、重点货物装载安全、车辆防溜、人身及消防安全等方面的内容。

企业运输员由职教部门进行岗前资格性培训，经考试合格后分别发放“铁路专用线企业运输员业务培训合格证”并持证上岗。企业运输员的岗前资格性培训内容及要求按《铁路特有工种技能培训规范》、集团公司以及货运站段有关规定办理。

（二）铁路箱管理

专用线办理集装箱运输时，接轨站应将集装箱装载量、箱体状态、车辆交接检查、匿报货物品名和夹带危险货物的违约处罚条款等集装箱运输安全内容纳入铁路专用线、专用铁路运输安全协议。

专用线应将装箱照片、磅单、空箱照片等资料及时交接轨站审核，接轨站确认符合安全要求后放行。

（三）铁路篷布管理

铁路篷布应按规定交接，专用线作业完毕后应及时送回，发生损坏、丢失时按规定赔偿。装车苫盖篷布和篷布绳网时，应严格执行货车篷布和篷布绳网苫盖标准。

到达专用线的铁路篷布，自货车调到交接地点次日起，2日内由收货人将铁路篷布送到车站指定地点。收货人未按规定日期将铁路篷布送回的，按规定核收货车篷布延期使用费。

专用线使用铁路篷布时，由托运人凭车站填制的“货车篷布交接单”到车站领取。“货车篷布交接单”保管期限为1年。

（四）施封锁管理

车站对施封锁应建立保管、请领、发放、使用、销毁或回收制度，严格做好去向登记。编有记录的施封锁，卸车站均在自卸车之日起保管 180 日后方可销毁。未编有记录的施封锁保管30日后，方可销毁或回收。有源电子施封锁还应按时返厂。

四、专用线共用（不含专用铁路）

（一）专用线共用的基本含义

专用线共用是指在保证专用线产权单位运输需要和专用线既有设备能力富余的前提下，

与其吸引范围内的单位，共同使用该专用线办理铁路货物发到业务。

专用线共用包含两个方面的内容：一是原来由一家使用的专用线变为几家企业共用的专用线；二是由几家厂矿企业合资修建专用线，共同使用。专用线共用不仅可以提高专用线的利用效率，缩短货物搬运距离，减轻货场作业负担，缓和货场能力不足的矛盾，还可以节约建设投资，从而更好地为物资单位服务，完成更多的运输任务。

（二）专用线共用的条件

凡自备有机车，厂内运输任务不大的专用铁路以及仅有线路和少量装卸机具、劳力的小运量专用线均具备组织共用的条件。

组织专用线共用，铁路要紧密依靠地方政府的领导，由政府机构出面召开运输协作会议，发动有关企业共用专用线，动员专用线企业提供共用条件，车站应会同参加共用的有关企业共同制定专用线共用办法。

（三）专用线共用的形式

专用线共用的形式既可以按其共用的时间长短分类，也可以按照专用线协议方式来分类，按协议方式专用线共用的形式主要有以下几种：

（1）产权单位与用户签订协议，允许协议户利用专用线的空闲时间或空闲货位作业。

（2）产权单位与车站签订协议，允许车站在货场饱和时，利用专用线空闲设备作业（不指定用户）。

（3）不签协议，在货场作业紧张时，由车站与产权单位临时协商，利用专用线的空闲时间或空闲设备作业。

（4）产权单位与铁路签订协议，将本企业运量与共用量交由铁路部门统一安排，专用线设备与共用用户共同使用。

不难看出，上述四种形式中，第一与第二种形式都易造成铁路小批量取送作业的增加，从而加大机务及车务作业的负担；第三种形式则易给车站工作造成被动，往往要到货场告急时，再去与产权单位协商，从而可能会大大延长车辆在站停留时间；第四种形式因专用线产权单位与共用户运量由铁路部门统一安排，专用线场库设备共同混用，故凡到此专用线作业的车辆都可一次取送，有利于大批量的取送作业，减少车辆线路的占用和机车的调车工作量。这种“共用线”所起的作用相当于铁路的第二货场，既有利于铁路，也有较好的社会效益，因而是一种较好的形式。当然，在实际工作中究竟采用哪种形式，应因地制宜，视具体情况而定。

拓展阅读

铁路物流园区概述

项目小结

货运站既是铁路办理货物运输的场所，也是货运产品的营销窗口，并以铁路承运人资格代表铁路运输企业参与市场经营，履行铁路运输企业赋予的权利和义务。本项目介绍了铁路货运组织机构及各部门职责，货运站的分类、职能及营业办理限制，重点介绍了货场的场库设备、配线的设计，并对铁路专用线的作用及分类进行了阐述。

思政园地

宁夏石嘴山至越南首趟中亚班列开行

项目训练与测试

一、技能训练

（一）训练任务

绘制货场布置图。

（二）训练目的

通过训练使学生能够熟悉货场分类及配置形式，掌握货物堆放场、站台、仓库等场库的作用及对面积的要求，明确货场对货运设备及配线的数量和长度的要求，能够根据实际情况选择合理的货场类型并按比例绘制货场布置图。

（三）训练要求与准备

（1）学生能够根据铁路车站货场的作业特点，将该站所办理的货物种类，根据装卸线的作用与功能分类、货物性质、货运量等计算场库设备需要面积，确定各场库设计规格、货位安排等。

（2）根据货运量、货物种类、装卸机械类型和平均一次来车的需要，计算各条装卸线的长度。

（3）根据设计要求，确定各项技术设备的合理布置，并完成该货运站货场平面图的合理布置。

（四）训练资料

根据车站年度货物到发量及在货场作业的货物到发量，绘制与其运量相匹配的货场示意图。

表 2-4　车站年度发送量　　单位：千吨

货物品类	上行		下行		
	货场装车	甲专用线装车	货场装车	甲专用线装车	乙专用线装车
整车怕湿货物	153.34	—	138.82	57.62	64.74
散堆装货物	197.35	58.81	123.35	—	—
整车笨重货物	216.21	—	—	—	—
露天站台货物	135.44	57.68	148.65	—	—

表 2-5　车站年度到达量　　单位：千吨

货物品类	卸车地点			
	货场	甲专用线	乙专用线	机务段
整车怕湿货物	186.41	53.72	56.54	—
散堆装货物	285.55	—	—	56.68
整车笨重货物	249.17	62.26	—	—
露天站台货物	218.57	58.81	—	—

具体评分标准如下：

（1）堆放场所需长度计算，公式运用是否正确，有无提示。

（2）装卸线所需长度计算，公式运用是否正确，有无提示。

（3）装卸线及堆放场所需长度确定是否翔实。

（4）在实训过程中是否服从指导教师指挥、教育。

二、综合测试

（一）单选题

1. 在铁路车站从事货物运输承运、保管、装车、卸车、交付作业的人员是（　　）。

A. 货运检查员　　B. 铁路货运员　　C. 货装值班员　　D. 货运调度员

2. 铁路货运营业办理站营业办理限制，用（　　）表示不办理。

A. △　　B. #　　C. ○　　D. ✻

3. 办理多种货物运输种类或多种品类货物的货运营业站和专用线作业的车站是（　　）。

A. 综合性货运站　　B. 专业性货运站

C. 尽端式货运站　　D. 通过式货运站

4. 货运站的货运作业主要包括（　　）。

A. 办理货物的承运、交付　　B. 办理货物装卸与保管

C. 按货物装卸地点选分和取送车辆　　D. 车辆的洗刷除污及上水作业

5. 仅办理专用线、专用铁路整车发到，用符号（　　）表示。

A. ○路　　B. ○专　　C. □危　　D. △散

6. 站内不办理散堆装货物发到，用符号（　　）表示。

A. △牲　　B. ○专　　C. □危　　D. △散

7. 年运量为（　　）的货场，属于大型货场。

A. 30 万吨以上　　B. 50 万吨以上　　C. 80 万吨以上　　D. 100 万吨以上

8. 由一组以上尽头式装卸线组成的货场是（　　）。其装卸线一端连接车站的站线，另一端是设置车挡的终端。

A. 通过式货场　　B. 尽端式货场　　C. 混合式货场　　D. 横列式货场

9. 为存放怕受自然条件影响的货物、危险货物和贵重货物而修建在普通站台的封闭式建筑物是（　　）。

A. 仓库　　B. 雨棚　　C. 雨搭　　D. 货位

10. 装有轨道衡设备，专门衡量重、空车质量用的线路是（　　）。

A. 装卸线　　B. 存车线　　C. 轨道衡线　　D. 机车走行线

11. 线路两侧堆放货物距钢轨头部外侧不得少于（　　）。

A. 1 m　　B. 1.5 m　　C. 2 m　　D. 2.5 m

12. 站台上码放的货物距站台边缘不得少于（　　）。

A. 1 m　　B. 1.5 m　　C. 2 m　　D. 2.5 m

13.（　　）是厂矿企业自有的线路，与铁路营业网相衔接，并由铁路负责车辆取送作业的企业铁路。

A. 专用线　　B. 专用铁路　　C. 合资铁路　　D. 地方铁路

14. 铁路专用线货运员会同企业运输员，在运输协议规定的地点，使用（　　）按铁路规定办理交接。

A.《专用线运输协议》　　B. 列车编组顺序表

C. 货车调送单　　D. 货物运单

15. 车站与其接轨的专用线（专用铁路）产权单位，应于每年（　　）以前，签订下年度专用线（专用铁路）运输协议。

A. 1 月底　　B. 6 月底　　C. 12 月底　　D. 10 月底

（二）实作题

5 月 12 日某企业专用线装乙醇 1 车，车号 0114678 如下图所示。请问存在什么问题？应如何处理？

项目二综合测试参考答案请扫码观看

项目三　铁路货运车辆与设备

知识目标

（1）认识铁路货运车辆种类，掌握各车种用途。
（2）认识不同种类的集装箱以及技术参数。
（3）识别装卸搬运集装箱的设备以及载运车辆。
（4）掌握篷布使用办法、篷布管理方法。

能力目标

（1）能根据货物种类选配适合的铁路货运车辆。
（2）能识别并表述不同类型的集装箱以及集装箱标记。
（3）能识别装卸搬运集装箱的机械和装运集装箱的车辆。
（4）能对铁路篷布进行初步管理。

思政目标

（1）从设备认知学习中引导学生要有创新思维，不断发展，要学习新技术、新思想、新理念，培养学生不断进取的职业精神。

（2）养成良好的职业责任意识，要从教学事故案例中总结经验教训，引导学生认识职业性质与肩负责任，培养学生良好的职业安全意识、规章意识、责任意识。

（3）培养学生的团队协作精神，能够积极主动进行团队合作与配合。

项目思维导图

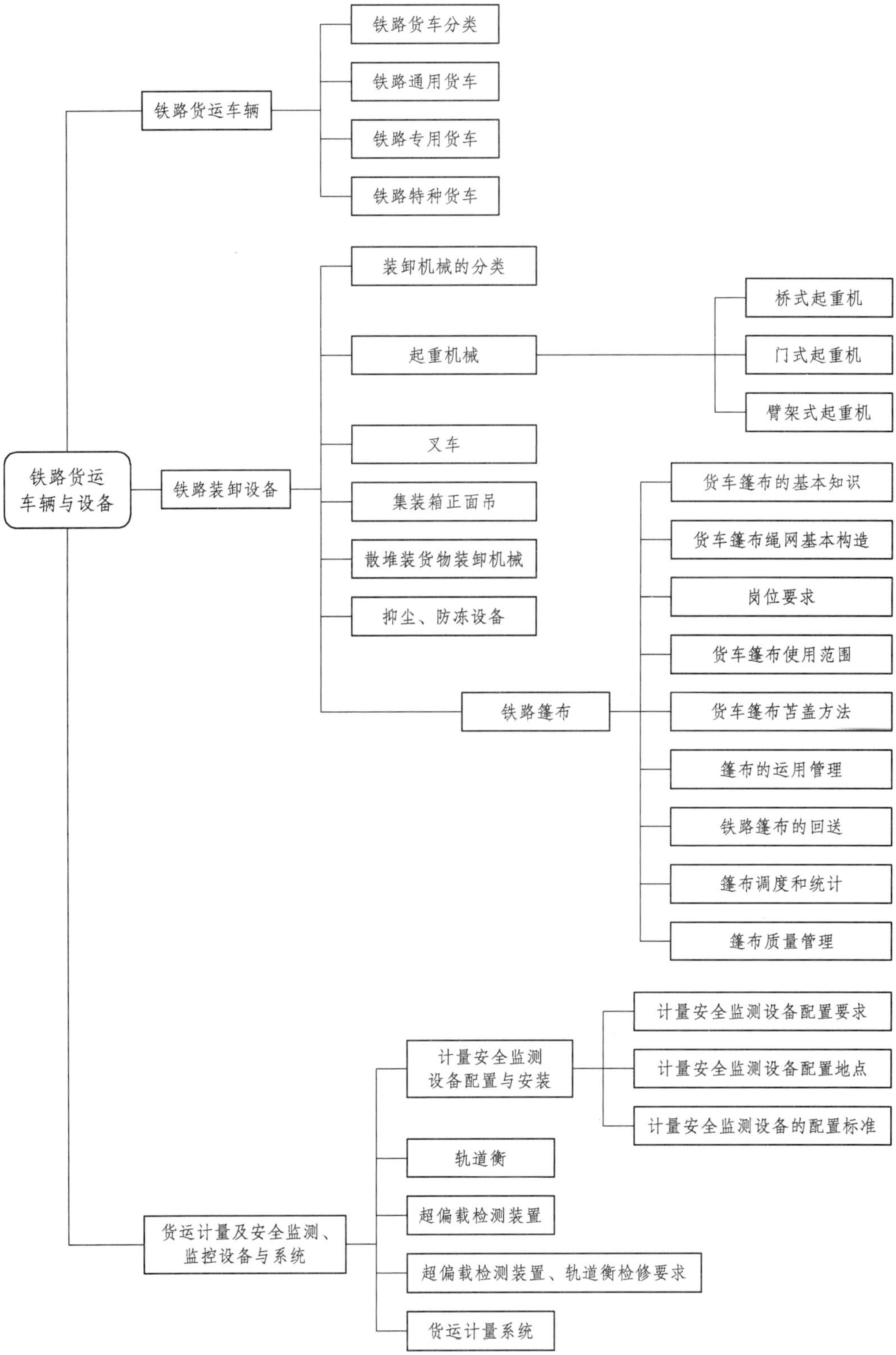
铁路货运车辆与设备
铁路货运车辆
铁路货车分类
铁路通用货车
铁路专用货车
铁路特种货车
铁路装卸设备
装卸机械的分类
起重机械
桥式起重机
门式起重机
臂架式起重机
叉车
集装箱正面吊
散堆装货物装卸机械
抑尘、防冻设备
铁路篷布
货车篷布的基本知识
货车篷布绳网基本构造
岗位要求
货车篷布使用范围
货车篷布苫盖方法
篷布的运用管理
铁路篷布的回送
篷布调度和统计
篷布质量管理
货运计量及安全监测、监控设备与系统
计量安全监测设备配置与安装
计量安全监测设备配置要求
计量安全监测设备配置地点
计量安全监测设备的配置标准
轨道衡
超偏载检测装置
超偏载检测装置、轨道衡检修要求
货运计量系统

任务1　铁路货运车辆

任务导读

铁路货车是运载货物、完成铁路货物运输任务的运载工具，是铁路运输的重要设备。近年来，随着运输市场需求的不断变化，为适应货主的运输需求，也为了最大限度地适应铁路所运货物的种类和性质，我国自行设计研制了各种类型的车辆，如用于运输托盘货物的全侧门棚车，能使货物免收雨雪浸湿的机械帐篷平车，用于运输冶金产品的活顶车以及为开展驮背运输、运送小轿车用的特种平车等。

本任务主要对铁路货车进行分类并分别介绍了不同用途车辆的基本情况。作为专业基础知识，要求学生熟悉车辆基本分类及用途和适装品名，为后面学习货物运输组织建立专业基础。

知识点

一、铁路货车分类

铁路货车按其用途不同，可分为通用货车、专用货车及特种货车三种。货车车种分类如表 3-1 所示。

表 3-1　货车车种分类表

主要类型	棚车	敞车	平车	罐车	冷藏车	集装箱车	矿石车	长大货物车	毒品车	家畜车	散装水泥车	散装粮食车	特种车	其他
基本记号	P	C	N	G	B	X	K	D	W	J	U	L	T	—

通用货车是装运普通货物的车辆，货物类型多且不固定，也无特殊要求。铁路货车中这类货车占的比重较大，主要有敞车、平车、棚车几种。

专用货车一般指只运送一种或很少几种货物的车辆。用途比较单一，大多以通用货车样式制造，同一种车辆要求装载的货物重量或外形尺寸比较统一。有时在铁路上的运营方式也比较特别，如固定编组、专列运行。专用货车一般有冷藏车、罐车、集装箱车、长大货物车、毒品车、家畜车、水泥车、粮食车、特种车和矿石车等。

特种货车是具有特殊用途的车辆，包括救援车、检衡车、发电车、除雪车等。

二、铁路通用货车

铁路通用货车是为了适应日常的货物运输需求、承载大部分货物的装载和运输的车辆。随着铁路运输行业的不断发展，其种类和功能已基本定型，通用货车一般有棚车、敞车和平车。

（一）棚车

棚车是有顶棚、侧墙、端墙、地板和车窗的铁路货车。棚车可防止雨水浸入车内，主要用于装运贵重器材及怕日晒、怕潮湿的货物，如各种粮谷、日用工业品及贵重仪器设备等。

有的棚车可在车内安装火炉、烟床板等，必要时可以运送人员和牲畜。目前全路棚车数约占货车总数的 20%。

图 3-1　铁路敞车

图 3-2　铁路棚车

（二）敞车

敞车是指具有端墙、侧墙、地板而无车顶的货车，主要供煤炭、矿石、矿建物资、木材、钢材等大宗货物运输使用，也可用来运送重量不大的机械设备。若在所装运的货物上苫盖防水帆布或其他遮篷物，可代替棚车承运怕雨淋的货物。因此敞车具有很大的通用性，在货车组成中数量最多，目前全路敞车数占货车总数的 60%以上。主要车型有 C_{61}、C_{62}、C_{62A}、C_{62B}、C_{64K}、C_{70}、C_{70B}、C_{70H} 以及主要在大秦线等运煤专线上运行的 C_{76H}、C_{80} 等。

敞车按卸货方式不同可分为两类：一类是适合于人工或卸车机作业的通用车，其特点是端墙高在 0.8 m 以上，车体两侧开有侧门，有的还设置底开门，以便煤炭或砂石等散粒货物自流卸出；另一类是只适用于大型工矿企业、站场、码头之间成列固定编组运输，用翻车机卸货的专用敞车，针对装卸地点固定的散装货物，还可采用漏斗车或自翻车。

（三）平车

大部分平车车体为一平板，主要用于运送钢材、木材、汽车、机械设备等体积或重量较大的货物，也可借助集装箱装运其他货物。有的平车装有活动墙板，这种平车也可用来装运矿石、沙土、石砟等散粒货物。平车属于底架承载结构，底架的主要部件有中梁、侧梁、枕梁、横梁及纵向辅助梁，我国自行设计和制造了多种平车，从结构上来分，主要有平板式和带活动墙板式两种，为了提高平车承受集中载荷的能力，部分平车车底架采用了鱼腹形梁。为了便于货物加固，侧梁外侧装设了绳栓和柱插，如图 3-4 所示。1998 年制造的 NX_{17A} 型平车-集装箱两用平车，在车底板上面带有翻转式锁头，既保留了原 N_{17A} 型平车的基本结构，又能适应运输集装箱的市场需求，提高了车辆适应性和利用率，在现在的铁路运输中得到了广泛的使用。

图 3-3　普通平车

图 3-4　平车-集装箱两用平车

三、铁路专用货车

（一）罐车

罐车车体为一圆筒形，是主要用于装载各种液体、液化气体和粉末状货物的专用车辆，罐车按用途可分为轻油类罐车、粘油类罐车、酸碱类罐车、液化气体类和粉状货物罐车。按结构特点可分为有空气包、无空气包罐车，有底架、无底架罐车，上卸式和下卸式罐车等。在罐车的气包或罐顶设有呼吸式安全阀，当外界温度变化使罐车内压力超过一定数值时，安全阀能自行打开，将罐体内气体放出；罐内压力低于一定数值时，通过安全阀可向罐内补气，以减小液体对罐体的冲击作用。粘油类罐车均采用下卸式排油装置，罐内液体直接从排油阀卸出。对于上卸式罐车罐体的底部中央，需设有排油管、进风管等装置，设置进风管是为了通入压缩空气保持压力平衡，以加速上卸排油。

图 3-5　轻油类罐车

图 3-6　粘油类罐车

（二）长大货物车

长大货物车主要用于装运体积庞大而又笨重的货物，或体积虽小但质量很大的货物（如大型机床、发电机定子、汽轮机转子、大型变压器等设备）。长大货物车按其结构形式可分为长大平车、凹底平车（或称元宝车）、落下孔车和钳夹式平车等。由于这些车的载重及自重大，为适应线路允许的轴重要求，车轴数较多。长大货物的载重量可达数十至数百吨。

图 3-7　凹底平车

图 3-8　落下孔车

（三）冷藏车

冷藏车的车体外形与棚车相似，但车体外表被涂成银灰色，以增加阳光的反射，减少太阳辐射热的侵入。冷藏车按照制冷方式不同分为冷板冷藏车、加冰冷藏车和机械冷藏车。冷藏车主要用于运送鱼、肉、水果、蔬菜等易腐货物。这类货物在运送过程中需要保持一定的温度、湿度和通风条件，因此冷藏车的车体装有隔热材料，车内设有冷却装置、加温装置、测温装置和通风装置等，具有制冷、保温和加温三种性能。

铁路易腐货物冷藏运输目前使用的主要为 B_{21}、B_{22}、B_{23}、B_{10} 型机械冷藏车。机械冷藏车采用制冷机制冷，它克服了加冰冷藏车温度不可调，车内保持温度不够低，寒季运送不能加温，途中需要加冰所提供补冰、补盐服务从而降低旅行速度等缺点。

B_{21}、B_{22}、B_{23} 型机械冷藏车为 5 辆一组，5 辆一组的机冷车均由 1 辆发电乘务车和 4 辆货物车组成。发电乘务车位于车组中部，两端各挂两辆货物车。各货物车可以任意换位及调头连挂。机冷车车组为成组集中供电，单车独立制冷或加温的形式。目前我国还有少量单辆运用的 B_{10} 型机械冷藏车。

图 3-9　机械冷藏车

（四）其他专用货车

（1）集装箱车。

集装箱专用车是专门用于装运集装箱的特种车辆，只具有车底架，但比平车车底架强度大，有单层和双层两种。

集装箱专用车有先期生产的 X_6、X_{6A}、X_{6B} 型车，可装运 20 ft、40 ft 集装箱，载重为 60 t；

为适应快运生产的 X_{1K} 型；可装运 20 ft、40 ft 集装箱的 X_{3K}、X_{4K}、X_{6K}，可装运 20 ft、40 ft、45 ft、48 ft、50 ft 集装箱的 X_{6H} 车型，标重为 61 t。

图 3-10　X_{70} 型集装箱专用车

图 3-11　X_{2H} 型双层集装箱专用车

双层集装箱专用车有 X_{2K}、X_{2H} 型，适用于 20 ft、40 ft 国际标准集装箱和 45 ft、48 ft、50 ft、53 ft 等长大集装箱。装车后集装箱和货物总重不得超过 78 t，重车重心高不得超过 2 400 mm。

集装箱专用车由我国国家铁路统一管理，各级集装箱调度负责日常调度指挥。集装箱车的备用须经国铁集团集装箱调度命令批准。集装箱车应在全路主要集装箱办理站间运用。组织成组或成列运输时，应经国铁集团集装箱调度批准。空集装箱车的调动不得按普通平车排空。

（2）矿石车。

矿石车一般为全钢车体，专供各种矿石的运送。为卸货方便，有的车体下部做成漏斗形，设底开门；有的整个车体能借液压或空气压力的作用向一侧倾斜，并可开启侧门（故又称为自翻车）。

图 3-12　矿石车

图 3-13　毒品车

（3）毒品车。

毒品车为全钢结构，具有顶棚，顶棚上装有隔热顶板，外墙黄色，有黑色骷髅头标记，隔热顶板涂以银灰色，主要用于装运农药等有毒物品。

（4）水泥车。

水泥车为密封车体，供装运散装水泥用。

（5）粮食车。

粮食车是专供运送散装粮食的货车。

（6）汽车专用车。

JSQ5 型双层运输汽车专用车主要用于国产及进口的各种微型、小型汽车的铁路运输。

（7）活顶棚车。

四、铁路特种货车

特种货车是具有特殊用途的车辆，主要有以下四种类型。

1. 救援车

救援车是当列车发生颠覆或脱轨事故，排除线路障碍物及修复线路故障时使用的车辆，一般编成救援列车，包括起重吊车、修复线路的工具车、材料车、救援人员的食宿车等。

2. 检衡车

检衡车是用于鉴定轨道衡性能的车辆，设有砝码或同时设有操作器。

3. 发电车

发电车是设有由动力机械驱动的发电设备的车辆，主要用于给列车供电，能作为铁路线上流动的发电场，供缺电处所用电。

4. 除雪车

除雪车设有专门的扫雪装置，一般由机车推动前进，供扫除铁道上积雪用。

任务 2　铁路装卸设备

任务导读

铁路运输装卸机械（以下简称装卸机械）是铁路运输生产的重要设备，主要包括门（桥）式起重机，叉车、臂架式起重机、装（卸）车机、集装箱吊运机等机械设备。大力发展装卸机械，使铁路的货物装卸工作实现机械化已成为铁路货运装卸工作的重点。装卸机械化是铁路装卸工作的发展方向，是加速车辆周转、提高运输效率和经济效益的重要途径，是实现铁路现代化的一项重要内容。

本任务通过介绍装卸机械的种类与用途、抑尘、防冻设施设备以及铁路篷布及管理规定等内容，加深学生对铁路机械化操作的认识，建立良好的专业认知。

知识点

一、装卸机械的分类

我国铁路常用的装卸机械种类繁多，但大部分都属于起重运输机械。起重运输机是起重机械和运输机械的总称。

铁路装卸机械按其技术性能可分为间歇作用机械和连续作用机械。间歇作用机械是在一定时间内进行一次装车、卸车过程或搬运过程的机械；连续作用机械是连续不间断地装或搬运货物的机械，其中起重机械是一种间歇动作的机械，它的工作特征是周期性的；运输机械属于连续作业机械，以连续、稳定方式进行装卸作业。铁路装卸机械按装卸的物料不同可分为散状物料装卸机械和成件物品装卸机械，按结构形式不同可分为固定式和运行式两类，按运行方式不同又可分为轨式和无轨式两种。

二、起重机械

起重机械是指除起升机构外还有水平运动机构的设备。起重机械根据其结构特点可分为桥式和门式两大类型。

（一）桥式起重机

桥式起重机是桥架在高架轨道上运行的一种起重机，又称天车。桥式起重机的桥架沿铺设在两侧高架上的轨道纵向运行，起重小车沿铺设在桥架上的轨道横向运行，构成一矩形的工作范围，就可以充分利用桥架下面的空间吊运物料，不受地面设备的阻碍。这种起重机目前很少在新建货场使用，但在一些既有货场还可以看到。

桥式起重机被广泛应用在室内外仓库、厂房、码头和露天储料场等处，可分为普通桥式起重机、简易梁桥式起重机两种。

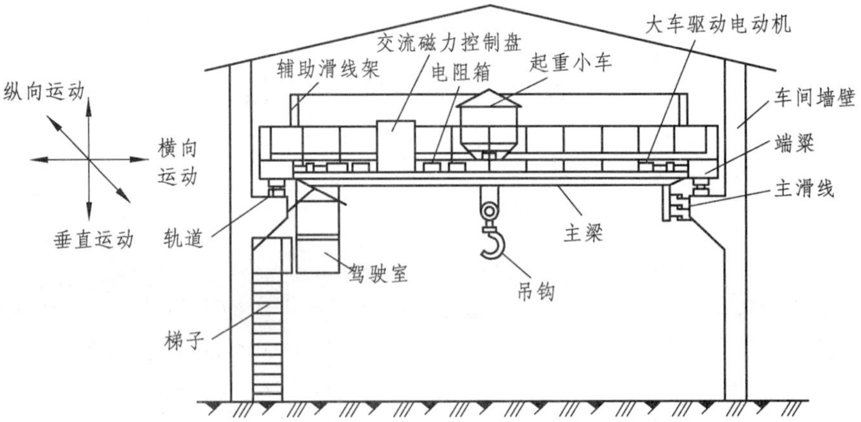

图 3-14　桥式起重机结构

1. 普通桥式起重机

普通桥式起重机一般由起重小车、桥架运行机构、桥架金属结构组成，也有一些的桥架是由混凝土建造而成的。起重小车又由起升机构小车、运行机构和小车架三部分组成。起升机构包括电动机、制动器、减速器、卷筒和滑轮组。电动机通过减速器，带动卷筒转动，使钢丝绳绕上卷筒或从卷筒放下，以升降重物。小车架是支托和安装起升机构和小车运行机构等部件的机架，通常为焊接结构。

起重机运行机构一般只用四个主动和从动车轮，如果起重量很大，常用增加车轮的办法来降低轮压。当车轮超过四个时，必须采用铰接均衡车架装置，使起重机的载荷均匀地分布在各车轮上。

桥架的金属结构由主梁和端梁组成，分为单主梁桥架和双梁桥架两类。单主梁桥架由单根主梁和位于跨度两边的端梁组成，双梁桥架由两根主梁和端梁组成。

图 3-15　单主梁桥式起重机

图 3-16　双梁式桥式起重机

2. 简易梁桥式起重机

简易梁桥式起重机又称梁式起重机，其结构组成与普通桥式起重机类似，起重量、跨度和工作速度均较小。桥架主梁是由工字钢或其他型钢和板钢组成的简单截面梁，用手拉葫芦或电动葫芦配上简易小车作为起重小车，小车一般在工字梁的下翼缘上运行。桥架既可以沿高架上的轨道运行，也可以沿悬吊在高架下面的轨道运行，这种起重机被称为悬挂梁式起重机。

（二）门式起重机

门式起重机是在固定跨间内搬运和装卸物料的机械设备，被广泛应用于车间、仓库或露天场地。其与桥式起重机的区别体现在桥架部分，它在主梁的两端有两个高大的支撑腿，大车行走车轮就装在支撑腿的底梁上，沿着铺设在地面上的轨道做纵向运行。门式起重机是我国目前在货场内广泛使用的重型起重机。

1. 龙门起重机

龙门起重机是指水平桥架设置在两条支腿上构成门架形状的一种桥架型起重机。这种起重机在地面轨道上运行，主要用在露天储料场、船坞、电站、港口和铁路货场等地进行搬运和安装作业。龙门起重机的起升机构、小车运行机构和桥架结构与桥式起重机基本相同。由于跨度大，起重机运行机构大多采用分别驱动方式，以防止起重机因产生歪斜运行而增加阻力，甚至发生事故。龙门起重机的起重小车在桥架上运行，而有的起重小车本身就是一台臂架型起重机。

图 3-17　龙门起重机

2. 集装箱门式起重机

集装箱门式起重机适用于集装箱堆场和铁路集装箱中转站的国际标准集装箱的搬运及装卸，其性能稳定，生产效率高，便于维护保养，具有完善的安全指示和过载保护装置，能最大限度地确保操作人员和设备的安全。

图 3-18　集装箱门式起重机

集装箱门式起重机分为轮胎式和轨道式两种。轮胎式集装箱门式起重机机动性好，对地面不平度敏感性小，动力来源于柴油发电机组的供电，其油路和液压系统设有加热装置，可在低温下工作。轨道式集装箱门式起重机下部小车可回转，小车整体可过门腿，使作业范围更大，作业方式更灵活。

（三）臂架式起重机

除少数固定臂架式起重机外，大多数臂架式起重机的结构都有一个悬伸，可旋转的臂架作为主要的受力构件，除了起升机机构外，通常还有旋转机构和变幅机构，通过起升机构、变幅机构、旋转机构和运行机构等四大机构的组合运动，可以实现在圆形或长圆形空间的装卸作业。臂架式起重机还可装设在车辆或其他运输工具上，构成常见的各种运行臂架式起重机。

一般按运行机构来分，臂架式起重机分为固定式和移动式两类。固定式臂架起重机又分为定柱式、转柱式及转盘式三种。移动式臂架起重机的种类繁多，有用轨道运行的移动式臂架起重机，如铁路起重机、塔式起重机、门座起重机等，也有没用轨道运行的移动式臂架起重机和履带起重机、轮胎起重机等。

图 3-19　臂架式起重机

三、叉车

叉车是对成件托盘货物进行装卸、堆垛和短距离运输作业的轮式搬运车辆。国际标准化组织 ISO/TC110 称其为工业车辆。

图 3-20　叉车

在用于成件包装货物的装卸、搬运和堆码作业时，叉车能机动灵活地适应多变的物料搬运作业场所，具有对成件货物进行装卸和短距离运输作业的功能，还可以进入车厢、集装箱内进行装卸搬运作业，经济、高效地满足各种短途货物搬运作业的需要。叉车广泛用于铁路、港口、仓库、工厂、机场等场所。

（一）叉车的分类

叉车通常可以分为两大类：内燃叉车和电动叉车。

1. 内燃叉车

内燃叉车又分为普通内燃叉车、重型叉车、集装箱叉车和侧面叉车。

（1）普通内燃车。

普通内燃车一般采用柴油、汽油、液化石油气或天然气发动机作为动力，载荷能力 1.2 ~ 8.0 t，作业通道宽度一般为 3.5 ~ 5.0 m，考虑到尾气排放和噪声的问题，通常用在室外、车间或其他对尾气排放和噪声没有特殊要求的场所。由于燃料补充方便，因此可实现长时间的连续作业，而且能胜任在恶劣的环境下（如雨天）工作。

（2）重型叉车。

重型叉车采用柴油发动机作为动力，承载能力 10.0 ~ 52.0 t，能进行诸如钢铁等较重货物的装卸搬运作业。

（3）集装箱叉车。

集装箱叉车采用柴油发动机作为动力，承载能力 8.0 ~ 45.0 t，一般分为空箱堆高机、重箱堆高机和集装箱正面吊，应用于集装箱搬运，如集装箱堆场或港口码头作业。

（4）侧面叉车。

侧面叉车采用柴油发动机作为动力，承载能力 3.0 ~ 6.0 t。在不转弯的情况下，具有直接从侧面叉取货物的能力，因此主要用来叉取长条形的货物，如木条、钢筋等。

2. 电动叉车

以电动机为动力，蓄电池为能源。承载能力 1.0 ~ 4.8 t，作业通道宽度一般为 3.5 ~ 5.0 m。

由于没有污染、噪声小，因此广泛应用于对环境要求较高的工况，如医药、食品等行业。由于每个电池一般在工作约 8 h 后需要充电，因此对于多班制的工况需要配备备用电池。

（二）叉车车型和配置的选择

叉车车型和配置的选择一般要从以下几个方面出发：

1. 作业功能

叉车的基本作业功能分为水平搬运、堆垛、取货、装货、卸货、拣选。另外，特殊的作业功能会影响到叉车的具体配置，如搬运纸卷、铁水时，需要叉车安装属具来完成特殊功能。

2. 作业要求

叉车的作业要求包括托盘或货物规格、提升高度、作业通道宽度、爬坡度等一般要求，同时还需要考虑作业效率（不同的车型其效率不同）作业习惯（如习惯坐驾还是站驾）等方面的要求。

3. 作业环境

如果企业需要搬运的货物或仓库环境对噪声或尾气排放等环保方面有要求，在选择车型和配置时应有所考虑。如果是在冷库中或是在有防爆要求的环境中，叉车的配置也应该是冷库型或者防爆型的。还需要仔细考察叉车作业时需要经过的地点，并设想可能出现的问题。

四、集装箱正面吊

集装箱正面吊是专门为 20 ft 和 40 ft 国际标准集装箱而设计的，主要用于集装箱的堆码和码头、堆场内的水平运输，与叉车相比，它具有机动灵活、操作方便、稳定性好、轮压较低、堆码层数高、堆场利用率高等优点。它通过安装在伸缩臂架头部的吊具抓起集装箱，由臂架的伸缩、俯仰和吊具的旋转、侧移、倾斜等动作实现对集装箱的装卸和堆码作业，通过轮式底盘实现对集装箱的水平运输，可进行跨箱作业。

图 3-21　集装箱正面吊

正面吊作业程序和标准

集装箱正面吊有可伸缩和左右旋转的集装箱吊具，能用于 20 ft、40 ft 集装箱的装卸作业，吊装集装箱时正面吊不一定要与集装箱垂直，可以与集装箱成夹角作业。在起吊后，可旋转吊具，以便通过比较狭窄的通道。同时，吊具可以左右侧移各 800 mm，以便于在吊装时对箱，提高作业效率。在场地条件较差的货运站，正面吊也能正常作业。

集装箱正面吊的操作规程是允许其吊重伸臂的，因为取箱之后要到堆场堆码或是吊到集装箱拖车上。但是该过程不能在行车过程中完成（轻载慢速例外），必须等车停稳了才能操纵控制手柄，因为在途中操纵容易导致司机的视线受挡从而引发事故。

五、装载机

装载机是一种广泛用于公路、铁路、建筑、水电、港口、矿山等建设工程的土石方施工机械，主要用于铲装土壤、砂石、石灰、煤炭等散状物料，也可对矿石、硬土等作轻度铲挖作业。换装不同的辅助工作装置还可进行推土、起重和其他物料如木材的装卸作业。在道路特别是在高等级公路施工中，装载机除了用于路基工程的填挖、沥青混合料和水泥混凝土料场的集料与装料等作业，还可进行推运土壤、刮平地面和牵引其他机械等作业。由于装载机具有作业速度快、效率高、机动性好、操作轻便等优点，它成了工程建设中土石方施工的主要机种之一。

图 3-22　装载机

六、散堆装货物装卸机械

散堆装货物装卸机械包括装载机、装车机、卸车机、斗轮堆取料机等。

车辆用散堆装货物装卸机械装车时，整列的铁路车一般用高架料仓或装车机，非整列的铁路车辆和汽车用单斗装载机和蟹耙式装载机。卸车时，除用底开门车辆外，还有起重机挂抓斗抓料、翻车机卸料和用卸车机从车厢内将物料卸出几种方法。卸车机主要有以下几种类型。

（一）链斗卸车机

链斗卸车机如图 3-23 所示，它跨越载货车辆，在专门铺设的轨道上移动，主要由链斗提升机、带式输送机、链斗起升机构、整车运行机构和金属构架组成。链斗从敞车内取料并将物料提升，卸至横置的、可双向运行的带式输送机上，在卸车机轨道的外侧抛落。链斗的起升机构是一套卷筒滑轮组，可使链斗提升机升降。链斗卸车机的作业能力一般在 300 t/h 以下。它的缺点是车底常残留物料，卸车时粉尘飞扬。

图 3-23　链斗卸车机

（二）螺旋卸车机

螺旋卸车机如图 3-24 所示，其工作装置是两个叶片旋向相反的螺旋。螺旋旋转时，叶片将物料从车辆的侧门推出。螺旋可升降以适应物料的高度。螺旋卸车机的持续作业能力可达 1 000 h，但它要求配用侧开门铁路敞车，同时卸料地段应有高路基或坑道。堆场冬季若散料在车内冻结，在使用上述两种卸车机卸料前，应先加热解冻或将冻块破碎。

图 3-24　螺旋卸车机

（三）气力卸车机

气力卸车机是一种气力输送装置，用来卸专用车装运的散装粮食或水泥。

（四）惯性卸车机

其平台由弹簧支承，平台上铺设两根有一定高差的轨道。棚车被推上平台后，车体向侧

自然倾斜一定角度 α，车钩自动夹紧。电动机驱动装在平台下面的偏心块旋转。由于偏心块的离心力和平台支承弹簧力的共同作用，平面与棚车一起作纵向振动（振幅为 4 070 m，频率为 1.5 ~ 2 Hz），使车内散料由中间车门卸出，其作业能力为 4 ~ 6 车/h。散堆装货物装卸设备还有斗式铲车、胶带输送机等，也有利用带抓斗的旋转式起重机或者挖掘机进行装卸的。但是，由于散堆装货物颗粒较小，其装卸作业难度较大，同时在装卸作业中很容易产生粉尘，尤其是卸煤机等，因此对周边环境影响很大。

（五）翻车机

翻车机是一种用来翻卸铁路敞车散料的大型机械设备，是一种可将有轨车辆翻转或倾斜使之卸料的装卸机械，适用于运输量大的港口和冶金、煤炭、热电等工业部门。矿井下的矿车也大多用小型翻车机卸车。翻车机可以每次翻卸 1 ~ 4 节车辆，早期的设备只能翻卸 1 节车辆，最大的翻车机则可以翻卸 4 节车辆。

图 3-25　翻车机

翻车机系统是一种非常专业化的散状物料卸料系统，它用于火车装载的散状物料的翻卸。翻车机卸煤系统卸车效率高，对车辆造成的损伤小，能改善值班人员的工作环境和便于实现机械的自动化控制。随着国民经济的持续发展，火力发电厂、冶炼厂、水泥厂、港口、矿山的建设所需的火车运输的散状物料如煤炭、焦炭、矿砂的用量大幅增长，翻车机卸车系统在大型现代化企业得到广泛应用。

翻车机作业视频

任务 3　货运计量及安全检测监控设备与系统

任务导读

计量安全检测、监控设备是对货车、集装箱进行科学计量及安全检测监控，确保行车安全的重要设施。计量安全检测设备包括计量衡器和安全检测监控设施两大类。计量衡器是指轨道衡、汽车衡等衡器类设备；安全检测监控设施是指超偏载检测装置、超限检测装置、安全门等非衡器类安全检测、监控设施。

计量安全检测监控设备配置的目标是利用先进的科技设备，建立全路货运安全检测监控系统，形成网络检测、监控能力，实时检测、监控货车超载、偏载、偏重、超限及危险品气体泄漏等危及运输安全的情况；零担、集装箱、整车货物的检斤率达到100%；危险品办理站具备危险品检测和防爆能力；主要货检站具备危险品检测和超偏载、超限、货车装载状态检测监控等安全检测、监控能力。积极推进货运计量安全检测监控系统计算机网络化，并纳入TMIS系统管理，实现全路货运计量安全检测监控系统信息共享。

知识点

一、计量安全监测设备配置与安装

（一）计量安全监测设备配置要求

（1）计量安全检测设备配置目标是满足承运人确定货物重量和货装安全防控的需要，控制装车源头，强化途中监控，保证卸车质量，实现货运安全有序可控。

（2）计量安全检测设备的主要技术条件、配置要求、安装要求等应符合国家、行业以及国铁集团的技术标准和标准性技术文件要求。对纳入《中华人民共和国依法管理的计量器具目录（型式批准部分）》的计量器具，在取得“制造计量器具许可证”后方可在国家铁路领域使用。对纳入国铁集团铁路专用计量器具技术审查目录的计量器具，在取得技术审查证书后方可在国家铁路领域使用。

（3）新建、改扩建铁路时，计量安全检测设备和货运计量系统应同步规划、同步设计、同步建设、同步验收、同步投入运用。既有铁路新配置或升级改造的超偏载检测装置、轨道衡等计量安全检测设备应纳入货运计量系统联网应用。

（二）计量安全监测设备配置地点

计量安全检测设备应优先配置下列地点：

（1）经常发生惯性装载质量问题的车站。

（2）编组站、区段站和开行动车组列车的客货共线线路入口车站。

（3）干线与支线接轨站。

（4）散堆装及重质货物发送量较大的车站。

（5）货物年发送量30万吨及以上的车站。

（6）重点货运站（快运班列始发装车站、运量较大的钢材装车站、超限超重货物装车站）。

（7）集装箱办理站。

（8）国铁和地方铁路（合资铁路）接轨站。

（三）计量安全监测设备的配置标准

（1）货物年发送量在30万吨及以上的车站、超限超重货物装车站、运量较大的钢材装车站，配置轨道衡或超偏载检测装置。

（2）超限超重货物、大件货物、废钢铁、料石、箱装玻璃、金属构件、混装货物（一车装有不同品名或规格的货物）、军运货物的装车地点及有按方案装车货物的货运站配置智能轮重测定仪。

（3）集装箱办理站配置 100 吨及以上汽车衡、智能轮重测定仪或相适应的计量安全检测设备。

（4）货物年发送量 30 万吨及以上的铁路专用线（专用铁路）配置相适应的轨道衡。

（5）货物年发送量 30 万吨以下的铁路专用线宜安装汽车衡或其他计量安全检测设备。

（6）专用铁路应安装轨道衡或超偏载检测装置。

（7）干线与支线接轨站应安装轨道衡或超偏载检测装置。

（8）快运班列装车站宜安装轨道衡或超偏载检测装置。

（9）其他货运站配置相适应的计量安全检测设备。凡用于铁路装火车的装载机（铁路货场）和专用线（专用铁路）必须安装电子秤。没有配置其他任何计量衡器的装车地点应配置智能轮重测定仪。

二、轨道衡

（一）定义

轨道衡按预定程序对行进中的铁路货车进行称量，具有对称量数据进行处理、判断、指示和打印等功能。

（二）构成

轨道衡用于称量铁路货车装载的货物，由承载器、称重传感器、称重仪表、打印机以及安装现场的基础与整体道床等部分组成。称量仪表将称量传感器输出的车辆载荷信号进行处理，自动转换为质量值，从而得出运行过程中的车辆或列车的质量。

（三）工作原理

相关内容请扫码观看。

工作原理

（四）轨道衡配置位置

相关内容请扫码观看。

轨道衡配置设置

三、超偏载检测装置

（一）定义

超偏载检测装置是在货车运行过程中对其轮重进行测量，进而判定货车是否超载和偏载的装置。

（二）构成

超偏载检测装置主要包括承载结构、承重传感器、数据采集和处理系统。

（三）总体技术性能

相关内容请扫码观看。

总体技术性能

（四）超偏载安装技术条件

相关内容请扫码观看。

超偏载安装技术条件

（五）超偏载问题车处理

相关内容请扫码观看。

超偏载问题车处理

四、超偏载检测装置、轨道衡检修要求

相关内容请扫码观看。

超偏载检测装置、轨道衡检修要求

任务 4　其他铁路货运设备

任务导读

在铁路运输中，还有其他货运设备来进行支撑货物运输，本任务主要介绍铁路抑尘、防冻设施设备以及铁路篷布管理规定等内容，帮助学生全面了解和掌握铁路货运设备。

知识点

一、抑尘、防冻设备

（一）抑尘

煤炭在铁路运输过程中直接暴露在外部环境下，列车在运行过程中与空气相对运动产生的气流使煤炭脱离列车，造成铁路沿线环境污染、资源浪费等一系列问题，所以，运输煤炭时需要喷洒抑尘剂。

（二）抑尘喷洒装置

喷洒装置是抑尘喷洒控制系统的一个重要组成部分，是主要应用于煤炭装运点喷洒抑尘固化剂装置的一种机械设备。当火车、汽车运送煤炭、矿粉时，可对每辆车上的散装物料喷洒抑尘剂，形成保护膜，从而减少污染。

目前，喷洒装置根据形式主要分为两类，固定式喷洒装置和移动式喷洒装置。其中，固定式喷洒装置包括摆臂式、龙门式、对喷式和侧喷式四种形式；移动式喷洒装置主要是移动式喷洒车和小型移动式喷洒车。如图 3-26 所示。

抑尘车就是喷洒装置的一种，它主要由汽车底盘、保温罐体、喷洒机构、执行机构、控制机构、保温加热系统、计量系统组成。它主要利用液压系统与电控系统的交互作用，即通过移动式喷洒设备在配液站将喷洒液注入储液罐，实现自行到喷洒点完成作业。

抑尘作业流程如图 3-27 所示。

（三）防冻

冻车是指煤炭冻结粘连在铁路货车（含集装箱）的端、侧墙或地板上，需要采取非常规方法或特殊工具卸车的车辆。

图 3-26　抑尘喷洒设备

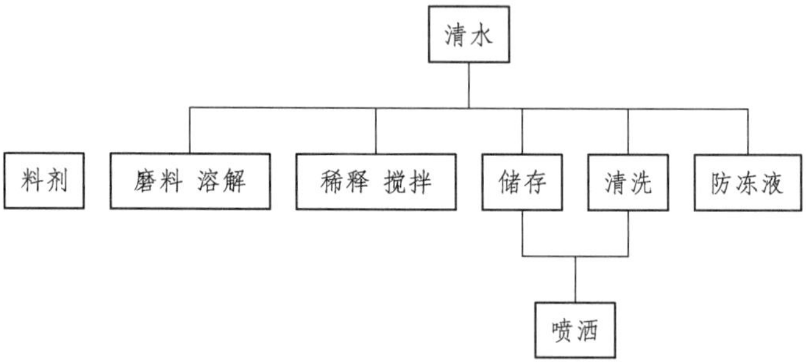

图 3-27　抑尘作业流程图

抑尘作业喷洒视频

为做好冬季煤炭在铁路运输过程中的防冻工作，避免出现在煤炭冻结或煤炭与货车冻结粘连，确保到站（港）煤炭正常卸车，所以冬季煤炭运输时需要向空车内喷洒防冻液。

铁路煤炭运输在装（卸）车站点和运输过程中环境温度低于 0 °C，且煤炭的含水率超过 4%时，必须进行防冻液喷洒作业。集团公司煤炭运输防冻期一般指每年 11 月 1 日至次年 3 月 31 日，根据天气情况，各货运中心（或车站）可提前启动或推迟防冻车作业。

（四）防冻喷洒装置

喷洒装置分为固定式作业设备和移动式喷洒设备。

固定式防冻作业设备应配置车号识别装置、测速装置、流量计等，自动记录车号、车型、每辆货车喷洒量等基础信息，自动检测列车运行速度，根据列车运行速度自动调整防冻液喷洒量。防冻作业视频监控设备应配置到位，视频清晰，能够记录每次防冻作业过程和防冻液配置过程，具备远程实时视频监控和查询历史作业的功能。

移动式喷洒设备改装应符合国家规定，保证运行安全；集装箱防冻作业单位应配置适合集装箱喷洒防冻液的设施、设备（含移动式防冻喷洒车、手持式防冻喷洒设备等）。喷洒设备需配置流量计，记录喷洒量，安装的喷洒视频设备应具备记录防冻作业过程和记录喷洒量的功能。

设备使用单位对流量计管理要做到留有备用，保证流量计故障能及时更换，确保防冻车作业使用。

二、铁路篷布

（一）货车篷布的基本知识

1. 篷布的作用

篷布是铁路货车辅助用具，跟随敞车一起被使用，不能作为独立的运输工具参加货物运输。篷布主要缓解了棚车、专用车数量不足的矛盾，基本能满足怕湿、易燃货物运输的最低限度需求。

2. 篷布的分类

（1）篷布按产权分为铁路篷布和自备篷布。

铁路篷布是承运人提供的篷布。

自备篷布是托运人购置的篷布，其质量及规格与铁路篷布相同，必须符合铁路运输要求。自备篷布的修理由产权单位负责，应严格执行篷布维修技术条件，保证自备篷布的维修质量。

（2）篷布按运用状况分为应用篷布、待修篷布和待报废篷布。

（3）货车篷布规格：目前使用的货车 D 型篷布长 15 000 mm，宽 5 300 mm，腰绳 7 根，角绳 4 根，端绳 4 根，压绳 2 根，如图 3-28 所示。

3. 篷布基本构造

每张篷布上有眼圈 26 个，腰绳 7 根，角绳 4 根，端绳 4 根，压绳 2 根，加强筋 7 条，每条加强筋上均匀分布 3 个穿绳布，篷布的四周穿有 1 根包边绳，两端有压绳布，如图 3-28、3-29 所示。

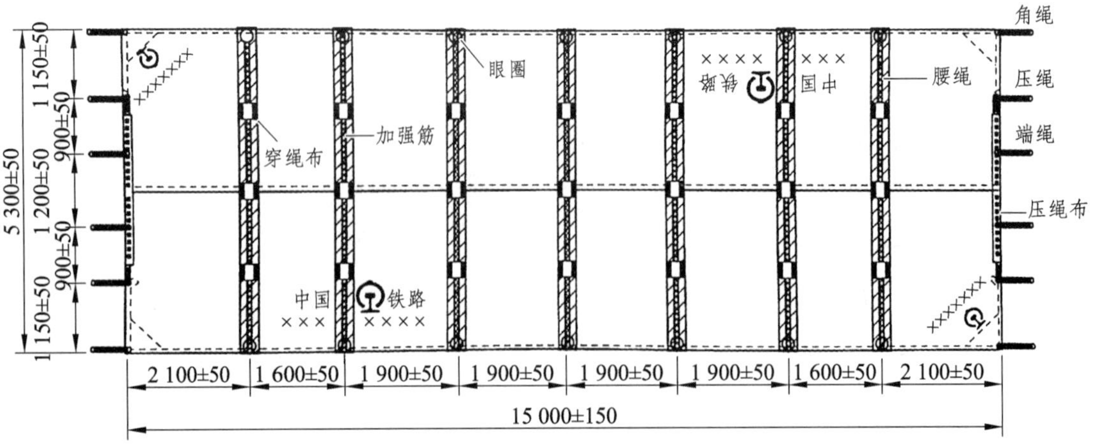

图 3-28 铁路篷布（正面，单位：mm）

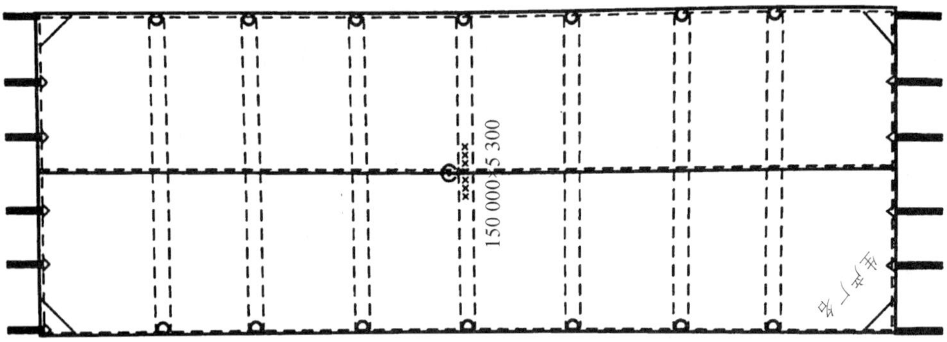

图 3-29 铁路篷布（反面，单位：mm）

4. **篷布的标志**

（1）铁路篷布。

铁路篷布正面两侧有“中国铁路”4 个字、路徽以及 7 位数篷布编号。两对角有路徽及相同的篷布编号。

铁路篷布反面中间位置沿宽度方向有路徽、7 位数篷布编号。两对角有“中国铁路”与生产厂名标志。

自备篷布示意图

铁路篷布编号由国家铁路统一公布。铁路篷布采用 7 位编号，第一位是该篷布投入使用的年份，后 6 位是顺序号。

（2）自备篷布。

自备篷布正面沿长度方向两侧距边缘 200 mm 处涂打宽 150 mm 的黄色通栏横杠标记。正面两侧距边缘 450 mm 以上处居中涂打产权单位名称和篷布编号。正面两对角涂打篷布编号。

反面两对角涂打生产厂名。正面两端居中涂打“铁自蓬”和受理号。反面中间加强筋处涂打篷布编号。

自备篷布采用9位编号，前4位是该篷布投入使用的年份，后5位是顺序号。

5. 货车篷布管理的规章依据

货车篷布管理规则（简称《篷规》）是现行篷布管理的技术指导规则。

《篷规》适用于国家铁路的篷布管理。与国家铁路办理直通运输的合资铁路、地方铁路使用篷布时，铁路局集团公司应将篷布管理内容纳入有关运输安全协议。与国家铁路接轨的铁路专用线、专用铁路使用篷布时，铁路局集团公司应将篷布内容纳入铁路专用线、专用铁路运输协议。

6. 各级部门篷布管理职责

中国国家铁路集团有限公司（简称国铁集团）负责全路篷布运用和统一管理。

铁路局集团公司负责管内铁路篷布运用管理、自备篷布管理和篷布绳卡、篷布绳网管理。

货运站段：负责篷布质量交接检查，落实损坏赔偿责任，填记相关台账，并核对现车的到发篷布张数、号码，做到账物相符；对停留篷布汇报铁路局集团公司调度；按规定正确核收货车篷布有关的各项费用。

中铁集装箱运输有限责任公司（简称中铁集装箱公司）负责铁路篷布的购置、维修、报废等资产管理工作。

中铁集装箱分公司（篷修所）对到达回送的篷布要加强质量检查，认真做好“货车篷布交接单”的填记工作，篷布绳短、少严重的，要拍发电报主送装车站并抄送货运部。

（二）货车篷布绳网基本构造

1. 术语和定义

（1）篷布绳网。

篷布绳网是货车篷布的防护用网（注：用于对货车苫盖篷布的防护，防止运输途中篷布掀起或脱落）。

（2）网筋。

网筋是由绳索经编织或采用其他成网工艺制作而成的，构成篷布绳网主体的网状物。

（3）系绳。

系绳是篷布绳网边角上与车体固定的绳索。

（4）网目边长。

网目边长是篷布绳网网筋上的相邻两个结点之间的距离。

（5）网目数量。

网目数量是相对的两个边角之间的网目数。

2. 技术要求

（1）结构及尺寸。

篷布绳网采用对称的边角式的结构，网目形状为菱形，由网筋和系绳构成，如图3-30所示。尺寸公差及结构要求如表3-2所示。

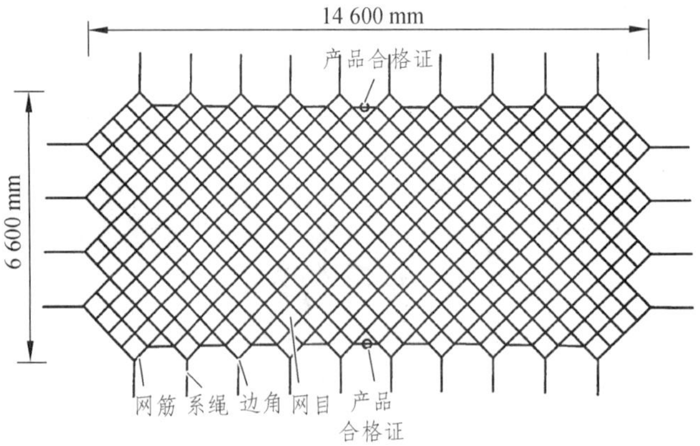

图 3-30　篷布绳网结构示意

表 3-2　尺寸公差及结构要求

序号	指标项目		单位	要求
1	绳网长度		mm	14 600±300
2	绳网宽度		mm	6 600±150
3	网目边长		mm	470±10
4	网目数量	长度方向	个	22
		宽度方向	个	10
5	边角个数		个	28
6	系绳数量		根	28
7	系绳长度		mm	2 500±50
8	绳索直径		mm	≥2.5

（2）材料与外观。

篷布绳网用绳索采用聚烃纶扁丝制成，颜色为白色。

不应使用易腐烂或再生材料制作篷布绳网。

同一张篷布绳网上的制作方法应一致。

不应有断筋及有影响使用的编织缺陷。

篷布绳网结点的编织应牢固。

系绳应牢固拴结在篷布绳网边缘的每个边角上，末端采用热切割，绳索端头不松散。

（3）性能指标。

表 3-3　性能指标

序号	指标项目	单位	技术要求
1	绳索破断拉力（室温、高温、低温）	kN	≥1.5
2	负荷 1.2 kN 时绳索伸长率（室温、高温、低温）	—	≤15%
3	绳索阻燃性能	—	续燃、阴燃时间均不大于 10 s
4	绳索耐磨性能	—	连续摩擦 600 次不断

3. 产品标识、有效期限及储存

（1）按图 3-30 所示位置在篷布绳网两侧网筋上各牢固栓结 1 张产品合格证。产品合格证应防水、防撕裂，信息应完整清晰。产品合格证信息内容应包括产品名称、生产单位、联系电话、绳索生产年月、绳网有效期限等。

（2）有效期限：自绳索生产之日起计算，篷布绳网有效期限为 24 个月。

（3）储存：储存在阴凉干燥处，防止日晒。

（三）岗位要求

1. 货运作业环节

（1）装车质量验收。

检查篷布苫盖及绳索捆绑固定情况，进行系统信息录入。

（2）卸车。

查看卸车计划：在货运站系统“整车装卸”界面检查已下达的卸车计划，确认品名、发站、车种车号、货重、件数、施封（篷布）号、卸车工组等信息。

作业前检查：检查施封（篷布）号是否正确。

（3）安全风险控制。

装车前对篷布质量检查进行签认。装车时严格落实苫盖标准。装车后对标检查质量，拍照确认。

2. 装卸工组附属作业环节

撤揭篷布时，上下车顶部需使用梯子，迎风解绳，随解随卷。遇六级以上大风应停止作业。篷布折叠整齐，露出路徽和号码。

揭苫篷布时，车上作业人员应站在车顶部纵向中线位置，面向距车帮最近处的车外方向。苫盖篷布时，先将迎风面绳子放下拴好，随放随拉随拴。揭篷布时由车的迎风端解开绳索卷起，两侧篷布随解随卷，车上作业人员应站在上风头。

苫盖篷布时，上下敞车顶部需使用梯子，篷布从中门向两侧展开、拉下，车下人员将绳索拉紧、拴牢，绳头在 0.3 m 以内，露出车牌、车号，不妨碍车辆手使用和提钩杆。配合货运员检查车门、车窗、盖阀有无异状，篷布苫盖是否严密、有无破损，车门销、钩、链是否完整、插（挂）牢，槽轮有无异状。

苫盖货车篷布时绳索应绷紧，拴在绳栓上，不得拴在非拴结点上。绳索余尾长度应不超过 300 mm，且不短于 100 mm。篷布不得遮盖车号和货车表示牌。禁止砍割篷布及绳索。

配合货运员检查货车装载是否符合规定，捆绑加固是否牢固，篷布苫盖是否严密；车门、车窗、盖阀关闭是否良好，道沿清理是否符合要求，车帮、钩头、盘及车体外侧清扫是否彻底。

（四）货车篷布使用范围

1. 限制性规定

（1）篷布仅用于苫盖敞车装运的怕湿、易燃货物或其他需要苫盖篷布的货物。

（2）毒害性、腐蚀性物品及污染性物品，不得使用铁路篷布。因为此类物品会影响篷布的再次使用能力，并损坏篷布和缩短篷布的使用期限。

（3）苫盖易于损坏篷布的货物时，装车单位须采取防护措施，防护材料由托运人提供。

2. **保护性规定**

（1）苫盖易于损坏篷布的货物时，装车单位须采取防护措施，防护材料由托运人提供。

（2）铁路篷布不得外借或作他用。发现时须进行纠正，并按规定核收篷布延期使用费。

（3）苫盖篷布的敞车必须在发站加盖篷布绳网，使用篷布绳卡。篷布绳网、篷布绳卡由托运人自备，限一次性使用，如图 3-31、图 3-32 所示。

（4）托运人可根据货物运输需要购置自备篷布。自备篷布共用时，货运中心（站段）须与产权单位、使用单位签订共用协议，明确使用、维修、质量管理、安全责任等事项。

（5）装车使用的篷布必须质量良好，篷布绳齐全，标记号码完整清晰。篷布不得横苫、垫车、苫在车内。篷布苫盖应符合《篷规》附件 1“货车篷布苫盖方法”的相关规定，篷布折叠与打包应符合《铁路货车篷布》（TB/T 1941）的相关要求。

图 3-31　绳网

图 3-32　绳卡

（五）货车篷布苫盖方法

1. **基本要求**

（1）货物装载高度超过端侧墙 1 m 以上或有押运人乘坐的车不得苫盖篷布。

（2）篷布、篷布绳网不得作为货物加固材料使用。

（3）需要加固的货物必须在苫盖篷布前捆绑加固完毕。

（4）货车绳栓上无残留的旧绳头、铁线等废弃物。

（5）货物装载高度低于车辆端侧墙时，可安置篷布支架，支架突出部位与篷布接触处应采取防磨措施。

（6）苫盖篷布不得遮盖侧墙车梯。

2. **苫盖前质量检查**

布体完整，无破损，眼圈完好，标记、号码完整清晰。绳索齐全、完整、无接头、插接牢固，与篷布连接正确。

3. **苫盖方法**

（1）正面（腰绳向外）纵向苫盖。货车两侧篷布下垂高度应一致。货车人力制动机一端篷布下垂遮盖端墙部分高度 300 ~ 500 mm，另一端下垂遮盖端墙部分高度 600 mm 左右。

（2）每车苫盖一张篷布。车辆较短时，篷布多余部分可折叠在中部相邻两腰绳处的篷布下方，折叠部分两腰绳对角拉紧拴固。

（3）将篷布角绳拉紧，使篷布角向内侧展开成三角形，布角两面压平后折向货车端墙，在车辆两端严密包角，使压绳压住包角。

（4）篷布按以下方法捆绑。

① 篷布绳应拴结在货车绳栓上，不得捆绑在其他部位。

② 货车两端篷布角绳沿货车端墙交叉后分别拴结在车辆端部的两绳栓上。角绳经货车人力制动机闸台时，应从其上方通过；经过提钩杆时，应从其内侧穿过。

③ 货车两端篷布中间的两根端绳分别垂直向下拉紧拴结在车辆端部的两绳栓上，经过提钩杆时，也应从其内侧穿过。

④ 篷布每端的压绳应压住篷布包角拉紧，使篷布紧贴在车辆端墙上，分别捆绑在车辆侧部的第一个绳栓上，不得拴结在牵引钩上。

⑤ 腰绳应直拉拴结在车侧绳栓上。弹力绳弹力部分的拉伸长度根据装载货物的情况具体确定，不得小于 200 mm。车辆中间有绳栓的，中间的腰绳捆绑在车辆中间的绳栓上；车辆中间无绳栓的，篷布中间的腰绳分别捆绑在靠近车辆中间的绳栓上其他腰绳，从车辆两端开始，朝向车辆中部，顺序捆绑在相应绳栓上。弹力棒不紧靠眼圈时，应将弹力绳从中间收起，并将中间多余绳索折叠打两个死结后余尾用绳卡或麻线绑 5 圈与自身绳杆捆紧。

⑥ 篷布绳拴结采用蝴蝶套结法或回头花结法，拴结后的绳头，应绕在自身绳杆上，至少打两个死结。绳头余尾长度 100 ~ 300 mm。

⑦ 除篷布自带绳索和篷布绳网外，不得使用其他绳索捆绑篷布。

（5）苫盖篷布绳网时，网要盖正，网眼完全张开，与篷布密贴。先从车辆两侧拴结，使篷布绳网完全盖住篷布，最后拴结车辆两端的拴结点。篷布绳网与货车的捆绑按照篷布与货车的捆绑要求办理。

（6）篷布绳、篷布绳网系绳余尾均须使用绳卡进行加固。使用时，将拴结后的绳尾拉紧贴在自身绳杆上，绳卡头印有标记面及齿面朝向外侧，离绳尾部 50 mm 处，将锁绳绕过绳尾和绳杆后从锁绳插槽底部向上穿出，并沿锁绳插槽方向拉紧，将卡绳端锁紧齿与压块上的齿啮合，此时，绳卡进入锁紧工作状态。打开时，沿插槽反方向用力拉锁绳，绳头沿断裂槽处破坏，绳卡即可打开。

4. 苫盖后检查

（1）篷布苫盖平坦，货物不外露，两端包角密贴，两侧线条流畅。各部位不超限。

（2）绳索拴结、捆绑位置正确，绳结牢固，无松弛脱落，捆绑在绳栓上的绳索呈蝶翅形结，绳头余尾长度 100 ~ 300 mm。

（3）货车人力制动机一端篷布下垂遮盖端板部分长度 300 ~ 500 mm。货车人力制动机盘外露，不影响人力制动机及提钩杆使用。另一端的下垂高度 600 mm 左右，篷布过长时可超过此长度，但不得影响压绳使用。

（4）车辆两侧篷布下垂高度一致。

（5）篷布（包括篷布绳网）苫盖完毕后，装车单位对车辆两侧（包括篷布号码）、两端篷布苫盖状态各拍照一张，留存 3 个月。

（六）篷布的运用管理

（1）发站使用篷布前，应逐张检查质量。使用铁路篷布时，将篷布号码填记在货物运单“铁路货车篷布号码”栏内。使用自备篷布时，应在货物运单“铁路货车篷布号码”栏内划“⊕”符号，并检查托运人是否在货物运单“托运人记载事项”栏内注明自备篷布号码。

专用铁路、铁路专用线使用铁路篷布时，由托运人凭车站填制的“货车篷布交接单”（见二维码货车篷布交接单的相关内容）到车站领取。“货车篷布交接单”保管期限为1年。

货车篷布交接单

制票时，应根据货物运单将铁路篷布号码填制在货票、货运票据封套篷布号码栏内，自备篷布号码填记在“记事”栏内。

（2）苫盖篷布的敞车必须在发站加盖篷布绳网，使用篷布绳卡。篷布绳网、篷布绳卡由托运人自备，限一次性使用。

（3）装车后，车站应按《货车篷布苫盖方法》检查篷布苫盖质量，发现问题及时处理，货物沉降、篷布松脱时须进行整理。

（4）列车编组顺序表应根据货物运单或货运票据封套所记载的铁路篷布张数编制。向铁路局调度报告列车编组时，应同时报告铁路篷布张数。

（5）对到达和出发的列车，应根据列车编组顺序表所记载的铁路篷布张数与现车核对。编组站或区段站办理列车确报时，应将现车实际苫盖铁路篷布张数记入确报内。

（6）货检站应严格检查篷布苫盖质量，针对篷布苫盖有问题的车辆，整理符合要求后方可放行。

（7）对运输途中的货车，车站认为需要苫盖篷布时，须经铁路局调度批准；苫盖后，在货物运单、货运票据封套、列车编组顺序表作相应修改，同时编制普通记录并拍发电报通知到站及有关单位。

（8）运输途中发现未按规定使用篷布绳网时，发现站补苫后方可继续运输，相关费用向发站清算，并将补苫处理情况电告发站、发局并抄所在局、铁路集团运输局。

（9）卸车时，应检查铁路篷布质量；卸车后，将铁路篷布送到车站指定地点，车站检查发现铁路篷布破损、缺少篷布绳时，应填制“货车篷布交接单”，并按规定处理。

（10）自备篷布由于承运人责任造成损坏、丢失时车站应编制货运记录，由承运人负责赔偿。

（11）使用铁路篷布，货物运输票据记载的号码与实际不符时，发现单位应按实际更正，编制普通记录并向发到站和发到局调度拍发电报，责任铁路局应于当日调整。

（12）车站应及时催还未按时送回的铁路篷布。定期清查站内外的铁路篷布，发现账实不符时，及时查明原因并按规定处理。

（13）铁路篷布应固定存放地点，妥善保管，进行日常整理和晾晒，运用、待修、待报废篷布应分别码放。搬运过程中，严禁在地面拖拉篷布。

（14）铁路局应严格篷布质量交接检查，切实落实损坏赔偿责任，制止割砍、损坏篷布及绳索的行为，督促专用铁路、铁路专用线单位加强培训，强化监督检查，保证篷布质量和运输安全。

（15）全路应适时组织铁路篷布清查，准确掌握铁路篷布数量。清查方式、清查日期等由铁路集团运输局确定。

（七）铁路篷布的回送

（1）铁路篷布凭调度命令回送。车站应填制"特殊货车及运送用具回送清单"（以下简称"回送清单"）一式两份，一份随车运送到站，一份留站存查（合资铁路、地方铁路回送铁路篷布时，应增加一份送交接站）。

（2）铁路篷布回送时，"回送清单"填记回送铁路篷布的总张数，并将铁路篷布号码准确填制在"货车篷布交接单"上。运用篷布填制一式二份，一份留站存查，一份随车运送至到站，待修或待报废篷布增加一份交篷布修理所。

（3）运用篷布与待修、待报废篷布混装回送时，应分垛码放、分别填制"货车篷布交接单"。

（4）铁路局管内可利用行李车（一批限 10 张以内）或采用零散货物快运方式免费回送铁路篷布。经行李车回送时，按路用品运输有关规定办理。采用零散货物快运方式回送时，凭"回送清单"办理。

（5）跨局回送铁路篷布限采用整车方式，每车一般不少于 100 张，少于 100 张时需经国铁集团调度批准。使用敞车回送时，苫盖的铁路篷布按回送铁路篷布统计。

（6）铁路篷布回送，途中变更到站时，原到站与变更后到站不属同一铁路局的须经国铁集团调度批准，其他情况则由铁路局调度批准。

（7）铁路篷布回送，到站货运员应核对数量和号码，与实际不符时，应于 24 h 内向发站和发到局调度拍发电报。发站无异议时，铁路局调度按到站实收数调整；发站有异议时，应于 5 d 内派人赴到站复查，并将结果通知铁路局调度。

（八）篷布调度和统计

（1）各级篷布调度人员必须严格执行调度纪律，坚持保证重点和先回送后使用的原则，按时完成铁路篷布回送任务和各项运用指标，提高铁路篷布的运用效率，保证运输生产需要。

（2）铁路篷布跨局调整由总公司负责，局管内调整由铁路局调度负责。

（3）跨局篷布调整命令一般每旬发布一次；根据运输生产需要，也可随时发布调整命令。铁路局调度每旬 9 日前向国铁集团公司调度提报次旬篷布需求申请，国铁集团公司调度在每旬末下达次旬篷布调整命令。铁路局调度应及时掌握篷布回送情况，每日 16 时前将当日回送情况（回送篷布张数、回送车号）报送国铁集团调度。

（4）铁路篷布备用、解备须经国铁集团调度批准。

（5）车站应掌握铁路篷布到发及中转出入等情况，填制"货车篷布到发登记簿"（见二维码货车篷布到发登记簿的相关内容）、"货车篷布出入推算表"（见二维码货车篷布出入推算表的相关内容），每日 18 时前向铁路局调度报送"货车篷布报告"（见二维码货车篷布报告的相关内容）。

货车篷布到发登记簿　　货车篷布出入推算表　　货车篷布报告

“货车篷布到发登记簿”保管期限为1年。“货车篷布报告”保管期限为3个月。

（6）铁路局调度应根据“货车篷布运用图”（见二维码货车篷布运用图的相关内容）、列车编组顺序表，将18时在途列车中使用、回送的铁路篷布张数填制在“货车篷布报告”的列车栏内。

货车篷布运用图

（7）铁路局调度每日18时向总公司报送“货车篷布报告”。

（8）铁路局间分界站应及时填制“分界站货车篷布出入报告”（见二维码分界站货车篷布出入报告的相关内容），向双方铁路局调度报告。相邻铁路局的调度每日6时、18时对分界站的铁路篷布出入数进行核对，不一致时，经双方核实后调整。

分界站货车篷布出入报告

（9）铁路篷布运用考核指标为周转时间、使用率，其计算公式如下：

全路篷布周转时间（天）=运用数÷使用数

全路篷布使用率（%）=使用数÷现在数

铁路局篷布周转时间（天）=运用数÷（使用数+接入使用数）×铁路局篷布使用率（%）

=（使用数+接入使用数）÷现在数

（九）篷布质量管理

（1）篷布的质量由产权单位负责，必须符合铁道行业标准《铁路货车篷布》（TB/T 1941）的相关要求。篷布绳卡、篷布绳网必须符合总公司颁布的企业标准或技术条件要求。

（2）新造篷布每批须凭合格的产品质量检测报告，篷布绳卡、篷布绳网须凭 2 年内的、合格的产品质量检测报告，方可在铁路运输中使用；篷布修理所须提供 2 年内的、合格的篷布维修产品质量检测报告。

以上产品质量检验均须采用抽检方式，质量检测报告须由国家铁路产品质量监督检验中心出具。

（3）国家铁路产品质量监督检验中心应通过铁道质量技术监督网等方式，及时公布篷布相关产品的质量检验结果。

（4）未经产品质量检验的企业以及产品质量检验不合格的企业，其生产的相应产品不得在铁路运输中使用。第四十九条铁路局、集装箱公司应加强日常质量监督检查，根据需要组织质量检测，杜绝不合格产品在铁路运输中使用。

（5）托运人购置自备篷布时，铁路局应将托运人名称、货物品名、主要发站、购置数量等情况报国铁集团运输局申请编号。

（6）篷布编号由国铁集团运输局统一公布。铁路篷布采用 7 位编号，第 1 位是生产年份，后 6 位为顺序号。自备篷布采用 9 位编号，前 4 位为生产年份和月份，后 5 位为顺序号。

（7）篷布修理所的布局由集装箱公司与铁路局协商一致后，报国铁集团运输局公布。

（8）集装箱公司和铁路局可共同制定操作规定，在未设篷布修理所的车站开展上站修，及时维修铁路篷布、减少回送。

（9）铁路篷布扣修由车站负责，一般在铁路局管内进行，跨局回送待修铁路篷布时，须经国铁集团调度批准。

（10）集装箱公司应加强对篷布修理所的监督检查和铁路篷布维修质量控制。篷布修理所应建立健全质量保证、统计分析、维修质量复核验收等管理制度，保证篷布的维修质量。

（11）铁路局应加强对自备篷布维修的监督检查。自备篷布的修理由产权单位负责，应严格执行篷布维修技术条件，保证自备布的维修质量。

（12）对于修竣铁路篷布，车站与篷布修理所按张数号码办理交接，并填记“修竣篷布交接单”（见二维码修竣篷布交接单的相关内容）。车站发现质量问题，严禁上路使用，并及时报告铁路局；铁路局应通知集装箱公司，由集装箱公司追究责任。

修竣篷布交接单

（13）篷布满足以下两个条件之一时，必须报废：

① 修补面积达 40%或修补处达 200 处。

② 达到使用期限：篷布使用期限一般为 48 个月。超过 48 个月需继续使用的，产权单位须每 6 个月进行一次安全风险评估。经评估可继续使用的，自备篷布由产权单位向铁路局提出申请，铁路局同意后方可继续使用；铁路篷布由集装箱公司通知铁路局继续使用，并抄送国铁集团运输局。

（14）篷布达到报废条件时，须立即停止使用；铁路篷布应于 60 日内回送到篷布修理所。

拓展阅读

货运计量系统

项目小结

本项目主要认识铁路货运车辆分类、铁路货物装卸机械分类，对抑尘、防冻认知及设备进行介绍，学习铁路篷布以及篷布管理的相关规定，认识铁路货运计量安全监测设备，重点介绍货车及轨道衡和超偏载检测装置以及问题处理，铁路装卸机械化是缩短装卸时间的重要举措，激励学生不断加强对新技术、新设备的学习，为铁路运输行业的发展做贡献。

思政园地

坐冬奥专列，感受京张高铁“科技范儿”

项目训练与测试

一、技能训练

（一）训练任务

（1）分小组介绍铁路货运车辆分类及适装品名（PPT 配合）。

（2）分小组介绍铁路装卸机械（补充资源）。

（3）对铁路篷布进行初步管理。

（二）训练目的

（1）加强对专业知识的认知以及小组成员间团队的建设和协作的能力培养。

（2）学会利用互联网等资源进行知识的补充、更新学习资料，累计专业基础知识。

（三）训练要求与准备

（1）在了解学生学习能力的基础上进行分组，并选出组长。

（2）指导学生利用互联网资源进行知识的再填充，加深理解与认知，拓展学习领域，例如登录 95306 铁路货运网站进行车辆技术参数的查找并获取相关资料，了解当前新的货运设备及参数，进行知识的更新。

（3）在必要时对学习内容进行归纳和总结，例如，对车辆及分类、适装货物品名用表格的形式进行总结。

（4）各小组对学习成果进行展示并互评、教师评价。

（四）训练资料

（1）指导学生通过 95306 查找铁路通用车及技术参数（包括平车、敞车、棚车）。

（2）利用互联网进行视频的学习。

（3）车辆归纳总结成果。

二、综合测试

（一）填空题

1. 铁路货车按其用途不同，可分为（　　　　）、（　　　　）及（　　　　）三种。

2. 铁路运输罐车按用途可分（　　　　）、（　　　　）、酸碱类罐车、（　　　　）和粉状货物罐车。

3. 冷藏车按照制冷方式不同分为（　　　　）、（　　　　）和（　　　　）。

4. 桥式起重机是桥架在高架轨道上运行的一种起重机，又称（　　　　）。

5. 冬季运输煤炭时，为防止煤炭冻结粘连在铁路货车的端、侧墙上，通常喷洒（　　　　）。

（二）实作题

1. 一辆自重 21.4 t 的 C62AK 型运煤敞车在通过某货检站的超偏载检测装置时，系统检测该车总重为 93.92 t，车辆前端转向架承受载荷为 30.08 t，后端转向架承受载荷为 42.40 t。问：该站对此车应如何处理？

2. 某货检站超偏载检测装置的检测情况如表 3-4 所示，请依据规章处理。

表 3-4　某货检站超偏载检测装置的检测情况

序号	车次	车号	发站	品名	超偏载检测情况	列车性质
1	21102	D22 5630900	本局	定子	偏载 161 mm	到达货物列车
2	13022	C70 1405678	外局	卷钢	偏载 121 mm	出发货物列车
3	13051	T11 8056321	本局	长轨	偏重 11 t	到达货物列车
4	21101	P65 3102564	外局	快运	超载 10 t	到达货物列车

3. 常见安全风险以及案例分析：

（1）在运输中存在篷布破烂、篷布绳网破烂滑落的情况，请从造成后果、管控措施的角度进行分析。

（2）在运输中出现篷布缺少短绳、角绳的情况，请从造成后果、管控措施的角度进行分析。

（3）在运输中发现篷布未加盖篷布绳网的情况，请从造成后果、管控措施的角度进行分析。

项目三综合测试参考答案请扫码观看

项目四　铁路货运基本条件

知识目标

（1）认识铁路运输的货物，了解货物运输的种类。

（2）认识铁路货物运输合同，了解货物运输合同的订立、履行。

（3）掌握一批的概念、办理条件、办理限制。

（4）掌握货物运到期限的计算方法及运到逾期的处理规定。

能力目标

（1）能面对托运人独立确定铁路货物运输种类、运输条件，正确填记货物运单。

（2）具备签订铁路货物运输合同的能力。

（3）能正确计算运到期限。

（4）能正确处理货物运到逾期的情况。

思政目标

（1）培养服务意识、品质意识、信息素养、工匠精神，遵章守纪、热爱劳动、履行职业准则和行为规范。

（2）养成良好集体意识和团队合作精神，主动适应团队要求，服从集体工作安排。

项目思维导图

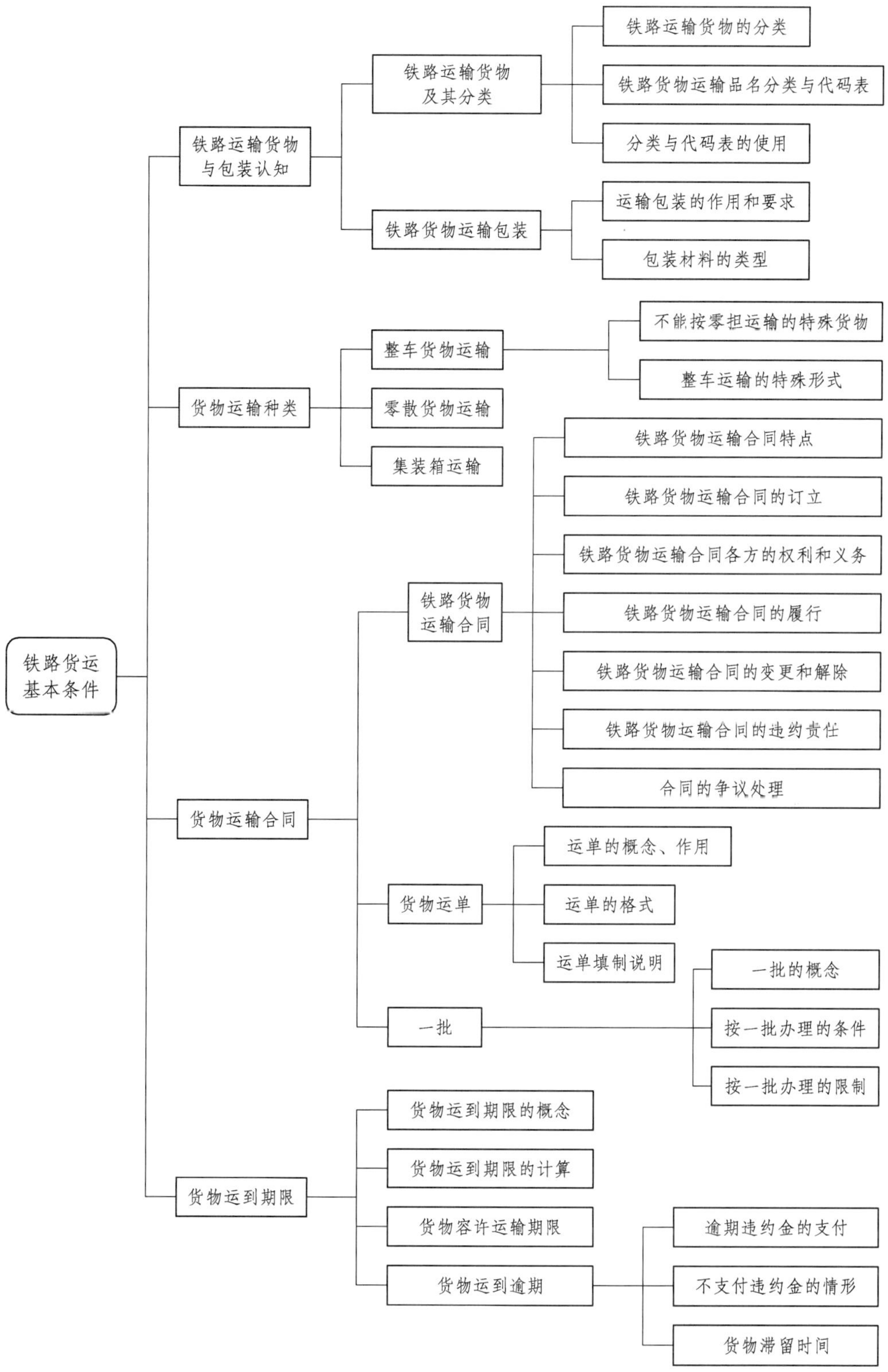
铁路货运基本条件
铁路运输货物与包装认知
铁路运输货物及其分类
铁路运输货物的分类
铁路货物运输品名分类与代码表
分类与代码表的使用
铁路货物运输包装
运输包装的作用和要求
包装材料的类型
货物运输种类
整车货物运输
不能按零担运输的特殊货物
整车运输的特殊形式
零散货物运输
集装箱运输
货物运输合同
铁路货物运输合同
铁路货物运输合同特点
铁路货物运输合同的订立
铁路货物运输合同各方的权利和义务
铁路货物运输合同的履行
铁路货物运输合同的变更和解除
铁路货物运输合同的违约责任
合同的争议处理
货物运单
运单的概念、作用
运单的格式
运单填制说明
一批
一批的概念
按一批办理的条件
按一批办理的限制
货物运到期限
货物运到期限的概念
货物运到期限的计算
货物容许运输期限
货物运到逾期
逾期违约金的支付
不支付违约金的情形
货物滞留时间

引导案例

案例 1：乌海货运中心服务型营销提质增量

案例 2：货物运到期限

某日托运人田甜（化名）来到乌海站货运营业厅，询问运输一件重 36 t、长 12.8 m 的钢梁的托运手续，假设你现在是乌海站负责受理货物托运的工作人员，请运用专业知识协助托运人田甜完成相关手续办理（发到运价里程为 673 km）。

思考问题：

1. 他应选择的运输方式，并说明你的理由。
2. 该货物属于 28 个品类中的哪一类？应按普通条件运送还是按照特殊条件运送？
3. 该货物的铁路运到期限是多少日？

任务 1　铁路运输货物与包装认知

任务导读

铁路货物运输中，货主交付托运的货物种类繁多。种类不同的货物要求不同的运输包装、仓储条件、装卸机械、运载工具以及不同的运输条件。因此，对货物的种类进行划分是确定货物运输条件的基础。

包装是伴随着人类生产活动的发展而发展的。当生产的产品出现剩余，人类要求进行产品间的交换或销售。这种为在流通过程中保护产品、方便储运、促进销售，按一定技术方法而采用容器、材料及辅助物等的总体名称，就叫作包装。

流通过程可被看成是一个系统。将各种工农业产品由生产者输送给消费者的过程称为产品流通过程。不论流通过程多么复杂，它总是由装卸、运输和储存三个基本环节所组成。为了方便装卸、运输和储存，绝大多数工农业产品都要经过包装形成包装件后才能投入流通过程。

知识点

一、铁路运输货物及其分类

（一）铁路运输货物的分类

（1）按品类分为 28 种，即：煤、石油、焦炭、金属矿石、钢铁及有色金属、非金属矿石、磷矿石、矿物性建材、水泥、木材、粮食、棉花、化肥及农药、盐、化工用品、金属制品、工业机械、电子电气机械、农业机具、鲜活货物、农副产品、饮食烟草制品、纺织皮毛制品、纸及文教用品、医药品、其他货物、零担（该品类已在全路范围内停运，但统计表中仍有列载）、集装箱。

（2）按货物外部条件分为成件货物、大件货物、散堆装货物。

（3）按货物对运输条件的要求不同分为按一般条件运输的货物（如煤炭、钢材、粮食等货物）和按特殊条件运输的货物（如大型锅炉、爆炸品、活牛等货物）。一般条件是指在铁路货物运输组织过程中，不需要提供特别的（如冷藏、押运、特殊安全防护、特殊加固等）运输条件的普通货物。特殊条件是指铁路在运输有别于普通货物的阔大货物、危险货物、鲜活货物等特种货物过程中，需要特别提供的运输条件，该类货物的运输组织工作危险性大、复杂、难度较高。

（二）铁路货物运输品名分类与代码表

铁路货物运输品名分类与代码表（以下简称分类与代码表）是全国营业铁路货物运输、运输计划、运营管理信息系统、运输统计、运输收入、成本核算，以及其他与货运有关的业务中统一使用的分类与代码。分类与代码表和检查表作为《铁路货物运价规则》的附件，是判定货物品类代码、计算货物运输费用的依据之一。

铁路货物运输品名分类与代码表

1. 编制原则

分类与代码表以国家标准《全国主要产品分类与代码　第一部分：可运输产品》（GB 7635.1—2002）为基础标准，参照国家统计局颁布的《货物运输量分类目录》，遵循国家分类标准的基本原则，结合铁路运输生产经营的特点和行业管理的需要，以货物的自然属性、生产特征为主要分类标志，个别按用途归类，同时考虑货物的国民经济意义、运量大小、运送条件和运价的要求。分类与代码表适当照顾当前管理水平，兼顾历史资料的衔接与可比性以及运价现状和改革的需要，并留有扩展余地，与国家标准和相关标准兼容。

2. 结构与编码

分类与代码表横向结构由代码、货物品类、运价号和说明四部分组成。

《铁路货物运输品名检查表》（以下简称检查表）横向结构由代码、拼音码、品名、整车运价号、零担运价号五部分组成。

货物品类分大类、中类、小类和细目四个层次。大类、中类为运价、运输统计、计划、财务等使用的统一的货物品类名称。小类是判定运价号、建设基金号和保价费率号的依据。细目即品名，由国铁集团统一颁发，并以货物运输品名检查表的形式对外公布。其中大、中、小类在分类与代码表中列示，细目在检查表中列示。代码采用 7 位数字码，相应地分为四个层次，由高位到低位，第一、二两位为大类码，第三位为中类码，第四位为小类码，第五、六、七位为品名码。分类与代码表中只列示了前四位。在第一、二、三层次一般都设有收容类目，大类收容类目为“其他货物”，用代码 99 表示，中、小类的收容类目“其他××”用末位为 9 的代码表示。如果下一层次的类目不再细分时，在其代码后面补 0。各层次均留有适当空码，以备补充、调整。同一小类内品名按品名的汉语拼音字头顺序编码。“说明”栏是对各该品类的内容、特征、相互交叉事项和计费规定的必要提示和解释。

3. 货物名称与拼音码

（1）列入检查表的货物名称即细目，也称品名，采用通用、标准名称，包括具体名称和概括名称，除明定者外，一般不分形态、品种、商标、产地、规格、型号、用途、新与旧、完好与废次、天然与人造。一种货物有多种名称时，一般只列一个；使用广泛的货物别名、俗名或地方名称，在检查表中也会列出。概括名称可分自然属性的概括名称、用途的概括名称、制材和加工工艺的概括名称。一种货物只适用一种概括名称。

针对动植物及其制品的形态或加工工艺属性的识别用语，做以下规定：

① 蔬菜类：鲜蔬菜除个别以外，均不加注“鲜”字样，如茄子；干蔬菜均加“干”字样，如茄干。

② 豆类：既作为粮食，又可作为菜用的豆类，在品名之前或后加“鲜”字样者列属鲜蔬菜，如鲜黄豆、蚕豆（鲜）；不加“鲜”字样者列属粮食，如黄豆、蚕豆。

③ 瓜果类：鲜瓜果除个别外，均不加注“鲜”字样，如荔枝、哈密瓜；干果一般均加“干”字样，如荔枝干、哈密瓜干。

④ 子实、子仁、瓜子类：生子实、生子仁、生瓜子在品名后加注“生”字样，如栗子（生）、花生仁（生）、瓜子（生）、松子（生）；其加工品则在品名前或后加注工艺特征，如炒花生、五香瓜子，松子（熟）。

⑤ 鱼、肉、蛋类：鲜冻的均加“鲜”或“冻”字样，如冻鱼、冻肉、鲜蛋；其加工品则加注工艺特征，如干鱼、腊肉、咸蛋。

⑥ 动物类：不加“死”“鲜”“冻”字样的均指活动物。

（2）拼音码最多只取到 5 位（包括阿拉伯数字和英文字母）。拼音码一般由品名每字汉语拼音的首音组成。有的品名带有括号说明，其拼音码包括括号内首字汉语拼音首音或第一位阿拉伯数字，如氨水（化肥）的拼音码为 ASH，机动车（3 ~ 4 m）的拼音码为 JDC3，（异）丁烷的拼音码为 YDW。有的品名带阿拉伯数字，其拼音码包括阿拉伯数字，如：1·3·5—三硝基苯的拼音码为 135SX，氟利昂·11 的拼音码为 FLA11。有的品名带英文字母，其拼音码包括英文字母，如：X 射线探伤器的拼音码为 XSXTS，F—12 气体的拼音码为 F12QT。

（三）分类与代码表的使用

1. 货物品类代码和运价号的判定

（1）先查检查表。使用该表时首先从品名首字汉语拼音索引表或品名首字笔画索引表中，查出该品名在检查表中的页数，再根据检查表查出该品名的拼音码、代码和运价号。

（2）检查表中有具体名称时，按具体名称判定代码和运价号。不属该具体名称的不能比照。但由于货物的别名、俗名、地方名称等不同，而实际属于该具体名称的，仍应按该具体名称适用类别和运价号。

（3）检查表中无该具体名称时，则按分类与代码表中概括名称判定类别和运价号。必须遵守以下规定：

① 适用制材或加工工艺概括名称的，除明定者外，均不分用途。如货物具有两种以上制材时，则按其主要制材判定类别和运价号。

② 适用用途概括名称时，除明定者外，均不分制材。如货物具有多种用途时，按托运人在运单上声明的用途和铁路有关规定，判定类别和运价号。

③ 适用自然属性概括名称的，除明定者外，均不分用途、制材、形态、品种。

（4）半成品除明定者外，均按制成品适用类别和运价号。

（5）在分类表和检查表中既无该货物的具体名称，又无概括名称时，按小类—中类—大类的顺序逐层次判定其归属的收容类目。各类均不能归属的货物，则列入总收容类目—9990未列名的其他货物。对于检查表未列的品名，当确定了该品名归属的品类后，在品名代码栏填记该小类的收容品名（末3位为999），在货物名称栏填记货物实际品名，对于这些品名字典中未列的品名，铁路局集团公司须将其货物名称、制作材料、用途、形态、价格、批量、运量及其他有关参考资料报国铁集团，由国铁集团定期整理，统一核定和补充品名字典。

2. 运单的填写

（1）运单、货票和货物运输订单上的货物名称，应使用分类与代码表和检查表上规定的名称。如无该具体名称时，应用括弧在该具体名称后加注相应的概括名称，如氯苯那敏（西药）。

（2）不论是整车、零担还是集装箱运输，同种货物一律使用同一品名代码。

（3）国际联运运单中心代码填入第60栏（类项号码栏）。

二、铁路货物运输包装

（一）运输包装的作用和要求

运输包装是以运输储存为主要目的的包装。它具有保障产品安全，方便储运装卸，加速交接和点验等作用。

1. 运输包装的要求

产品的运输包装要能实现上述作用，必须满足以下要求：

（1）在产品已装好和包封后，能承受多次装卸、跌落、各种运输方式、起吊、堆码等外力作用而无损坏。

（2）运输包装应保证在整个流通过程中具有防水、防潮、防蚀、防虫、防鼠、防盗、防晒等因产品而异的防护功能。

（3）包装材质应与内装件相容，不致污染和损坏内装件。

（4）包装件的重量、尺寸、形式应与国际标准或国家标准相符，并符合流通环节的设备或设施条件的要求。

（5）运输包装应具有规定的标志。

（6）包装材料应符合有关的环境保护法规。

（7）运输包装应保证人身安全，满足劳动保护法规的要求。

2. 运输包装的社会经济效益

为了满足上述运输包装的要求，合理设计和选用各种新型运输包装器具至关重要。选用合理的运输包装器具可以获得较好的社会经济效益，具体表现为以下几个方面：

（1）显著减少或完全消灭货损、货差事故，保证货物的运输安全。

（2）简化货物包装，节省包装与运输的开支。

（3）充分挖掘运输潜力，提高运输工具的装载量，降低运输费用。

（4）方便装卸，实现搬运机械化，提高作业效率。

（5）减轻工人的劳动强度，保证作业的安全。

（6）简化货运作业手续，更好地保护货物的完好性。

（7）提高仓库与货位的利用率，使托运单位与运输部门双受益。

（8）改善企业和货场的仓库管理工作，便于实现货物的计算机管理。

（9）有利于开展联运，加速货物与资金的周转。

（10）减少或消除环境污染和对人体的伤害，保障文明作业的进行。

常用包装材料的类型

（二）常用包装材料的类型

纸质包装　　木箱包装

任务2　铁路货物运输种类

任务导读

铁路运送的货物尽管种类繁多，但根据托运货物的数量、性质、形状等条件并结合所使用的货车，可将铁路货物运输的种类划分为整车、零担和集装箱运输三种。

按与其他行业联合运输方式的不同，又可分为国铁与地铁间运输、国际铁路货物联运、铁路与水路货物联运、军事运输。

知识点

一、整车货物运输

一批货物因其重量、体积、形状或性质需要以一辆及其以上货车装运的，均应按整车托运。我国大多数的货物都是使用整车运输方式运输的。

为更好地利用运输资源，在条件允许的情况下，整车运输可采取以下几种特殊的形式。

1. 整车分卸

整车分卸的目的是为解决托运的数量不足一车而又不能按零担办理的货物运输。限制条件如下：

（1）托运的货物必须是：危险货物，易于污染其他货物的污秽品，未装容器的活动物，一件重量超过 2 t、体积超过 3 m^3 或长度超过 9 m 的货物。

（2）到达分卸站的货物数量不够一车，到站必须是同一径路上两个或三个到站。

（3）必须在站内卸车。

（4）在发站装车必须装在同一货车内作为一批托运的货物。

2. 途中装卸

途中装卸指在两个车站之间的区间或不办理货运营业的车站装卸车。

途中装卸货物的发站或到站，是将托运人指定的途中装卸地点的后方或前方办理货运营业的车站作为发站或到站。限制条件如下：

（1）按整车运输的货物。

（2）必须经月度要车计划核准后。

（3）只限在铁路局管内办理。

（4）危险货物不得办理。

3. 站界内搬运

站界内搬运指在站界内铁路营业线上或站线与专用线之间的运输。

其搬运种类如下：

（1）从车站内某一地点搬运到另一地点。

（2）从车站内某一地点搬运到本站出岔的专用线或专用铁路的某一地点。

（3）从本站出岔的专用线或专用铁路的某一地点搬运到本站出岔的另一专用线或专用铁路的某一地点。

其限制条件与途中装卸的限制条件相同。

4. 准、米轨直通运输

我国铁路线路主要是标准轨距（1 435 mm），但昆明局管内还有部分米轨铁路。为了方便物质运输，减少托运人或收货人在运输途中的作业手续，铁路还开办了整车货物准、米轨间直通运输，即使用一份运输票据，跨及准轨与米轨铁路，将货物从发站直接运送至到站。

准、米轨间只办理整车货物直通运输。但下列货物不办理直通运输：鲜活货物及需要冷藏、保温或加温运输的货物；罐车运输的货物；每件重量超过 5 t（特别商定者除外），长度超过 16 m 或体积超过米轨装载限界的货物。

5. 国铁与地铁间直通运输

国家铁路与地方铁路间货物一票直通的运输方式。办理直通运输的车站，国家铁路为由国铁集团公布在货物运价里程表内，办理货运业务的正式营业车站；地方铁路经地方铁路局提出报接轨站所在国铁铁路局同意后，由国铁集团在《铁路客货运输专刊》公布的车站。

二、零担货物、零散快运货物运输

（一）零担货物

不够整车运输条件的，按零担托运。按零担托运的货物，一件体积不得小于 0.02 m^3（一件重量在 10 kg 以上的除外），每批不得超过 300 件。

下列货物，由于性质特殊或需要特殊照料，或受铁路现有设备条件的限制，尽管不够整车运输条件，也不能按零担办理：

（1）需要冷藏、保温或加温运输的货物。

（2）规定限按整车办理的危险货物。

（3）易于污染其他货物的污秽品（例如未经过消毒处理或未使用密封不漏包装的牲骨、湿毛皮、粪便、炭黑等）。

（4）蜜蜂。

（5）不易计算件数的货物。

（6）未装容器的活动物。

（7）一件重量超过 2 t，体积超过 3 m^3 或长度超过 9 m 的货物（经发站确认不致影响中转站和到站装卸车作业的除外）。

零担货物运输具有运量零星、批数较多、到站分散、品种繁多、性质复杂、包装条件不一、作业复杂等特点。零担运输在铁路总运量中所占的比重虽不大，但占据了铁路货物运输的大部分工作。

为了优化零担货物的运输组织和方式，使零担货物运输更加方便、快捷，零担货物运输业务正在引进现代物流理念，通过优化零担办理站布局，以拼车、拼箱、行包运输和一站直达整零等组织方式进行整合，更好地满足市场需求。同时，为增强铁路在货运市场的竞争力，从 2014 年 9 月起各铁路局针对零散高附加值货物开行了货物快运列车，扩大了铁路在货运市场的占有份额。

办理一站直达整零要向社会公告去向、装车日期，保证当日受理、当日承运、当日装车、当日挂运。

（二）零散快运

1. 零散货物快运的基本条件

（1）零散货物是指大宗货物以外的货物。对于批量零散货物快运品类，一批重量不足 40 t 且体积不足 80 m^3 的货物，可按零散货物快运办理；对于非批量零散货物快运品类的，不足整车时，可按零散货物快运办理。

（2）零散货物快运分为环线快运和点对点快运两种方式。环线快运，是指以客车化模式开行的货物快运列车装运零散货物的装运方式；点对点快运，是指同车所装零散货物全部为同一到站且一站直达的装运方式。

（3）零散货物快运车站包括零散货物快运中心站、零散货物快运作业站、零散货物快运接续作业站、零散货物快运办理站、零散货物快运无轨办理站。

（4）中心站应为具有货场的编组站或靠近编组站的货运站。中心站应具备车流交换、货物分拣、码放、配装作业、安全检查等条件。

（5）作业站应具备货物快运列车停靠、进出货、装卸车作业、货物集结、安全检查和防雨雪等基本条件，不受车站性质限制。

（6）接续站应具备货物快运列车停靠、装卸车作业，或车流交换等基本条件，原则上应为中心站或作业站。

（7）办理站应具备货物存放、检斤计量、制票收款等条件。

既有货运营业站应全部纳入办理站。

（8）无轨站除具备揽货功能外，还应拓展以下功能：

① 营销功能：包括物流市场调查、品牌宣传、业务洽谈、物流方案设计、客户关系管理等。

② 服务功能：包括日常业务咨询、货物受理承运、电子商务服务、在线交易支持、周边客户自提等。

集团公司可根据市场需求和业务需要，在无轨站提供相应的营销和服务功能。

（9）快运车站应按照铁路货运标识技术规范和应用规范，以及货物运输服务质量标准等有关要求，在车站营业场所设置铁路货运及零散货物快运标识，揭挂货物快运列车运行时刻表、价目表、业务办理流程图及客户须知。同时，根据需要，在作业场所配置必要的伸缩膜、紧固带、打包带、打包机、托盘、集装笼、小型箱等材料和器具，并为客户代表配备平台秤、便携式查危仪等上门受理设备。

（10）集团公司、快运车站应使用全路统一的零散货物快运服务平台，及时将客户发货需求、货物基础信息、货物状态信息等录入快运平台，并实时更新，确保信息准确、完整、有效。

（11）快运车站装卸作业场地应坚实、平整，配备照明、货物存放设施等；无仓库、雨棚、固定照明设备等作业条件时，应配备移动风雨棚、防湿篷布、移动照明等设备设施，以满足雨雪天气、夜间等装卸作业需要。

（12）快运车站的货物进出口、存放区和作业区应安装视频监控设备，并按规定纳入相关信息系统管理，视频信息实时接入车站监控室（值班室或门卫室），24 小时运转，并配置安检仪等必要的安全检查设备，严防违禁物品进入车站，监督处置违规作业行为。集团公司应督促快运车站落实安全检查监督和管理责任。

2. 零散货物快运的运输组织

（1）环线快运主要装运小批量零散货物，管内环线列车停靠作业站站台后直装直卸，并在中心站与跨局快运列车中转交换或与其他管内环线列车跨环交换。

点对点快运是在具有货场的作业站间，利用最近的货物列车挂运，不通过中心站中转交换。采用点对点快运方式装运零散货物时，原则上每车不低于 10 t。

（2）跨局快运列车按干线与支线相结合的方式开行，跨局快运车辆利用干线和支线跨局快运列车挂运，发挥干支线运输协同互补作用。在位于京沪、京广、京哈、陇海、襄渝、沪昆等主要干线的中心站开行跨局快运列车，构筑全路零散货物快运跨局通道；在其余地区的邻局间开行支线跨局快运列车，支线跨局快运列车执行货物列车编组计划，开行直达、直通、区段货物快运列车。

跨局快运列车运行时速、车次范围按国铁集团有关规定执行。对于装运跨局货物的货车，沿途各技术作业站凭封印交接。

（3）集团公司应严格执行跨局中转组织方案。跨局快运列车原则上车辆装载不低于 5 t；货物在中心站停留时间超过 36 h 的，装载重量不受限制。

（4）货物快运车辆在技术站的中转作业停留时间原则不超过 6 h；跨局快运列车在中心站中转作业停留时间原则不超过 2 h。管内环线列车在作业站装卸作业时间原则不超过 30 min。

（5）采用点对点快运方式装运时，经发送集团公司批准，对不怕湿的零散货物可使用敞车装运，发站在装运前应商到站获得同意。

3. 零散货物装卸作业和交付

（1）管内环线列车装卸作业，在到发量较小的作业站，原则上以随车人员为主承担；到发量较大的作业站，原则上以车站人员为主承担，并配备装卸人员、机具。

（2）装卸货物应轻拿轻放、大不压小、重不压轻、长不压短、码放稳固、标签向外，符合包装指示标志要求。

装车时，应将货物均衡装载在车地板上，货物码放与车门距离不得小于 100 mm，不超载、不偏载、不偏重、不集重，易滚动、窜动、倒塌的货物不得装在车门处或车内上层，并采用可靠的防滚动、防窜动、防倒塌措施。

（3）货物包装应符合国家包装要求，对易倒塌、怕污损、自带包装薄弱的货物应使用伸缩膜缠绕或紧固带等加固；对食品、贵重物品等货物在必要时应采取车内衬垫、隔离防护等措施。

（4）管内环线列车应根据需要，随车配备电瓶叉车、液压搬运车和托盘、集装笼、虎头车、梯子、拉门绳、钢丝钳、铁丝、撬棍、照明灯等随车工具。列车运行始发、终到站应配备电瓶叉车充电设备。

（5）车地板与站台高差较小的车站应配备防滑渡板，与站台高差较大的车站应配备升降平台，满足管内环线列车随车叉车上下站台需要。叉车和升降平台等特种设备应符合特种设备运用管理相关规定。

（6）叉车制动、转向等安全装置必须齐全、有效，作业前应严格检查、确认，严禁带病作业。随列车配备的叉车应采取有效的加固措施，防止叉车在车内滑（滚）动。

（7）在站台上装卸机具停放和货物堆码，距站台边缘不得小于 1 m。接发列车、调车作业过程中，装卸机具禁止移动，应顺线路停放，采取止轮措施，并有人员看护。

（8）零散货物和有关运输票据交接实行接方负责制，接方负责检查货物同票据记载是否一致，状态是否良好。确认无误后，在交接票据上签字或加盖带有站名的人名章。

（9）装载清单是铁路内部作业货物交接凭证和责任划分的依据，零散货物装载清单为管内环线装载清单、中心站跨局装载清单和点对点装载清单。装载清单必须通过快运平台生成。

（10）中心站管内环线列车装车作业组织要求：

① 对到达本局的货物按环（线）、站顺进行堆码。管内清单编制。中心站货运员根据集货入库和中转入库的货物，以及从外局接入的按本局环（线）站顺装车的跨局快运车辆车存货

物，编制管内清单。

② 集货入库确认、卸车入库确认时需选定货物存放的货位。对于从外局接入的按本局环（线）站顺装车的跨局快运车辆，可直接编入管内环线快运列车，所装的每批货物在相应管内清单记事栏内注明“坐车”。中心站管内清单编制的其他要求与作业站一致。

③ 装车作业。装车完毕后，中心站货运员同货运车长分别在相应的三份管内清单上签字或加盖人名章。实际装车与本站编制的管内清单不一致时，中心站货运员要通过快运平台进行修改，重新打印清单，在重新打印的清单上进行签认。对签认后的管内清单，一份由货运员保留，两份交给货运车长。

④ 装车信息确认。装车确认操作与作业站流程一致。

（11）接续站环线快运装卸组织要求。

管内货物装车作业应编制管内清单，跨局货物中转作业应编制跨局清单，装卸组织比照中心站作业流程和标准办理。

（12）点对点快运装卸组织要求。

① 发送入库。点对点快运货物发送入库和集货确认操作应在货场库区完成。

② 装车作业。由车站货运员编制点对点清单，一式两份；装车完毕后，车站货运员、装卸工组分别在相应的两份点对点清单上签字或加盖人名章，一份货运员保留，一份随车至到站。车站货运员同步应用手持设备扫描货签条形码进行装车确认；手持设备故障时，货运员应在装车完毕后的 15 min 内，根据保留的点对点清单进行快运平台装车确认操作。信息确认人员在点对点清单上签字确认，车站留存。

③ 卸车作业。卸车完毕后，车站货运员、装卸工组分别在随车到站的点对点清单上签字或加盖人名章。车站货运员同步应用手持设备扫描货签条形码进行卸车确认；手持设备故障时，货运员应在卸车完毕后的 15 min 内，根据点对点清单进行快运平台卸车确认操作。信息确认人员在点对点清单上签字确认，车站留存。

（13）快运车站对到达本站的货物应及时通知客户（可通过快运平台自动短信通知），凭收货人（代理人）身份证原件（复印件）、委托书办理货物交付。

客户取货时，快运车站作业人员同步应用手持设备扫描货签条形码进行交付确认；手持设备故障时，作业人员应在货物交付后的 15 min 内，凭货票到站存查联进行快运平台交付确认操作，交付确认后，在货票到站存查联签字或加盖人名章。

上门送货时，快运车站作业人员在车站与送货人员进行货物交接，同步应用手持设备扫描货签条形码进行交接确认；手持设备故障时，作业人员应在货物交接后的 15 min 内，凭货票到站存查联在快运平台进行交接确认操作，在货票到站存查联签字或加盖人名章。

（14）货物发生货损、货差或票据丢失等情况时，由到局中心站或到达作业站编制记录，并于列车到达 60 min 内向发到局中心站或发站拍发电报，抄送发到局。

三、集装箱运输

集装箱是一种装运货物的设备，使用集装箱在货车上进行的货物运输，称为集装箱运输。

集装箱适用于运输精密、贵重、怕湿的货物。凡适箱货物均应采用集装箱运输。集装箱运输是发展中的运输方式。

《集装箱适箱货物品名表》中规定的适箱货物共有13个品类，175个品名。

集装箱运输具有保证货运安全，简化货物包装，提高装卸效率，加速车辆周转，便于组织“门到门”运输等优点，是一种现代化的运输方式，是铁路运输的发展方向。

托运人可以按照托运货物的数量、体积、形状和状态等特点选用合适的运输种类，以达到合理使用铁路运输工具，安全、迅速、经济、便利地运输货物的目的。

任务3 货物运输合同

任务导读

铁路货物运输合同是铁路承运人将货物从起运地点以铁路运输的方式，运输到约定地点，托运人或者收货人支付运输费用的合同。按《铁路货物运输合同实施细则》的规定，托运人利用铁路运送货物，应与承运人签订货物运输合同。

知识点

一、铁路货物运输合同

（一）铁路货物运输合同特点

1. 铁路货物运输合同具有标准合同的性质

货物运输合同的基本条款和主要内容是依据铁路法规、规章确定的，承托双方不能协商或商定。

2. 铁路货物运输合同的履行具有整体性

一批货物的运输过程，通常不是由一个承运人完成，而是由多个承运人共同完成的。多个承运人的行为构成了一个完整的运输行为。

3. 铁路货物运输合同的履行具有阶段性

货物运输合同的履行都要经历承运、运送和交付三个阶段。承运阶段，托运人向承运人交运货物，双方就铁路货物运输而签订铁路货物运输合同；运送阶段，承运人运送货物，将货物运至到站；交付阶段，承运人将货物交付给合同规定的收货人，双方完成运输合同的履行。

（二）铁路货物运输合同的订立

1. 要约与承诺

《合同法》规定，当事人订立合同，采取要约、承诺方式。

（1）要约。

要约是指希望和他人订立合同的意思表示。要约是订立合同的重要程序。发出要约的是要约人，接受要约的称为受要约人。该意思表示应当符合下列规定：

① 内容具体确定。

② 表明经受要约人承诺，要约人即受该意思表示约束。

铁路货物运输中，托运人向铁路提出运单托运货物即为要约。托运人是要约人，铁路是受要约人。

（2）承诺。

承诺是指受要约人同意接受要约人全部条件以缔结合同的意思表示。承诺的法律效力在于一经承诺并送达于要约人，合同便宣告成立。

铁路货物运输中，车站受理托运人提出的货物运单、验收货物并核收运费、办理承运手续，即为承诺。

2. 合同的成立

《合同法》规定，承诺通知到达要约人时生效。承诺生效时合同成立。合同成立，托、承双方就应履行自己的权利和义务了。

铁路运输中，车站承运货物，加盖车站承运日期戳，并将领货凭证返还托运人，合同即宣告成立。

（三）铁路货物运输合同各方的权利和义务

1. 托运人的权利和义务

（1）权利。

有权要求铁路运输企业按照合同约定的期限和到站将货物完整无损地运达约定地点，交给收货人；由于铁路运输企业的原因造成货损、货差或逾期运到时，有权要求承运人支付违约金、赔偿金。

（2）义务。

按照货物运输合同约定的时间和要求向铁路运输企业交付托运的货物；按规定向铁路运输企业支付运费杂费，按国家规定包装标准或行业包装标准的要求包装货物；合同约定自行装货时，按照作业规程按时完成装车作业；如实填报货物运单和物品清单。

2. 承运人的权利和义务

（1）权利。

有权依照合同规定，向托运人收取运费、杂费；有权对所承运货物的品名、重量、数量进行检查；由于托运人或收货人的责任，给铁路运输企业造成财产损失的，有权要求托运人或收货人赔偿；有权对逾期无法交付的货物按规定处理。

（2）义务。

将承运的货物按照合同规定的期限完整、无损地运至到站；因承运人责任造成货损、货差时，有义务承担赔偿责任。

3. 收货人的权利和义务

（1）权利。

依据托运人交付的领货凭证或能够证明其收货人身份的证明文件，有权领取货物；领取货物时，发现运单与实际不符合的，有权查询；发现货物短少、损坏的，有权要求赔偿。

（2）义务。

及时领取货物，逾期领取的，有义务向铁路运输企业交付保管费；有义务支付托运人未付或少付的运费和其他费用。

（四）铁路货物运输合同的履行

货物运输合同生效后，承托双方应当按照合同的约定履行自己的义务。

1. 完全履行

按照合同的全面履行原则，承托双方应当按照合同的约定全面履行自己的义务。承运人应在运到期限内将货物安全、完整地运到约定地点，并及时通知收货人领取货物，方为完全履行义务。托运人则应当向承运人准确表明收货人的名称、货物名称、性质、重量、数量、收货地点等必要情况，并且当货物运到后，收货人应及时提货，方为完全履行义务。

2. 不完全履行

如果承托双方未能按前述要求全面履行自己的义务，则为不完全履行义务。例如，承运人虽将货物运至到站，却发生了丢失、损坏等事故，或收货人在接到领货通知后不及时领取货物，均属不完全履行义务。

（五）铁路货物运输合同的变更和解除

当事人协商一致，可以变更、解除合同。

在承运人将货物交付收货人之前，托运人可以要求承运人终止运输、返还货物、变更到达地或者将货物交给其他收货人，但应当赔偿承运人因此受到的损失。

（六）铁路货物运输合同的违约责任

当事人一方不履行合同义务或者履行合同义务不符合约定的，应当承担继续履行、采取补救措施或者赔偿损失等违约责任。

当事人双方都违反合同的，应当各自承担相应的责任。

承运人对运输过程中货物的毁损、灭失承担损害赔偿责任，但承运人证明货物的毁损、灭失是因不可抗力、货物本身的自然性质或者合理损耗以及托运人、收货人的过错造成的，不承担损害赔偿责任。

（七）合同的争议处理

当事人可以通过和解或者调解解决合同争议。

当事人不愿通过和解、调解或者调解不成的，可以根据仲裁协议向仲裁机构申请仲裁。涉外合同的当事人可以根据仲裁协议向中国仲裁机构或者其他仲裁机构申请仲裁。

当事人没有订立仲裁协议或者仲裁协议无效的，可以向人民法院起诉。

当事人应当履行发生法律效力的判决、仲裁裁决、调解书；拒不履行的，对方可以请求人民法院执行。

二、货物运单

（一）货运运单的概念与作用

铁路货物运单，是铁路货物运输合同或运输合同的组成部分，也是铁路收取货物运输费用的结算单据之一，系一整套票据。

运单主要有确认运输过程中各方的权利、义务与责任的作用，是运输货物的申请书和承运人承运货物核收运费、编制记录的依据。

（二）货运运单格式

货物运单（如图 4-2 所示）由货主委托承运人或货主本人通过 95306 网站请车形成带号码的货物运单。

带号码的运单由“正本”和“副本”组成，其各联的作用见表 4-1。

表 4-1　整套货物运单

序号	各联名称	领收人	用途	备注
第 1 联	货物运单正本（发站存查联）	发站	发站留存的已生效的运输合同	相同的运单号
第 2 联	货物运单副本（收款人报告联）	发站	发站收款的已生效的运输合同（财务凭证）	
第 3 联	货物运单正本（托运人存查联）	托运人	托运人留存的已生效的运输合同	
第 4 联	货物运单副本（到站存查联）	到站	到站留存的已生效的运输合同	
第 5 联	货物运单副本（收货人存查联）	收货人	收货人留存的已生效的运输合同	
第 6 联	货物运单副本（领货凭证联）	收货人	收货人在到站办理领货的凭证	
第 7 联	货物运单（需求联）	发站	记录客户提报需求，发站留存	无运单号

货物运单填写说明

托、承双方在填写时均应对货物运单所填记的内容负责，并按照《货规》附件三的要求，正确、完备、真实、详细、清楚地填写运单。运单填写各栏有更改时，在更改处，属于托运人填记事项，应由托运人盖章证明；属于承运人记载各项，应由车站加盖站名戳记。承运人对托运人填记事项一般不得更改，其中带“*”的栏目为必填项。货物运单填写规定如表 4-2、表 4-3 所示。

铁路货运
CHINA RAILWAY FREIGHT

需求号：201708HY6666660001

中国铁路×××局集团有限公司

货 物 运 单

（整车、集装箱、批量、零散）

B K H Z A 0 1 2 3

托运人	发站（公司）		专用线			货区	
	名称		经办人			货位	
			手机号码			车种车号	
	□上门取货	取货地址	联系电话			取货里程（km）	
收货人	到站（公司）		专用线			运到期限	标重
	名称		经办人			施封号	
			手机号码			篷布号	
	□上门送货	送货地址	联系电话			送货里程（km）	
付费方式	□现金□支票□银行卡□预付款□汇总支付		领货方式	□电子领货 □纸质领货		装车方	施封方

货物名称	件数	包装	货物价格（元）	重量（kg）	箱型箱类	箱号	集装箱施封号	承运人确定重量（kg）	体积（m^3）	运价号	计费重量（kg）
合计											

选择服务		费目	金额（元）	税额（元）	费目	金额（元）	税额（元）
	□上门装车						
	□上门卸车						
	□保价运输 □装载加固材料 □仓储 □冷藏（保温）						
	其他服务						
增值税发票类型 □普通票 □专用票	受票方名称： 纳税人识别号： 地址、电话： 开户行及账号：	费用合计	大写：				

托运人记事： 签章	承运人记事： 卸货时间 月 日 时 到站收费票据号码 通知时间 月 日 时 领货人身份证号码 货运员 车站日期戳

收货人签章 车站接（交）货人签章 制单人 制单日期

托运人须知

1．托运人在铁路托运货物，在本单签字或盖章，即证明愿意遵守《中华人民共和国合同法》《中华人民共和国铁路法》《铁路安全管理条例》等法律法规，以及《铁路货物运输规程》等铁路规章的有关规定。

2．托运人应签署《货物托运安全承诺书》，不得匿报、谎报货物品名，不得托运或在所托运货物中夹带国家禁止运输的物品，不得在普通货物中夹带危险货物，不得在危险货物中夹带禁止配装的货物。

3．**托运人在本单所记载的货物名称、件数、包装、价格、重量等事项应与货物的实际完全相符，并对其真实性负责**。

4．货物的内容、品质和价格是托运人提供的，承运人在接收和承运货物时并未全部核对。

5．**托运人应妥善保管电子领货密码或领货凭证**，并及时将电子领货密码告知或将领货凭证寄交收货人，收货人凭电子领货密码或领货凭证经到站验证后，在到站领取货物。

6．托运人选择电子领货方式时，应在电子运单中正确填记收货人的经办人姓名、身份证号码、手机号码和电子领货密码。

7．托运人选择保价运输时，应填写货物的实际价格，作为计算"保价金额"的依据。当货物在运输过程中发生损失时，承运人对保价货物按照货物的保价金额和损失比例赔偿，对非保价货物，按规定的限额赔偿。

8．托运人应凭本单于**次月底**前开具增值税发票。

9．本单于托运人和承运人双方签字或盖章之时起生效。

收货人须知

1．**收货人应妥善保管电子领货密码或领货凭证**，接到货物到达通知后，及时领取货物。

2．收货人凭电子领货密码领取货物时，应同时出示身份证原件；委托他人领取货物时，收货人应登录铁路货运网上营业厅，正确填记被委托人姓名、身份证号码、手机号码等委托信息，被委托人凭电子领货密码和本人身份证原件领取货物。

收货人凭领货凭证领取货物时，应同时出示身份证原件；委托他人领取货物时应同时提供领货凭证、收货人身份证复印件、被委托人身份证原件和委托书。收货人为法人单位时，除提供经办人身份证原件外，还需提供加盖单位公章的委托书。

3．收货人应按规定支付相关费用。

4．收货人接收货物时，**发现货物损失应立即向承运人提出**。

5．**货物交付完毕，合同即为履行完毕；此后发生问题，承运人不承担责任**。

货物托运安全承诺书

根据《中华人民共和国铁路法》《铁路安全管理条例》，托运货物必须遵守国家关于禁止或者限制运输物品的规定；托运人托运货物，不得匿报、谎报货物品名、性质、重量，不得在普通货物中夹带危险货物，不得在危险货物中夹带禁止配装的货物。

依据《铁路安全管理条例》第九十六条规定，托运人托运货物时，将危险货物谎报或者匿报为普通货物托运的，或在普通货物中夹带危险货物，由铁路监督管理机构依法处置。依据《中华人民共和国铁路法》第六十条规定，以非危险品品名托运危险品，导致发生重大事故的，依照刑法有关规定追究刑事责任。

本公司（本人）已阅知上述法律法规规定。承诺申报的货物运单和物品清单所填记事项真实，与实际货物相符，没有匿报、错报货物品名。托运的货物没有国家法律法规及铁路部门禁止托运或混装的货物。违反此承诺造成的一切法律责任及后果由本公司（本人）承担。

托运人（盖章/签字）：　　　年　月　日

表 4-2　托运人填写部分说明

栏号	栏目名称		内容填写说明
1	托运人	发站（局）*	发站按铁路货物运价里程表规定的站名完整填记，不得简称。（局）名，为系统自动生成
2		专用线	在专用线或专用铁路装车时，填写该专用线全称
3		名称*	填写托运单位的完整名称，如托运人为个人时，则应填记托运人姓名和身份证号码
4		经办人	填写经办人姓名
5		手机号码	填写经办人手机号码
6		取货地址	选择上门取货服务时，应详细填写取货地点所在省、市、自治区城镇街道和门牌号码或乡、村名称及取货联系人姓名
7		联系电话	选择上门取货服务时，应填写取货联系人电话号码
8	收货人	到站（局）*	到站按《铁路货物运价里程表》规定的站名完整填记，不得简称。（局）名，为系统自动生成
9		专用线	在专用线或专用铁路卸车时，填写该专用线全称
10		名称*	填写收货单位的完整名称，如收货人为个人时，则应填记收货人姓名
11		经办人	填写经办人姓名
12		手机号码	填写经办人手机号码
13		送货地址	选择上门送货服务时，应详细填写送货地点所在省、市、自治区城镇街道和门牌号码或乡、村名称及收货联系人姓名
14		联系电话	选择上门送货服务时，应填写收货联系人电话号码
15	付费方式*		客户可选择现金、支票、银行卡、预付款、汇总支付等方式，选择汇总支付或预付款的，应填写汇总支付或预付款的付费号码
16	领货方式*		客户可选择纸质领货或电子领货，选择电子领货时，在铁路货运网上营业厅设置领货经办人身份证号码、领货密码等信息
17	货物名称*		应按《铁路货物运价规则》附件三“铁路货物运输品名检查表”，危险货物则按《铁路危险货物品名表》所列的货物名称完整、正确填写。托运危险货物并应在品名之后用括号注明危险货物编号。“铁路货物运输品名检查表”或《铁路危险货物品名表》内未经列载的货物，应填写生产或贸易上通用的具体名称，但须用《铁路货物运价规则》附件一“铁路货物运输品名分类与代码表”相应类项的品名加括号注明。按一批托运的货物，不能逐一将品名在货物运单内填记时，须另填物品清单，承运后由车站打印一式两份，加盖车站承运日期戳，托运人签章，一份由发站存查，一份交托运人。需要说明货物规格、用途、性质的，在品名之后用括号加以注明
18	件数*		应按货物名称及包装种类，分别记明件数，“合计件数”栏填写货物的总件数。承运人只按重量承运的货物，则在本栏填记“堆”“散”“罐”字样
19	包装		记明包装种类，如“木箱”“纸箱”“麻袋”“条筐”“铁桶”“绳捆”等。按件承运的货物无包装时，填记“无”字。使用集装箱运输的货物或只按重量承运的货物，本栏可以省略不填

续表

栏号	栏目名称		内容填写说明
20	货物价格（元）		应填写该项货物的实际价格，全批货物的实际价格为确定货物保价金额的依据（托运人选择保价运输时，为必填项）
21	重量（kg）*		应按货物名称及包装种类分别将货物实际重量（包括包装重量）用千克记明，“合计重量”栏，填记该批货物的总重量
22	箱型箱类		箱型填集装箱对应箱型，如“20”“25”“40”“45”“50”。箱类填集装箱对应箱类，如“通用标准箱”“35吨敞顶箱”等
23	箱号		填写包括箱主代码在内的11位集装箱箱号
24	集装箱施封号		填写集装箱的铁路施封锁号码
25	选择服务	上门装车	选择上门装车的，需详细填记货物单件规格、重量等特约事项
26		上门卸车	选择上门卸车的，需详细填记货物单件规格、重量等特约事项
27		保价运输、装载加固材料、仓储、冷藏（保温）	托运人根据需要选择相应服务
28		其他服务	托运人、承运人双方认可的其他服务事项
29	增值税发票类型		需要开具增值税发票的，选择填记“普通票”“专用票”，并填记受票方名称、纳税人识别号、地址、电话、开户行及账号等信息
30	托运人记事		填写需要由托运人声明的事项。例如： 1. 货物状态有缺陷，但不致影响货物安全运输，应将其缺陷具体注明。 2. 需要凭证明文件运输的货物，应将证明文件名称、号码及填发日期注明。 3. 托运人派人押运的货物，注明押运人姓名和证件名称及号码。 4. 托运易腐货物或“短寿命”放射性货物时，应记明容许运输期限。选择冷链（保温）运输时，应记明具体运输条件、要求。 5. 使用自备货车或租用铁路货车在营业线上运输货物时，应记明“××单位自备车”或××单位租用车”。使用自备篷布时，应记明自备篷布号码。 6. 国外进口危险货物，按原包装托运时，应注明“进口原包装”。 7. 托运零散快运货物时，应注明单件最大重量和单件最大长、宽、高。 8. 托运人要求办理铁路货物运输保险时，应注明“已投保运输险”。 9. 其他按规定需要由托运人在运单内记明的事项
	签章*		托运人于货物运单打印完毕，并确认无误后，在此栏盖章或签字

表4-3 承运人填写部分说明

栏号	栏目名称	内容填写说明
31	货区	填写货物堆存货区
32	货位	填写货物堆存货位
33	车种车号	填写货物装载的铁路货车车种、车型和车号
34	取货里程（km）	根据托运人填写的取货地址确定的取货里程
35	运到期限	填写按规定计算的货物运到期限日数

续表

栏号	栏目名称	内容填写说明
36	标重	填写铁路货车对应的标记载重
37	施封号	填写货车的施封号码
38	篷布号	填写所苫盖的铁路货车篷布号码
39	送货里程（km）	根据托运人填写的送货地址确定的送货里程
40	装车方	根据装车组织人，填写“托运人”或“承运人”
41	施封方	根据施封负责人，填写“托运人”或“承运人”
42	承运人确定重量（kg）	除一件重量超过车站衡器最大称量的货物外，其他货物由承运人确定货物重量，按货物名称及包装种类分别填记。“合计重量”栏填记该批货物总重量
43	体积（m^3）	按货物名称及包装种类分别填记。“合计体积”栏填记该批货物总体积
44	运价号	填记货物名称对应的运价号
45	计费重量（kg）	整车货物填记货车标记载重量或规定的计费重量；零散货物填记按规定处理尾数后的重量或起码重量
46	费目、金额（元）、税额（元）	按规定的计费科目及费用填写
47	费用合计	填写所有费用合计的小写金额
48	大写	填写所有费用合计的大写金额
49	承运人记事	填记需要由承运人记明的事项，例如： 1. 货车代用记明批准的代用命令。 2. 途中装卸的货物，记明计算运费的起讫站名。 3. 需要限速运行的货物和自有动力行驶的机车，记明铁路局承认命令。 4. 对危险货物或鲜活货物，应按货物性质，在记事栏中选择“爆炸品”“氧化性物质”“毒性物质”“腐蚀性物质”“易腐货物”等记事，以及经铁路局批准按普通货物运输的危险货物记载事项。 5. 托运人要求办理铁路货物运输保险时，应记载保险单号码。 6.“卸货时间”由到站按卸车完毕的时间填写。 7.“通知时间”按发出领货（送货）通知的时间填写。 8. 填写“到站收费票据号码”和“领货人身份证号码”。 9. 需要由承运人记明的其他事项
50	签章	收货人签章：收货人领货时签字或盖章。 车站接（交）货人签章：发站上门取货人员名章、到站上门送货人员名章

（三）货物运单填制说明

（1）货物运单右上角打印运单号码和对应的条形码。运单号码由 5 位字母（3 位车站电报码，1 位票种代码，1 位窗口代码）和 7 位数字（7 位循环顺序号）组成。运单上的条形码，供自动识别。

（2）根据托运人选择的运输方式，在货物运单右上角分别自动打印“整车、集装箱、批量、零散”等字样。

（3）货物运单左上角打印铁路货运统一标识、App 下载应用的二维码等相关内容。货物运单底部打印收货人签章、车站接（交）货人签章、制单人、制单日期等栏目。货物运单框内左半部分为托运人填写部分，右半部分为承运人填写部分，以黑色加粗折线分隔。

（4）托运人填写部分说明，带“*”的栏目为必填项。

（5）承运人填写部分说明。

三、一批

（一）一批的概念

一批是铁路承运货物和计算运费的一个单位，是指使用一张货物运单和一份货票（整车分卸时每一分卸站另增加 2 份货物运单），按照同一运输条件运送的货物。

（二）按一批办理的条件

按一批托运的货物，托运人、收货人、发站、到站和装卸地点必须相同（整车分卸货物除外）。按运输种类的不同，一批的具体规定是：整车货物以每车为一批，跨装、爬装及使用游车的货物，每一车组为一批，如图 4-4 所示。

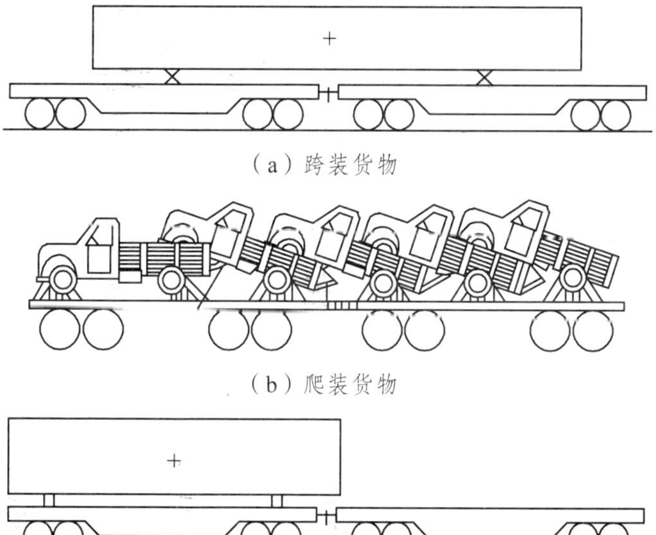

（a）跨装货物

（b）爬装货物

（c）使用游车的货物

图 4-4　跨装、爬装及使用游车的货物

准、米轨间直通运输的整车货物，一批的重量或体积应符合下列要求：重质货物质量为 30 t、50 t、60 t（不适用货车增载的规定）；轻浮货物体积为 60 m^3、95 m^3、115 m^3。

（三）按一批办理的限制

由于货物性质各不相同，其运输条件也不一样。为保证货物安全运输，规定下列货物不得按一批托运：

（1）易腐货物与非易腐货物。

（2）危险货物与非危险货物（另有规定者除外）。

（3）根据货物的性质不能混装运输的货物。如液体货物与怕湿货物，食品与有异味的货物，配装条件不同的货物等。

（4）按保价运输的货物与不按保价运输的货物。

（5）投保运输险的货物与未投保运输险的货物。

（6）运输条件不同的货物，如需要卫生检疫证的货物与不需要卫生检疫证的货物，海关监管货物与非海关监管货物，不同热状态的易腐货物等。

任务 4　货物运到期限

任务导读

货物运到期限是铁路运输合同的重要内容，是对铁路运输企业的要求和约束，也是对托运或收货人合法权益的保护。铁路应当尽量缩短货物的运到期限，因铁路责任超过货物运到期限的，要负违约责任。

知识点

一、货物运到期限的概念

货物运到期限是指铁路将货物由发站运至到站的最长时间限制。

其意义在于：

（1）货物运到期限是对托运人或收货人合法权益的保护，可使托运人、收货人明确货物运到时间，以便安排经济活动。

（2）货物运到期限是对承运人的要求和约束，可督促铁路提高工作效率，在规定期限内将货物送到。

（3）货物运到期限是货运工作质量指标之一。

（4）货物运到期限可用来判定易腐货物和“短寿命”放射性货物是否可以承运（条件：$T_{容}-T\geq 3$ d）。

二、货物运到期限的计算

货物运到期限（T）按日计算，起码天数为 3 日，即算出的运到期限不足 3 日按 3 日计算。它由三部分组成。

1. 货物发送时间（$t_{发}$）

货物发送时间统计为 1 日，指车站完成货物发送作业的时间，包括发站从货物承运、装车到移出的全部时间。

2. **货物运输时间（$t_{运}$）**

货物运输时间是货物在途中的运输时间。

每 250 运价千米或其未满为 1 日；按快运办理的整车货物每 500 运价千米或其未满为 1 日。

3. **特殊作业时间（$t_{特}$）**

特殊作业时间是指为了满足某些货物在运输途中进行特殊作业的需要所规定的时间。

并非所有货物都有这种作业，具体规定如下：

（1）运价里程超过 250 km 的零担货物和 1 t 集装箱，另加 2 日；超过 1 000 km 的零担货物和 1 t 集装箱，则另加 3 日。

（2）整车分卸货物，每增加一个分卸站，另加 1 日。这项时间用于分卸站进行甩挂、取送、卸车作业。

（3）准、米轨间直通运输的整车货物，另加 1 日。这项时间用于换装站进行换装作业。

（4）需要上门装、卸货物，各另加 1 日；需要门到发站、到站到门接取送达货物，各另加 1 日。

上述特殊作业时间应分别计算，当一批货物同时具备几项时，应累计相加计算。即：

$$T=t_{发}+t_{运}+t_{特}$$

另："五定"班列货物的运到期限按运行天数（始发日、终到日不足 24 小时按 1 日计）加 2 日计算。

【例 4-1】甲站承运到乙站整车分卸货物一车，重 60 t，两个分卸站，请计算运到期限（已知：运价里程为 904 km）。

解：（1）$t_{发}$=1 日；

（2）$t_{发}$=904÷250=3.616，计 4 日；

（3）$t_{特}$两分卸站另加 2 日。

所以，这批货物的运到期限为：$T=t_{发}+t_{运}+t_{特}$=1+4+2=7（日）。

货物运到期限计算视频

三、货物容许运输期限

货物容许运输期限（$T_{容}$）是由托运人提出的货物运输时限，承运人据此确定在规定的运到期限内该货物是否可以承运。

托运易腐货物、"短寿命"放射性物品时，应记明货物的容许运输期限。

货物容许运输期限至少须大于货物运到期限 3 日，方可承运。

【例 4-2】某托运人提出自德州发北郊鲜桃一批，鲜桃的容许运输期限为 10 日，运价里程为 1 089 km。试确定该货物可否承运（按快运办理）？

解：（1）确定该批货物的运到期限。

$$T=t_{发}+t_{运}+t_{特}=1+1\ 089/500+0=4（日）$$

（2）确定该批易腐货物能否承运。

$$T_{容}-T=10-4=6\text{（日）}$$

因为该货物容许运输期限大于货物运到期限 3 日，所以可以承运。

四、货物运到逾期

所谓货物运到逾期，是指货物的实际运到日数超过规定的运到期限。

实际运到日数，应从货物承运次日起算，至到站交付时终止。

起算时间：指承运人承运货物的次日（指定装车日期的，为指定装车日的次日）。另“五定”班列应自其始发日开始计算。

终止时间分两种情况：

（1）在到站由铁路组织卸车的，至卸车完了时终止。

（2）在到站由收货人组织卸车的，至货车调到卸车地点或交接地点时终止。

（一）逾期违约金的支付

若货物运到逾期，则铁路应向收货人支付违约金。逾期违约金按如下规定支付：

（1）货物运到期限在 3～10 日时，违约金支付比例如表 4-4 所示。

表 4-4　运到逾期违约金支付比例（一）

违约金占运费的比例 / 逾期总日数 / 运到期限	1 日	2 日	3 日	4 日	5 日	6 日以上
3 日	15%	20%				
4 日	10%	15%	20%			
5 日	10%	15%	20%			
6 日	10%	15%	15%	20%		
7 日	10%	10%	15%	20%		
8 日	10%	10%	15%	15%	20%	
9 日	10%	10%	15%	15%	20%	
10 日	5%	10%	10%	15%	15%	20%

（2）货物运到期限在 11 日及其以上时，违约金支付比例如表 4-5 所示。

表 4-5　运到逾期违约金支付比例（二）

逾期总日数占运到期限的比例	违约金占运费的比例
不超过 1/10 时	5%
超过 1/10，但不超过 3/10 时	10%
超过 3/10，但不超过 5/10 时	15%
超过 5/10 时	20%

快运货物逾期，按表 4-6 退还货物快运费。此外，货物运输时间按 250 运价千米或其未满

为 1 日计算运到期限，仍超过时，应按表 4-4 或表 4-5 规定向收货人支付违约金。

表 4-6　退还货物快运费比例

运价里程范围	预期日数	退还货物快运费比例
1 801 km 以上	1 日	30%
	2 日	60%
	3 日以上	100%
1 201 ~ 1 800 km	1 日	50%
	2 日以上	100%
1 200 km 以下	1 日以上	100%

（二）不支付违约金的情形

（1）超限、限速运行和免费运输的货物以及货物全部灭失。

（2）从铁路发出领货或送货通知的次日起（不能实行领货、送货通知或会同收货人卸车的货物为卸车的次日起），如收货人在 2 日内未将货物领出，即失去要求铁路支付违约金的权利。

（三）货物滞留时间

货物在运输过程中，由于下列原因之一造成的滞留时间，应从实际运到日数中扣除：

（1）因不可抗力的原因引起的。

（2）由于托运人的责任致使货物在途中发生换装、整理所产生的。

（3）因托运人或收货人要求运输变更产生的。

（4）其他非承运人的责任发生的。

上述情况均为非承运人原因造成的滞留，发生滞留的车站，应在货物运单“承运人记载事项”栏内记明滞留时间和原因。到站应将各种情况所发生的滞留时间加总，加总后不足 1 日的尾数进整为 1 日。

项目小结

（1）了解铁路货物及货物运输的种类，对货物正确进行分类。

（2）了解铁路货物运输合同，了解货物运输合同的订立、履行、变更。

（3）明确铁路货物运输基本条件。

（4）说明货物运到期限的计算方法及运到逾期的处理规定。

项目训练与测试

一、技能训练

（一）训练任务

扮演货运员的角色计算货物的运到期限。

（二）训练目的

（1）掌握不同货物运到期限的计算方法。

（2）培养不同货物运输情形的作业办理能力。

（三）训练要求与准备

今天一名托运人（货主张某）来到西安西站，欲按整车托运一件货物，货物重 2 500 kg，运价里程 1 003 km，你作为西安西站的一名实习生，你该如何应对？

（1）完成简要书面分析报告。

（2）课下在班级组织一次交流与讨论。

（3）由教师根据分析报告与讨论表现评估打分。

二、综合测试

（一）选择题

1. 铁路零担货物运输规定，按零担托运的货物，一件体积最小不得小于（　　）（一件重量在 10 kg 以上的除外），每批不得超过 300 件。

A. 0.01 m^3　　B. 0.02 m^3　　C. 0.03 m^3　　D. 0.05 m^3

2. 根据铁路货物运到期限计算规定，西安西—宝鸡 171 km 运价里程，由西安西发往宝鸡的货物的运到期限为（　　）。

A. 1 天　　B. 2 天　　C. 3 天　　D. 4 天

3. 托运易腐货物、“短寿命”放射性货物时，货物的容许运输期限至少须大于货物运到期限（　　）时，方可承运。

A. 1 天　　B. 2 天　　C. 3 天　　D. 4 天

4. 规定不能按一批托运的货物，在特殊情况下，经（　　）承认也可按一批托运。

A. 车站　　B. 车务段　　C. 铁路局　　D. 中国国铁集团

5. 快运货物发到站间运输里程 1 900 km，超过运到期限 1 天时，应退还货物快运费（　　）。

A. 30%　　B. 50%　　C. 60%　　D. 100%

6. 铁路货物运输合同当事人双方都违反合同的，应当（　　）承担相应的责任。

A. 免于　　B. 各自　　C. 承运人　　D. 托运人

7. 下列整车货物中，不办理准、米轨间直通运输的是（　　）货物。

A. 超长　　B. 危险　　C. 罐车运输的　　D. 搬家

8. 一般货物运到逾期支付违约金占运费的比例不得超过（　　）。

A. 40%　　B. 30%　　C. 25%　　D. 20%

（二）判断题

（　）1. 整车分卸的货物由于装卸地点不同，所以不能按一批办理。

（　）2. 按整车运输的危险货物，也可以办理站界内搬运和途中装卸。

（　）3. 办理整车分卸的货物，只要各分卸站在同一径路上，分卸站的数量不受限制。

（　）4.“五定”班列货物的运到期限按运行天数加 2 天计算。

（　）5. 铁路运输的货物逾期时，都须支付运到逾期违约金。

（　）6. 铁路运输中，整车货物由发站接受完毕，零担和集装箱货物装车完毕，并核收运费后，即宣告运输合同成立。

（　）7. 外界气温在 10 ℃左右时，冷却蛋和鲜蛋可按照一批运输。

（　）8. 任何时候，货物运到逾期违约金支付金额最高都不超过运费的 30%。

（三）实作题

（1）按一般条件办理的钢板一车，运价里程 208 km，计算其运到期限。

（2）按快运办理的香蕉一车，运价里程 1 280 km，计算其运到期限。托运人注明货物容许运输期限 10 天，发站可否承运？

（3）8 月 1 日三水西承运到宝鸡东大豆一车，站到站运输。8 月 4 日 12:15 运至武汉北时，京广线发生水害停运，8 月 8 日 15:30 恢复运行，8 月 20 日运抵到站，8 月 21 日车站将货物卸至仓库存放，8 月 22 日托运人领取货物时要求支付运到逾期违约金。问车站应如何处理？

（4）某年 6 月 10 日，某托运人在丰台站按慢运托运冷冻的牛肉一批，到站广州南（运价里程 2 288 km），6 月 23 日运至到站，24 日卸车完了。问是否运到逾期？如果逾期，应如何向收货人支付运到逾期违约金？

（5）若上题按快运办理，又应如何处理？

（6）托运人 A 到甲站托运箱装水泵 200 件，单件重量 90 kg，体积 0.23 m×0.18 m×0.4 m，希望将其货物运至乙站，如果你作为甲站负责受理货物托运的工作人员，请帮助托运人 A 确定该件货物的运输方式，并向托运人 A 说明你的理由。另请判定该货物属于 28 个品类中的哪一类？用此种方式运输该货物的铁路运到期限是多少日（甲乙两站间运价里程为 1 475 km）？

（7）托运人 B 到甲站货运营业厅，准备托运袋装大米 2 200 袋，约重 55 t，拟发往乙站，假设你现在是甲站负责受理货物托运的工作人员，请帮助托运人 B 确定该批货物的运输方式，并向托运人 B 说明你的理由。另请判定该货物属于 28 个品类中的哪一类？应按普通条件运送还是按照特殊条件运送？用此种方式运输该批货物的铁路运到期限是多少日（甲乙两站间运价里程为 1 298 km）？

（8）托运人 D 来到甲站货运营业厅，欲托运摩托车 100 辆，纸箱包装，每件重 85 kg，每件体积为 2 m×0.6 m×0.9 m，假设你现在是甲站负责受理货物托运的工作人员，请运用专业知识告知托运人 D 该货物可以选择的运输方式，能否按一批托运，并向他说明你的理由。另请判定该货物应按普通条件运送还是按照特殊条件运送？用此种方式运输该货物的铁路运到期限是多少日（甲乙两站间运价里程为 982 km）？

（9）某年 9 月 1 日，托运人 E 在甲站以集装箱运输的方式托运了服装 500 箱到乙站，每箱重 40 kg，每箱体积 0.85 m×0.65 m×0.4 m，该批货物于 9 月 15 日到达乙站卸车，假设你是乙站负责交付货物的工作人员，请判定该批货物的运输方式是否恰当，并向收货人说明你的理由。另请判定该货物运输时间是否超过铁路运到期限？若逾期请按有关规定核定铁路应该支付的违约金比例（甲乙两站间运价里程为 1 143 km）。

（10）托运人 F 到甲站货运营业厅，欲托运纸箱包装的柑橘 1 000 箱，每箱重 20 kg，拟尽快发往乙站，假设你是甲站负责受理货物托运的工作人员，请帮助托运人 F 确定该批货物的运输方式，以及托运前注意事项，并向托运人 F 说明你的理由。另请判定该货物属于 28 个品类中的哪一类？应按何条件运送较为妥当？用此种方式运输该批货物的铁路运到期限是多少日（甲乙两站间运价里程为 1 268 km）？

（11）托运人 G 到甲站货运营业厅，欲托运活牛 20 头，每头重 500 kg，拟尽快发往乙站，假设你是甲站负责受理货物托运的工作人员，请帮助托运人 G 确定该批货物的运输方式，以及托运前注意事项，并向托运人 G 说明你的理由。另请判定该货物属于 28 个品类中的哪一类？应按何条件运送较为妥当？用此种方式运输该批货物的铁路运到期限是多少日（甲乙两站间运价里程为 1 709 km）？

（12）托运人 H 某日来到甲站货运营业厅，欲托运箱装（15 kg/箱）纸制刊物 20 箱和桶装（每件重 30 kg）硝酸 25 件，至乙站。假设你是甲站负责受理货物托运的工作人员，请帮助托运人 H 确定这些货物的运输方式，并向托运人 H 说明你的理由。另请判定该货物应按普通条件运送还是按照特殊条件运送？用此种方式运输这些货物的铁路运到期限为多少日（甲乙两站间运价里程为 2 115 km）？

项目四综合测试参考答案请扫码观看

项目五　重载运输与班列运输

知识目标

（1）了解铁路重载运输的发展现状，能阐述重载列车组织形式和铁路重载运输的作业要点。

（2）能总结快运货物班列的分类，理解快运货物班列分级管理职责；梳理清楚快运货物班列的运输组织要求，掌握快运货物班列安全管理要点。

（3）了解中欧班列的运营情况，能说出中欧班列运输通道，阐明中欧班列物流组织形式和中欧班列的作业流程。

能力目标

（1）能灵活运用铁路重载运输车站作业组织方法，开展相关工作。

（2）能进行快运货物班列的业务办理。

（3）讨论中欧班列的发展策略，调研本地中欧班列的业务及发展情况，梳理、模拟、优化相关作业流程，撰写调研报告。

思政目标

（1）了解我国铁路重载运输、快运货物班列、中欧班列业务的发展现状，树立坚定的职业理想。

（2）养成良好的责任意识，能够按照铁路重载运输、快运货物班列业务操作流程，认真组织运输工作，增强职业认同感和归属感。

（3）养成良好的创新精神，培养创新意识，主动求索轨道交通创新发展的新趋势、新理念、新技术，肩负“交通强国”的时代使命。

项目思维导图

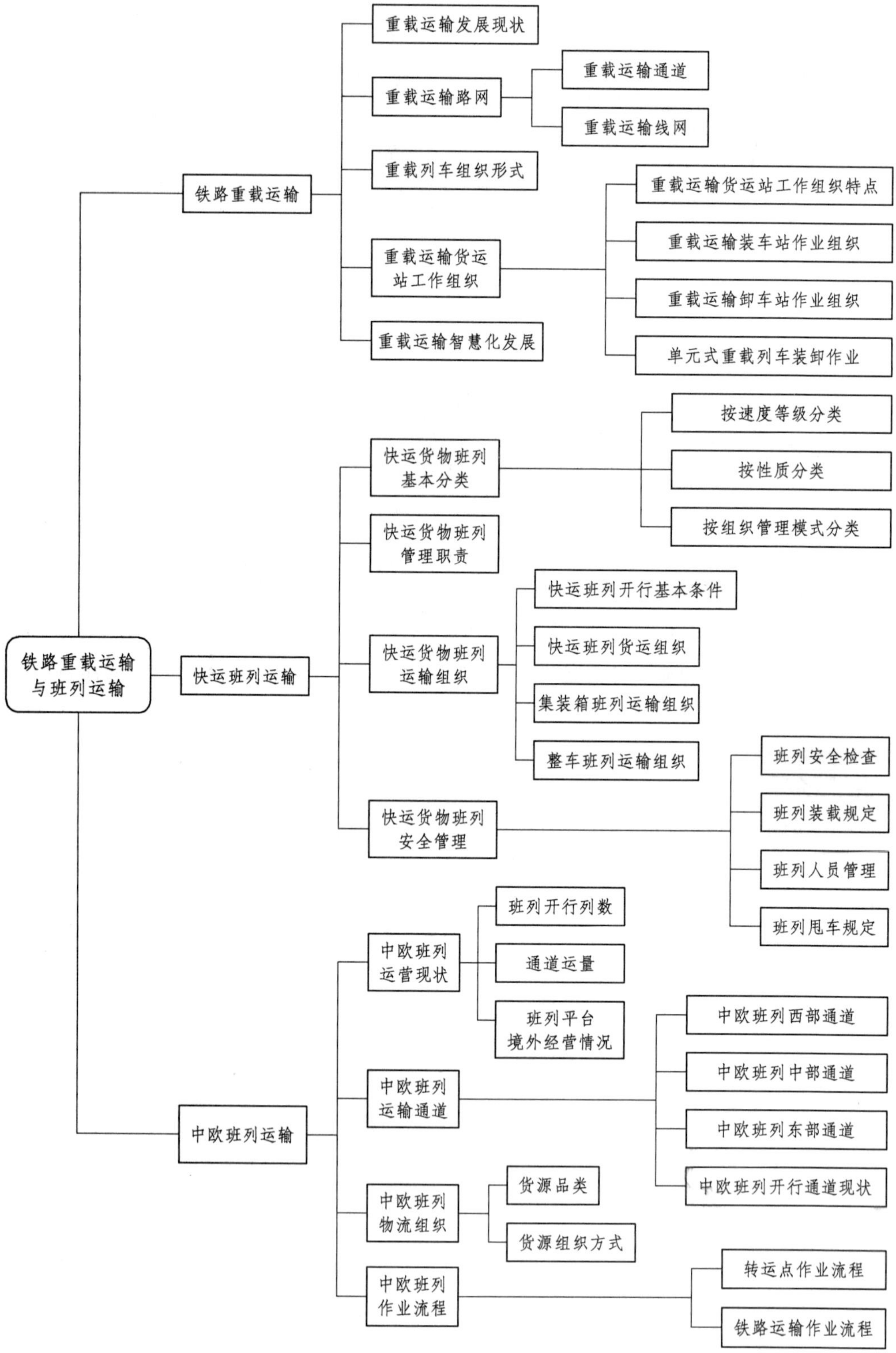
铁路重载运输与班列运输
铁路重载运输
重载运输发展现状
重载运输路网
重载运输通道
重载运输线网
重载列车组织形式
重载运输货运站工作组织
重载运输货运站工作组织特点
重载运输装车站作业组织
重载运输卸车站作业组织
单元式重载列车装卸作业
重载运输智慧化发展
快运班列运输
快运货物班列基本分类
按速度等级分类
按性质分类
按组织管理模式分类
快运货物班列管理职责
快运货物班列运输组织
快运班列开行基本条件
快运班列货运组织
集装箱班列运输组织
整车班列运输组织
快运货物班列安全管理
班列安全检查
班列装载规定
班列人员管理
班列甩车规定
中欧班列运输
中欧班列运营现状
班列开行列数
通道运量
班列平台境外经营情况
中欧班列运输通道
中欧班列西部通道
中欧班列中部通道
中欧班列东部通道
中欧班列开行通道现状
中欧班列物流组织
货源品类
货源组织方式
中欧班列作业流程
转运点作业流程
铁路运输作业流程

引导案例

案例 1：国内首条采用移动闭塞系统的重载铁路开通

2021 年 6 月 20 日，记者从国家能源集团获悉，移动闭塞系统首获重载铁路采用，该集团朔黄铁路成为我国第一条采用移动闭塞系统的重载铁路，标志着我国重载铁路技术实现重大突破。朔黄铁路移动闭塞系统的成功开通投用，能够大幅提升重载运输的自动化水平，对我国既有铁路扩能改造和推广具有示范引领作用。

图 5-1　朔黄铁路移动闭塞系统的成功开通投用

移动闭塞系统采用智能技术控制同一条铁路上多列列车安全间隔时间，实现重载列车安全追踪运行以及在雨雪天气、复杂线路等情况下的自适应控制，从而防止列车追尾事故的发生，是保障铁路行车安全的重要信号控制系统。它是国际铁路界公认的提升安全指标和提高运输效率的最佳控制系统。

朔黄铁路移动闭塞系统，历经八年的关键技术攻关、核心设备研制及装备研究，扩大试验与工程化应用研究，实现了符合我国实际运营需求的重载移动闭塞体系、面向重载铁路复杂场景的移动闭塞安全防护技术、基于无线通信和北斗卫星的重载列车再定位技术、面向重载移动闭塞的全过程安全综合保障技术的“四个创新”，为重载铁路运能和效率提升提供了成套解决方案。

移动闭塞系统技术的运用，可实现一列货车平均发车间隔由原来 11 min 缩短至 7.3 min，朔黄铁路全线完成移动闭塞改造后年运量可增加 4 000 万吨，可降低信号系统设备综合维修成本约 20%，对减轻行车人员安全压力、维护人员劳动强度等也具有积极作用。

同时，随着移动闭塞技术的运用，铁路的绿色环保、节能高效等显著优势将得到有效发挥，进一步促进国家交通运输和铁路沿线地方经济社会的发展，助力打赢“蓝天保卫战”。

（图片来源：国家能源集团；新闻资料来源：学习强国/科技日报 2021-06-22）

案例 2：中欧班列东通道“铁路进出境快速通关”业务模式首单测试成功

近日，一批自湖南长沙综合保税区启运的“液压锤”通过中欧班列经满洲里铁路口岸出境，这是满洲里海关首次使用“铁路进出境快速通关”业务模式通关的中欧班列货物。该批货物的顺利通关，标志着“铁路进出境快速通关”业务模式在中欧班列东通道正式开启，口岸验放进入“读秒时代”。

据了解，“铁路进出境快速通关”业务模式是依托海关总署铁路新舱单及进出境运输工具管理系统而创新开展的一种运输工具“转关”监管作业新模式，符合条件的进出口货物可以在启运地和指运地海关办理完毕所有通关手续后，在边境口岸直接进出境。

满洲里海关监管处处长表示，通过该业务模式有望实现进出口货物在铁路口岸“秒级”通关。同时，该业务模式通过海关和铁路部门之间的信息交互，依托电子信息“多跑路”，实现进出口企业“少跑路”。

思考问题：

1. 朔黄铁路移动闭塞系统对该线的重载运输工作有什么好处？
2. 谈谈中欧班列东通道“铁路进出境快速通关”业务模式对你有何启示。

任务 1　走进重载运输

任务导读

铁路重载运输作为一种高效率和高效益的货物运输组织方式，一直以来都是国内外铁路发展货物运输的重点方向。重载运输是指在一定的铁路技术装备条件下，采用大功率机车和大轴重车辆扩大列车编组长度，大幅度提高列车重量，充分利用运输设备的综合能力降低运输成本，提高运输效率，达到一定重量标准的运输方式。本任务将对重载运输国内外发展现状、重载列车组织形式、重载运输主通道、重载铁路运输管理、重载运输智慧化发展等方面进行学习，体会发展重载铁路的必要性，认识“交通强国，铁路先行”的“重”头戏。

知识点

重载铁路是指相对于普通铁路，列车总重、轴重、长度或运量达到新的高度，能够满足煤炭、石油、矿石以及粮食等大宗散货的运输任务的铁路。国际重载协会（IHHA）于 2005 年拟定了新的重载铁路的标准，新申请加入协会的重载铁路，需满足以下三条标准中的至少两条：

轴重不小于 27 t。

列车重量不小于 8 000 t。

在长度不小于 150 km 的线路上，年运量不低于 4 Mt。

我国国家铁路局发布的自 2017 年 5 月 1 日起实施的新版《重载铁路设计规范》（TB 10625—2017）行业标准与国际重载协会的标准一致。

重载铁路的运输对象为矿石、煤炭、水泥、钢铁等大宗散货，货物来源和去向集中，因此，重载运输主要将货物从货源地集中于装车点后通过重载铁路运输至卸车点，整个过程分为三个环节，即“集中”“运输”和“疏散”，三个子系统构成了集疏运系统。整个系统构成了重载运输的组织结构，任何一个环节的滞后或不足都会影响整个运输系统的效率。系统对应着的是重载线路与重载车站两大组成部分，线路的合理规划设计和技术条件的好坏直接影响整个系统的运输能力，重载车站，尤其是装卸车站、技术站的车站技术作业效率很大程度上限制了系统的能力提升。因此，对线路、设备的合理优化与协调，提高薄弱环节的能力对于提高系统能力至关重要。

一、重载运输发展现状

重载运输发展现状

二、重载运输路网

重载运输路网

三、重载列车组织形式

（一）单元式重载列车

单元式重载列车是把固定机车和固定车辆（大功率机车和一定编成辆数的同一类型专用货车）采用固定编组的方式组成一个运输“单元”，并以此作为运营计费的单位，机车操纵采用无线遥控同步运转系统，运送的货物品种单一，在装、卸站间往返循环运行的货物列车。列车在中途不拆散，不进行改编作业，机车车辆固定编挂位置，车底固定回空，两端车站配套装卸设备，按规定走行公里整列入段检修。这种开行方式的典型代表国家有美国、加拿大、澳大利亚等。在机车车辆充足的情况下，采用这种重载运输组织模式可以最大限度地减少运营支出，大幅度降低运输成本；但要求货源充足，货物品类单一，货物到发地点统一，机车车辆、线路站场、装卸仓储等设备要配套，并要采取最合理的运行图及最佳周转方案。

这种重载运输方式目前运用范围最广，经济效益也最显著。在路网规模大、行车密度小、货运比重大、运能较富裕的美国、加拿大、澳大利亚等国，组织开行从装车地到卸车地之间的重载单元列车，通过货物集中发送、快速装卸加速机车车辆周转来降低成本从而获得较大的效益，提高了与其他运输方式的竞争能力。我国大秦重载运煤专线上也有重载单元列车的开行。

（二）组合式重载列车

组合式重载列车是把 2 列及以上符合运行图规定的普通货物列车首尾相接连挂在一起，机车分别挂于各自货物列车的首部，可以占用同一条运行线行驶，运行到前方某个技术站或终到站后，可以分解为普通货物列车，列车有合有分，十分方便灵活。这种开行方式的典型代表国家有俄罗斯等。

组合式重载列车可分为两种类型。

第一种类型组合式重载列车是由两列及以上同方向运行的普通货物列车首尾相接、合并组成的列车。机车分别挂于原各自普通货物列车头部，由最前方货物列车的机车担任本务机车，运行至前方某一技术站或终到站后，分解为普通货物列车。列车有合有分，十分方便灵活。这种重载运输方式始于 1964 年，在苏联应用较多。

第二种类型组合式重载列车是由两列及以上同方向运行的单元重载列车首尾相接、合并组成的列车，根据需要机车有不同的联挂方式。我国大秦线所开行的万吨重载列车就是采用的这种组合形式。

组合列车适用于列车数量、多行车密度大、运能与运量的矛盾比较突出的铁路线路。它实质上是在线路通过能力紧张的区段，利用一条运行线行驶两列及以上货物列车的一种扩大运输能力的方式，目的主要是扩大运输能力、挖掘现有设备潜力，以加速车流和货流输送。

此种类型重载列车比上述两种重载列车灵活，既可在装车站、集运站或编组站内组合成列，整列进入卸车站；也可在途中适当地点分解成原列进入卸车站，或在解体站分解为两列以后，再进入卸车站。但其对机车操纵控制技术和运输组织各环节有更多要求，因而在世界范围内应用不太广泛。

（三）整列式重载列车

整列式重载列车是采用普通列车的组织方法，由挂于列车头部的大功率单机或多机重联头部牵引，由不同类型和载重的货车混合编组达到规定载重量标准的列车。这种列车的运输特点和普通列车一样，采用一般列车的作业方法，列车到达、解体、编组、出发、取车、送车、装车、卸车和机车换挂等作业均与普通列车相同。这种列车不如单元式重载列车那样有严格要求，既不要求“五固定”，在运输途中还可根据实际需要进行改编，也不要求整列装卸以及整列入段检修，因此具有更大的通用性。

目前，在我国繁忙干线上开行的重载列车主要为这种模式，在其他国家应用较少。这种重载列车组织模式具有“短轻快”的特点，客运为主的一些欧洲国家目前也在结合本国实际条件后，开行不同重量的整列式重载列车。

四、重载运输货运站工作组织

（一）重载运输货运站工作组织特点

重载运输货运站工作组织内容与一般货运站大致相同，由于重载运输的性质，同时又具有一定的特殊性，主要包括：

（1）从货源看重载铁路货运站发送（或到达）量非常大，流向比较集中，货源组织的计划性强，日常波动很小，非常适于组织装车地直达列车和日历装车。

（2）货物品类绝大部分是散堆装货物，包括矿石、煤炭等，其中我国最主要的品类是煤炭。由于品类的单一加上巨大的发到量和较小的波动，非常适于装卸自动化。

（3）货运站除自身的装车外，普遍连接多家企业专用线，取送车作业量大，需要良好的路企协调机制和统一的技术作业过程。

（4）除少数有大型自动装卸设备的车站外，站内货车装卸车作业地点比较多，一般采取多点装卸、定时取送车的方式，组织整列或成组出车需要制定较完善的取送车计划。

基于以上特殊性，重载铁路货运站工作组织的重点内容包括装车地直达列车组织取送车作业组织、装卸作业组织、专用线作业组织等。

（二）重载运输装车站作业组织

1. 装车站主要设备

装车站是指装车作业大于卸车作业的车站。重载运输装车站为完成各项作业，需配置的设备如表 5-1 所示。

表 5-1　装车站配置设备

项目	设备名称
仓储设备	装车仓（多数跨线式）、储存仓、露天堆场
站内线路	各类装车线路、站修线、到发线、专用停车线、牵出线、机车线及客车线等站配线
拉装设备	带铁牛推拉车器的调车绞车装置；困难时也可采用无极绳调车绞车装置；铁牛前牵式、后推式均速机车等
检斤计量设备	轨道衡（静态机械衡动态电子衡）、若轨道衡与装车仓分设时，应修建添减货设施、微机控制定量漏斗、龙门吊车
排水设施	完善的站场排水系统
客运设备	办理客运列车的装车站应设站台、根据需要设置候车室客运量较大的车站，在站台上应设有风雨棚，横越线路应有人行过道，必要时设天桥或地道
照明设备	在车站相关作业处所应设足够的铁路照明设备
其他设备	客车、货车车底的洗刷、清扫、排污和处理设备（应有固定场所）

2. 装车组织

（1）装车组织原则。

积极挖掘货源、货流，最大限度地组织“五定”班列和大宗货物直达列车的开行。在均衡运输的基础上，本着“可远勿近、可多勿少”的原则，大力组织直达运输。严格使用车去向，按照国铁集团下达的定量交接数，安排发往通过限制区段的装车，按照使用车去向计划数，均衡组织到达各铁路局集团装车，尤其是到达主要钢厂、电厂、港口及联运出口货物的装车。充分考虑其他运输工具的衔接，装车为卸车创造条件。

（2）装车组织方法。

重载列车的装车站多为矿山、钢厂和电厂等所在地，其不同于普通货运装车站的装车组织方法，主要体现在以下几个方面：

① 组织装车地直达列车。

由装车站（包括与其接轨的专用线）利用自装车辆直接编组直达列车的运输组织，称为装车地直达运输组织。由装车站利用自装车辆组织的直达列车，称为装车地直达列车。装车站组织直达列车后，包含在直达列车内的车流将被直接送往卸车站，或者运送到解体站，因而，这些车流将在沿途全部或大部分技术站无改编通过。反之，当装车站不组织直达列车时，直达车流将利用非直达列车挂运至前方邻近技术站进行改编，并且按照该站的列车编组计划编入相应的列车向卸车站方向运送，在沿途技术站还可能进行改编作业。

因此，组织装车地直达列车具有以下优点：减轻沿途技术站的改编作业负荷，加速车辆周转和货物送达，为稳定列车运行秩序创造有利条件，同时也能配合厂矿企业生产，可以促进物资产、供、运、销各部门密切合作，使货流与车流组织紧密结合起来，使铁路更好地为经济建设服务。

由于我国货运集装化战略实施和战略装车点的建设，重载铁路一般比较适合开行直达列车。我国铁路组织直达列车的类型大致有以下三种：

a. 空车整列到达装车站，向一个或若干个装车地点配送空车装车完毕后取回站内编组直达列车出发。这种在装车过程中组织直达列车的方式称为原列折返。中小矿区站一般采用此种类型的组织方式。

b. 空车整列到达装车站，然后向各个装车地点配送空车和装车，装车完毕后按货物品类或车辆到站进行集结待某一直达去向的车流达到规定的重量标准时，直达列车出发。这种用自装车流集结组织直达列车的方式多为大型矿区站采用。

c. 利用本站卸后空车组织直达列车装车，这种方式多为货运站采用。为了缩短车站组织直达列车的作业时间，应使装车过程与空车集结过程相配合，重载铁路一般很少采用这种方式。

② 日历装车。

当某去向车流量不足以编组装车地直达列车时，也可考虑采用日历装车的方式。

日历装车计划也称日历装车安排，指按照日历分别去向或货物品类来承运货物的装车组织方法，目的是通过在一天集中办理同品类或同方向的货物，来扩大直达或成组装车的数量，以提高运输能力和设备的利用率。如某站每日各有 A、B、C 三个去向的日装货车 20 车，如分散装车，则货车需要到技术站集结，而如以 3 d 为一个周期按日历在 3 d 内分别装车，则可以直接组织装车地直达列车。日历装车是我国铁路在日常计划中经常采用的组织方法，重载铁路货物品类单一、去向相对集中，非常适于采取日历装车措施。

日历装车主要体现在制定旬间日历装车计划上。一般于每旬开始前 3 ~ 5 d，由站长主持，货运、运转有关人员参加，根据月度货物运输计划，重点物资运输计划，企业的装车计划、落实的货源情况、需要补装的上旬欠装货物及停限装等具体情况，先制定日历装车的货流去向，再在均衡考虑运输、车站和企业情况下编制日历装车计划。

为保证日历装车计划的顺利实施，必须建立货源、货流分析制度。通过定期、及时了解货源情况来分析货物流向，指定专人负责货源情况的调查和落实，促进日历装车水平的提高。同时，须注意与货主企业建立沟通联系制度，包括定期货源调查和发生变化时的随时沟通度，及时掌握企业生产经营状况，保证日历装车计划的编制质量。

（三）重载运输卸车站作业组织

卸车站是卸车作业大于装车作业的车站。卸车组织在铁路运输环节中占据着重要的位置，卸车质量的好坏直接关系到运输是否流畅，不仅涉及能否有充足的货源组织和能否及时、安全运输到达卸车站的问题，还涉及与港方衔接，协调装船运输的重要任务。搞好卸车工作组织，也是加速车辆周转、挖掘运输潜力，向时间要运能，向卸车要效益的一个重要手段。

1. 卸车站主要设备

重载铁路卸车站为完成各项作业，需配置设备如表 5-2 所示。

表 5-2　卸车站配置设备

项目	设备名称
卸车设备	翻车机、翻车机房、拨车机
站内线路	到发线、调车线、牵出线、机车走行线、机待线，专用停车线及客车线等站配线
拉装设备	带铁牛推拉车器的调车绞车装置；困难时也可采用无极绳调车绞车装置；铁牛前牵式、后推式均速机车等
检斤计量设备	轨道衡（静态机械衡、动态电子衡）若轨道衡与装车仓分设时，应修建添减货设施、微机控制定量漏斗、龙门吊车
排水设施	完善的站场排水系统
客运设备	办理客运列车的卸车站，应设站台、根据需要设置候车室，客运量较大的车站，在站台上应设有风雨棚，横越线路应有人行过道，必要时设天桥或地道
照明设备	在车站相关作业处所应设足够的铁路照明设备
其他设备	客车、货车车底的洗刷、清扫排污河处理设备（应有固定场所）

2. 卸车组织

（1）卸车作业要求。

① 根据到卸资料及厂矿港口专用线、专用铁道技术作业过程查定的有效作业时间，确定每日卸车计划，制定取送车作业方案，做到快取快送，压缩待取待送时间，加速车辆周转。

② 对专用线及车站内由收货单位自行卸车的货物，车站接到预报后，要及时通知收货单位做好卸车准备。

③ 密切与收货单位和地方运输部门的协作，组织好地方搬运工作，做到随到随卸、随卸随搬，及时腾空货位，防止货物阻塞。

④ 加强夜间卸车组织，夜间卸车比重要达到 45%以上。

⑤ 大点车的掌握。大点车系指在站停留超过 48 h 的待卸车。车站按 18:00 待车分析表填记大点车的积压日期和时间，并建立台账，注明未卸原因，提出处理意见。铁路局对待卸车超过 48 h 的大点车，按 18:00 大点车待卸车报告（运货 8）逐日登记，并报铁路公司货运调度。

（2）重车积压卸车，发站停装或限装时，处理方法及权限的规定如下：

① 卸车站要求发站停装和限装时，应说明原因和要求停限装的具体时间，并标明是否为“五定”班列和大宗货物直达列车的卸车站，形成停限装请求报告逐级上报。铁路局报国铁集团的停限装请求报告，须由货运主管部门负责人批准。

② 各级货运调度收到停限装报告后，有关人员应及时处理。

③ 发站、到站为同一铁路局管内的停限装，由铁路局批准；跨局的，由国铁集团批准；国际联运和出口的货物，必须经国铁集团批准。

④ “五定”班列口岸站进口物资原则上不准停装，特殊情况必须停装时，须报国铁集团批准。

⑤ 停装或限装必须以调度命令批准，逐级下达。车站接到停装或限装命令后，要及时将停限装的原因和具体时间通知发货单位。

⑥ 对已到达卸车站收货人拒收的重车，车站应查明原因协调解决，未经国铁集团批准，任何单位不得原车退回发站。

（四）单元式重载列车装卸作业

单元式重载列车从装车地至卸车地的技术作业流程简述为：单元式重载列车由始发技术站将空车送至装车地，在装车地由环线或贯通装车线进行装车后，返回到始发技术站进行列车的技术检查及机车的检查作业。作业完成后，单元式重载列车由始发技术站驶往卸车地。列车到达卸车地首先进入终点技术站进行列车到达的技术作业，继而进入终点卸车站不摘机车连续进行卸车作业。卸后空车回到终点技术站，办理出发作业后返回始发技术站。至此，即完成了单元式重载列车的一次循环。

1. 装车作业

单元式重载列车的装车地往往为大型矿点（通常为煤炭、矿石产地）或集运站，卸车地往往为港口或大型电厂、钢厂等用户所在地。单元式重载列车出入装卸地点时是不解体、直入直出、整列装卸的形式，因而在有条件的装（卸）车地点应铺设可以整列不停车装（卸）车的环形铁路线。

采用环形线装车方式，装车设备或为大容量的筒仓和定量漏斗，或为高架溜槽，也有的在堆料场下穿一座隧洞，由洞顶的漏斗装车。漏斗与电子磅相连，自动计量和打印记录。装车时，整列空车直接进入环形装车线，使用装设在线路轨道上的车位表示器与机车上的自动调速器联控，空车列车徐行通过大容量的漏斗煤仓或隧洞式堆料场。整个装车过程由计算机系统自动控制，包括装料漏斗门的启闭和整列空车徐行速度的控制都是自动化的，装车车列匀速前进、准确对位，并与储仓装料口的开闭协调配合。列车按规定速度通过仓储设备后，即可达到规定重量。由于整个列车无需分解和转头，大大提高了装车效率，每小时装车能力可达 7 000 ~ 10 000 t。

矿点产量不够大而又分散或受地形限制不能单独设置整列装车设备时，可采取集运方式，用大型载重自翻汽车或皮带输送机将货物送至集运站的环形线上装车。

单元式重载列车装车系统多采用环形装车系统或贯通式装车系统。地理条件允许的，特别是煤炭装车点应尽可能建设环形装车系统；其他装车点尽可能建设贯通式装车系统。

（1）单元式重载列车环形装车系统。

以煤炭装车为例，具有先进技术装备的煤炭装车点（集运站）的装车系统设备由电气化环线铁路及煤炭储（煤）装（车）两个系统组成，如图 5-2 所示。

环线铁路系统的环形装车线是提高重载列车装车效率的有效设施。环形装车线的线路条件必须满足列车低恒速运行的要求，以达到准确、均匀装车。

（2）煤炭储装系统。

储装系统主要有电子动态汽车衡、受煤坑、皮带输送机、中转站、储煤场、储煤筒仓等。集运站作业流程是：运煤卡车由公路进到集运站后，经电子动态汽车衡称重，普通载重卡车的煤炭由卸煤机卸入受煤坑，煤炭经皮带输送机送入储煤场或直接入储煤筒仓。大载重自卸汽车经称重后既可将煤炭自动卸入受煤坑，也可直接进储煤场卸车。

铁路装车作业流程是：由配置低恒速器的电力机车牵引，空列车到达装车环线后由控制室遥控机车定速运行。当空车经过装车塔的装车筒仓时，自动打开定量漏斗仓门，将煤炭均匀装入车内。全列装车完毕后，低恒速器停止作用，机车乘务员开始操纵机车，将装完的列车拉至铁路作业车站。

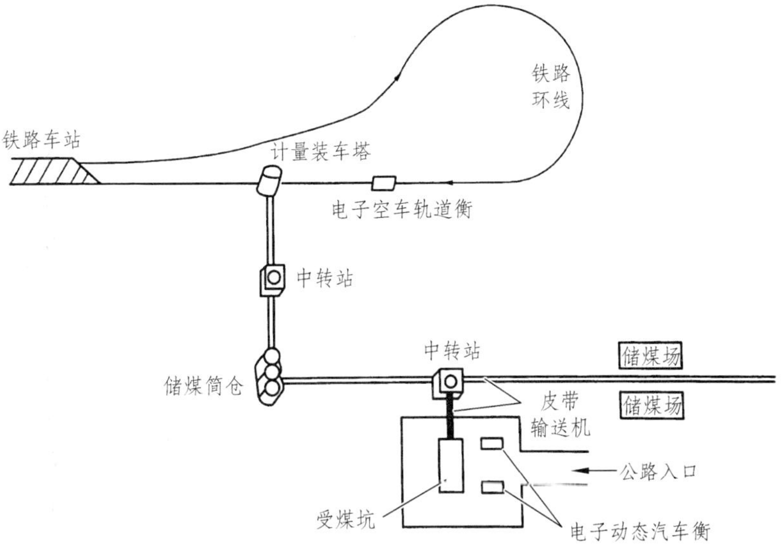

图 5-2　重载单元列车环线煤炭装车系统示意图

（3）单元式重载列车贯通式装车系统。

地理条件确有困难时，装车线也应具备整列取送和装车的条件，保证整列装车时间大幅缩短，此时可采用贯通式装车系统。单元式重载列车贯通式装车系统设备主要由贯通式货物线和煤炭储（煤）装（车）系统组成。装车线有效长应能达到存放整列车的条件，并与装车点所连车站到发线和所在线路牵引定数及列车换长等技术标准相匹配。

2. 卸车作业

在卸车地、运送煤炭、矿石等大宗散装货物的单元式重载列车卸车，需要高效的卸车备，一般都设有环线或贯通式整列卸车线以及和车型、卸车方法相适应的地面设施。卸车主要采用漏卸和翻卸的方式。漏卸是用自动启闭底开门的漏斗车编成重载列车，徐行进入位于高架栈桥或卸车坑道上的卸车线后，自动启开底开门直接卸车，散装货物即落入线路两旁的料坑内；翻卸是用装有高强度旋转式车钩的专用敞车编成重载列车，列车进入卸车线后，为了避免使用机车推顶而造成车钩和缓冲装置频繁冲撞并受损，一般使用自动或半自动的车辆就位器（俗称“铁牛”）来操纵车辆移动和定位，将专用敞车（每组 1～4 辆，根据翻车机的型号确定）固定在翻车机内旋转倾覆卸车，直接将货物翻卸到线路下面的料坑内，可保证不摘钩连续作业。翻卸方式在美国、巴西、澳大利亚等单元重载式列车开行较多的国家应用得最为广泛，我国的秦皇岛港、日照港等卸煤码头基本上也采用这种卸车方式。

① 单元式重载列车终点卸车站（港口站）布置。

单元式重载列车卸车地的终点卸车站（港口站），也是路、港交接的煤炭转运站。车站设有重车到达线、翻车机卸煤线、空车出发线，如图 5-3 所示。重、空车到发线有效长均满足单元式重载列车的需要。重车到达线与空车出发线呈纵列环形布置，中部以两条卸煤线连接。两条线各设一台翻车机，在翻车机入口处设拨车机及预留解冻库。空车线 4 条分成两组，每组 2 条，两组呈纵列布置。其中一组与卸煤线衔接，另一组与重车到达场横列布置。

② 单元式重载列车环线卸车系统。

单元式重载列车环线卸车系统设备由环线铁路系统与煤炭卸煤装船两个系统组成。

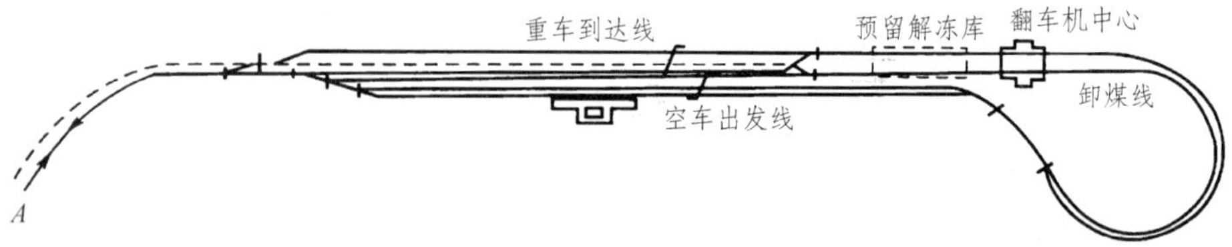

图 5-3　重载单元列车终点卸车站（港口站）布置图

a. 环线铁路系统。

单元式重载列车卸车采取不摘机车连续流水作业的方法。列车到达后，路、港双方在重车到达线办理交接作业，列车运行到拨车机固定停车处，机车落下受电弓并处于非工作状态，按规定的翻车机每次卸车数，由拨车机将重车送至翻车机卸煤线，经翻车机连续卸车，卸后的空车列经空车出发线返回铁路技术站。

环线铁路系统的环形卸车线是提高重载列车卸车效率的有效设施，线路条件应满足：在车钩压缩状态下卸车；翻车机前后应设计为平坡直线。其他条件与装车环行线相同。

b. 卸煤装船系统。

单元式重载列车卸车地的卸煤装船系统主要有储煤漏斗、堆场、皮带输送机、堆料机、取料机、装船机等设备和机械。

煤炭装船作业方法：经终点卸车站翻车机卸后的煤炭落入储煤漏斗中，经皮带输送机系统输送到堆场，由堆料机将煤炭按煤的种类堆到指定垛位，取料机由堆场按指定货位取料，通过皮带输送机系统装船。翻车机卸后的煤炭也可不进入堆场，直接通过皮带输送机系统送往装船机装船。

单元式重载列车卸煤装船系统如图 5-4 所示。

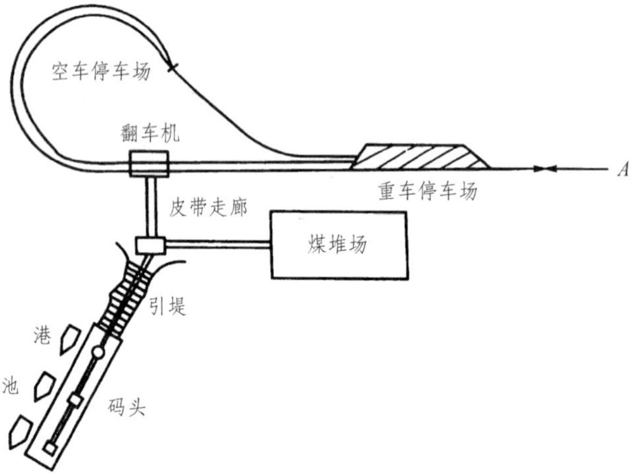

图 5-4　重载单元列车卸煤装船系统示意图

由于单元式重载列车在装卸站整列进行装卸，在装卸站间循环直达运行，途中无须换挂机车。因此，车站的技术作业组织主要是列车接发工作。

为不延误装卸车作业的进行，始发终到站在准备接发列车进路的同时，还要准备和开放好整列车去往环线的调车进路和信号以使接发列车作业与出入装卸地点的调车作业尽可能地衔接协调统一。另外，途中规定技术站还须进行乘务员换班和机车注油整备作业。对于单线铁路，还须在途中站线有足够长的中间站组织列车交会作业。

五、重载运输智慧化发展（拓展）

重载运输智慧化发展

任务 2　走进快运班列运输

任务导读

快运货物班列是指在固定发到站间，有固定的车次和运行线、明确的开行周期和运行时刻，按客车化模式组织开行的货物列车。铁路部门根据社会需求确定列车装卸站，选择最佳路径，按照客车化组织方式编制列车运行图，从装车站到卸车站全程紧密衔接，努力确保快捷、及时运输货物。

知识点

一、快运货物班列基本分类

（一）按速度等级分类

1. 特快班列

特快班列指使用最高运行速度 160 km/h 的 25T 等专用车辆编组，原则上按不低于每日 2 200 km 的标准铺画运行图。

2. 快速班列

快速班列指使用符合最高运行速度 120 km/h 技术标准的货车编组，原则上按不低于每日 1 000 km 的标准铺画运行图。快速班列包括中欧班列、快速货物班列、多式联运快速班列等。

3. 普快班列

普快班列指使用按普通货车标尺运行的普通货车编组，原则上按不低于每日 800 km 的标准铺画运行图。普快班列包括中亚班列、普快货物班列、多式联运普快班列等。

快运货物班列开行列表

（二）按性质分类

1. 图定班列

图定班列指按照国铁集团公布的列车运行图指定的装车站、始发站、运行径路等技术条件开行的“白货”货物列车。包含特快班列、快速班列、快速集装箱班列、普通集装箱班列。特快班列车次范围为 X1 ~ X199；快速班列车次范围为 X201 ~ X2998、X8001 ~ X9998。

2. 点对点班列

点对点班列指按照货物运到时限和车流情况，通过组织装车站始发或编组站集结始发开行到一局同枢纽的“白货”货物列车。

3. 临时加开班列

临时加开班列指根据客户短期货源需求临时开行的“白货”货物列车。

注：“白货”是指铁路运输中，发运货物品类中除了煤炭和焦炭之外的其他货物。

（三）按组织管理模式分类

1. 公共平台班列

公共平台班列指港口开行的海铁联运班列、对开行基本组没有要求的班列、客户承诺车数不满足开行基本组要求的班列，按照先到先得，订满为止的原则，每日敞开受理客户订单需求。

2. 协议开行班列

协议开行班列指班列客户与货运中心签订班列协议，承诺班列组织频次、每列开行车数且该班列所有客户协议承诺车数不低于班列开行基本组要求的班列。

二、快运货物班列管理职责

1. 铁路局集团公司管理职责

（1）负责管内班列运输的日常管理，指导各货运中心（站段）组织班列开行。

（2）负责起草或审核班列开行方案。

（3）负责向国铁集团上报有关跨局班列开行方案及班列变更内容。

（4）按要求负责参加国铁集团班列新图编制会。

2. 货运站段管理职责

（1）负责班列开发、班列日常组织、班列维护。

（2）负责参加协调会、收集班列开行信息、向调度所提报班列开行计划、盯控空车配送到位和重车取送情况、班列正晚点盯控、建立台账等。

（3）负责实时货源情况掌握、协调和汇报班列开行过程中所出现的问题，适时回访客户，宣传推广，进行开行效果的分析与优化。

（4）负责安检查危、安全协议签订的检查指导。

3. 货运车间管理职责

（1）负责营销策划、市场调研、确定客户需求、牵头编制初步班列开行方案、参加协调会。

（2）负责实时货源情况掌握、协调和汇报班列开行过程中所出现的问题，适时客户回访，宣传推广，进行开行效果的分析与优化。

（3）负责日常安检查危工作，对接客户了解班列货源情况，向货运中心（站段）调度值班室提报运输计划，落实了解空车情况，落实车站取送车时间节点，建立台账等。

三、快运货物班列运输组织

（一）快运班列开行基本条件

（1）班列装卸作业点要有相对固定的作业场地和必要的仓储设施，具备整列或成组装卸车作业能力。

（2）班列发到技术站需具备相应技术作业能力。

（3）快运货物班列开行方案装卸站应尽可能集中装卸车，组织直达化开行，中途局无甩挂组织。方案装车或卸车站原则上应不跨局、装卸车站总量各不超 6 个，且应在 1 个枢纽内组织，特殊情况枢纽数量不超过 2 个。

（4）军事运输、超限、超重和限速运行的货物和危险货物等不得纳入快运货物班列运输，散堆装大宗货物原则上不纳入快运货物班列运输。

（5）跨局快运班列应具备稳定、均衡的货源，特快、快速班列开行周期要达到每日开行 1 列的条件（中欧班列除外）。普快班列开行周期要达到至少 2 日开行 1 列的条件（中亚、沿江除外），并具备向每日开行 1 列发展的潜力。

（二）快运班列货运组织

1. 开行计划组织

货运中心（站段）按图 5-5 所示的流程组织班列开行。

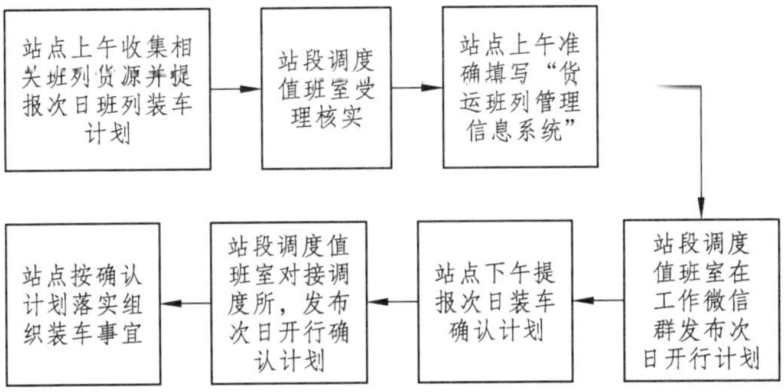

图 5-5　货运中心（站段）班列开行组织流程图

2. 货位运用组织

由于班列运行时刻固定，同非班列货物相比，班列货物装卸车作业具有时间要求高这一特征显著，因此对现场装卸车作业要求较高的各站点要和客户约定提报班列计划时间，了解客户货源情况后与车站联系，统筹协调站场、货位的运用组织，保证班列货物堆存位置的合理，避免翻柜、装卸线路迂回等问题，在站场、货位运用上要确保装卸作业的高效。

集装箱堆场应划分箱区箱位，在地面做出明显标识，留有检查作业通道。办理站按箱位管理集装箱，到发箱分开堆码，空箱和重箱、自备箱和铁路箱宜分区堆码，与其他货物不得混堆，且须保持安全距离。

鉴于“白货”货源偶然性较大的特点，装车车间要与客户约定最晚交车时间及限制时间段装车数，以避免货源集中到达货场。

3. 装卸组织

为保证班列的正点开行以及班列运行途中的安全，各班列装卸站点要合理安排站场、货位运用，卡控装卸车作业质量，严格落实车前会、监装卸制度。

4. 取送车组织

由于班列有固定车次和运行线以及明确的开行周期和运行时刻，对时效性要求较高，取送车作业是衔接装卸作业和班列出发的重要环节。

班列装卸车站点应根据班列的到发时间、现场装卸能力以及作业实际情况，与车务部门定时沟通车辆取送车作业时间，保障预留装卸作业时间充足，作业完毕车辆能及时发运。

如遇装卸设备故障等特殊情况，班列装卸车站点应及时向相关部门汇报，加强与车务部门的沟通，协商解决问题。

5. 日需求运力分配

运输能力能满足客户需求时，货运中心（站段）先按会议纪要/班列协议舱位进行分配，剩余舱位按客户需求分配。运输能力不足，无法兑现客户所有需求时，对于多站组织的班列，货运中心（站段）应根据铁路内部运输组织的原则确定每站运力分配车数，对一站组织的班列，按班列会议纪要/班列协议将舱位按比例进行分配。

（三）集装箱班列运输组织

集装箱班列的开行严格落实铁路局集团公司公布的列车运行图或调度命令发布的开行周期、车次、运行径路、速度标尺、编组内容和装企卸场地等。

1. 集装箱班列装车流程

集装箱班列装车流程如图 5-6 所示。

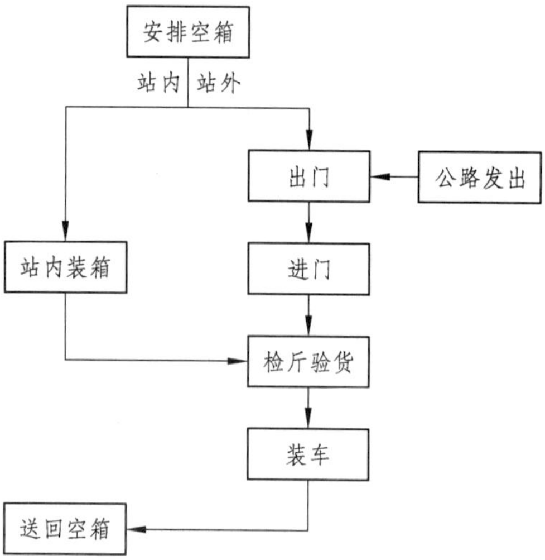

图 5-6　集装箱班列装车流程

2. 集装箱班列发送作业

（1）集装箱班列客户网上预订铁路箱。

（2）车站根据客户提报的铁路通用箱预订信息安排站内可用空箱。

（3）客户补填箱号。

（4）自备箱及其他箱型箱类直接“填写运单”（包括特种箱、中欧班列专用箱、重去重回）。

（5）在电商系统填记物品清单，增加班列相关货运记事和戳记及采集证明文件。

（6）集装箱进出站或站内装箱。装箱要求：按照班列协议规定的品类及安全要求装箱。

（7）检斤验货。

（8）计费制单，根据实际作业补充班列运输相关记事。

（9）集装箱装车。

（10）通知取车。

（四）整车班列运输组织

整车班列的开行严格落实铁路局集团公司公布的列车运行图或调度命令发布的开行周期、车次、运行径路、速度标尺、编组内容和装卸场地等。

1. 整车班列装车流程

整车班列装车流程如图 5-7 所示。

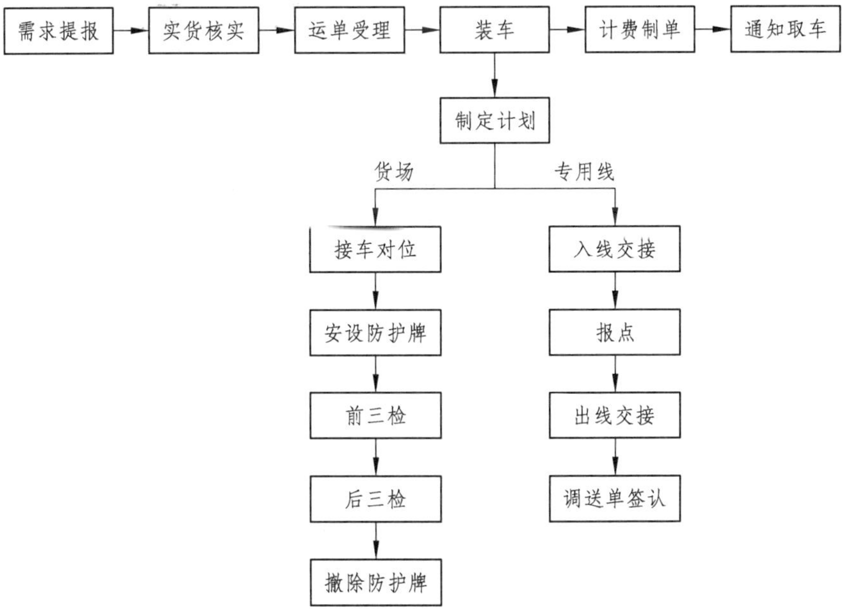

图 5-7　集装箱班列装车流程

2. 整车班列作业步骤

客户在电商平台提报需求时，应填写托运人、收货人、货物、增值税、保价等有关信息。当货物品名超过一种时，需填记物品清单。

四、快运货物班列安全管理

（一）班列安全检查

（1）货运办理站在收货验货环节应进行安全检查，认真执行“看、闻、核、辨、验”五字安检工作法。

看：即查看货物包装标识。查看货物的外观形状、包装、标识是否和客户提报的品名相符，是否符合普通货物运输的条件。

闻：即凭嗅觉辨别货物。闻气味、听声音、定属性，确定是否为危险货物。对容易造成人体伤害的货物要停止办理承运。

核：即核对货物的理化性质。货物运单、物品清单和快运需求单与货物进行实物核对是否一致，与危险货物品名表比对。无法辨别理化性质和不能提供鉴定证明的，不得受理承运。

辨：即过机辨别图像。对无法从外观和包装标识辨认的货物，通过安检仪的识别功能和积累的安检查危经验，辨别是否属于危险品。

验：即开包验货。对发现的可疑货物和无法过机检查的货物必须开包验证，防止夹带危险货物、匿报品名和货物漏检。

（2）安检方式分为过机检查、开包检查、目测检查三种。

目测检查仅限于原厂原包装、无包装等可以肉眼直接判定货物性质的。

对非原厂原包装、包装无标识货物必须过机检查或开包检查。

过机安检发现疑似危险货物和禁运品应开包检查确认；非原厂原包装或包装无标识货物，规格不适宜过机检查、无安检设备或设备故障时，应人工开包检查。

（3）托运人拒绝检查或检查发现不明性质货物且未能提供国家安全生产监督管理部门认定的检测机构出具的鉴定报告时，不得受理承运。

（4）强化对到达货物的安全检查。对发现到达货物与票据记载不符的，电告发站、发到局货运处；对发现为危险货物或违禁物品的，依法处置。

（5）重大庆典活动、特殊时期的安检查危工作按照相关规定另行要求。

（6）货运中心要建立安检查危登记和诚信记录制度。安检岗点应设立安检查危登记本，对货物的安检情况进行登记和签认；对日常检查发现的普通货物夹带危险品、危险品匿报品名的托运人做好登记，纳入不良诚信记录管理。

（二）班列装载规定

特快货物班列运输的货物、使用25T型专用行李车装运，单件货物重量不得超过300 kg，托盘形式包装不得超过600 kg，全车装载重量不得超过23 t，带有宿营的车辆装载重量不得超过10 t。

快速货物班列运输的货物使用PB型或P_{65}专用棚车、单件货物重量不得超过500 kg，以托盘等集装化方式运输货物的单件重量不得超过1 000 kg。装载不超车辆标重（轴重不超18 t）编组不大于35辆（有特殊规定的除外）。

中欧班列、快速集装箱班列使用集装箱平车和平车集装箱共用车，车辆自重加载重不超84 t（轴重不大于21 t）。

（三）班列人员管理

班列客户现场管理和作业人员必须听从铁路现场管理和监装人员的指挥，并配合铁路对所装货物品名、重量进行抽检。

（四）班列甩车规定

快运货物班列在途中因危及行车安全等特殊情况发生甩车时，发生站要立即报告，并以电报的形式通知发到站。对甩下的车辆，相关部门要加强配合，尽快处理完毕后并上线运行。

任务 3　走进中欧班列运输

任务导读

中欧班列从 2011 年起开行，是实现“丝绸之路经济带”上中欧互联互通的重要载体，成为共建“一带一路”的重要早期收获之一。中欧班列的顺利开行，得益于国家顶层建设发展规划，得益于国内外合作机制的建立，得益于铁路周密的运输组织保障。

知识点

一、中欧班列运营现状

《中欧班列建设发展规划（2016—2020 年）》作为中欧班列首个顶层设计，全面部署了 5 年中欧班列建设发展任务，明确了三大布局七大任务。目前，基本形成布局合理、设施完善、运量稳定、便捷高效、安全畅通的中欧班列综合服务体系。中欧铁路运输通道基本完善，中欧班列枢纽节点基本建成，货运集聚效应初显；中欧班列年开行 5 000 列左右，回程班列运量明显提高，国际邮件业务常态化开展；全程物流服务平台基本建成，品牌影响力大幅提升；通关便利水平大幅提升，“单一窗口”模式基本实现全线覆盖。

自 2011 年首次开行以来，中欧班列发展迅速，辐射范围快速扩大，货物品类逐步拓展，在开行数量增加的同时，中欧班列服务质量也不断提升。中欧班列全程服务平台组建运行，全程服务能力稳步提升。

（一）班列开行列数

自重庆首发的中欧班列开行后，中欧班列实现了快速发展，成都、郑州、武汉、苏州等城市陆续开行了去往德国杜伊斯堡、汉堡和西班牙马德里等欧洲城市的集装箱班列，呈现出良好的国际品牌效应和发展前景。2021 年，国内开行中欧班列的城市共 68 个。其中，西安、重庆、成都、郑州、乌鲁木齐 5 大中欧班列集结中心的开行量稳步增长。除 5 大中欧班列集结中心外，长沙、义乌、济南、沈阳、苏州、武汉 6 市 2021 年实现日均开行超 1 列。中欧班列历年开行列数如表 5-3 所示。

表 5-3 中欧班列开行列数

年份	开行列数	去程列数	回程列数	回程占去程比例
2011	17	17	0	0
2012	42	42	0	0
2013	80	80	0	0
2014	308	280	28	10
2015	815	550	265	48.18%
2016	1 702	1 130	572	50.62%
2017	3 673	2 397	1 276	53.23%
2018	6 300	3 610	2 690	74.52%
2019	8 225	4 525	3 700	81.77%
2020	12 406	—	—	—
2021	15 183	—	—	—

注：上表数据来源于《中欧班列贸易通道发展报告 2019》和中国“一带一路”网。

（二）通道运量

中欧班列自运行以来，按照出境口岸的不同形成西、中、东三条国际通道。西部通道，从阿拉山口/霍尔果斯出入境，主要吸引中国中西部地区与欧洲间进出口货源，国内主要经陇海、兰新线运行，国外途经哈萨克斯坦、俄罗斯、白俄罗斯。中部通道，从二连浩特出入境，主要吸引中国华北、华中地区与欧洲间进出口货源，国内主要经京广、京包、集二线运行，国外途经蒙古、俄罗斯、白俄罗斯。东部通道，从满洲里出入境，主要吸引中国华东和华南沿海、东北地区与欧洲间进出口货源，国内主要经京沪、京哈、滨洲线运行，国外途经俄罗斯、白俄罗斯。根据运行径路、到达区域和线路通过能力，西、中、东三条通道班列开行数据比例约为 7∶1∶2。

（三）班列平台境外经营情况

郑州、武汉、义乌等班列平台公司已经在海外设置分拨中心或集疏中心，哈尔滨、长春等班列平台公司规划在海外设置分拨中心，部分班列平台公司采取委托方式与境外分拨中心开展合作。截至 2018 年年底，主要中欧班列设置分拨中心的基本情况如表 5-4 所示。

表 5-4 中欧班列境外分拨中心基本情况

序号	班列所属城市	分拨中心运营情况
1	重庆	未设立分拨中心，仅在德国杜伊斯堡有分公司/办公室
2	成都	在德国马拉、汉堡，意大利米兰，哈萨克斯坦多斯特克，匈牙利布达佩斯设立分拨中心
3	郑州	在德国汉堡设分公司，德国汉堡、慕尼黑建设海外仓，波兰华沙、俄罗斯莫斯科、芬兰科沃拉、卢森堡首都卢森堡市设境外集疏中心，白俄罗斯明斯克建设铁路集装箱中心站

续表

序号	班列所属城市	分拨中心运营情况
4	武汉	在白俄罗斯布列斯特以及俄罗斯、法国、波兰、匈牙利等国家的多个城市都设分拨中心
5	义乌	在西班牙马德里、德国杜伊斯堡、英国伦敦设立分拨中心
6	营口	未设立分拨中心
7	哈尔滨	在比利时布鲁日设立分拨中心

二、中欧班列运输通道

根据中欧班列的出境口岸位置划分，2011 年开行至今，中欧班列依托西伯利亚大陆桥、新亚欧大陆桥，已初步形成西、中、东三条中欧班列运输通道，即：西部通道指通过阿拉山口（霍尔果斯）口岸出境；中部通道指通过二连浩特口岸出境；东部通道通过满洲里口岸出境。经阿拉山口的西部通道按运输径路又分为北（俄罗斯、西北欧方向）、中（高加索、黑海方向、中东欧）、南（伊朗、土耳其、南欧）三条。

中欧班列运输通道

中欧班列开行通道现状如表 5-5 所示。

表 5-5　中欧班列通道

通道名称		通道路径	运行的中欧班列
西部通道（主通道）	西部北通道	干线：中国（阿拉山口）哈萨克斯坦（阿克托别）—俄罗斯（奥津基、新济布科夫）—白俄罗斯（戈梅利、布列斯特）—波兰（马拉舍维奇、斯乌比策）—德国（小法兰克福、汉堡）	重庆—杜伊斯堡、郑州—汉堡、武汉—帕尔杜比采、成都—罗兹
		支线 1：通过莫斯科向北连接芬兰、瑞典、挪威	“郑欧”：郑州—科沃拉
		支线 2：通过莫斯科连接波罗的海三国（立陶宛、拉脱维亚、爱沙尼亚），铁海联运至德国杜伊斯堡港或汉堡港	新疆班列：库尔勒—杜伊斯保（1，4—丁二醇液态罐式集装箱）
		支线 3：通过乌克兰连接匈牙利、斯洛伐克、捷克、塞尔维亚等中东欧国家	“营满欧”：营口—多布拉（斯洛伐克）
	西部中通道（欧高亚走廊）	径路 1：中国（阿拉山口）—哈萨克斯坦（阿克套港）—里海阿塞拜疆（巴库港）格鲁吉亚（波季港或巴统港）—黑海沿岸国家	新疆班列：奎屯—梅尔辛、伊斯坦布尔
		径路 2：中国（阿拉山口）哈萨克斯坦（谢米格拉维马尔）—俄罗斯（奥津基）阿塞拜疆（巴库）—格鲁吉亚（第比利斯）—黑海沿岸国家	新疆班列：奎屯—第比利斯

续表

通道名称		通道路径	运行的中欧班列
西部通道（主通道）	西部中通道（欧高亚走廊）	径路3：中国（阿拉山口）—哈萨克斯坦（阿克套港）—里海阿塞拜疆（巴库港）格鲁吉亚（转汽运）—土耳其	新疆班列：库尔勒—梅尔辛（纺织品）（铁海公三式联运）
	西部南通道	径路1：中国（阿拉山口、霍尔果斯）—哈萨克斯坦（阿拉木图）—乌兹别克斯坦（塔什干）—土库曼斯坦（谢拉赫斯）—伊朗（萨拉赫斯、德黑兰）土耳其（伊斯坦布尔），通过轮渡与希腊铁路连接进入欧洲南部	“义新欧”班列2016年1月28日开行测试班列到达德黑兰。伊朗、土耳其段铁路线路老化，年久失修，路况较差
		径路2：中国（阿拉山口、霍尔果斯）—哈萨克斯坦（阿拉木图）—里海东岸（乌津）—土库曼斯坦（艾特列克、阿吉亚伊拉）—伊朗（音切布隆、戈尔甘、德黑兰）	“湘满欧”：长沙（霞凝）—德黑兰
中部通道		中国（二连浩特）—蒙古（乌兰巴托）—俄罗斯（莫斯科）白俄罗斯（布列斯特）—波兰（马拉舍维奇）—德国（汉堡）	“郑欧”“湘欧”班列
东部通道		中国（满洲里）俄罗斯（赤塔）白俄罗斯（布列斯特）—波兰（马拉舍维奇）—德国（汉堡）	“苏满欧”“辽满欧”“营满欧”“哈欧”“沈满欧”“湘欧”“粤欧”等班列

三、中欧班列物流组织

（一）货源品类

中欧班列出境货源的基本种类包括：笔记本电脑产品、电子配件、家用电器、汽车零配件、轮胎、纺织服装、粘胶纤维、日用品、箱包文具、装饰材料、建材、钢材、机械设备、PVC、化工品、茶叶、番茄酱、咖啡、木制家具等。

按区域划分：西欧班列以笔记本电脑产品、电子配件、家用电器、汽车零配件、轮胎、纺织服装、番茄酱等为主。

中东欧班列以家用电器、纺织服装、日用品、箱包文具、装饰材料、建材、木制家具等为主。

俄罗斯班列以日用品、箱包文具、装饰材料、建材、钢材、机械设备、PVC、化工品、茶叶、番茄酱、咖啡、木制家具等为主。

中亚班列以家用电器、汽车零配件、轮胎、纺织服装、粘胶纤维、日用品、箱包文具、装饰材料、建材、钢材、机械设备、PVC、化工品、茶叶、番茄酱、咖啡、木制家具等为主。

中欧班列回程入境货源主要有：机械设备、精密仪器、汽车整车及配件、环保器材、高档服装、皮鞋、化妆品、红酒、奶制品及鲜奶、蜂蜜、食品、木材、钢材等。

中欧班列主要货源品类基本情况

（二）货源组织方式

1. 中欧班列（重庆）产地直发的组织方式

中欧班列（重庆）重点服务于落户重庆的世界六大笔记本电脑产品生产企业，依据笔记本电脑产品对运输时间、运输质量、安全可靠的需求，组织直达“五定”班列至德国杜伊斯堡。

2. 中欧班列（郑州）货源集聚方式

中欧班列（郑州）以重点培育华中地区物流集结分拨中心——郑州国际内防港为目标，吸引腹地货源，组织开行班列至德国汉堡。郑州的区位优势非常明显：其处于中原腹地，铁、公、空四面交通的大十字路口，是全国重要的交通枢纽和物流集聚中心。

3. 中欧班列（营口）海铁联运方式

营口开行的铁海联运班列，重点开发东南沿海及日韩等周边地区的货物，利用海运费低廉和俄铁西伯利亚铁路通道运价优势，开行营口（鲅鱼圈）—莫斯科、斯洛伐克、白俄罗斯、波兰等地的直达班列。

4. 新疆区域合作与集结方式

中欧班列（新疆）最大的优势在于新疆距中亚和欧洲距离最近，具有时间和价格的竞争优势，新疆提供乌鲁木齐—欧洲、中西亚的定制化、客车化的直达班列平台，对不能整列直发的有关城市或地区，可以通过区域合作的方式，在新疆集结，组列发往中西亚或欧洲。

5. 中欧班列（连云港）过境中转方式

中欧班列（连云港）利用其国家定位为新亚欧大陆桥运输通道起点的优势及过境运输赋予的运价政策，组织转运日韩及东南亚各国过境中国，去往中西亚的货物。

中欧班列货源组织

四、中欧班列作业流程

以中欧班列为干线运输的多种方式参与的物流运输已经成为国际物流运输的主要形式。由于国际班列运输的组织模式、作业流程和设施设备等与国内铁路运输存在差异，本节将对多式联运的三种转运站点进行流程分析。对于多式联运经营人而言，需要对多式联运网络中不同类型站点的作业流程、时间和费用构成，以及不同联运模式的全过程组织流程有充分的了解和把握，才能基于货主的需求制定合理而有效的运输方案。

（一）转运点作业流程

转运站点不仅是多式联运的起始站点，也是不同运输方式之间的转接站点，还是多式联运的结束站点，是多式联运的重要组成部分。转运站点在整个多式联运的过程中承担着运输方式转接、货流转接、信息流转接、单据转接、资金流转接等重要功能；其作业的流程和内容以及作业时间和费用的构成，直接影响着整个多式联运过程的通畅、时间和费用等。本节主要对参与了中欧班列多式联运过程的三种转运站点进行流程分析。

1. 集装箱中心站（陆港）

（1）定义。

集装箱中心站是办理铁路集装箱车辆集散和集装箱班列到发的车站。集装箱中心站通常配备有包括仓储和装卸等在内的常规物流设施，并配备了包括充电、清洗和修理等在内的集装箱日常维护设施。另外，大部分集装箱中心站进驻海关，具备关务、商检等的口岸综合服务功能。目前，大部分中欧班列到发站点都选择了当地的集装箱中心站或依托集装箱中心站设立的陆港，如重庆西部物流依托团结村集装箱中心站组织“渝新欧”班列的开行，成都国际陆港依托城厢集装箱中心站组织“蓉欧”班列的开行，西安国际陆港则依托新筑集装箱中心站组织班列的开行等。

（2）办理作业。

集装箱中心站主要办理集装箱车辆集散，集装箱班列到解集编发，集装箱装卸，集装箱吊装，国际联运，集装箱检测、清洗和加固等日常维护，冷藏箱等特种箱的日常维护，集装箱存储和空箱调配等作业。

（3）主要设备。

铁路集装箱中心站一般设有列车到发场、调车场及海关监管场、综合服务、信息系统、装卸和运输机械维修设施等，并设加油、充电设施。集装箱作业场一般设有装卸场、拆装箱场及仓储设施和装卸及运输机械等。

（4）作业流程。

铁路集装箱中心站按照作业场地可将其作业流程大致分为主箱场作业、辅助箱场作业和到达箱场作业。主箱场区主要办理列车装卸车作业、集卡装卸车作业和集装箱站内中转作业；辅助箱区主要办理集卡装卸车作业、海关检查及相关作业、集装箱日常维护和空箱流转等作业；到达箱场主要办理集卡的接发车作业。具体如图 5-8 所示。

（5）作业费用构成。

铁路集装箱中心站的费用通常包含吊装费、站内短驳费、堆存费、海关监管场地费、清洗费、清扫费、代理报关费和代理报检费等。目前，对于能够组织开行中欧班列的集装箱中心站如城厢铁路集装箱中心站和团结村集装箱中心站等，其站内的作业费用包含在统一的物流服务报价里（不含报关、报检代理服务费）。而对于目前暂时没有开行中欧班列的集装箱中心站根据办理业务的不同进行收费。

（6）作业时间构成。

对于某一进入铁路集装箱中心站办理业务的货物来说，从进站到出站的时间构成由货物办理不同业务的各项环节的时间总和而得。

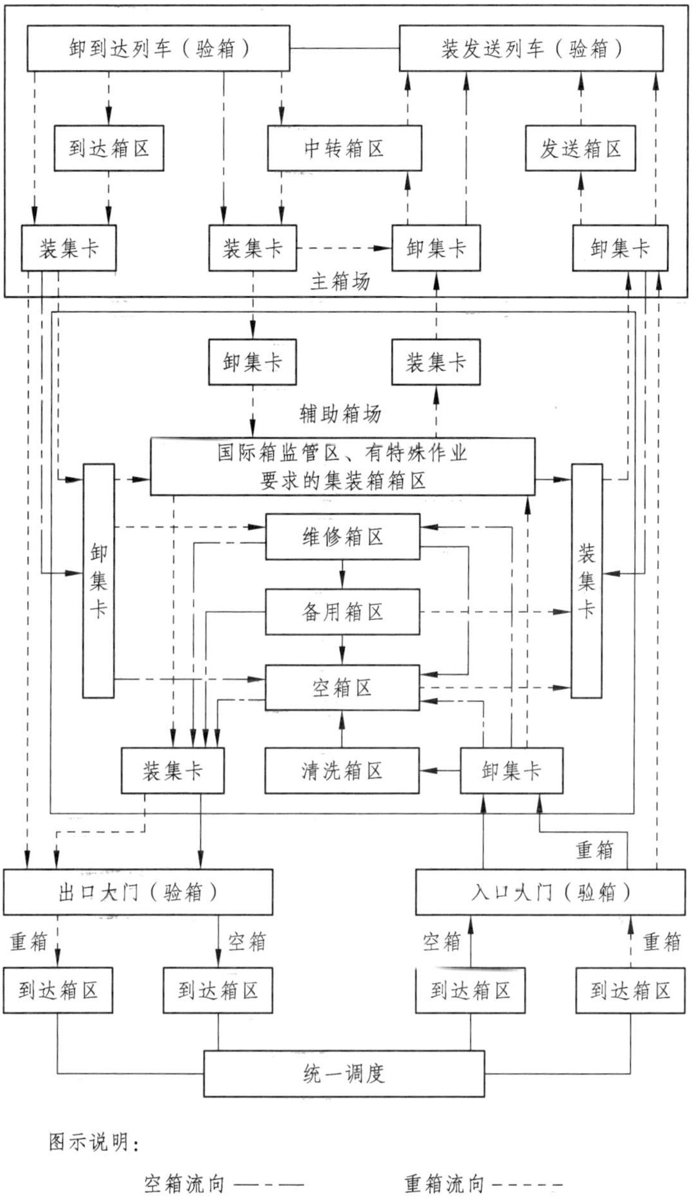

图 5-8　铁路集装箱中心站作业流程图

2. 口岸站（国境站）

（1）定义。

铁路口岸站（国境站）是指在两国交界，拥有办理国际铁路联运、宽轨和准轨换装、货物装卸以及关务和商检等综合功能的车站。中欧班列西通道通过阿拉山口或霍尔果斯出境；中通道通过二连浩特出境；东通道通过满洲里出境。

（2）办理作业。

铁路口岸站（国境站）主要办理的作业包括：国际铁路联运换装作业，国际铁路联运票务交接作业，国际铁路联运查验功能，国际、国内客运功能，客、货列车换轮作业，车辆到解集编发作业，货物装卸和堆存作业，车辆和箱体监测。

（3）主要设备。

铁路口岸站（国境站）一般设有列车到发场、调车场、换装场、海关监管场，综合服务、信息系统、装卸、换装、运输机械维修设施等，并设加油、充电设施。集装箱作业场一般设有装卸场、拆装箱场、整列换装场及仓储设施，并配备装卸及运输机械。

（4）作业流程。

铁路口岸站（国境站）按照作业场地可将其划分为边检场作业、宽轨场作业、换装场作业和准轨场作业和辅助厂区作业。边检场主要办理边检检查及手续；宽轨场主要办理宽轨列车的到发和编组，以及国际联运的票务交接（除集装箱货以外）；换装场主要办理货物换装，换装库办理集装箱整列货物的换装并办理集装箱整车的国际联运票务交接；准轨场主要办理准轨列车的到发和编组；辅助厂区主要办理货物的流通和加工等。作业流程如图 5-9 所示。

（5）作业费用构成。

铁路口岸站（国境站）的常规作业的费用通常包含在组织国际班列运输的铁路局集团公司或班列公司为客户提供的“一口价”报价里，有特殊作业需求的另行收取。

（6）作业时间构成。

铁路口岸站（国境站）通常办理集装箱国际联运班列的换装、票务交接、关务和接发车等各项业务，时间总和为 1 ~ 2 天。

3. 港口

（1）定义。

港口指位于海、河等水域沿岸的交通设施，供泊船进出停泊装卸货物或者旅客集散的地方。港口是水陆集结、工农业生产和进出口物资的集散地。目前由“渝新欧”和“蓉欧”班列运营公司推出的中欧班列水铁联运产品主要是通过果园港和钦州港实现。

（2）办理作业。

港口主要办理：船舶停靠以及船舶的日常维护和整备，货物装卸，集装箱吊装，集装箱加固、清洗和修理等日常维护，联运票务交接，整垛仓储，流通加工，关务、商检等口岸综合服务，信息交互。

（3）主要设备。

港口设施设备主要包括给水和排水设备、驳船设备、各式装卸设备、通信设备、铁路货车和汽车的运输设备等。

（4）作业流程。

港口根据作业场地的不同可划分为铁路作业区、集卡作业区、集装箱综合作业区和船舶作业区等。铁路作业区办理铁路的装卸车、接发车、整备和编组等作业；集卡作业区办理集卡的装卸车、接发车和整备等作业；集装箱综合作业区办理集装箱的装掏箱、堆存、日常维修和维护、空箱管理以及海关关务检查等作业；船舶作业区办理船舶的装卸船、引航、移泊、整备等作业。作业流程如图 5-10 所示。

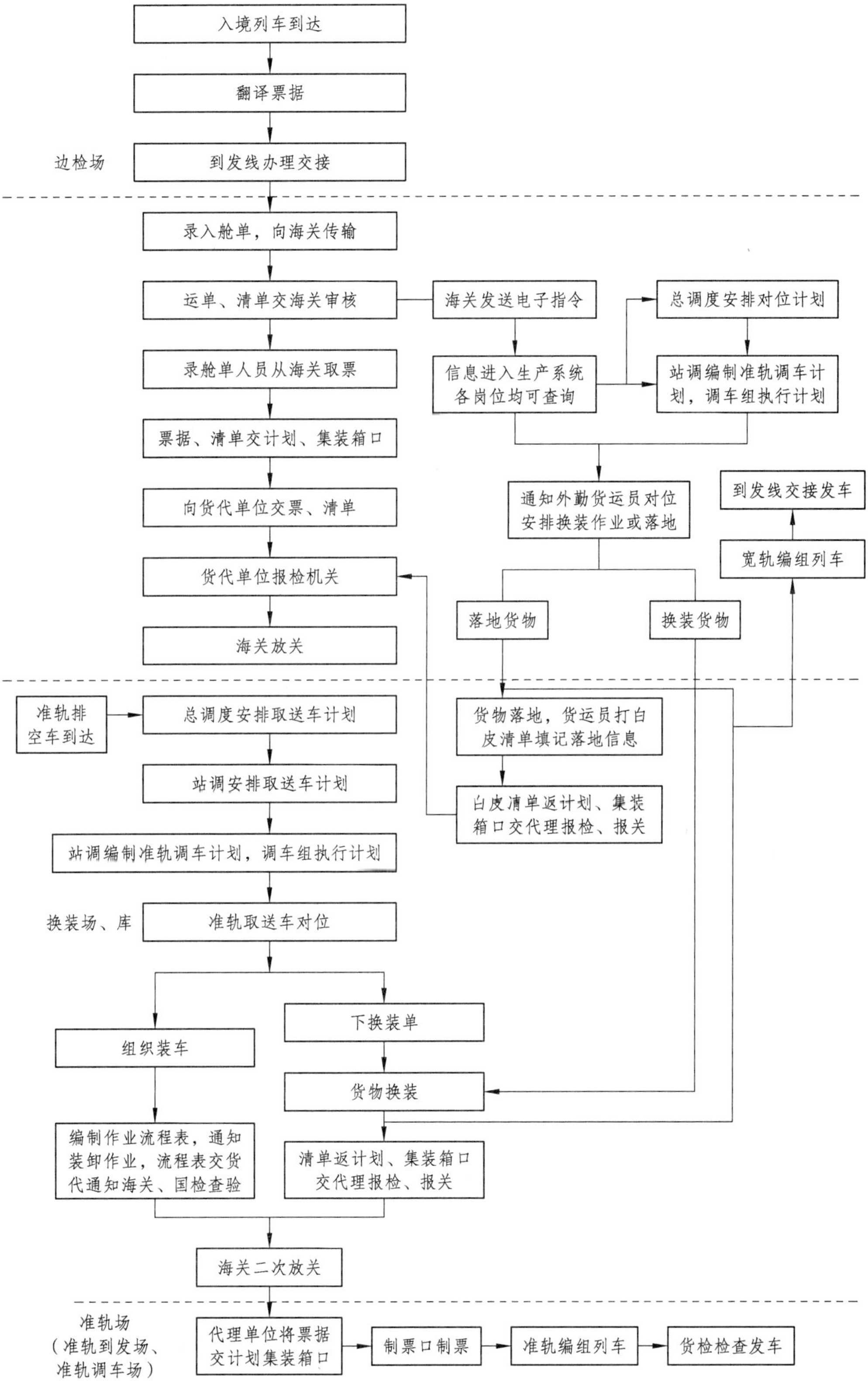

图 5-9　阿拉山口宽轨进口货物列车作业流程图

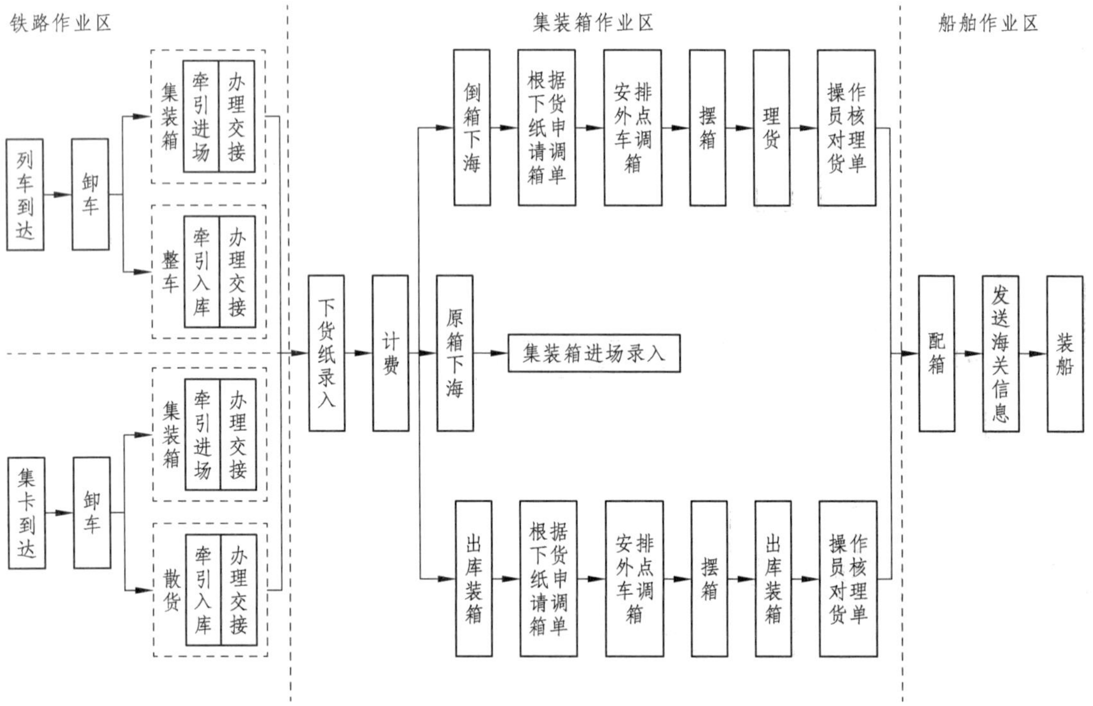

图 5-10　港口卸车装船作业流程图

（5）作业费用构成。

港口的作业费用相较于其他站点有较为成熟和标准的体系，根据其完成作业的内容，其费用构成主要包含包干费、引航费、拖轮费、停泊费、驳船取送费、堆存保管费、库场使用费和船舶供应服务费等多项内容，同时各项内容的收费标准又根据内贸、进出口和航线不同而又各不相同。

（6）作业时间构成。

港站的作业时间受船舶运量大小和船期波动的影响较大，如对于大运量船舶发运而言，从集装箱重箱返场到船舶发运可能需数十个工作日不等；如果船期波动较大，货物会在港口逗留较长时间。

（二）铁路运输作业流程

中欧国际班列作业流程如图 5-11（a ~ c）所示，主要分为以下几个步骤：

（1）货源组织：客户、集装箱公司在车站货运营业厅或是铁路 95306 网站“我要发货”模块提报运输需求。

（2）审核制单：集装箱公司进行单证审核（若是发现相关信息不完整让客户补充确认信息），然后预制联运运单，代理客户要求代办的服务。

（3）95306 审批：铁路局集团公司 95306 审批集装箱公司提报的需求信息，确认相关信息无误后（信息不符合要求时，将相关情况转集装箱公司客户服务中心，再由集装箱公司向客户做出解释说明），向车站和集装箱公司发出受理确认通知。

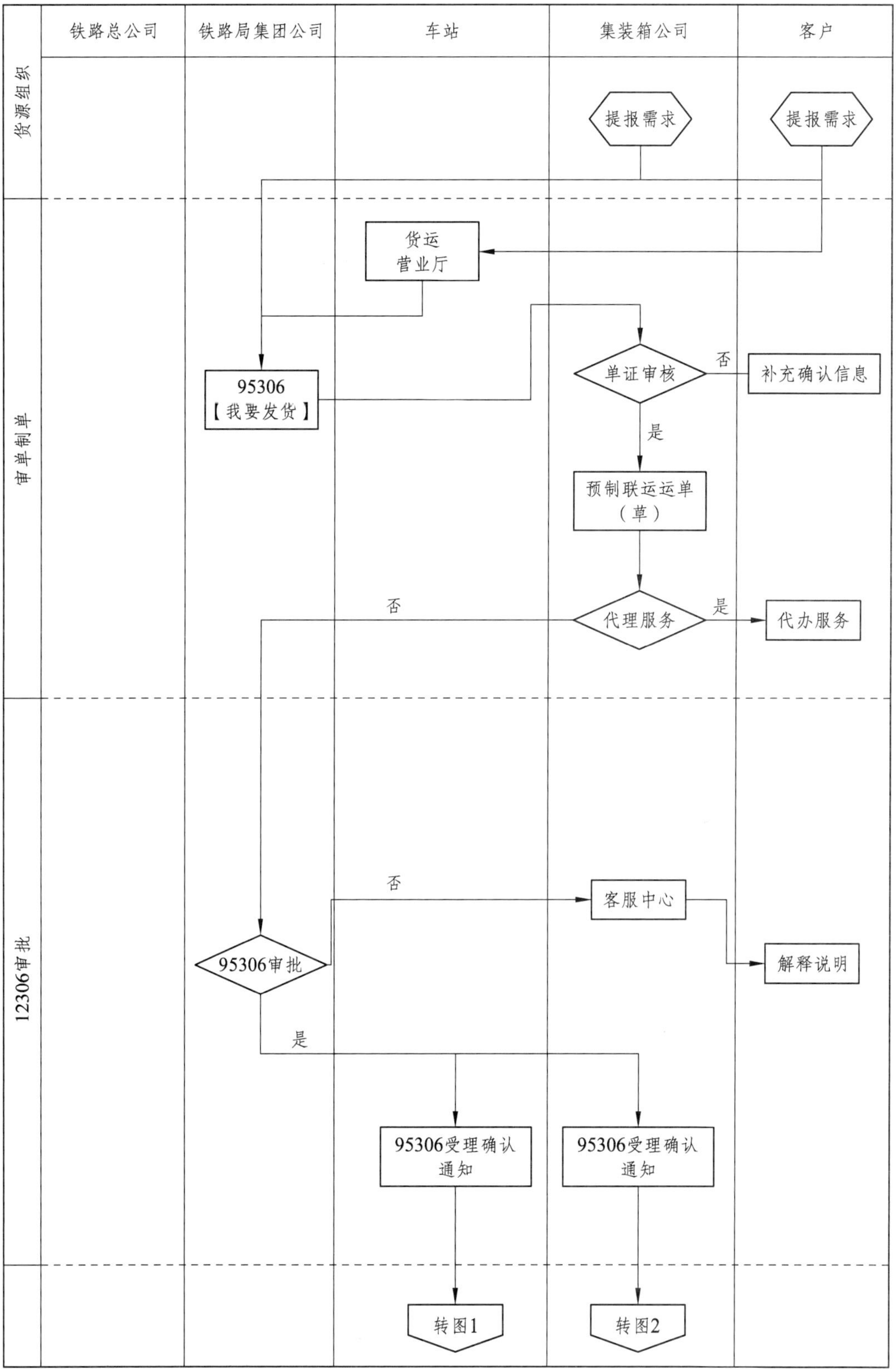

图 5-11（a） 中欧国际班列作业流程图

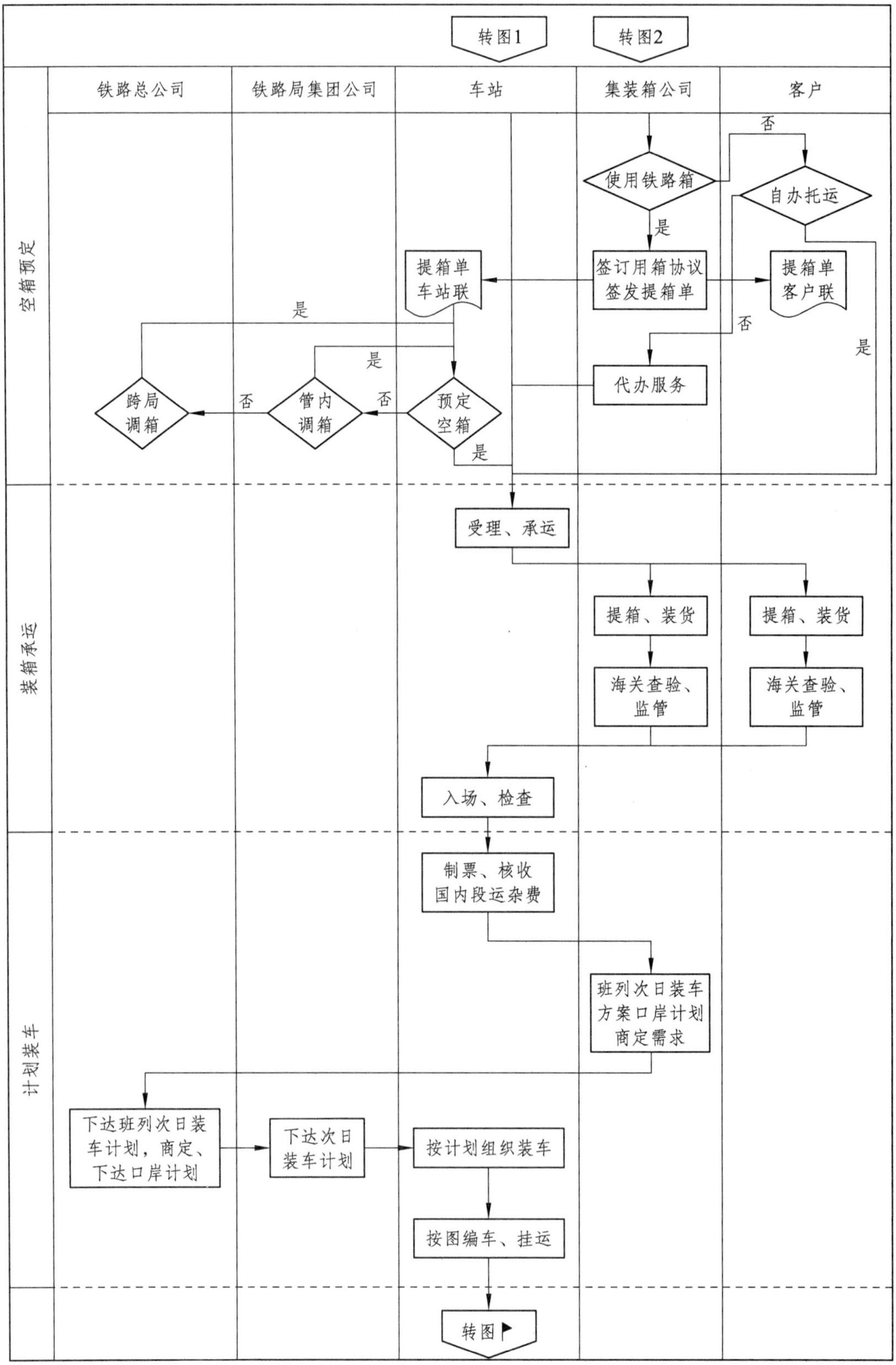

图 5-11（b） 中欧国际班列作业流程图

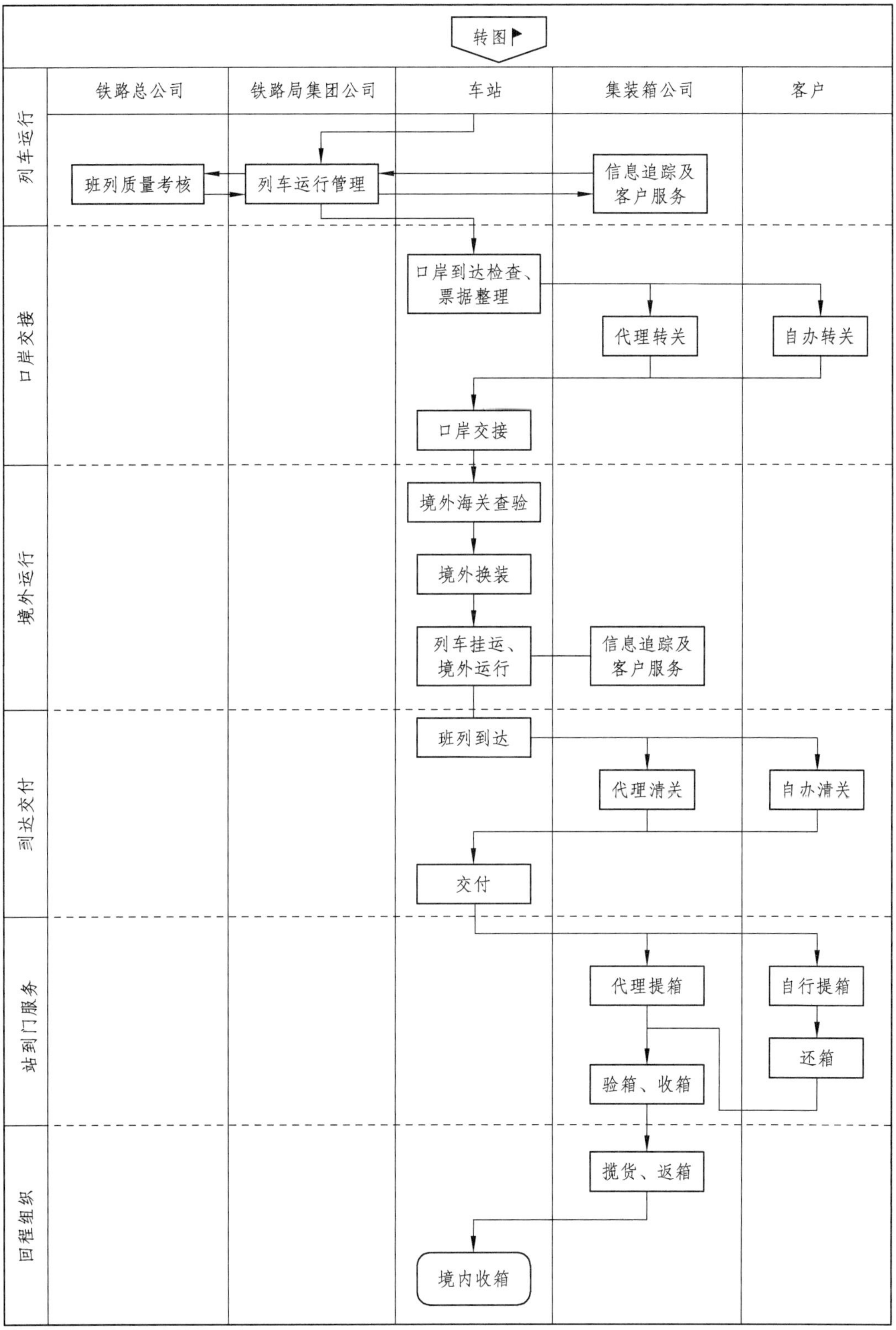

图 5-11（c）　中欧国际班列作业流程图

（4）空箱预定：分两种情况，一是客户自办托运的，直接向车站预定空箱部分自办托运的客户会选择由集装箱公司代办服务，就由集装箱公司向车站预定空箱。二是通过集装箱公司办理的，使用铁路箱，签订用箱协议并签发提箱单。集装箱公司将提箱单客户联给客户，提箱单车站联提交给车站。向车站预定空箱的过程中，若是车站内没有空箱，铁路局集团公司会进行管内调箱，若是管内没有空箱的话，就由国铁集团跨局调箱。

（5）装箱托运：车站受理需求，开始承运，由客户、集装箱公司提箱、装货，接受海关的查验与监管后，在车站入场检查。

（6）计划装车：车站开始制票，核收国内段运杂费后，集装箱公司提报班列次日装车方案与口岸计划商定需求，国铁集团下达班列日装车计划商定、口岸计划，铁路局集团公司下达次日装车计划，车站按照计划组织装车，按图编车、挂运。

（7）列车运行：铁路局集团公司负责列车运行管理，集装箱公司对列车运行情况进行信息追踪，并负责相关的客户服务，国铁集团对不同铁路局集团公司担当的班列进行质量考核。

（8）口岸交接：车站负责口岸到达检查与票据整理，办理转关中，一类是客户自行办理转关手续，一类是由集装箱公司代理转关手续，转关手续办理完毕后，由车站负责口岸交接。

（9）境外运行：车站接受境外海关查验后，在国境站进行境外换装、列车挂运，境外运行中，集装箱公司可以继续进行信息追踪，处理客户服务。

（10）到达交付：班列到达目的站，由客户自行办理清关手续或是集装箱公司代办清关手续后，在车站与收货人完成交付。

（11）“站到门”服务：对于“站到门”服务，在车站完成交付手续后，由客户自行提箱（需要还箱给集装箱公司）或是集装箱公司代理提箱，最后由集装箱公司验箱、收箱。

（12）回程组织：集装箱公司在境外进行揽货、翻箱，由国境站负责境内收箱。

拓展阅读

“最强大脑”助新朔铁路打好煤炭保供攻坚战

思考题：站在新朔铁路货运从业人员的角度，谈谈该线的“最强大脑”对你的工作有何启发和帮助？

项目小结

本项目主要涉及铁路重载运输、快运货物班列运输、中欧班列运输的运输组织与流程，重点对铁路重载运输的货运站工作组织要求、快运货物班列的货运组织要求、中欧班列的物流组织要求进行了较详细的阐述，也对铁路重载运输网络、中欧班列运输通道情况的相关内容进行了说明。

本项目涉及的内容聚焦铁路货运热点，所阐述的运输组织方式方法既是对铁路货运站段基本货运组织过程等内容的必要补充，也是激发学生对铁路专业知识的学习兴趣，点燃学习热情、树立创新意识的重要知识。

思政园地

构建“一带一路”核心枢纽，全面打造中欧班列（西安）集结中心

项目训练与测试

一、技能训练

（一）训练任务

绘制中欧班列通道示意图、中欧班列多式联运流程图，编制一份中欧班列货源调研报告。

（二）训练目的

通过训练使学生熟悉中欧班列运输通道和中欧班列转运点的分布及布局情况，了解当地中欧班列货源情况，熟悉中欧班列的货运组织和业务操作，掌握中欧班列铁路运输作业流程和以中欧班列为主体运输方式的多式联运作业流程。

（三）训练要求与准备

（1）建议学生登录中国国家铁路集团有限公司官网、国家铁路局官网、中铁集装箱（CRCT）官网以及国内外从事国际集装箱运输企业的网站，了解中欧班列运输情况。

（2）对某一单位中欧班列运输业务处理过程进行跟踪，了解当地中欧班列开行情况和货源情况，了解中欧班列运输业务组织方法和操作流程，提出分析意见。

（3）以小组为单位，撰写绘制中欧班列通道示意图和中欧班列多式联运流程图。

（四）训练资料

指导学生正确获取有用的网上信息，绘制相关图表。尽量帮助学生联系合作企业，调查前要求以小组为单位制订调查计划，对被调查企业的背景进行了解，调查中做好调查记录，调查完成后小组讨论总结，形成调查报告。

调查中要携带纸、笔、录音设备、摄像设备等，以便做好记录。

二、综合测试

（一）单选题

1. 中欧班列中部通道指从（　　）出境，经蒙古、俄罗斯、白俄罗斯。

A. 阿拉山口/多斯特克　　B. 阿拉山口/霍尔果斯

C. 二连浩特/扎门乌德　　D. 满洲里/后贝加尔

2.（　　）是中国至欧洲直线距离最近的运输通道。

A. 中欧班列东部通道　　B. 中欧班列中部通道

C. 中欧班列西部中通道　　D. 中欧班列西部南通道

3. 特快班列车次范围（　　）。

A. X1 ~ X199　　B. X1 ~ X1999

C. X201 ~ X2998　　D. X2001 ~ X2998

4.（　　）是办理铁路集装箱车辆集散和集装箱班列到发的车站。

A. 铁路货运站　　B. 国境站

C. 集装箱办理站　　D. 集装箱中心站

5.（　　）是采用普通列车的组织方法，由挂于列车头部的大功率单机或多机重联头部牵引，由不同类型和载重的货车混合编组达到规定载重量标准的列车。

A. 单元式重载列车　　B. 组合式重载列车

C. 成组式重载列车　　D. 整列式重载列车

（二）多选题

1. 我国国家铁路局发布的自 2017 年 5 月 1 日起实施的新版《重载铁路设计规范》行业标准指出，重载铁路需满足三条标准中的至少两条，这三条标准指（　　）。

A. 轴重不小于 27 t　　B. 列车重量不小于 8 000 t

C. 线路运营里程不少于 150 km

D. 在长度不小于 150 km 的线路上年运量不低于 4 Mt

2. 重载列车组织形式包括（　　）。

A. 单元式重载列车　　B. 组合式重载列车

C. 成组式重载列车　　D. 整列式重载列车

3. 下列属于快运货物班列货运站段管理职责的有（　　）。

A. 负责班列开发、班列日常组织、班列维护

B. 负责起草或审核班列开行方案

C. 负责实时货源情况掌握、协调和汇报班列开行所出现的问题

D. 负责安检查危、安全协议签订的检查指导

E. 负责日常安检查危工作、对接客户了解班列货源情况

4. 快运货物班列按速度等级分为（　　）。

A. 特快班列　　B. 快速班列

C. 普快班列　　D. 直达班列

5. 下列属于集装箱中心站主要办理作业的是（　　）。

A. 集装箱车辆集散　　B. 集装箱班列到解集编发

C. 集装箱装卸和吊装

D. 国际联运：集装箱检测、清洗和加固等日常维护

E. 冷藏箱等特种箱的日常维护

（三）实作题

1. 什么是重载铁路？

2. 简述单元式重载列车从装车地至卸车地的技术作业流程。

3. 简述中欧国际班列铁路运输作业流程。

4. 查阅资料，阐述铁路重载运输、快运货物班列运输、中欧班列运输中有哪些新技术、新装备的运用，并谈谈你对铁路货运新发展的看法和建议。

项目五综合测试参考答案请扫码观看

项目六　整车货物运输组织

知识目标

（1）熟悉整车货物作业程序及作业标准。
（2）掌握货物发送、途中、到达作业环节。
（3）掌握货物运单的填制要求。

能力目标

（1）正确填记货物运单。
（2）能办理发站发送各环节的作业。
（3）能办理途中站途中各环节的作业。
（4）能办理到达站到达各环节的作业。

思政目标

（1）培养面对单调、繁杂的工作时所必须具备的认真、细致的工作作风及吃苦耐劳的品质。
（2）养成认真处理问题的习惯，培养发现问题、分析问题、解决问题的能力。
（3）树立客户至上的服务意识。

项目思维导图

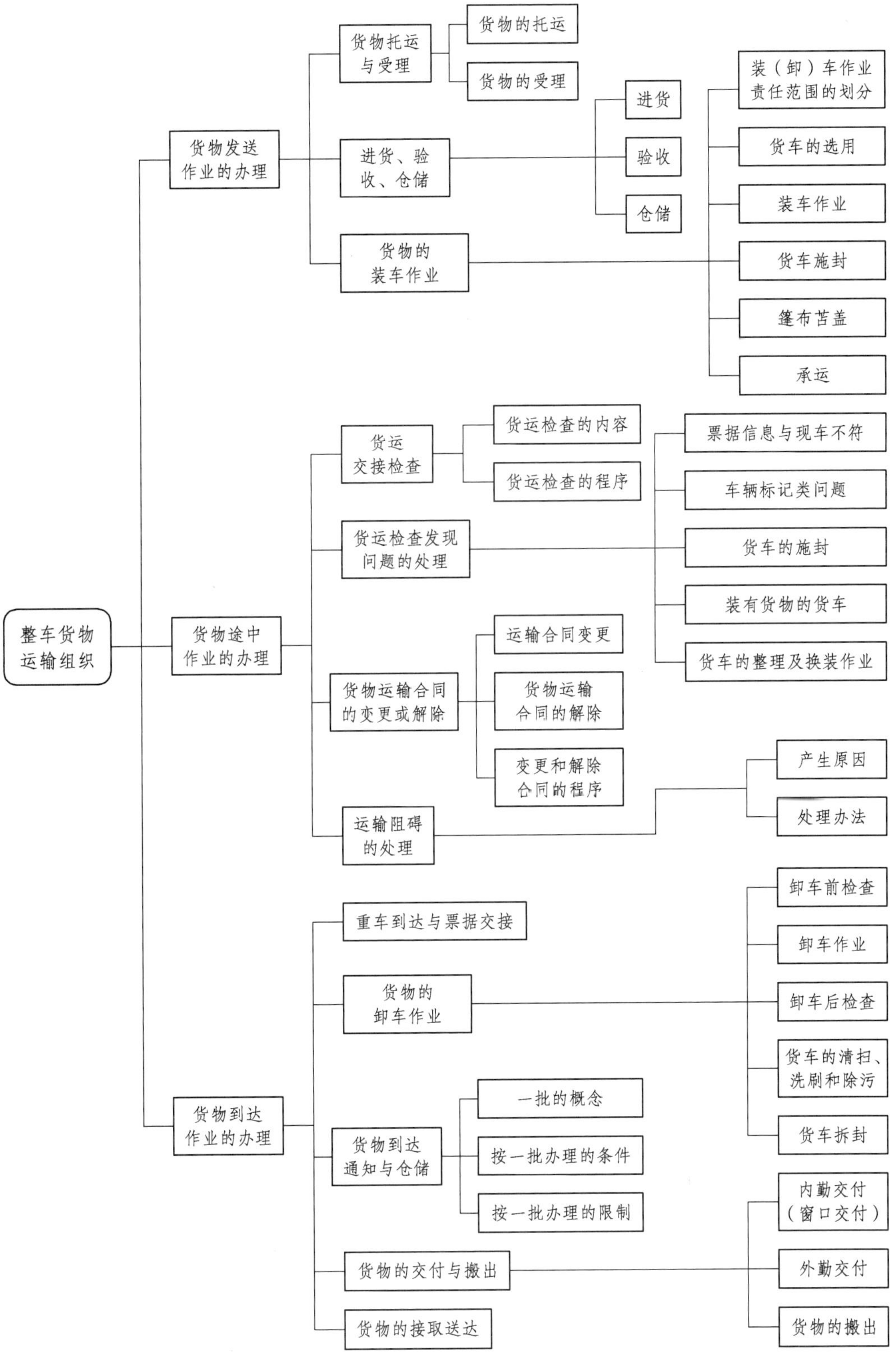
整车货物运输组织
货物发送作业的办理
货物托运与受理
货物的托运
货物的受理
进货、验收、仓储
进货
验收
仓储
货物的装车作业
装（卸）车作业责任范围的划分
货车的选用
装车作业
货车施封
篷布苫盖
承运
货物途中作业的办理
货运交接检查
货运检查的内容
货运检查的程序
货运检查发现问题的处理
票据信息与现车不符
车辆标记类问题
货车的施封
装有货物的货车
货车的整理及换装作业
货物运输合同的变更或解除
运输合同变更
货物运输合同的解除
变更和解除合同的程序
运输阻碍的处理
产生原因
处理办法
货物到达作业的办理
重车到达与票据交接
货物的卸车作业
卸车前检查
卸车作业
卸车后检查
货车的清扫、洗刷和除污
货车拆封
货物到达通知与仓储
一批的概念
按一批办理的条件
按一批办理的限制
货物的交付与搬出
内勤交付（窗口交付）
外勤交付
货物的搬出
货物的接取送达

引导案例

铁路货运改革的任务

《关于进步推进货运组织改革的意见》中，提出铁路货运改革的任务为以下几点：

（1）改革货运办理方式，简化网上受理流程。改革原来客户先有计划后再请车和装车的办理方式和程序，建设中国铁路网 95306，铁路客服人员受理客户通过网络、电话或到货运营业场所提出的运输需求并办理发货。实行内部电子订单管理。将客户提报需求形成的货运电子订单，作为铁路内部生产组织的依据，由铁路局集团公司营销机构通过电子商务系统完成业务流转和信息反馈。

（2）加强运输计划管理信息化工作，改革运输计划的编制与下达，实现运力配置公正公开；建立货运营销体系，按"实货"运输组织方式细分货运市场，全面实行"实货制"运输。

（3）建立全路跨局物流协调机制和服务平台，加快推进铁路物流基础建设和资源整合，大力提高铁路局集团公司接取送达能力，建立"一口价"机制，加快向现代物流发展。

铁路货运改革，为铁路运输发展带来了新的活力，使铁路货运组织水平迈上一个新台阶。

导入问题：铁路货运改革后，铁路承运人应如何组织运输？

任务 1　货物发送作业的办理

任务导读

货物在发站进行的各项货运作业，统称货物的发送作业。它是铁路货物运输技术作业过程的开始阶段，主要包括托运、受理、进货、验收、仓储、装车、承运等多个环节。

其中，一批（整车货物每车为一批）货物的重量、体积或形状需要以一辆以上货车运输的，应按整车托运。符合批量快运的货物，可由客户选择按"批量快运"或"整车"运输。批量快运是整车运输领域的一种货运新产品，办理流程除计费、信息处理等特殊项目外，其余与整车运输无异。

知识点

一、货物托运与受理

（一）货物的托运

托运人（客户）以货物运单向承运人提出货物运输要求，并向承运人交付货物，称为货物的托运。

根据国铁集团关于货运组织改革的总体部署和要求，全面实施"实货制"货运改革，提高运输计划快速反应市场的能力，保证全路运输高效畅通，引导客户按实际需求提报装车，加强货源核实，真正实现运力与实货需求对接。“实货制”货运改革以客户提报的运输需求为基础，客户需求信息以订单形式提出，实行货运电子订单管理。

1. 货运需求提报

客户可通过五种方式随时提报订单：

① 客户通过拨打 95306 客服电话。

95306 网址

② 客户通过 95306 网站或手机 App 提报订单。

③ 客户拨打营业厅受理电话。

④ 客户到货运营业厅，由货运员代客户录入货运电子商务平台。

⑤ 客户代表上门服务。

2. 提报订单过程（95306 网站）

（1）客户注册。

客户注册根据客户类型划分为：企业客户注册、个人客户注册，企业客户可通过电子营业执照注册或非电子营业执照注册两种方式，注册成为中国铁路 95306 用户。个人客户注册时，在填写个人注册信息后点击提交便可完成注册。如图 6-1 所示。

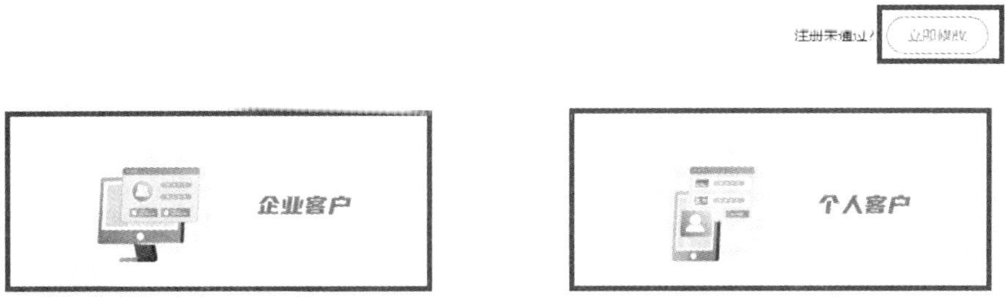

图 6-1　中国铁路 95306 网站客户注册

（2）需求提报。

点击发送业务，根据是否确定装车日期提报需求。选择整车、集装箱或零散快运等运输方式，进入填报页面（见图 6-2）。输入发货信息后，点击“提交”按钮，完成需求提报。

（3）运单查询。

用户可查询发送运单信息（见图 6-3）。95306 网站支持领货密码设置、运费支付、轨迹追踪、电子运单版式文件批量打印等功能。

（4）运单受理。

内部用户（即铁路部门）登录后，点击运单管理—运单受理菜单进入运单受理页面，可查询货主提报的运单需求信息，并进行受理。如图 6-4 所示。

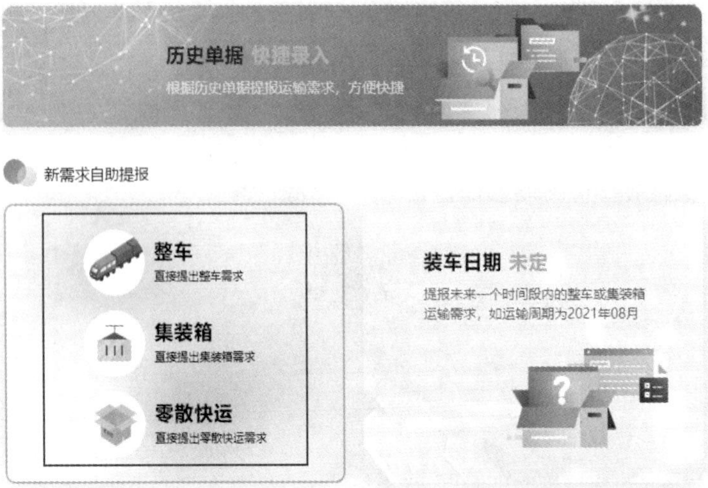

（a）选择运输方式

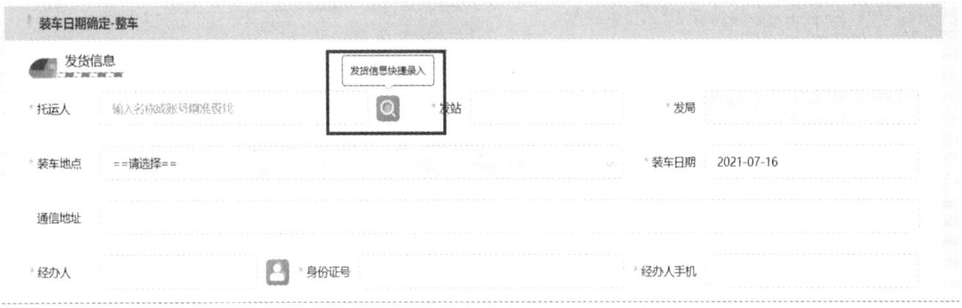

（b）填写货运信息

图 6-2　填报页面

图 6-3　运单查询

图 6-4 运单受理

3. 提出货物运单具体要求

（1）托运人向承运人交运货物，应向车站按批提出货物运单（需求联）一份。

（2）使用机械冷藏车运输的货物，同一到站，同一收货人可以数批合提一份货物运单（需求联）。整车分卸货物，除提出基本货物运单一份外，每一分卸站应另增加分卸货物运单两份（分卸站、收货人各一份）。

（3）托运人若托运混装货物，可点击“清单”按钮填写物品清单信息，如图 6-5 所示。

图 6-5 物品清单填写

（4）托运人对其在货物运单（需求联）和“物品清单”内所填记事项的真实性应负完全责任，匿报、错报货物品名、重量时还按照规定支付违约金。

（5）对货物进行符合运输要求的包装。

（6）在货件上标明清晰、明显的标记。

（7）备齐必要的证明文件。

① 物资管理：麻醉剂枪支、民用爆炸品，须有药证管理部门或公安证明。

② 物资运输归口管理：烟草、酒类，须有相关管理部门的证明文件。

③ 国家行政管理：如进出口货物，须有进出口许可证。

④ 卫生检疫：种子、苗木、动物，须有动植物检疫部门的检疫证明。

（二）货物的受理

1. 订单处理

车站对客户提报的需求实货核实，在电商系统确认后，即进行运单受理。车站受理岗位受理运单需求联可与铁路局集团公司日需求审定同步进行。

（1）检查需求信息是否完整、正确。

（2）审核发、到站办理限制、起重能力、专用线办理范围、危险货物办理限制、临时停限装、特定运输条件、接取送达等信息。

（3）审核证明文件、特价运输证明书、技术资料等原件，并使用高拍仪采集影印资料，并在证明文件背面注明托运货物的数量，加盖车站日期戳，退还托运人或按规定存查。

2. 车站受理后，应做好承运人记事和运输戳记

（1）填记“承运人记事”栏。车站受理人员审查用户需求是否符合铁路运输条件，对承运人应记载事项，填记在“承运记事”栏。

① 发生货车代用时，记明批准的代用命令。

② 途中装卸的货物，记明计算运费的起讫站名。

③ 需要限速运行的货物和自有动力行驶的机车，记明铁路局集团公司承认命令。

④ 承运人利用企业自备（租用）车回空捎运货物，在货物运单承运人记载事项栏内注明“利用自备车回空捎运货物免收回空运费”。

⑤ 使用铁路篷布苫盖敞、平车装运的怕湿、易燃货物时，应记明篷布调度命令号码。

⑥ 其他需要由承运人声明的事项。

（2）标记运输戳记。为保证运输安全和货物安全，正确核收运输费用，应在货物运单上标记必要的运输戳记。

二、进货、验收、仓储

（一）进货

在铁路货场装车的货物，车站应在货运站系统中录入装车作业信息及运单承运人填记信息。整车货物进货，车站应凭进货通知、货物运单需求联或需求号接收货物。在铁路货运站安全监控与管理系统分配货区货位，确认货物进齐。

（二）验收

车站在接受托运人搬入车站的货物时，按运单记载对品名、件数、运输包装、重量检查，确认符合要求并同意货物进入场、库指定货位的作业。

1. 验收时需要检查货物的状态

（1）货物名称、件数是否与运单记载相符。

（2）货物的状态是否良好。货物状态有缺陷，但不致影响货物安全的，可由托运人在货物运单内具体注明后承运。

（3）货物的运输包装和标志是否符合规定。货物的运输包装既是保证货物运输安全的主要条件，也是托运人应尽的义务之一。因此，托运人托运货物，应根据货物的性质、重量、运输种类、气候以及货车装载等条件，使用符合运输要求、便于装卸和保证货物安全的运输包装。

（4）托运行李、搬家货物时除使用布质、木质、金属等坚韧的货签或书写标记外，还应在货物包装内部放置标记，以保证在外部标签丢失时，能迅速判明货物的到站。货签不得使用铅笔填写。

（5）货件上的旧标记是否撤除或抹消。

（6）装载整车货物所需的货车装备物品或加固材料是否齐全。装载整车货物所需的货车装备物品或货物加固材料均由托运人准备，并应在货物运单托运人记载事项栏内记明其名称和数量，在到站连同货物一并交付收货人。

2. 验收时需要检查货物的件数和重量

（1）下列货物，按整车运输时，只按重量承运，不计算件数：

① 散堆装货物。

② 成件货物规格相同（规格在三种以内的视作规格相同），一批数量超过 2 000 件；规格不同，一批数量超过 1 600 件。

（2）下列整车货物，无论规格是否相同，按一批托运时，每件平均重量在 10 kg 以上，托运人能按件点交给车站的，承运人都按重量和件数承运。

① 针、纺织品，衣、袜、鞋、帽。

② 钟表、中西成药、卷烟、文具、乐器、工艺美术品。

③ 面粉、肥皂、糖果、橡胶、油漆、染料、轮胎、罐头食品、瓶装酒类、医疗器械、洗衣粉、缝纫机头、空钢瓶、化学试剂、玻璃仪器、214 升空铁桶。

④ 电视机、收音机、录音机、电唱机、电风扇、计算机、照相机。

以上明定品名的货物与未明定品名的货物一批托运时，只按重量承运，不计件数。

托运人组织装车，到站由收货人组织卸车的货物，按托运人在货物运单上填记的件数承运。

整车和集装箱运输，由托运人确定重量，其中集装箱需要承运人逐箱复核重量。

验收完毕，在货物运单上填货位地点，登记货物承运簿。

（三）仓储

在铁路货场装车的货物，托运人未在承运人指定日期之内将货物全部搬入货场，自指定搬入之日起至再次指定搬入之日，或将货物全部搬出货场之日止，按车核收货物暂存费。

整车货物因车辆容积或载重量的限制，装车后有剩余货物时，托运人应于装车的次日起算，3 日内将剩余的货物全部搬出货场或另行托运。逾期未搬出或未另行托运时，对于超过的日数按车核收货物暂存费。

三、货物的装车作业

（一）装（卸）车作业责任范围的划分

一般情况下，按装卸地点及货物情况划分：

（1）货场：一般由承运人负责。

（2）专用铁路和铁路专用线：由托运人或收货人负责。

（3）特殊设备、工具或技术物品，因其需要特殊装备和技术，即使在货场装车仍由托运人或收货人负责。具体包括：

① 罐车运输的货物。

② 冻结的易腐货物。

③ 未装容器的活动物、蜜蜂、鱼苗等。

④ 一件重量超过 1 t 的放射性同位素。

⑤ 用人力装卸带有动力的机械和车辆。

凡存放在装卸场所内的货物，应距离货物线钢轨外侧 1.5 m 以上，并应堆放整齐、稳固。

（二）货车的选用

1. 调拨的原则

货车是铁路货物运输的主要工具，使用是否正确，直接影响行车安全、货物质量、车辆完整以及车辆运用效率。合理使用车辆的原则是：车种适合货种、车吨配合货吨。具体要做到：

（1）承运人应调配适合车辆。

（2）经货主同意，能保货物安全、货车完整和装卸作业方便的基础上可代用，车辆代用必须符合《铁路货物装载加固规则》中“货车使用限制表”的规定。

货车使用限制表

（3）保密物资、涉外物资、精密仪器、展览品一般用棚车，不能代用。

（4）活鱼、家禽、家畜不能用无窗棚车，牛、马、驴、骡等大牲畜不能用铁地板货车。

（5）对于怕湿或易于被盗、丢失的货物，应使用棚车装运。

（6）毒品专用车不得用于装运可能污染和损坏车辆的非易腐货物。

（7）特殊货物应使用规定的货车运输。

2. 货车检查的内容

车体、门窗、罐车阀盖是否能关严，开启是否灵活，插销是否有效、囪盖及锁闭装置是否齐全有效、有无扣修通知和通行限制、卫生及味道。

（三）装车作业

1. 装车前的检查

货运员召开车前会，说明所装货物品名、性质、件数、重量、装载方法、装车要求及注意事项，并做好装车前“三检”。

（1）检查运单：检查货物运单的记载内容是否符合运输要求，有无漏填和误填。

（2）检查货物：按照货物运单记载内容认真核对待装货物的品名、件数，检查标志、标签和货物状态是否符合要求。

（3）车辆检查：主要检查货车是否符合使用条件；货运状态是否良好，包括车体、车门、车窗、盖、阀是否完整良好，车内是否干净，是否被毒物污染；货车定检是否过期，有无扣修通知、色票、货车洗刷回送标签或通行限制。货车检查时，发现有不符合使用条件的情况，应采取适当措施，必要时应更换车辆。

2. 货物的装车

货物的装车应做到安全、迅速、满载，这是对装车作业的基本要求。在装车过程中，无论是谁负责装车，都应遵守装载加固技术条件。装车根据货物的性质装车、巧装满载，注意安全、件数，防止误装。

要充分利用货车的载重量和容积，但不得超过货车的容许载重量。由于货物包装、防护物重量影响货物净重，或机械装载不易计算件数的货物装车后减吨确有困难时，可以多装，但不得超过货车标记载重量的 2%。

货车的容许载重量

3. 装车时的注意事项

（1）货物的装载宽度和高度，除超限货物和特殊规定者外，不得超过机车车辆限界和特殊区段装载限界。

（2）到站的起重能力检查。

（3）货物重量应均匀分布于车地板上，不偏重、不偏载、不偏重、不集重，在运输中不发生移动、滚动、倒塌或坠落等情况。

（4）装载应堆码稳妥、紧密、捆绑牢固，认真做到轻拿轻放，大不压小，重不压轻。

（5）使用敞车装载怕湿货物时，应堆码成屋脊形，苫盖好篷布，并将绳索捆绑牢固。

（6）使用棚车装载货物时，装在车门口的货物，应与车门保持适当距离，以防挤住车门或湿损货物。

（7）使用罐车装运货物时，应装到空气包底部或装到根据货物膨胀系数计算确定的高度，既不能超装，也不能欠装。

（8）用敞、平车装载需要加固的货物、轻浮货物、成件货物，已有定型方案的，必须按定型方案装载；无定型方案的，车站应会同托运人制订暂行方案或试运加固方案，报上级批准后组织试运。

（9）巧装满载。

所装货物需进行加固的，按《加规》的规定办理。

4. 装车后的检查

（1）检查装载：主要检查有无超重、偏重、超限现象，装载是否稳妥，捆绑是否牢固，施封是否符合要求，表示牌插挂是否正确。对装载货物的敞车，要检查车门插销、底开门搭扣和篷布苫盖、捆绑情况。对超限、超长，集重货物还要检查是否按规定的装载加固方案进行装载加固，对超限货物还应按装载方案测量装车后的尺寸。

（2）检查运单：检查运单有无误填和漏填，车种、车号和运单、货运票据封套记载是否相符。

（3）检查货位：检查货位有无误装或漏装的情况。

经检查符合要求后，填写货车装载清单。将票据移交货运室，同时将装车完毕时间通知运转室或货运调度员，以便取车、挂运。至此，装车作业全部完成。

货车装载清单

（四）货车施封

货车施封是货物（车）交接，划分活物运输责任的一种手段，是保证货物运输安全的重要措施。

货车施封视频

1. 施封锁的使用规定

使用棚车冷藏车、罐车、集装箱运输的货物，由组织装车或装箱单位负责在货车或集装箱上施封。但派有押运人的货物，需要通风运输的货物及组织装车单位认为不需施封的货物（集装箱运输的货物除外），可以不施封。

施封的货车集装箱，应在货物运单和货车装载清单上记明。使用施封锁、施封环或带号码的封车钳子施封的，应记明施封号码。

施封锁分 FS 型（直形）和 FSP 型（环形）二种。

（1）FS 型施封锁（见图 6-6）由锁头、锁芯、锁套三部分组成，锁头和锁芯用钢丝绳（锁杆）相连，锁闭后呈直杆状，用于各型集装箱的施封。

（2）FSP 型施封锁（见图 6-7）由锁芯、锁套两部分组成，锁芯和锁套用钢丝绳相连，锁闭时将锁芯垂直向锁套锁孔插入，锁闭后呈环状，用于棚车、冷藏车的施封。

施封的货车，应用粗铁线将两侧车门上部门扣和门鼻拧固并剪断燕尾，在每一车门下部门扣处各施施封锁一枚。施封后，须对施封锁的锁闭状态进行检查，确认落锁有效，车门不能拉开。在货物运单或者货车装载清单或货运票据封套上记明Ⓕ及施封号码（如Ⓕ146355、146356）。

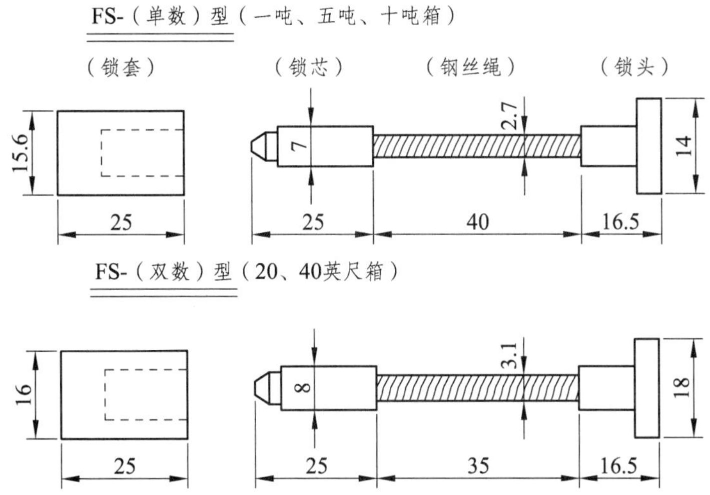

图 6-6 FS 型施封锁示意图

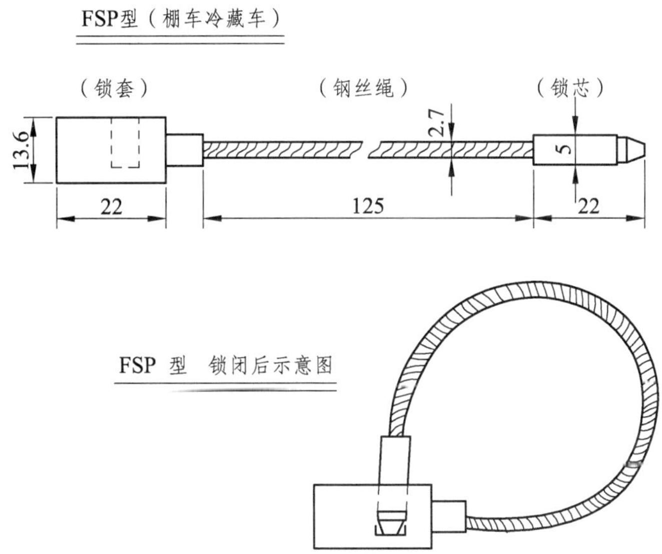

图 6-7 FSP 型施封锁示意图

发现施封锁有下列情形之一，即按失效处理：

① 钢丝绳的锁杆、锁芯可以从锁套中自由拔出。

② 钢丝绳断开后再接，重新使用。

③ 锁套上无站名、号码和站名或号码不清、被破坏。

卸车单位在拆封前，应根据货物运单、货车装载清单或货运票据封套上记载的施封号码与施封锁号码核对，并检查施封是否有效。拆封时，从钢丝绳处剪断，不得损坏站名、号码。拆下的施封锁，对编有记录涉及货运事故的自卸车之日起，须保留 180 天备查。

车站应建立施封锁的领取、发放、使用和销毁制度，按封印号码进行登记，责任落实到个人。

2. 电子施封锁的使用

电子防盗锁是铁路货运安全防范用具和交接凭证。电子防盗锁分为有源电子防盗锁和无源电子防盗锁两类，其中有源电子防盗锁又分为国内版和国际版两种，国际版印有“INT”标识。

有源电子防盗锁适用于需要施封的各类车辆和集装箱，不适用于罐车。无源电子防盗锁适用于需要侧门施封的各类车辆，不适用于罐车和集装箱。

（1）产品编号。

铁路电子施封锁的产品编号由 4 位大写字母和 6 位数字组成，其中 1 ~ 3 位大写字母是车站电报码，第 4 位大写字母 A 表示有源，第 5 ~ 10 位数字为编号号码，具体表示如图 6-8 所示。

（2）结构形式如图 6-9 所示。

（3）外观及尺寸规格如图 6-10、6-11 所示。

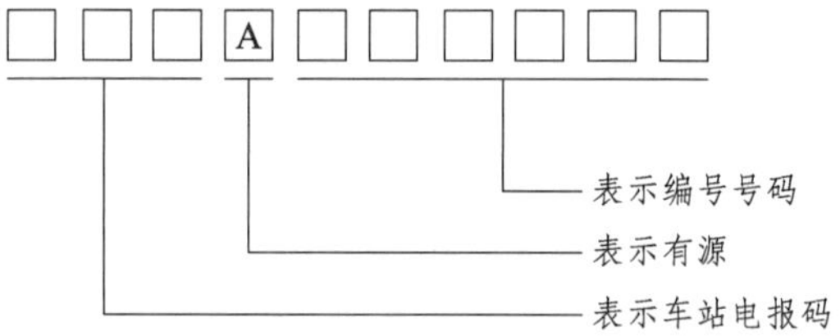

图 6-8　铁路电子施封锁的产品编号

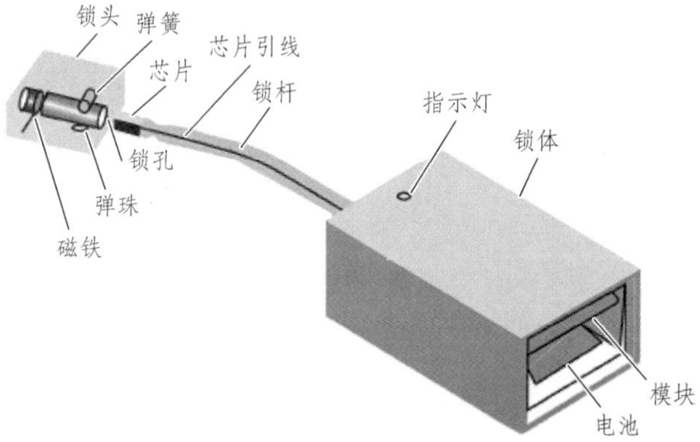

图 6-9　铁路电子施封锁示意图

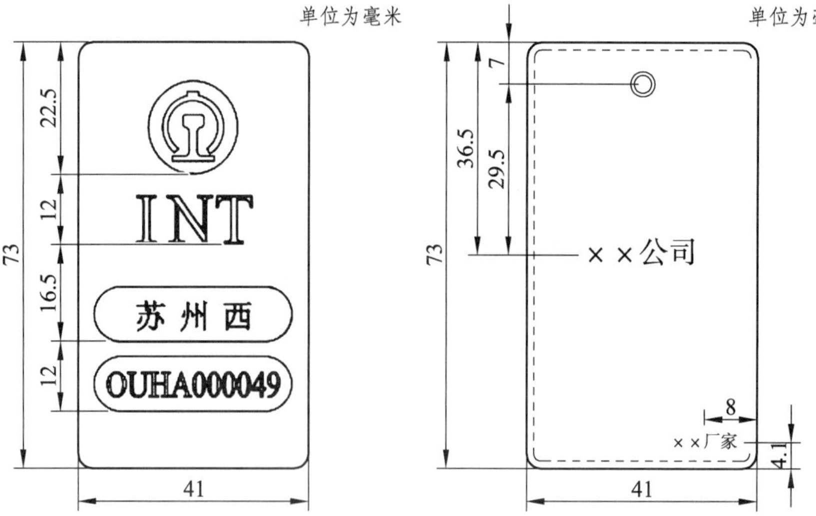

（a）

单位为毫米

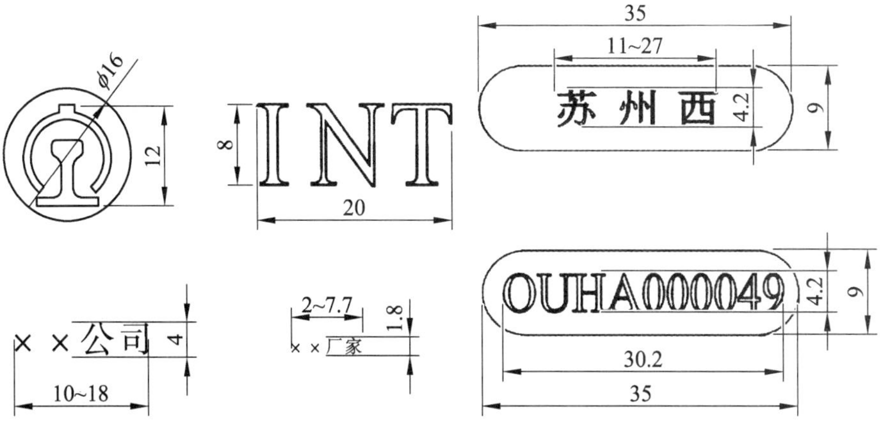

（b）

图 6-10　铁路电子施封锁外观标识尺寸

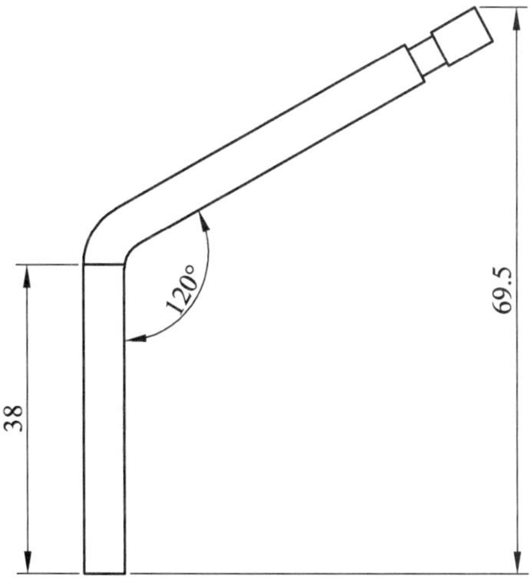

图 6-11　铁路电子施封锁锁杆尺寸

加锁时发现电子防盗锁有下列情形之一，按失效处理：

① 锁杆可以自由拔出，锁芯可以从锁体中自由拔出。

② 锁体上无标识或标识不清晰。

③ 有源电子防盗锁加锁后，红色指示灯不亮或者常亮不灭。

④ 有源电子防盗锁加锁后，加锁人员未收到加锁成功短信，也未在系统中查询到相关轨迹及短信信息。

⑤ 电子防盗锁不能使用的其他情形。

（五）篷布苫盖

使用敞、平车装运易燃、怕湿货物，装载堆码要成屋脊形，使用篷布时要苫盖严密、捆绑牢固。绳索余尾长度不超过 300 mm。接缝处要顺向（按运行最远方向）压紧，且注意不能遮盖车号、车牌和手闸。具体应做到：

（1）篷布苫盖平坦，货物不外漏。两连接处符合规定，顶部起脊、两端包角密贴，两侧线条流畅，各部位不超限。

（2）篷布（网）绳拴结、捆绑位置正确。绳结牢固，无松弛脱落。余尾长度符合规定范围。

（3）货车手制动闸盘外露，不影响人力制动机及提钩杆使用。

篷布的质量、状态，直接影响到行车和货物的安全。因此，篷布破损或绳索不齐全时，应进行更换。

到达专用线或专用铁路的铁路货车篷布，收货人应于货车送到卸车地点或交接地点的次日起 2 日内送回车站。超过规定时间，核收篷布延期使用费。

（六）承运

整车装车后，零担货物过秤完了，集装箱货物装箱后或接受重箱后，货运核算员登录货运票据管理系统，核收运杂费。

1. 计费制单

登录货运票据管理系统（见图 6-12），选择需要计费的运单票种对应的计费界面。

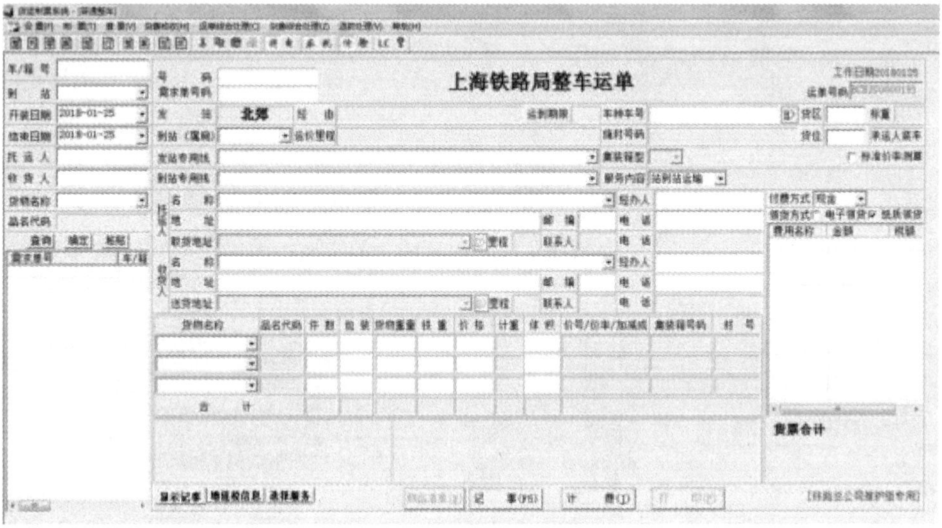

图 6-12　货运票据管理系统

可按【日期】查询需要计费的运单【需求单号】。点击【查询】，所有内容自动填入界面中各栏。

根据实际作业补充有关记事，点击【计费】，生成费用信息。核实费用信息无误，点击【打印】，生成带运单号的电子运单，并打印出运单。

2. 承运

（1）承运的概念。

整车货物装车完毕并核收运费后，发站在货物运单上加盖车站承运日期戳，即为承运。零散货物、集装箱先承运后装车，整车先装车后承运。

（2）承运的意义。

承运意味着运输合同的生效，铁路开始对货物负责任。

从承运时起承托双方就要分别履行运输合同的义务和责任。因此，承运意味着铁路负责运输的开始，是承运人与托运人双方划分责任的时间界线。同时，承运标志着货物正式进入运输过程。

任务 2　货物途中作业的办理

任务导读

装车站装车完毕，下一步需要进行取送车调车作业，而后集结成列编入列车内，再按照列车运行图组织行车作业，直至输送到站，进行卸车作业。整车货物的途中作业内涵比较丰富，除途中基本作业及货运交接检查等正常作业内容外，还有运输合同途中变更、解除及遇到运输阻碍时处理等一系列非常规作业内容。

知识点

一、货运交接检查

整车货物途中作业的货运交接检查，主要内容包括列车中货物装载、加固状态，车辆篷布苫盖状态，施封及门、窗、盖、阀关闭情况，对于发现有异状的，应及时处理。但是，对于罐车和集装箱的封印、苫盖货物的篷布顶部、集装箱顶部、敞车装载的不超出端侧板货物的装载状态，在途中不进行交接检查（运用可视化视频货运检查的除外）。

（一）货运检查的内容

铁路货运检查工作是保证行车安全和货物安全的一项技术性较强的工作，是铁路运输安全生产的重要组成部分。铁路货运检查员主要承担铁路运输过程中的货物（车）交接检查工作，是铁路行车单位的一个主要工种。

铁路货运检查实行区段负责制，即指在对货物列车的交接检查中，按列车运行区段划分货运检查站责任的制度。货运检查主要包括以下内容。

（1）装载加固。

① 货物是否倾斜、移位、窜动、坠落、倒塌和撒漏。

② 在设有超偏载仪的车站，还应检查货车是否超、偏载。

③ 加固材料、装置是否完好无损。

④ 货物超限装载和特定区段装载限制是否符合有关规定。

⑤ 加固绳索、铁线捆绑拴结是否符合规定。

（2）篷布苫盖。

检查篷布苫盖是否符合规定。

（3）货车门、窗、盖、阀和集装箱。

① 货车门、窗、盖、阀是否关闭良好。

② 使用平车（含专用平车）装集装箱时，箱门是否关闭良好。

③ 专用平车装载集装箱是否落槽，普通平车装载集装箱是否按加固方案进行加固。

（4）施封货车按《铁路货物运输管规》（简称《管规》）和有关规定进行检查。

（5）《铁路超限超重货物运输规则》规定的事项。

（6）《铁路货车超偏载检测装置运用管理办法》规定的内容。

（7）危险货物押运人押运情况。

（8）国铁集团规定的其他事项。

（二）货运检查的程序

1. 计划安排和作业准备

（1）货检值班员应及时收取班计划、阶段计划、变更计划，以及到发车次、股道、时刻、编组辆数等有关信息。

（2）货检值班员根据计划，将工作内容、检查重点、安全事项及要求等向货检员传达、布置。

（3）货检员接收作业任务，应掌握到达（出发）列车车次、股道、时刻、编组内容及施封、重点车等情况。

（4）作业时，货检员应携带相关作业工具和备品，如图 6-13 所示。

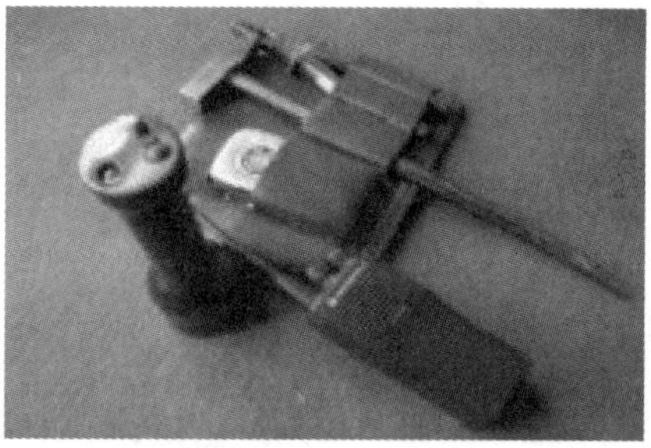

图 6-13　货检员相关作业工具和备品

2. 到达列车预检

在列车到达前 5 min，货检员应出场立岗，在列车到达、通过时，对列车进行目测预检，如图 6-14 所示。

图 6-14　货检员应出场立岗，对列车目测预检

3. 现场检查

（1）货检员应从车列一端逐车进行检查。

（2）货检员对车列首尾的车辆，应涂打检查标记，如图 6-15 所示。

（3）货检员对检查重点内容进行记录。

（4）车列检查、整理应在规定的技术作业时间内完成。

（5）车列检查、整理完毕后，货检员应及时报告。

（6）需拍发电报时，货检值班员应于列车到达后 120 min 内以电报通知上一货检站、抄知发到站，必要时抄知有关单位和部门。需编制记录的，按规定编制。

（7）需要甩车整理的，货检值班员应通知车站调度员（值班员）甩车处理。

（8）检查作业和在列整理完毕后，货检值班员及时通知车站调度员（值班员）作业完成情况。

图 6-15　货检员对车辆涂打检查标记

二、货运检查发现问题的处理

1. 票据信息与现车不符

（1）空车有票：空车有重车票据信息，发现站扣车后在铁路货运票据综合应用管理系统录入空车有票信息，编制普通记录，并联系票据记载到站、发站进行核对。

（2）重车无票：发现重车无票据信息时，发现站扣车调查，并在铁路货运票据综合应用管理系统编制普通记录。确认为重车空排的，发现站在保价系统编制货运记录回送；确认为发站错装的，联系发站处理。

2. 车辆标记类问题

发现大小车号不一致、换长等信息不正确或信息与车体标记不一致时，按以下方式处理：

（1）现车为重车：发现站在现车系统“其他记事”栏标注，同时上报列车调度员；到站卸空后挂运至就近有列检作业场的车站，通知列检作业场检查。

（2）现车为空车时：发现站在现车系统“其他记事”栏标注，同时上报列车调度员，挂运至就近有列检作业场的车站；通知列检作业场检车。列检作业场对车辆进行确认，并按规定进行处置。

普 通 记 录

No. ________

<table>
<tr><td colspan="7">发站________发公司________托运人________.
到站________到公司________收货人________.
运单号码________车种车型________车号________.
货物名称
于____年____月____日____时____分第________次列车到达</td></tr>
<tr><td rowspan="4">发生的事实情况或车辆技术状态</td><td>新车号 1</td><td></td><td>新车号 2</td><td></td><td>新车号 3</td><td></td></tr>
<tr><td>新封号 1</td><td></td><td>新封号 2</td><td></td><td>新封号 3</td><td></td></tr>
<tr><td>新重量 1</td><td></td><td>新重量 2</td><td></td><td>新重量 3</td><td></td></tr>
<tr><td colspan="6"><table><tr><td>厂修</td><td></td><td></td></tr><tr><td>段修</td><td></td><td></td></tr><tr><td>辅检</td><td></td><td></td></tr></table></td></tr>
<tr><td colspan="7">参加人员：
车　　站：
车 辆 段：
其　　他：　　　　单位戳记

年　　月　　日</td></tr>
</table>

注：1. 带号码的普通记录，编制单位打印存查，接方打印留存作为证明。
2. 普通记录号码由系统自动生成。

货运记录

3. **货车的施封**

（1）封印失效、丢失断开或不破坏封印即能开启车门，应拍发电报并补封，是否清点货件由发现站确定。

（2）货车已施封，但未在运输票据上记明封印号码，编组顺序表无“F”字样，应编制记录证明现状继运。

（3）未使用施封锁施封（罐车除外），应拍发电报并补施封锁。

（4）在同一车门上使用两个以上串联施封，应拍发电报并补封，如因车门技术状态无法补封时，车站以交方责任继运。

（5）货车两侧或一侧在车门上部施封，应按现状拍发电报。

其他施封要求，按现有规章执行。

4. **装有货物的货车**

（1）车门窗未按规定关闭（损坏的车窗已用木板铁箱、木箱封固的除外），应由发现站关闭并拍发电报。

（2）货物损坏、被盗，应拍发电报、编制记录进行处理。

（3）棚车车体、平车或集装箱专用平车装运的集装箱箱体可见部位损坏或集装箱箱门开启，应拍发电报，并由车站处理。

（4）易燃货物未按规定苫盖篷布或未采取规定的防护措施，应拍发电报，编制记录补苫篷布并采取防护措施。

（5）篷布（包括自备篷布）苫盖捆绑不牢、被刮掉或被割危及运输安全时，应及时进行整理，丢失或补苫篷布时由发现站拍发电报并编制记录。

（6）货物装载有异状或超过货车装载限界；支柱、铁线、绳索有折断或松动，货物有坠落可能；车门插销不严危及运输安全；底开门车用一个扣铁关闭底开门，应由发现站按规定换装或整理并拍发电报。

（7）超限货物无调度命令，应在取得调度命令后继运。

其他检查要求，按现有规章执行。

5. **货车的整理及换装作业**

（1）货车整理。

对危及行车和货物安全需甩车整理的货车，货运检查人员应通知车站值班员甩车处理。可不甩车整理的，应在列整理。

遇下列情况应甩车整理：

① 篷布苫盖不整或缺少腰绳、篷布绳网。

② 货物发生严重倾斜、偏载、移位、窜动、坠落、倒塌和渗漏。

③ 超限货物按普通货物办理。

④ 加固支柱折断，或装载加固材料（装置）超限。

⑤ 棚车车门脱槽，罐车上盖张开。

⑥ 罐车发生泄漏或溢出。

⑦ 危险货物运输押运或施封等问题需甩车处理的。

⑧ 货车、货物、集装箱、篷布等顶部或车体上有异物且无法在列处理。

⑨ 火灾。

⑩ 货物明显被盗丢失。

⑪ 发生其他危及行车安全情况不能在列整理时。

（2）货物换装。

在运输中发生甩车处理的货车，不能原列安全继运的，以及因车辆技术状态不良，经车辆部门扣留需要换车时，应进行换装处理。

进行换装时，应选用与原车类型和标记载重相同的货车，并按照运单检查货物现状，如数量不符或状态有异，应编制货运记录。对因换装整理卸下的部分货物，应予以及时补送。

（3）换装整理的处理。

① 选择与原车类型和标重相同的货车。

② 根据货票核对现货。

③ 所进行的换装或整理需在运单上记载。

④ 换装后，应把货物运单、货票或票据封套上的车种、车号等订正。

换装整理的时间一般不应超过 2 天，如 2 天内未整理完毕时，应由换装站以电报通知到站，以便收货人查询。

铁路责任的货物整理费由整理站（铁路局集团公司）列销；换装费由原装车站（铁路局集团公司）负担，但由于行车事故或调车冲撞发生的换装费由责任单位负担；因车辆技术状态不良发生的换装，属车辆部门责任，换装费由发生铁路局集团公司负担。属于托运人责任的，应由到站向收货人核收。

经过换装整理的货车，不论是否摘车，均应编制普通记录，证明换装整理情况和责任单位。

三、货物运输合同的变更或解除

（一）运输合同变更

托运人或收货人由于特殊原因，对承运后的货物提出办理变更到站、变更收货人的书面请求。

1. 变更内容

（1）变更到站。

（2）变更收货人。

2. 铁路不办理下列情况的货物运输变更

（1）违反国家法律、行政法规、物资流向、运输限制的变更及密封的变更。

（2）变更后货物运到期限大于货物容许运输期限的变更。

（3）变更一批中的一部分。

（4）第二次变更到站。

（二）货物运输合同的解除

货物承运后发送前，托运人可向发站提出取消托运，经承运人同意，运输合同即告解除。托运人要求变更或解除运输合同时，应提出货物运单副本（领货凭证联）和“货物运输变更要求书”，提不出货物运单副本（领货凭证联）时，应提出其他有效证明文件，并在货物运输变更要求书内注明。

货物运输变更由车站受理，但整车货物变更到站，受理站应报主管铁路局集团公司同意。

车站在处理变更时，应在货物运单记事栏内记明变更的根据，改正运输票据、标记（货签）等有关记载事项，并加盖车站日期戳或带有站名的名章。变更到站时，应电知新到站及其主管铁路局集团公司和发站。办理货物运输变更或取消托运，托运人应按规定支付费用。

解除时机：整车货物和大型集装箱在承运后挂运前，零担和其他型集装箱在承运后装车前。

（三）变更和解除合同的程序

车站通过货票系统办理取消托运和运输变更。

1. 解除运输合同，即取消托运

对托运人提出的取消托运需求，货场装车的，发站确认货车在本站，通知行车人员后，方可受理；专用线装车的，路企交接前可受理，路企交接后不受理。受理时应审核并收回运单托运人存查联、领货凭证；办理电子领货的，验证领货密码，打印领货凭证。对已受理的取消托运需求，发站货运人员通知行车人员将货车调回货场，并在货票系统完成取消托运操作。核收相关费用后，运单需求单按“已装车”状态回退到“货运站系统”，在“货运站系统”进行取消装车操作。

2. 变更运输合同

途中或到站仅受理托运人提出的货物运输变更需求。变更处理站应审核运单托运人存查联、领货凭证、货物运输变更要求书；电子领货的，验证领货密码，打印领货凭证。变更到站时，处理站应报铁路局集团公司同意后方可受理，在货票系统中录入货物运输变更要求书，收取变更手续费，运单状态变为“变更完成”，并在纸质运单托运人存查联、领货凭证上修改相关信息，加盖车站日期戳或带有站名的人名章后交托运人。电子领货的，向托运人申明，原领货密码失效，凭变更后的纸质领货凭证领货。

货物运输变更要求书

四、运输阻碍的处理

（一）产生原因

因不可抗力（地震、水害、雨雪等）致使行车中断，货物运输发生阻碍。

（二）处理办法

（1）绕路运输。

（2）先将货物卸下，妥善保管，待恢复运输时再行装车继续运输，所需装卸费用，由装卸作业铁路局承担。

因货物性质特殊绕路运输或卸下再装，可能造成货物损失时，车站应联系托运人或收货人在要求的时间内提出处理办法。超过要求时间未接到答复或因等候答复致使货物造成损失时，比照无法交付货物的情况处理，所得剩余价款（缴纳装卸、保管、运输、清扫、洗刷除污费用后）通知托运人领取。

任务3　货物到达作业的办理

任务导读

整车货物到达作业，是整车货物运输生产过程的最后一环，做好本项工作对于完成整车货物作业全流程服务具有重要意义。

知识点

一、重车到达与票据交接

本站待卸空车到达后，在完成对车辆的技术检查、货运检查后，电子货票信息会通过车站管理信息系统发送到指定货运作业场所。

二、货物的卸车作业

车站必须认真贯彻“一卸、二排、三装”的运输组织原则，认真做好卸车工作。

（一）卸车前检查

为使卸车作业顺利进行，防止误卸并确认货物在运输过程中的完整状态，便于划分责任，卸车货运员应根据货调下达的卸车计划，在卸车前认真做好以下三方面的检查。

1. 检查货位

主要检查货位能否容纳待卸的货物、货位的清洁状态、相邻货位上的货物与卸下货物性质有无抵触。

2. 检查运输票据

主要检查票据记载的到站与货物实际到站是否相符，发现系统显示的车号与实际现车不一致的，通知行车部门处理；发现系统显示重车带票实际为空车的不得卸车，由车站按票车不符处理；发现系统显示货物名称同实际货物不符的，通知行车及相关部门处理。

3. 检查现车

主要检查车辆状态是否良好，货物装载状态有无异状，施封是否良好，现车与运输票据是否相符。检查现车过程中可能发现影响货物安全和车辆异状的因素，因此应认真进行。

（二）卸车作业

作业开始之前，监装卸货运员应向卸车工组详细传达卸车要求和注意事项。卸车时，货运员应对施封的货车亲自拆封，并会同装卸工一起开启或取下苫盖篷布，按批核对货物、清点件数。对集装箱货物应检查箱体，核对箱号和封印。应合理使用货位、按标准进行码放，对于损失货物则应编制记录。此外，要注意作业安全，加快卸车进度，加速货车周转。

（三）卸车后检查

1. 检查运输票据

检查票据上记载的货位与实际堆放货位是否相符。

2. 检查货物

主要检查货物件数与运单是否相符，堆码是否符合要求，卸后货物安全距离是否符合规定。

3. 检查卸后空车

主要检查车内货物是否卸净和是否清扫干净；车门、窗、端侧板是否关闭严密；表示牌是否撤除。

（四）货车的清扫、洗刷和除污

负责卸车的单位在卸车时，应将货物彻底卸净，卸空后的空车应清扫干净，车门、车窗、端侧板、罐车盖、阀等要关闭妥当。对装过活动物、鲜鱼类、污秽品等货物的车辆，以及受易腐货物污染的冷藏车和《铁路危险货物运输管理暂行规定》中规定必须洗刷消毒的货车，由铁路负责洗刷并按规定或依照卫生（兽医）人员的要求进行消毒，费用由收货人负担。当收货人有洗刷、消毒设备时，也可由收货人自行洗刷、消毒。

收货人组织卸车的货车，未进行清扫或清扫不干净时，车站应通知收货人补扫，如收货人未补扫或仍未清扫干净，车站应以收货人的责任组织人力代为补扫，向收货人核收规定的货车清扫费和货车延期使用费。

（五）货车拆封

（1）卸车单位在拆封前，应根据货物运单、货车装载清单上记载的施封号码与施封锁号码核对，并检查施封是否有效。

（2）拆封时，从钢丝绳处剪断，不得损坏站名、号码。拆下的施封锁，对编有记录涉及货运事故的，自卸车之日起，须保留 180 日备查。

（3）车站应建立施封锁的领取、发放、使用和销毁制度，按封印号码进行登记，责任落实到个人。

三、货物到达通知与仓储

承运人在车站公共装卸场所内组织卸车的货物，到站应不迟于卸车完了的次日内，用电话、短信或邮件等方式，向收货人发出领货通知或送货通知，并在货票内记明通知的方法和时间。收货人也可与到站商定其他通知方法。

承运人在车站公共装卸场所内组织卸车的货物，收货人应与承运人发出领货通知或送货通知的次日（不能实行领货通知及送货通知或会同收货人卸车的货物为卸车的次日）起算，2 日内将货物搬出或接收货物。超过上述期间未将货物搬出或接收货物，对其超出的期间核收仓储费。规定免费保管期间的目的是避免收货人长期占用货场，保持货场畅通。

根据各地具体情况，铁路局可以缩短免费仓储期间 1 天，也可以提高仓储费费率，但提高部分最高不得超过规定费率的 1 倍；也可以适当延长货物免费仓储期间，并报国铁集团备案。

货物承运前或交付后在车站仓储，或货物仅在车站仓储时，按实际仓储期间核收仓储费。

从承运人发出领货通知或送货通知的次日起（不能实行领货通知及送货通知或会同收货人卸车的货物为卸车的次日起），经过查找，满 30 日（搬家货物满 60 日）仍无人领取的货物或收货人拒领，托运人又未按规定期限提出处理意见的货物，承运人可按无法交付货物处理。

四、货物的交付与搬出

（一）内勤交付（窗口交付）

收货人提出领货凭证，交清费用，到站在运单上加盖交付日期戳，将领货凭证收回并将货物运单交收货人。

收货人为个人的，还须有本人身份证；收货人为单位的，还须有该单位出具所领货物和领货人姓名的证明文件及领货人本人身份证。不能提出领货凭证的，可凭车站同意的有经济担保能力的企业出具担保书取货。收货人以证明文件领取货物时，必须注明货物的发站、托运人、收货人、货票号码、品名、件数和重量，并且与运输票据的记载完全相符，否则，不予交付。证明文件上还应注明领货人身份证号码。

托运人可以选择电子领货或纸质领货如图 6-16 所示。

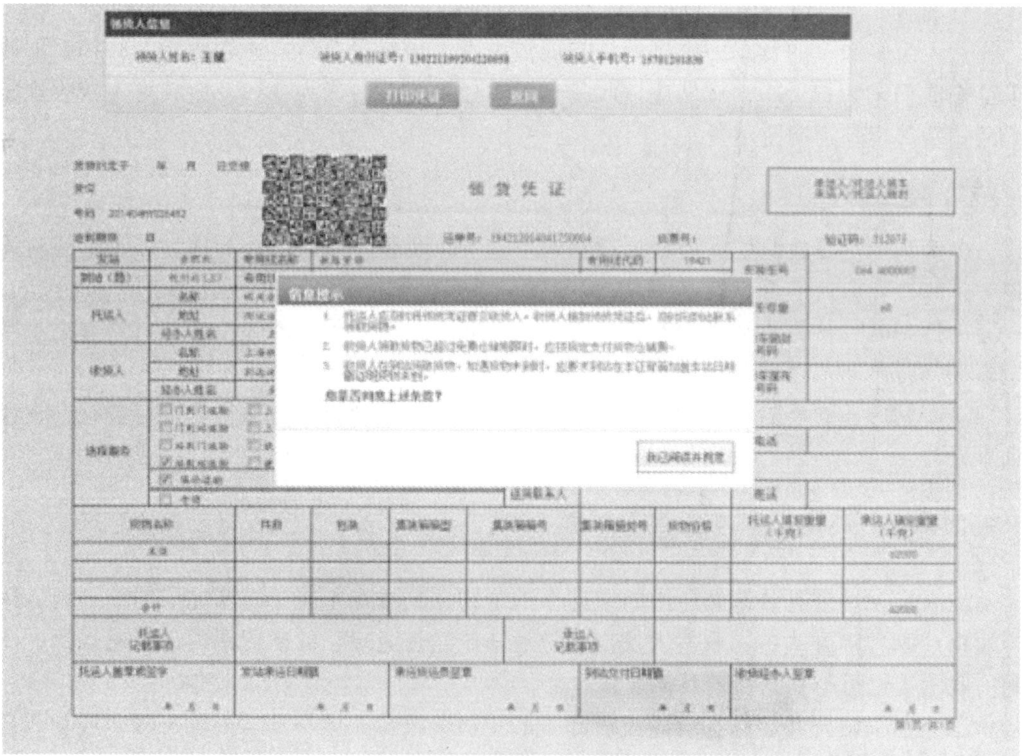

图 6-16　电子领货凭证

托运人在提报日需求时，选择使用电子运单，且卸车地点为铁路货场的，可以一并设置领货密码。收货人进入【到达业务—领货手续办理】菜单，凭领货密码取货。如图 6-17 所示。

图 6-17　设置领货密码

（二）外勤交付

货运场站卸车，车站在货运站系统对“已内交付”的运单进行外交付操作，凭加盖车站日期戳的运单收货人存查联点交货物，并加盖“货物交讫”戳记。分批领取货物时，应在运单收货人存查联上逐批记载领取货物的品名、件数、重量、时间等信息，全批点交完毕后，加盖“货物交讫”戳记。货物凭运单收货人存查联出站。

专用线卸车的，货车办理交接后即为外交付完毕。

（三）货物的搬出

交接货物时，收货人凭纸质凭证领货的配送人员携带运费、杂费收据，收货人存查联运单，到站存查联和收货人存查联，核验收货人身份，收回领货凭证（零散快运不收领货凭证）；电子领货的，携带运费、杂费收据，收货人存查联运单，到站存查联和收货人存查联，通过手持设备验证领货密码，核验收货人身份。

（1）接取货物：接取送达系统接收电商系统推送的物流需求信息，铁路局集团公司组织物流企业上门接取货物，将货物接取至装车地点后，与车站交接货物，运单需求联状态变为“已接取”。

（2）送达货物：客户在发站提出的站到门需求，货物到站后，接取送达系统接收货票系统、电商系统或零散快运系统推送的物流需求信息，铁路局集团公司组织物流企业与到站办理货物交接，组织配送。

五、货物的接取送达

（1）接取货物：接取送达系统接收到电商系统推送的物流需求信息后，铁路局集团公司组织物流企业上门接取货物，将货物接取至装车地点后，与车站交接货物，运单需求联状态变为“已接取”。

（2）送达货物：客户在发站提出站到门的需求，货物到站后，接取送达系统接收货票系统、电商系统或零散快运系统推送的物流需求信息，铁路局集团公司组织物流企业与到站办理货物交接，组织配送。

客户在到站提出需求，车站办理交付手续，在货票系统核收相关费用，接取送达系统接收货票系统推送的物流需求信息，铁路局集团公司组织物流企业与到站办理货物交接，组织配送，与收货人办理货物交接，完成后使用手机 App 将状态变为“已送达”。

拓展阅读

敞车抑尘作业视频

项目小结

整车货物运量占铁路运输量的 95%以上，普通货物中的大宗货物和特殊货物中的鲜活、危险、阔大货物基本上都属于整车货物。因此，掌握整车货物运输过程是货物运输的基础。本项目系统介绍了铁路整车货物运输的基本作业过程及各作业环节的基本要求，详细讲解了整车货物运输的作业流程、作业方法及相关规章制度。

思政园地

铁路水运接力，解千家万户燃“煤”之急

项目训练与测试

一、技能训练

（一）训练任务

模拟整车货物运输。

（二）训练目的

通过训练使学生能够正确填记货物运单，熟悉整车货物作业程序及作业标准，掌握货物发送、途中、到达作业环节，能正确办理整车货物运输各环节作业和处理运输变更。

（三）训练要求与准备

（1）要求学生登录 95306 网站以托运人的身份自助办理货物的托运，了解货物运单的基本内容。

（2）组织学生进入铁路货场，实地参观铁路整车货物运输的装卸车作业及途中检查作业，熟悉现场作业过程及注意事项。

（3）利用铁路货物运输模拟仿真系统软件，对学生进行整车货物运输模拟训练，使其熟悉各环节的作业内容。

（四）训练资料

每 5 位同学分为一组，按照货物发送作业各环节作业标准模拟托运人、货运员（外勤）、货运员（内勤）、货运核算员、货运值班员的岗位工作内容，演练并录制视频。

具体评分标准如下：

（1）岗位工作任务模拟有误或经提示。

（2）办理程序有误（如漏程序、程序颠倒、多程序）。

（3）在实训过程中纪律差或不听指导教师指挥、不服从指导教师教育。

二、综合测试

（一）单选题

1. 客户可通过（　　）方式随时提报订单。

A. 三种　　B. 四种　　C. 五种　　D. 六种

2. 托运人和承运人为运输货物签订的一种运输合同（或运输合同的组成部分）是（　　）。

A. 货运票据封套　　B. 货物运单

C. 货车装载清单　　D. 物品清单

3. 货物运单由（　　）组成。

A. 一式五联　　B. 一式六联　　C. 一式七联　　D. 一式八联

4. 货物运单第 3 联为（　　）。

A. 发站存查联　　B. 收款人报告联

C. 托运人存查联　　D. 到站存查联

5. 以下选项中，哪些是途中必须进行的正常的作业。（　　）

A. 货运交接检查　　B. 运输合同变更与解除

C. 运输阻碍的处理　　D. 货物换装整理

6. 托运人按一批托运的货物品名过多，不能在运单内逐一填记或托运搬家货物以及同一包装内有两种以上的货物时，须提出（　　）。

A. 货运票据封套　　B. 货物运单　　C. 货车装载清单　　D. 物品清单

7. 成件货物规格相同，一批数量超过（　　）件时，只按重量、不计件数承运。

A. 1600　　B. 2000　　C. 2200　　D. 2500

8. 装车前“三检”是指（　　）。

A. 检查运单、检查货物、检查车辆　　B. 检查运单、检查货物、检查装载

C. 检查运单、检查货物、检查货位　　D. 检查装载、检查货物、检查车辆

9. 使用（　　）运输的货物都应施封。

A. 棚车　　B. 平车　　C. 敞车　　D. 长大货物车

10. 承运人组织卸车的货物，从发出领货通知之日起免费保管（　　）。

A. 1 d　　B. 2 d　　C. 3 d　　D. 4 d

11. 使用篷布时要苫盖严密、捆绑牢固。绳索余尾长度不超过（　　）。

A. 100 mm　　B. 200 mm　　C. 300 mm　　D. 400 mm

12. 换装整理的时间不应超过（　　）。

A. 1 天　　B. 2 天　　C. 3 天　　D. 4 天

13. 到达专用线或专用铁路的铁路货车篷布，收货人应于货车送到卸车地点或交接地点的次日起（　　）内送回车站。

A. 1 日　　B. 2 日　　C. 3 日　　D. 4 日

（二）实作题

某站使用标重 60 t 棚车装运大米一车，因车辆技术状态不良，列检以车统-23 扣车，要求换装。处理站检查票据记载托运人确定重量 60 t，共 1 200 件，每件实际重量 51 kg，依据以上条件，请编制普通记录，说明换装的原因和处理情况。

项目六综合测试参考答案请扫码观看

项目七 集装货物运输组织

知识目标

（1）能概括集装箱和集装箱的分类，能识别涂打在集装箱上的标记。

（2）能阐述集装箱运输组织的条件。

（3）能叙述集装箱运输组织的全部流程以及中转作业过程。

（4）能说出集装箱多式联运以及集装化运输的组织特点。

能力目标

（1）认识集装箱货运组织机构、集装箱办理站。

（2）能按照集装箱货物运输程序、作业内容，正确办理国内集装箱货物的发送、途中、到达作业。

（3）能够正确办理货物集装化运输组织。

思政目标

（1）了解我国的集装箱现状，在学习中形成良好的职业理想和职业信念。

（2）养成良好的安全意识，能够自觉按照集装箱运输环节中的各项规章进行业务操作，预防和避免货运事故的发生。

（3）养成良好的团结协作精神，主动适应团队要求，服从组织的工作安排。

项目思维导图

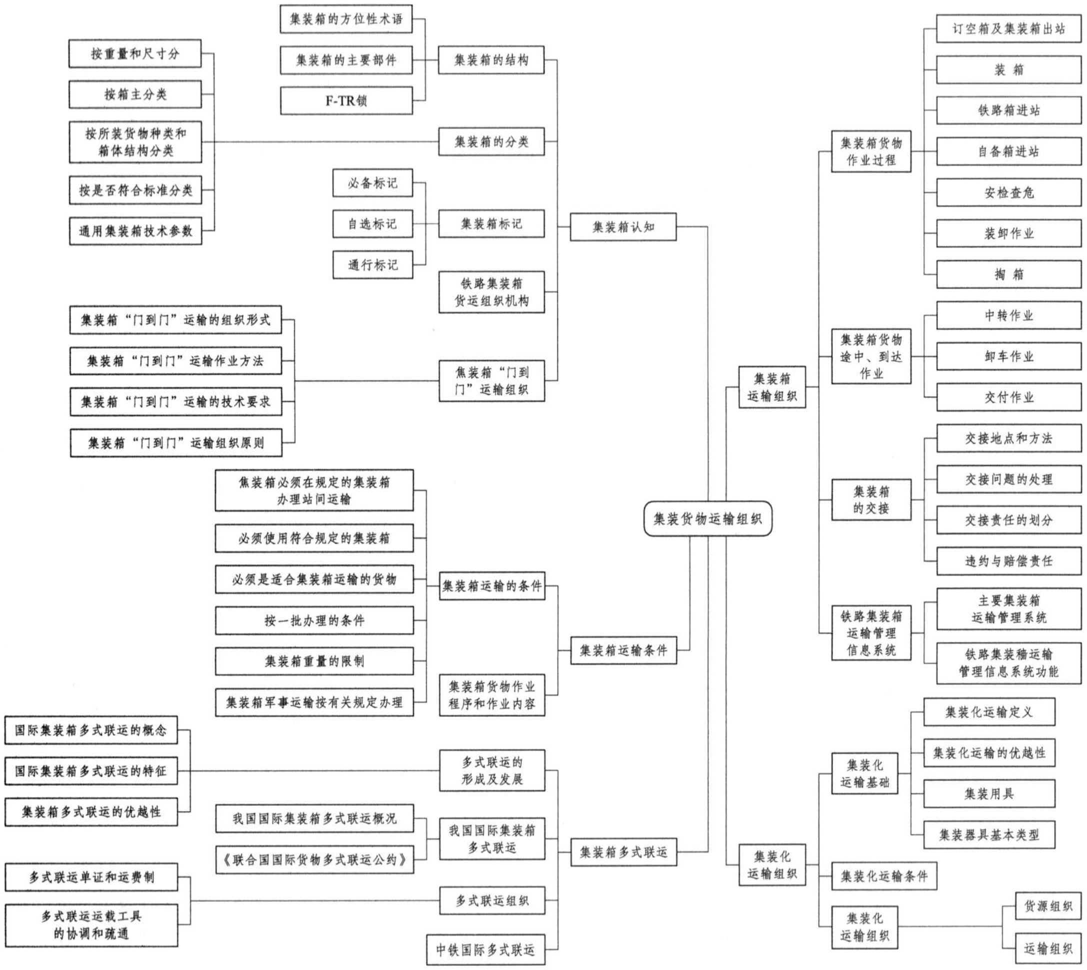

引导案例

案例：F-TR 锁集装箱卸车造成车辆脱轨一般 D 类事故

1. 概况

某年 1 月 18 日 16 时 10 分，×站在货 4 线门吊卸集装箱平车（F-TR 锁）重集装箱，将第 10 位车辆（车号 X70522××）集装箱和车辆 2 位端同时吊起，车辆在下落过程中，第 6 位车轮横移落到左股钢轨上，构成铁路交通一般 D2 类事故。

2. 主要原因

一是吊卸 F-TR 锁集装箱平车集装箱作业时，没有执行“点动起吊”操作要求，盲目吊箱起升，违反 F-TR 锁集装箱平车“必须先点动起吊，缓慢起升高度不得超过 100 mm，检查确认集装箱角件孔与车辆角座（锁头）分离后方可继续作业”的规定，这是导致该起事故的主要原因。

二是信号指挥不到位，信号指挥人员未认真双面确认起吊及角件孔与车辆锁头的分离情况，在角件孔与车辆锁头勾连、未分离的情况下，使用电台遥控盲目指挥起升作业。

导入问题：

1. 判断案例中集装箱在吊卸时的操作是否符合规定。
2. 仔细分析案例中事故发生的原因，对你有什么启发？

任务1　集装箱认知

任务导读

集装箱是一种现代化运输工具，也可以说是一种方便货物运送的集合包装。集装箱又与一般包装容器不同，它除了起包装容器的作用外，还会在装卸、搬运、运输、换装以及在组织各种不同运输方式的联运中发挥快速、高效的作用。

《铁路集装箱运输规则》中所称的集装箱是指具备下列条件的运输设备：

（1）具有足够的强度，可长期反复使用。

（2）适于多种运输方式运送，途中无须倒装货物。

（3）设有供快速装卸的设施，便于从一种运输方式转移到另一种运输方式。

（4）便于箱内货物装满和卸空。

（5）容积不小于 1 m^3。

集装箱不包括车辆和一般包装。

知识点

一、集装箱的结构

（一）集装箱的方位性术语

集装箱的结构图如图 7-1 所示。这里的方位性术语主要是指区分集装箱的前、后、左、右及纵、横的方向和位置的定义。占集装箱总数 85%以上的通用集装箱，均一端设门，另一端是盲端。这类集装箱的方位性术语如下：

前端：指没有箱门的一端。

后端：指有箱门的一端。

如集装箱两端结构相同，则应避免使用前端和后端这两个术语，必须使用时，应依据标记、铭牌等特征加以区别。

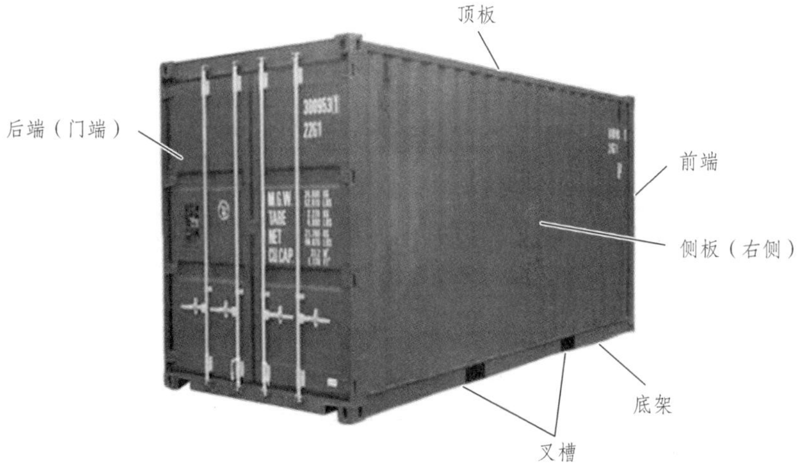

图 7-1　集装箱结构图

左侧：从集装箱后端向前看，左边的一侧。
右侧：从集装箱后端向前看，右边的一侧。
纵向：指集装箱的前后方向。
横向：指集装箱的左右与纵向垂直的方向。

（二）集装箱的主要部件

集装箱的主要部件如图 7-2 所示。

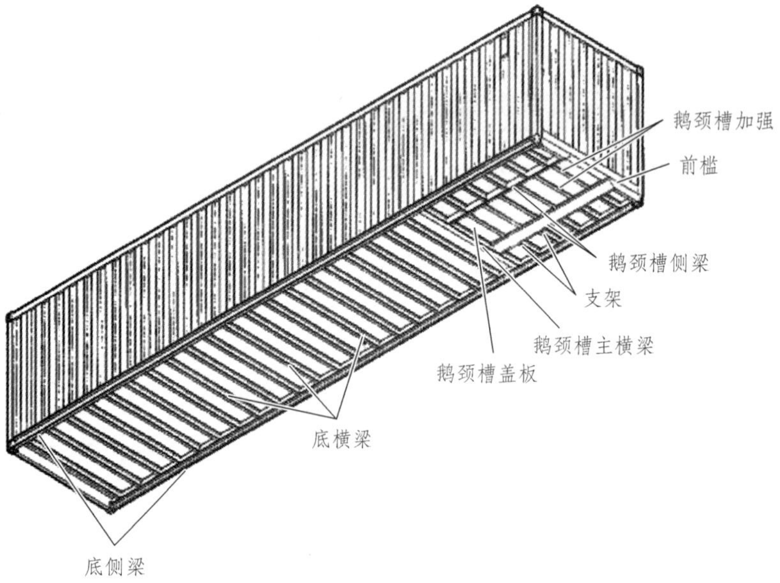

（a）集装箱的结构

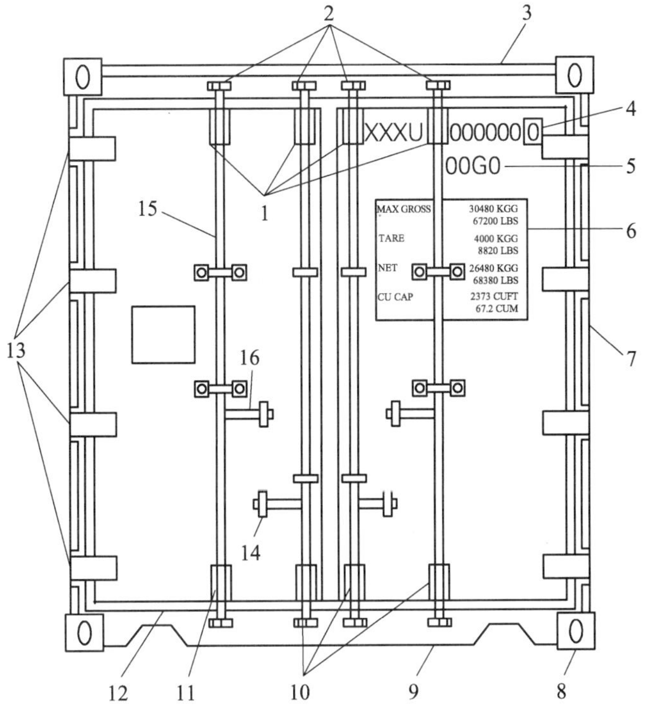

1—锁杆支架（Locking Bar Bracket）；2—锁杆凸轮锁头（Locking Bar Cam）；3—门楣（Door Header）；4—箱主代号及顺序号（Owner`s prefix and serial number）；5—尺寸类型代码（Size and Type code）；6—重量标志牌（Weight Panel）；7—J 型条柱（J-Bar）；8—角件（Corner Fitting）；9—门槛（Door sill）；10—锁杆支架（Locking Bar Bracket）；11—锁杆支架（Locking Bar Bracket）；12—门封条（Door Gasket）；13—铰链（Hinge）；14—门把托架盖（Door Handle Retainer）；15—锁杆（Locking Bar）；16—门把手（Door Handle）。

（b）集装箱的箱门结构

图 7-2　集装箱的主要部件

（三）集装箱的锁具——F-TR 锁

1. F-TR 锁的原理及性能

F-TR 锁（如图 7-3 所示）是经铁道部批准的集装箱锁闭装置，具有防集装箱倾覆和跳起功能，提高了对集装箱的锁固能力，保证了铁路提速后集装箱的运输安全。当集装箱装载时，集装箱角件先沿着落箱上导向斜面向一侧滑移，而后又沿着落箱下导向斜面向相反方向落箱上导向斜面滑移，使集装箱角件卡在 F-TR 锁的鹰头下面。当集装箱起吊时，集装箱角件沿着出箱导向斜面滑移出来。该锁的锁闭原理是锁芯头部的偏心结构以及 F-TR 集装箱锁组装后其锁头外宽尺寸大于集装箱角件孔的外宽尺寸，并将集装箱进出锁头的运动形式由垂直运动的单一形式转变为“垂直运动+平面转动”的复合形式来锁固集装箱。为保证 F-TR 锁发挥作用，同一集装箱的四个 F-TR 布置时，鹰头方向为同端同向、两端反向布置，集装箱在装载或起吊时有一个微小的平面转动。

2. F-TR 锁闭装置

F-TR 锁闭装置的设计要充分发挥 F-TR 锁良好的锁固性和顺畅性。一般来说，车体端头的集装箱锁因无需避让，采用固定式锁闭装置，而中央的集装箱锁因 40 英尺箱的运输需要而采用活动式锁闭装置。

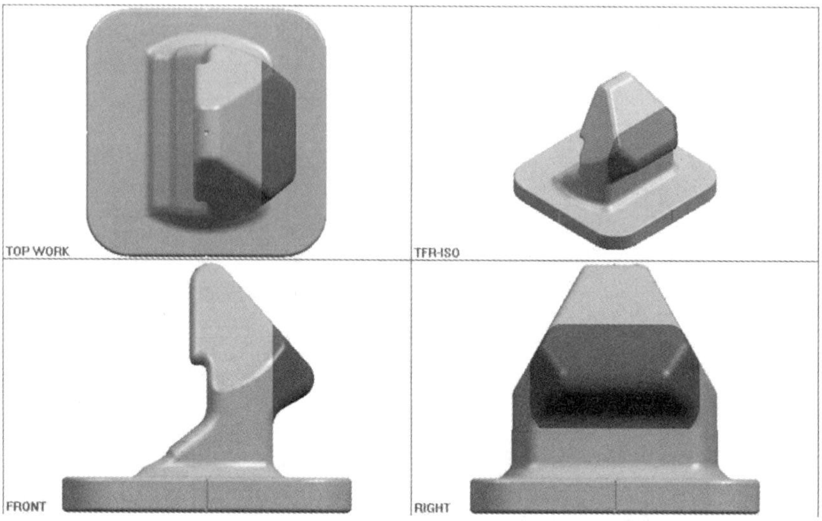

图 7-3　F-TR 锁示意图

（1）F-TR 锁固定式锁闭装置。

F-TR 锁的固定式锁闭装置设计时采用了框架式锁座将 F-TR 锁固定，F-TR 锁的每个自由度全部约束。但框架式锁座与 F-TR 锁每边留有微小间隙，保证 F-TR 锁与集装箱角件作用时有适当的调整空间，可充分发挥 F-TR 锁的功能。框架式锁座有整体式锁座和分体式锁座两种类型。整体式锁座在 X_{70} 车上采用，分体式锁座在 X_{6k} 车上采用。

（2）F-TR 锁的活动式锁闭装置。

① 推拉翻转式锁闭装置。

推拉翻转式锁闭装置由锁座、F-TR 锁、挡板、锁头转轴、挡板转轴及固定销等组成。需要转换工作位时，只需将挡板打开，将 F-TR 锁先平移后，转动 180° 再入位即可。

② 推拉平移式锁闭装置。

推拉平移式锁闭装置由锁座、F-TR 锁、挡板、转轴等组成。挡板绕转轴转动，但最大只能开至 45°，使挡板不因人工误操作而影响功能。需要转换工作位时，只需将挡板打开，将 F-TR 锁平移至外侧后落下挡板即可。

二、集装箱的分类

集装箱的种类可以根据以下方式进行分类。

（一）按重量和尺寸分

铁路运输的集装箱分为 1 t 箱、20 ft 箱、40 ft 箱、48 ft 箱以及经国铁集团批准运输的其他重量和尺寸的集装箱。其中 1 t 集装箱称为小型箱，已基本被淘汰，20 ft 及其以上集装箱为大型集装箱。集装箱以 TEU 作为统计单位，表示一个 20 ft 的国际集装箱。1 个 40 ft 集装箱折合为 2 个 TEU。

（二）按箱主分类

按箱主分类，集装箱分为铁路箱和自备箱。其中铁路箱是承运人提供的集装箱，自备箱是托运人自有或租用的集装箱。

（三）按所装货物种类和箱体结构分类

集装箱分为普通货物箱和特种货物箱。

1. 普通货物箱包括通用箱和专用箱

（1）通用箱适合多种普通货物的运输。例如文化用品、日用百货、医药、纺织品、工艺品、五金交电、电子仪器仪表、机器零件及化工制品等。该类集装箱占全部集装箱总数的70%～80%。

（2）专用箱包括封闭式通风箱、敞顶箱、台架箱和平台箱等。

2. 特种货物箱

特种货物箱包括保温箱、罐式箱、干散货箱和按货物命名的集装箱等，专门适用于运输某种状态或特殊性质的货物，如运输轻油、润滑油、酒精、水煤浆、轿车、微型面包车、原木及板材、钢材及管件、散装水泥、散装矿砂及化工品等货物，如图 7-4 所示。

（a）干散货箱

（b）罐式箱

（c）罐式箱

（d）冷藏箱

图 7-4　各种集装箱

（四）按是否符合标准分类

按是否符合国家或铁道行业标准，集装箱又可分为标准箱和非标准箱。

铁路通用集装箱技术参数如表 7-1 所示。

表 7-1　铁路通用集装箱技术参数表

箱型箱类		标记最大总重/t	自重/t	最大允许载重/t	箱主代码	外部尺寸/mm			容积/m^3
						长	宽	高	
20 英尺	通用集装箱	30.48	2.24	28.24	TBJU	6 058	2 438	2 591	33.2
	弧形罐式集装箱	30.48	6.3	24.18	TBGU	6 058	2 438	2 896	33.5
	框架罐式集装箱	30.48	3.9 ~ 4.95	26.58 ~ 25.53	TBGU	6 058	2 438	2 591	22 ~ 32
	散装水泥罐式集装箱	30.48	4.95 ~ 5	25.53 ~ 25.48	TBGU	6 058	2 438	2 896	22 ~ 24
	石油沥青罐式集装箱	30.48	6.3 ~ 6.5	24.18 ~ 23.98	TBGU	6 058	2 438	2 591	24 ~ 25.5
	干散货集装箱	30.48	2.62 ~ 3.28	27.86 ~ 27.2	TBBU	6 058	2 438	2 591	31.1 ~ 37.2
	35 t 通用集装箱	35	2.58	32，42	TBJU	6 058	2 550	2 896	39.2
	35 t 干散货箱	35	2.78	32.22	TBBU	6 058	2 550	2 896	39.4
25 英尺板架式汽车集装箱		28.3	4.3	24	TBPU	7 675	3 180/3 300	348	
25 英尺 35 t 敞顶集装箱		35	2.78	32.22	TBJU	6 058	2 550	2 896	39.4
40 英尺	通用集装箱	30.48	3.88	26.6	TBJU	12 192	2 438	2 896	76.4
45 英尺冷藏集装箱		34	7 ~ 7.18	27 ~ 26.82	TBLU	13 716	2 438	2 896	74.5
50 英尺	板架式汽车集装箱	30.48	10.9	19.58	TBQU	15 400	3 300	270	

三、集装箱标记

为了在运输中更好地进行识别、管理和信息传递，需在集装箱的箱体上涂刷各种清晰、易辨、耐久的标记。国内使用的集装箱按相关国家标准（GB/T 1836—2017）规定涂刷，国际使用的集装箱按国际标准[ISO 6346—1981（E）]的规定涂刷。

集装箱的标记分为必备标记、自选标记和通行标记，必备标记和自选标记又包括识别标记和作业标记。

集装箱标记

铁路集装箱的主要标记如图 7-5 所示。

（一）必备标记

1. 识别标记

识别标记即集装箱箱号，由箱主代号、顺序号和核对号组成。

（1）箱主代号。

指集装箱所属部门代号。国内使用的集装箱的箱主代号由 4 个大写汉语拼音字母组成，而国际集装箱的箱主代号由 4 个大写拉丁字母组成。为了区别其他设备，规定第四位字母用

"U"表示，意思是集装箱。例如：我国铁路集装箱的箱主代号是"TBJU"，TB 指国铁集团，J 指铁路集装箱。

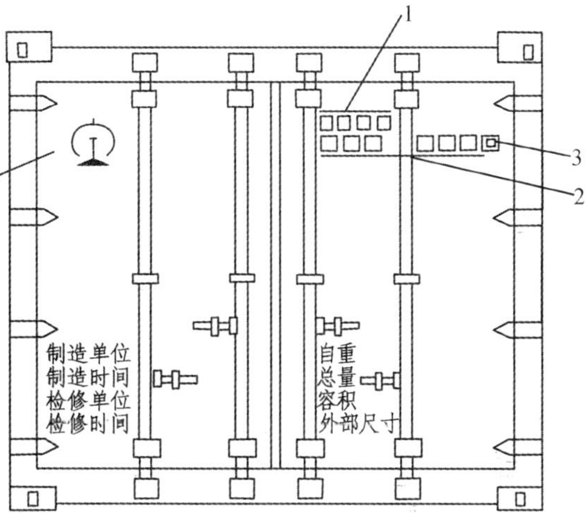

1—箱主代号；2—箱号；3—核对数字；4—路徽。

图 7-5　集装箱标记

在我国铁路运输的集装箱有不少是货主自备集装箱，为便于加强企业自备箱的管理，国铁集团下达了《自备集装箱编号和标记涂刷规定》。自备箱的箱主代号的 4 位拉丁字母，前两位为箱主代号，由箱主确定，后两位规定为集装箱的类型，如通用箱为 TU、冷藏箱为 LU、保温箱为 BU、危险品箱为 WU。

为了避免发生箱主代号的重号现象，所有箱主在使用箱主代号前应向主管部门登记注册。国内铁路使用的集装箱，由箱主向所在铁路局申报；国际集装箱，由箱主向国际集装箱局登记注册。

（2）箱号。

箱号又被称为集装箱顺序号，由 6 位阿拉伯数字组成。如果有效数字不足 6 位，则在有效数字前用"0"补足 6 位。自备箱的 6 位阿拉伯数字的前两位是箱主所在地的省、自治区、直辖市的行政区划分代码；第 3 至第 6 位数字为铁路局所给的顺序号。

（3）核对数字。

核对数字是按规定方法计算出来的一位阿拉伯数字，专门用于计算机核对箱主代号和箱号记录的准确性，避免抄错箱号。为了与箱号区分开，国铁集团规定集装箱的核对数字必须用方框圈出。国内铁路使用的集装箱的核对数字按 GB/T 1836—2017 的标准规定计算，并由国铁集团提供。

核对数字的计算方法

2. 作业标记

（1）最大总重、最大自重。

集装箱的自重指的是空集装箱的重量，包括各种集装箱在正常工作状态时应备用的附件和各种设备的重量，如冷藏集装箱的机械制冷装置和燃油。集装箱总重是集装箱的空箱重量和箱内装载货物的最大容许重量之和。我国铁路集装箱的自重、总重用中文标示于箱门上。国际上则要求用英文“MAXGROSS”或“MGW”表示总重；“TARE”表示自重，两者均以千克和磅同时标记。

例如：	MAXGROSS	24 000 kg
		52 900 lb
	TARE	2 060 kg
		4 550 lb

（2）空陆水联运集装箱标记。

由于该类集装箱的强度仅能堆码两层，国际标准化组织（ISO）对该类集装箱规定了特殊的标记(见图 7-6)。该标记为黑色，应置于侧壁和端壁的左上角，标记的最小尺寸为高 127 mm，长 255 mm，字母标记的字体高度至少为 76 mm。

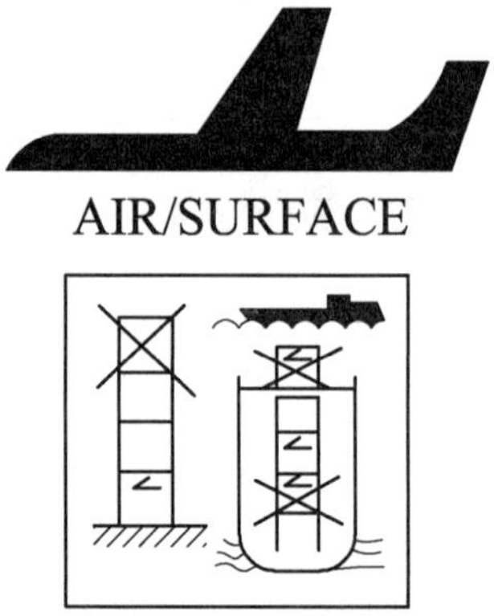

图 7-6　空陆水联运集装箱标记

（3）登箱顶触电警告标记。

该标记一般设在罐式集装箱上和位于邻近登箱顶的扶梯处，以警告登梯者有触电危险，如图 7-7 所示。

（二）自选标记

1. 识别标记

它包括国家代号、尺寸代号和类型代号。

登箱顶触电警告标记

图 7-7　登箱顶触电警告标记

（1）国家代号。

集装箱箱体上涂打的国家代号表示国家或地区，按规定用两个拉丁字母表示。例如：CN 表示中国，US 表示美国，HK 表示中国香港。

（2）尺寸代号。

由 2 位阿拉伯数字组成，用于表示集装箱的尺寸大小，第一个字符表示箱长，第二个字符表示箱宽与箱高。

（3）类型代号。

用 2 位拉丁字母表示，用以说明集装箱的类型，类型代号可扫二维码查看。

类型代号

2. **作业标记**

（1）超高标记。

超高标记是在黄色底上标出黑色数字和边框，此标记贴在集装箱每侧的左下角距箱底约 0.6 m 处，同时还应贴在集装箱主要标记的下方（见图 7-8）。

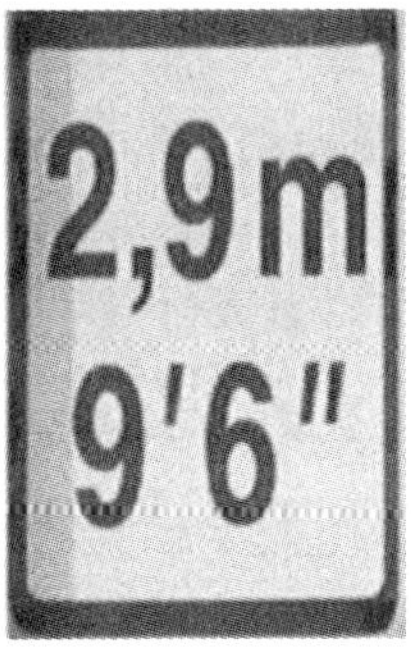

图 7-8　超高标记

（2）国铁联盟标记。

凡符合国际铁路联盟规定的技术条件的集装箱都可以获得此标记（见图 7-9）。“ic”代表国际铁路联盟。标记方框下的数字表示各铁路公司代号（33 是中华人民共和国铁路公司的代号）。

图 7-9　国铁联盟标记

（三）通行标记

集装箱在运输过程中要想顺利地通过并进入他国国境，箱上必须贴有规定要求的各种标记，否则必须办理烦琐的证明手续。集装箱上主要的通行标记包括海关加封运输批准牌照、安全合格牌照、检验合格徽，等等。

四、铁路集装箱货运组织机构

中铁集装箱运输有限责任公司（见图 7-10）成立于 2003 年 11 月，注册资本 39 亿元人民币，资产规模 129 亿元人民币，是经中华人民共和国国家工商行政管理总局注册，隶属中国国家铁路集团有限公司的国有大型集装箱运输企业，是中国国家铁路集团有限公司中欧班列统一经营服务平台，是中欧班列运输协调委员会秘书处单位。

CRCT 中铁集装箱运输有限责任公司
China Railway Container Transport Corp.,Ltd.

图 7-10　中铁集装箱运输有限责任公司视觉标识

公司主要负责集装箱购置、租赁、维修，铁路箱管理信息系统的开发、维护，集装箱国际、国内货运代理、接取送达、堆存保管，中欧中亚集装箱国际联运班列经营与客户服务等工作。公司下设 18 个分公司、36 个营业部。对外投资企业 13 个，其中全资子公司 4 家（中铁国际多式联运有限公司、中铁集装箱哈萨克斯坦国际物流有限公司、欧洲物流有限公司、俄罗斯国际物流有限公司），控股子公司 3 家，参股子公司 7 家。公司是中外合资企业中铁联合国际集装箱有限公司和上市公司中铁铁龙集装箱物流股份有限公司的第一大股东，总部设在北京。中铁集装箱运输有限责任公司组织机构如图 7-11 所示。

集装箱运输实行全路统一管理。铁路局、公司均应设专人负责集装箱运输管理，共同完成集装箱运输工作。

铁路集装箱运输集中管理本着集中办理、集中收费、方便客户、优先运输的原则，由集装箱有限责任公司负责集装箱受理、承运和交付业务，统一受理计划、统一收取费用、统一提供运输服务，公司对客户全程负责，费用按规定和合作协议清算。

五、集装箱“门到门”运输组织

集装箱“门到门”运输，是指用集装箱将各种适箱货物在托运人的工厂、仓库或基地装箱，通过铁路、公路、水运、航空等运输方式，直接运到收货人的工厂、仓库或基地卸箱的运输方式，也即“上门取货、送货到家”的运输方式。

（一）集装箱“门到门”运输的组织形式

1. 铁路、专用线之间的集装箱“门到门”运输

该组织形式主要用于国家大型集装箱的运输，即在托运人的专用线装箱，经过铁路骨干线运输，到达收货人的专用线装卸的运输，它具有箱、货周转快，投资少，可充分利用现有设备的优点。货物运送方式为：托运人—专用线—发站—铁路运输干线—到站—专用线—收货人。

图 7-11　中铁集装箱运输有限责任公司组织机构

2. 铁路、公路之间的集装箱“门到门”运输

（1）物资单位自备汽车时，可以自行到车站取送集装箱。货物运送方式为：托运人—自备汽车运输—发站—铁路运输—到站—自备汽车运输—收货人。

（2）物资单位无自备汽车时，可由市内汽车运输公司或铁路汽车队办理集装箱的收取工作。货物的运送方式为：托运人—市内汽车运输—发站—铁路运输—到站—市内汽车运输—收货人。

3. 铁路、公路、水路多式联运集装箱“门到门”运输

货物的运送方式为：托运人—公路—铁路—水路—铁路—公路—收货人。

（二）集装箱“门到门”运输作业方法

1. 重去空回

由汽车运输公司从车站将重箱送到收货人仓库，卸货后再将空集装箱运回车站。

2. 空去重回

由汽车运输公司从车站领回空箱，送到托运人仓库装箱后，再将重箱送回车站。

3. 重去重回

由汽车运输公司从车站将到达的重箱领回仓库卸货后，当即装上发送的货物，再将重箱送回车站。

4. 空重循环的三角运输

由汽车运输公司从车站将重箱送到甲地收货人仓库卸货后，再将空箱送回乙地托运人仓库装上发送货物，然后将重箱送回车站。

车站为了提高作业效率并解决物资单位场地较小的困难，推行了一种“箱不落地”的作业方法，即直接在汽车上进行掏箱或装箱，以加速集装箱的周转。另外，有些车站由自己的汽车队负责集装箱的取送作业。

（三）集装箱“门到门”运输的技术要求

集装箱“门到门”运输涉及铁路集装箱办理站、物资单位和地方运输部门。为顺利开展集装箱“门到门”运输，有关部门应具备一定的技术条件：

（1）铁路集装箱办理站应配备适宜的装卸和搬运机械，要有足够的线路和集装箱场地。

（2）作为集装箱“门到门”运输起点和终点的物资单位，运量较大的应具有适宜的运输工具，装卸机械和场地；运量不大的，可采用箱不落地的方式进行装箱和掏箱，只要配备相应的装卸劳力即可。

（3）负责集装箱取送的地方运输部门，应配置适宜的集装箱汽车；为了便于集装箱的装卸，有条件时还应配备起重设备，或固定在运量较大的单位使用，或在运量较小的单位之间流动使用。

（四）集装箱“门到门”运输组织原则

铁路车站实行“四优先”，即计划优先、配箱优先、进货优先、装车优先。

汽车运输实行“三固定”，即固定车队、固定车辆、固定人员。

物资单位实行“三集中”，即集中货源、集中仓库、集中去向。

为更好地组织集装箱“门到门”运输，集装箱办理站与地方运输部门应建立联合办公机构，以便协调各方面的关系，减少作业环节，提高运输效率。

集装箱办理站（包括办理集装箱运输的专用铁路、铁路专用线，下同）应具备下列条件：

（1）有与其运量相适应的，适合集装箱堆存、装卸和修理的场地。

（2）具备集装箱计量称重及安全检测条件。

（3）配备集装箱专用装卸机械和吊具，装卸机械的起重能力要满足所装卸集装箱总重量的要求。

（4）具备计算机管理和与全路联网的条件，满足自动化管理和信息传输的需要。

任务 2　集装箱运输条件

任务导读

全国铁路现有对外公布的集装箱办理站 700 多个，其中专业性办理站少，多数为综合性货运站。办理站多，规模均较小，装卸设备落后，列车难以整列到发，增加了集装箱的周转时间，降低了运输效率，不适应集装箱运输和现代物流发展的要求。根据近年来的铁路统计资料，位居前列的集装箱办理站承担的集装箱运量占全路集装箱总运量的比重，排名前 10 位的车站占 30%以上，排名前 55 位占 60%以上，排名前 300 位占 90%左右，因此铁路集装箱运量具有相对集中的特点。目前国外铁路集装箱办理站已向大型化、专业化、现代化的方向发展。

集装箱办理站应设置集装箱货运人员，负责集装箱运输管理和装卸车组织。中铁集装箱运输有限责任公司在主要集装箱办理站安排的箱管人员应掌握集装箱作业动态和信息，对发现的问题要及时沟通车站解决。

知识点

一、集装箱运输条件

（一）集装箱必须在规定的集装箱办理站间运输

国铁集团批准的集装箱办理车站（包括专用铁路、铁路专用线）在《货物运价里程表》中公布。在公布的集装箱办理站中，有的办理全部箱型的集装箱业务，而有的仅办理一种或几种箱型。集装箱只能在办理该箱型的集装箱办理站间运输。1 t 集装箱发到业务只有零担办理站才能办理。

集装箱应采用门到门运输。即用集装箱将各种适箱货物在托运人的工厂或仓库内装箱，通过铁路、公路和其他运输方式，直接运送到收货人的工厂、仓库内卸箱的运输。托运人和收货人可使用自有运力或委托运输单位进行，车站应提供便利条件。

特殊情况下，根据托运人、收货人要求也可在站内指定区域装、掏箱。铁路箱出站时，车站应与门到门运输单位或托运人、收货人签订运输安全协议并收取保证金。

（二）必须使用符合规定的集装箱

在铁路运输的集装箱必须符合国际、国家或国铁集团标准。

特种货物箱、专用箱和非标通用箱应经有资质的单位进行相关试验和认证，由托运人向发站提交有关技术文件和上路运输申请；铁路局（公司）对运输安全性等进行审查后提出意见报国铁集团公布后方可上路运输。

仅在国内运输的自备箱，由箱主向发站提出申请，车站逐级上报，国铁集团统一公布编号后，在全路使用。不符合规定的，不能按集装箱办理运输。

（三）必须是适合集装箱运输的货物

承运人和托运人对适箱货物应采用集装箱运输，对《集装箱适箱货物品名表》中规定的货物，在发站有运用空箱时，必须采用集装箱运输。《集装箱适箱货物品名表》中规定的品名共有 13 个品类，计 175 个。

1. 集装箱适箱货物品类

（1）交电类，如机动车零配件、空调机、洗衣机、电视机等。

（2）仪器仪表类，如自动化仪表、教学仪器、显微镜、实验仪器等。

（3）小型机械类，如千斤顶、医疗器械、电影机械、复印机、照相机及照相器材等。

（4）玻璃陶瓷建材类，如玻璃仪器、玻璃器皿、日用陶器、石棉布、瓷砖等。

（5）工艺品类，如刺绣工艺品、手工织染工艺品、地毯、展览品等。

（6）文教体育用品类，如纸张、书籍、报纸、音像制品、体育用品等。

（7）医药类，如西医药、中成药、中药材、生物制品、其他医药品等。

（8）烟酒食品类，如卷烟、烟草加工品、酒、罐头、方便食品、乳制品等。

（9）日用品类，如化妆品、牙膏、香皂、日用塑料制品、其他日用百货等。

（10）化工类，如化学试剂、食品添加剂、合成橡胶、塑料编织袋等。

（11）针纺织品类，如棉布、花织布、棉毛衫裤等针织品、服装、毛皮等。

（12）小五金类，如锁、拉手、水暖零件、理发用具、金属切削工具、焊条等。

（13）其他适合集装箱装运的货物。

2. 一定条件下可以使用通用集装箱装运的货物

（1）经铁路局确定，在一定季节和一定区域内不易腐烂的易腐货物。

（2）符合《危规》规定可使用集装箱运输的危险货物。

易于污染箱体的货物，如水泥、炭黑、化肥、油脂、生毛皮、牲骨、没有衬垫的油漆等货物不能使用通用集装箱装运。

易于损坏和腐蚀的箱体货物，如生铁块、废钢铁、无包装的铸件和金属块、盐等不得使用集装箱装运。

性质相抵触的货物不得混装于同一箱内。

不符合集装箱运输条件的，不能按集装箱办理运输。

（四）按一批办理的条件

每批必须是标记总重相同的同一箱型，最多不得超过铁路一辆货车所能装运的箱型。铁路集装箱和自备集装箱不能按一批办理托运。

集装箱装运多种品名的货物不能在运单内逐一填记时，托运人应按箱提供物品清单，一式三份。加盖车站日期戳后，一份由发站存查，一份随同运送票据递交到站，一份退还托运人。

（五）集装箱重量的限制

集装箱货物的重量由托运人确定，但托运的集装箱每箱总重不得超过该集装箱的标记总重。

集装箱内单件货物的重量超过 100 kg 时，应在货物运单“托运人记载事项栏”内注明实际重量。

对有称重条件的集装箱办理站（含专用线）必须逐箱复查发送的集装箱重量，对超过载重量的集装箱，车站要在纠正后方可运输，并按规定核收复查产生的作业费。

对标记总重超过 24 t 的 20 ft 通用集装箱，在 40 ft 集装箱办理站间运输，最大总重可达到 30 t；在有“★”限制的 20 ft 集装箱办理站发到的，最大总重限制为 18.5 t；在其他 20 ft 集装箱办理站，最大总重仍为 24 t。

对违反规定装载的，按规定补收运费、核收违约金。

（六）集装箱军事运输按有关规定办理

部队或军工企业的集装箱运输，必须按商运办理。军事运输使用自备集装箱并要求按军用办理的，不再按集装箱运输条件办理。

二、集装箱货物作业程序和作业内容

集装箱货物作业程序是铁路集装箱作业统一遵循的，包括发送、途中、到达三个环节，如表 7-2 所示。

表 7-2　集装箱作业程序

发送作业	途中作业	到达作业
托运		接收重车及票据
受理		卸车
空箱拨配		保管、到货通知
装箱、施封	站车交接	票据交付
确定重量	途中检查	重箱交付
接受重箱	运输变更	重箱搬出
核算制票	运输阻碍的处理	启封掏箱
承运		送回空箱
装车		接收空箱

铁路集装箱货物运输作业标准按计划受理承运、装车、中转、卸车、交付、集装箱进出站、调度、统计等作业项目，并分别制定了相关作业内容。

铁路集装箱货物运输作业内容

任务 3　集装箱运输组织

任务导读

近些年来，随着我国交通运输业信息化水平的不断提升，对铁路集装箱的运输管理工作提出了更高的要求。当前，集装箱在运输过程中一般会在办理站进行受理、制票、统计、报表等处理流程，工作人员通过计算机对这些处理流程进行管理和报表的统计和编制，在一定程度上大大提高了集装箱运输全过程的工作效率。本任务主要介绍了集装箱的货物作业过程以及铁路的箱务管理系统。

知识点

一、集装箱货物作业过程

（一）订空箱及集装箱出站

（1）托运人通过铁路电子商务系统（95306 网站）预订铁路箱，托运人（收货人）可自行安排取送集装箱，也可委托办理站代为办理，办理站均应提供便利条件，不得强制托运人（收货人）使用指定单位的汽车取送。空箱按“先到先得”的原则自动分配，并在 95306 网站实时自动公示；配箱后自动生成运单需求联。办理站按照公平、公开、公正的原则分配空箱，不得限制客户使用铁路箱。

（2）铁路箱出站后重去重回的不需订箱。

（3）自备箱不需订箱。

铁路箱出站使用协议。铁路箱出站时，办理站应与托运人（收货人）签订“铁路集装箱出站使用协议”，明确免费使用期限、延期使用费、进出站检查、损坏和丢失赔偿等事项，并可收取一定的保证金。铁路箱出站使用协议不得跨年度签订。

铁路集装箱出站使用协议

（4）铁路箱出站单。从车站搬出铁路箱时，车站填制“铁路箱出站单”（见表 7-3）作为出站和箱体状况交接的凭证。办理站核对箱号、进出站日期和箱体状态符合要求后接收或放行。铁路箱送回车站时，车站应检查箱体状况，收妥集装箱并结清费用后，在乙联上加盖车站日期戳和经办人章，将收据交还箱人。

（二）装　箱

1. 选箱

托运人应使用状态良好的集装箱。使用铁路箱时，车站应提供状态良好的集装箱。托运人在使用前必须检查箱体状况，发现箱体状况不良时及时提出，由车站予以更换。集装箱所装货物应符合所用箱型适箱货物要求，不得腐蚀、损坏箱体。铁路通用箱不得装运煤、焦炭等易污染箱体的货物。

表 7-3　铁路集装箱出站单

甲联

＿＿＿＿＿站存查

No.XXXXXX

出站填记（空　重）							
托运/收货人						调度命令号	
到站/运单号			箱型箱号			接收站	
箱体状况	割伤 C　擦伤 B　破洞 H　凹损 D　破损 BR　部件缺失 M　污箱 DR					如有异状，请注明程度和尺寸	
领箱人						备注	
搬出汽车号		破损记录号		车站经办人		出站日期	
进站填记（空　重）							
箱体状况	割伤 C　擦伤 B　破洞 H　凹损 D　破损 BR　部件缺失 M　污箱 DR					如有异状，请注明程度和尺寸	
领箱人						备注	
搬入汽车号		破损记录号		车站经办人		进站日期	
						门卫验收：（章）	

说明：1. 铁路集装箱空箱出站时，将收货人、货票号抹消；交付集装箱重箱出站时，将托运人、到站抹消。

2. 甲、乙联可用不同颜色印制。

3. 各站可根据管理需要，增加联数。

2. 集装箱装箱基本技术要求

集装箱的装箱由托运人负责。装箱时应码放稳固，装载均衡，不超载、不集重、不偏重、不偏载、不撞砸箱体，采取防止货物移动、滚动或开门时倒塌的措施，保证箱内货物和集装箱运输安全。敞顶箱装运易扬尘货物时，应采取苫盖篷布或抑尘等环保措施。

托运人装箱时，单箱总重不得超过其标记总重；使用特种货物箱、专用箱时，单箱总重不得超过各箱型限制总重。规格不同的货物装于同一箱内，应根据货物件重沿箱底板纵横中心线均衡装载。分层堆码时，轻质货物应装于重质货物上，包装强度弱的货物应装于包装强度强的货物上。货物装不满集装箱时，应将货物均匀平铺于箱底。

装载件重 500 kg 及以上的货物，或重心不稳、易窜动、滚动、倒塌的货物时，由办理站制定装箱方法，经货运中心审批后执行。装箱方法需明确货物规格、件重、包装捆扎、座架、使用箱型和装载加固措施。对重心不稳、易窜动、滚动、倒塌的货物应采取有效的加固措施将其掩挡稳固，防止货物在运输途中或装卸作业时滚动、窜动或倒塌。

集装箱装运两种及以上品名的货物时，托运人应按箱提出物品清单。集装箱内单件货物重量超过 100 kg 时，托运人应在运单"托运人记载事项"栏内分别注明实际重量。

站内装掏箱时，办理站应指定作业区域，由托运人或收货人负责装掏箱相关作业，办理站可与托运人或收货人签订协议明确托运人或收货人相关安全责任。

叉车装箱作业视频

（三）铁路箱进站

1. 箱体质量检查

集装箱进站时，还箱人提供“铁路箱出站单”，办理站应按《通用集装箱在铁路车站检查的技术要求》和特种货物箱、专用箱技术条件，认真检查箱体状况，确保箱体状态良好；箱体状态危及货物和运输安全的，不得接收。办理站交接检查完毕后在“铁路箱出站单”随箱联对箱体状态进行交接签认，并在“还箱收据”联加盖车站日期戳记后交还箱人留存。

2. 确定集装箱重量

对于托运的集装箱，办理站应逐箱确定重量，单箱总重不得超过箱体标记总重和发到站集装箱起重能力，使用特种货物箱、专用箱时，单箱总重不得超过各箱型限制总重。对超出集装箱限制总重的应减载。制单时，将集装箱称重磅单附货物运单发站存查联存查；罐式集装箱空箱进站时，应过磅确认箱内无残货，磅单附装载清单留站存查。

办理站应建立起重机电子秤、汽车衡和途中超偏载检测装置数据比对制度，防止货车超偏载。

3. 办理站开箱检查主要内容

（1）明显位置有危险货物和理化性质不明货物等违规情况是否存在。

（2）货物是否装载均衡，是否码放稳固，对于卷、桶、球形货物是否采取措施防止其窜动、滚动。

（3）货物件重、包装是否符合规定并与物品清单相符。

（4）货物装载方法与装箱方法是否一致。

（5）散堆装货物是否污染、损坏箱体，门口处是否采取门挡防冲撞箱门等措施。

4. 箱门关闭加固施封

（1）集装箱施封由托运人负责。托运的重集装箱应当施封（结构上无法施封的除外）；通用集装箱施封时，确认左右箱门锁舌和把手入座后，在右侧箱门把手锁件施封孔处施封一枚；其他类型集装箱根据实际情况采取适合的施封方法。托运的空集装箱可不施封，托运人须关闭箱门，确认左右箱门锁舌和把手入座。

（2）有箱门、箱盖的重空集装箱装车前，需检查箱门、箱盖的关闭加固情况，并使用 10 号镀锌铁线将箱门、箱盖把手锁件拧固并剪断余尾。

5. 开箱检查拍照

（1）办理站应建立开箱检查制度，防止发生匿报品名、夹带危险货物、装载不良等问题。货场和铁路专用线、专用铁路发送的集装箱均应开箱检查，并对检查情况进行拍照。照片应不少于 4 张，其中装箱前空箱状态、装箱二分之一（液袋和散堆装等密度均匀的货物除外）

装箱后箱门半开和全关（含施封）各 1 张，照片应能反映箱体状态、箱号和箱内装载情况，并按箱号建档存查。特种箱的检查照片需清晰完整体现集装箱装载加固情况；罐式箱、干散货箱的人孔盖、溢流盒、腰箍、挡板、卸料口、顶开门、泄压小门锁闭情况；冷藏箱的制冷装置端和后端箱门锁闭情况，35 t 敞顶箱篷布苫盖、绳索捆绑拴结情况。

（2）端部有门的铁路空箱进站时，办理站应开箱检查箱体和空箱状态，并拍照（箱门全开和关闭后各 1 张）或过磅确认，照片应能反映箱内全貌和箱号情况，照片或磅单按箱号建档保存。箱内有残货、杂物时，应由还箱人清扫干净后接收。

（3）站内中转的铁路空箱装车前、自备空箱经铁路运输时，办理站按上述方式确认空箱状态。

（四）自备箱进站

1. 标准箱

（1）向托运人告知自备集装箱安全相关规定及注意事项，重点告知托运人不得瞒报箱型箱类、不得虚报重量、不得匿报品名或夹带危险品、不得提供虚假的箱内货物装载示意图和不得使用报废箱上路运输等内容。

（2）严格按照《通用集装箱在铁路车站检查的技术要求》对集装箱箱体进行检查，发现其外观大小、箱门等与通用集装箱有异的或疑似报废箱的，应核查集装箱证书或船级社的相关证明文件。

（3）自备箱按中欧班列挂运时，托运人须提供箱体质量良好的承诺书，办理站要重点检查箱底部横梁有无明显裂痕等情况。

（4）办理站应检查自备箱箱体状态，发现问题应及时向货运中心报告。有下列情形之一者，发站不得受理：

① 箱号、代码、标记不全、涂改或模糊不清。

② 无集装箱安全公约铭牌，无检验单位徽记，铭牌记载箱主代码、箱号与箱体标记不一致。

③ 箱体质量不能满足运输安全要求。

2. 非标自备箱

非标自备箱办理海铁联运、国际铁路联运（发站或到站为港口站、国境站）以及集团管内运输的，由货运中心收集集装箱证书和铭牌、箱体照片等资料，检查确认箱体状态良好、标识标记齐全以及外部尺寸、箱号、代码与集装箱证书记载一致后，提出运输条件报集团公司货运部审核公布后方可上路运输。其他情况由货运中心提出运输条件申请，经货运部审核，报国铁集团货运部公布后方可上路运输。

改造箱在集团公司管内运输前，托运人须提供船级社出具的集装箱证书、运输条件说明等资料，由货运站段审核通过，经安全风险研判具有可行性后，提出具体运输条件和装运方案，以正式文件报集团公司货运部，集团公司货运部研究后予以公布执行。

（五）安检查危

1. 安检方式

安检方式分为过机检查、开包检查、目测检查三种。目测检查仅限于原厂原包装、无包装等可以肉眼直接判定货物性质的情况。对于非原厂原包装、包装无标识货物，必须过机检查或开包检查。过机安检发现疑似危险货物和禁运品的，应开包检查确认；非原厂原包装或包装无标识货物，规格不适宜过机检查、无安检设备或设备故障时，应人工开包检查。

2. 安检查危要求

集装箱装载混装货物安检要求按照零散货物快运、混装货物安检查危特定要求执行（指以“混装货物”品名制票的货物）。

（1）混装货物装车站审批制度。按照国铁集团“对零散货物快运和混装货物实行100%货物安全检查，进出货、安检查危、装卸车作业全过程进行视频记录”的要求，货运中心对需要办理混装货物运输的办理站提出需求，集团公司货运部对具备混装货物装车条件的办理站审批公布。

（2）对零散货物快运和混装货物实施托运安全承诺制度。客户在95306网上提报运输需求时，须对安全承诺提示予以确认。营业厅受理零散货物快运时，办理站应要求托运人在零散货物快运需求单上准确填记货物的具体品名，签署“货物托运安全承诺书”。营业厅受理混装货物时，托运人除填记货物运单外，还应按批提交物品清单，审核后录入信息系统，签署“货物托运安全承诺书”，车站存查。

受理货物运输时，须根据托运人（经办人）填写的姓名，与托运人（经办人）身份证进行核查。经核查一致的，将托运人（经办人）身份证号码填记在托运人记事栏内。受理人对零散货物快运货物品名和混装货物物品清单填记的货物品名，依据《铁路危险货物品名表》进行查验核对。

货物清点查验。外勤货运员按照信息系统确认的零散快运需求单、混装货物物品清单逐件清点查验货物。对危险货物、实货与清单品名不符的货物，不得进货。

办理站对零散货物快运和混装货物进行逐批安检，应按照托运人提交的混装货物运单、物品清单和零散货物快运需求单逐件检查，严格安检。对同品名、同规格、生产厂家原包装货物，应按批使用安检仪或人工开包方式进行抽检，抽检比例不得少于10%。对抽检的货物，货运中心应同托运人签订安全协议，协议中应明确货物品名、规格、包装、生产厂家、违约责任等内容。

货物经过安检符合办理条件后，安检人员必须在有关单证（运单、物品清单、检斤验货安检登记本）签字或加盖带有站名、工号的安检章。经过安检的货物应在货物上粘贴带有站名、工号的安检标识，或在货物包装、标签上加盖带有站名、工号的安检戳记。

（3）落实监装制度。外勤货运员对安检通过的货物，对照零散货物快运货票和混装货物物品清单逐件核对，全过程监装（含托运人、收货人自装）。发现危险货物、实货与清单品名不符的货物，不得装车。

混装货物装车后在物品清单内填记装车日期和车号，并加盖车站承运日期戳和监装货运员名章。清单必须与实货一致，货物品名、包装、件数、体积、重量等内容填记应清楚规范。二次包装的货物应有托运人粘贴填记货物品名、重量、去向的标识。

零散货物快运点对点运输和混装货物须在货场内装车。货物混装时，货物的物理化学性质不得相抵触，异味、易腐等对其他货物有影响的货物不得混装。

经集团公司批准的按照普通货物条件运输的危险货物，仅限整车运输，不得办理零散货物快运和混装运输。在不能保证货运安检质量和无法准确清点核对货物的情况下，严禁汽车向铁路货车对装零散货物、混装货物。

（六）装卸作业

1. **堆码**

（1）集装箱堆场地面应保持硬化平整，堆码时集装箱底角件完全落地。箱区积水时，办理站应及时处理，避免集装箱浸水。

（2）集装箱应固定作业场地，分区码放，与其他货物分开存放。集装箱货场应使用集装箱运输相关信息系统实行按箱位管理；集装箱堆场应划分箱区箱位，在地面做出明显标识，留有检查作业通道。办理站按箱位管理集装箱，到发箱分开堆码，空箱和重箱、自备箱和铁路箱宜分区堆码，与其他货物不得混堆，须保持安全距离。

（3）码放集装箱时，集装箱须关闭箱门，按箱位线码放整齐，箱门朝向宜一致。多层码放时，不得超过限制堆码层数，且上下层箱角应对齐，防止损坏箱体。

（4）集装箱吊具应放置在指定地点或固定座架上，不得放于集装箱上。

叉车堆码作业

2. **选车**

（1）集装箱装载前应选用状态良好的车辆，认真检查车辆状态。严禁使用车体、车地板严重破损，车门、车饰不全，敞车中侧门部件和下侧门搭扣不全、损坏，难以关闭等技术状态不良的车辆装运货物。

（2）进入青藏线格拉段（不含格尔木站）和拉日线的集装箱运输执行以下规定：重集装箱禁止使用敞车装运，空集装箱（板架式集装箱除外）禁止使用未安装 F-TR 型锁的集装箱专用平车装运。发往台州南站的集装箱禁止使用敞车装运。

（3）集装箱应使用集装箱专用平车或共用平车装运，禁止使用普通平车装运。确需使用敞车装运集装箱时，运行速度应执行有关规定，装运重箱时应采取防止偏载偏重的措施。板架式汽车箱按其运输条件执行。

（4）装载特种集装箱时，应按照《国铁集团关于印发铁路集装箱和集装箱平车装运方案的通知》的规定选择装载车型和装运方案。

3. **装卸车**

装卸作业时，办理站应填写“集装箱装卸车作业质量签认单”。作业前，货运员向装卸工组布置装卸作业重点事项，勾选相应项目；作业后，货运员、装卸工组检查装卸车质量，符合安全要求后签认。值班员或干部应跟班写实并签认，签认单保存。

（1）装车前。

集装箱装车前，应检查箱体和施封状态，必须清扫干净车地板，确认箱体、车体上无杂物。使用集装箱专用平车或共用平车时，装车前必须确认锁头齐全、状态良好、处于工作位、端板立起。使用敞车装运时，装车前须确认敞车中门、下侧门部件齐全，关闭良好。

集装箱配装时，每批必须是标记总重相同的同一类型集装箱。铁路箱和自备箱不得按一批办理。

使用铁路货车装运集装箱时，全车集装箱总重不得超过货车标记载重，且应符合货车装载技术条件要求，保证货车不出现超载、偏载、偏重等问题。集装箱不得与其他货物装入同一辆货车内。

2 个 20 英尺重箱使用敞车装运时，两箱重量差不得超过 3 t；使用集装箱专用平车或共用平车装运时，两箱重量差不得超过 5 t。办理站应根据集装箱重量，选择相应车型装载，防止偏重。

罐式箱、干散货箱装车前，办理站应检查人孔盖、溢流盒、卸料口、顶开门、泄压小门锁闭情况；冷藏箱应检查制冷装置端和后端箱门锁闭状态，必要时可使用 10 号镀锌铁线捆绑，确保箱门等锁闭严密，冷藏箱运输禁止溜放。

铁路空箱装车前，货运人员应根据调度命令制定空箱回送计划，逐箱确认空箱状态，装卸工组根据货运员安排进行装车。

（2）装车时。

装车时，装卸工组须核实集装箱空重状态，确认集装箱空重状态与装卸作业单是否一致，同一车辆的一组集装箱必须空重状态相同，防止空重混装，发现异常及时处置。

使用敞车装载时，应居中装载，集装箱重心位于货车纵中心线上。敞车装运端部有门的 20 英尺重集装箱时，采取两箱箱门相对紧贴或箱门靠近车辆两端的方式装载。集装箱专用平车或共用平车装运端部有门的 20 英尺集装箱时，箱门应朝向相邻集装箱。

安装 F-TR 型锁的集装箱专用平车或共用平车装箱时，同一箱位的四个锁头须同端同向，装 40 英尺集装箱时，中间锁头应为非工作位。装车时应以低速挡将集装箱平稳下落至锁头上方 120 mm 左右悬停，调整箱体位置，确认角件孔与车辆锁头对正后，方可继续平稳下落，防止发生剧烈碰撞。

装卸和搬运集装箱应使用集装箱专用装卸搬运机械，稳起轻放，防止剐蹭、冲撞集装箱和货车。集装箱装车时，不得采用在货车上焊接、钉固等损坏车辆的加固方式。

集装箱装车时，应填制货车装载清单，记明箱号、车号等信息。需要使用货运票据封套时，应在货运票据封套的右上角加盖集装箱类型戳记并填记箱号，在“货物品名”栏内按《铁路货车统计规则》规定填记“箱主+箱型+重（空）+箱数”，在“货物实际重量”栏内填记全车集装箱总重。

（3）装车后。

未安装 F-TR 型锁的集装箱专用平车或共用平车装运空集装箱时，必须使用 4 股及以上 8 号镀锌铁线捆绑牢固。其中，使用共用平车时，将集装箱底部角件与车辆捆绑牢固；使用专用平车时，将相邻两箱底部角件捆绑在一起，仅装运一箱时，将集装箱底部角件与车辆底架捆绑牢固。

装车后，货运员须与装卸人员共同检查确认车体和箱体外部状态、F-TR 锁与角件落锁情况、两用平车两端板立起状态、车号与箱号实际配装情况等装车后附属作业。

（4）卸车。

卸车前检查确认箱体与车辆无钩连物，若有必须事先撤除。

安装 F-TR 型锁的集装箱专用平车或共用平车卸箱时，应先以低速挡点动起升 100 mm 左右，确认集装箱角件孔与车辆锁头分离后，方可继续起升。

未安装 F-TR 型锁的集装箱专用平车或共用平车装运空集装箱，卸车前，必须将铁线剪断并清除干净，防止损坏车辆和箱体。板架式汽车箱按其运输条件执行。装卸和搬运集装箱应使用集装箱装卸搬运机械，稳起轻放，防止刮蹭、冲撞集装箱和货车。

（5）装卸车完毕后检查及签认。

① 集装箱装车后，逐车核对车号、箱号，确保票记信息与实际相符。

② 集装箱装车后，箱、车外部不得有任何残留物。

③ 集装箱装车后必须确认锁头完全入位，箱门处的集装箱专用平车门挡或共用平车端板立起。

④ 集装箱专用平车或共用平车装箱后，办理站应对集装箱落锁和车号情况进行拍照或录像，照片（视频）按车号或装车日期建档留存。

（6）20 英尺 35 t 敞顶箱空箱回送。

回送敞顶空箱装车前，回空站必须确认箱门关闭、门把手入位，并使用 10 号镀锌铁线将箱门 4 个把手锁件拧固并剪断余尾。

回空站回送敞顶空箱时（包括向集团管内车站回送，以及外局到达的重箱卸货后向外局回送），必须使用 70 t 敞车或集装箱专用、共用平车。敞车装运时按两箱箱门相对紧贴方式装载，平车装运时箱门应朝向相邻集装箱。

回空站使用敞车向集团公司管内无起重能力、仅办理 35 t 敞顶箱发送的装车站回送空箱时，由回空站负责按规定装载并放置集装箱草挡。

（七）掏箱

集装箱的掏箱由收货人负责。铁路箱掏空后，应清扫干净，将箱门关闭良好，清除与本次运输有关的附加标记，有污染的须洗刷除污；车站应对交回的空箱进行检查，发现未清扫或未洗刷的，应在清扫或洗刷干净后接收。

禁止自重 3 t 以上叉车等装卸机械进入箱内掏装箱作业。

托运人或收货人提出站内装掏箱时，办理站应指定作业区域，由托运人或收货人负责装掏箱相关作业，办理站可与托运人或收货人签订协议明确托运人或收货人相关安全责任。货运人员掌握掏箱进度，重箱一次未掏空时，应采取上锁、挂牌等方式做标记，并做好交接。掏箱后，应检查箱体和空重状态。未经办理站允许；托运人或收货人不得擅自进入堆场掏装箱。

二、集装箱货物途中、到达作业

（一）中转作业

集装箱的中转是通过中转站来完成的。中转站的主要任务是把来自不同车站的集装箱货物，通过有计划地组织重新按到站装车，将集装箱货物以最快速度运至到站。在进行集装箱中转时，如发现集装箱箱体损坏或封印丢失、失效等情况，应立即会同有关部门清点货物，编制详细记录说明情况，补封后继续运送。如箱体损坏危及货物运输质量，应及时组织换箱。中转站的中转作业主要包括编制中转配装计划、中转作业组织等。

1. 编制中转配装计划

（1）详细核对中转计划表。核对的主要内容包括：方向、主要到站和存箱数，已开始作业和待运的站存箱数。站存箱数必须以货票与集装箱逐批、逐箱进行复查，然后再与中转计划表的数字进行核实。

（2）确定中转车的去向，审核到达货票，并根据到达待送车的货票，统计中转集装箱去向，确定重车卸后的新去向。

（3）做集配计划。集配计划是按去向、主要到站站别统计得出的，集配计划内容包括：停留在堆场的集装箱，各到达车装载的集装箱，各货车之间相互过车的箱数（卸下的集装箱要确定堆存箱位）。

（4）根据集配计划，结合送车顺序，确定货车送入后的中转作业顺序。

（5）传达中转作业计划。货运员和装卸工组对计划进行复核，做好作业前的准备。在复查前不但要对数字进行复查，还要检查箱体、铅封状态、标签、箱号是否与箱票记载一致。

2. 中转作业组织

其主要内容包括：

（1）货车送妥后，根据中转作业计划，首先卸下落地箱，再将过车箱装载应过的车上，最后整理仍在车上的其他货箱。在进行整理作业时，要检查留于车内的集装箱的可见箱体和铅封的状态，以便划分责任。

（2）进行装载。

（3）中转作业完毕后对货车施封。

3. 中转作业后的整理工作

集装箱中转的整理工作，是指中转作业结束后对中转工作质量的检查，同时也是下一次作业的开始。主要包括货运票据的整理，报表填记，复查中转作业完成的质量等。

其作业程序是：

（1）整理复查货位。

（2）整理复查货运票据。

（3）填写集装箱中转登记簿和有关报表。

（4）移交货运票据、报表。

（5）整理集装箱中转计划表。

（6）准备下一次中转计划。

（二）卸车作业

集装箱卸车时，应核对箱号，检查箱体和施封情况。

卸车完了，卸车货运员应凭票核对箱号、箱数、施封等项目，在货运票据上注明箱位，登记“集装箱到发登记簿”，向内勤货运员办理运输票据的交接，向货调报告卸车完了时间。

（三）交付作业

到站应向运单记载的收货人交付集装箱。

收货人在收到领货凭证或接到车站的催领通知后，应及时到车站领取货物。收货人在办理领取货物手续时，车站应认真审查领货凭证及相关证明文件，确认正当的收货人后，清算运输费用，在货物运单上加盖戳记并交给收货人。收货人持运单到货区领取集装箱，货区货运员将集装箱点交给收货人后，认真填写集装箱出站单，并在货物运单上加盖“交讫”戳记，收货人凭加盖“交讫”戳记的运单和集装箱出站单将集装箱搬出货场。

到达的集装箱，应于承运人发出催领通知的次日起算，2 日内领取集装箱货物，并于领取的当日内将箱内货物掏完或将集装箱搬出。

站内掏箱时，应于领取的当日内掏完。

集装箱门到门运输重去空回或空去重回时，应于领取的次日送回；重去重回时应于领取的 3 日内送回。

铁路集装箱超过免费暂存期限和使用铁路箱超过规定期限的，核收货物暂存费和集装箱延期使用费。

集装箱的掏箱由收货人负责。铁路箱掏空后，收货人应清扫干净，将箱门关闭良好，撤除货签及无关标记，有污染的须除污洗刷。车站对交回的铁路箱空箱应进行检查，发现未清扫或未洗刷的，应在收货人清扫或洗刷干净后接收，或以收货人责任委托清扫人员清扫洗刷。

收货人领取自备箱时，自备箱与货物应一并领取。

三、集装箱的交接

（一）交接地点和方法

1. 在车站货场

重箱凭箱号、封印和箱体外状，空箱凭箱号和箱体外状。箱体没有发生危及货物安全的变形或损坏，箱号、施封号码与货物运单记载一致，施封有效时，箱内货物由托运人负责。

2. 在专用铁路、专用线装卸车

由车站与托运人或收货人商定交接办法。

（二）交接问题的处理

发站在接收集装箱时，检查发现箱号或封印内容与运单记载不符或未按规定关闭箱门、拧固、施封的，应由托运人改善后接收。箱体损坏危及货物和运输安全的不得接收。

收货人在接收集装箱时，应按运单核对箱号，检查施封状态、封印内容和箱体外状。发现不符或有异状时，应在接收当时向车站提出。

到站卸车发现集装箱施封锁丢失、封印内容不符、施封失效时，应在当时清点箱内货物并编制货运记录；发现集装箱破损可能危及货物安全时，应会同收货人或驻站公安检查箱内货物并编制货运记录。铁路箱破损时应编制“集装箱破损记录”。

（三）交接责任的划分

交接前由交方承担，交接后由接方承担。但运输过程中由于托运人责任造成的事故和损失由托运人负责；因集装箱质量发生的问题，责任由箱主或集装箱承租人承担。

集装箱在承运人的运输责任期内，箱体没有发生危及货物安全的变形或损坏，箱号、施封号码与运单记载一致，施封有效时，箱内货物由托运人负责。

（四）违约与赔偿责任

托运人有违约责任时，承运人应按合同约定或有关规定向托运人或收货人核收违约金和因检查产生的作业费用。可继续运输的，车站应会同托运人或驻站公安补封，编制货运记录。

铁路箱由于托运人或收货人责任造成丢失、损坏及无法洗刷的污染时，应由托运人或收货人负责赔偿，责任人在“铁路集装箱出站单”上签认，车站凭“铁路集装箱出站单”编制“集装箱破损记录”，作为向责任人索赔的依据。

自备箱由于承运人责任造成上述后果时，车站应编制货运记录，由承运人负责赔偿。赔偿费按实际发生的费用计算。

四、铁路集装箱运输管理信息系统

铁路集装箱运输管理信息系统

任务 4　集装化运输组织

任务导读

集装化运输是我国铁路货物运输改革的一项重要的技术改革，它把传统的以人力作为基础的小型货件，改革成适应现代化装卸机械作业为基础的大型集装货件。这项改革所达到的主要目的是保证货物质量与运输安全，提高货物运输作业效率和降低货物运输作业的劳动强度，增加企业和社会效益。

在集装化运输中，组织货物集装件的方法可分为两种不同的基本形式：一种是借助集装器具形成货物运输集装件；另一种则是借助捆扎索夹具或捆扎材料形成货物运输集装件。

我国发展集装化运输以来，所采用的集装器具类型有托盘式、预垫式、架式、箱式、笼式、袋式、网络式等多种，在外贸运输中还有滑板式集装器具。在捆扎运输中所采用的捆扎材料有镀锌铁丝、氧化与磷化处理钢带、夹具和索具等。在外贸运输中还采用收缩薄膜捆扎技术材料，而在国外常采用拉伸薄膜捆扎技术材料。

知识点

一、集装化运输基础

（一）集装化运输定义

我国铁路货物集装化运输定义为：凡使用集装用具、采用捆扎索夹具或捆扎技术，将裸装、散装货物、小件包装货物、不易使用装卸机械作业货物等适于集装的货物，按规定集装成一定规格或一定重量的货物集装件后，经由各种运输方式运往到站者，皆为集装化运输。

（二）集装化运输的优越性

（1）减少了货损货差，保证了货物运输安全。
（2）能实现装卸机械化，提高作业效率。
（3）简化包装，节约包装材料。
（4）提高库存数量和货位利用率。
（5）简化点件交接作业。
（6）提高货车载重力的利用率。
（7）有利于开展联运，实现门到门运输。
（8）有利于货场整洁畅通。

（三）集装用具

在集装化运输中，组织货物集装货件的方法可分为两种不同的基本形式：一种是借助集装用具的货物运输集装件；另一种则是借助捆扎索夹具或捆扎材料的货物集装货件。在集装化运输中，用以货物集装化的箱、盘、笼、袋、架、夹、预垫绳等称为集装用具。

1. 集装用具应具备的基本条件

（1）有足够的刚度和强度。
（2）有利于货物的码放，能够保证货物、人身、行车安全，不损坏车辆。
（3）具有机械作业需要的起吊装置或叉孔。
（4）能够充分利用货车容积或载重能力。
（5）循环使用的用具能够拆解、折叠、套装，便于回送。

2. 集装用具应涂打下列标记

（1）配属单位、编号。
（2）站名。
（3）自重及最大载重能力。
（4）外形尺寸或容积。
（5）制造单位、制造日期。
（6）货物储运图示标志。

（四）集装器具基本类型

集装器具与集装箱相比，其主要特点是适应货物需要、形式灵活、结构简便、造价低廉。从基本结构、适应范围和技术要求等方面来说，可以把集装器具归纳为下述 8 种基本类型。

1. 托盘

托盘是具有载货平面、设有叉孔、便于叉车作业的一种用于装卸、搬运和堆放货物的集装用具。使用时，将货物定型码放在托盘上，用塑料套、纸带或其他与托盘加固成一个整体进行运输。托盘适用于外形比较规则的货物，如图 7-12 所示。

（a）木制托盘

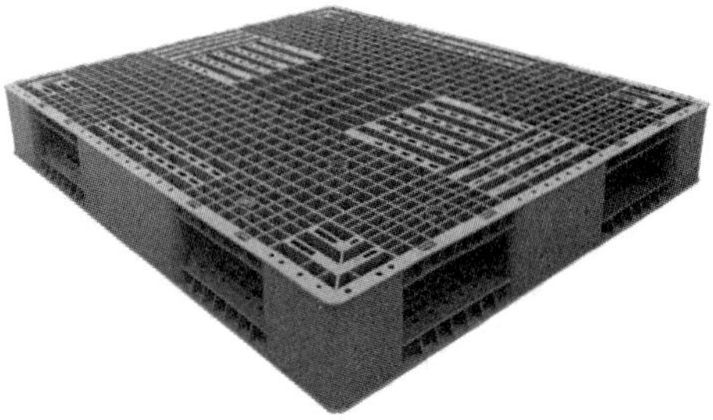

（b）塑料托盘

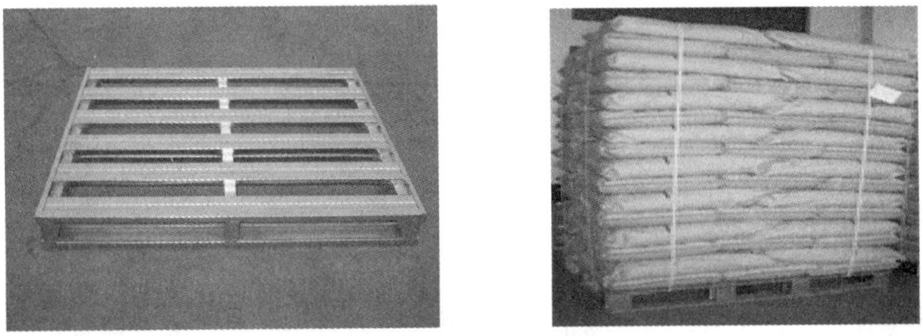

（c）钢制托盘

图 7-12　集装盘

2. 集装桶

集装桶是用钢材制造的桶状容器，适宜装运粉末或颗粒状货物。这种容器经久耐用，可以长期使用，特别是能与工厂的生产流水线相衔接，可以全部使用机械作业，如图 7-13（a）所示。

3. 集装捆

集装捆是指用某一材料将货物通过捆扎的方法，集装成一定规格的集装货件，如对钢管、钢板的打捆，对金属块、有色金属锭、氧气瓶的捆扎。这是最简易的集装方法，用料少、效果好，主要用料是打包铁皮、编织打包带、绳索等，如图 7-13（b）所示。

（a）集装桶

（b）集装捆

图 7-13　集装桶与集装捆

4. **集装袋**

集装袋是用坚韧材料制作的大口袋（如用布涂橡胶、丙纶编织布、维纶帆布等），可用于敞车运输，适宜装运粉末或颗粒货物，重量规格有 1 t、3 t、5 t、10 t。

使用丙纶编织布制成的集装袋，每袋可载重 1 t，底部设有卸料口，在卸料时抽动卸料的活结绳头，袋内货物自动从卸料口下落。其造价低，只需使用 2 ~ 4 次即可收回成本，如图 7-14 所示。

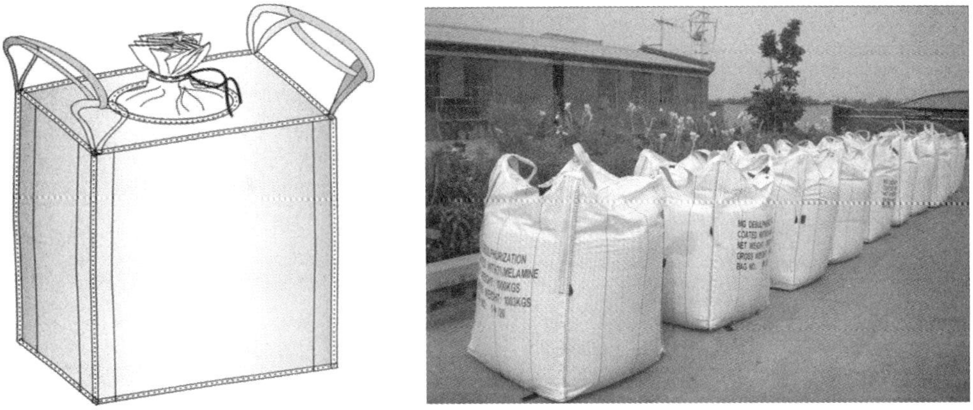

图 7-14　集装袋

5. **集装网**

集装网是用维纶绳、丙纶绳或钢丝编成的网，适用于集装带有包装的粮食、化肥、食盐、滑石粉等袋装货物和不带包装的片石、石灰石、铁矿石等块状货物，如图 7-15 所示。

图 7-15　集装网

6. **集装笼**

集装笼是钢制的笼式容器。适宜于装载砖瓦、小型水泥预制件、瓷器、水果及其他杂货，其规格形状可根据货物和车辆的要求进行制造。如砖瓦重，笼形可低些；水果、杂货轻，笼形可大些。有盖无盖可视货物要求而定，如图 7-16 所示。

图 7-16　集装笼

7. **集装架**

集装架是一种比集装笼更为简易的集装用具，具有与集装盘功能相类似的底座，并有向空间延伸的框架结构。其结构有 L 字形、A 字形和方形等多种形式。集装架主要用于集装平板玻璃、耐火砖等，构造简单，实用价值高，如图 7-17 所示。

图 7-17　集装架

8. **预垫式集装器具**

预垫运输是对长形货物如竹、木、钢管、塑料管、钢筋、角铁等，在装车时预先用钢丝绳或尼龙绳绞绕，绳的两端作有套扣，以便在卸车时可以整捆一次用机械起吊。托运人也可自备预垫，如装运竹、木在货车地板或每层货物间放置预垫用具，在敞车侧板与货物间放置立柱。预垫式集装器具的高度和立柱的大小，以能方便地穿引起吊钢丝绳为度，为货物在到站卸车创造方便条件。此项预垫工作，可以在运输全过程进行，包括铁路货车和短途搬运汽车的装车都进行预垫，效果更为显著，如图 7-18 所示。

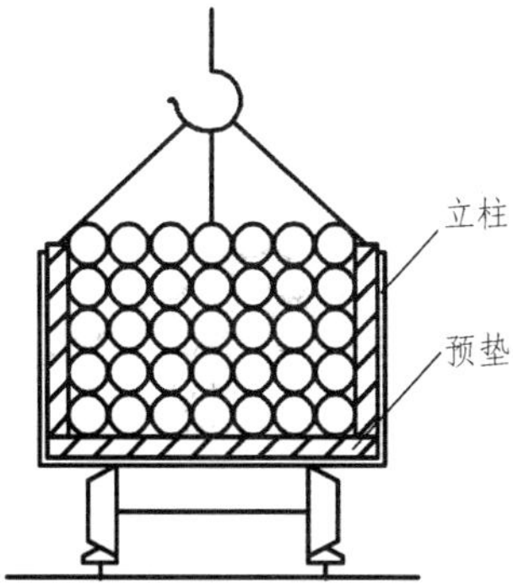

图 7-18　预垫运输

二、集装化运输条件

在铁路运输中，可集装化货物品类包括钢材、水泥、木材、化肥农药、粮食、棉花、盐、日用工业品、化工原料及其制品、工业机械、农业机具、农副土特产、零担货物以及某些矿建材料等。其运量约占全路总运量的 30%左右。而近期集装化运输开拓的重点对象，应是使用简陋包装、难装难卸、易污染车辆和作业环境、作业中易发生工伤事故和影响作业人员身心健康、不易清点交接、不宜使用集装箱运输、不易充分利用货车载重力和容积以及在运输途中易损失和需要多种运输方式换装的货物。使这类货物优先快速地实现运输集装化，集装化运输的基本条件如下：

（1）集装化运输的货物，以集装后组成的特定单元（盘、笼、箱、袋、网、捆等）为一件。每一件集装货件的体积应不小于 0.5 m^3，或重量不小于 500 kg。

（2）棚车装运的集装化货物，每件重量不得超过 1 t，长度不得超过 1.5 m，体积不得超过 2 m^3。到站限制为叉车配属站。

（3）敞车装运的集装化货物，每件重量不得超过到站最大起重能力（征得到站同意时除外）。

（4）集装化货件应捆绑牢固，表面平整，适合多层码放；码放要整齐、严密，并按规定做好包装储运的标志。以绳索等预垫方式运输竹、木等货物时，必须满足卸车时机械作业的要求。

（5）集装化货物与非集装化货物不能按一批运输。一批运输的多件集装化货物，以零担方式运输时，应采用同一集装方式。

不论何种形式形成的集装件，要求结构稳定、捆扎牢固、表面平整、适于多层码放；在堆码存储时符合整齐、紧密的要求，并按规定打印包装件储运标志。对于原木、毛竹、铸铁管、钢管、塑料管等货物，用预垫方式装车时，要为起重机械卸车作业创造便利的条件。

三、集装化运输组织

（一）货源组织

（1）为促进集装化运输发展，各铁路局、车务段、车站均应加强领导，组成由货运、装卸、科研等部门参加的集装化运输领导组织，由各级货运、装卸部门共同担负日常办理机构的工作，以加强集装化运输的领导和管理。

（2）各货运站应建立定期检查、分析制度，及时了解本经济吸引区各企业产品、运量、运输包装、装卸起重能力等情况及新建企业产品动态，协助企业在设备改造和制订产品生产计划的同时制定集装化运输方案和措施。

发展集装化运输要整车、零散货物并重，首先采用铁路通用集装箱，其次是各种方式的集装化运输。对于容易发生损失、运输过程中包装材料使用较多、污染车辆、交接手续烦琐、装卸作业困难的货物，要优先实行集装化运输。实行集装化运输必须从大局出发，要提高社会经济效益并兼顾各部门的利益。铁路和收、发货人要密切配合，加强管理工作。

（3）凡具备采用集装化运输条件的货物，都必须采用集装化运输。车站在受理发货人提报的运输计划时，应认真审核，凡能采用集装箱运输的货物，都应采用集装箱运输。发货人要求铁路运输整车集装化货物时，应在月度要车计划表及旬要车计划表记事栏内注明“集装化”字样。车站对发货人申请的集装化运输计划按集装化有关规定审核后，加盖“××站集装化运输”戳记上报。在同一品类、同等条件下，对集装化货物，要优先批准计划、优先进货、优先装车。

铁路局要把集装化运输纳入月度运输计划，并要逐月分析集装化运输计划兑现情况。车站不得将批准的集装化运输计划以非集装化方式运输。

（二）运输组织

1. 托　运

发货人托运集装化货物，应在运单“托运人记载事项”栏内注明“集装化”字样。运单中“件数”一栏应填写集装货物的件数，“包装”一栏填写集装方式名称。

2. 受理和承运

发站受理集装化货物时，应在货物运单右上角处加盖“××站集装化运输”章。承运新品名、新方式集装化货物时，应先组织试运，以检验集装用具、装载加固方法能否保证货物及运输安全。试运成功的集装化方式和用具，铁路局应及时组织鉴定和定型，并作为运输条件公布，在管内执行。经国铁集团鉴定合格的集装化方式的用具，由国铁集团公布运输条件，在全路施行。

实行集装化运输的货物（以运单上发站的集装化运输章为凭），其装卸费率仍按集装前的该类货物装卸费率执行。

组织集装化运输时要充分利用货车载重能力和容积，并符合《铁路货物装载加固规则》的有关规定。不容许将非超限货物集装成超限货物运输。

3. 交　接

集装化运输的货物，在清点件数时一律按集装货件办理，不得拆散；到达的集装货件，到站应以单元整体（包括集装用具）一并交给收货人。收货人应以单元整体搬出货场。

需要回送的集装用具，到站根据运单记载的集装化运输戳记和有关规定签发特价运输证明书。收货人凭特价运输证明书回送。车站对回送的集装用具要优先运输。

任务 5　国际铁路货物联运

任务导读

我国拥有 2.2 万多千米的陆地边界，与 14 个国家接壤，其中有 9 个国家是没有出海口的内陆国家。我国与 5 个邻国有 11 个边界口岸可由国际铁路通道接轨：与俄罗斯接轨的满洲里、绥芬河、珲春口岸车站；与蒙古接轨的二连口岸车站；与哈萨克斯坦接轨的阿拉山口、霍尔果斯口岸车站；与越南接轨的凭祥、河口口岸车站；与朝鲜接轨的丹东、集安、图们口岸车站。我国与周边国家的货物进出口主要经由上述国际铁路通道进行，我国与这些国家的国际铁路货物运输均使用《国际铁路货物联运定》（简称《国际货协》）的运输规则和单据。

“一带一路”并非两条各自独立的走廊，陆上丝绸之路和海上丝绸之路共同构成互补、互通、互联的整体物流网络。我国铁路发展规划策划了连接新丝绸之路经济带和海上丝绸之路的铁路，即孟中印缅经济走廊中的中缅铁路、中巴经济走廊中的中巴铁路。这两条铁路建成后，将形成“一带一路”的交联贯通，形成具有便利物流网络的一体化经济发展地域，更好地促进“一带一路”沿线国家相互交流，实现共同发展。

知识点

一、国际铁路货物联运组织

以一份运送票据跨及两国或两国以上铁路的货物的直通运送，称为国际铁路货物联运。

国际铁路货物联运，始于 19 世纪中叶，但直到 1890 年欧洲各国铁路代表在伯尔尼举行的会议上，才制定了《国际铁路货物运送规则》，自 1893 年 1 月 1 日起施行。1938 年 10 月 1 日该规则才改称为《国际铁路货物运送公约》（简称《国际货约》）。以后经多次修改，直至今日。

第二次世界大战以后，随着国际交往和贸易逐渐增多，1951 年在苏联的倡议下又成立了一个国际联运组织，并制定了《国际铁路货物联运协定》（简称《国际货协》），我国于 1953 年参加《国际货协》。1956 年 6 月在索菲亚举行的十国主管铁路运输部长会议上决定成立“铁路合作组织”（简称“铁组”）。铁组所有会议的决议，均需由出席会议的代表团一致通过。目前参加《国际货协》的铁路如表 7-4 所示。

二、国境站与港口站

国与国之间邻接的车站称为国境站。国境站下设国际联运交接所（简称交接所），办理一国铁路向另一国铁路移交或接收的货物、车辆和运送票据，计算过境路运费、在国境站发生的杂费以及翻译等工作。交接方式：当轨距相同时可原车过轨；当规矩不同时可货物换装或更换轮对。交接换装地点一律在接收铁路的进口国境站上办理，如表 7-5 所示。

表 7-4　参加国际联运铁路一览表

联运别		铁路或国家名称	中文简称	路别编号	轨距/mm	票据译文语文
参加《国际货协》铁路	参加统一货价铁路	中国铁路	中铁	33	1 435	中文或俄文
		白俄罗斯铁路	白铁	21	1 520	俄文
		保加利亚铁路	保铁	52	1 435	俄文
		越南铁路	越铁	32	1 435	中文或俄文
		哈萨克斯坦共和国	哈铁	27	1 520	俄文
		朝鲜铁路	朝铁	30	1 435	中文或俄文
		吉尔吉斯斯坦铁路	吉铁	59	1 520	俄文
		拉脱维亚铁路国家股份公司	拉铁	25	1 520	俄文
		立陶宛铁路国家公司	立铁	24	1 520	俄文
		摩尔多瓦铁路	摩铁	23	1 520	俄文
		蒙古铁路	蒙铁	31	1 520	俄文
		俄罗斯铁路	俄铁	20	1 520	俄文
		塔吉克斯坦铁路	塔铁	66	1 520	俄文
		乌克兰铁路	乌（克）铁	22	1 520	俄文
		爱沙尼亚铁路国家公司	爱铁	26	1 520	俄文
		阿塞拜疆共和国	阿（赛）铁	57	1 520	俄文
		阿尔巴尼亚共和国	阿铁	41		
		格鲁吉亚	格铁	28	1 520	俄文
		伊朗伊斯兰共和国	伊铁			俄文
		波兰共和国	波铁	51	1 435	俄文
		土库曼斯坦	土铁	67	1 520	俄文
		乌兹别克斯坦共和国	乌（兹）铁	29	1 520	俄文
适用《国际货协》的铁路		斯洛伐克铁路	斯铁			
		匈牙利铁路	匈铁			
参加《国际货约》的国家		英国、爱尔兰、挪威、瑞典、芬兰、摩洛哥、突尼斯、阿尔及利亚、西班牙、葡萄牙、意大利、法国、比利时、荷兰、卢森堡、列支敦士登、瑞士、奥地利、阿尔巴尼亚、匈牙利、德国、丹麦、捷克波兰、罗马尼亚、保加利亚、希腊、土耳其、叙利亚、黎巴嫩、伊朗、伊拉克				

表 7-5　我国与邻国铁路的国境站

中国国境站站名	邻接国境站站名	邻接轨距/mm	货物交接方式	交接换装地点
丹东	新义州（朝）	1 435	原车过轨	进口在我方国境站 出口在对方国境站
集安	满浦（朝）	1 435		
图们	南阳（朝）	1 435		
满洲里	后贝加尔（俄）	1 520	货物换装或换轮过轨	进口在我方国境站 出口在对方国境站
绥芬河	格罗迪斯科（俄）	1 520		

续表

中国国境站站名	邻接国境站站名	邻接轨距/mm	货物交接方式	交接换装地点
二连	扎门乌德（蒙）	1 520	货物换装	进出口货物均在二连
凭祥	同登（越）	1 435、1 000	原车过轨	进出口货物均在凭祥
山腰	老街（越）	1 000		进口货物在山腰 出口货物在老街
阿拉山口	德鲁日巴（哈）	1 520	货物换装	进口在阿拉山口 出口在德鲁日巴

港口站是指设在港口附近，主要办理港口铁路的外部运输的铁路车站，如我国铁路的大连北、新港、青岛、连云港、上海南、黄埔、湛江等车站。

三、国际铁路货物联运规章

办理国际铁路货物联运的规章主要有：

（1）《国际货协》：规定了货物运送条件、运送组织、运送费用计算核收办法以及铁路和发货人、收货人之间的权利和义务，对铁路和发货人、收货人都有约束力。

（2）《国际铁路货物联运统一过境运价里程》（简称《统一货价》）：规定了办理货物运输手续、过境运费、杂费和其他费用的计算与核收办法以及过境里程、货物运价等级、计算重量等的确定办法，对铁路和发货人、收货人都有约束力。

（3）《国境铁路协定》，由两邻国签订，规定了国境站货物和车辆的交接条件和办法，交接列车和机车运行办法和服务办法等问题。我国与邻国间都订有国境铁路协定。

（4）《国际铁路货物联运办法》为了便于我国铁路工作人员和企业使用，国铁集团将国际铁路货物联运规章整理简化成《国际铁路货物联运办法》（简称《联运办法》）。各铁路局、国境站以及发货人、收货人与国外办理业务和交涉时，仍需根据国际铁路联运有关规章，不得引用《联运办法》。

对于上述国际联运规章、补充规定、《联运办法》内未规定的事项，均适用国内规章的规定。

四、国际铁路货物联运的基本条件

（一）联运范围

1.《统一货价》铁路与适用《国际货协》的铁路间

未参加《国际货协》而仅适用《国际货协》规定的铁路有斯洛伐克铁路（简称斯铁）、匈牙利铁路（简称匈铁）和罗马尼亚铁路（简称罗铁）。这里简称为适用货协铁路。《统一货价》铁路间及其与适用《国际货协》铁路间的货物运送，凡按照《统一货价》过境里程表所载的径路，从发站至到站全程均用《国际货协》的运送票据办理。

凡通过萨雷奥捷克、阿亚古斯、然吉兹托别（哈铁）和雷巴契耶（吉铁）站，向中国运送货物的，发货人应在运单中记载上述各站中的一个作为到站，并在运单第 4 栏“发货人的特别声明”栏内记载“货物运往中国”字样；发货人还应指定代理人作为收货人，并由其领取货物后用汽车继续运送。

2.《统一货价》铁路与不适用《国际货协》的铁路间

从参加《统一货价》的铁路通过陆路国境向不适用《国际货协》规定的铁路（简称不适用《国际货协》铁路）以及相反方向运送货物时，按下列规定办理：

（1）过境保铁向土耳其以及相反方向运送货物时，以保铁的斯维伦格勒东站作为到站；向希腊以及相反方向运送货物时，以保铁的库拉塔车站作为到站，由其代理人或该站站长办理转发送至最终到站。

（2）通过罗铁或保铁向不适用《国际货协》铁路（向土耳其、希腊除外）运送货物时，用《国际货协》运送票据只办理至罗铁或保铁的出口国境站为止，由该国境站站长办理转发送至最终到站。从不适用《国际货协》铁路（土耳其、希腊除外）通过罗铁或保铁运送货物时，用相应国际联运运送票据办理至罗铁或保铁的进口国境站为止，由该站站长办理转发送至最终到站。

（3）过境波铁或斯铁向不适用《国际货协》铁路运送货物时，用《国际货协》运送票据办理至波铁或斯铁的进口国境站为止；相反方向运送货物时，用相应国际联运运送票据办理至波铁或斯铁的出口国境站，然后由该国境站站长办理转发送至最终到站。

（4）过境匈铁运送的货物时（前南斯拉夫马其顿除外），用《国际货协》运送票据办理至匈铁的进口国境站为止；相反方向运送货物时，办理至匈铁的出口国境站，由驻匈铁国境站的代理人转发送。

3. 通过港口的货物发送

从参加《统一货价》的铁路，通过参加《统一货价》铁路的过境铁路港口，向任何国家以及相反方向运送货物时，用《国际货协》运送票据只能办理到过境铁路港口站或从港口站开始办理，由发货人的代理人办理转发送。

4. 过境朝鲜运输

自中铁经由集安过境朝铁向我国云峰发电厂及相反方向运送货物时，按《国际货协》规定办理。运单的到站和返程的发站，填写朝铁的“云峰”，收货人和返程的发货人栏内注明“云峰发电厂专用线自卸或自装”字样。发货人应按每一运单填制“中华人民共和国经朝鲜民主主义人民共和国过境转运货物清单”一式三份。没有随附清单的货物，发站拒绝承运。

经由图们过境朝铁，再经朝铁的清津东港站运送的中国进出口货物，按《国际货协》规定办理。朝铁的发站或到站为清津东港站，发货人或收货人为清津贸易支社。

（二）货物运单

货物运送用统一样式的运单办理，运单格式扫码观看。

国际联运货物运单

运单由发货人编制并提交给缔约承运人。

运单各栏由发货人和承运人根据本规则的规定填写。

国际铁路货物联系协定（2020）

（三）运输限制

1. 不准运送的物品

下列物品在国际联运中不准运送：

（1）属于应当参加运送的铁路任一国家禁止运送的物品。

（2）属于应当参加运送的铁路任一国家邮政专运物品。

（3）炸弹、炸药和军火，但狩猎和体育用的除外。

（4）在《国际货协》附件 2 号（《危险货物运送规则》）第 1、2、4.2 和 7 表中没有列载的爆炸品、压缩气体、液化气体或在压力下溶解的气体、自燃品和放射性物质。

（5）一件重量不足 10 kg 的零担货物（一件体积超过 0.1 m^3 的货物除外）。

（6）在换装联运中使用不能揭盖的棚车运送一件重量超过 1.5 t 的货物。

（7）在换装联运中使用敞车类货车运送一件重量不足 100 kg 的零担货物，但不适用于《国际货协》附件第 2 号规定的一件最大重量不足 100 kg 的货物。

（8）用棚车运往伊朗的货物，每件超过 500 kg（成卷纸张超过 1 000 kg）。

在履行运输合同期间，如发现承运了不准运送的物品，尽管名称正确，也应将该货物截留，按截留国家的国内法令和规章处理。

2. 不准在一辆车内混装的货物

下列货物不准按一份或数份运单在一辆车内混装运送：

（1）一种易腐货物同照管方法不同的另一种易腐货物。

（2）按《国际货协》附件第 4 号（《易腐货物运送规则》）第 6 条的规定需要遵守保温制度或特殊照管的易腐货物与非易腐货物。

（3）危险货物与《国际货协》附件第 2 号的规定禁止在一辆车内混装的其他货物。

（4）由发货人装车的货物与由铁路装车的货物。

（5）根据发送路国内规章不准在一辆车内混装的货物。

（6）堆装运送的货物与其他货物。

3. 不准在一辆车内托运和承运的货物

（1）数批整车货物。

（2）整车货物与一批或数批零担货物。

（3）整车货物与大吨位集装箱货物。

（4）大吨位集装箱货物与一批或数批零担货物。

（四）运到期限

货物运到期限根据下列标准确定：

（1）集装箱，每 150 千米——1 昼夜。

（2）其他货物，每 200 千米——1 昼夜。

（3）对因自身技术特性需限速运行的货物、超限货物及采用单独机车牵引的专列运送的货物，运到期限由承运人确定。对国际铁路-轮渡直通联运中运送的货物，其水运区段的运到期限由办理该区段运送的承运人确定。

货物发送作业，货物运到期限延长 1 昼夜。

货物运到期限在下列情况下延长 2 昼夜：

（1）每次将货物换装到其他轨距的车辆时。

（2）车辆、自轮运转货物每次更换另一轨距的转向架时。

（3）在国际铁路-轮渡直通联运中运送货物，每次向水运区段移交货物时。

对由于与承运人无关的原因在运送途中滞留的全部时间，应相应延长运到期限。货物运到期限，自缔结运输合同的次日零时起计算，至货物到达通知单移交收货人之时为止，且不足 1 昼夜按 1 昼夜计算。如运送途中需将货物分开，则运到期限按随运单到达的那部分货物计算。如货物在运到期限期满前到达到站，并且承运人通知收货人货物到达且可以交给收货人处理，即认为运到期限业已履行。

任务 6　集装箱多式联运

任务导读

多式联运通常意义上是指由两种及以上的交通工具相互衔接、转运来共同完成货物运输的运输过程。根据是否跨越其他国家，分为国内多式联运和国际多式联运。公开资料显示，多式联运作为一种货物运输组织方式存在已久。早在第二次世界大战前后期间，西方国家在经济生产组织中就出现多式联运的构思，主要是通过铁路运输与公路运输的合作分工和紧密协作来提升运输效率。20 世纪 50 年代，随着集装箱的发明与广泛使用，使得多式联运在运作过程中真正形成了紧密衔接一体化的运输模式，由此极大地促进了多式联运的发展。我国最早明确提出的涉及发展多式联运的政策始于十八届三中全会出台的《关于继续深化经济体制改革若干规定》，在其中提到了多式联运。而在随后的《物流业中长期发展规划》《物流业调整振兴规划》中，国家明确了要把多式联运作为发展物流行业的重要内容之一。

知识点

一、多式联运的形成及发展

实现多种运输方式的联合运输是现代交通运输的发展方向，集装箱运输在这方面具有独特优势。先进国家由于建立和完善了集装箱的综合运输系统，使集装箱运输突破了传统运输方式的“港到港”概念，综合利用各种运输方式的优点，为货主提供“门到门”的优质运输服务，从而使集装箱运输的优势得到充分发挥。集装箱多式联运是利用集装箱装载货物进行多式联运的运输组织方式，可划分为国内集装箱多式联运和国际集装箱多式联运。本节着重阐述国际集装箱多式联运的相关内容。

（一）国际集装箱多式联运的概念

国际集装箱多式联运通常是以集装箱为运输单元，将不同的运输方式有机组合起来，构成连续的综合性的一体化货物运输。《联合国国际货物多式联运公约》的定义为“国际集装箱多式联运是按照多式联运合同，以至少两种不同的运输方式，由多式联运经营人将货物从一国境内接受货物的地点运至另一国境内指定交付货物的地点。”一般采用国际标准 20 ft、40 ft 集装箱作为流通载体。

联合运输

（二）国际集装箱多式联运的特征

（1）必须有多式联运合同，明确规定多式联运经营人（承运人）和托运人之间的权利、义务、责任、豁免等。

（2）货物全程运输由多式联运经营人签发一张多式联运单据并核收全程运输费用。

（3）多式联运必须是至少两种不同运输方式的连贯运输。

（4）多式联运经营人接管的货物必须是国际的货物运输。

（5）多式联运经营人必须对全程运输负责。

多式联运经营人在联运业务中作为总承运人对货主负有履行合同的责任，并承担自接管货物起至交付货物时止的全程运输责任，以及对货物在运输中因灭失、损坏或延迟交付所造成的损失负赔偿责任。

（三）集装箱多式联运的优越性

集装箱多式联运是货物运输的一种较高组织形式，已成为国际货物运输的主流。多式联运之所以能如此迅速发展，是由于它集中了各种运输方式的特点，与单一运输方式相比其具有许多优点，主要体现在如下几个方面。

1. 统一化、简单化

多式联运的统一化和简单化主要表现在无论运输全程有多远、有几种方式共同完成的货物运输；无论全程分为几个运输区段、经过多少次转运、涉及多少国家的进出境，也无论不同国家运价体系有多大差距，货主都只用办理一次托运、签订一个合同、支付一笔运费、取得一份联运单据就可把货物从起运地运至目的地，一旦发生问题，也只要找一个多式联运经营人便可解决问题。

2. 安全快捷，保证运输质量

多式联运以集装箱为运输单元，尽管运输途中可能有多次换装、过关，但因不需掏箱、装箱、逐件理货，只要保证集装箱外表状况良好，铅封完整即可免检放行，从而减少了中间环节。货物运输全程中进行的装卸作业，不直接接触箱内货物，大大减少了货损货差和偷窃丢失的可能性。由于是连贯运输，各运输环节和各种运输工具之间衔接紧凑、中转及时、在途停留时间短，从而使货物的运达速度大大加快，有效地提高了运输质量，保证了货物安全快捷运抵目的地。

3. 降低运输成本，节省运杂费用

多式联运全程运输中各区段运输和各区段的衔接，是由多式联运经营人与各实际承运人订立分运合同和与各代理人订立委托合同（包括其他有关人与有关合同）来完成的。多式联运经营人一般与这些人都订有长期的协议。这类协议一般规定多式联运经营人保证托运人一定数量的货物或委托一定量的业务，而对方则给予优惠的运价或较低的佣金。通过对运输路线的合理选择和运输方式的合理使用，可以降低全程运输的成本，提高利润。对于货物来讲，一来可以得到优惠的运价；二来在多式联运下，货物装箱或装上第一程运输工具后就可取得联运单据进行结汇，结汇时间早，有利于加速货物资金周转，减少利息支出；三来因为采用了集装箱运输，在某种意义上讲可以节省货物包装费用和保险费用。此外多式联运简化了制单和结算的手续，节约了货主的人力物力。

4. 扩大运输经营人业务范围，提高运输组织水平，实现合理运输

在多式联运开展以前，各种运输方式的经营人都是自成体系、独立运输的，因而其经营业务的范围（特别是空间地域范围）受到很大限制，只能经营各自运输工具能够（技术和经济方面）抵达范围的业务，货运量也因此受到限制。一旦发展成为多式联运经营人或作为多式联运的参加者（如实际承运人），其经营的业务范围即可大大扩展。组织多式联运的专业人员通过选择最佳运输线路，使用合理运输方式，选择合适的承运人，实现最佳的运输衔接与配合，从而提高运输组织水平，实现合理运输。

二、我国国际集装箱多式联运

（一）我国国际集装箱多式联运概况

随着我国集装箱运输业务的不断拓展和铁路接运能力的不断提高，为充分发挥集装箱“门到门”运输服务的优越性，1986 年中国远洋运输总公司和国铁集团签订了《国际集装箱海铁联运协议》，拉开了国际集装箱海铁联运的序幕。

（二）《联合国国际货物多式联运公约》

《联合国国际货物多式联运公约》（以下简称《公约》）于 1980 年 5 月 24 日在日内瓦召开的联合国贸易和发展会议全权代表会上通过。我国参加了公约的起草，并于 2006 年 7 月 5 日获批准并实施。

《公约》是关于国际货物多式联运中的管理、经营人的赔偿责任及期间、法律管辖等的国际协议，旨在对多式联运经营人和托运人之间的权利义务关系进行规定，解决因国际货物多式联运的发展而带来的一系列法律问题。

《公约》由总则、单据、联运人的赔偿责任、发货人的赔偿责任、索赔和诉讼、补充规定、海关事项及最后条款等八个部分组成，共 40 条。国际多式联运是指按照多式联运合同，以至少两种不同的运输方式，由多式联运经营人将货物从一国境内接受货物的地点运往另一国境内指定交付货物的地点。

1.《公约》规定国际多式联运需同时具备的条件

（1）必须有一个多式联运合同。

（2）必须使用一份包括全程的多式联运单据。

（3）必须至少是两种不同运输方式的连贯运输。

（4）必须是国际的货物运输。

（5）必须由一个多式联运经营人对全程运输总负责。

（6）必须是全程单一的运费费率。

2.《公约》的主要内容

（1）该《公约》适用于货物起运地或目的地位于缔约国境内的国际货物多式联运合同。多式联运单据是证明多式联运合同和多式联运人接受货物并负责按照合同条款交付货物的单据。在一般情况下，它就是多式联运合同，同时可以作为货物收据和提货凭证。

（2）该《公约》并不排除各缔约国国内法律管辖。

（3）实行统一责任制和推定责任制。

（4）多式联运经营人的责任期间为自接管货物之时起，到交付货物之时为止。

（5）赔款责任限制为每件或每一运输单位 920 记账单位，或按货物毛重计算，每公斤 2.75 记账单位，两者以较高者为准。

（6）货物损害索赔通知应于收到货物的次 1 工作日之前以书面形式提交多式联运经营人，延迟交付损害索赔通知必须在收到货物后 60 日内书面提交，诉讼或仲裁时效期间为两年，自货物交付之日起或应当交付之日起算。如果在货物交付之日起 6 个月内，没有出具书面索赔通知来说明索赔的性质和主要事项，则诉讼在此期间届满后即失去时效。

（7）管辖权法院：

① 被告主要营业所或被告的居住所在地。

② 合同订立地。

③ 货物接管地或交付地。

④ 合同指定并在多式联运单据中载明的其他地点。《公约》允许双方在索赔发生后达成协议选择其他地点的法院进行诉讼。此外，《公约》还允许双方订立仲裁协议，将有关争议提交仲裁，索赔人可选择的仲裁地点与上述诉讼管辖地基本相同。

（8）《公约》附有国际多式联运海关事项的条款，规定缔约国海关对于运输途中的多式联运货物，一般不做检查，但各起运国海关所出具的材料应完整与准确。

三、多式联运组织

（一）多式联运单证和运费制

由于多式联运单证是有价证券，所以这些单证能表明它是对多式联运单据签发人（也就是多式联运承运人）拥有货物交付要求权的单证，即多式联运承运人根据在单据上所表明的内容，在发货地点接受多式联运集装箱货物，将集装箱货物运到目的地，并向单证持有人交付集装箱货物。

多式联运运费是指多式联运承运人根据所承担的运输任务，在使用两种以上的运载工具完成集装箱货物联运时，向托运人收取的运输费用。其中除了各种运输方式的运费外，还包括有关的码头仓库的保管费、报关手续费、集装箱使用费以及其他事务管理费等。

多式联运运费按其结构不同，可分为单一运费制和分算运费制。

单一运费制是指从接收货物开始到交付货物时止，运输全程所经过的各运输区段，不分运输方式，均按同一费率计算联运运费。例如，多式联运大陆桥集装箱运输所制定的运费，是以不分货种费率为基础，并以集装箱为单位，计算出一票到底的费用，这就是一种单一运费制。

分算运费制是指组成多式联运全程运输的各个运输区段中，分别计算出铁路、公路、内河、海运以及航空运输等各种运输方式的运费，然后加总后统一向托运人核收、一票到底的运费。例如欧洲—澳大利亚等航线所使用的计算运费的方法，就属于这种运费制。

（二）多式联运运载工具的协调和疏通

克服不同运载工具的差别，就是协调和疏通不同运载量的运载工具，在换装地点进行换装作业时，使换装的集装箱尽量不产生或少产生压港、压站的非生产停留时间，特别是对于到港远洋船舶所运载的大量集装箱，要尽快调配铁路、公路、内河的运载工具迅速完成转运。

为了对参与国际多式联运的集装箱进行有效的经营，就要随时掌握、控制和追踪国际标准大型集装箱在运输全过程中的动态，必须首先需要一个现代化管理系统，来及时记录并能显示集装箱的运行途径及其空重和动静态。

四、中铁国际多式联运

中铁国际多式联运有限公司（CRIMT）是中铁集装箱运输有限责任公司（CRCT）下属的全资子公司和经营平台，主要负责中欧中亚班列、铁海快线、多联快车、国际联运、多式联运、中铁箱境外（下水）管理和经营等业务，是中国最早一批从事国际货运代理业务的企业，具有 20 多年的国际货运代理经验（见图 7-19）。

图 7-19　中铁国际多式联运有限公司集装箱

中铁国际多式联运有限公司是中国国际货代协会（CIFA）常务理事单位、中国船舶代理及无船承运人协会（CASA）常务理事单位、中国口岸协会理事单位、中国交通运输协会多式联运分会副理事长单位，并于2006年通过ISO 9001国际质量体系认证。

公司下设哈尔滨、沈阳、北京、太原、呼和浩特、郑州、武汉、西安、济南、上海、南昌、广州、南宁、昆明、兰州、乌鲁木齐、青藏等17个分公司和全资子公司四川中铁集装箱物流有限公司、驻阿拉木图代表处，控股中俄铁集国际货运代理（北京）有限公司，参股连云港港铁国际集装箱多式联运有限公司等7个公司，经营网络遍及亚洲、欧洲主要国家和地区。

拓展阅读

目前，关于国际铁路货物运输的公约有两个：《国际货约》和《国际货协》。

《国际货约》（CIM），全称《关于铁路货物运输的国际公约》，1961年在伯尔尼完成签字，于1975年1月1日生效。其成员国包括了主要的欧洲国家，如法国、德国、比利时、意大利、瑞典、瑞士、西班牙及东欧各国，此外，还有西亚的伊朗、伊拉克、叙利亚、西北非的阿尔及利亚、摩洛哥、突尼斯等共28国。

《国际货协》（CMIC），全称《国际铁路货物联合运输协定》，1951年在华沙订立。我国于1953年加入。1974年7月1日生效的修订本中，其成员主要是苏联、东欧加上我国、蒙古、朝鲜、越南等，共计12个。

《国际货协》的东欧国家又是《国际货约》的成员国，这样《国际货协》国家的进出口货物可以通过铁路转运到《国际货约》的成员国去，这为沟通国际铁路货物运输提供了更为有利的条件。我国是《国际货协》的成员国，凡经由铁路运输的进出口货物均按《国际货协》的规定办理。

项目小结

本项目从集装箱的起源着手，介绍了集装箱及集装箱的分类和标记，也通过集装箱运输认识了“门到门”运输。以铁路集装箱为例，介绍了集装箱运输的条件以及运输组织的过程，通过装箱到掏箱的完整流程可以了解到铁路集装箱的运输过程。

集装箱运输、集装化运输的货运重点发展方向，其条件和组织过程是学习重点。同时，伴随着集装箱运输出现的国际多式联运也是时下兴起的行业之一。通过对国际多式联运的形成和发展的学习，可以使同学了解我们国家多式联运发展的脉络，进而产生民族自豪感和荣誉感。

思政园地

中欧班列

中欧班列“魅力与潜力”方兴未艾

中欧班列境外场站

项目训练与测试

一、技能训练

（一）训练任务

完成对于集装箱货物损失处理案例的分析，根据学习到的知识对题目中给出的情况做出应答。

（二）训练目的

（1）通过训练使学生熟悉集装箱运输的特点及相关损失的赔偿。

（2）能应对各种发生在集装箱运输过程中可能出现的问题，并能提出合理有效的解决方案。

（三）训练要求与准备

（1）建议学生分组进行讨论，可以查询货物损失处理规则的相关内容。

（2）组织学生有序进行成果分享，并对成果进行点评。

（四）训练资料

2021 年 9 月 10 日，A 站货场 X205233647 装一组 20 英尺重箱（箱号：2618040、2671554；品名：脱硫石膏；到站：B 站），发生空中混装、偏重 23.1 t 的问题。在 A 站接受超偏载仪检测时，轨道衡操作员及时发现并立即报告货调进行扣车处理，避免了问题车上线，经现场检查发现 2618040 为空箱，2671554 为重箱。经调查，某快运有限公司司机提箱出站后，因其他原因当日未装箱直接挂运进站，并施封占箱，第二天某快运有限公司作业人员臆测按重箱装车，并伪造磅单，直接装车导致空重混装。

思考：导致问题发生的主要原因有哪些？

二、综合测试

（一）单选题

1. 集装箱以 TEU 作为统计单位，表示一个（　　）的国际集装箱。

A. 20 ft　　B. 40 ft　　C. 48 ft　　D. 10 t

2. 如果集装箱内托运的单件货物重量超过（　　）时，应在货物运单“托运人记载事项”栏内注明。

A. 50 kg　　B. 100 kg　　C. 150 kg　　D. 200 kg

3. 集装箱的施封由（　　）负责。

A. 托运人　　B. 承运人　　C. 收货人　　D. 装卸工组

4. 货物装箱工作由托运人自己进行，箱内货物的数量和质量由（　　）负责。

A. 托运人　　B. 承运人　　C. 收货人　　D. 装卸工组

5. 下列货物中，（　　）可以使用通用集装箱装运。

A. 水泥　　B. 废钢铁　　C. 莱板　　D. 牲骨

（二）多选题

1. 集装箱运输通常涉及的运输方式有（　　）。

A. 公路运输　　B. 水路运输　　C. 铁路运输　　D. 航空运输

2. 集装箱的重量分为（　　）。

A. 自重　　B. 载重　　C. 额定自重　　D. 额定重量

3. 适宜集装箱运输的货物是（　　）

A. 茶叶　　B. 药品　　C. 小汽车　　D. 水果

（三）判断题

1. 托运的集装箱必须施封。（　）

2. 使用普通平车装运集装箱时，应按规定装载加固。（　）

3. 使用敞车装运重集装箱时，应采取措施，防止偏载。（　）

4. 收货人在到站领取重箱后掏箱时发现货物损坏，向到站提出赔偿要求，到站应赔偿。（　）

5. 收货人在到站领取重箱时发现封印上站名号码不清，经向车站提出并检查箱内货物，发现货物短少，到站应予赔偿。（　）

（四）实作题

1. 下列货物能否用铁路通用集装箱运输？说明理由。

货物名称	是/否	货物名称	是/否
日用百货		机械零件（零散、箱装）	
服装		鲜桃	
生皮张		钢锭	
电视机		TNT 炸药	
炭黑		盐	

2. 托运人在石家庄南站托运下列货物，请判断石家庄南站能否受理？并说明理由。

（1）托运人按一批托运 2 个 1 t 集装箱和 1 个 20 ft 集装箱。

（2）托运人按一批托运 8 个 20 ft 集装箱。

（3）托运人按一批托运 2 个 20 ft 自备集装箱和 1 个 40 ft 自备集装箱。

（4）托运人按一批托运 1 个 20 ft 自备集装箱和 1 个 20 ft 铁路集装箱。

项目七综合测试参考答案请扫码观看

项目八　货物装载与加固技术条件应用

知识目标

（1）熟悉阔大货物的特点，了解平车、敞车和长大货物车的基本结构，熟悉货物超偏载装置的应用管理工作。

（2）掌握货物装载的基本技术条件，合理利用货物重心在车辆上的投影位置、重车重心高和货物突出车辆端梁的长度应符合的规定，合理利用各种货车局部承受货物重量时应遵守的规定。

（3）熟悉装载加固方案相关内容，掌握货物稳定性的检验方法，熟悉常用加固材料及加固装置的规格及使用方法，掌握常见加固方法的应用及强度的计算。

能力目标

（1）通过计算制订具体的货物装载方案，确保货物不超载、不偏载、不集重和不偏重，确保货物重车重心高、货物突出车辆端梁的长度等符合规定，切实提高货车装载质量。

（2）掌握装载加固方案的分类、格式，能灵活选用货物装载加固定型方案。

（3）熟悉常见加固材料规格及用途，根据货物特征能准确判定其稳定状态，能制定出经济合理的装载加固方案。

思政目标

（1）通过合理选用阔大货物的装载、加固技术条件，较好地利用铁路这个运输大动脉，以较高的水准确保超大型设备设施（如超大型变压器、发电机定子、液氨合成塔等）能安全快捷地运达，从而推进国防工程建设的进程，加快国民经济的发展。

（2）通过学习制定阔大货物制定装载加固方案，激发了学生的创新意识，提高学生正确认识问题、分析问题、解决问题的能力，培养学生精益求精的劳动精神，激发学生科技报国的家国情怀和使命担当。

项目思维导图

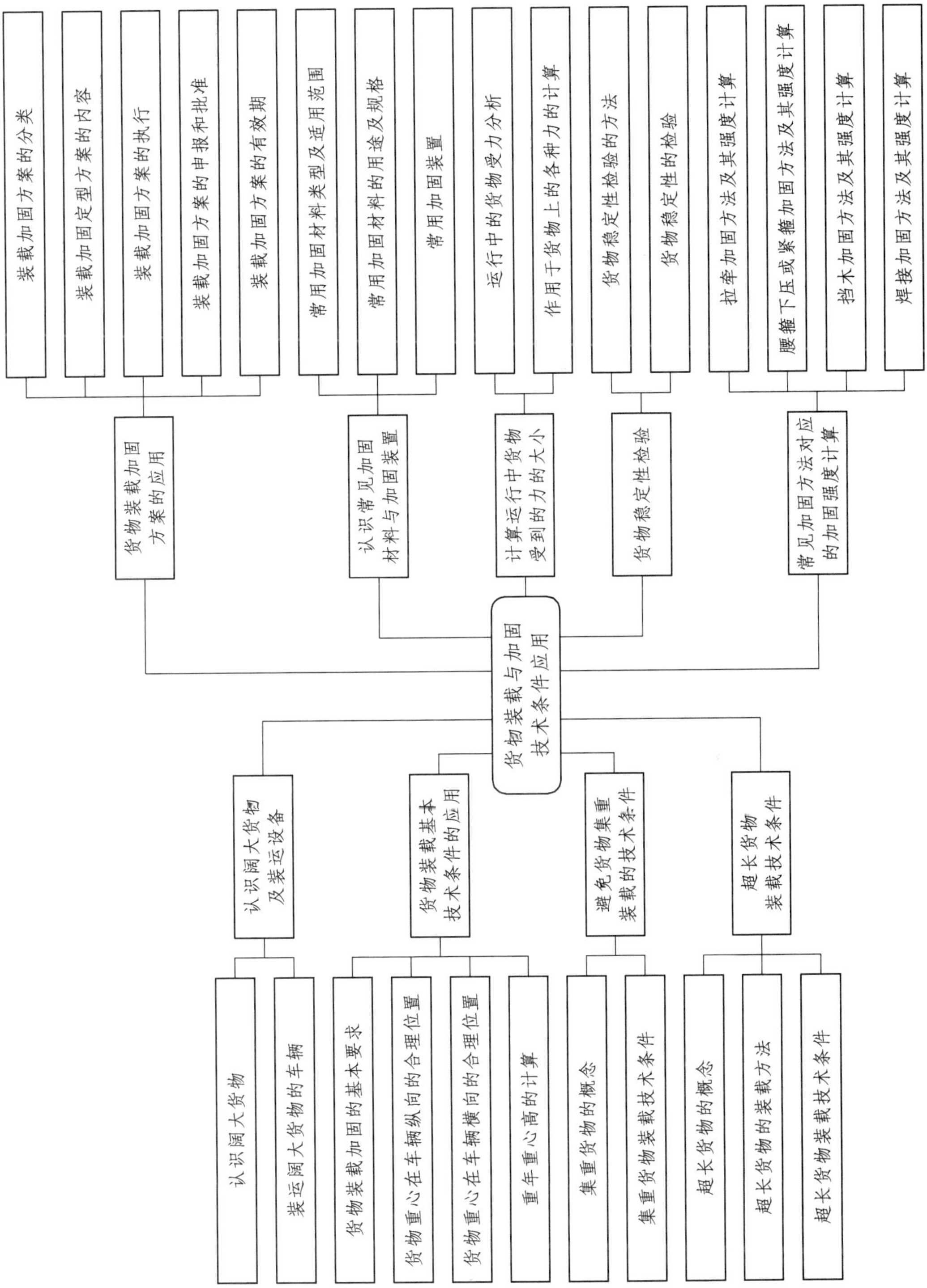
货物装载与加固技术条件应用
货物装载加固方案的应用
装载加固方案的分类
装载加固定型方案的内容
装载加固方案的执行
装载加固方案的申报和批准
装载加固方案的有效期
认识常见加固材料与加固装置
常用加固材料类型及适用范围
常用加固材料的用途及规格
常用加固装置
计算运行中货物受到的力的大小
运行中的货物受力分析
作用于货物上的各种力的计算
货物稳定性检验
货物稳定性检验的方法
货物稳定性的检验
常见加固方法对应的加固强度计算
拉牵加固方法及其强度计算
腰箍下压或紧箍加固方法及其强度计算
挡木加固方法及其强度计算
焊接加固方法及其强度计算
认识阔大货物及装运设备
认识阔大货物
装运阔大货物的车辆
货物装载基本技术条件的应用
货物装载加固的基本要求
货物重心在车辆纵向的合理位置
货物重心在车辆横向的合理位置
重车重心高的计算
避免货物集重装载的技术条件
集重货物的概念
集重货物装载技术条件
超长货物装载技术条件
超长货物的概念
超长货物的装载方法
超长货物装载技术条件

引导案例

铁路上的“巨无霸”

山海关站现有重量达 316.5 t 的变压器 4 台，需要装车，每台重量达 316.5 t（含肩座、试验残余油及装载加固装置 3.5 t），单台长 12.2 m，宽度超过 4 m，高 5.2 m。装有变压器的货物专列从山海关站出发，经安北站进入兰新线兰州市河口南站，转而进入兰青线，前往青海。这些变压器是青海省电力外送的重要配套工程设备。

导入问题：

请以山海关货运员的身份，针对货物特点，结合铁路阔大货物的相关办理要求及技术条件给这些“特货”制定出经济合理的装载加固方案。

任务 1　认识阔大货物及装运设备

任务导读

铁路运输中，超长货物、集重货物、超限和超重货物统称为阔大货物。

阔大货物外形复杂、体积庞大，价格昂贵，对运送条件要求高，经由铁路运输时，不仅在车辆使用上要严格挑选，而且必须按照阔大货物装载的基本技术条件确定货物装载方案，以保证列车运行安全和货物安全。另外不同类型的阔大货物在长度、体积、重量等方面的主要特征不同，所应用的装载技术条件也有所侧重。

知识点

一、认识阔大货物

阔大货物具有长、大、笨、重的特点，多属国民经济发站需要的大型机械、重型设备，如化工设备，发电、变电设备，大型锅炉，桥梁等长大笨重货物。

根据货物的外形，阔大货物大致可分为平底货物、圆柱形货物和球形货物。

图 8-1 是铁路运输中常见的阔大货物。

大货图片

液氨合成塔

工业锅炉

图 8-1　常见的阔大货物

二、装运阔大货物的车辆

车辆是货物装载的基本设备。装运阔大货物的车辆除必须满足普通货物装载的一般要求外，还应满足货物重量大、体积大、长度长的要求。车辆应具有足够的强度，尤其是承受集中载荷的能力要强，要便于对货物进行装载加固，对于超限货物还应有利于降低超限等级，以保证运输安全和车辆的正常使用寿命。

目前，我国铁路大部分阔大货物都使用普通平车、长大货物车装运，部分货物也可使用敞车装运。

（一）平车结构及其技术参数

1. 结　构

平车属于底架承载结构，车底架承受其自身及所装货物的全部重量，车底架的主要部件有中梁、侧梁、枕梁、横梁及纵向辅助梁。平车根据装运货物的需要设有可以全部翻下的活动墙板。为了提高平车承受集中载荷的能力，部分平车车底架采用了鱼腹形梁。我国铁路主要平车有 N17、NX17、NX70、NX70 等。

常见的结构部件

2. 技术参数

平车的主要参数有车辆自重、车辆标记载重、钩舌内侧距离、车底板长度、转向架中心距（也叫作销距）、固定轴距、车底板高度、空车重心高度等，为便于加固货物，侧梁外侧设有绳栓和柱插，如图 8-2 所示。

（二）长大货物车及其技术参数

按照车体结构不同，我国现有的长大货物车可分为凹底平车、长大平车、落下孔车、双支承平车、钳夹式两节平车五种。

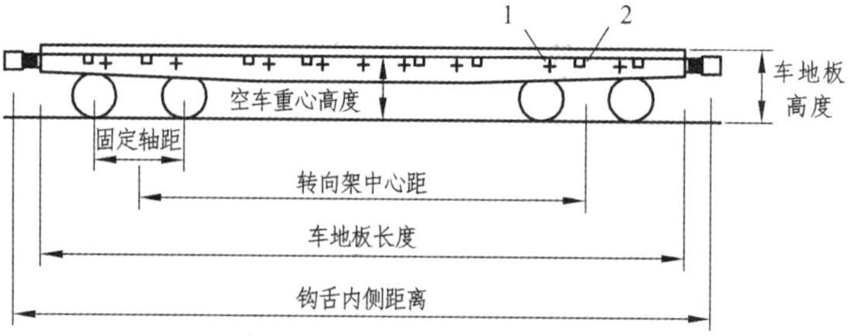

1—绳栓（丁字铁）；2—柱插（支柱槽）

图 8-2　平车主要参数及加固部件名称

平车技术参数表

1. **凹底平车**

凹底平车具有凹型的承载底面，转向架或转向架群分布于车辆的两端，是 D 型车中适运货物范围最广的一种车型。但该种车型的凹型承载面占据一定的高度，且不可能太长，因此有其自身的局限性，不适合运输太高和特别长的货物。

图 8-3　凹底平车

2. **长大平车**

长大平车从底架结构型式上看，与通用平车没有太大区别，其存在的差别主要是前者的底架长度和地板面距轨面高度都比较大。该种车型主要用于装运长度很长的型钢、锅筒、长钢轨、桥梁等。

3. **落下孔车**

落下孔车是通过两根侧承梁承载货物、没有承载底面的长大货物车。底架中部开有一定长度和宽度的落孔。落下孔车自重系数较小、能充分利用铁路限界的高度，适合运输截面尺寸很大、宽度较窄的货物。

图 8-4　长大平车

图 8-5　落下孔车

4. 双联平车

双联平车是由两个完全相同的承载结构体组成，承载结构之间无承载底架，使用时货物跨装在两承载结构体上。为了避免货物受到过大的纵向冲击力，两车之间有缓冲装置。这种车的自重系数较小、货物支承点长度可调节，适合运输细长、较重、有自承载能力的货物。

图 8-6　双联平车

5. 钳夹车

钳夹车由两个可分离且结构对称的半节车组成，装运货物时，货物被夹持和悬挂在两车体间。钳夹车结构没有承货的地板面，能较好地利用限界高度来装载货物，多数钳夹车还设有液压起升、下降机构，同时装有多导向、侧移机构，能解决车辆在宽度方向的极度超限，故钳夹车具有独特的超限运输能力。另外，钳夹车不仅能运输有自承载能力的货物，而且通过附加的装备也可运输那些没有自承载能力的货物。除了不适合运输特别长的货物外，钳夹车是运输能力最强的铁路运输工具。

图 8-7　钳夹车

长大货物车的型号、技术参数表

（三）敞　车

敞车是有端壁、侧壁、底板而无车顶的货车，主要供运送煤炭、矿石、木材、钢材等大宗货物。敞车集中载荷承载能力远不如平车，在装运阔大货物时使用数量极少，主要用于装载一些箱形结构的货物。

货车的技术参数由国铁集团有关部门公布。凡货车车体上的标记技术参数与附录不一致的，以车体上的标记技术参数为准。货车制造、检修单位应确保货车车体上涂打的标记技术参数的准确性。

敞车技术参数表

凡未经国铁集团有关部门公布的，技术参数不全的敞车、平车、棚车及长大货物车，一律不得使用。

三、认识货车超偏载检测装置

（一）超偏载检测装置

1. 定　义

货车超偏载检测装置是在货车运行过程中对其轮重进行测量，进而判定货车是否超载、偏载、偏重的装置。货车超偏载检测装置是铁路货运计量安全检测系统的重要组成部分。

铁路超偏载检测装置（配线柜）　　　　铁路超偏载检测装置岗点终端

2. 构　成

超偏载检测装置主要包括承载结构、称重传感器、数据采集和处理系统等。

（二）货车超偏载检测装置的运用管理

《铁路货运计量安全检测设备运用管理规则》适用于纳入铁路货运计量安全检测监控系统的超偏载装置的运用管理工作，其中包括职责分工、配置与安装、检定、期间核查、设备检修与报废、超偏载问题车处理、货运计量系统运用、应急管理等。

国铁集团计量主管部门主要负责指导、监督超偏载检测装置、轨道衡的计量、检定、期间核查技术管理、组织制定相关货运计量检测设备的计量技术规范。

国铁集团货运管理部门主要负责组织修订货运计量系统运用管理相关要求，并指导、协调、监督、检查货运计量系统运用管理工作。

铁路局货运主管部门具体负责组织计量安全检测设备的配置规划、选点、选型、安装、调试、维护、检定、期间核查、运用管理、监督检查、协调等工作，组织制定本局计量安全检测设备运用管理实施细则并落实。负责协调、监督、检查本局货运计量系统的安装、调试、使用、维护工作，明确本局货运计量系统运用管理细化要求，并指定专人负责检查、掌握货运计量系统运行情况、系统相关计量安全检测设备技术状态和预警信息处理情况，督促站段按规定处理问题车，及时查处违规行为。

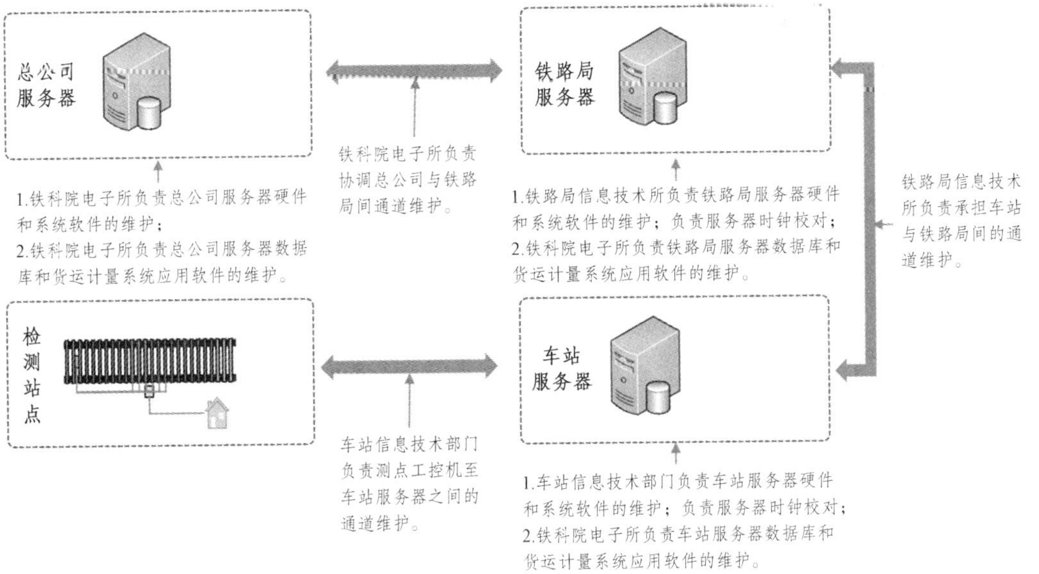

图 8-8　货运计量系统职责划分图

专职超偏载监控人员24小时在线实时监控通过车辆及超偏载检测装置和网络信息系统的运行状态。

（三）超偏载的处理

1. 货车超偏载标准

作为货检站整理、换装的依据时，货车超偏载分严重、一般两级。具体分级标准如表 8-1 所示。

表 8-1　超偏载分级标准表

项目	分级	
	严重	一般
超载	大于货车容许载重量 10 t	大于货车容许载重量 5 t
偏载	货物总重心投影距车辆纵中心线距离大于 150 mm	货物总重心投影距车辆纵中心线距离大于 100 mm
偏重	货车两转向架承受重量之差大于 15 t	货车两转向架承受重量之差大于 10 t

注：对装运卷钢和本局管内装车站装运，并发生一般超偏载问题的货车，应比照严重超偏载车进行处理。

2. 处　理

货检站应加强超偏载检测装置检测结果的核实确认和处理。对严重超偏载货车，应立即甩车，整理后方能挂运。对一般超偏载货车，货检站在确认不危及行车安全时可不甩车整理，应记录车种、车号、发到站、货物品名等，并将上述信息及时通知发到站，电报通知下一编组站，同时在 24 h 内将信息上报铁路局货运主管部门。

货检站严重超偏载货车整理作业流程如下：

（1）车站货检人员应根据检测结果，核对现车无误后，及时向车站行车调度部门报告。

（2）车站行车调度部门接到货检人员报告后，值班人员及时安排甩车，并送入指定地点。

（3）车站对甩下的货车重新过衡或进行偏载偏重复核。确认超偏载后，按规定整理和拍发电报。对超载报警车，应留存复衡单；对偏载报警车拍照不少于 2 张，一张为带车号的整体照片，另一张为能反映核实偏载情况的整体或局部照片；偏重报警车拍照不少于 3 张，一张为带车号的整体照片，其他两张为能反映车辆两端装载情况或整体的照片。

（4）车站对甩下的超载货车进行卸载处理、并确认货物重量不超过货车容许载重量且不偏载不偏重后，方可编入列车继续运行。对甩下的偏载偏重货车进行处理、并确认不偏载不偏重后方可放行。

任务 2　货物装载基本技术条件的应用

任务导读

货物装载加固，是铁路运输工作的重要组成部分，其主要任务是：保证货物、货车的完整和行车的安全，充分利用货车载重力和容积，安全、迅速、合理、经济地运输货物。

多年来，由于货物未按规定装载加固，发生过多起重大事故和大事故，从而导致了铁路线路、大型建筑物和机车车辆的损坏以及货物的毁损，给国家造成了一定的经济损失，同时产生了不良的影响。

因此，正确地使用车辆，按照货物装载的基本技术条件和加固要求对货物进行合理的装载和加固作业，对铁路货物的安全运输具有十分重要的意义。

知识点

一、货物装载加固的基本要求

《铁路货物装载加固规定》(简称《加规》)中规定，货物装载的基本技术要求是：使货物均衡、稳定、合理地分布在货车上，不超载、不偏载、不集重、不偏重；加固的要求是：使货物能够经受正常调车作业以及列车运行中所产生各种力的作用，在运输全过程中，不发生移动、滚动、倾覆、倒塌或坠落等情况。

（一）对车辆和货物重量的要求

装载货物应正确选择车辆，遵守货车使用限制表及有关规定，未按管理权限经国铁集团或铁路局批准，各类货车装载的货物不得超出货车的设计用途范围。保证定检不过期。货物装载时应充分利用货车的载重力和容积，但不得超过货车容许载重量，即不超载。

（二）货物重心水平位置的要求

货物重心的投影，一般应位于车地板纵、横中心线的交点上（简称“车辆中央”），特殊情况下位移时，横向位移不得超过 100 mm，超过时要采取配重措施；纵向位移时，每个车辆转向架所承受的货物重量不得超过货车容许载重量的 1/2，且两个转向架承受的货物重量之差不大于 10 t。

纵向位移超过要求为偏重，横向位移超过要求为偏载。

（三）重车重心高的要求

货车和所装货物的总重心，称为重车重心。重车重心自轨面起算的高度称为重车重心高。重车重心高一般不得超过 2 000 mm。超过时，可采取配重措施，以降低重车重心高，否则应限速运行。

装运危险货物的罐车，重车重心高限制高度不得超过 2 200 mm。双层集装箱专用车装后重车重心高不得超过 2 400 mm。

（四）货物重量分布的规定

货物重量应均匀分布在整个车地板上，对于单件重量大、支重面小的货物不能均匀分布，需要局部承载时，应遵守《加规》的相关规定，使货物不集重。

（五）货物突出车辆端梁的长度要求

使用平车装载长度超过车地板的货物，或由于其他原因，货物必须突出车辆端梁装载时，如果突出端货物半宽小于或等于车地板半宽，每端各允许突出端梁 300 mm；突出端货物半宽大于车地板半宽时，每端各允许突出端梁 200 mm，超过时，必须加挂游车或采用跨装运输。

二、货物重心在车辆纵向的合理位置

货物装车时，一般情况下应使货物重心或总重心（一车多件货物）在车地板上的投影落在车地板横中心线上。这样装载时，车辆两转向架负担的货物重量相等，同一轮对的两个车轮压相同，重车的运行稳定性最好。但是在实际工作中，遇到一些特殊情况，往往要求货物重心或总重心偏离车辆横中心线。例如，超长均重货物，为了节省一辆游车，采用一端突出车端的转载方案时，要求货物重心偏离横中心线；非均重货物，如果将重心落到车辆中央，一端突出端梁，需要加挂一辆游车，而另一端车地板长度尚有空余，为了节省游车，采用不突出车端的装载方案；一车装载两件或多件货物时，各件货物的重量和外形尺寸互不相同时，很难使货物的总重心恰好落在车辆中央。

当货物重心或总重心偏离车辆横中心线时，偏离横中心线的距离应保证车辆每个转向架承受的货物重量不超过货车容许载重量的 1/2，且两转向架负重之差不大于 10 t。

设货车容许载重量为 $P_{容}(\mathrm{t})$，车辆两个转向架承受货物重量分别为 $R_A(t)$、$R_B(t)$，且 $R_A > R_B$，如图 8-9 所示。

上述条件可用数学公式表述为：

$$R_A \leqslant \frac{P_{容}}{2} \tag{8-1}$$

$$R_A - R_B \leqslant 10 \tag{8-2}$$

下面分车辆装载一件货物和装载多件货物两种情况确定货物重心或总重心在车辆上纵向的合理位置。

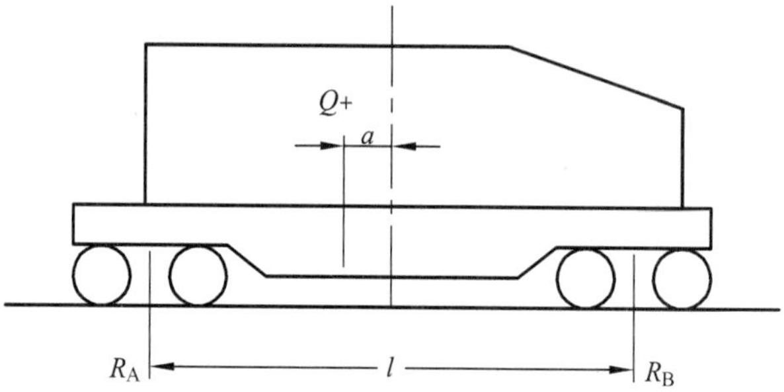

图 8-9　货物重心纵向水平位移示意图

（一）装载一件货物的情况

1. 转向架承载重量的计算

根据货物的计划装载方案，可以测量有关数据。如图 8-13 所示，设两转向架承载重量为 R_A、R_B，货物重量为 Q，车辆的转向架中心距（销距）为 l，重心纵向偏移量为 a。以 B 为支点，由力矩平衡原理，得力矩方程式为：

$$R_A \cdot l = Q(a + 0.5l)$$

$$R_A = Q\left(0.5+\frac{a}{l}\right) \tag{8-3}$$

同理

$$R_B = Q\left(0.5-\frac{a}{l}\right) \tag{8-4}$$

2. **货物重心在车辆纵向位移最大值的计算**

货物转向架承载最大限值为：

$$R_A = \frac{P_{容}}{2}$$

将式（8-3）代入式（8-1）得 $Q\left(0.5+\frac{a}{l}\right) \leqslant \frac{P_{容}}{2}$，则

$$a_{容} \leqslant \left(\frac{P_{容}}{2Q}-0.5\right)l \tag{8-5}$$

因两转向架负重之差不得大于 10 t。

$$R_A - R_B \leqslant 10$$

将式（8-3）、式（8-4）代入式（8-2）得：

$$Q\left(0.5+\frac{a}{l}\right)-Q\left(0.5-\frac{a}{l}\right) \leqslant 10，则$$

$$a_{容} \leqslant \frac{5l}{Q} \tag{8-6}$$

为了同时符合货物重心纵向偏移的两个条件，应采取式（8-5）、式（8-6）中的较小的 a 值。比较两式可知：

当 $p_{容} - Q < 10\ \text{t}$ 时，由式（8-5）中计算出的 a 值较小；当 $p_{容} - Q > 10\ \text{t}$ 时，由式（8-6）中计算出的 a 值较小；当 $p_{容} - Q = 10$ 时，两式计算出的 a 值相等。

综上所述归纳如下：设货物重心纵向最大容许偏移量为 $a_{容}$，则

当 $P_{容} - Q < 10$ 时，

$$a_{容} = \left(\frac{P_{容}}{2Q}-0.5\right)l \tag{8-7}$$

当 $P_{容} - Q \geqslant 10$ 时，

$$a_{容} = \frac{5l}{Q} \tag{8-8}$$

【例 8-1】一件货物长 11 m，重 48 t，货物重心偏离货车横中心线 500 mm，选用 N_{17AK} 型 60 t 平车装运。试确定：

（1）车辆每个转向架所承受的货物重量。

（2）货物重心纵向最大容许偏移量。

解：（1）车辆每个转向架所承受的货物重量：

$$R_A = Q\left(0.5+\frac{a}{l}\right) = 48\times\left(0.5+\frac{500}{9\,000}\right) = 26.67\text{（t）}$$

$$R_B = Q\left(0.5-\frac{a}{l}\right) = 48\times\left(0.5-\frac{500}{9\,000}\right) = 21.33\text{（t）}$$

（2）货物重心纵向最大容许偏移量：

由于　$p_{容} - Q = 60 - 42 = 18\text{ t} > 10\text{ t}$

则　$a_{容} = \frac{5l}{Q} = \frac{5\times 9\,000}{48} = 938\text{（mm）}$

3. **货物重心纵向合理位置的判定**

在实际工作中，根据计划装载方案，确定需要的纵向偏移量 $a_{实}$ 和 $a_{容}$ 比较，如果 $a_{实} \leqslant a_{容}$，则货物重心在车辆上的纵向位置符合货物装载的基本技术条件。

【例 8-2】一件货物重 52 t，长 12 000 mm，货物重心距货物一端为 7 100 mm，选用 N_{17k} 型 60 t 平车（车地板长 13 000 mm，销距为 9 000 mm）一辆装载，距重心较远的货端与车地板平齐。试问：该装载方法是否符合重心纵向位移的技术条件？

解：由题意可知

$$a_{实} = 7\,100 - \frac{13\,000}{2} = 600\,(\text{mm})$$

由于 $P_{容} - Q = 60 - 52 = 8\text{ t} < 10\text{ t}$

则　$a_{容} = \left(\frac{P_{容}}{2Q} - 0.5\right)l = \left(\frac{60}{2\times 52} - 0.5\right)\times 9\,000 \approx 692\,(\text{mm})$

因为 $a_{实} < a_{容}$，所以该装载方式符合货物重心纵向位移的技术条件。

【例 8-3】一件均重（重心在货物的几何中心）货物重 40 t，长 16 m，宽 2 m，高 1.8 m，拟用 N_{16} 型普通平车装运，横垫木高度为 200 mm。试确定经济合理的装载方案。

解：方案 1：使货物重心落到车辆中央，货物突出车辆两端各 1 500 mm，两端都需要使用游车，共需使用三辆货车。

方案 2：货物重心在车地板上的位置按最大容许偏离距离装载。

$$P_{容} - Q = 60 - 40 = 20\text{ t} > 10\text{ t}$$

则
$$a_{容} = \frac{5l}{Q} = \frac{5}{40}\times 9\,300 = 1\,163\text{（mm）}$$

当货物重心偏离车辆中心线 1 163 mm 时，货物突出车辆两端的长度分别为 337 mm 和 2 663 mm，均大于 300 mm，仍需使用两辆游车，共需使用三辆货车，如图 8-10 所示。

比较两方案，因两方案使用车数相同，且方案 1 货物重心纵向不位移，稳定性较好，所以采用方案 1。

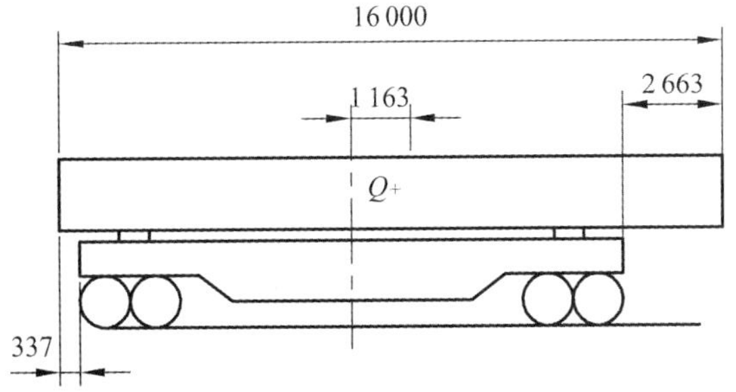

图 8-10　货物装载方案 2（单位：mm）

（二）装载多件货物的情况

装载多件货物（见图 8-11）可根据拟定的装载方法先求出多件货物的总重心和横中心线的距离，然后按装载一件货物的方法判断装载是否符合技术条件。不符合时，调整货物装载方案，重复上述过程，直到符合为止。因此，装载多件货物需要解决两个问题：一是确定多件货物的总重心和车辆横中心线的距离；二是货物总重心纵向最大容许偏移量。

以货车横中心线为轴，根据力矩平衡原理可得：

$$a_{总}(Q_1+Q_2+\cdots+Q_n)=\pm a_1Q_1\pm a_2Q_2\pm\cdots\pm a_nQ_n$$

$$a_{总}=\frac{\pm a_1Q_1\pm a_2Q_2\pm\cdots\pm a_nQ_n}{(Q_1+Q_2+\cdots+Q_n)} \tag{8-9}$$

式中　$Q_1,Q_2,\cdots,Q_n$——每件货物的重量，t；

$a_1,a_2,\cdots,a_n$——每件货物重心距车辆横中心线的距离，以货车横中心线为准，一侧取正号，则另一侧取负号，mm；

$a_{总}$——多件货物总重心距车辆横中心线的距离，mm。

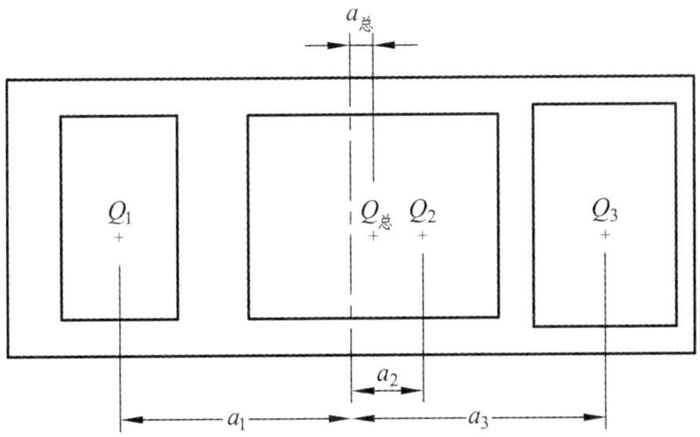

图 8-11　多件货物重心纵向水平位移示意图

多件货物总重量纵向最大容许偏移量仍按一车一件的方法，通过式（8-7）和式（8-8）进行计算，此时，$Q_{总}=Q_1+Q_2+\cdots+Q_n$。

【例 8-4】现有 Q_1、Q_2、Q_3 三件货物，重量分别为 15 t、28 t、8 t，长度分别为 5 150 mm、2 200 mm、3 000 mm，使用 N_{17k} 型平车一辆装载。检查该装载方法在车辆纵向方面是否符合规定？装载方法如图 8-12 所示（N_{17k} 型平车车地板长 13 000 mm，销距 9 000 mm，标重 60 t）。

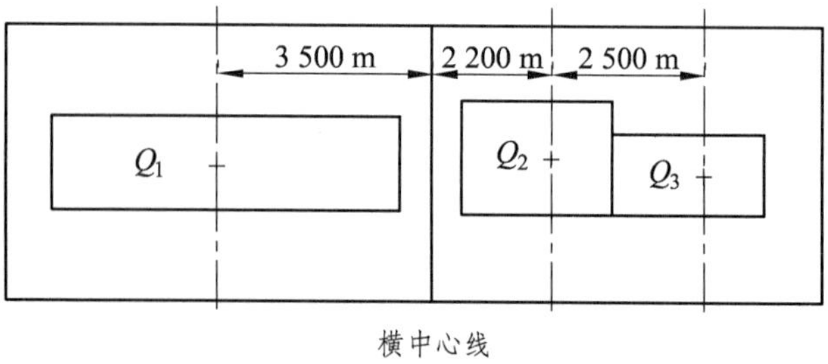

图 8-12　货物装载示意图

解：货物总重心偏移车辆横中心线的距离

$$
\begin{aligned}
a_{总} &= \frac{\pm a_1 Q_1 \pm a_2 Q_2 \pm \cdots \pm a_n Q_n}{(Q_1 + Q_2 + \cdots + Q_n)} \\
&= \frac{-15 \times 3\,500 + 28 \times 2\,200 + 8 \times (2\,200 + 2\,500)}{15 + 28 + 8} \\
&= 916\,(\text{mm})
\end{aligned}
$$

货物总重心偏离车辆横中心线的容许距离

$$P_{容} - Q = 60 - 51 = 9\ \text{t} < 10\ \text{t}$$

所以，$a_{容} = \left(\dfrac{P_{容}}{2Q} - 0.5\right) l = \left(\dfrac{60}{2 \times 51} - 0.5\right) \times 9\,000 = 794\,(\text{mm})$

$a_{总} > a_{容}$，故该装载方法不符合规定。

【例 8-5】货$_1$重 26 t，长 7 m，宽 2.8 m，高 2 m；货$_2$重 6 t，长 5 m，宽 2.2 m，高 0.8 m。两件货物都是均重货物。试确定可否用一辆 N_{17AK} 型平车装运。

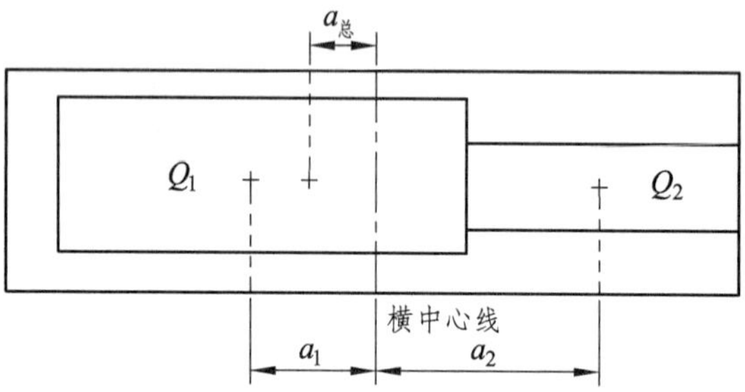

图 8-13　货物装载示意图

解：车长 13 000 mm。将两件货物紧靠在一起，视为一件，全长 12 m。将货$_2$一端与车辆一端平齐装载，货$_1$紧挨着货$_2$装载，如图 8-13 所示。总

易得 $a_1 = 2\ 000$ mm，$a_2 = 4\ 000$ mm。

（1）重心偏离车辆横中心线的实际距离。

$$a_{总} = \frac{a_1 \times Q_1 - a_2 \times Q_2}{Q_1 + Q_2} = \frac{2\ 000 \times 26 - 4\ 000 \times 6}{26 + 6} = 875\ (\text{mm})$$

（2）计算货物重心容许位移量 $a_{总}$。

$$P_{容} - Q = 60 - (26+6) = 28\ \text{t} > 10\ \text{t}$$

则

$$a_{容} = \frac{5l}{Q} = \frac{5\times 9\,000}{32} = 1\,406\,(\text{mm})$$

因为 $a_{实} < a_{容}$，所以可以使用一辆 N_{17K} 型平车装运。

如果由于某种原因，两件货物必须隔开 500 mm 的距离，情况又会怎样？请思考。

【例 8-6】某站用一辆平车装载货物四件，计划装载方法为：$Q_1 = 8\ \text{t}$，$a_1 = 4\,000\ \text{mm}$；$Q_2 = 16\ \text{t}$，$a_2 = 200\ \text{mm}$；$Q_3 = 12\ \text{t}$，$a_3 = -2\,000\ \text{mm}$；$Q_4 = 10\ \text{t}$，$a_4 = -3\,500\ \text{mm}$。试确定此装载方法是否符合货物重心纵向位置的技术条件（车辆标重 60 t，销距 9 000 mm）。

解：$Q = Q_1 + Q_2 + \cdots + Q_n = 8 + 16 + 12 + 10 = 46$（t）

$$P_{容} - Q = 60 - 46 = 14\ \text{t} > 10\ \text{t}$$

则

$$a_{容} = \frac{5l}{Q} = \frac{5\times 9\,000}{46} = 978\,(\text{mm})$$

$$a_{总} = \frac{\pm a_1Q_1 \pm a_2Q_2 \pm \cdots \pm a_nQ_n}{(Q_1 + Q_2 + \cdots + Q_n)}$$

$$= \frac{8\times 4\,000 + 16\times 200 - 12\times 2\,000 - 10\times 3\,500}{46} = -517\,(\text{mm})$$

由上可知 $a_{实} = |a_{总}| = 517\ \text{mm}$，$a_{容} = 1\,010\ \text{mm}$，则 $a_{实} < a_{容}$。所以该装载方法符合货物重心纵向位移的技术条件。

三、货物重心在车辆横向的合理位置

货物的重心或总重心的投影应位于车辆的纵中心线上，这时，同一转向架两侧轮压相同，两侧弹簧负荷均匀，有利于车辆的平稳运行。但有一些不规则货物的重心所在的纵向垂直平面两侧的宽度不等，当将其重心落在车辆纵中心线上时，可能超限，甚至受限界的限制无法运输。为了避免超限或降低超限程度，可以采用货物重心偏离纵中心线的装载方案。

货物重心偏离纵中心线，将使车辆一侧弹簧负荷较大，如果偏移量过大，有可能造成车辆或线路损毁，同时，也可能使车辆一侧的旁承游间压死，影响车辆顺利通过曲线。

实践证明，货物重心偏离车辆纵中心线距离不超过 100 mm 时，不会影响重车运行安全。

当一辆货车只装载一件货物时，货物重心的横向位置比较容易确定，下面我们讨论一车装载多件货物的情况。

（一）多件货物总重心横向位置

设 $Q_1, Q_2, \cdots, Q_n$ 是每件货物的重量，以货车纵中心线为轴，$b_1, b_2, b_3, \cdots, b_n$ 为每件货物重心偏离车辆纵中心线的距离，$b_{总}$ 为货物总重心偏离车辆纵中心线的距离。根据力矩平衡原理有

$$b_{总} = \frac{\pm b_1Q_1 \pm b_2Q_2 \pm \cdots \pm b_nQ_n}{(Q_1 + Q_2 + \cdots + Q_n)} \tag{8-10}$$

式中的正、负号以车辆纵中心线为准，一侧取正号，另一侧取负号。

（二）配重物重量（$Q_{配}$）和配重货物重心偏移量（$b_{配}$）的确定

实际工作中遇到货物总重心偏离车辆纵中心线的距离超过 100 mm 时，必须采取配重措施，即在车辆纵中心线的另一侧配装其他货物，使配装后货物的总重心落在车辆纵中心线上或使偏移量不超过 100 mm。

如图 8-14 所示，设原装货物重量为$Q_{主}$，重心横向偏移量为$b_{主}$，配重货物重量为$Q_{配}$，配重货物重心偏移量为$b_{配}$，配重后货物总重为 Q，货物总重心偏离车辆纵中心线为$b_{总}$，则将式（8-10）转换为：

$$b_{总}=\frac{Q_{主}\times b_{主}-Q_{配}\times b_{配}}{Q_{主}+Q_{配}} \tag{8-11}$$

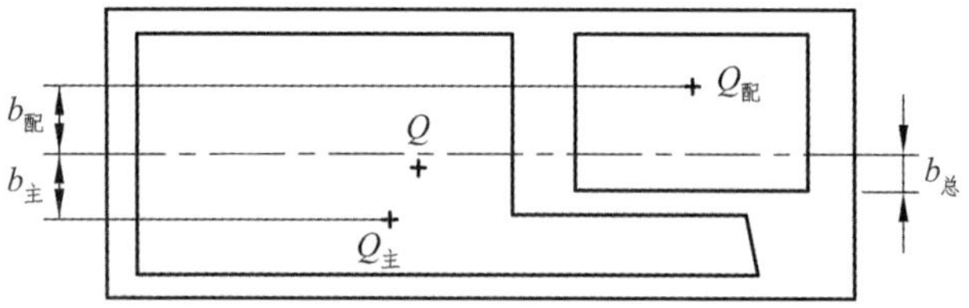

图 8-14　货物重心横向水平位移示意图

根据技术条件，$|b_{总}|\leqslant 100$ mm；同时满足$Q_{配}\leqslant P_{标}-Q_{主}$，$b_{配}\leqslant\frac{B_{车}}{2}$（$B_{车}$为车地板宽度）。

$$b_{配}=\frac{Q_{主}\times b_{主}-b_{总}(Q_{主}+Q_{配})}{Q_{配}} \tag{8-12}$$

$$Q_{配}=\frac{Q_{主}(b_{主}-b_{总})}{b_{总}+b_{配}} \tag{8-13}$$

【例 8-7】用标重 60 t 的平车装载货物一件，$Q_{主}=40$ t，$b_{主}=200$ mm，在车辆纵中心线的另一侧装载配重货物一件，$Q_{配}=10$ t。试问当配重货物重心偏离纵中心线多远时，才能使总重心:（1）位于车辆纵中心线上。（2）距车辆纵中心线为 100 mm。（3）大于 0 且小于 100 mm。

解：（1）总重心位于车辆纵中心线上，即$b_{总}=0$，代入式（8-12），则

$$b_{配}=\frac{Q_{主}\times b_{主}}{Q_{配}}=\frac{40\times 200}{10}=800\,(\text{mm})$$

（2）总重心距车辆纵中心线为 100 mm，即$b_{总}=100$ mm，则

$$b_{配}=\frac{Q_{主}\times b_{主}-100(Q_{主}+Q_{配})}{Q_{配}}=\frac{40\times 200-100(40+10)}{10}=300\,(\text{mm})$$

（3）总重心距车辆纵中心线大于 0 且小于 100 mm，即$0<b_{总}<100$ mm，则得$300<b_{配}<800$ mm。

四、重车重心高的计算

重车重心高是铁路货物运输的一项基本技术指标，它是影响重车稳定性和运行安全的重要因素之一。重车重心高越高，运行稳定性越差。为了保证重车运行安全，我国铁路规定重车重心高一般都不超过 2 000 mm，超过此限，若有条件，采取措施降低重车重心，否则，应按规定限速运行。

（一）重车重心高的计算

1. 一车装载一件货物时

如图 8-15 所示，设重车重心高为 H，重车总重 $Q_{总}$（车辆与货物重量之和）。

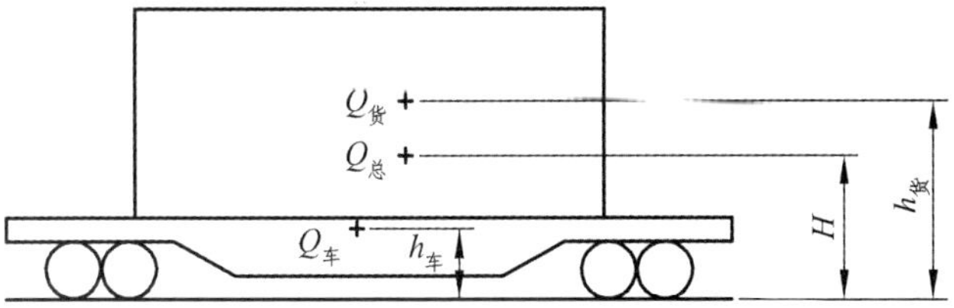

图 8-15　单件货物重车重心高计算示意图

根据势能相等的原理：

$$H = \frac{Q_{车}h_{车} + Q_{货}h_{货}}{Q_{车} + Q_{货}} \tag{8-14}$$

式中　H——重车重心高，mm；

$Q_{车}$——车辆自重，t；

$h_{车}$——车辆重心自轨面起算的高度，mm；

$Q_{货}$——货物重量，t；

$h_{货}$——装车后货物重心自轨面起算的高度，mm，$h_{货}$ = 车地板高+垫木高（座架高）+货物重心高。

2. 一车装载多件货物时

如图 8-16 所示，重车重心高 H 可按下式计算：

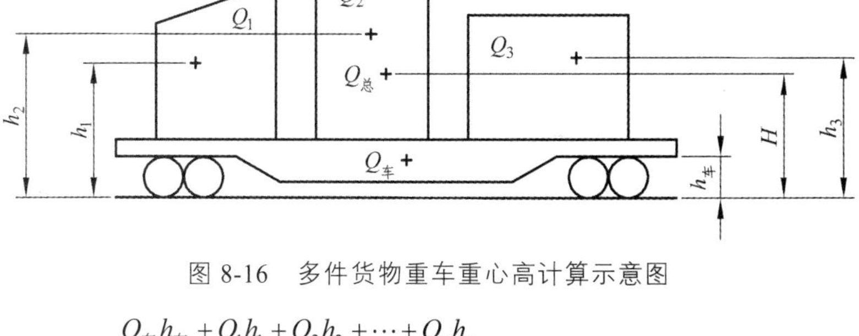

图 8-16　多件货物重车重心高计算示意图

$$H = \frac{Q_{车}h_{车} + Q_1h_1 + Q_2h_2 + \cdots + Q_nh_n}{Q_{车} + Q_1 + Q_2 + \cdots + Q_n} \tag{8-15}$$

式中　$Q_1, Q_2, \cdots, Q_n$——每件货物的重量，t；

$h_1, h_2, h_3, \cdots, h_n$——装车后每件货物重心自轨面起算的高度，mm。

3. 货物跨装运输时

重车重心高 H 可按下式计算：

$$H = \frac{Q_{车1}h_{车1} + Q_{车2}h_{车2} + Q_{货}h_{货}}{Q_{车1} + Q_{车2} + Q_{货}} \tag{8-16}$$

式中　$Q_{车1}$，$Q_{车2}$——两负重车车辆自重，t；

$h_{车1}$，$h_{车2}$——两负重车车辆重心自轨面起算的高度，mm。

【例 8-8】一件货物重 40 t，重心高为 1 500 mm，计划使用 N_{17AK} 型 60 t 平车一辆装运（车辆自重为 19.7 t，$h_{车}$= 723 mm，$h_{地}$=1 211 mm），试计算重车重心高。

$$解：H = \frac{Q_{车}h_{车} + Q_{货}h_{货}}{Q_{车} + Q_{货}} = \frac{19.7 \times 723 + 40 \times (1\,500 + 1\,211)}{19.7 + 40} = 2\,055\,(\text{mm})$$

【例 8-9】用 N_{17T} 型 60 t 平车装运大型机器一件，货重 30 t，重心高 1 500 mm，机器配件 2 件各重 10 t，重心高均为 1 000 mm。试计算重车重心高。

解：查表后得 N_{17T} 技术参数：$Q_{车} = 19.5\text{ t}$，$h_{车} = 723\text{ mm}$，$h_{车底板} = 1\,209\text{ mm}$。

$$\begin{aligned} H &= \frac{Q_{车}h_{车} + Q_1h_1 + Q_2h_2 + \cdots + Q_nh_n}{Q_{车} + Q_1 + Q_2 + \cdots + Q_n} \\ &= \frac{19.5 \times 723 + 30 \times (1\,500 + 1\,209) + 10 \times (1\,000 + 1\,209) + 10 \times (1\,000 + 1\,209)}{19.5 + 30 + 10 + 10} \\ &= 2\,008\,(\text{mm}) \end{aligned}$$

（二）重车重心高超过 2 000 mm 应采取的措施

1. 降低重车重心高

（1）选用能降低重车重心高的货车。

由重车重心高的计算公式可以看出，选用车辆重心高度和车地板高度较低而自重较大的车辆装载货物，有利于降低重车重心高。

（2）采用配重措施降低重车重心高。

重车重心高超过了 2 000 mm 时可以通过配装重心较低的货物降低重车重心高。

配重的条件是：一是车辆的载重能力尚有富余；二是车地板上有可供配重的装载位置，且符合装载技术条件的要求。

设配重物重量为 $Q_{配}$，配重物装车后重心自轨面起的高度为 $h_{配}$，未配重前重车重心高为 H，据一车多件货物的重车重心高公式和技术条件，可得配重后的重车重心高 H'，用公式表示为：

$$H' = \frac{Q_{车}h_{车} + Q_{货}h_{货} + Q_{配}h_{配}}{Q_{车} + Q_{货} + Q_{配}} \tag{8-17}$$

式中，$H' \leqslant 2\,000\text{ mm}$，则

$$Q_{配}=\frac{Q_{总}(H-2\,000)}{2\,000-h_{配}} \tag{8-18}$$

式中，$Q_{配}\leqslant P_{标}-Q_{货}$，则

$$h_{配}\leqslant 2\,000-\frac{Q_{总}(H-2\,000)}{Q_{配}} \tag{8-19}$$

当$Q_{配}$、$h_{配}$满足上式时，配重后的重车重心高就会小于或等于 2 000 mm。

注：式中$H=\frac{Q_{车}h_{车}+Q_{货}h_{货}}{Q_{车}+Q_{货}}$。

2. 限速运行

当重车重心高超过 2 000 mm，而无法将其降至 2 000 mm 以下时，应按表 8-2 规定限速运行。

表 8-2 重车重心高超过 2 000 mm 时的运行限速表

重车重心高 H/mm	区间限速/（km/h）	通过侧向道岔限速/（km/h）
$2\,000<H\leqslant 2\,400$	50	15
$2\,400<H\leqslant 2\,800$	40	15
$2\,800<H\leqslant 3\,000$	30	15

【例 8-10】用平车 N_{17AK} 型装载下列货物，货$_1$重 15 t，重心高 1 340 mm；货$_2$重 24 t，重心高 1 350 mm；货$_3$重 11 t，重心高 1 390 mm（$Q_{车}$=19.7 t，$h_{车}$=723 mm，$h_{地}$=1 211 mm），请计算重车重心高，并判断有何运输条件？

若采取配重措施降低重车重心高，现有 10 t 货物一件，其重心高应在什么范围内才不超高。

解：
$$H=\frac{H_{车}Q_{车}+H_1Q_1+Q_2H_2+Q_3H_3}{Q_{车}+Q_1+Q_2+Q_3}$$
$$=\frac{723\times19.7+(1\,340+1\,211)\times15+(1\,350+1\,211)\times24+(1\,390+1\,211)\times11}{19.7+15+24+11}$$
$$=2\,046(\text{mm})$$

重车重心高超过 2 000 mm，小于 2 400 mm，故区间限速 50 km/h 运行，通过侧向道岔限速 15 km/h。

若要配重，得

$$h_{配}\leqslant 2\,000-\frac{Q_{总}(H-2\,000)}{Q_{配}}$$
$$=2\,000-\frac{(19.7+15+24+11)\times(2\,046-2\,000)}{10}$$
$$=1\,679(\text{mm})$$

$h_{配}-1\,211=468\text{ mm}$，因此，配重货物的重心高在不大于 468 mm 的范围内，重车重心才不超高。

任务 3　集重货物装载的技术条件

任务导读

货物装载要求之一是货物重量在车地板上要均匀分布。但是在实际装载中，货物的重量难以在车地板上均匀分布，这使得车地板上局部承受重量过大，可能会产生集重现象，而在实际工作中，不容许集重的出现。所以学习集重，对指导大件货物的装载作业至关重要。

知识点

一、集重货物的概念

货物重量大于所装车辆负重面长度的最大容许载重量时，称为集重货物。

集重货物的特点是货物重量大、支重面小、货车负重面长度承载重量大。

判断一件货物是否属于集重货物，影响因素有货物的支重面长度、重量和使用的车辆三个。不同的车辆根据其车底架所用材质及结构，确定了一定负重面长度的最大容许载重量。根据所装货物的重量、支重面长度，货物重量不超过车辆负重面长度的最大容许载重量时，就不是集重货物；超过时，则为集重货物。

支重面长度（$l_{支}$）是指支撑货物重量的货物底面长度。

负重面长度（k）是指承担货物重量的货车地板长度，如图 8-17 所示。当货物直接装在货车地板上时，负重面长度等于支重面长度；当货物使用横垫木时，负重面长度等于两横垫木中心线距离的 2 倍；当货物单独使用纵垫木时，负重面长度等于纵垫木长度。

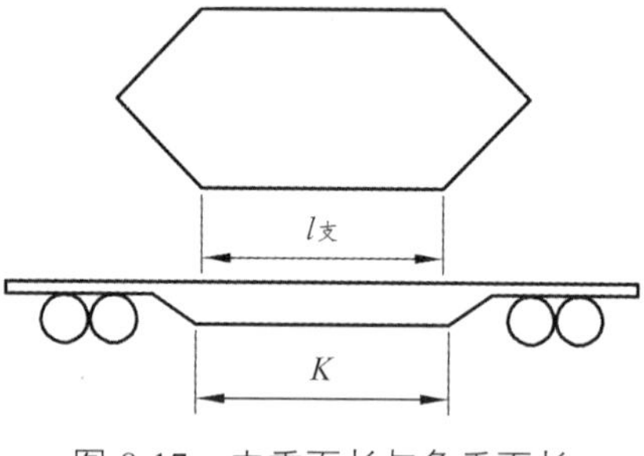

图 8-17　支重面长与负重面长

二、集重货物装载技术条件

（一）平车货物装载条件

1. 平车负重面最小长度（K）的确定

（1）当车辆均布载荷时，如图 8-18 所示。

货车负重面最小长度 K 可根据弯曲力矩平衡原理得到。

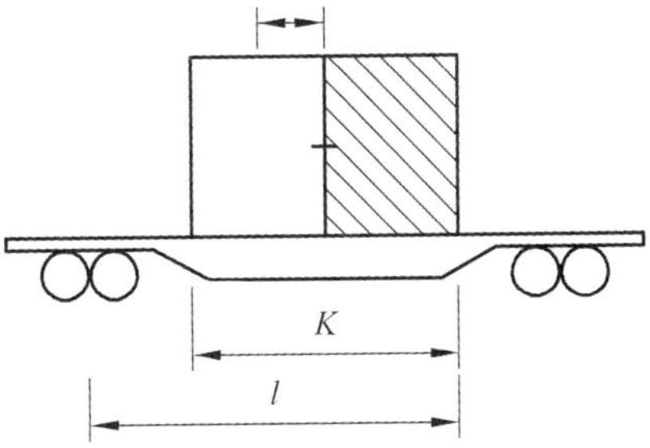

图 8-18　货车负重面最小长度 K

K 的数值具体见表 8-4、表 8-5、表 8-6。

（2）当车辆对称集中载荷时，如图 8-19 所示。

将货物放置于对称铺在平车底板上的两横垫木上，货物重量通过横垫木均匀地传到平车底架上。两横垫木中心线间最小距离“K_1”可根据弯曲力矩平衡原理可得到。

货车负重面最小长度（K）等于两横垫木中心线间最小距离的 2 倍。

大小具体见表 8-4、表 8-5、表 8-6。

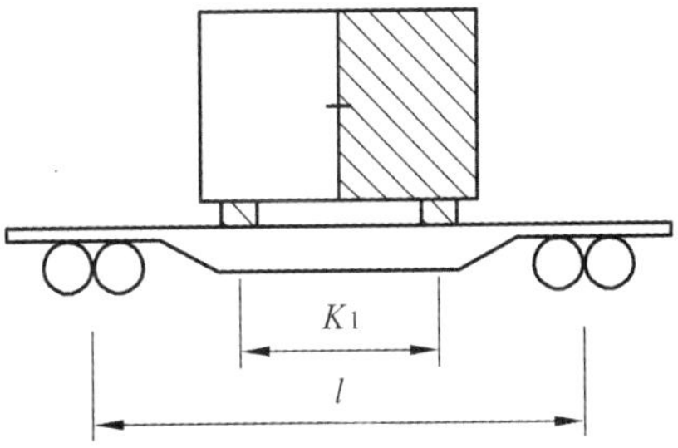

图 8-19　两横垫木中心线间最小距离 K_1

（3）货车最人容许载重量。

在平车上装载集重货物时，货车最大容许载重量是根据平车底架最大弯曲力矩确定的。所谓平车底架的最大弯曲力矩，是指作用于车底架某一截面上的所有外力对于该截面中心的力矩代数和。

根据弯曲力矩平衡原理可得出货车最大容许载重量。

平车局部地板面承受均布载荷或对称集中载荷时容许载重量表

凹底平车局部地板面承受均布载荷或对称集中载荷时容许载重量表

长大平车局部地板面承受均布载荷或对称集中载荷时容许载重量表

【例 8-11】使用 N_{17AK} 装载货物一件，货物重量 26 t，支重面长 2 000 mm。判断该货物是否为集重货物。

解：查表 8-4，货物支重面长 2 000 mm，直接装在车地板上，车辆负重面长度为 2 000 mm 时，可承载货物 30 t。货物重量 26 t，未超过所装平车地板负重面长度的最大容许载重量，所以该货物不集重。

【例 8-12】使用 N_{17AK} 装载货物一件，货物重量 32 t，支重面长 2 000 mm。判断该货物是否为集重货物。

解：查表 8-4，货物支重面长 2 000 mm，直接装在车地板上，车辆负重面长度为 2 000 mm，可承载货物 30 t。货物重量 32 t，超过所装平车地板负重面长度的最大容许载重量，所以该货物为集重货物。

2. 货物装载方法

集重装载损伤车辆，缩短车辆的使用寿命，严重的集重装载有可能造成车辆断梁，酿成重大行车事故。为了保证车辆不受损伤，以确保行车安全和货物完整，在确定货物的装载方案时，要避免集重装载。

避免集重装载的方法主要有使用横垫木、使用纵横垫木、重心纵向偏移等。

根据货物的外形、重量和特点，结合使用车辆的类型，正确地选择集重货物的装载方案。

（1）当车型一定、货物重量一定时，货物支重面长度大于等于平车地板负重面长度时，货物可直接装在车底板上。

（2）加横垫木。

当货物支重面长度小于车辆负重面最小长度，大于规定的两横垫木之间的最小距离时（$k > l_{支} > k_1$），需要使用横垫木，如图 8-19 所示，使横垫木中心线间最小距离符合表 8-4、表 8-5、表 8-6 的规定。

（3）加纵、横垫木。

当车型一定、货物重量一定，当货物支重面长度小于车辆负重面最小长度，且小于规定的两横垫木中心线之间的最小距离时（$l_{支} \leqslant k_1$），需要使用纵、横垫木，如图 8-20 所示。

横垫木中心线间最小距离符合表 8-4、表 8-5、表 8-6 的规定。

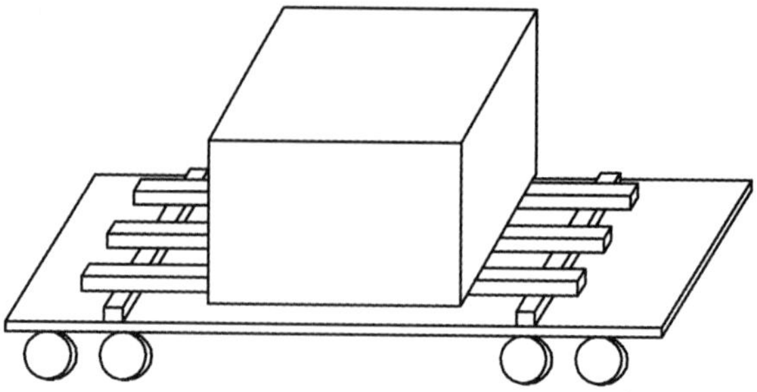

图 8-20　使用纵、横垫木装载货物

【例 8-13】一件货物重 50 t，货物支重面长度为 3 400 mm，使用 N_{17AT} 应如何装载？

解：查表 8-4，货物重 50 t，若不集重，车辆负重面长度至少应为 5 000 mm，不符合装载要求。需要在货物底部加两根横垫木，货物支重面长度为 3 400 m，符合两横垫木中心线间最小距离应为 2 500 mm 的要求。

【例 8-14】一件货物重 50 t，货物支重面长度为 2 400 mm，使用 N_{17AT} 应如何装载？

解：查表 8-4，货物重 50 t，若不集重，车辆负重面长度至少应为 5 000 mm，不符合装载要求。需要在货物底部加横垫木，两横垫木中心线间最小距离应为 2 500 mm，而货物支重面长度仅为 2 400 mm，还需在货物与横垫木间加纵垫木才能符合装载要求。

（二）敞车货物装载条件

1. 60 t 敞车装载

对于 C_{62A}、C_{62AK}、C_{62AK}、C_{62AT}、C_{62AT}、C_{62BK}、C_{62BT}、C_{64K}、C_{64H} 及 C_{64T} 型敞车局部地板面承受货物重量时装载应符合以下规定：

（1）仅在车辆两枕梁之间、横中心线两侧等距离范围内承受均布载荷（见图 8-21）时，容许载重量见表 8-7。

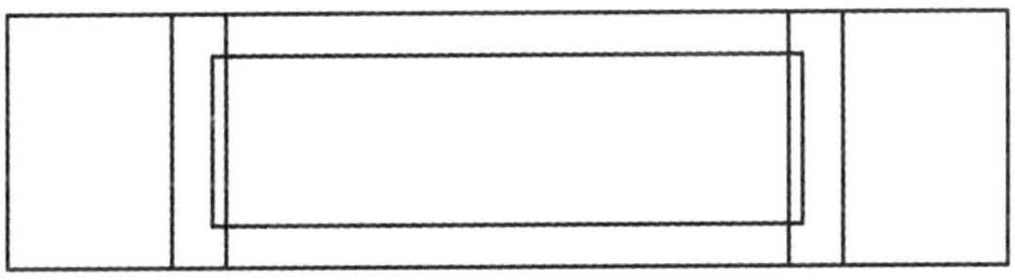

图 8-21　均布载荷

60、61 t 敞车两枕梁间承受均布载荷时最大容许载重量表

（2）仅在车辆两枕梁之间、横中心线两侧等距离范围内承受对称集中载荷（见图 8-22）时，容许载重量见表 8-8。

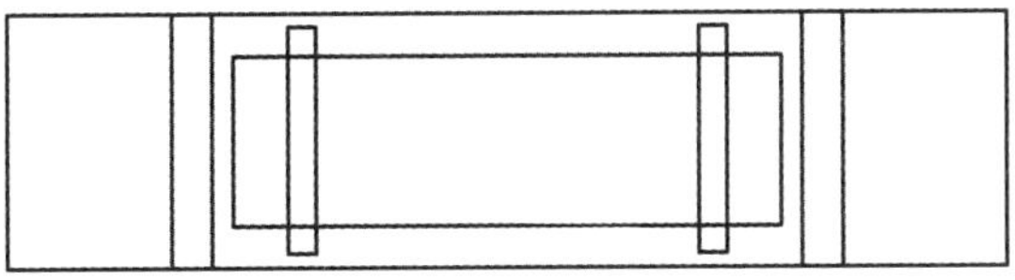

图 8-22　对称集中载荷

60、61 t 敞车两枕梁间承受对称集中载荷时最大容许载重量表

（3）两枕梁直接承受货物重量且两枕梁承受的货物重量相等时，全车装载重量可以达到车辆容许载重量。

（4）在车辆两枕梁内外等距离（装载长度不超过 3.8 m）、宽度不小于 1.3 m 范围内（小于 1.3 m 时加垫长度不小于 1.3 m 的横垫木）承受均布载荷时，全车装载重量可以达到车辆标记载重量。

需要在货物下加垫横垫木或条形草支垫（稻草绳把）时，应分别加垫在枕梁上及其内外各 1 m 处，如图 8-23 所示。

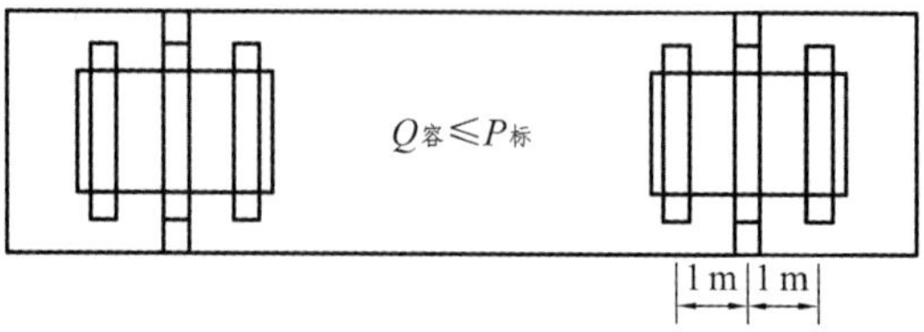

图 8-23　长度小于等于 3.8 m 加垫横垫木装载

（5）靠车辆两端墙向中部连续装载货物，每端装载长度超过 3.8 m 时（见图 8-24）。

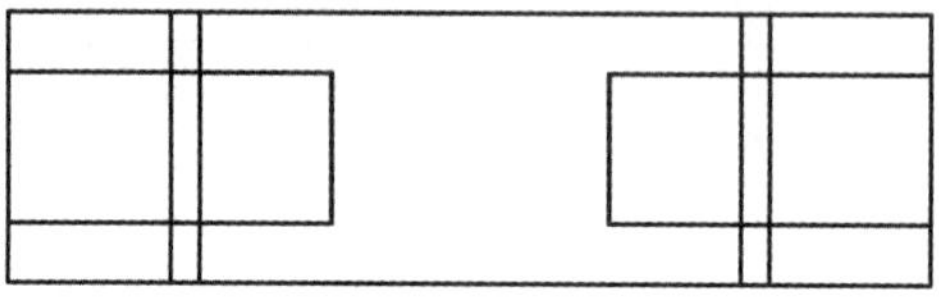

图 8-24　长度大于 3.8 m 时的装载

应遵守下列规定：

① 装载宽度 $B \geqslant 2.5$ m 时，全车装载重量可以达到车辆标记载重量。

② 装载宽度 1.3 m $\leqslant B <$ 2.5 m 时，全车装载重量不得超过 55 t。

（6）在车辆两枕梁内外等距离、宽度不小于 1.3 m 范围内和车辆中部三处承载时，如图 8-25（a）所示，中部货物重量不得大于 13 t，全车装载重量不得超过 57 t。

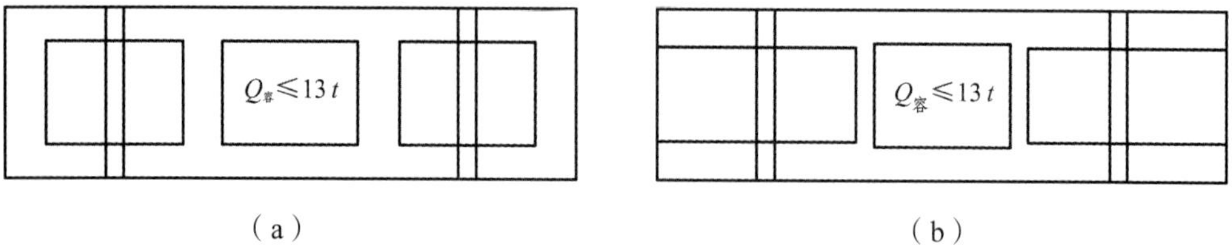

图 8-25　三处承载示意图

（7）靠车辆两端墙向中部连续装载，如图 8-25（b）所示，每端装载长度超过 3.8 m，且在车辆中部装载货物时，应遵守下列规定：

① 中部所装货物的重量不得超过 13 t。

② 当两端货物的装载宽度 $B \geqslant 2.5$ m 时，全车装载重量不得超过 57 t。

③ 当两端货物的装载宽度 1.3 m $\leqslant B <$ 2.5 m 时，全车装载重量不得超过 55 t。

（8）仅靠防滑衬垫防止货物移动时，全车装载重量不得超过 55 t。

2. 70 t 敞车装载

C70、C70H、C70E、C70EH 型敞车局部地板面承受均布载荷时，应遵守下列规定。

（1）仅在车辆两枕梁之间、横中心线两侧等距离范围内承受均布载荷时，容许载重量见二维码。

C_{70}、C_{70H}、C_{70E}、C_{70EH} 敞车两枕梁间承受均布载荷时容许载重量表

（2）仅在车辆两枕梁之间、横中心线两侧等距离范围内承受对称集中载荷时，容许载重量见二维码。

C_{70}、C_{70H}、C_{70E}、C_{70EH} 敞车两枕梁间承受对称集中载荷时容许载重量表

① 当车辆负重面宽度不小于 2 000 mm，在车辆两枕梁处负重面长度各为 3 800 mm 或在车辆两枕梁及中央三处负重面长度不小于 2 000mm 且均布对称装载时；全车均布装载时。

② 当负重面长度介于上表两数之间时，可采用线性插入法确定容许载重量。

（3）两枕梁直接承受货物重量且两枕梁承受的货物重量相等时，全车装载重量可以达到车辆标记载重量。

（4）在车辆两枕梁内外等距离（装载长度不超过 3.8 m）范围内承受均布载荷时，应遵守下列规定：

① 装载宽度不小于 2.5 m 时，全车装载重量可以达到车辆标记载重量。

② 装载宽度不小于 1.2 m、不足 2.5 m 时，全车装载重量不得超过 65 t。

需要在货物下加垫横垫木或条形草支垫（稻草绳把）时，应分别加垫在枕梁上及其内外各 1 m 处。

（5）靠车辆两端墙向中部连续装载货物，每端装载长度超过 3.8 m 时，应遵守下列规定：

① 装载宽度不小于 2.5 m 时，全车装载重量可以达到车辆标记载重量。

② 装载宽度不小于 1.2 m、不足 2.5 m 时，全车装载重量不得超过 65 t。

（6）在车辆两枕梁内外等距离（装载长度不超过 3.8 m）范围内和车辆中部三处承载时，应遵守下列规定：

① 中部货物装载宽度不小于 1.2 m，重量不得大于 25 t；

② 两端货物的装载宽度不小于 2.5 m 时，全车装载重量可以达到车辆标记载重量；

③ 两端货物的装载宽度不小于 1.2 m、不足 2.5 m 时，全车装载重量不得超过 65 t。

（7）货物的装载宽度小于 1.2 m 时，可双排装载或加垫长度不小于 1.2 m 的横垫木。

任务 4　超长货物装载技术条件

任务导读

超长货物属于特殊条件运输的货物。超长货物长度长，需要使用两辆及以上货车装运，其装载加固应符合超长货物的装载技术条件。

制定超长货物装载方案时，应结合货物的外形尺寸、重量等特点以及车辆的结构，通过对方案进行比选，选择经济合理的装载方案。

知识点

一、超长货物的概念

（一）超长货物定义

超长货物是指一车负重，突出车端，需要使用游车或跨装运输的货物。

（二）判定超长货物

当货物半宽小于或等于车地板半宽时货物突出车辆端部超过 300 mm 或当货物半宽大于车地板半宽时货物突出车辆端部超过 200 mm，该货物即为超长货物。

（三）超长货物的类别

（1）一车负重需要使用游车的货物。

（2）需跨装运输的货物。

（3）货物全长小于或等于车地板长，但因重心纵向位移需要使用游车的货物。

【例 8-15】下列货物使用 N17AK 型平车一车负重均衡装运时，判断是否属于超长货物。

① 一件均重货物重 45 t，长 13 400 mm，宽 2 200 mm，高 1 800 mm

② 一件均重货物重 40 t，长 15 000 mm，宽 2 000 mm，高 1 900 mm

解：N_{17AK} 型平车车地板长 13 000 mm，宽 3 000 mm，两件货物的全长均超过车地板长度，半宽均小于车地板的半宽度，均衡装载时各自的突出端长为 200 mm，1 000 mm。故此刻：① 中货物不是超长货物，② 中货物是超长货物。

二、超长货物的装载方法

超长货物通常有两种装载方法：其一是一车负重加挂游车，其二是跨装装载。

（一）一车负重超长货物的装载方法

（1）一端突出使用游车，如图 8-26（a）所示。

（2）两端突出使用游车，如图 8-26（b）所示。

（3）一端突出共用游车，如图 8-26（c）所示。

（二）跨装超长货物的装载方法

（1）两车跨装，如图 8-26（d）所示。

（2）两车负重，中间使用游车，如图 8-26（e）所示。

（3）两车负重，中间、两端均使用游车。

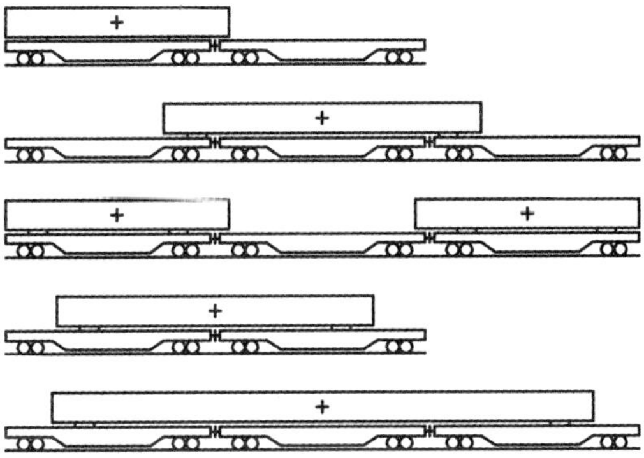

图 8-26　超长货物的装载方法

【例 8-16】一件均重货物重 50 t，长 1 3400 mm，宽 2 000 mm，均衡装载。分别用 NX_{70}、N_{17AK} 装载时，判断货物是否为超长货物。

解：NX_{70} 车地板全长 15 400 mm，均衡装载时，车地板长大于货物的长度，货物此刻没有突出端，不是超长货物。

N_{17AK} 车地板全长 13 000 mm，均衡装载时，货物两个突出端长度均为 200 mm，不是超长货物。

【例 8-17】一件均重货物重 50 t，长 13 400 mm，宽 2 000 mm，用 N_{17AK} 一端对齐，一端突出装载时，判断货物是否为超长货物。

解：N_{17AK} 车地板全长 13 000 mm，一端对齐，一段突出装载，突出端长度为 400 mm，货物是超长货物。

通过上述例题可知，超长货物不是绝对的，而是相对于车辆及装载方法而言的。

三、超长货物装载技术条件

（一）一车负重装载的技术条件

（1）均重货物使用 60 t 平车两端均衡突出时，其装载量不得超过表 8-3 所列数值。

表 8-3　60 t 平车两端均衡突出装载量

突出车端长度 L/mm	$L<1\ 500$	$1\ 500 \leqslant L<2\ 000$	$2\ 000 \leqslant L<2\ 500$	$2\ 500 \leqslant L<3\ 000$	$3\ 000 \leqslant L<3\ 500$	$3\ 500 \leqslant L<4\ 000$	$4\ 000 \leqslant L<4\ 500$	$4\ 500 \leqslant L<5\ 000$
容许载重量 $Q_{容许}$/t	58	57	56	56	55	54	53	52

（2）均重或非均重货物一端突出端梁装载时，重心最大容许纵向偏移量应根据计算确定，即

当 $P_{容}-Q<10$ 时，

$$a_{容}=\left(\frac{P_{容}}{2Q}-0.5\right)l$$

当 $P_{容}-Q\geqslant 10$ 时，

$$a_{容}=\frac{5l}{Q}$$

【例 8-18】一件均重货物（重心在货物的几何中心）重 40 t，长 16 m，宽 2 m，高 1.8 m，拟用 N17AK 型普通平车装运，横垫木高度为 200 mm。试确定经济合理的装载方案。

解：方案 1：使货物重心落到车辆中央（$a=0$），货物突出车辆两端各 1 500 mm，两端都需要使用游车，共需使用三辆货车。

方案 2：货物重心在车地板上的位置按最大容许偏离距离装载（$a=a_{容}$）

$$P_{容}-Q=60-40=20\ \text{t}>10\ \text{t}$$

故，$a_{容}=\dfrac{5l}{Q}=\dfrac{5\times 9\ 000}{40}=1125$（mm）

当货物重心偏离车辆中心线 1 125 mm 时，货物突出车辆两端的长度分别为 375 mm 和 2 625 mm，均大于 300 mm，仍需使用两辆游车，共需使用三辆货车。

比较两方案，因两方案使用车数相同，且方案 1 货物重心纵向不位移，稳定性较好，所以采用方案 1。

在制定超长货物的装载方案时，需要考虑的三个装载原则：

① 经济节约：尽量使用较少的车辆。

② 货物不偏重：$a_{实}\leqslant a_{容}$。

③ 装载状态越稳定越好：货物重心在车地板上的纵向偏移量（a）越小越好。

（3）所用横垫木或支架高度应计算确定。

为使装有超长货物的连挂车组通过线路纵向变坡点时，货物突出部分的底部与游车底板相接触，以保证行车和货物安全，垫木高度应通过计算得出最低高度，如图 8-27 所示。

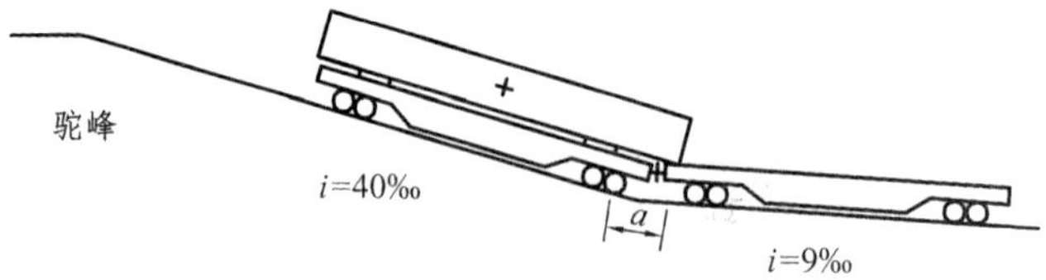

图 8-27　横垫木或支架高度计算

$$H_{垫}=0.031a\pm h_{车差}+f+80 \tag{8-20}$$

式中　a——货物突出端至负重车最近轮轴轴心所在垂直面的距离，mm。

对于一定的车型来说，其车端至最近轮轴轴心的距离 $L_{车端-轴}$ 是固定的，其大小可以通过计算得到。

常见平车的 $L_{车端-轴}$ 的大小见二维码。

车端至最近轮轴轴心的距离

车端至货端的距离用 $L_{车端-货端}$ 表示。则 $a = L_{车端-轴} + L_{车端-货端}$。

$h_{车差}$——游车地板高度与负重车地板高度差，游车地板比负重车地板高时，取正值，反之取负值，mm；

f——货车突出端的挠度，mm；

0.031——按通过驼峰的要求，货物底部与游车地板的接触点所形成夹角的正切值，取值为 0.031；

80——负重车地板空重高差（30 mm）与安全距离（50 mm）之和，mm。

若货物突出端部分底部低于其支重面时，垫木高度还应加上该突出部分低于货物支重面的尺寸；如果货物突出端部分底部高于货物支重面时，垫木高度应减去突出车端部分高于货物支重面的尺寸。

【例 8-19】某装车站装运均重圆柱体货物一件，货重 55 t，长 15 000 mm，用 N_{17K} 型 6 平车一端对齐、一端突出装载，使用 N_{17T} 型平车做游车。请判断是否需要横垫木，如果需要，确定其最小高度。

解：N_{17K} 型：$l_{货} = 15\ 000\ \text{mm}$，$l_{车} = 13\ 000\ \text{mm}$，$l = 9\ 000\ \text{mm}$，$l_{轴} = 1\ 750\ \text{mm}$。

（1）计算 a。

方法 1：查表，$L_{车端-轴} = 1\ 125\ \text{mm}$

$$a = L_{车端-轴} + L_{车端-货端} = 1\ 125 + (15\ 000 - 13\ 000) = 3\ 125\,(\text{mm})$$

方法 2：

$$\begin{aligned} a &= (l_{车} - l - l_{轴})/2 + (l_{货} - l_{车}) = (13\ 000 - 9\ 000 - 1\ 750)/2 + (15\ 000 - 13\ 000) \\ &= 3\ 125\,(\text{mm}) \end{aligned}$$

（2）计算 $H_{垫}$。

$$\begin{aligned} H_{垫} &= 0.031a \pm h_{车差} + f + 80 \\ &= 0.031 \times 3\ 125 + (1\ 209 - 1\ 211) + 0 + 80 \\ &= 175\,(\text{mm}) \end{aligned}$$

故，该超长货物的装载需要横垫木，其最小高度为 175 mm。

（3）共用游车时，两货物突出端间距不小于 500 mm，如图 8-28 所示。

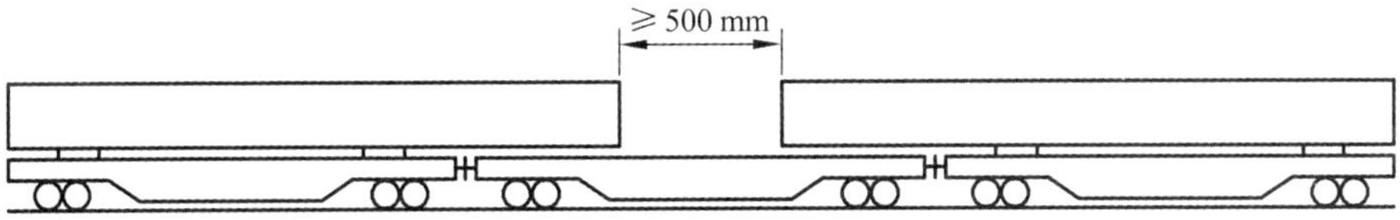

图 8-28　共用游车货物间距

（4）游车上装载的货物，与货物突出端间距不小于 350 mm，货物突出部分的两侧不得装载货物，如图 8-29 所示。

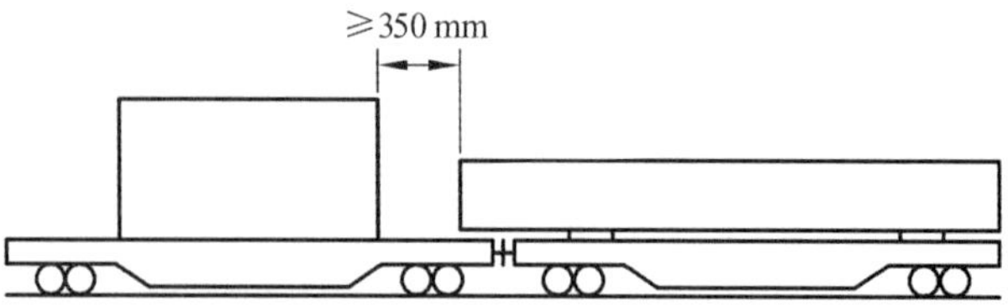

图 8-29　游车加装货物间距

（二）跨装超长货物装载的技术条件

跨装是指货物的长度超过一车负重的容许装载长度，其重量由两辆平车承载。

1. 跨装超长货物装载应遵守的规定

（1）跨装货物只准两车负重。负重车车地板高度应相等，如高度不等时，需要垫平。

对未达到容许载重量的货车，可以加装货物，但不得加装在货物的两侧，与跨装货物端部的间距不小于 400 mm。

（2）在两辆负重车的中间只准加挂一辆游车。

（3）货物转向架支重面长度应遵守不集重的规定。货物转向架应放在车地板的横中心线上，必须纵向位移时，应符合货物重心偏离货车横中心线的最大容许距离 $a_{容}$ 的规定，货物转向架的上架体与跨装货物，下架体与车辆分别加固在一起。

（4）货物转向架的上架体与跨装货物，下架体与车辆应分别加固在一起。加固方法不得影响车辆通过曲线，并将提钩杆用镀锌铁线捆紧。

（5）中间加挂游车的跨装车组通过 9 号及其以下道岔时，不得推送调车，以防脱轨。遇设备条件不允许或尽头线时，可以 5 km/h 的速度匀速推进。

（6）跨装车组禁止溜放。

（7）跨装车组应使用车钩缓冲停止器，安装应在车钩自然状态下进行。

2. 货物转向架高度 $H_{转}$ 的确定

$$H_{转} = a\tan\gamma + H_{车差} + f + 80 \tag{8-21}$$

（1）两车负重，两端或一端加挂游车时：

$$a = y_{端} + l_3$$

$$\tan\gamma = 0.031$$

式中　$y_{端}$——货物突出负重车端梁较长一端的长度，mm；

l_3——负重车车端至其最近轮轴轴心所在垂直平面间的距离，mm。

（2）两车负重，中间无游车时：

当 $l_{销} \leqslant 1.29 l_2$ 时：

$$a = l_2$$

$$\tan\gamma = \frac{0.04(l_1 + l_3)}{l_{支}}$$

当 $y_{销} > 1.29l_2$ 时：

$$a = y_{销}$$

$$\tan\gamma = \frac{0.031(l_1 + l_3)}{l_{支}}$$

式中　$y_{销}$——货物超出货物转向架中心销外方的长度，mm；

l_1——货物转向架中心销至另一辆负重车相邻车端的距离，mm；

l_2——货物转向架中心销至其所在车辆内方车端的距离，mm；

$l_{支}$——跨装支距，mm。

（3）两车负重，中间有游车时：

$$a\tan\gamma = \left[0.04 - \frac{0.04(l_1 - l_3) - 0.015(l_{支} - l_{台} - l_1 - l_3)}{l_{支}}\right]l_1 + 0.04l_3$$

$$a\tan\gamma = \frac{0.031(l_{支} - l_1 + l_2)y_{销}}{l_{支}}$$

取两者较大者计算。

式中　$l_{台}$——驼峰平台长度（两竖曲线切点之间的距离），可按 10 000 mm 计算。

（三）普通平车装运长钢轨（含道岔轨）的技术条件

（1）使用长钢轨专用座架多车负重装载。根据长钢轨规格，选用一定数量合适车地板长和标重的木地板平车。相邻车辆上的座架底面高度（相对轨面）应相等，如高度不等超过规定限度时，需要垫平。

（2）长钢轨使用专用座架分层装载。

（3）长钢轨沿车辆纵向对称装载，正向摆放，相同长度的长钢轨端部应尽量对齐，因技术原因不能对齐时，端部长短差不得大于 200 mm。

（4）短尺长钢轨与定尺长钢轨混装时，应横向靠内侧、沿车辆纵中心线对称装载。必要时，应采取配重措施。

（5）不同型号的道岔轨混装时，同层钢轨型号必须相同，且较重型号钢轨应自下而上从底层装起。

（6）长钢轨采用横向整层紧固方式进行固定，每一层钢轨装载完毕后，在该层锁定座架处使用对应型号紧固装置将本层钢轨紧固并与座架固定为一体。

（7）各型号专用座架和紧固装置不得混合使用。

（8）专用座架每层隔梁装后应锁定。

（9）每个锁定座架应捆绑加固在车侧丁字铁或支柱槽上。

（10）长钢轨车组车辆间不得使用车钩缓冲停止器，同时要对提钩杆和折角塞门进行捆绑固定。重车车组中涂打的平车，允许放下端侧板进行装运。

（11）专用车组固定循环运输长钢轨、专用座架原车回送时，座架在平车上保持原位置及加固方式不变，紧固装置和隔梁应采取有效措施固定。

（12）重车车组禁止通过驼峰和溜放。

（四）超长货物装车后的其他技术要求

（1）超长货物装车后，车辆转向架任何一侧旁承游间不得为零（弹性旁承及旁承承载结构的货车除外）。遇球形心盘货车一侧旁承游间为零时，可用千斤顶将压死一侧顶起，落顶后出现游间，表明货物装载符合要求。

（2）超长货物装车后，应标画颜色醒目的易于判定货物是否移动的检查线。

（3）限速运行时，发站应在货物运单、票据封套、编组顺序表及货车表示牌上注明“限速××公里”字样。

（4）装运超长货物，发站还应在货物运单、票据封套、编组顺序表及货车表示牌上注明“超限货物”或“超长货物”字样；以连挂车组装运时，应注明“连挂车组不得分摘”字样。

铁路运输超限货物时也应符合以上要求。

木材和竹子的装载要求

轮式、履带式货物和圆柱形、球形货物的装载要求

金属材料及制品的装载要求

卷钢的装载要求

预应力梁的装载要求

任务 5　货物装载加固方案的应用

任务导读

货物装载加固是保证运行安全和货物安全的重要措施。装载加固方案是一项技术工程，它包含工程设计，是规章的具体落实。

目前，我国铁路运输已经形成了一套具有中国特色的装载加固方案。它的公布实施，对于保证铁路运输安全起到了重要的作用。

知识点

一、装载加固方案的分类

铁路货物装载加固方案分为装载加固定型方案（以下简称定型方案）、装载加固暂行方案（以下简称暂行方案）和装载加固试运方案（以下简称试运方案）。

定型方案系《加规》附件一，所列方案是总公司明文规定的相应品名与规格的货物装载加固方案。此方案系列化程度较强、覆盖范围也比较广，是一个规范性的文件，与《加规》具有同等效力。

暂行方案是一定时限内，铁路局制定的，经国铁集团审查通过的货物装载加固方案。

试运方案是一定范围内进行铁路运用实验的装载加固方案，一般进行研究实验用。

暂行方案和试运方案，是对定型方案的有效补充，这些方案很可能在适当时机被纳入国铁集团定型方案。同时，暂行方案和试运方案不应与定型方案相抵触，也不应重复。

二、装载加固定型方案的内容

装载加固定型方案包括 11 类 50 项，涉及货物装载品类千余种。具体分为：01 类成件包装货物，02 类集装件及箱装设备，03 类水泥制品、料石及箱装玻璃，04 类木材、竹子，05 类起重机梁及钢结构梁、柱、架，06 类轧辊、轮对、电缆、钢丝绳、变压器及卧式锅炉，07 类金属材料及制品，08 类轮式、履带式货物，09 类圆柱形、球形货物，10 类大型机电设备，11 类口岸站进口设备。

（一）定型方案的编号

每种方案用一个编号来编码。编号由 6 位阿拉伯数字组成。从左至右，第 1、2 位为类别代码，第 3、4 位为项别代码，第 5、6 位为顺序码。

如 030101 的几个数字，指第三类水泥制品、料石及箱装玻璃的第一项水泥制品的第一个品名——水泥管。

（二）定型方案的内容

每个品名的定型方案都包括以下内容：

（1）货物装载加固定型方案示意图。

（2）货物规格，指明了货物的重量范围、外形尺寸情况及货物性质。在此内容中，还应指明对货物的包装要求。

（3）准用货车，指明了车辆的使用限制情况。

（4）加固材料（装置），指出所用加固材料的种类。

（5）装载方法，确定出了合理、具体的装车方案。

（6）加固方法，确定了装车后，具体的加固措施，按方案加固即是严格按此条规定进行加固。

（7）其他要求。本条规定的是一些有关装载加固的特殊规定或强调装载加固后的附属工作。

下面是编号 010301 的装载加固定型方案。

010301 棉花（Ⅰ）

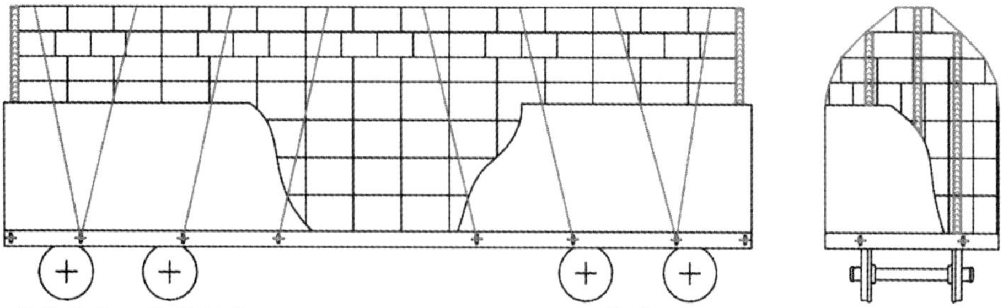

一、货物规格：外形尺寸 800 mm×600 mm×400 mm，件重 80 kg。

二、准用货车：60 t、61 t 通用敞车。

三、加固材料：支柱，长 2 700～2 900 mm 的 4 根，长 3 200～3 300 mm 的 2 根，绳索（破断拉力不小于 7.84 kN）。

四、装载方法：

1. 第 1～4 层纵向侧立顺装 7 行，每行 15 件、4 层计 420 件。
2. 第 5 层顺装 4 行，每行 15 件，计 60 件。
3. 第 6 层沿车辆纵中心线顺装 1 行 15 件，两侧各横装 1 行，每行 20 件，计 55 件。
4. 第 7 层沿车辆纵中心线顺装 1 行 15 件，全车共装 550 件。

五、加固方法：

1. 货车端部各内插 3 根支柱，长 3 200～3 300 mm 插在中间，支柱间用绳索横向捆绑连结。
2. 用绳索横向下压捆绑不少于 8 道，顶层每间隔一件货物 1 道。

六、其他要求：属危险货物的，按有关规定办理。

装载加固定型方案的拓展内容见二维码。

装载加固定型方案拓展内容

［编号：010901 轮胎，编号：030201 32 m 标准预应力梁，编号 060517 变压器（Ⅵ）］

三、装载加固方案的执行

凡使用铁路敞车、平车、长大货物车及敞、平车类专用货车装运的成件货物，有定型方案、暂行方案和试运方案的，一律严格按方案装车。

与既有定型方案和暂行方案中货物规格（包括单件重量、重心位置、外形尺寸、支重面长度和宽度等）相近，装载加固方法相同并且使用相同车辆装载的货物，由装车站提出比照申请（试运方案和超过有效期的暂行方案不得比照），发送铁路局或直属货运站段按权限确认后批准装车站执行，并纳入暂行方案管理；暂无方案的，由托运人向装车站申报计划装载加固方案（以下简称计划方案），或由装车站组织制定计划方案并经托运人同意，必要时还应同时提出装载加固计算说明书或论证报告，并按权限报批。

四、装载加固方案的申报和批准

托运人向装车站申报计划方案时，应详细提供货物的外形尺寸、单件重量、重心位置、支重面长度及宽度、货物运输安全的特殊要求等相关资料。申报暂行方案时，还应同时提出装载加固计算说明书。申报试运方案时，还应同时提出由国铁集团认定的方案论证、技术检测机构出具的方案论证和试验报告。试运方案由国铁集团审批管理。

暂行方案，比照方案由铁路局审批管理。铁路局应建立暂行方案电子化档案，每月月底前将批准的暂行方案电子版报国铁集团运输局备案。

计划方案或比照申请宜通过电子化流转、快速报批，铁路局、直属货运站段应在 3 个工作日内给出方案审批意见，及时完成审批。

五、装载加固方案的有效期

（1）定型方案长期有效。

（2）试运方案不跨年度，连续试运期限一般不应超过 3 年。

（3）暂行方案有效期及比照方案有效期由铁路局规定。

凡需继续执行的暂行方案（比照方案）和试运方案，方案执行单位须在有效期结束前一个月将方案执行情况（试运方案为试运总结）和下一步运用请求逐级审核上报方案批准单位，经审查批准后方可继续实施。

逾期未申报者，原暂行方案（比照方案）和试运方案自行废止。

任务 6　认识常见加固材料与加固装置

任务导读

货物装载加固方案的核心内容之一就是加固材料的选择和使用。因此，对常见加固材料的准确选择和灵活使用对铁路严格落实按方案装车的原则或者制定一个合理的装载加固方案必不可少。

知识点

一、常用加固材料类型及适用范围

（一）常见的加固材料

1. 按加固方式不同

主要分为拉牵捆绑类、衬垫类、掩挡类及其他类四种材料。

（1）拉牵捆绑材料。

包括镀锌铁线、盘条、钢丝绳和钢丝绳夹、固定捆绑铁索、绳索、螺旋式紧线器、84 型紧固器、腰箍。

（2）衬垫材料。

包括垫木和隔木、条形草支垫、稻草绳把、稻草垫、橡胶垫。

（3）掩挡类材料。

包括支柱、挡木、钢挡、锅炉挡铁、掩挡（三角挡、掩木、方木、凹木）、铁泥塑料挡、围挡及挡板（壁）。

（4）其他材料。

包括绳网、焦炭网、绞棍、圆钢钉、扒锔钉、U形钉、U形夹、钢板夹。

2. **按材质不同**

主要分为木质类、钢铁制品类、其他材质类三种材料。

（1）木质类。

主要用来垫或挡货物，如支柱、垫木、挡木等。

（2）钢铁制品类。

主要用来拉牵、捆绑、焊接加固货物，如铁线、钢丝绳、型钢等。

（3）其他材质类。

主要用来防滑，如橡胶垫、草支垫等。

（二）常用加固材料的适用范围

对于有平支承面的货物、圆柱形货物、带轮货物和轻浮货物，由于加固方式的不同，应使用不同的加固材料，与各类货物适应的加固材料见表 8-4。

表 8-4　各种加固材料的适用范围

货物特点	不稳定形态	可使用的加固材料
平支承面货物	纵向或横向倾覆	镀锌铁线、绞棍、钢丝绳、紧固器、拉杆
	纵向或横向移动	挡木、镀锌铁线、绞棍、钢丝绳、紧固器、钉子或扒锔钉
圆柱体货物	纵向或横向滚动	凹形垫木、掩木、三角挡、钉子或扒锔钉
	顺装时纵向移动	镀锌铁线、钢丝绳、横腰箍、绞棍、紧固器
	横装时横向移动	镀锌铁线、钢丝绳、绞棍、紧固器、挡木、钉子或扒锔钉
带轮货物	纵向或横向滚动	三角挡、掩木、镀锌铁线、钢丝绳、绞棍、紧固器、钉子或扒锔钉、轮挡
	纵向或横向移动	挡木、镀锌铁线、钢丝绳、绞棍、紧固器、钉子或扒锔钉
轻浮货物	倒　塌	支柱（侧、端）、镀锌铁线、绳子、绳网、U形钉

二、常用加固材料的用途及规格

（一）拉牵捆绑材料

1. **镀锌铁线**

镀锌铁线是一种适应性比较强，应用广泛的加固材料。其质量应符合国家标准《一般用途低碳钢丝》（GB/T 343）的要求。许用拉力取其破断拉力的 1/2。它主要用于拉牵、加固、捆绑货物，可防止货物发生倾覆、水平移动和滚动。

使用镀锌铁线时，一般应将数股拧成一根，禁止使用已受损、捆绑过货物的铁线。拉牵用镀锌铁线直径不得小于 4 mm（8 号），捆绑用镀锌铁线直径不得小于 2.6 mm（12 号），镀锌铁线不得用作腰箍下压式加固，一般不用作整体捆绑，绞紧时不得损伤镀锌铁线，禁止使用两股以上镀锌铁线一次性缠绕的操作方法，禁止使用受损、使用过的镀锌铁线。

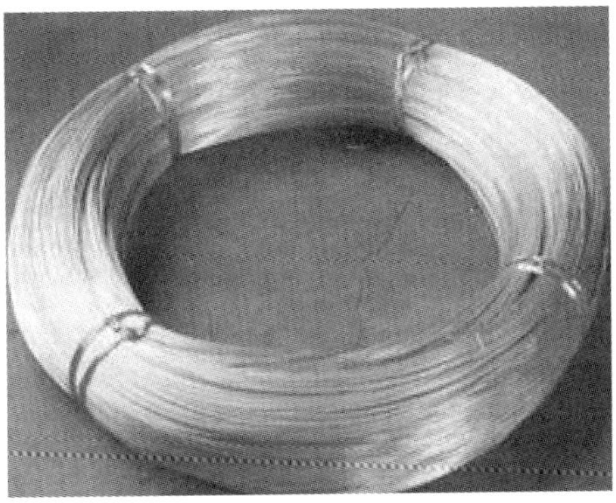

图 8-30　镀锌铁丝

加固货物常用的镀锌铁线的破断拉力和许用应力值如表 8-5 所示。

表 8-5　常用镀锌铁线的破断拉力和许用拉力

线　号	6	7	8	9	10	11	12
直径/mm	5.0	4.5	4.0	3.5	3.2	2.9	2.6
破断拉力/kN	6.7	5.4	4.3	3.29	2.75	2.26	1.82
许用拉力/kN	3.35	2.7	2.15	1.64	1.37	1.13	0.91

镀锌铁线使用方法：

（1）使用镀锌铁线拉牵加固的方式主要有：八字形、倒八字形、交叉、又字形或反又字形等。各种拉牵方式既可单独使用，也可两种或两种以上组合使用。拉牵应尽可能对称。

（2）拉牵加固时，将单股或双股镀锌铁线在货物和车辆的两拴结点间往返缠绕，并应拽紧镀锌铁线使各股松紧度尽量一致。剩余部分穿插缠绕于自身绳杆后，使用绞捆绞紧，余尾朝向车内。

（3）应合理选择货物上的拉牵位置。用于防止货物水平移动时，拉牵位置应尽量低些；用于防止货物倾覆时，拉牵位置可适当高些。

2. 盘　条

盘条也是一种适应性比较强，应用广泛的加固材料，它主要用于拉牵加固捆绑货物，可防止货物发生倾覆、水平移动和滚动。其性能较镀锌铁线强，有公称直径为 5.5 mm、6.0 mm、6.5 mm 的三种规格。许用拉力取其破断拉力的 1/2。常用盘条的破断拉力和许用拉力如表 8-6 所示。

表 8-6　常用盘条的破断拉力和许用拉力

直　径/mm	5.5	6	6.5
破断拉力/kN	7.96	9.47	11.12
许用拉力/kN	3.98	4.73	5.56

图 8-31　盘条

盘条的使用方法基本同镀锌铁线，但盘条还可用于整体捆绑。使用时注意应禁止使用受损、使用过的和表面有裂纹、折叠、结疤、耳子、分层、夹杂的盘条；绞紧时不得损伤盘条；拉牵时，禁止盘条两端头相互搭接缠绕；盘条不得用作腰箍下压式加固。

3. **钢丝绳和钢丝绳夹**

钢丝绳不仅可用于拉牵加固，还可用于作腰箍下压式加固和整体捆绑。加固货物用钢丝绳应选用柔性较好的起重、提升和牵引用钢丝绳。为便于现场掌握和操作，推荐使用公称抗拉强度 1 670 N/mm^2 的 $6\times19_{(b)}$（1+6+12）型钢丝绳，许用拉力取其破断拉力的 1/2。表 8-7 列出了常用钢丝绳直径及其相应的最小破断拉力和许用拉力。

表 8-7　公称抗拉强度 1 670 N/mm^2 规格 6×19（b）钢丝绳的最小破断拉力和许用拉力

钢丝绳直径/mm	6	7	7.7	8	9	9.3	10	11	12	12.5	13
最小破断拉力/kN	18.5	25.1	31.7	32.8	41.6	45.6	51.3	62	73.8	81.04	86.6
许用拉力/kN	9.25	12.55	15.85	16.4	20.8	22.8	25.65	31	36.9	40.52	43.3
钢丝绳直径/mm	14	15.5	16	17	18	18.5	20	22	24	26	28
最小破断拉力/kN	100	126.6	131	153.27	166	182.37	205	248	295	346	402
许用拉力/kN	50	63.3	65.5	76.63	83	91.18	102.5	124	147.5	173	201

图 8-32　钢丝绳及钢丝绳夹

紧固捆绑钢丝绳的装置是钢丝绳夹，钢丝绳夹的结构如图 8-33 所示，常用钢丝绳夹规格尺寸要与钢丝绳最大直径相适应。

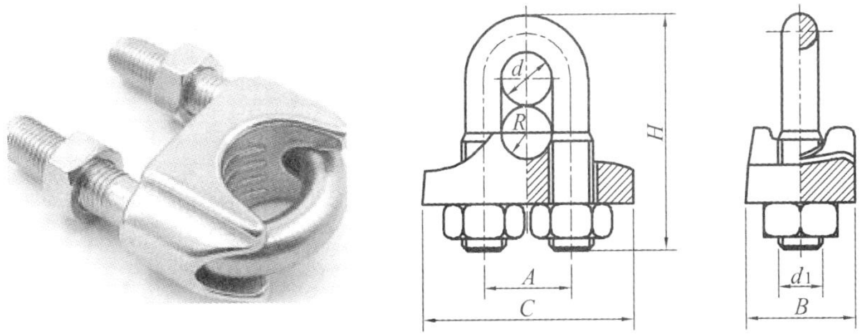

图 8-33　钢丝绳及其夹结构

钢丝绳使用方法与镀锌铁线、盘条大致相同，但用钢丝绳拉牵加固时，将钢丝绳穿过紧线器或绕过拴结点后，绳头折回与主绳并列，使用与之匹配的钢丝绳夹固定。钢丝绳还可用于腰箍下压式加固和整体捆绑。固定钢丝绳端头时，钢丝绳夹的使用数量不得少于 3 个，并按图 8-34（a）所示进行布置；两根钢丝绳搭接时，并列绳头应拉紧，用不少于 4 个的钢丝绳夹正反扣装并紧固，如图 8-34（b）所示。钢丝绳夹间的距离 A 等于钢丝直径的 6 ~ 7 倍，绳头余尾长度应控制在 100 ~ 300 mm。

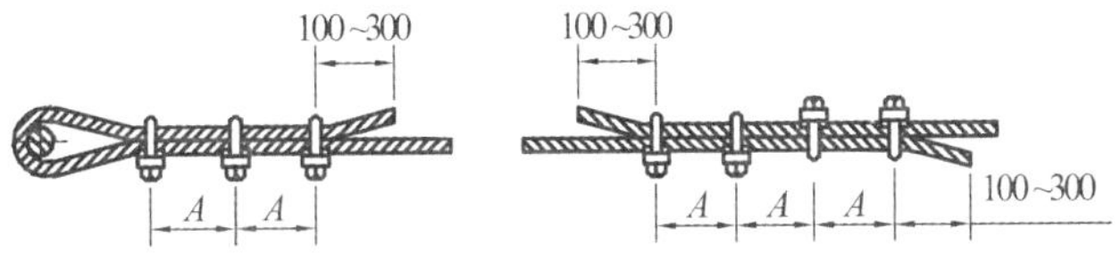

（a）　　　　（b）

图 8-34　钢丝绳夹使用示意图

另外应紧固离拴结点最近的钢丝绳夹，加固时钢丝绳松紧应适度，搭接钢丝绳时，钢丝绳的底板必须扣装主绳一侧。

钢丝绳使用时注意：禁止使用受损的钢丝绳；禁止使用吊车吊钩长紧钢丝绳；紧线器与钢丝绳串联使用时，其抗拉强度应与钢丝绳匹配；钢丝绳夹的夹座表面应光滑平整，无尖棱和冒口，不得有降低强度和有损外观的缺陷（如气孔、裂痕、疏松、夹砂、铸疤、起磷、错箱等）；夹座的绳槽表面应与钢丝绳的表面和捻向稳合；U 形螺栓杆部表面不允许有过绕裂纹、凹疤、斑疤、条痕、氧化皮和浮锈；螺纹表面不许有碰伤、毛刺、双牙尖、划痕、裂缝和不完整丝扣。

4. 固定捆绑铁索

固定捆绑铁索是由 8 号镀锌铁线 4 股制作而成，配合支柱作腰线拦护货物，可以重复使用的加固材料，铁索两端的环状铁线必须拼齐缠绕，如图 8-35 所示。

固定捆绑铁索的破断拉力不小于 12 kN。

固定捆绑铁索使用方法：加固木材使用固定捆绑铁索作腰线时，应分别用 3 股游线穿入固定捆绑铁索环内，各缠绕支柱 2 周、拧固 3 周，捆绑松紧适度，固定捆绑铁索应与木材密贴。同一固定捆绑铁索允许使用一个游线环。注意禁止使用锈蚀的固定捆绑铁索，固定捆绑铁索两端不得同时使用固定游线，绞紧时不得损伤固定捆绑铁索。

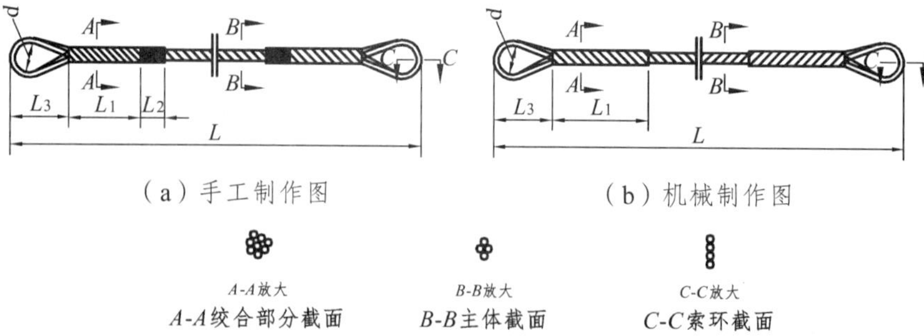

图 8-35　固定捆绑铁索结构

5. 绳　索

绳索应使用优质棕、麻制作或用抗拉强度和伸长率符合要求的尼龙丝等材料制作，是一种价廉实用易操作的加固材料。绳索的破断拉力不得小于 7.84 kN，加固轻浮货物时其破断拉力不得小于 2.94 kN，绳索 80%破断拉力时的伸长率不大于 15%。

使用方法：

（1）根据货物装载情况，绳索可采用横向下压捆绑、纵向下压捆绑、端部交叉捆绑、货件的串联捆绑等形式。横向下压捆绑应垂直下压，操作有困难时，也可采用横向扇形下压捆绑，如图 8-36 所示。

（2）超出车辆端侧板（墙）装载的成件包装货物可采用端部交叉捆绑，如图 8-37 所示；也可采用端部双交叉捆绑，如图 8-38 所示。

（3）横向下压捆绑时，绳索应拴结在车侧丁字铁或支柱槽上；纵向下压捆绑时，绳索应拴结在车辆端梁丁字铁提钩杆支座上。

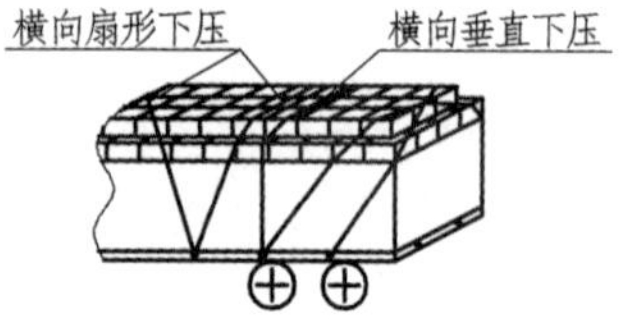

图 8-36　绳索下压捆绑示意图

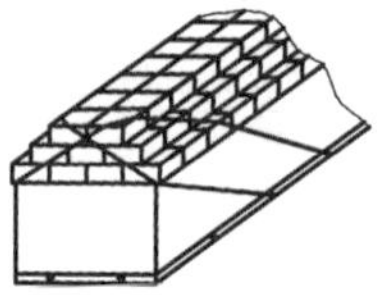

图 8-37　绳索单交叉捆绑示意图

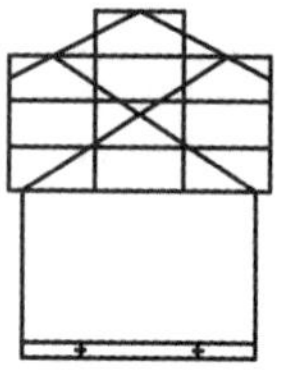

图 8-38　绳索双交叉捆绑示意图

（4）捆绑绳索经过手闸制动台时，应从其上方绕过；经过手闸制动杆或提钩杆时应从其内侧穿过。

（5）绳索拴结后，应缠绕在自身绳杆上并至少打两个死结，绳头余尾长度不得超过 300 mm，一般也不得小于 100 mm。

（6）蝴蝶套拴结法：将绳索向下拉紧并绕丁字铁的直铁一周后，做成蝶翅状圈套，套入丁字铁一段横铁拉紧；然后再做蝶翅状圈套，套入丁字铁另一端横铁拉紧。

（7）链扣抽结拴结法：绳索穿过支柱槽向下拉紧后绕槽壁两周，在支柱槽上方做成直径约 50 mm 的扣眼，然后将绳头绕绳杆一周并穿过扣眼向下拉紧，上述方法要连续进行两次。绳所在敞车下门折页横铁上的拴结，应采用链扣抽结拴结方法拴结。

注意事项：

（1）使用绳索捆绑加固货物时必须由两人以上配合操作，一部分人理顺绳索走向，一部分人不断收拉绳索，必须使之紧实有力。也可使用紧线器收拉绳索。

（2）禁止在提钩杆和制动手闸拴结。拴结需经过提钩杆和制动手闸等时，不得妨碍提钩杆和制动手闸等的正常使用。

（3）敞车装载的货物，禁止使用绳索在车侧拴结点上拴结后，绕过货物侧面、顶面和端面与车端拴结点拴结的交叉捆绑，如图 8-39（a）所示。

（4）禁止使用绳索仅绕过货物侧面和端面，而不绕过货物顶面的捆绑，如图 8-39（b）所示。

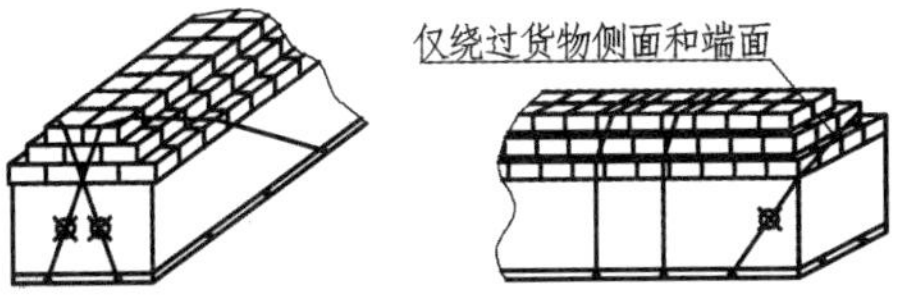

（a）　（b）

图 8-39　禁止使用的绳索拴结方法

（5）横向下压捆绑绳索不允许有接头；端部交叉捆绑和纵向下压捆绑绳索，每道允许有一个接头。

（6）绳头余尾只准许缠绕自身绳杆，禁止攀拉其他绳杆。

6. **螺旋式紧线器**

螺旋式紧线器又称花兰螺栓，主要分“OO 型”“OC 型”“CC 型”“OU 型”四种，具体结构如图 8-40 所示。

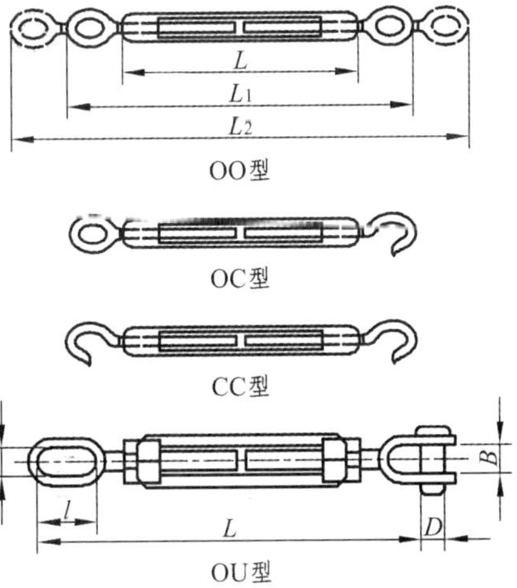

图 8-40　各型螺旋式紧线器

螺旋式紧线器与钢丝绳配合使用时，抗拉强度应匹配。加固货物时，应优先选用“OO 型”和“OU 型”螺旋式紧线器。使用“OC 型”或“CC 型”螺旋式紧线器时，须采取措施防止拉牵绳从紧线器开处脱出，实物如图 8-41 所示。

7. **84 型紧固器**

84 型紧固器主要用于加固轮式货物，其结构如图 8-42 所示。主要规格和性能参数见《加规》。

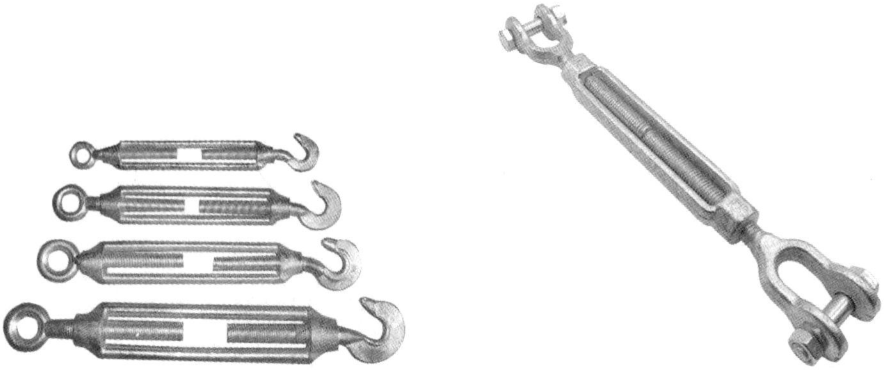

图 8-41　螺旋式紧线器

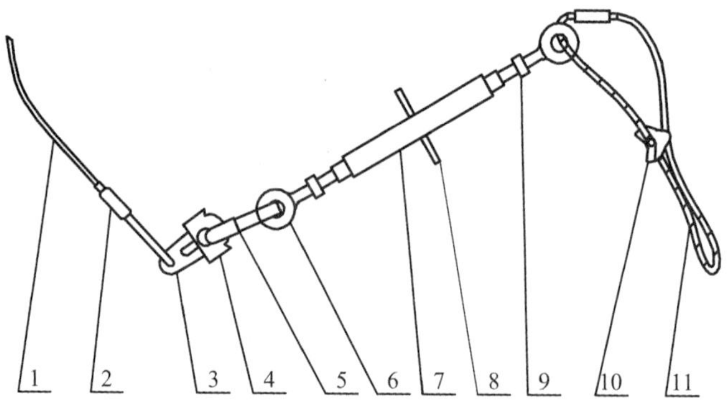

1，11—钢丝绳；2—卡箍；3—紧定楔；4—紧定套；5—U 形拉柄；6—调节螺杆；7—螺筒；8—力杆；9—锁定螺母；10—耐磨衬垫。

图 8-42　84 型紧固器的结构示意图

使用方法：

（1）将调节螺杆拧出螺筒至最长。

（2）钢丝绳 11 挂于车侧丁字铁上，另一钢丝绳 1 经轮轴或其他部位穿入斜楔锁紧机构 3、4、5。

（3）移动耐磨衬垫 10，使其垫入钢丝绳转弯处。

（4）抽动穿过斜楔紧机构的钢丝绳头，使紧固器张紧。

（5）旋转力杆 8，使紧固器松紧适宜。

（6）将锁紧定螺母 9 与螺筒 7 拧紧。

注意事项：

（1）禁止用套管或其他方式加长紧固器力杆。

（2）钢丝绳与货物、车辆棱角接触处应采取防磨措施。

（3）禁止使用螺纹碰伤、钢丝绳损坏的 84 型紧固器。

8. 腰　箍

所谓腰箍是指将货物捆绑（箍）在车辆上的加固材料。

腰箍可用钢丝绳制成，也可用扁钢带制成，腰箍加固主要是通过下压捆绑以增大货物与车底板或垫木间的摩擦力，以达到防止货物滚动或移动的目的。主要用于加固顺装的圆柱体货物和加固箱型货物。

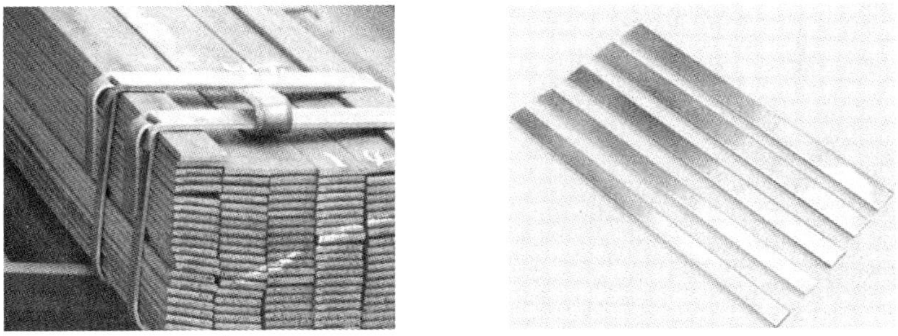

图 8-43　扁钢带

使用方法：

（1）腰箍两端应分别与车辆拴结点或钢座架相连，其预紧力应达到设计要求。

（2）通过螺栓张紧腰箍时须用双螺母紧固。

（3）腰箍可与螺旋式紧线器配合使用。

（4）腰箍与货物接触处可加垫橡胶垫等。

注意事项：

（1）木箱包装的货物、外壳较薄易于损坏的货物不宜采用腰箍进行加固。

（2）禁止使用镀锌铁线、盘条制作腰箍。

（3）禁止使用仅一端有紧固装置的扁钢腰箍。

（二）衬垫材料

1. 垫木和隔木

装运货物时，为增大货物支重面的长度和宽度、降低超限等级或避免超长货物突出部分底部与游车车底板接触，必要时需使用纵、横垫木。在分层装载货物特别是金属制品时，为防止层间货物滑动，必须使用隔木。

横垫木和隔木的长度一般不应小于货物装载宽度，但不大于车辆的宽度；垫木的宽度不得小于高度。垫木和隔木的常用规格尺寸如表 8-8 所示。

横垫木使用时应置于车地板与货物间，避免集重装载，其安设方位应满足《铁路货物装载加固规则》（以下简称《加规》）的有关要求。一车负重装载超长货物时，横垫木的最小高度应通过计算确定。货物分层装载时，可在层间铺垫隔木。

表 8-8　垫木和隔木的常用规格尺寸

名　称	规格尺寸/mm			要　求
	长	宽	高（厚）	
横垫木	2 700～3 000	150	140	装载超长货物时横垫木的高度根据突出车端长度计算确定
纵垫木	—	150	140	—
隔　木	—	100	35	长度不得小于货物的装载宽度

注：a. 本表规定的规格，如不能适应所装货物需要，应在具体装载加固方案中明确。

b. 垫木和隔木必须使用无削弱强度的木节和裂纹、坚实、纹理清晰、无腐烂的整块木材制作。

2. 条形草支垫、稻草绳把、稻草垫、橡胶垫

条形草支垫、稻草绳用于支承货物并起防滑的作用，既可置于车地板之上，也可置于货物层间。同层货物下衬垫的条形草支垫规格应相同。条形草支垫、稻草绳把、稻草垫均限一次使用。橡胶垫起防滑、防磨的作用并可作为缓冲材料。

使用时注意禁止使用腐烂变质稻草或有伤痕、锈蚀的镀锌铁线制作的条形草支垫。

避免集重装载时，条形草支垫在车地板上的铺垫位置应满足《加规》的有关要求。严格控制货物装车时的温度，以防条形草支垫焦煳、燃烧造成失效。条形草支垫限一次性使用。

（三）掩挡类材料

1. 支　柱

支柱是用来拦护货物的加固材料。加固货物常用支柱包括：木支柱、钢管支柱和竹支柱三种。常用的三种支柱的材质和规格参见表 8-9。

表 8-9　常用支柱的材质及规格

<table>
<tr><th rowspan="2">类　型</th><th rowspan="2">材质或树种</th><th colspan="3">规格/mm</th></tr>
<tr><th>长度</th><th>大头直径</th><th>小头直径</th></tr>
<tr><td rowspan="3">木支柱</td><td>榆、柞、槐、楸、桦、栗、栎、榉、水曲柳等各种硬木</td><td rowspan="5">≤2 800</td><td>不小于 85
不大于 160</td><td>不小于 65</td></tr>
<tr><td>落叶松、黄菠萝</td><td>不小于 105
不大于 160</td><td>不小于 85</td></tr>
<tr><td>杉木、樟松</td><td>不大于 180</td><td>不小于 100</td></tr>
<tr><td>钢管支柱</td><td>普通碳素钢或其他钢种的无缝钢管或焊接钢管</td><td>不小于 65</td><td>不小于 65</td></tr>
<tr><td>竹支柱</td><td>毛　竹</td><td>不小于 80</td><td>不小于 80</td></tr>
</table>

注：各种材质木支柱的直径均不含树皮的厚度。

木支柱应以坚实圆直的木材制成，不允许有腐朽、死节和虫眼（表皮虫沟除外），活节不超过 2 个；钢管支柱须圆直，无裂纹，壁厚不小于 4 mm，禁止使用铸铁管制作支柱；竹支柱需用节密、瓤实、圆直的竹子制成，不得有腐朽、虫眼和裂缝。

支柱使用方法：

（1）敞车使用木、竹支柱时必须倒插。

（2）木支柱外插时应将其大头加工成四方形，紧插在支柱槽内，并适当露出支柱槽下，露出的长度不宜超过 200 mm。

（3）钢管支柱外插使用时，其插入端应焊有挡铁。钢管支柱也可用 8 kg/m 以上的轻轨代替。

（4）竹支柱仅限装运竹子及轻浮货物时使用。

（5）使用敞车装载木材、竹子时，支柱的使用数量按《加规》的有关规定办理。

支柱使用注意：安插支柱不得超限；支柱折断时必须更换；使用平车时，不得使用竹支柱，木支柱不得倒插；用桦木作支柱必须剥皮或蹚平。

2. 挡木、钢挡

挡木主要用来加固平支重面货物，防止货物移动或倾覆。挡木的宽度与高度应相等，常

用规格（长×宽×高）为 400 mm×100 mm×100 mm。

装载平支承面货物时，可以在货物两端或两侧加挡木或钢挡，如图 8-44 所示。挡木、钢挡一般采用钉固或螺栓连接的方式固定，钢挡还可以采用直接焊接的方式固定。

固定挡木或钢挡的圆钢钉应垂直钉进，圆钢钉的长度应接近于将车地板钉穿。

挡木应采用材质良好、文理清晰、无腐朽、无木节、无裂纹的木材制作。钢挡可用型钢或钢板制作，其结构、尺寸可根据实际使用需要确定。

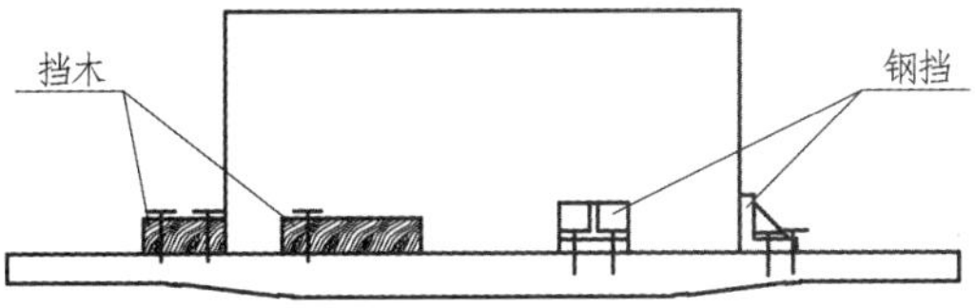

图 8-44　挡木、钢挡与车地板钉固

注意：为防止挡木或钢挡受力后翻倒，挡木钢挡不宜过高，挡木不得拼接。

图 8-45　钢挡

钢挡在装载加固方案中的应用见二维码。

变压器（Ⅰ）的装载加固方案

3. 锅炉挡铁

锅炉挡铁采用厚度 8 mm 及以上钢板焊接制成，挡铁斜坡（面）及横向挡铁应根据锅炉翘角角度和翘角长度来确定，每块挡铁底板上各交叉打 6～8 个直径 12 mm 的圆孔，锅炉挡铁的结构如图 8-46 所示。

使用时，挡铁斜坡（面）应与锅炉翘角底部相吻合，将挡铁横向与锅炉翘角边缘贴紧，纵向挡板与锅炉翘角端部留有 20～30 mm 间隙，每块挡铁各用 6～8 个直径 10 mm 的圆钢钉钉固在车地板上。

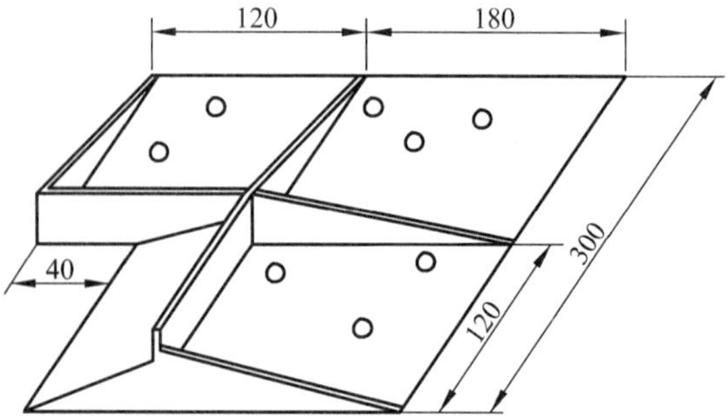

图 8-46　锅炉挡铁的结构（单位：mm）

锅炉翘角长度超过 120 mm 时，可取消挡铁纵向挡板，锅炉挡铁的使用示意图如图 8-47 所示。

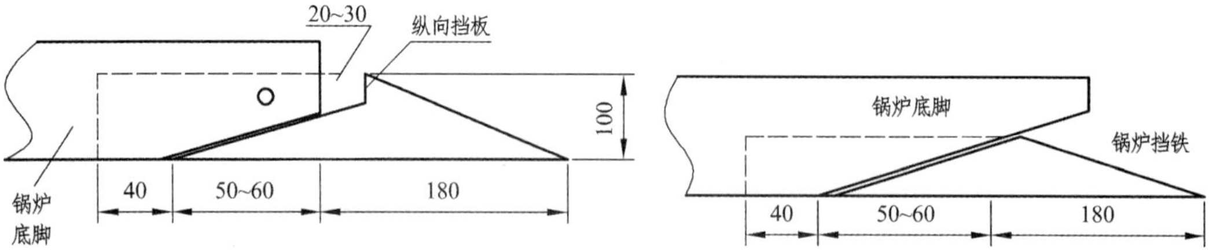

图 8-47　锅炉挡铁使用示意图（单位：mm）

锅炉挡铁在装载加固方案中的应用见二维码。

卧式锅炉（Ⅱ）的装载加固方案

4. **掩挡（三角挡、掩木、方木、凹木）**

三角挡、掩木、方木、凹木用来加固圆柱形货物及轮式货物。其规格应根据货物的重量、直径（轮径）等确定。

单独使用掩挡防止圆柱形、球形货物及轮式货物滚动时，掩挡的需要高度可按下式计算：

纵向　$$h_{掩} \geqslant (0.3744 - 0.0018Q_{总})D \ (\text{mm}) \tag{8-22}$$

横向　$$h_{掩} \geqslant 0.08D \ (\text{mm}) \tag{8-23}$$

式中　$Q_{总}$——重车总重，t；

D——货物的直径或轮径，mm。

配合其他加固方法使用时，高度（深度）可适当降低。三角挡的底宽不得小于高度的 1.5 倍，其高度经计算不足 100 mm 时，按 100 mm 取用。

常用方木的规格（长×宽×高）为 500 mm×200 mm×160 mm。

木制三角挡应选用无节、无裂纹、无虫眼的一级木材制作，掩木、方木、凹木应用坚实的二级及以上木材制作。

凹木可用坚实的横垫木与掩木配合制作，必要时，掩木的斜面应尽可能按被掩圆柱体半径制作成弧面，并用螺栓与横垫木牢固连接，每块掩木使用的螺栓数不得少于 2 个。凹木的宽度不小于凹木底面至凹部最低点高度的 1.2 倍。

使用方法：

它们通常和铁钉、扒锔钉配合使用，以增强货物在车底板上的稳定性。

（1）加固圆柱形货物及轮式货物时，可使用三角挡掩木、方木、凹木等加固材料，其规格应根据货物的重量、直径（或轮径）等确定。

（2）掩挡与车或垫木的联结强度必须足以防止其自身移动和倾覆。

（3）使用三角挡或掩木掩挡轮式货物时，其一侧斜面应与货物贴实，底面与车地板接触处应平整。

使用时注意禁止使用有断痕、裂纹及腐朽木材制作的掩挡。

5. 铁泥塑料挡

铁泥塑料挡分为铁塑轮挡、铁塑三角挡和铁塑侧挡三种。

铁塑轮挡可掩挡轮式货物；铁塑三角挡可掩挡轮式货物及圆柱形货物；跨装汽车应在其前轮外侧或内侧 50 mm 处钉固侧挡。常用铁塑轮挡结构如图 8-48 所示，以下常用铁塑挡应配合其他加固方法同时使用。

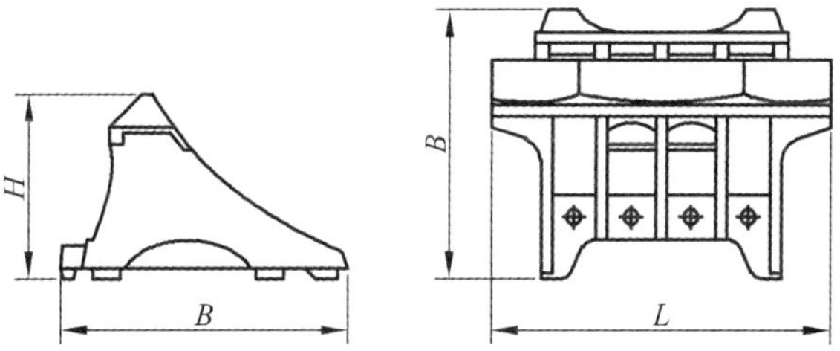

图 8-48　常用铁塑轮挡结构

6. 围挡及挡板（壁）

围挡用于挡固敞车装载焦炭的起脊部分，有竹笆、竹板、箭竹、钢网、木板围挡等。板、方材挡板（壁）、竹笆挡壁装在敞车两端。围挡及挡板（壁）安装均不得超限。

（1）竹笆围挡，常用规格：一般长度 L 为 2 000 mm，宽度 B 为 800 ~ 200 mm，如图 8-49 所示。

（2）竹板围挡，常用规格：长度为 1 500 mm，宽度为 1 100 mm，其外形如图 8-50 所示。

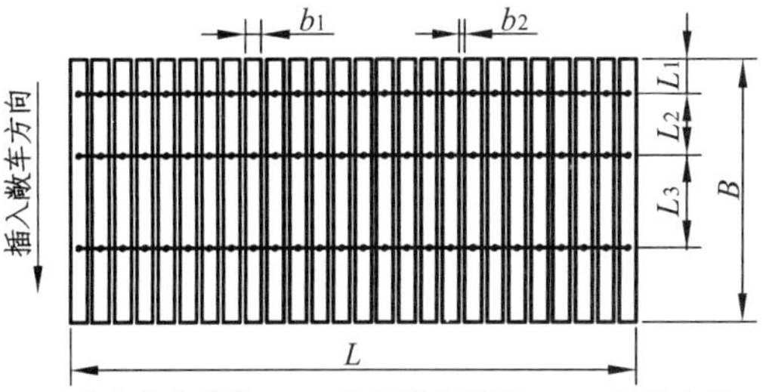

L—竹笆转挡长度；B—竹笆围挡宽度；L_1—竹笆上端距离；L_2—一、二道竹笆线间距离；L_3—二、三道竹笆线间距离；b_1—竹板宽度；b_2—竹板间距。

图 8-49　竹笆围挡外形尺寸（单位：mm）

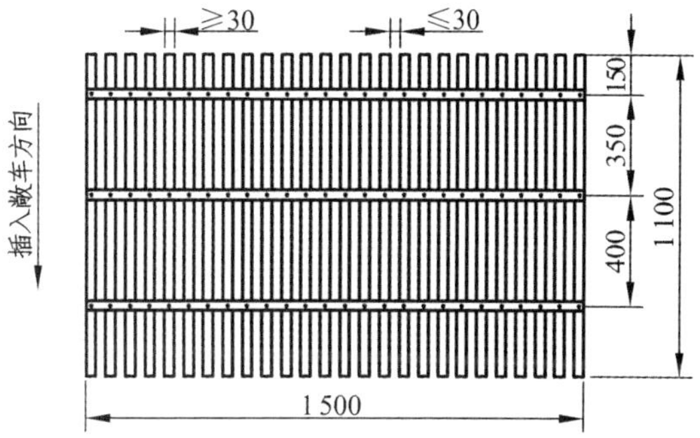

图 8-50　竹板围挡外形尺寸（单位：mm）

（3）箭竹围挡，常用规格：长度不小于 4 300 mm，宽度 1 300 mm，其外形如图 8-51 所示。

（4）钢网围挡，常用规格：长度为 1 600 mm，宽度为 1 100 mm。其外形如图 8-52 所示。

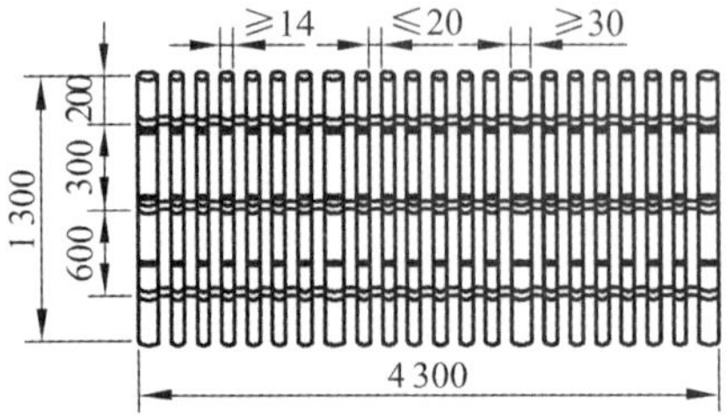

图 8-51　箭竹围挡外形尺寸（单位：mm）

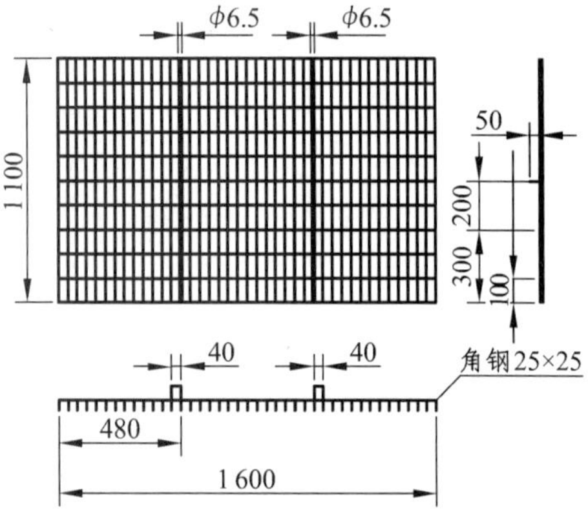

图 8-52　钢网围挡外形尺寸（单位：mm）

（5）木板围挡用硬杂木制作，常用规格（长×宽）：1 500 mm×1 200 mm。木板围挡结构如图 8-53 所示。

（6）板、方材挡板（壁），用硬杂木制作。规格：挡板长度 2 850 ~ 2 900 mm（不小于车辆内侧宽度），高度以板、方材装载高度为限。木板厚度不小于 25 mm，木支柱直径为 80 ~ 100 mm。板、方材挡板结构如图 8-54 所示。

（7）竹篱挡臂，竖条竹板宽度不得小于 45 mm，横条竹板宽度不得小于 35 mm。常用规格：长度为 3 000 mm，宽度为 1 550 mm。竹篱挡壁结构如图 8-55 所示。

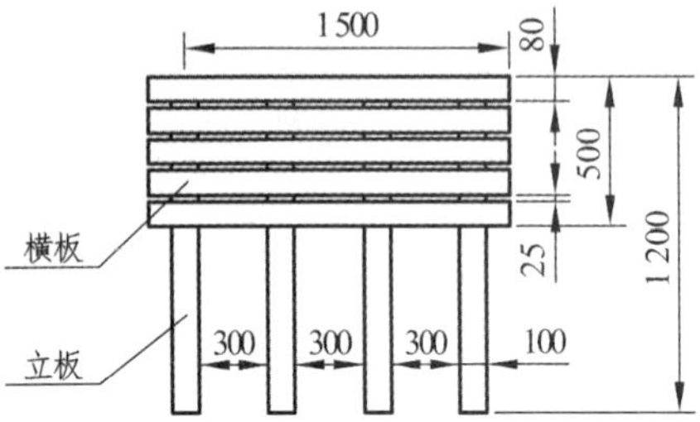

图 8-53　木板围挡结构（单位：mm）

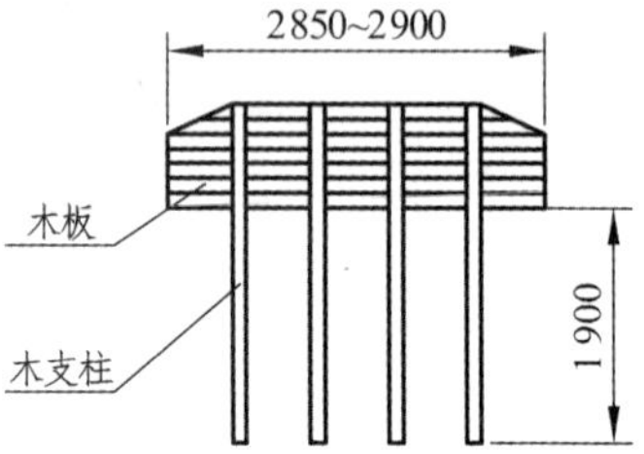

图 8-54　板、方材挡板结构（单位：mm）

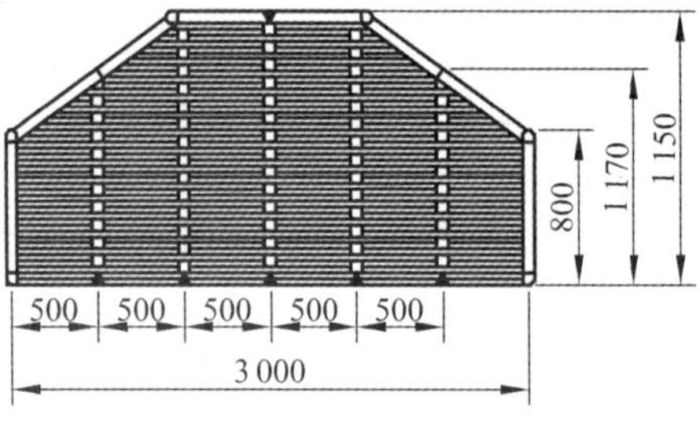

图 8-55　竹篱挡壁结构（单位：mm）

（四）其他材料

1. 绳网、焦炭网

绳网一般用于加固起脊装运的成件包装货物或袋装货物。绳网分上封式（A、B、C、D型）和下封式（下捆式）两种，由网筋、围筋和系绳组成，如图 8-56（a）所示。采用优质棕、熟麻和丙纶等材料制成。

焦炭网为运输时防坠落的下捆式苫盖网，一般采用尼龙等聚合料绳编制而成，如图 8-56（b）所示。

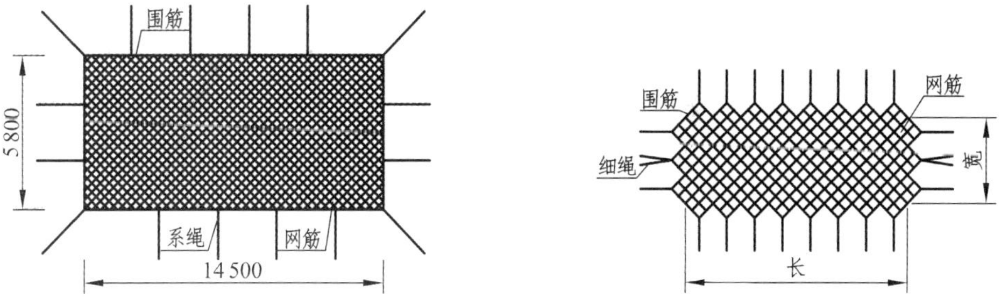

（a）上封式绳网 B 型　　（b）A 型焦炭网结构

图 8-56　绳网、焦炭网

下捆式绳网在装载加固方案中的应用见二维码。

200 L 空铁桶下捆式绳网的应用

2. 绞　棍

绞棍用于将缠绕后的镀锌铁线、盘条绞紧。

绞棍直径一般为 50 mm，长度为 600 mm，操作困难时，可根据具体情况确定。绞棍使用时必须予以固定，如图 8-57（a）所示，且不得超限；绞棍不留用时可以采取防松措施，如图 8-57（b）所示。

3. 圆钢钉、扒锔钉

圆钢钉、扒锔钉用于钉固挡木、三角挡、垫木、轮挡等加固材料。主要是利用它与车底板之间的剪切应力和与木材之间的握裹力来加固货物，钉子的规格及数量应根据货物所受到外力的大小而确定。

加固用圆钉一般直径不小于 5 mm，常用圆钢钉的规格尺寸如表 8-10 所示。

使用时圆钢钉应交错布置、垂直钉入，并应避开车地板的缝隙或木板裂纹。圆钢钉的长度必须保证能够接近于将车地板钉穿，但禁止使用锈蚀、无钉尖的圆钢钉。

扒锔钉常用圆钢或螺纹钢制作，用于钉固三角挡、挡木、垫木、轮挡等加固材料。常用扒锔钉规格（长×直径×钉脚长度）：200 mm×10 mm×（50 ~ 60）mm，如图 8-58（a）所示。

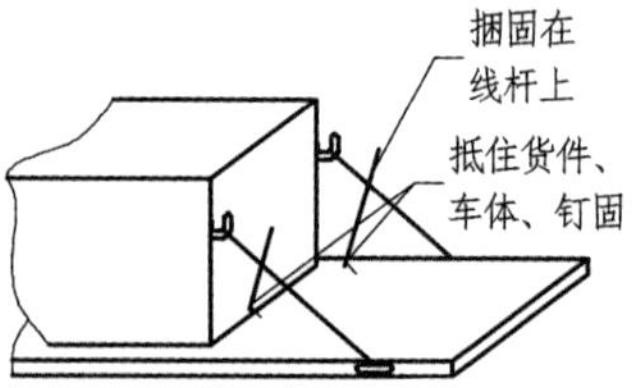

（a）绞棍的固定示意图

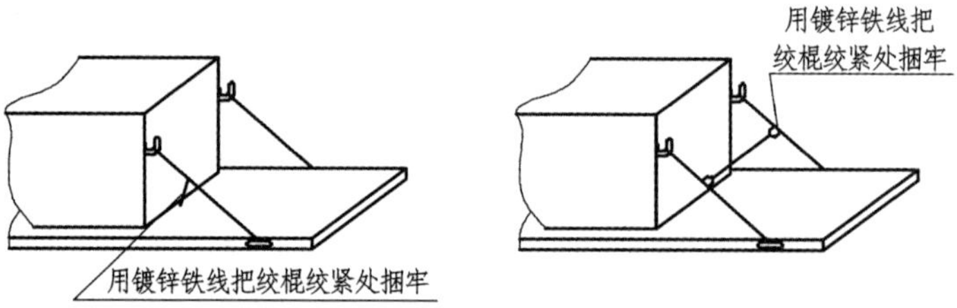

（b）绞棍不留用时防松措施示意图

图 8-57　绞棍的使用方法

表 8-10　常用圆钢钉的规格尺寸　　单位：mm

直　径	5	5.5	6	6.5
长　度	100 ~ 130	120 ~ 175	150 ~ 200	160 ~ 220

钉固扒锔钉时，应上下、左右均匀敲打，逐步推进，使加固材料与货物、车地板贴实贴紧；但注意应避免钉在木质加固材料同一横纹上，同时避开车地板的缝隙或木板裂纹。扒锔钉应钉固成八字形，以增强其稳定性。

4. U 形钉、U 形夹、钢板夹

U 形钉是骑跨在整体捆绑线（封项线、腰线、拦护线等）上并钉固在木材或木质加固材料上的一种加固小工具。常用规格尺寸：$d \times L$ 为（2.5 ~ 4.0）mm×（30 ~ 60）mm，钉肩宽 B 为 15 ~ 35 mm，钉尖角不大于 30。具体结构尺寸也可根据实际需要确定，U 形钉的结构如图 8-58（b）所示。U 形钉限一次性作用。禁止使用锈蚀、无钉尖的 U 形钉。

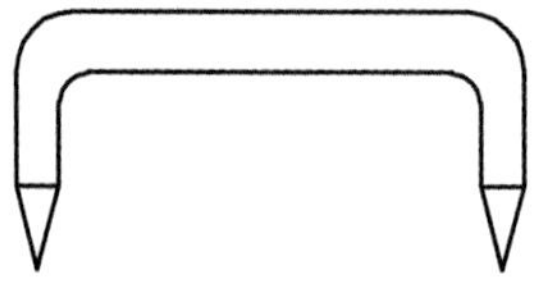

（a）扒锔钉

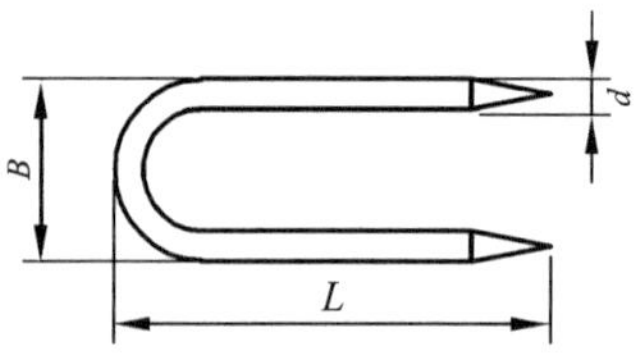

（b）U 形钉

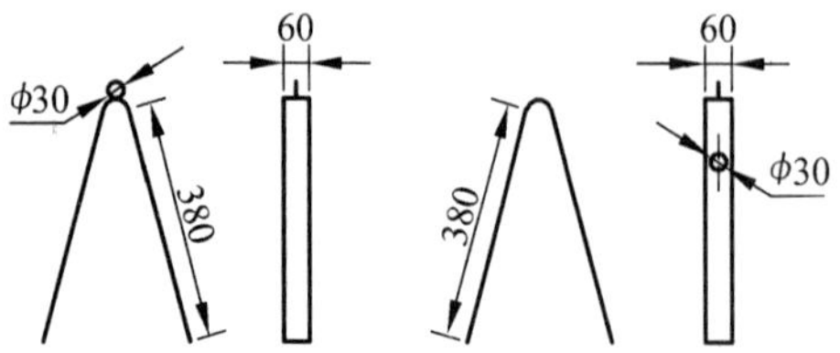

（c）U 形夹

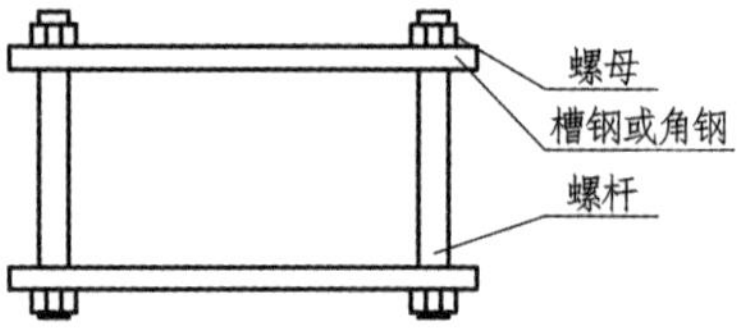

（d）钢板夹

图 8-58　U 形钉、U 形夹、钢板夹

U 形夹结构如图 8-58（c）所示，将 U 形夹开口端从货物端部插入至圆环（孔）位置，加固线穿过圆环（孔）紧固。钢板夹主要用于钢板的整体加固。钢板夹结构如图 8-58（d）所示。规格根据钢板的具体尺寸确定。

三、常用加固装置

常用加固装置有：货物转向架，车钩缓冲停止器，货物支架、座架等。

（一）货物转向架

货物跨装运输时，必须使用货物转向架。货物转向架每副两个，一个具有死心盘，中心销孔为一圆孔；另一个具有活心盘，中心销孔为一长孔。每个转向架由上架体和下架体组成。货物转向架上架体必须备有能对货物实施加固的部件，下架体必须备有能与车体加固的部件；货物转向架组成后，上架体必须转动灵活，活心盘上架体还应纵向滑动灵活；货物转向架的强度和刚度必须与其所承受的负荷相适应。

活心盘中心销孔的长度是指长孔的两半圆圆心距。活心盘中心销孔一般情况下应开设在下架体上，其长度根据跨装车组是否使用车钩缓冲停止器和有无中间游车确定。

货物转向架分为普通型和专用型两类，普通型是指通用的货物转向架，如图 8-59 所示，专用型是为某种超长货物专门制备的转向架。

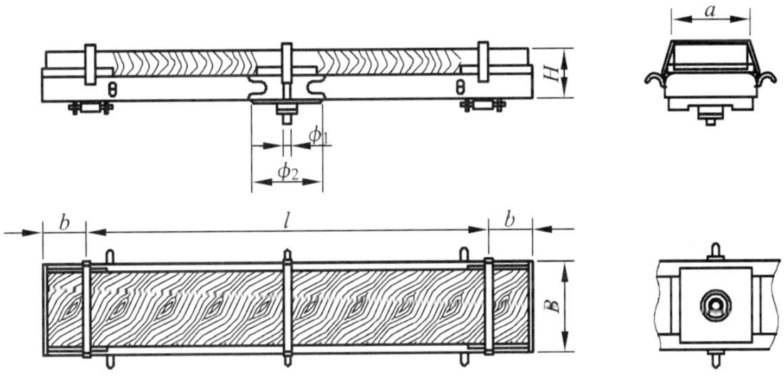

（a）上架体

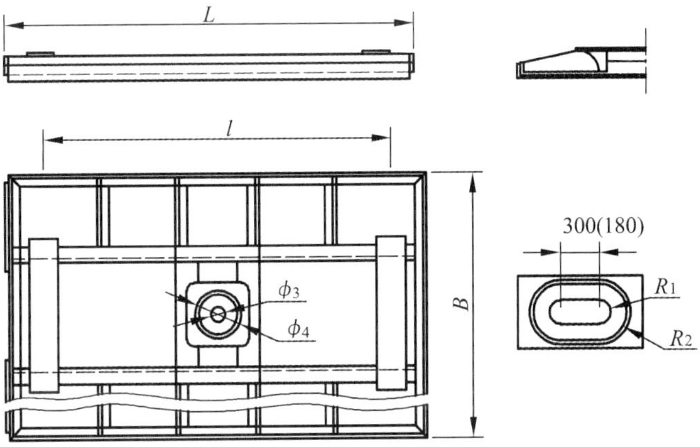

（b）下架体

图 8-59　普通货物转向架结构

8149 型混凝土桥梁转向架主要由上架体、下架体、中心销轴、横梁、旁承、防倾斜撑等零件组成。

钢轨转向架主要由上架体、下架体、活动式滑枕或滑台组成。

（二）车钩缓冲停止器

车钩缓冲停止器（见图 8-60）由钢板和螺杆等部件组成，其钢板的厚度不得小于 20 mm；连接螺杆的直径不得小于 16 mm；置于冲击座和钩头背之间的钢板，在冲击座一侧，应制作成梯形或圆弧形（圆弧半径不大于 100 mm），宽度 B（最宽处）应小于冲击座至钩头背间距离 3 ~ 5 mm。

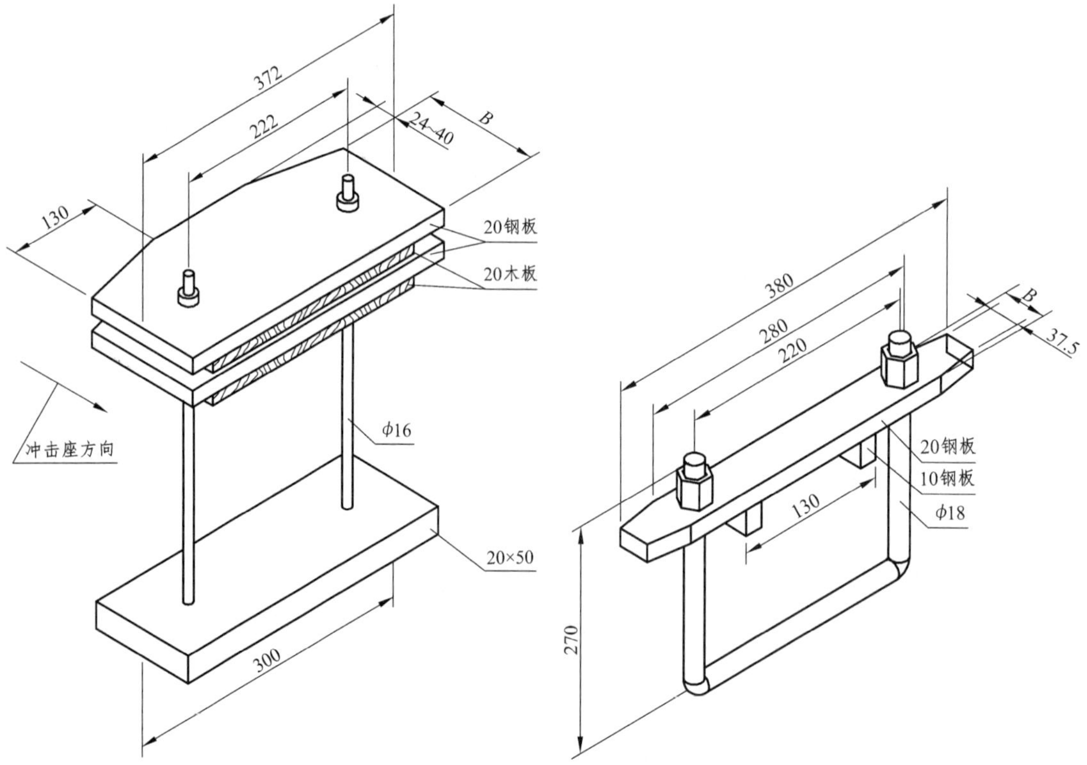

（a）　（b）

图 8-60　车钩缓冲停止器（单位：mm）

在车钩自然状态下使用，应将车钩缓冲停止器安装在货车冲击座和车钩钩头背之间，用以限制列车运行、车组连挂过程中车辆间相互距离的急剧变化。卸车后或回送前，应拆卸车钩缓冲停止器。

货物转向架、车钩缓冲停止器在装载加固方案中的应用见二维码。

42.5 m 门式起重机梁（单片装载）

（三）货物支架、座架

货物支架、座架用钢、木制作，用于支撑球形、卧装圆柱形及支重面需使用支架、座架的货物。应根据货物形状、重量、使用车辆等条件制作，其强度、规格、防滑及经过措施应能满足安全运输的要求。

钢座架在装载加固方案中的应用见二维码。

锅炉中筒的装卸加固方案

（四）专用货车配备的装载加固装置

SQ1 型双层平车配备的止轮器是专用加固装置，分为滑槽式止轮器、螺旋摆动止轮器、钢丝绳紧固器三种。

装运汽车时必须用止轮器与拉牵联合加固，汽车的每一个车轮都要配有一个止轮器和紧固器，汽车轮胎处必须垫橡胶垫或紧固器钢丝绳上套有胶套，防止钢丝绳打滑和破坏轮胎。另配备掩挡与尼龙带组合式装置进行加固。

任务 7　计算运行中作用于货物上的力

任务导读

列车运行时及调车作业过程中，运动状态的改变使车辆产生较大的纵向加速度以及线路和车辆动力的相互作用而导致货物随着车体产生复杂的振动，再者还有外界环境的因素。这些都使得货车及车上装载的货物受到各种外力的作用。

这些力当中，有些是维持货物稳定状态的，有些是破坏货物稳定状态的，因此掌握这些力的特性、计算这些力值的大小，对研究货物的稳定状态以及指导货物的加固作业至关重要。

知识点

一、运行中的货物受力分析

这些外力主要有纵向惯性力、横向惯性力、垂直惯性力、风力、摩擦力及重力，各种力的作用点及作用方向如图 8-61 所示。

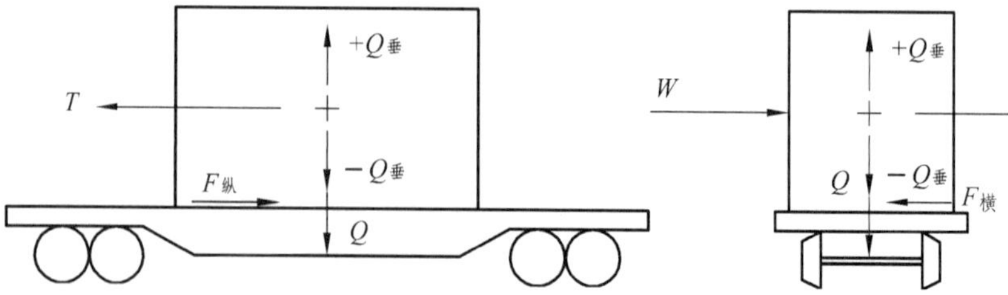

T—纵向惯性力；W—风力；N—横向惯性力；$Q_{垂}$—垂直惯性力；Q—重力；
$F_{纵}$—纵向摩擦力；$F_{横}$—横向摩擦力。

图 8-61　各种外力的作用点及作用方向

二、作用于货物上的各种力的计算

（一）纵向惯性力

在列车起动以及运行中，加速、制动、调车溜放的车辆与停留的车辆碰撞等变化而使车上的货物产生纵向惯性力。纵向惯性力是一种破坏力，其作用点是货物的重心。在直线区段，该力的作用方向与线路中心线平行；在曲线区段，该力的作用方向为曲线的切线方向。根据运行试验结果，货物的纵向惯性力可按下式计算：

$$T = t_0 \times Q \tag{8-24}$$

式中　t_0——每吨货物的纵向惯性力，kN/t；

Q——货物重量，t。

1. 采用刚性加固时

$$t_0 = 26.69 - 0.13Q_{总} \tag{8-25}$$

式中　$Q_{总}$——重车总重，t（当 $Q_{总}>130$ t 时，按 130 t 计算）。

2. 采用柔性加固时

$$t_0 = 0.001\,2Q_{总}^2 - 0.32Q_{总} + 29.85 \tag{8-26}$$

其中　$Q_{总}$——重车总重，t（跨装运输时按跨装车组总重计算）。

当 $130\ \text{t} < Q_{总} \leqslant 150\ \text{t}$ 时，$t_0 = 6.78\ \text{kN/t}$；

当 $Q_{总} > 150\ \text{t}$ 时，$t_0 = 5.88\ \text{kN/t}$。

刚性加固是指将货物直接焊接在车地板上，或者在车地板上加焊挡铁的加固形式。采用刚性加固时，可以把货物和车体视为一个整体。

柔性加固是指采用抗拉刚度比较小的加固材料，如多股镀锌铁丝、盘条、钢丝绳或钢带等，对货物进行拉牵或下压式捆绑等加固形式。

（二）横向惯性力

列车在运行时，车辆会由于侧摆振动、侧滚振动、摇头振动、从而引起车上的货物产生横向惯性力。横向惯性力是一种破坏力，其作用点是货物的重心，垂直于列车运行方向。

横向惯性力的大小取决于线路状况、车辆走行部分的性能、列车的运行速度、货物重心在车辆上的位置等因素有关。根据运行试验结果，货物的横向惯性力可按下式计算：

$$N = n_0 \times Q \text{（kN）} \tag{8-27}$$

式中 n_0——每吨货物的横向惯性力，kN/t；

Q——货物重量，t。

$$n_0 = 2.82 + 2.2\frac{a}{l} \text{（kN/t）} \tag{8-28}$$

式中 a——货物重心偏离车辆横中心线的距离；跨装时为货物转向架中心销偏离车辆横中心线的距离，mm；

l——负重车转向架中心距（具有多层转向架群的货车为底架心盘中心距），mm。

（三）垂直惯性力

列车在运行经过钢轨接缝处、线路下沉处以及由于车辆弹簧的沉浮运动，使得车辆出现点头振动、沉浮振动和侧滚振动，从而使车上的货物产生垂直惯性力。它是一种破坏力，向上、向下交替产生。

垂直惯性力的大小与线路的状况、列车运行速度、货物重心在车辆上的位置以及车辆的动力性能有关系。根据运行试验结果，货物的垂直惯性力可按下式计算：

$$Q_{垂} = q_{垂}Q \text{（kN）} \tag{8-29}$$

式中 $q_{垂}$——每吨货物的垂直惯性力，kN/t；

Q——货物重量，t。

（1）使用敞车和普通平车装载时：

$$q_{垂} = 3.54 + 3.78\frac{a}{l} \text{（kN/t）} \tag{8-30}$$

式中 a——货物重心偏离车辆横中心线的距离，mm（跨装时为货物转向架中心销偏离车辆横中心线的距离）；

l——负重车转向架中心距（具有多层转向架群的货车为底架心盘中心距），mm。

（2）使用长大货物车装载时：

$$q_{垂} = 4.53 + 7.84\frac{a}{l} \text{（kN/t）} \tag{8-31}$$

（四）风　力

侧向风力有可能引起货物在车辆上横移，特别是当风力方向与货物横向惯性力方向一致时，同时货物质量较小、迎风面积又较大时，必须考虑风力对重车和货物稳定性的威胁。

风力是一种破坏力，其大小与货物的形状、受力面积以及风压大小有直接关系，可按下式计算：

$$W = qF \text{（kN/t）} \tag{8-32}$$

式中 q——侧向计算风压。

受风面为平面时，$q = 0.49\ \mathrm{kN/m^2}$，受风面为圆球体或圆柱体侧面时，$q = 0.245\ \mathrm{kN/m^2}$；

F——侧向迎风面的投影面积，$\mathrm{m^2}$。

（五）摩擦力

货物支重面与车底板（或垫木）间产生摩擦力，它的作用方向与作用在货物上的其他各种外力的合力方向相反，能阻止货物相对于车底板的水平移动，是一种稳定力。摩擦力的大小取决于货物本身的自重及车底板表面、货物支重面和垫木或衬垫表面的性质，可按下式计算：

$$\text{纵向摩擦力：}F_{摩纵} = 9.8\mu Q\ (\mathrm{kN}) \tag{8-33}$$

$$\text{横向摩擦力：}F_{摩横} = \mu(9.8Q - Q_{垂})\ (\mathrm{kN}) \tag{8-34}$$

式中 Q——货物重量，t；

$Q_{垂}$——货物的垂直惯性力，kN；

μ——摩擦系数。

表 8-11 货物常用摩擦系数表

摩擦接触面物体名称	摩擦系数	摩擦接触面物体名称	摩擦系数
木与木	0.45	橡胶垫与木	0.60
木与钢板	0.40	橡胶垫与钢板	0.50
木与铸铁	0.60	稻草绳把与钢板	0.50
钢板与钢板	0.30	稻草绳把与铸钢	0.55
履带走行机械与车辆木地板	0.70	稻草垫与钢板	0.44
橡胶轮胎与车辆木地板	0.63	草支垫与钢板	0.42

【例 8-20】某站装均重规则长方体木箱一件，货物重量 20 t，外部尺寸为 8 000 mm×2 000 mm×1 800 mm。选用 $\mathrm{N_{17AK}}$ 平车装载。货物在车地板上均衡顺装。请计算运行中作用于货物上的各种力大小（车辆自重 19.7 t，销距为 9 000 mm）。

解：货物受到的各种力大小如下：

（1）纵向惯性力。

货物为木质，经查表可知车底板也为木质，故使用柔性加固。

$$\begin{aligned} T = t_0 Q &= 0.001\,2Q_{总}^2 - 0.32Q_{总} + 29.85\,Q \\ &= [0.001\,2\times(19.7+20)^2 - 0.32\times(19.7+20) + 29.85]\times 20 \\ &= 380.746\ (\mathrm{kN}) \end{aligned}$$

（2）横向惯性力。

$$N = n_0 Q = \left(2.82 + 2.2\frac{a}{l}\right)Q = 2.82\times 20 = 56.400\ (\mathrm{kN})$$

（3）垂直惯性力。

$$Q_{垂} = q_{垂} Q = \left(3.54 + 3.78\frac{a}{l}\right)Q = 3.54\times 20 = 70.800\ (\mathrm{kN})$$

（4）风力。

$$W = qF = 0.49 \times (8.0 \times 1.8) = 7.056\,(\text{kN})$$

（5）摩擦力。

$$F_{纵摩} = 9.8\mu Q = 9.8 \times 0.45 \times 20 = 88.200\,(\text{kN})$$

$$F_{横摩} = \mu(9.8Q - Q_{垂}) = 0.45 \times (9.8 \times 20 - 70.800) = 56.340\,(\text{kN})$$

【例 8-21】钢结构均重货物两件，规格相同，重 40 t，长 4 400 mm，宽 2 700 mm，高 3 500 mm。计划用 D_{10} 型凹底平车一辆均衡装载（两件挨在一起），拟在货物周围加焊钢挡加固，试计算作用于货物上的各种力。

解：经查表，D_{10} 自重 36 t，载重 90 t，凹部地板面长 10 m，距轨面高 777 mm，底架心盘中心距 14.8 m。

装车时在货物下加垫 10 mm 厚的橡胶垫，以增大作用于货物上的摩擦力。

货物装车后重车总重为 $36 + 40 \times 2 = 116\ \text{t} < 130\ \text{t}$，每件货物的重心至车辆横中心线所在垂直平面的距离均为 2.2 m。货物受到的各种力的大小如下：

（1）纵向惯性力。

$$T = t_0 Q = (26.69 - 0.13 \times 116) \times 40 = 464.400\,(\text{kN})$$

（2）横向惯性力。

$$N = n_0 Q = \left(2.82 + 2.2\frac{a}{l}\right)Q = \left(2.82 + 2.2 \times \frac{2.2}{14.8}\right) \times 40 = 125.881\,(\text{kN})$$

（3）垂直惯性力。

$$Q_{垂} = q_{垂} Q = \left(4.53 + 7.84\frac{a}{l}\right)Q = \left(4.53 + 7.84 \times \frac{2.2}{14.8}\right) \times 40 = 227.816\,(\text{kN})$$

（4）风力。

$$W = qF = 0.49 \times (4.4 \times 3.5) = 7.546\ (\text{kN})$$

（5）摩擦力。

$$F_{纵摩} = 9.8\mu Q = 9.8 \times 0.5 \times 40 = 196.000\,(\text{kN})$$

$$F_{横摩} = \mu(9.8Q - Q_{垂}) = 0.5 \times (9.8 \times 40 - 227.8) = 82.100\,(\text{kN})$$

任务 8　货物稳定性检验

任务导读

列车在运行时，车上所装货物受到多种外力的作用，其中摩擦力和重力是稳定力，可阻止货物产生相对于车地板的运动。其余均为不稳定力，即破坏力，能使货物产生相对运动。

在多种外力的作用下，货物在运送过程中能否保持稳定，必须通过计算进行检验确定。若不稳定，则需加固。

知识点

一、货物稳定性检验的方法

针对货物的外形及对其采取的装载方法，货物的不稳定体现在倾覆、滚动和水平移动三个方面。

货物的稳定性是通过力矩的稳定系数及力的差值大小来检验的。

稳定系数是指作用于货物上的稳定力形成的稳定力矩与不稳定力形成的不稳定力矩的比值，用来检验货物是否会发生倾覆或者滚动。

若稳定系数大于或者等于 1.25（或 1），则货物在相应的方向不会倾覆或者滚动。

力的差值用来检验货物在平面上是否会发生移动。

若力的差值小于或者等于 0，则货物在相应的方向不会移动。

二、货物稳定性的检验

（一）货物倾覆的稳定性

1. 不采取加固措施

货物在纵向上将受到纵向惯性力的作用，若货物重力形成的稳定力矩与纵向惯性力形成的纵向倾覆力矩（不稳定力矩）之比不能达到稳定条件，则货物会发生纵向倾覆。

货物在横向上受到横向惯性力和横向风力的作用，若重力形成的稳定力矩与横向惯性力和风力形成的横向倾覆力矩之比不能达到稳定条件，则货物会发生横向倾覆。如图 8-62 所示。

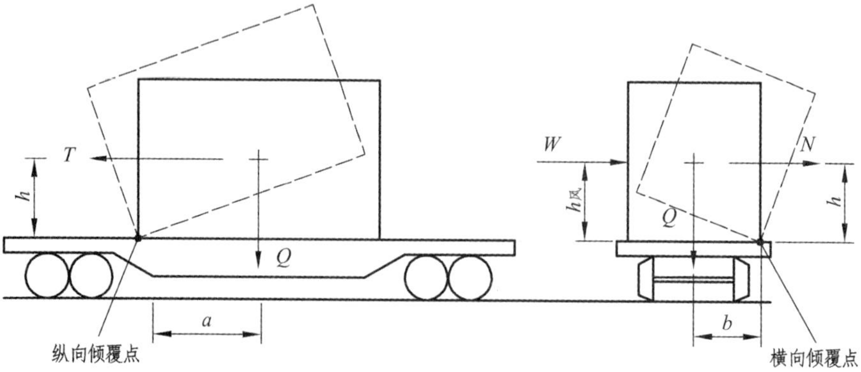

图 8-62　货物在车地板上发生倾覆的趋势图

货物免于纵向倾覆的稳定条件应为：

$$\eta_{纵倾}=\frac{稳定力矩}{纵向倾覆力矩}=\frac{9.8Qa}{Th}\geqslant 1.25 \tag{8-35}$$

式中　Q——货物重量，t；

a——货物的纵向稳定力臂，货物重心所在横向垂直平面至货物纵向倾覆点之间的距离，mm；

T——货物的纵向惯性力，kN；

h——货物重心自倾覆点所在水平面起算的高度，mm。

当倾覆稳定系数小于 1.25 时，需要采取加固措施。

同理，货物免于横向倾覆的稳定条件应为：

$$\eta_{横倾}=\frac{稳定力矩}{横向倾覆力矩}=\frac{9.8Qb}{Nh+Wh_{风}}\geqslant 1.25 \tag{8-36}$$

式中　b——货物的横向稳定力臂，即货物的横向倾覆点至货物重心所在纵向垂直平面的距离，mm；

N——货物的横向惯性力，kN；

W——货物的风力，kN；

$h_{风}$——风力合力作用点自横向倾覆点所在的水平面起算的高度，mm。

当倾覆稳定系数小于 1.25 时，需要采取加固措施。

2. 当货物加挡木进行加固时

此时，货物的倾覆点提高，即倾覆力臂缩短，因此货物的稳定系数会相应地发生变化。

（二）货物滚动的稳定性

对圆柱（筒）形、球形、带轮子的货物，装在车上若不进行任何加固，货物将产生滚动现象。故此类货物必须采用三角挡、凹木、掩木等加固材料进行加固，如图 8-63 所示。货物免于滚动的稳定条件应为：

$$纵向：\eta_{纵滚}=\frac{9.8Qa}{T(R-h_{掩})}\geqslant 1.25 \tag{8-37}$$

$$横向：\eta_{横滚}=\frac{9.8Qb}{(N+W)(R-h_{掩})}\geqslant 1.25 \tag{8-38}$$

式中　a, b——货物重心所在横向或纵向垂直平面至三角挡（或掩木）与货物接触点之间的距离，mm；

R——货物或轮子半径，mm；

$h_{掩}$——掩木或三角挡与货物接触点自货物或轮子最低点所在水平面起算的高度，mm。

如果稳定系数小于 1.25，表明所使用的掩木或三角挡高度不够，应同时采用其他加固措施。

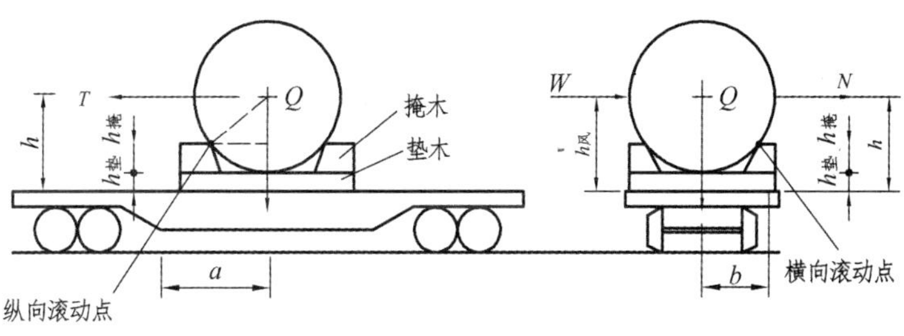

图 8-63　货物在车底板上发生滚动的趋势图

（三）货物水平移动的稳定性

货物所受到的摩擦力对其起稳定作用，如果货物的纵向惯性力大于纵向摩擦力或横向惯性力与风力之和的 1.25 倍大于横向摩擦力，则应采取加固措施防止货物移动。另外，由于货物产生横向位移的危险性较大，并且横向力的最大值是当重车以比较高的速度在曲线上运行时产生的。货物免于水平移动的稳定条件应为：

$$纵向：\Delta T = T - F_{摩}^{纵}\ (\text{kN}) \leqslant 0 \tag{8-39}$$

$$横向：\Delta N = 1.25 \times (N + W) - F_{摩}^{横} \leqslant 0 \tag{8-40}$$

【例 8-22】对例题 8-20，根据货物运行中的受力情况，判定货物的稳定状态（车辆自重 19.7 t，销距为 9 000 mm）。

解：经计算货物受到的各种力大小如下：

① 纵向惯性力 T=380.746 kN

② 横向惯性力 N=56.400 kN

③ 垂直惯性力 $Q_{垂}$=70.800 kN

④ 风力 W=7.056 kN

⑤ 摩擦力 $F_{摩}^{纵} = 88.200$ kN　　　$F_{摩}^{横} = 56.340$ kN

因为货物是平支重面，因此需要考虑其是否会倾覆或者移动。

（1）倾覆方面。

纵向：

$$\eta_{纵倾} = \frac{稳定力矩}{纵向倾覆力矩} = \frac{9.8Qa}{Th} = \frac{9.8 \times 20 \times 4\,000}{380.746 \times 900} = 2.29 > 1.25$$

横向：

$$\eta_{横倾} = \frac{稳定力矩}{横向倾覆力矩} = \frac{9.8Qb}{Nh + Wh_{风}} = \frac{9.8 \times 20 \times 1\,000}{56.400 \times 900 + 7.056 \times 900} = 3.43 > 1.25$$

（2）水平移动。

纵向：

$$\Delta T = T - F_{摩}^{纵} = 380.746 - 88.200 = 292.546 \text{ kN}$$

横向：

$$\Delta N = 1.25 \times (N + W) - F_{摩}^{横} = 1.25 \times (56.400 + 7.056) - 56.340 = 22.980 \text{ kN}$$

经判断，货物不会倾覆，但是会在横向及纵向发生水平移动。

任务 9　常见加固方法对应的加固强度计算

任务导读

凡使用铁路敞车、平车、长大货物车及敞、平车类专用货车装运的成件货物，有定型方案、暂行方案和试运方案的，一律严格按方案装车及加固。

暂无方案的，则可能需要制定出货物计划装载加固方案。

为了制订一个经济、合理的加固方案，需要判断货物状态变化的类型、分析货车车型等有关因素，从而选择合适的加固方法、选用相关的加固材料，以进一步确定加固材料的规格、强度、数量。

常用的加固方法有拉牵加固、阻挡加固、掩挡加固、腰箍下压加固等。

知识点

一、拉牵加固方法及其强度计算

拉牵加固是使用镀锌铁线、钢丝绳等线材对货物进行的加固措施，用以防止其产生移动、滚动或倾覆。

拉牵可采用八字形、倒八字形、交叉、叉字形或反叉字形等方式。

拉牵线与车地板形成一个夹角。拉牵线形成垂直分力、纵向水平分力和横向水平分力，这三个分力分别承受纵向惯性力和横向惯性力，起着使货物不发生倾覆、滚动和水平移动的稳定作用。

平底货物使用铁线、钢丝绳拉牵加固，如图 8-68 所示。拉牵绳需加固的力 $S_{拉}$ 分解出的三个分力与其关系为：

纵向水平分力：　$S_{纵}=S_{拉}\cos\alpha\cdot\cos\beta_{纵}$

横向水平分力：　$S_{横}=S_{拉}\cos\alpha\cdot\cos\beta_{横}$

垂直分力：　$S_{垂}=S_{拉}\sin\alpha$

用边的比值为图 8-64 所示。

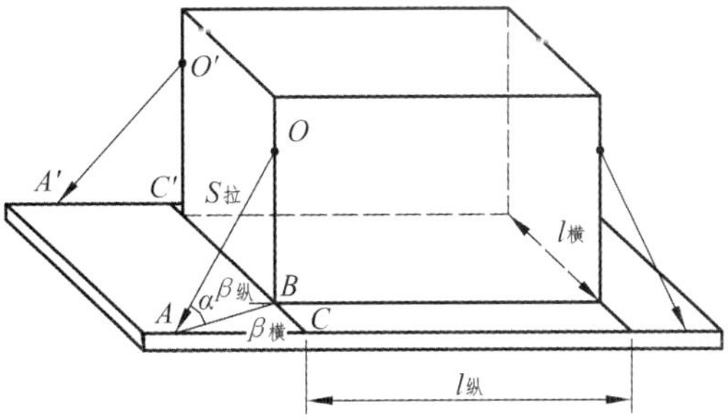

$S_{拉}$—每根拉牵绳需加固的力；A—拉牵绳在车辆上的拴结点；O—拉牵绳在货物上的拴结点；B—O 点在车底板上的投影；BC—O 点所在的纵向垂直平面与车辆边线的距离；α—拉牵绳与车底板的夹角；$\beta_{纵}$—拉牵绳的水平投影与纵向水平分力在车底板投影的夹角；$\beta_{横}$—拉牵绳的水平投影与横向水平分力在车底板投影的夹角。

图 8-64　拉牵加固示意图

其中

$$S_{纵}=S_{拉}\cdot\frac{AC}{AO}\qquad S_{横}=S_{拉}\cdot\frac{BC}{AO}\qquad S_{垂}=S_{拉}\frac{BO}{AO}$$

当同一方向采用 n 根拉牵绳时，防止货物的倾覆和移动应用拉牵绳产生的不同分力来实现。每根拉牵绳应承受的力 $S_{拉}$ 按下述公式计算。

（1）防止货物纵向倾覆，利用拉牵绳产生的纵向水平分力和垂直分力加固。$S_{拉}$ 表示为：

$$S_{纵倾}=\frac{1.25Th-9.8Qa}{n(l_{纵}+AC)\frac{BO}{AO}}=\frac{1.25Th-9.8Qa}{n(l_{纵}+AC)BO}\sqrt{AC^2+BO^2+BC^2}\ \text{(kN)} \tag{8-41}$$

（2）防止货物横向倾覆，利用拉牵绳产生的横向水平分力和垂直分力加固。$S_{拉}$ 表示为：

$$\begin{aligned}S_{横倾}&=\frac{1.25(Nh+Wh_{风})-9.8Qb}{n(l_{横}+BC)\frac{BO}{AO}}\\&=\frac{1.25(Th+Wh_{风})-9.8Qa}{n(l_{横}+BC)BO}\sqrt{AC^2+BO^2+BC^2}\ \text{(kN)}\end{aligned} \tag{8-42}$$

（3）防止货物纵向水平移动，利用拉牵绳产生的纵向分力和纵向摩擦力加固。$S_{拉}$ 表示为：

$$S_{纵移}=\frac{T-F_{纵摩}}{n\frac{AC}{AO}}=\frac{\Delta T}{nAC}\sqrt{AC^2+BO^2+BC^2}\ \text{(kN)} \tag{8-43}$$

（4）防止横向水平移动，利用拉牵绳产生的横向水平分力和横向摩擦力加固。$S_{拉}$ 表示为：

$$S_{横移}=\frac{1.25(N+W)-F_{横摩}}{n\frac{BC}{AO}}=\frac{\Delta N}{nBC}\sqrt{AC^2+BO^2+BC^2}\ \text{(kN)} \tag{8-44}$$

上式中 n ——同一方向采用拉牵绳根数；

$l_{纵}$ ——货物纵向倾覆点至拉牵绳在货物上拴结点所在横向垂直平面间的距离，mm；

$l_{横}$ ——货物横向倾覆点至拉牵绳在货物上拴结点所在纵向垂直平面间的距离，mm。

若要通过拉牵绳既防止货物倾覆，又防止货物移动，则每根拉牵绳承受的力应是上述四个力中最大的一个，即：

$$S_{拉}\geqslant\{S_{纵移},\ S_{横移},\ S_{纵倾},\ S_{横倾}\}_{\max}$$

若选用钢丝绳拉牵时，钢丝绳的破断拉力不得小于 $2S_{拉}$。选用 8#镀锌铁线拉牵时，每根拉牵绳需要股数为：

$$n=\frac{S_{拉}}{0.9P_{许}}\ （股）$$

式中 $P_{许}$ ——一股 8#镀锌铁线的许用拉力，kN。

针对可能发生的不稳定情况，采用拉牵加固时捆绑的方式也不同，几种常用的拉牵铁线加固方式如图 8-65 所示。

在使用镀锌铁线、钢丝绳对货物进行拉牵加固的注意事项如下：

（1）使用镀锌铁线、钢丝绳捆绑加固货物，应依据所加固货物的拴结点情况，尽量考虑对称拉牵。

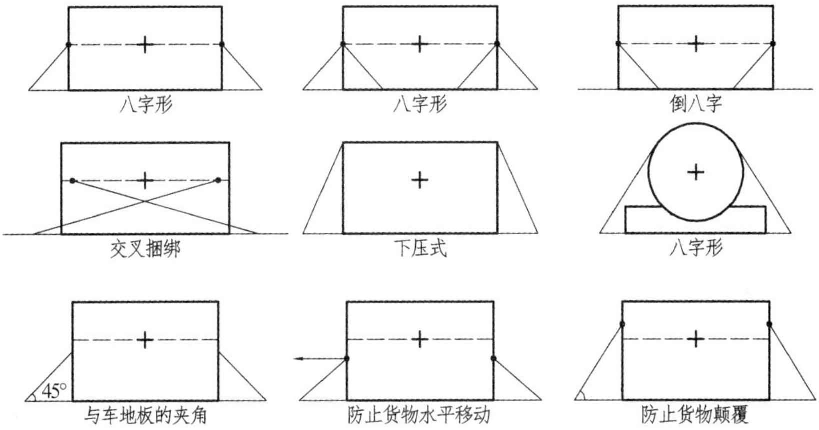

图 8-65　几种常用拉牵铁线加固方式

（2）弹性变形较大，抗拉能力较小的镀锌铁线，不宜作为重量较大货物捆绑加固用，一般当计算所需的单道拉牵镀锌铁线在 14 股以上时，应改用钢丝绳加固。

（3）拉牵绳与车底板的夹角一般应接近 45°。若捆绑加固主要用于防止货物水平移动时，拉牵绳与车底板的夹角可小于 45°；若主要用于防止货物倾覆，拉牵绳与车底板的夹角应适当大于 45°。

（4）多股镀锌铁线拉牵加固时，需用绞棍绞紧，绞棍应置于拉牵铁线的中部，绞紧适度，不得过紧过松。绞棍留用时须固定；不留用时须采取措施防止铁线回松。

（5）使用钢丝绳捆绑加固货物时，所用紧固装置的强度和规格需与之匹配。

（6）多股小直径钢丝绳捆绑加固货物时，两端绳头用钢丝绳夹头正反扣紧固定后，应用铁质绞棍绞紧，在此种情况下，绞棍必须留用并予以固定。

二、腰箍下压或紧箍加固方法及其强度计算

腰箍主要是用于加固圆柱形货物或带轮子的货物，特别是用于防止顺向卧装的圆柱形货物发生滚动，也可用来加固箱形货物。

利用腰箍加固，主要是利用腰箍的拉力，增大货物与垫木（或垫木对车底板）之间的正压力，以增加摩擦力，防止货物移动。

采用腰箍加固货物，每道腰箍应承受的力的计算如下。

（一）顺向卧装圆柱形货物的加固

腰箍加固圆柱形货物如图 8-66 所示。顺向卧装的圆柱形货物可能发生的是横向滚动，防止货物横向滚动，加固的力为腰箍的垂直分力，每道腰箍应承受的力 $P_{腰}$ 表示为：

$$P_{横滚} = \frac{1.25(N+W)(R-h_{掩}-h_{凹})-9.8Qb}{2nb\dfrac{EF}{EG}} \quad (\text{kN}) \qquad (8\text{-}45)$$

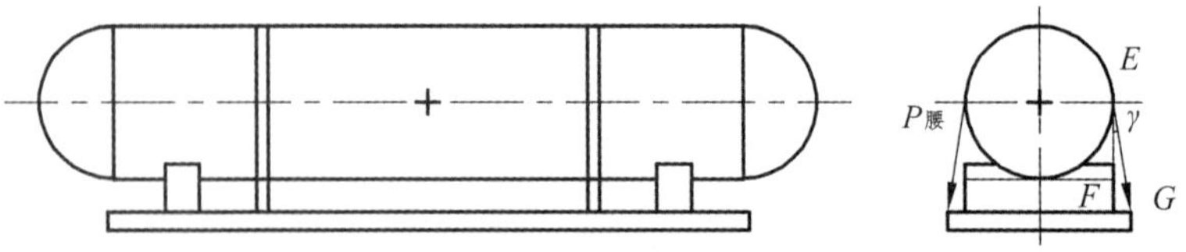

$P_腰$—下压腰箍需加固的力；E—下压腰箍与圆柱形货物的切点；EF—E 到车底板的距离；EG—E 到栓结点的距离；γ—拉牵绳（腰箍）与 E 点所在纵向垂面的夹角。

图 8-66　腰箍下压加固圆柱形货物示意图

对该件货物，腰箍还起防止货物发生移动的作用。

防止货物纵向水平移动，加固的力为腰箍的垂直分力和纵向摩擦力。$P_腰$ 表示为：

$$P_{纵移}=\frac{T-F_{纵摩}}{2n\mu\dfrac{EF}{EG}}\ (\text{kN}) \tag{8-46}$$

防止货物横向水平移动，加固的力为腰箍的垂直分力和横向摩擦力。$P_腰$ 表示为：

$$P_{横移}=\frac{1.25(N+W)-F_{横摩}}{2n\mu\dfrac{EF}{EG}}\ (\text{kN}) \tag{8-47}$$

式中　n——采用的下压腰箍根数。

采用腰箍加固后，既防止货物移动，又防止滚动，每道腰箍应承受的拉力：

即：$$P_腰\geqslant\{P_{纵移},\ P_{横移},\ P_{横滚}\}_{\max}\ (\text{kN})$$

式中　μ——货物与横垫木、横垫木与车地板或货物与车地板间的摩擦系数，取其较小者；

n——腰箍的道数；

$h_掩$——掩木或三角挡与货物接触点的高度，mm；

R——货物的半径，mm；

$h_凹$——横垫木或鞍座凹部深度，mm；

Q——货物重量，t；

b——货物重心所在纵向垂直平面至货物与掩木或三角挡接触点之间的距离，mm；

γ——腰箍两端拉直部分与车辆纵向垂直平面间的夹角。

用钢丝绳作腰箍时，钢丝绳的破断拉力不得小于 $2P$。用扁钢带作腰箍时，扁钢带的截面积：

$$F\geqslant\frac{10P}{[\sigma]}\ (\text{cm}^2)$$

式中　$[\sigma]$——扁钢带的许用应力，MPa。普通碳素钢许用应力为 140 MPa。

（二）箱形货物的加固

当箱形货物无拴结点时，可采用腰箍加固，如图 8-67 所示，腰箍可防止箱形货物发生倾覆和移动。

防止货物纵向倾覆，加固的力为腰箍在垂直方向的分力。每道腰箍应承受的力 $P_腰$ 表示为：

$$P_{纵倾}=\frac{1.25Th-9.8Qa}{2(l_1+l_2+\cdots+l_n)\cos\gamma}\ (\text{kN}) \tag{8-48}$$

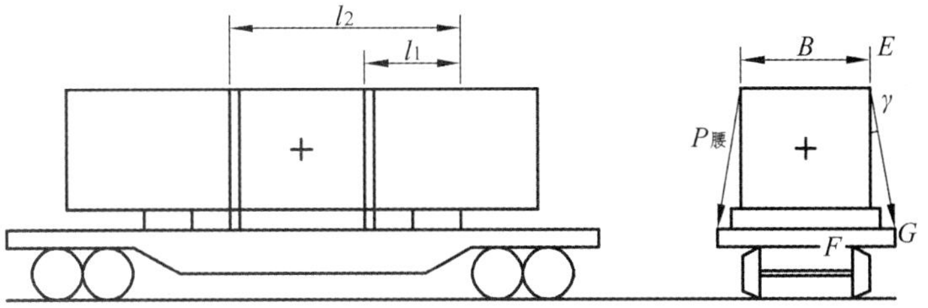

图 8-67　箱形货物的腰箍下压加固

防止货物横向倾覆，加固的力为腰箍在垂直方向的分力。每道腰箍应承受的力 $P_{腰}$ 表示为：

$$P_{横倾}=\frac{1.25(Nh+Wh_{风})-9.8Qa}{nB\cos\gamma}\ (\text{kN}) \tag{8-49}$$

式中　a，b——货物重力的稳定力臂，mm；

l_1，l_2，⋯，l_n——每道腰箍所在横向垂直平面至货物纵向倾覆点之间的距离，mm；

B——货物的宽度，mm；

n——采用的下压腰箍根数。

既防止移动又防止倾覆，每道腰箍应承受的力：

$$P_{腰}\geqslant\{P_{纵移},\ P_{横移},\ P_{纵倾},\ P_{横倾}\}_{\max}\ (\text{kN})$$

箱型货物腰箍下压，一般采用钢丝绳作腰箍，钢丝绳的破断拉力不得小于 $2P$。

使用腰箍加固货物的注意事项：

（1）货物必须能够承受腰箍的压力。

（2）腰箍在整个运输过程中，必须处于紧固状态，如松动将失去加固作用，且紧固部件的强度必须与腰箍的强度相匹配。

（3）货物与腰箍间应加防磨衬垫。

三、挡木加固方法及其强度计算

挡木主要用于防止货物发生移动，其强度取决于挡木的根数和挡木上的钉子数量。钉子的数量计算如下：

$$防止货物纵向移动：I_{纵}=\frac{T-F_{纵摩}}{nS_{钉}} \tag{8-50}$$

$$防止货物横向移动：I_{横}=\frac{1.25(N+W)-F_{横摩}}{nS_{钉}} \tag{8-51}$$

式中　I——钉子的数量；

n——挡木的根数；

$S_{钉}$——钉子的容许载荷，kN。

四、焊接加固方法及其强度计算

用铁地板长大货物车装运的货物，可以采用在货物周围加焊钢挡的方法防止货物移动。

在货物同一端或同一侧加焊钢挡的数量取决于需要钢挡承受的力，在同一端（或同一侧）可以焊一个、两个或三个、四个钢挡。钢挡的加固强度取决于钢挡与车底板间的焊缝长度。

同一端（或同一侧）焊 n 个钢挡时，每个钢挡需要的焊缝长度 l 可按下式计算：

$$防止纵向移动：l_{纵} \geqslant \frac{10\Delta T}{0.7nK[\tau]}（cm） \tag{8-52}$$

$$防止横向移动：l_{横} \geqslant \frac{10\Delta N}{0.7nK[\tau]}（cm） \tag{8-53}$$

式中 $l_{纵}$——防止纵向移动焊缝长度，cm；

$l_{横}$——防止横向移动焊缝长度，cm；

K——焊缝高度，cm；

ΔT——纵向需加固的力，kN；

ΔN——横向需加固的力，kN；

$[\tau]$——焊缝的许用剪切应力，MPa，一般取 60 ~ 70 MPa。

使用挡木或钢挡加固时，其高度不宜过大，与车地板之间要有足够的联结强度。掩挡的有效高度应符合要求，掩挡与车地板的联结强度必须足以保证掩挡自身不发生移动或倾覆。

【例 8-23】A 站托运钢质圆柱形货物一件，重 30 t，长 11.5 m，直径为 2 000 mm，自带高度为 100 mm 的钢鞍座两个，鞍座鞍口深度为 160 mm，货物与鞍座垫有 10 mm 厚的胶垫，拟用 $N17_K$（自重取 19.7t）型木地板平车均衡顺向装载。采用腰箍加固的方式，请确定腰箍的拉力及规格。

解：货物装车后重车总重为 $19.7+30=49.7$ t，

（1）货物受到的各种力大小如下：

① 纵向惯性力。

货物为木质，经查表车底板也为木质，故使用柔性加固，则

$$\begin{aligned} T = t_0 Q &= (0.001\,2Q_{总}^2 - 0.32Q_{总} + 29.85)Q \\ &= [0.001\,2\times(19.7+30)^2 - 0.32\times(19.7+30)+29.85]\times 30 \\ &= 507.303（kN） \end{aligned}$$

② 横向惯性力。

$$N = n_0 Q = \left(2.82 + 2.2\frac{a}{l}\right)Q = 2.82\times 30 = 84.600（kN）$$

③ 垂直惯性力。

$$Q = q_{垂} Q = \left(3.54 + 3.78\frac{a}{l}\right)Q = 3.54\times 30 = 106.200（kN）$$

风力

$$W = qF = 0.245\times(11.5\times 2) = 5.635（kN）$$

④ 摩擦力。

$$F_{摩}^{纵} = 9.8\mu Q = 9.8\times 0.4\times 30 = 117.600（kN）$$

$$F_{摩}^{横} = \mu(9.8Q - Q_{垂}) = 0.4\times(9.8\times 30 - 106.200) = 75.120（kN）$$

（2）货物加固材料（装置）承受的力。

若用掩挡结构来防护横向的滚动，所需要的掩挡高度：

$$h_{掩} \geqslant 0.08D = 0.08 \times 2\,000 = 160 \text{ mm}$$

故货物自带的鞍口深度满足需要的掩挡高度，所以货物横向不会发生滚动。

防止货物水平移动需要加固材料或者加固装置承受的水平力为：

① 在纵向：

$$\Delta T = T - F_{纵摩} = 507.303 - 117.600 = 389.703\text{（kN）}$$

② 在横向：

$$\Delta N = 1.25(N + W) - F_{横摩} = 1.25 \times (84.600 + 5.635) - 75.120 = 37.674\text{（kN）}$$

（3）采用 6 道腰箍，每道腰箍应承受的拉力。

$$P_{移} = \frac{\max\{\Delta T, \Delta N\}}{2n\mu\cos\gamma}$$

$\gamma \approx 21°, \cos\gamma \approx 0.93, \mu = 0.4$（$\gamma$ 根据货物直径、鞍座的宽度、车辆的宽度计算可得）

$$P_{移} = \frac{389.703}{2 \times 6 \times 0.4 \times 0.93} = 87.300\text{（kN）}$$

用钢丝绳作腰箍，其破断抗拉力不得小于 174.6 kN。

【例 8-24】某站承运水闸一件，重 18 t，支重面长 11 610 mm，货物全长 12 850 mm，宽 2 590 mm，中心高 3 380 mm，一侧高 3 280 mm，左右各宽 1 295 mm，重心高 1 718 mm。水闸为梯形，两侧各有两个捆绑环，共有 4 个捆绑环。使用标重为 60 t 的 N_{17AT} 型车对称装载，如图 8-68 所示。试确定该货物的加固方法。

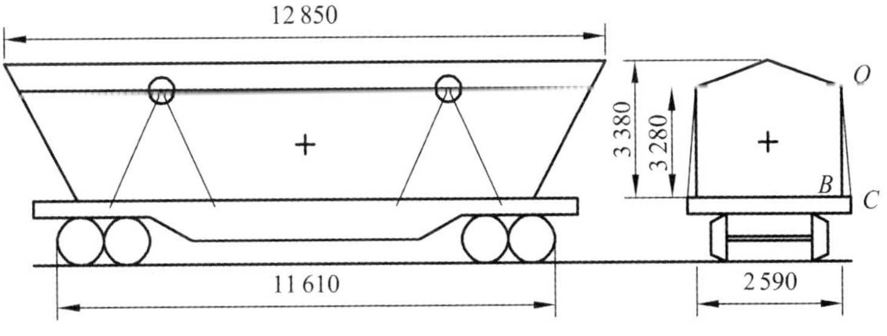

图 8-68　货物装载加固示意图

解：N_{17AT} 型平车，自重 20.2 t，长 13 000 mm，宽 2 980 mm，木地板。货物重心投影落在车辆纵横中心线交叉点上，所以 a=0。货物与车地板材质为钢与木，所以摩擦系数取 0.4。应采用柔性加固。

（1）先计算作用在货物上的各种力的数值。

① 纵向惯性力：$T = t_0 Q = (0.001\,2Q_{总}^2 - 0.32Q_{总} + 29.85)Q$

$$= [0.001\,2 \times (20.2 + 18)^2 - 0.32 \times (20.2 + 18) + 29.85] \times 18$$

$$= 348.788\text{（kN）}$$

② 横向惯性力：$N = n_0 Q = \left(2.82 + 2.2\dfrac{a}{l}\right)Q = 2.82 \times 18 = 50.760$（kN）

③ 垂直惯性力：$Q_{垂}=q_{垂}Q=\left(3.54+3.78\dfrac{a}{l}\right)Q=3.54\times18=63.720$（kN）

④ 风力：$W=qF=0.49\times\dfrac{(12.85+11.61)\times3.38}{2}=20.255$（kN）

⑤ 摩擦力：

$$纵向\quad F_{摩}^{纵}=9.8\mu Q=9.8\times0.4\times18=70.560\ （kN）$$

$$横向\quad F_{摩}^{横}=\mu(9.8Q-Q_{垂})=0.4\times(9.8\times18-63.720)=45.072\ （kN）$$

（2）检验货物的稳定性。

① 倾覆方面：

$$纵向\quad \eta_{纵倾}=\frac{9.8Qa}{Th}=\frac{9.8\times18\times\dfrac{11\,610}{2}}{348.788\times1\,718}=1.71>1.25$$

$$横向\quad \eta_{横倾}=\frac{9.8Qb}{Nh+Wh_{风}}=\frac{9.8\times18\times\dfrac{2\,590}{2}}{50.760\times1\,718+20.255\times1\,718}=1.87>1.25$$

② 水平移动方面：

$$纵向\quad \Delta T=T-F_{摩}^{纵}=348.788-70.560=278.228\ （kN）$$

$$横向\quad \Delta N=1.25(N+W)-F_{摩}^{横}=1.25\times(50.760+20.255)-45.072=43.697\ （kN）$$

计算结果表明，该货物不会倾覆，但要发生纵横方向的水平移动，需要在此方面加固。

（3）加固方法及加固强度的确定。

考虑货物上有捆绑环，采用拉牵加固比较容易操作。

如图 8-70 所示，$OB=3\,280$ mm，$BC=\dfrac{2\,980-2\,590}{2}=195$ (mm)，根据 N17AT 型平车丁字铁、支柱槽的位置确定 $AC=1\,000$ mm，则

$$AO=\sqrt{AC^2+BC^2+BO^2}=\sqrt{1\,000^2+195^2+3\,280^2}\approx3\,435\ \text{mm}$$

$$s_{纵移}=\frac{T-F_{纵摩}}{n\dfrac{AC}{AO}}=\frac{278.228}{4\times\dfrac{1\,000}{3\,435}}=238.929\ （kN）$$

$$S_{横移}=\frac{1.25(N+W)-F_{横摩}}{n\dfrac{BC}{AO}}=\frac{43.697}{4\times\dfrac{195}{3\,435}}=192.435\ （kN）$$

考虑纵向上加固材料承受的力太大,在货物两端分别采用 4 根 400 mm×100 mm×100 mm 的挡木加固，每根挡木用直径为 8 mm、长 250 mm 的铁钉 3 颗钉固。

每颗铁钉的容许负载 $S_{钉}=2.5$ kN，则：

$$S_{挡}=nIS_{钉}=4\times3\times2.5=30\ （kN）$$

需拉牵绳承受的纵向力为：

$$S'_{纵移}=\frac{\Delta T'}{n\cdot\dfrac{AC}{AO}}=\frac{248.228}{4\times\dfrac{1\,000}{3\,435}}=213.166\ （kN）$$

若用镀锌铁线作拉牵绳，需要的股数太多，不易操作。故选用钢丝绳作拉牵绳，钢丝绳的破断拉力应大于 $2S_{拉}=2\times 213.166$（kN）。查表后，应选直径 22 mm，破断拉力 248 kN，公称抗拉强度 1 670 MPa、规格 6×19 的钢丝绳 2 根。

项目小结

1. 选用阔大货物装载基本技术条件

确定装车后阔大货物在车辆上的投影位置是否合理；如何保证阔大货物装车后重车重心高的合理性；确定集重货物的装载技术条件；确定超长货物的装载技术条件。

2. 选用铁路货物装载加固定性方案

结合货物的规格尺寸、运输要求等条件，利用《加规》，灵活选用装载加固方案。

3. 制定货物装载加固方案

对货物进行正确受力分析、稳定性检验；合理选择加固材料、加固方法；通过计算加固材料（装置）的强度，对货物进行合理的加固。

思政园地

货运专列助力西电东送关键项目——单台重 321 t 的最大变压器

项目训练与测试

一、技能训练

（一）训练任务

（1）某站装载木箱包装的机器一件，重 12 t，货物规格 8 m×2.4 m×3 m，货物重心高 1.25 m，选用 N17AK 型 60 t 平车装载。要求：

① 确定合理的装载方法。

② 制定合理的加固方法。

（2）某站装运圆柱形锅炉一件，重 10 t，长 12 m，直径 2.98 m，选用 N17AK 型 60 t 平车装载。要求：

① 确定合理的装载方法。

② 制定合理的加固方法。

（二）训练目的

通过计算货物的受力大小，验证货物的稳定状态和选择合理的加固材料和加固方法，正确地对货物进行装载加固，从而保证货物的安全运输。

（三）训练要求与准备

（1）掌握运行中的货物所受之力大小的计算公式，辨识公式里涉及的量的含义。
（2）熟练运用稳定系数的计算方法。
（3）辨别常见加固材料的规格及使用方法。
（4）准确计算要维持货物稳定状态的加固材料的强度及数量。

（四）训练资料

《铁路货物装载加固规则》及其相关附件，实训室相关货物模型、平车车辆模型、敞车车辆模型、长大货物车车辆模型等，相关加固材料（加固装置）等。

二、综合训练

（一）单选题

1. 货物装载重量大于货车容许载重量（　　）t 为严重超载。

A. 5　　B. 10　　C. 8　　D. 12

2. 货物总重心投影距车辆纵中心线距离大于（　　）mm 为严重偏载。

A. 50　　B. 100　　C. 120　　D. 150

3. 重车重心高一般超过（　　）mm，运行需要限速。

A. 1 000　　B. 1 500　　C. 2 000　　D. 2 500

4. 货物重量大于所装车辆（　　）时，称为集重货物。

A. 标重　　B. 容许载重

C. 负重面长度的最大容许载重　　D. 支重面长度的最大容许载重

5. 在检验货物是否倾覆方面，计算稳定力矩时，公式 $9.8Qa$ 中 a 的含义是（　　）。

A. 货物重心的纵向位移量

B. 货物突出端端部至车辆最近轮轴轴心的水平距离

C. 货物重心至货物纵向倾覆支点的水平距离

D. 货物突出端梁的长度

6. 货物受力大小与货物重量无关的力是（　　）。

A. 风力　　B. 摩擦力　　C. 横向惯性力　　D. 垂直惯性力

7. 球体货物既使用掩木又用凹木装载时，货物纵向滚动点至货物重心所在横向垂直平面的距离为（　　）。

A. $a=\sqrt{R^2-(R-h_{掩})^2}$　　B. $a=\sqrt{2Rh_{掩}-h_{掩}^2}$

C. $a=\sqrt{2Rh_{掩}-(R-h_{掩}-h_{凹})^2}$　　D. $a=\sqrt{2R(h_{掩}+h_{凹})-(h_{掩}+h_{凹})^2}$

8. 球形货物应选用适当规格、具有足够强度、能保证货物稳定的座架，货物底部不得与（　　）接触。

A. 车地板　　B. 横垫木　　C. 纵垫木　　D. 端梁

9. 计算货物受到的风力时，侧向计算风压大小为（　　）。

A. 0.49 kN/m^2　　B. 0.049 kN/m^2

C. 0.245 kN/m^2　　D. 0.49 kN/m^2 或 0.245 kN/m^2

10. 加固货物使用的每根拉牵绳应提供的力为 15 kN，如选用 8 号镀锌铁线，则需要的股数为（　　）股。

A. 4　　B. 7　　C. 8　　D. 10

11. 下列加固材料可用于整体捆绑的是（　　）。

A. 横垫木　　B. 镀锌铁线　　C. 麻绳　　D. 固定捆绑铁索

12. 下列加固材料可用于作为腰箍下压式加固的是（　　）。

A. 钢丝绳　　B. 镀锌铁线　　C. 麻绳　　D. 固定捆绑铁索

13. 当数股铁线拧成一根使用时，由于每股受力不均匀，所以每股铁线的拉力值应取其许用拉力的（　　）。

A. 95%　　B. 90%　　C. 85%　　D. 80%

14. 固定捆绑铁索是配合支柱作腰线拦护货物，可以重复使用的加固材料，由 8 号镀锌铁线（　　）股制作，铁索两端的环状铁线必须拼齐缠绕。

A. 4　　B. 5　　C. 6　　D. 7

15. 试运方案不跨年度，连续试运期限一般不应超过（　　）年。

A. 4　　B. 3　　C. 2　　D. 1

16. 装载加固定型方案编号由（　　）位阿拉比数字组成。

A. 4　　B. 5　　C. 6　　D. 7

17. 装载加固（　　）方案长期有效。

A. 试行方案　　B. 定型方案　　C. 暂行方案　　D. 计划方案

18. 固定捆绑铁索一般配合（　　）拦护货物。

A. 支柱　　B. 挡板　　C. 钢丝绳夹　　D. 镀锌铁丝

19. 拉牵加固拉牵绳与车底板夹角一般接近于（　　）。

A. 40°　　B. 45°　　C. 50°　　D. 55°

20. 装载加固暂行方案有效期及比照方案有效期由（　　）规定。

A. 国铁集团　　B. 铁路局　　C. 站段　　D. 装车站

（二）多选题

1. 铁路运输中，（　　）、（　　）、超限和超重货物统称为阔大货物。

A. 集重货物　　B. 超长货物　　C. 偏重货物　　D. 偏载货物

2. 我国铁路能装载阔大货物的车辆有（　　）。

A. 平车　　B. 长大货物车　　C. 敞车　　D. 棚车

3. 根据货物的外形，阔大货物大致可分为（　　）、（　　）和（　　）三种货物。

A. 平底　　B. 球形　　C. 圆柱形　　D. 长方形

4. 集重货物的特点是（　　）。

A. 货物重量大　　B. 支重面小　　C. 货车负重面长度承载重量大

D. 货物比较高

5. 铁路货车超偏载检测装置，是铁路货运计量安全检测系统的重要组成部分，是检测货车的（　　）的主要装置之一。

A. 超载　　B. 偏载　　C. 偏重　　D. 集重

6. 当货物重心或总重心偏离车辆横中心线时，偏离横中心线的距离应保证车辆每个转向架承受的货物重量不超过货车容许载重量的（　　），且两转向架负重之差不大于（　　）。

A. 1/2，10 t　　B. 1/2，15 t　　C.1/3，10 t　　D. 1/3，15 t

7. 对于集重货物，必须采取避免集重的措施。避免集重装载的方法主要有（　　）等。

A. 使用横垫木　　B. 使用纵垫木

C. 重心纵向偏移　　D. 使用纵横垫木

8. 装运危险货物的罐车，重车重心高限制高度不得超过（　　）mm，双层集装箱专用车装后重车重心高不得超过（　　）mm。

A. 2 000　　B. 2 200　　C. 2 300　　D. 2 400

9. 当货物半宽小于或等于车地板半宽时货物突出车辆端部超过（　　）mm 或当货物半宽大于车地板半宽时货物突出车辆端部超过（　　）mm，该货物即为超长货物。

A. 200　　B. 300　　C. 359　　D. 400

10. 装载加固定型方案分为（　　）类，（　　）项。

A. 11、50　　B. 10、50　　C. 11、60　　D. 10、60

11. 绳网一般用于加固起脊装运的成件包装货物或袋装货物，分为（　　）、（　　）式两种。

A. 上捆式　　B. 下捆式　　C. 前捆式　　D. 后捆式

12. 腰箍一般用（　　）和（　　）制作而成。

A. 钢丝绳　　B. 镀锌铁丝　　C. 扁钢带　　D. 盘条

13. 绞棍的直径一般为（　　）mm，长度为（　　）mm。

A. 50、600　　B. 60、500　　C. 40、600　　D. 60、400

（三）判断题

1. 按照车体结构不同，我国现有的长大货物车可分为四种。（　）

2. 我国铁路大部分阔大货物使用长大货物车装运。（　）

3. 敞车集中载荷承载能力强于平车，所以敞车可以装载阔大货物。（　）

4. 选用车辆时，凡货车车体上的标记技术参数与附录不一致时，以附录技术参数为准。（　）

5. 货物端部突出车辆端部，货物就是超长货物。（　）

6. 当货物直接装在货车地板上时，支重面长度等于负重面长度；当货物使用横垫木时，负重面长度等于两横垫木中心线距离的 2 倍；当货物使用纵垫木时，负重面长度等于纵垫木长度。（　）

7. 袋装粮食使用敞车起脊装载时，应使用篷布加固。（　）

8. 为提高运输效益，降低运输成本，运输卷钢时防滑衬垫用的稻草垫可回送再次利用。（　）

9. 镀锌铁线可数股拧成一股作为腰箍下压式加固。（　）

10. 采用拉牵加固的方法如用于防止货物水平移动时拴结点可尽量低些，防止货物倾覆时拴结点应适当高些。（　）

11. 使用普通平车装运竹子时，可就地取材，选用粗壮圆直的竹子制成支柱加固货物。(　)

12. 使用 8 号镀锌铁线对货物进行拦护时，如 8 号镀锌铁线短缺时可用 2 股 12 号镀锌铁线拧绕成一股替代。(　)

13. 使用钢丝绳进行拉牵加固时属于刚性加固。(　)

14. 无车厢汽车爬装时，重叠装载两轮轴应上下对齐，并捆在一起（不宜过紧），后轮前后均用三角挡掩紧钉固，并采用小八字形拉牵加固。(　)

15. 横垫木和隔木的长度一般不应小于货物的装载宽度，但不大于车辆的宽度。(　)

16. 钢板可使用敞、平车装载。每垛货物高度不得大于货物底宽的 90%，货物层间及与车地板间应衬垫防滑，重量分布应符合《铁路货物装载加固规则》的有关规定。(　)

17. 货物转向架的上架体与跨装货物，下架体与车辆分别加固在一起。(　)

18. 货物的稳定性是只能通过稳定系数办法进行检验的。(　)

19. 货物的不稳定性主要体现在滚动和倾覆两个方面。(　)

20. 在倾覆方面，货物的倾覆点越高，货物越趋向稳定。(　)

21. 货物在车地板上受到的摩擦力大小只和货物的重力及接触面的光滑程度有关系。(　)

（四）实作题

1. 查表，确定 NX_{17AK}、NX_{70}、D_{32A}、D_{30G} 的主要技术参数。

2. 超偏载检测装置检测出货车严重超偏载，如何处理这个结果。

3. 非均重货物一件重 48 t，长 12 m，宽 2.9 m，高 2 m，货物重心距两端分别为 5 m 和 7 m，拟使用一辆 60 t N_{17AK} 型平车，采用不突出车辆端梁的装载方法。试计算车辆每个转向架所承受的货物重量。

4. 均重平底货物一件，重 30 t，长 15 m，宽 3 m，高 1.8 m，拟选用标重 60 t N17T 型平车一端突出装运。请检查货物是否偏重。

5. 均重货物一件重 12 t，外形尺寸 8 000 mm×2 200 mm×1 500 mm，另一件均重货物重 18 t，外形尺寸 4 000 mm×2 400 mm×1 850 mm，拟采用 60 t N_{17AK} 型平车装运，试确定经济合理的装载方案。

6. 三件货物使用一辆 60 t N_{17GK} 型平车装运，装载有关数据如下：

（1）$Q_1 = 20$ t，$a_1 = 850$ mm，$b_1 = -120$ mm；

（2）$Q_2 = 15$ t，$a_2 = -4\ 000$ mm，$b_2 = 100$ mm；

（3）$Q_3 = 10$ t，$a_3 = 4\ 000$ mm，$b_3 = 160$ mm。

要求：（1）确定货物总重心投影在车辆上的位置。

（2）检查货物总重心投影位置是否符合装载技术条件。

7. 现有货物一件重 35 t，货物本身重心高为 1 700 mm，使用 60 t N_{17AK} 型平车一辆直接装载。要求：（1）计算重车重心高；（2）确定运行条件。

8. 用 N_{17GK} 型平车，装运一件 40 t 的货物（重心高 1 430 mm），货物直接装在车地板上。要求：（1）确定重车重心高度是否符合要求；（2）若重车重心高超过规定，用一件预计装车后由轨面起重心高度 1 913 mm 的货物配重，确定该配重货物重量的取值范围。

9. 三件货物使用一辆 60 t N_{17K} 型平车装运，装载有关数据如下：

（1）$Q_1 = 20$ t，$h_1 = 1\ 400$ mm；

（2）$Q_2=15\ \text{t}$， $h_2=1\ 800\ \text{mm}$；

（3）$Q_3=10\ \text{t}$， $h_3=1\ 100\ \text{mm}$。

试计算重车重心高并确定运行条件。

10. 一件货物重 45 t，货物支重面长 5 000 mm，使用 N_{17AK} 型平车装载，判断该货物是否集重，并确定装载方案。

11. 一件货物重 55 t，货物支重面长 4 000 mm，使用 N_{17GK} 型平车装载，判断该货物是否集重，并确定装载方案。

12. 使用 C70、C70H 敞车，局部地板面承受均布载荷时，在什么情况下，全车装载量可以达到标记载重量?

13. 均重货物一件，重 48 t，长 15 000 mm，宽 2 900 mm。使用 N_{17K} 型一端突出装载，一端与车辆平齐。问该货物装载是否符合技术要求?

14. 均重货物一件，重 52 t，15 000 mm，宽 2 900 mm。使用 N_{17GT} 型一端突出装载，一端与车辆平齐。问该货物装载是否符合技术要求? 如不符合应如何装载，试确定装载方案并根据确定的方案计算垫木最小高度。

15. 一件均重长方体钢质货物长 21 m，宽 3 m，高 3 m，重 78 t，使用两辆 N_{17T} 型平车跨装运输，使用通用货物转向架，位于负重车横中心线上，请计算作用于货物上的各种力。

16. 箱装货物一件，重 12 t，长 2 m，宽 2.7 m，高 3.5 m，货物重心高 1.5 m。用 N_{17AK} 平车装运，货物重心在货车横纵中心线交叉点上。

（1）试计算货物在倾覆方面的稳定性。

（2）在纵向用 150 mm 的高档木加固，试计算货物在倾覆方面的稳定性。

17. 一件铸钢质均重货物重 15 t，货物长 6 m，宽 1.6 m，高 3.5 m，货物重心高 2.5 m，使用标重 60 t N_{17AK} 型平车直接顺装，货物重心位于货车中央，请计算货物的稳定性。

18. 箱装货物一件，重 20 t，长 6 m，宽 2.9 m，高 3 m，用 N_{17T} 型 60 t 平车装运，货物重心落在货车横纵心线交叉点上，计算货物在水平移动方面的稳定性。

项目八综合测试参考答案请扫码观看

项目九　超限、超重货物运输组织

知识目标

（1）了解铁路限界种类及“三视图”基本知识、超限货物的测量方法。
（2）掌握超限货物计算宽度的计算方法。
（3）掌握超限、超重货物电报的内容。
（4）熟知超限、超重货物的托运、受理、装车、途中检查和接卸的有关要求。

能力目标

（1）能测量超限货物的有关尺寸。
（2）能拍发超限、超重货物运输电报。
（3）能确定超限货物等级。
（4）能具体组织指挥一批超限和超重货物的发送作业、途中作业和到达作业。

思政目标

（1）养成良好的安全意识、责任意识、环保意识，遵章守纪、尊重生命、热爱劳动、履行职业准则和行为规范。

（2）养成认真处理问题的习惯，培养发现问题、分析问题、解决问题的能力。

（3）培养面对单调、繁杂的工作时所必须具备的认真、细致的工作作风及吃苦耐劳的品质。

（4）养成良好的团结协作精神，主动适应团队要求，服从班组的工作安排。

项目思维导图

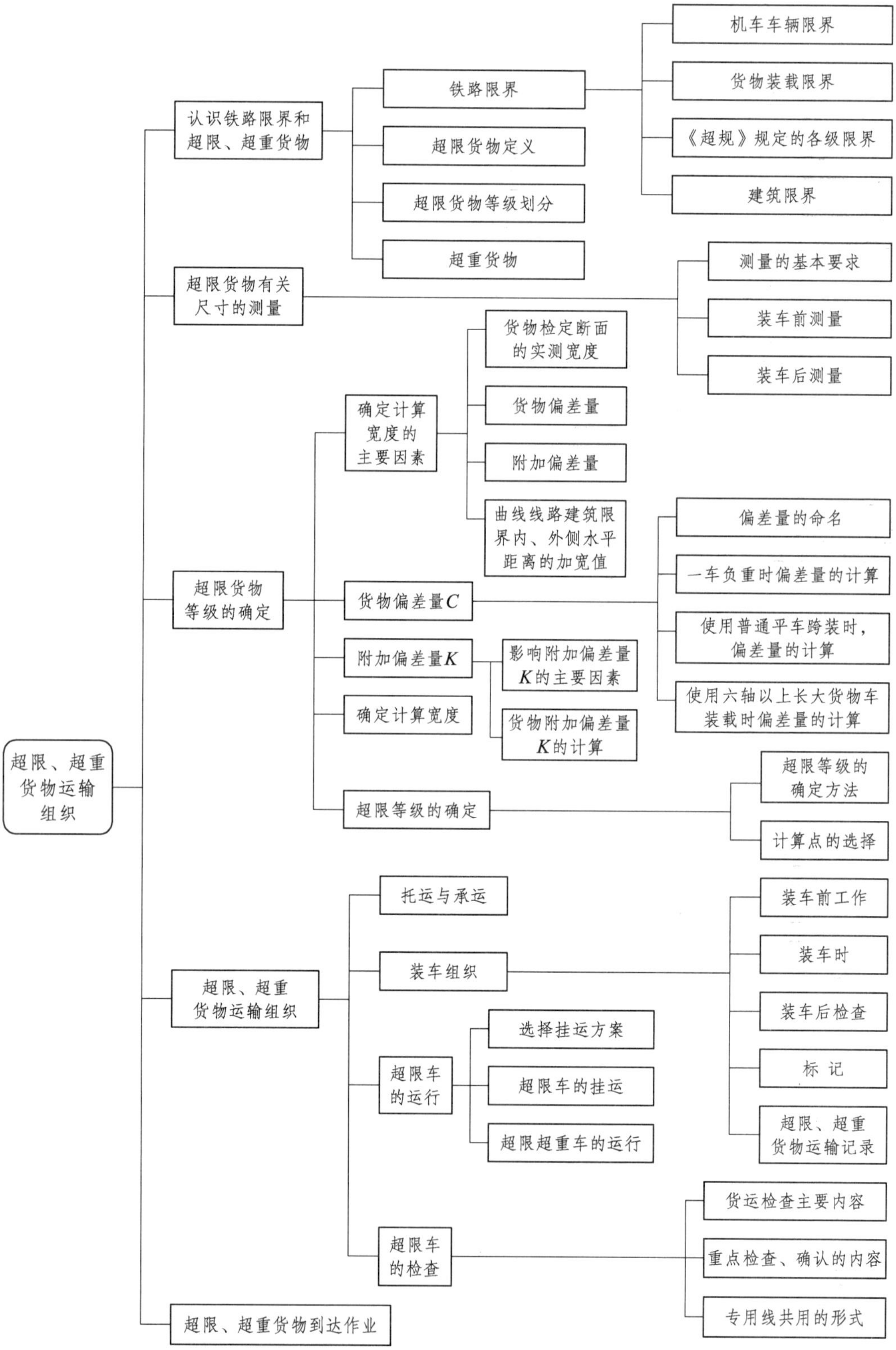
超限、超重货物运输组织
认识铁路限界和超限、超重货物
铁路限界
机车车辆限界
货物装载限界
《超规》规定的各级限界
建筑限界
超限货物定义
超限货物等级划分
超重货物
超限货物有关尺寸的测量
测量的基本要求
装车前测量
装车后测量
超限货物等级的确定
确定计算宽度的主要因素
货物检定断面的实测宽度
货物偏差量
附加偏差量
曲线线路建筑限界内、外侧水平距离的加宽值
货物偏差量C
偏差量的命名
一车负重时偏差量的计算
使用普通平车跨装时，偏差量的计算
使用六轴以上长大货物车装载时偏差量的计算
附加偏差量K
影响附加偏差量K的主要因素
货物附加偏差量K的计算
确定计算宽度
超限等级的确定
超限等级的确定方法
计算点的选择
超限、超重货物运输组织
托运与承运
装车组织
装车前工作
装车时
装车后检查
标 记
超限、超重货物运输记录
超限车的运行
选择挂运方案
超限车的挂运
超限超重车的运行
超限车的检查
货运检查主要内容
重点检查、确认的内容
专用线共用的形式
超限、超重货物到达作业

引导案例

超限货物托运

当某托运单位向铁路车站提出运输超限、超重货物的要求时，车站需针对货物特点，测量超限货物的有关尺寸，拍发超限、超重货物运输电报，确定超限货物等级。结合铁路设备条件、铁路规定的超限、超重货物托运条件给出经济合理的装载加固方案，并向托运人提供书面方案设计规划及装卸车作业指导服务，与其他相关货运岗位的工作人员协同作业，完成超限、超重货物的运输组织工作。

导入问题：你能代表车站针对货物特点，测量超限货物的有关尺寸吗？请根据图 9-1 中一件货物的外形，标画出该货物的中心高度、不同侧高度、中心高度处和不同侧高度处的左、右宽度。

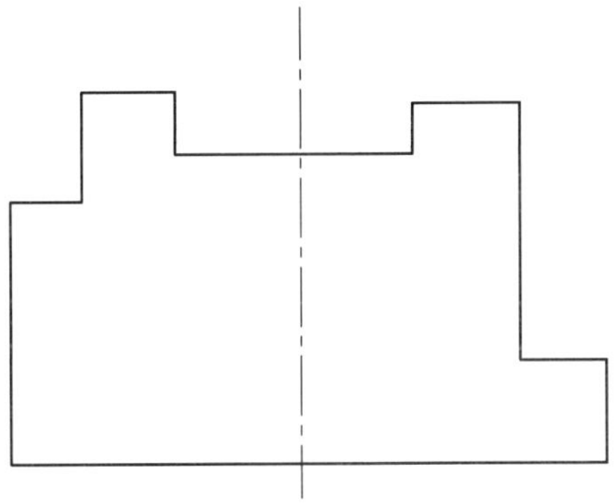

图 9-1　某货物外形图

任务 1　认识铁路限界和超限、超重货物

任务导读

为了保证行车安全，接近铁路线路的各种建筑物和设备，必须与铁路线路保持一定的距离，同时对在线路上运行的机车车辆的横向尺寸也须有一定的限制，防止机车车辆在运行中与建筑物或设备相接触，铁路规定了各种限界，主要有：机车车辆限界、货物装载限界、超限限界、建筑物限界和特定区段装载限界等。

知识点

一、铁路限界

（一）机车车辆限界

机车车辆限界是指机车、车辆在被设计制造时，各部门距钢轨平面最高和距线路中心线的垂直面最大尺寸的轮廓图，如图 9-2 所示。

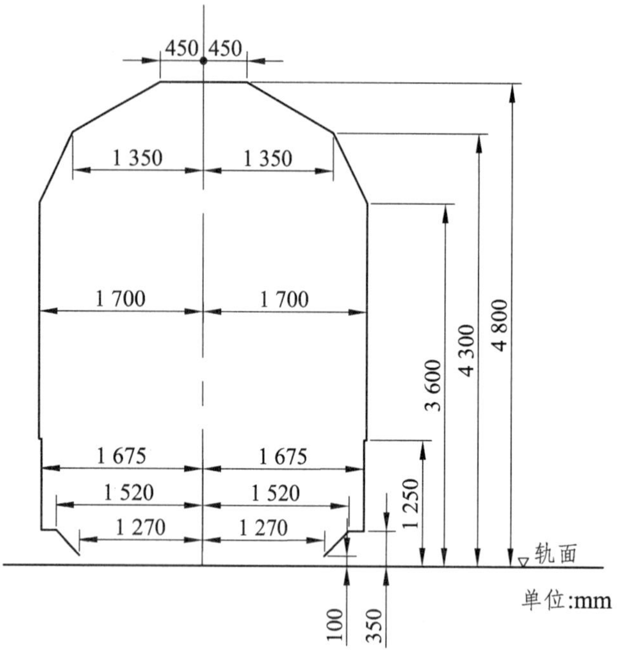

图 9-2　机车车辆限界（单位：mm）

图 9-2 中，其最大半宽为 1 700 mm，最大高度为 4 800 mm。

（二）货物装载限界

《铁路超限超重货物运输规则》（以下简称《加规》）规定的货物装载限界为除超限货物外货物装载的最大轮廓图，如图 9-3 所示。

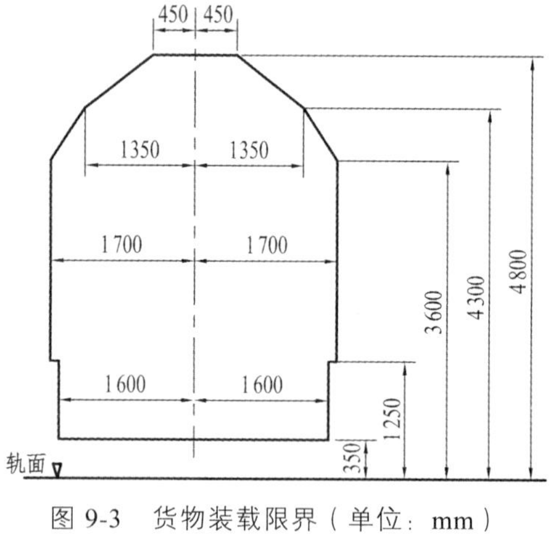

图 9-3　货物装载限界（单位：mm）

（三）《超规》规定的各级限界

（1）一级超限限界：一级超限货物装载的最大轮廓图，超过此限界即为二级超限。其最大半宽为 1 900 mm，最大高度为 4 950 mm，如图 9-4（a）所示。

（2）二级超限限界：二级超限货物装载的最大轮廓图，超过此限界即为超级超限。其最大半宽为 1 940 mm，最大高度为 5 000 mm，如图 9-4（b）和 9-4（c）所示。

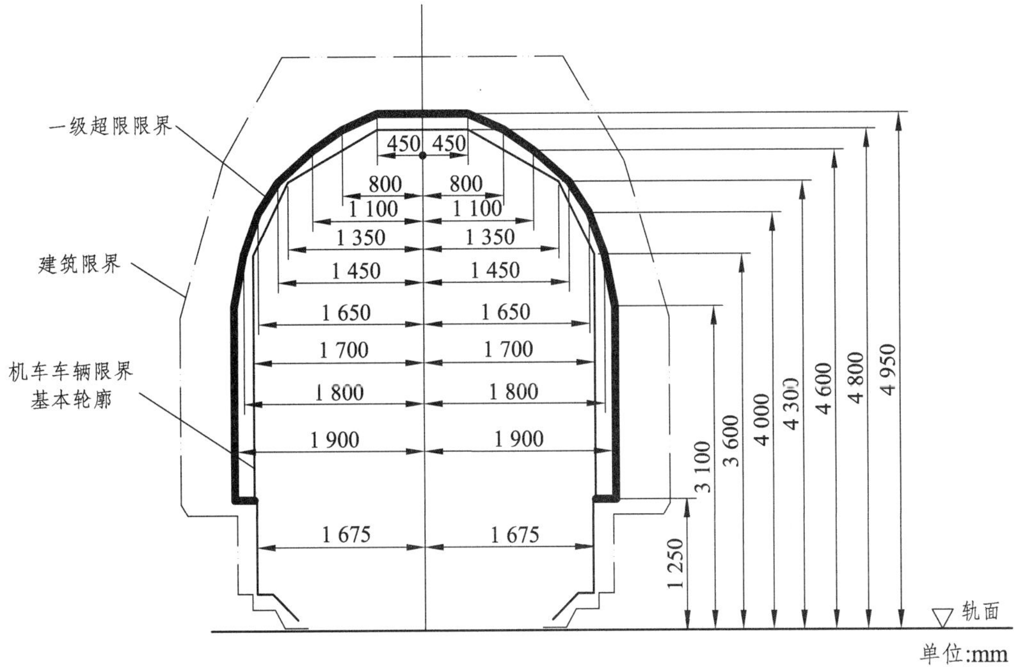

（a）

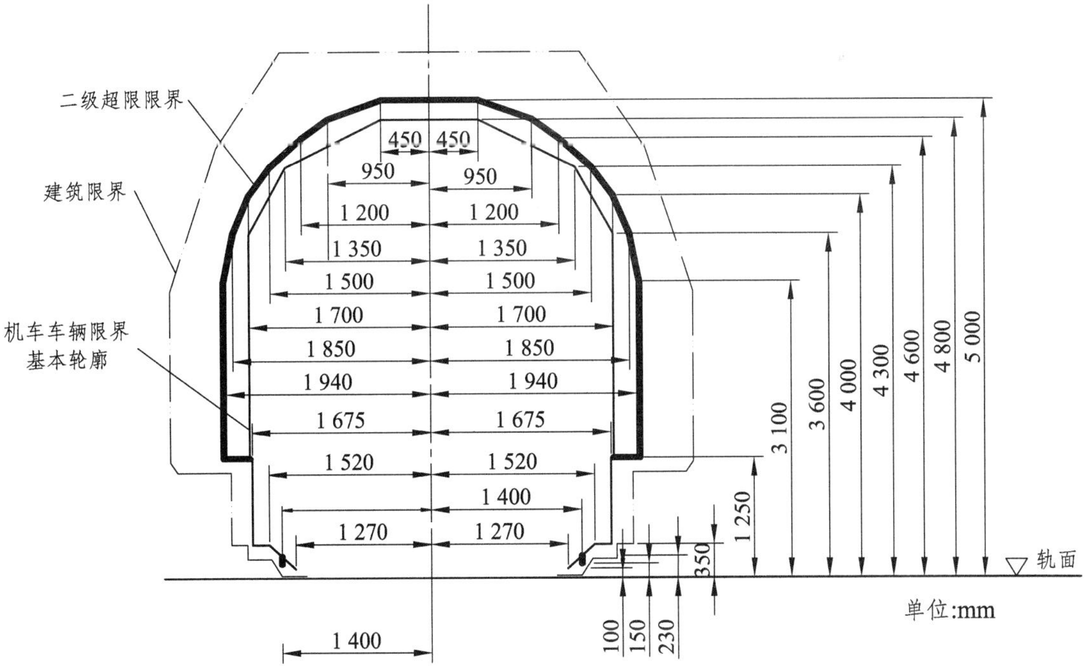

（b）

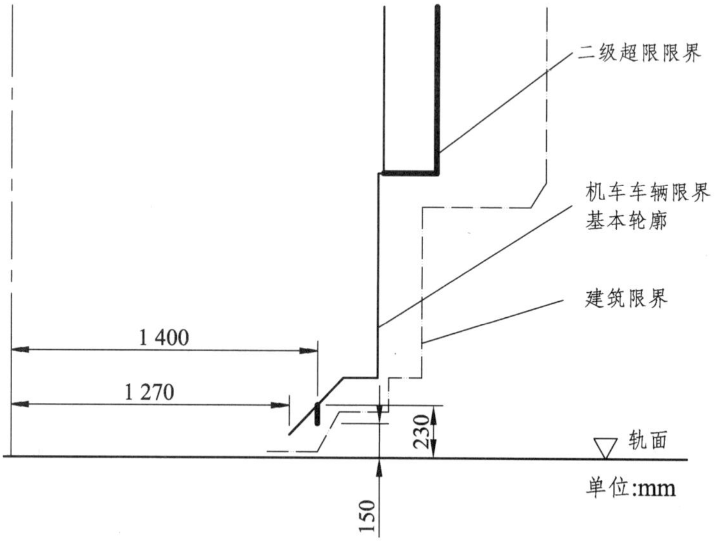

（c）

图 9-4 《超规》采用的各级超限限界（单位：mm）

（四）建筑限界

建筑限界是指在线路两侧及上部的建筑物、设备距钢轨平面最低和距线路中心线的垂直面最窄尺寸的轮廓图。铁路建筑物限界在《技规》中规定。

其最大半宽为 2 440 mm，最大高度为 5 500 mm。

现行《超规》采用的建筑限界尺寸比国家标准要小，其最高点距轨面 5 150 mm，自轨面起高度为 1 100 ~ 3 090 mm 是最大宽度，每侧宽为 2 100 mm。

（五）特定区段装载限界

将小于《超规》规定的建筑接近限界的个别区段称为特定区段。装运通过特定区段的货物时应按特定区段的装载限界办理。特定区段装载限界如表 9-1 和表 9-2 所示。

表 9-1 特定区段装载限界表

序号	线名	区段	限界事项		附记
			装载限界	车体自重加实际重最大吨数	
1	京包线	南口—西拨子	装载货物高度和宽度按规定		
2		运往朝鲜的货物	按货物装载限界装载，但最高不得超过 4 750 mm		
3	广九线	经深圳北运往九龙的货物	装载货物中心高度由钢轨面起 360 ~ 3 600 mm 处左右宽度不得超过 1 550 mm，其他部位按货物装载限界		
4	京广线	坪木线		90	坪石站出岔
5	丰沙线	沙城—三家店上行线	装载货物中心高度由钢轨面起不得超过 4 600 mm		

表 9-2　京包线南口—西拨子装载限界

由钢轨面起算的高度/mm	由车辆纵中心线起算每侧的宽度/mm	全部宽度/mm
4 300	1 050	2 100
4 200	1 150	2 300
4 100	1 250	2 500
4 000	1 350	2 700
3 900	1 450	2 900
1 250 ~ 3 600	1 600	3 200

二、超限货物定义

货物装车后，车辆停留在水平直线上，货物的任何部位超出机车车辆限界基本轮廓或者车辆行径半径为 300 m 的曲线时，货物的计算宽度超出机车车辆限界基本轮廓者，均为超限货物。具体可分为下列两种情况：

（1）货物装车后，在平直线路上停留时，货物的任何部位超出机车车辆限界基本轮廓，称为超限货物。

（2）货物装车后，在平行线路上虽然不超限，但当行径在半径为 300 m 的曲线线路上时，货物的计算宽度超出机车车辆限界基本轮廓时，亦属超限货物。

三、超限货物等级划分

（1）超限货物以装车站列车运行方向为准，由线路中心线起分左侧、右侧和两侧超限。

（2）按超限程度不同，划分为一级超限、二级超限和超级超限。

① 一级超限：自轨面起高度在 1 250 mm 以上超限但未超出一级超限限界者。

② 二级超限：超出一级超限限界而未超出二级超限限界者，以及自轨面起高度在 150 mm 至未满 230 mm 间超限但未超出二级超限限界者。

③ 超级超限：超出二级超限限界者。

（3）按超限部位不同，划分为上部超限、中部超限和下部超限。

① 上部超限：自轨面起高度超过 3 600 mm，任何部位超限者按其超限程度划分为一、二级和超级超限。

② 中部超限：自轨面起高度在 1 250 mm 和 3 600 mm 之间，任何部位超限者，按其超限程度划分为一、二级和超级超限。

④ 下部超限：自轨面起高度在 150 mm 和 1 250 mm 之间，任何部位超限者，按其超限程度不同划分为二级和超级超限。

四、超重货物

超重货物是指货物装载后，重车总重活载效应超过桥涵设计活载标准（中-活载）效应者。根据货物的超重程度，超重货物分为三个等级：一级超重、二级超重和超级超重。

假设 Q 代表活载系数，则一级超重：$1.00<Q\leqslant1.05$；二级超重：$1.05<Q\leqslant1.09$；超级超重：$Q>1.09$。超重货物分级见表 9-3。

表 9-3　超重货物分级表

项目等级	长大货车型号	重车总重 P/t	长大货车型号	重车总重 P/t
一　级	D_2	$314<P\leqslant330$	D_{26}	$371<P\leqslant390$
	D_{2A}	$P>329$	D_{26AK}	$P>332$
	D_{2G}	$326<P\leqslant342$	D_{26B}	$371<P\leqslant390$
	D_{9G}	$372<P\leqslant391$	D_{28}	$369<P\leqslant388$
	D_{17}	$P>197$	D_{30A}	$369<P\leqslant388$
	D_{18A}	$P>310$	D_{30G}	$437<P\leqslant459$
	D_{18G}	$P>331$	D_{32}	$491<P\leqslant515$
	D_{19G}	$372<P\leqslant391$	350 t 落下孔车	$490<P\leqslant514$
	D_{23G}	$310<P\leqslant326$	D_{35}	$502<P\leqslant527$
	D_{25G}	$P>374$	D_{38}	$543<P\leqslant571$
	D_{32G}	$P>545$	450 t 落下孔车	$580<P\leqslant609$
二　级	D_2	$330<P\leqslant343$	D_{30A}	$388<P\leqslant403$
	D_{2G}	$342<P\leqslant355$	D_{30G}	$P>459$
	D_{9G}	$P>391$	D_{32}	$515<P\leqslant535$
	D_{19G}	$391<P\leqslant406$	350 t 落下孔车	$P>514$
	D_{23G}	$P>326$	D_{35}	$527<P\leqslant548$
	D_{26}	$P>390$	D_{38}	$571<P\leqslant592$
	D_{26B}	$P>390$	450 t 落下孔车	$609<P\leqslant632$
	D_{28}	$P>388$		
超　级	D_2	$P>343$	D_{32}	$P>535$
	D_{2G}	$P>355$	D_{35}	$P>548$
	D_{19G}	$P>406$	D_{38}	$P>592$
	D_{30A}	$P>403$	450 t 落下孔车	$P>632$

注：以上均为货物装载无偏心的情况，如有偏心，则应按实际装载偏心另行计算等级。

任务 2　超限货物等级的确定

任务导读

为了表明超限货物超出机车车辆限界的程度，确定不同超限程度下的运行条件，划分了超限货物等级。同时，超限货物等级的划分也是发站在核收超限货物运输费用时的主要依据，所以，准确判断超限货物等级是很重要的。

本任务主要的规章依据是《铁路超限超重货物运输规则》（简称《超规》）及其相关运输要求文件。

知识点

一、确定计算宽度的主要因素

确定计算宽度的主要因素有：货物检定断面的实测宽度，货物偏差量，附加偏差量，曲线线路建筑限界内、外侧水平距离的加宽值。

（一）货物检定断面的实测宽度

货物检定断面的实测宽度是指计算点至负重车纵中心线垂直面的水平距离。通常用米尺测量而定。用符号“B”表示。

（二）货物偏差量

当超限车行经在平直线路上时，两转向架中心销的垂直投影落在线路中心线上，货车纵中心线与线路中心线相重合。当超限车行经在曲线线路上时，两转向架中心销的垂直投影落在线路中心线上，而货车纵中心线在两销间偏向内方，称为内偏差；在两销之外偏向外方，称为外偏差，用符号“C”表示。此值可通过计算确定。

（三）附加偏差量

附加偏差量是当车辆走行部分游间和曲线处轨距加宽所产生的附加偏差量。此值仅在计算外偏差量时才计算，用符号“K”表示。

（四）曲线线路建筑限界内、外侧水平距离的加宽值

《超规》所采用的曲线内、外侧水平距离加宽值为 36 mm，它是以车长为 13.2 m，销距为 9.35 m 的平车，行径半径为 300 m 的曲线线路时，所产生的内、外偏差量均为 36 mm 作为曲线线路建筑限界内、外侧水平距离的加宽值。在确定曲线线路建筑接近限界的实际宽度时，已考虑了该值，所以确定计算宽度时，须减去 36 mm。

计算宽度（用符号“X”表示）为上述因素的代数和。

二、货物偏差量 C

（一）偏差量的命名

在图 9-5 中，圆弧为半径为 300 m 曲线（《超规》规定，以行径半径 300 m 的曲线线路时的计算宽度作为确定超限等级的依据）的线路中心线；AB 直线为货车纵中心线，M、N 为货车两转向架中心销在线路中心线上的投影。

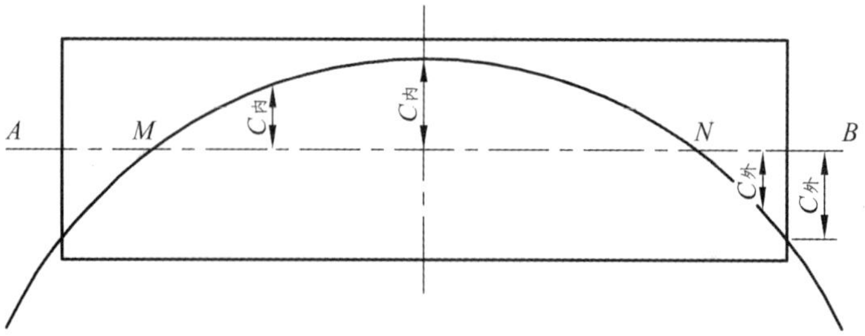

图 9-5　货物偏差量的命名

当货物的检定断面位于装载车两转向架中心销之间任何部位时，称为内偏差，以“$C_内$”表示。当货物的检定断面位于装载车两转向架中心销之间的中央部位时为最大。当货物的检定断面位于装载车两转向架中心销外方货物的任何部位时，称为外偏差，以“$C_外$”表示。当货物的检定断面位于装载车两转向架中心销外方的端部时为最大。

（二）一车负重时偏差量的计算

用一辆六轴及以下货车装载时为例，如图 9-6、9-7 所示。

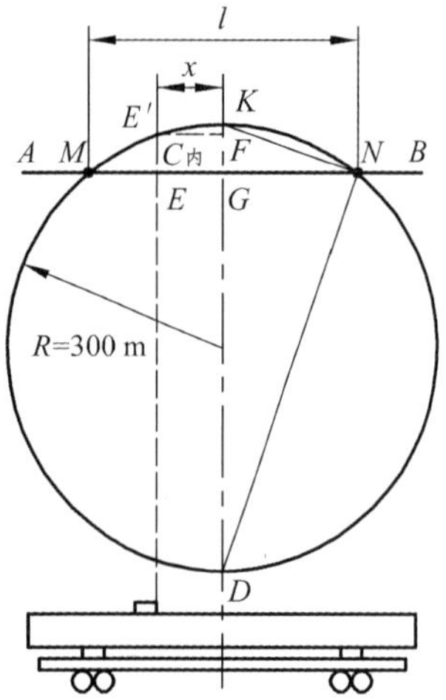

图 9-6　货物内偏差量计算示意图

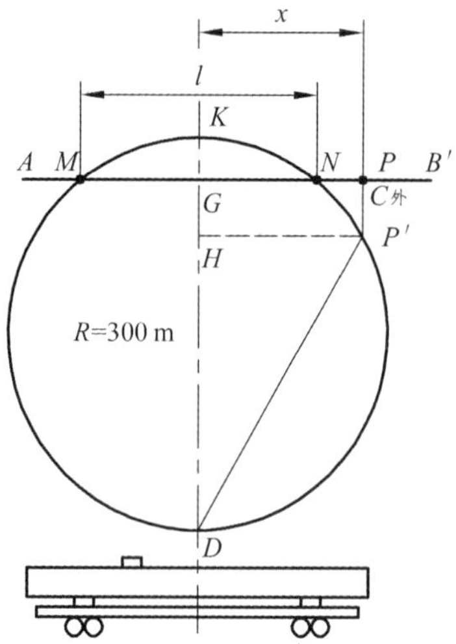

图 9-7　货物外偏差量计算示意图

图 9-6 中，AB 表示车辆纵中心线，KD 表示曲线直径，M、N 表示车辆转向架中心销，l 表示两转向架中心销间距。

在直角△KGN 和直角△NGD 中 GN 为 KG 和 DG 的比例中项，所以有：

$$KG=\frac{GN^2}{GD}=\frac{GN^2}{KD-KG}=\frac{\left(\frac{l}{2}\right)^2}{2R-KG}$$

由于 $2R \geqslant KG$，将 $2R-KG$ 中的 KG 忽略不计，上式得：

$$KG=\frac{l^2}{8R}$$

设 x 为计算点所在检定断面至车辆横中心线所在断面的距离，同理可得

$$KF=\frac{(2x)^2}{8R}\text{，}\quad KH=\frac{(2x)^2}{8R}$$

由图 9-6 可知，当 EG 上移至 $E'F$ 时，内偏差量 $C_{内}=EE'=FG=KG-KF$，即

$$C_{内}=\frac{l^2-(2x)^2}{8R}\times 1\,000\text{（mm）} \tag{9-1}$$

当 x 等于 0 时，内偏差量的最大值为：

$$C_{内1}=\frac{l^2}{8R}\times 1\,000\text{（mm）} \tag{9-2}$$

又由图 9-7 可知，$KH=\dfrac{(2x)^2}{8R}$，外偏差量 $C_{外}=PP'=GH=KH-KG$，即

$$C_{外}=\frac{(2x)^2-l^2}{8R}\times 1\,000\text{（mm）} \tag{9-3}$$

式中　l——车辆转向架中心距（简称“销距”），m；

x——货物计算点所在检定断面至车辆横中心线的距离，m；

R——取 300 m 的曲线半径，《超规》以行径在半径为 300 m 的曲线线路上时的计算宽度作为确定超限等级的依据。

偏差量 $C_{内}$、$C_{外}$ 计算结果精确到毫米。

（三）使用普通平车跨装时，偏差量的计算

跨装货物偏差量计算如图 9-8 所示。

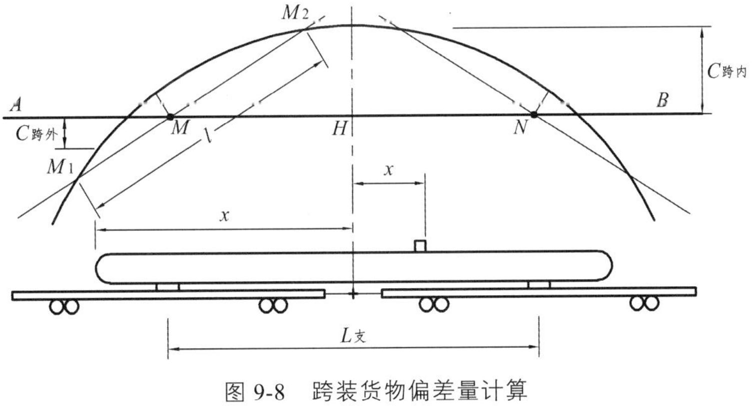

图 9-8　跨装货物偏差量计算

使用两辆以上平车跨装运送超限货物，当超限车行径在曲线线路上时，由于跨装负重车上货物转向架中心销的中心销向曲线内方位移，货物在曲线内侧的偏差量将有所增大。其数值取决于负重车销距的长度及货物转向架的跨装支距长度。

（1）当货物检定断面位于两货物转向架中心销之间时，其内偏差用“$C_{跨内}$”表示。

$$C_{跨内}=\frac{L^2+l^2-(2x)^2}{8R}\times 1\,000\text{（mm）} \tag{9-4}$$

（2）当货物检定断面位于两货物转向架中心销外方时，其外偏差用“$C_{跨外}$”表示。

$$C_{跨外}=\frac{(2x)^2-L^2-l^2}{8R}\times 1\,000\ (\mathrm{mm}) \tag{9-5}$$

式中　L——跨装支距，m；

l——负重车的转向架中心距，m；

x——货物检定断面至跨装支距中心线的距离，m。

（四）使用六轴以上长大货物车装载时偏差量的计算

使用多层转向架的特种平车装载超限货物，当超限车行经在曲线线路上时，由于特种平车转向架群的中心销向曲线内方位移，货物在曲线内侧的偏差量将有所增大。其数值取决于负重车销距的长度及特种平车转向架群的支距长度。

（1）当货物的检定断面位于大底架两心盘中心之间时，其计算公式为：

$$C_{内}=\frac{L_1^{\ 2}+\cdots+L_n^{\ 2}-(2x)^2}{8R}\times 1\,000\ (\mathrm{mm}) \tag{9-6}$$

（2）当货物的检定断面位于大底架两心盘中心外方时，其计算公式为：

$$C_{外}=\frac{(2x)^2-L_1^2-\cdots-L_n^2}{8R}\times 1\,000\ (\mathrm{mm}) \tag{9-7}$$

式中：L_1、…、L_n——长大货物车由上向下各层底架心盘中心距，m，其中 n 为长大货物车底架层数；

x——货物检定断面至车辆横中心线的距离，m。

三、附加偏差量 K

超限车行径在曲线线路上时，当货物的外偏差 $C_{外}$ 大于内偏差 $C_{内}$ 时，还必须考虑由于车辆走行部分的游间、曲线线路轨距的加宽量及车辆在线路上蛇行运动的摆动量而产生的偏差量，称为附加偏差量。

（一）影响附加偏差量 K 的主要因素

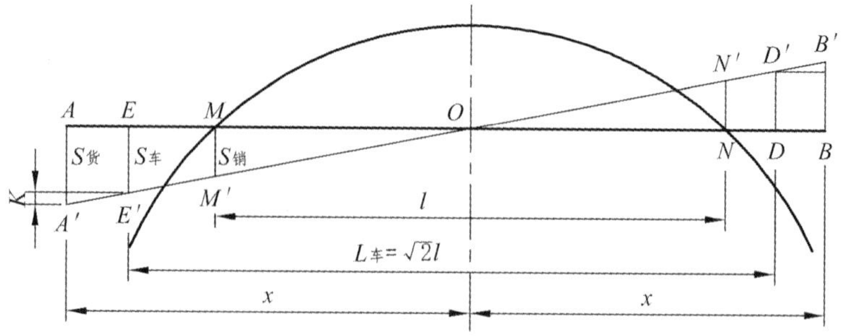

$S_{销}$—车辆中心销的摆动量；$S_{车}$—车辆两端的摆动量；$L_{车}$—车地板长；$S_{货}$—货物两端的摆动量；
x—货物检定断面至车辆横中心线的距离。

图 9-9　货物附加偏差量的计算

1. 车辆走行部分的游间

现行车辆走行部分均采用转向架装置。转向架由摇枕、侧梁、弹簧减振装置、轴箱油润装置、轮对以及下心盘和旁承等各部件组成。各部件之间，都存在着一定的间隙，这些间隙称为游间，用 S_1 表示。当车辆行经曲线线路时，由于游间的影响，将产生外偏差的增大值。

车辆走行各部位的游间值 S_1 为 44（见表 9-4）。

表 9-4 车辆走行部位的游间值

影响因素 50 t 以上车辆	游间/mm	影响因素 50 t 以上车辆	游间/mm
轴瓦及轴领间	14	架柱与摇枕之间	—
轴瓦纵向磨耗	14	侧架与摇枕挡面	5
轴箱导框与轴箱	5	合　计	44.5
上、下心盘之间	6.5	走行各部分 S_1 取值	44

2. 曲线线路轨距的加宽量

为了使机车车辆能顺利通过曲线，防止外轨侧面磨耗和抵压外轨，曲线线路轨距应适当加宽，加宽的部分称为加宽量，用 S_2 表示。

（1）在最不利条件下，曲线最大轨距=车辆最小内侧距+最小轮缘厚度+车辆内侧至踏面变坡点最小距离－轨头圆角半径=1 350+22+97−13=1 456（mm）。

（2）轮对轮缘外侧的最小距离=1 350+22×2=1 394（mm）。

车辆由中央向一侧移动最大距离：

$$S_2 = \frac{1\,456 - 1\,394}{2} = 31\ (\text{mm})$$

$$S_{销} = S_1 + S_2 = 44 + 31 = 75\ (\text{mm})$$

3. 车辆在曲线线路上蛇形运动的摆动量（见图 9-9）

因为 $\triangle OMM' \backsim \triangle OEE'$，有 $\dfrac{S_{车}}{S_{销}} = \dfrac{\frac{L_{车}}{2}}{\frac{l}{2}}$ 及 $\dfrac{S_{货}}{S_{销}} = \dfrac{x}{\frac{l}{2}}$，又因为 $\dfrac{L_{车}}{l} = 1.4$，则：

（1）车辆两端的摆动量 $S_{车}$：

$$S_{车} = 1.4 S_{销}$$

（2）货物两端的摆动量 $S_{货}$：

$$S_{货} = \frac{2xS_{销}}{l}$$

（二）货物附加偏差量 K 的计算

（1）用一辆六轴及以下货车装载时。

在确定曲线线路的加宽值时，已经考虑了 $S_{车}$，因而在确定 K 值时，应将 $S_{车}$ 扣除。

货物附加偏差量 $K = S_{货} - S_{车} = \dfrac{2xS_{销}}{l} - 1.4S_{销}$，代入 $S_{销}$ 值，得：

$$K = 75\left(\frac{2x}{l} - 1.4\right)\text{（mm）} \tag{9-8}$$

（2）用普通平车跨装时。

$$K = 75\left(\frac{2x}{L} - 1.4\right)\text{（mm）} \tag{9-9}$$

（3）用六轴以上长大货物车装载时。

$$K = 75\left(\frac{2x}{L_1} - 1.4\right)\text{（mm）} \tag{9-10}$$

式中 l——车辆转向架中心距，m；

L——跨装支距，m；

L_1——长大货物车上层底架心盘中心距，m。

注：当 $\frac{2x}{l} \leqslant 1.4$、$\frac{2x}{L} \leqslant 1.4$、$\frac{2x}{L_1} \leqslant 1.4$ 时，货物附加偏差量不计算。

同一件货物，计算点不同时，K 值亦不同。

四、确定计算宽度

（1）当货物的检定断面位于车辆两心盘中心之间时，其计算公式为：

$$X_{内} = B + C_{内} - 36\text{（mm）} \tag{9-11}$$

（2）当货物的检定断面位于车辆两心盘中心外方时，其计算公式为：

$$X_{外} = B + C_{外} + K - 36\text{（mm）} \tag{9-12}$$

式中 B——实测宽度，即货物检定断面的计算点至车辆纵中心线所在垂直平面的距离，mm。

五、超限等级的确定

超限等级是以计算点所在检定断面的计算点宽度及相对应的计算点高度的数值，查《铁路超限超重货物运输规则》（简称《超规》）附件 4“机车车辆限界、各级超限限界与直线建筑接近限界距离线路中心线尺寸表”而确定。

《超规》（附件 4）

（一）超限等级的确定方法

1. 标 点

标出需要计算的点：在端视图上标出不同高度、不同宽度的点。

在等宽条件下，计算点在 1 250 mm 以上时，标高不标低；不足 1 250 mm 时，标低不标高。

2. 选 面

选择检定断面：在侧视图上选出与所标出的点相对应的检定断面，当高度和宽度相同时应选偏差量大的检定断面。

在两转向架中心销之间，应选近（靠近货车横中心线）不选远；在两转向架中心销外方，应选远（距转向架中心销）不选近。

3. 计 算

确定计算点高度、宽度：

（1）计算点高度（$h_{计}$）。一般包括货车地板高度、垫木（或转向架）高度和计算点至货物支重面的高度，即 $h_{计}=h_{车地板}+h_{垫}+h_{货}$。

（2）计算点宽度由线路中心线的垂直面至计算点的宽度。在直线线路上为货物的实宽，在曲线线路上为货物的计算宽度。

4. 查 表

根据计算点高度和计算点宽度查《超规》附件 4，确定超限等级。

（二）计算点的选择

（1）当车辆转向架中心销距小于等于 9 350 mm 时，$C_{内}\leqslant 36$ mm，按实测宽度确定超限等级。

（2）当货物为等断面体时，只需计算 $C_{内}$ 或 $C_{外}$。当 $\frac{2x}{l}\leqslant 1.4$ 时，计算 $C_{内}$；当 $\frac{2x}{l}>1.4$ 时，计算 $C_{外}$。货物长度较小时，计算 $C_{内}$，选用销距较小的车辆可以降低超限程度；货物长度较长时，计算 $C_{外}$，选用销距较大的车辆可以降低超限程度。

（3）当使用一辆普通平车装运超限货物时，其检定断面位于两转向架中心销之间（中央部位除外）任何部位时，一般不需计算 $C_{内}$ 和 $X_{内}$，可直接按货物的实测宽度确定超限等级和运送条件。

（4）当使用平车装运超限货物时，只有在下列条件下，方需计算除中央部位外的 $C_{内}$：

① 货物转向架中心销（或车辆主梁中心销）间（车辆中央部位除外）有突出部分。

② 货物突出部分的实测宽度大于其在车辆横中心线处的实测宽度。

③ 有数个突出部分，其突出部分相近，应计算确定计算宽度。

④ 有数个突出部分，其高度、宽度相等时，应以距车辆横中心线最近的突出点作为计算点。

（5）当使用平车装运超限货物时，只有在下列条件下，方需计算除货物端部外 $C_{外}$：

① 货物在两转向架中心销（或车辆主梁中心销）外方任何部位（货物端部除外）有突出部分时。

② 货物突出部分的实测宽度大于货物端部的实测宽度。

③ 若货物有数个突出部分，其高度不同、实测宽度相等时，应以高度最高、距车辆横中心线最远的突出点作为计算点。

（6）当货物外形较为复杂时，应自上而下分别计算 $X_{内}$、$X_{外}$ 后进行比较，确定超限等级。

（三）超限等级计算实例

【例 9-1】长方形塔式起重机座一件，重 45 t，长 9 000 mm，宽 3 800 mm，高 1 400 mm，使用 N_{17T} 型 60 t 平车装运，货物底部选用高度为 140 mm 的横垫木 2 根。装载方法如图 9-10 所示。N_{17T} 型车数据：l=9 000 mm，$h_{车地板}$ =1 211 mm 。试确定超限等级。

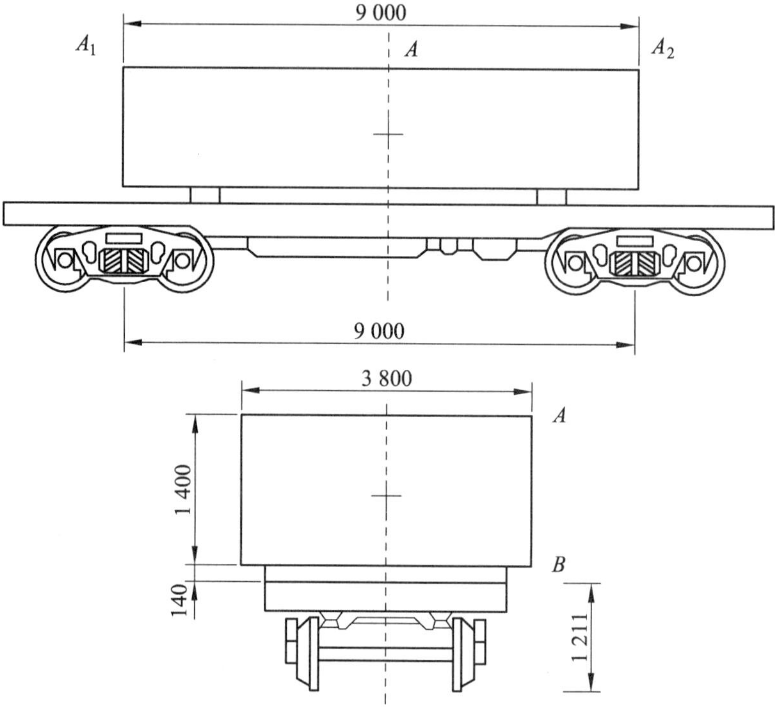

图 9-10　塔式起重机座装载示意图

解：

（1）标计算点。

在端视图上 A、B 两点均在 1 250 mm 以上，应标上不标下，计算点应标在 A 点。

（2）选择检定断面。

A 点在侧视图上相对应的点为 A_1、A_2 直线，高度相同、宽度相同，均在两销间，应选近不选远，检定断面应在两销间中央部位 A 处。

（3）确定计算点的高度和宽度。

A 点应计算 $X_内$ ：

$$X_{内} = B + C_{内} - 36 = B_1 + \frac{l^2}{8R} \times 1\,000 - 36$$

$$= 1\,900 + \frac{9^2}{8 \times 300} \times 1\,000 - 36 = 1\,898\ (\text{mm})$$

计算宽度小于实测宽度时，按实测宽度 B 取 1 900 mm。

$$H = h_{车} + h_{垫} + h_{货} = 1\,211 + 140 + 1\,400 = 2\,752\ (\text{mm})$$

（4）根据计算点的宽度和高度 $X_{内}=1\ 898\ \text{mm}$，$H=2\ 752\ \text{mm}$，查《超规》附件4，该货物属于中部一级超限。

【例9-2】钢梁一件重45 t，长15 000 mm，宽3 400 mm，高2 000 mm。使用 N_{17T} 型60 t平车一辆一端突出装运，用60 t平车一辆做游车，使用垫木高度180 mm。装载方法如图9-11所示。N_{17T} 型平车数据：$l=9\ 000\ \text{mm}$，$l_{车}=13\ 000\ \text{mm}$，$h_{车}=1\ 209\ \text{mm}$。试确定超限等级。

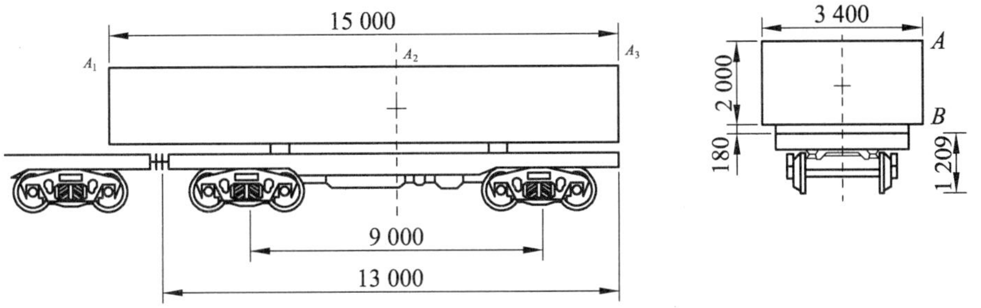

图9-11　钢梁装载示意图（单位：mm）

解：

（1）标计算点。

在端视图上 A、B 两点均在1 250 mm以上，应标上不标下，计算点应标在 A 点。

（2）选择检定断面。

A 点在侧视图上相对应的点为 A_1、A_2、A_3 直线，在两销间，应选近不选远，计算点应选 A_2 点；在两销外方应选远不选近，计算点应选 A_1 点。

计算点 A_1 处货物的计算长度：

$$2x=2\left(L_{货}-\frac{L_{车}}{2}\right)=2\left(15\ 000-\frac{13\ 000}{2}\right)=2\times 8\ 500=17\ 000\ (\text{mm})$$

由于 $\dfrac{2x}{l}=\dfrac{17\ 000}{9\ 300}=1.8>1.4$，$C_{外}>C_{内}$，故检定断面应选在货物突出长端 A_1 点。

（3）计算偏差量和附加偏差量。

A_1 点应计算 $C_{外}$ 和 K：

$$C_{外}=\frac{(2x)^2-l^2}{8R}\times 1\ 000=\frac{(17)^2-9^2}{8\times 300}\times 1\ 000=86.67\ (\text{mm})$$

$$K=75\left(\frac{2x}{l}-1.4\right)=75\times\left(\frac{17}{9}-1.4\right)=36.67\ (\text{mm})$$

（4）计算高度和宽度。

$$X_{外}=B+C_{外}+K-36=1\ 700+87+37-36=1\ 788\ (\text{mm})$$

$$H=h_{车}+h_{垫}+h_{货}=1\ 209+180+2\ 000=3\ 389\ (\text{mm})$$

（5）根据 $X_{外}=1\ 788$，$H=3\ 389\ \text{mm}$，查《超规》附件4，该货物属于中部一级超限。

【例9-3】圆柱体货物件，重量为30 t，全长为19.5 m，货物重心距大头端8 000 mm。大头端长13 000 mm，直径为3 580 mm；小头端长6 500 mm，直径为3 300 mm；用 N_{17AK} 型平车一车负重顺向装载（另以一辆 N_{17AK} 型平车作游车，游车上不装货），货物大头端与车端对齐，小头端一端突出，货物重心投影位于车辆纵中心线上，货物下垫 180 mm 鞍座。具体装载方式如图 9-12 所示。

试计算确定此货的超限等级。

① N_{17AK} 车辆参数：自重=19.7 t，车地板距轨面高=1 211 mm，车辆全长=13 000 mm，车辆销距=9 000 mm，空车重心高=723 mm。

② 有关限界尺寸：

4 980 mm 高度处，一级限界 0 mm，二级限界 525 mm；

4 840 mm 高度处，一级限界 707 mm，二级限界 850 mm；

3 190 mm 高度处，一级限界 1 882 mm，二级限界 1 924 mm）

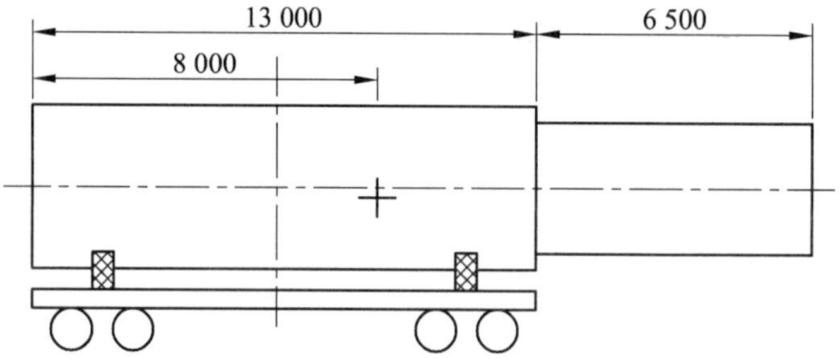

图 9-12　货物装载示意图（单位：mm）

解：根据货物外形，可能有以下几个超限点：

（1）中心高处（大头中部最高点）：$3\,580+1\,211+180=4\,971$（mm）

$$B=0, x=0, l=9\text{ m}\qquad C_{内}=\frac{l^2-(2x)^2}{2.4}=\frac{9^2-0}{2.4}=34\text{（mm）}$$

$$X=B+C_{内}-36=0+34-36=-2\text{，取 }X=0$$

可见，高度超过车限最大高度 4 800 mm，也超过一级限界最大高度 4 950 mm，为上部二级超限。

（2）第一侧高处（小头端部最高点）：

第一侧高：1 790+180+1 650+1 211=4 831（mm）

$$B=0, x=13\text{ mm}, l=9\text{ m}$$

$$C_{外}=\frac{(2x)^2-l^2}{2.4}=\frac{(2\times13)^2-9^2}{2.4}=248\text{（mm）}$$

$$K=\left(\frac{2x}{l}-1.41\right)\times75=\left(\frac{2\times13}{9}-1.41\right)\times75=111\text{（mm）}$$

$$X=B+C_{外}+K-36=0+248+111-36=323\text{（mm）}$$

未超过一级限界 707 mm，但高度超过车限最大高度 4 800 mm，为一级超限。

（3）第二侧高处（小头端点最宽点）:

第二侧高：1 790+180+1 211=3 181（mm）

$$B = 1\,650, x = 13\text{ m}, l = 9\text{ m}$$

$$X = B + C_{外} + K - 36 = 1\,650 + 248 + 111 - 36 = 1\,973\text{（mm）}$$

超过二级限界 1 924 mm，为超级超限。

所以该货物为超级超限货物。

任务 3　超限、超重货物运输组织

任务导读

由于超限、超重货物具有长大、笨重的特点，因此超限、超重货物运输从受理、装车到途中运行各个环节的组织工作比普通货物运输复杂得多。第一，要准确地了解货物的外形尺寸和重量，审查沿线的实际建筑限界和桥梁可否通过；第二，要选择合适的货车，制定合理的装载加固方案；第三，要严格地监控超限、超重车的运行以保证运输安全，等等。

知识点

一、超限、超重货物的受理

（一）办理线路和车站

线路办理超限、超重货物运输，应经国铁集团审核公布。车站（含与车站接轨的专用线、专用铁路，下同）办理超限、超重货物运输，由铁路局集团公司自行规定审批办法，并将批准的车站报国铁集团备案，及时在中国铁路 95306 网站公布。

1. 线路和车站应具备的基本条件

（1）线路办理超限、超重货物运输，应具备下列基本条件：

① 线路已开通使用并办理普通货物运输。

② 线路建筑限界和桥涵承载能力满足超限、超重货物运输安全要求。

③ 相关运输站段有合格的超限超重货物运输专业技术人员。

④ 有健全的超限、超重货物运输安全管理制度和事故施救信息网络。

（2）车站办理超限、超重货物发送、到达，应具备下列基本条件：

① 所在铁路线路已开办超限、超重货物运输。

② 车站已开办货运业务。

③ 车站接发超限、超重列车固定线路和准许通行超限、超重车线路的实际建筑限界和桥涵承载能力满足超限、超重货物运输安全要求。

④ 有合格的超限、超重货物运输专业技术人员。

⑤ 有健全的超限、超重货物运输安全管理制度。在非货运营业站临时办理铁路工程建设

所需的架桥机铺轨机、桥梁等超限超重货物到达、发送业务，由铁路局集团公司制定管理办法。

2. 线路和车站开办超限超重货物运输业务的规定

（1）线路开办超限、超重货物运输业务，由铁路局集团公司超限、超重货物运输主管部门牵头组织，向国铁集团提交下列材料：

① 铁路线路开通运营并办理普通货物运输的证明材料。

② 线路名称、起讫站、全长、线路等级、线路类型（单双线）、线路允许速度、电气化接触网最低高度、最小线间距、最大限制坡度、最小曲线半径、最大外轨超高值、钢轨类型、最小道岔、桥梁数量、隧道数量等线路基本条件的有关材料。

③ 线路综合最小限界，车站接发超限列车固定线路，侵限设施设备现状及整治措施。

④ 全线超重车通行径路上的桥涵类型、数量、承载能力（活载系数及允许通过超重货物等级），病害桥涵现状及整治措施。

⑤ 相关管理人员和作业人员的配备情况及培训合格证明材料。

⑥ 相关业务和安全管理制度，包括：铁路局集团公司超限超重货物运输管理办法、限界管理办法、事故施救信息网络；相关站段超限超重货物运输管理办法。

（2）车站向铁路局集团公司申请办理超限、超重货物运输业务，所需材料由铁路局集团公司自定。

铁路局集团公司和车站应严格按照批准范围办理超限、超重货物运输业务，并切实加强限界和桥涵承载能力管理，确保超限、超重货物运输安全。

3. 线路和车站办理条件发生变化时的规定

（1）线路发生以下变化，应重新申请办理超限、超重货物运输业务。

① 单线线路完成复线改造。

② 线路起讫站、走向、里程等发生实质性变化。

③ 确需重新申请办理超限、超重货物运输业务的其他情形。

线路限界、桥涵承载能力等因素发生重大变化，整治完成前影响超限、超重车正常通行不超过 1 个月的，铁路局集团公司应提前 10 天提出临时停办申请，报国铁集团审核、公布。

无法整治恢复，确须取消线路超限、超重货物运输业务，或整治完成前影响超限、超重车正常通行超过 1 个月的，由铁路局集团公司提前 30 天提出取消办理线路申请，报国铁集团审核、公布。

（2）车站办理条件发生重大变化，不再满足超限、超重货物运输要求的，由车站提出取消办理站申请，经铁路局集团公司审核后报国铁集团备案，铁路局集团公司及时更新中国铁路 95306 网站相关信息。

（二）超限、超重货物的托运

为了便于审查货物可否经铁路运输，以及确定货物的超限、超重等级与运行条件，托运人在托运超限、超重货物时除按一般货物的要求办理托运手续外，还应向铁路提供下列资料：

（1）“超限超重货物托运说明书”（见表 9-5），货物外形的三视图。图中应标明货物的有关尺寸，支重面长度，货物重量，并以“+”号标明重心位置。

表 9-5　超限超重货物托运说明书

<table>
<tr><td>发局</td><td colspan="2"></td><td>到局</td><td colspan="2"></td><td colspan="4">预计装车后尺寸/mm</td></tr>
<tr><td>发站</td><td colspan="2"></td><td>到站</td><td colspan="2"></td><td colspan="2" rowspan="3">由轨面起高度</td><td colspan="2" rowspan="2">由车辆纵中心线起</td></tr>
<tr><td>装车地点</td><td colspan="2"></td><td>卸车地点</td><td colspan="2"></td></tr>
<tr><td>品名</td><td colspan="2"></td><td>件数</td><td colspan="2"></td><td>左宽</td><td>右宽</td></tr>
<tr><td>每件重量</td><td></td><td>总重量</td><td></td><td>重心位置</td><td></td><td>中心高</td><td></td><td></td><td></td></tr>
<tr><td>货物长度</td><td colspan="2"></td><td>支重面长度</td><td colspan="2"></td><td>侧高</td><td></td><td></td><td></td></tr>
<tr><td rowspan="4">高度</td><td>中心高</td><td></td><td rowspan="4">宽度</td><td>左</td><td>右</td><td>侧高</td><td></td><td></td><td></td></tr>
<tr><td>侧高</td><td></td><td>左</td><td>右</td><td>侧高</td><td></td><td></td><td></td></tr>
<tr><td>侧高</td><td></td><td>左</td><td>右</td><td>侧高</td><td></td><td></td><td></td></tr>
<tr><td>侧高</td><td></td><td>左</td><td>右</td><td>侧高</td><td></td><td></td><td></td></tr>
<tr><td>要求使用车种</td><td></td><td colspan="2"></td><td>标记载重</td><td></td><td rowspan="2">侧高</td><td></td><td></td><td></td></tr>
<tr><td>卸车时的要求</td><td colspan="5"></td><td></td><td></td><td></td></tr>
<tr><td rowspan="4">其他要求</td><td colspan="5" rowspan="4"></td><td colspan="3">车地板产高度</td><td></td></tr>
<tr><td colspan="3">垫木或转向架高度</td><td></td></tr>
<tr><td colspan="3">预计装在车上货物重心位置距轨面的高度</td><td></td></tr>
<tr><td colspan="3">重车重心高度</td><td></td></tr>
</table>

注：粗线栏内由铁路填记。

发货单位　　　戳记　　　　　　　　　　年　　月　　日提出

（2）自轮运转货物，应有自重、长度、轴数、轴距、固定轴距、转向架中心销间距离、运行限制条件，以及过轨技术检查合格证。

（3）申请使用的车种、车型、车数及装载加固建议方案。

（4）超过承运人计量能力的货物由托运人确定货物重量，并应有货物生产厂家出具的货物重量证明文件（数据应为货物运输状态时的重量，重量数据如不含装载加固材料或装置重量，须单独注明），对变压器、电抗器等货物，残余油料重量须单独注明；货物生产厂家具备货物称重计量条件的，应要求托运人提供经厂家计量衡器称重的货物重量数据。

货物重量证明案例

（5）其他规定的资料。

托运人应在“超限超重货物托运说明书”、装载加固建议方案和所提供的资料上签字盖章，并对内容的真实性负责。

超限超重货物托运说明书

对于超限、超重的大型设备，如发电机定（转）子、化工和石化设备中的塔、罐等，在设计的同时应充分考虑运输的渠道和运输难度，尽可能减小货件的外形尺寸和选择便于运输的包装形状。必要时可考虑将货物分成几部分制造（或拆解成几部分），运到建设工地组装。超限、超重大型设备在设计的同时考虑运输，有利于减小运输难度，降低运输费用，具有较高经济效益。

车站受理超限、超重货物时，应认真审查托运人提出的有关技术资料。必要时特别是首次提出经铁路运输的货物，应会同托运人实际测量货物的有关尺寸，并与超限超重货物托运说明书中的有关尺寸核对，不符合时，按实测尺寸更正。如果有可能缩小货件尺寸（如改变包装、拆解部件等），应同托运人共同协调，采取相应措施。托运人提供的货物技术资料及相关证明文件齐全有效、符合规定，且货物发到站（含专用线、专用铁路）具备超限、超重货物运输条件的，发站应受理资料。

受理资料后，发站测量核对货物外形尺寸和重心位置，以超限超重货物运输申请电报向铁路局货运主管部门申请装运办法。

（三）超限货物的测量

对超限货物的测量主要是为了确切地了解货物的结构特点、外形尺寸，以便准确地确定货物的超限等级和运输要求。

1. 对测量的基本要求

（1）对货物的测量，应该在对托运人提供的装载加固方案审查认可后进行。测量尺寸应和托运人提供的有关资料进行核对，托运人提供的数据与实测尺寸不符时，按实际测量尺寸更正。

（2）测得的数据必须能够反映货物的外形轮廓（包括包装尺寸），货物的各处横断面不相同时，应分别测出各不同断面的轮廓和该断面在货物长度方向的位置。

（3）对每个测点应测出其自支重面起算的高度和距货物重心所在纵向垂直平面的距离。左（侧）和右（侧）按面对超限车在发站挂运列车的运行方向来确定。

（4）测量的尺寸中应包括使用的加固材料尺寸。

（5）测量尺寸均以毫米为单位。

2. 装车前需要测量的尺寸

（1）长度：测量货物的全长、支重面长度，重心距货物两端的距离，货物横断面发生变化或横向有突出部分时，应测出断面发生变化处及横向突出部位距货物重心所在横向垂直平面的距离。

（2）高度：自支重面起，测量其中心高度、侧高度和重心高度。

① 中心高度：自支重面起至最大高度处的高度为中心高度，不论最大高度是否在货物重

心所在纵向垂直平面上，如图 9-13 所示。

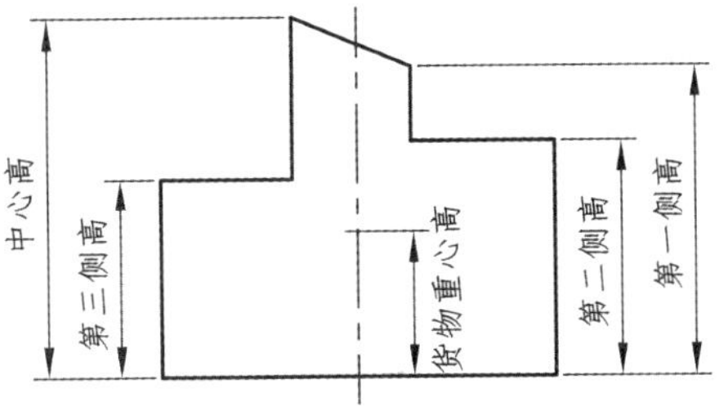

图 9-13

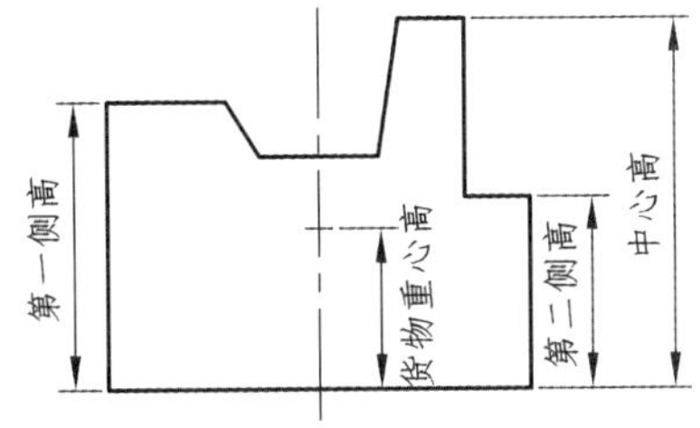

图 9-14

② 侧高度：中心高度以下各测点至支重面的高度。如有数个不同侧高度时，应由上至下测出每一个不同的侧高度。自上而下依次为第一侧高、第二侧高……。如图 9-14 所示。

（3）测量中心高度处的宽度和不同侧高度处的宽度。

① 中心高度处的宽度：中心高度处，在货物重心所在纵向垂直平面左侧和右侧的最大宽度。

② 侧高度处的宽度：每一侧高度处，在货物重心所在纵向垂直平面左侧和右侧的最大宽度。

3. **装车后需测量的尺寸**

装车后，按实际的装载加固状态测量（含装置加固材料或装置）货物尺寸。

（1）长度：跨装时，测量支距和两支点外方的长度；突出装载时，测量突出车辆端梁的长度；如两端突出不相等时，应分别测量。

（2）高度：自轨面起测量其中心高度和侧高度。

（3）宽度：自车辆纵中心线所在垂直平面起，分别测量中心高度处和不同侧高度处在其左侧和右侧的宽度。

此外，对于圆柱形货物，应测量其直径，货物上有突出部件时，应测出突出部件的位置和突出的尺寸，带轮货物，应测量轮子的直径、轴距等。同时还应测量加固部件的有关尺寸，如加固拴结点的位置、加固装置的有关尺寸等。

（四）超限、超重货物运输的申请电报

1. **申请办法**

超限、超重货物运输必须得到铁路主管部门确认。发站受理资料后，测量核对货物外形尺寸和重心位置，以超限超重货物运输申请电报向铁路局货运主管部门申请装运办法。跨三个及以上铁路局的各级超重货物和超级超限货物，由铁路局审查后向国铁集团提出申请。

车站申请电报主送铁路局集团公司货运主管部门，铁路局集团公司申请电报主送国铁集团货运部。

2. **申请电报内容**

（1）申请电报的主要内容包括：发站、到局、到站，货物概况，货物外形尺寸，拟使用车种、车型及辆数，装载方法，预计装后尺寸，特殊运输要求等。申请电报格式如表 9-6 所示。

表 9-6　铁路超限超重货物运输申请电报

1．发站、到局、到站 2．货物概况 3．货物外形尺寸 4．拟使用车种、车型及辆数 5．装载方法 6．预计装后尺寸 7．其他特殊运输条件要求 ×站（×局）超限超重××××号 年　　月　　日

（2）货物概况应注明货物品名、件数、重量、全长、支重面长度、货物重心高度。自轮运转货物还应注明自重、长度、轴数、轴距、固定轴距、转向架中心销间距离、运行限制条件以及其他特殊运输条件要求等。

货物重量含装载加固材料和装置等重量。货物重心高度含垫木或支架等高度，并须注明其中垫木或支架等高度为××mm。支重面长度为垫木或支架之间距离时，须注明两横垫木或支架之间距离为××mm。

（3）货物外形尺寸应包括固定包装、装载加固材料或装置，表述必须完整、准确。不同高度处的宽度按自上而下顺序排列，尺寸均以毫米为单位：

序号	情形	表示方式
1	一个高度	中心高××～××mm 处左宽×× mm，右宽×× mm
2	两个高度	中心高×× mm 处左宽×× mm，右宽×× mm；侧高×× mm 处左宽×× mm，右宽××mm
3	三个及以上高度	中心高×× mm 处左宽××mm，右宽××mm；一侧高××mm 处左宽××mm，右宽××mm；二侧高××mm 处左宽××mm，右宽××mm
4	圆弧形货物	×侧高（中心高）××～×× mm 处为×× mm 半径圆弧，并注明圆心位置
5	不同高度之间为等宽	×侧高（中心高）××～××mm 处左宽××mm，右宽××mm
6	不同高度之间为斜坡形	×侧高（中心高）～×侧高之间为斜坡形
7	同一高度左右两侧等宽	×侧高（中心高）××mm 处宽各××mm
8	其他说明	一般情况下，货物外形尺寸采用同一高度处左右等宽方式表述，等宽宽度取左右宽度的最大数值。特殊需要时，采用左右宽度实际数值表述

（4）装载方法主要包括不突出车端板装载、突出车端板装载和两车跨装等三种方式。

① 不突出车端板装载：注明每车装载件数及合装、分装等具体装载方法。

② 突出车端板装载：除需注明本条第 1 款规定内容外，还应注明货物突出车端的长度、突出端的宽度及高度，两端同时突出的应分别注明。需要使用游车的，注明使用游车的车种及辆数。

③ 两车跨装装载：两负重车中间或两端需要使用游车的，注明中间或两端使用游车的车种及辆数。注明货物跨装支距、突出支点长度和突出端的宽度及高度，同时突出两支点的应分别注明。

（5）车种、车型及辆数应根据货物件数、尺寸、重量及装载要求等合理选择，科学确定。

（6）预计装后尺寸高度自轨面开始计算，宽度自车辆纵中心线所在垂直平面开始计算，按第（3）条的货物外形尺寸表述方式规定表述（圆心位置表述时，应明确圆心高度和圆心距车辆纵中心线的水平距离）。预计装后尺寸必须完整、准确，保证预计货物装后的各不同高度处的最大计算宽度对应的部位不遗漏。

（7）特殊运输要求是指为保证货物和超限车的铁路运输安全，根据货物自身性质及超限车的技术条件，必须明确的特殊运输限制条件等。如：自轮运转货物的最高运行速度、曲线限速、侧向过岔限速及通过最小曲线半径限制；超限车的最高运行速度、曲线限速、侧向过岔限速及通过最小曲线半径限制等。

（五）超限、超重货物的确认电报

1. 主、抄送部门

国铁集团运输局确认电报主送始发、经由和到达铁路局货运主管部门。

铁路局确认电报主送发站、本局调度所、发站所在地车辆段及沿途货检站等；根据需要主送本局其他相关站段，抄送本局运输、工务、电务、车辆、机务、供电处等。铁路局直接确认的本局发送的超限超重货物运输电报须抄送经由和到达铁路局货运主管部门。铁路局接到发布的确认电报后，应结合管内的实际情况及时确认转发。对需临时改变建筑物、固定设备的，应在电报中详细指明。

2. 电报内容

确认电报主要内容包括：发站、经由、到站，货物概况，使用车种、车型及辆数，装载方法，货物装后尺寸，超限超重等级，装运办法等。

表 9-7　超限超重货物运输确认电报

1. 发站、经由、到站 2. 货物概况 3. 使用车种、车型及辆数 4. 装载方法 5. 货物装后尺寸 6. 装运办法 铁总（×局）超限超重××××号 年　月　日

发到站和经由的铁路线路须已开办超限超重货物运输业务。经由的铁路正线（区段），根据超限货物装后尺寸、超重货物等级，相关铁路正线（区段）的限界、线桥承载能力，结合车流径路、列车编组计划等正确确定。超限、超重货物应经由最短径路运输，但受到建筑限界或其他不利因素影响时，可指定径路运输。跨铁路局运输的，经由以铁路局间分界站表述。

货物概况、装载方法、装后尺寸参照申请电报表述。确定使用车种、车型及辆数时，还应根据货物重量和经由铁路线桥承载能力，确定超限超重车两端加挂的隔离车车种、辆数等。

装运办法必须准确、具体、完整。使用《铁路超限超重货物运输电报代号》（见表 9-8）中规定的电报代号加文字表述，无代号的应直接用文字准确、具体、完整、规范表述。

表 9-8　铁路超限超重货物运输电报代号

顺序	代字	被代用的文字	附注
1	A	超限等级	代号后写几级
2	C	凡距离线路中心线几毫米，高度超过几毫米，如道岔表示器等设备，在列车通过前拆除，通过后立即恢复正常位置	代号后分子为距线路中心线宽度的毫米数，分母为自轨面起高度的毫米数
3	D	通过接近限界的速度限制，按《超规》第 33 条办理	—
4	E	禁止接入距离线路中心几毫米，高度超过几毫米的站台的线路	代号后分子为距线路中心线宽度的毫米数，分母为自轨面起高度的毫米数
5	G	最高运行速度	代号后写限速值
6	K	会车条件按《超规》第 41 条办理	—
7	L	通过 300 m 及以下半径的曲线线路时的限制速度	代号后写限速值
8	M	途中货检站按规定检查无碍后继续运送	—
9	N	各邻接调度所密切联系注意运行状态，接运和挂运按《超规》第 36、39 条办理	—
10	P	需要货物转向架和使用车钩缓冲停止器	—
11	R	货物重心高度	代号后写毫米数
12	S	重车重心高度	代号后写毫米数
13	W	经过侧向道岔的限制速度	代号后写限速值
14	Z	超重等级	代号后写几级

车站接到铁路局集团公司确认电报后，通知托运人办理其他货运手续，并及时组织装车。至此，表明铁路受理了发货人托运的货物。

铁路超限超重货物运输申请电报案例

国铁集团运输局确认电报加盖“中国国铁集团运输局超限超重货物运输专用章”，铁路局申请、确认电报加盖“××铁路局货运主管部门超限超重货物运输专用章”，式样见图 9-15。车站申请电报、挂运电报加盖的印章由铁路局自行规定。

规格：直径 38 mm　　　　规格：直径 36 mm

图 9-15　超限、超重货物运输电报专用印章

铁路超限超重货物运输确认电报案例

二、超限、超重货物装车及挂运

超限、超重货物禁止无确认电报装车。车站接到铁路局集团公司确认电报后，通知托运人办理其他货运手续，并及时组织装车。

（一）装车作业

超限、超重货物实行装车质量签认制度。“车站超限超重货物发送作业质量控制表”见二维码。

车站超限超重货物发送作业质量控制表

（1）装车前，发站应：

① 通知车辆部门检查车辆技术状态。

② 确认拟使用的车种、车型、车数符合确认电报和装车要求，装载加固材料和装置的规格、数量及质量符合装载加固方案规定。

③ 测量车地板的长度和宽度，在负重车上标划车辆纵横中心线。

④ 在货物上标明重心位置（投影）、索点。

⑤ 开好车前会，向装车人员布置装车事项。

（2）测量车地板高度时应将车辆停于平直线路上。车地板高度的确认办法符合下列规定：

① 普通平车或敞车：分别测量出车地板四角至轨面的高度，然后取其平均值作为车地板高度。

② 凹型平车：取车地板中部为车地板高度；若货物装在大底架悬臂上，以悬臂高度为准。

③ 球形心盘的长大货物车：分别测量出车地板中部到两侧钢轨面的高度，取其平均值为车地板高度。

（3）装车时，站段应派超限超重运输和装载加固专业技术人员到装车现场进行指导。装载和加固作业须严格按照装载加固方案进行。

（4）装车后，须检查、确认货物装载加固符合规定要求。重点检查、确认：

① 货物实际装载位置符合装载加固方案。

② 车辆转向架旁承游间符合规定。

③ 使用的加固材料和装置规格、数量、质量和加固方法、措施、质量符合装载加固方案。

④ 垫木、支（座）架等加固装置，状态良好，完好无损坏。

⑤ 钢丝绳等加固线已采取防磨措施，捆绑拴结定固，拴结点无损坏。

⑥ 焊接处焊缝长度、高度符合规定，焊接质量良好。

⑦ 跨装车组连接处的提钩杆捆绑牢固，车钩缓冲停止器已按规定安装。

⑧ 带有制动装置、变速器和旋转装置的货物，制动装置全部制动，变速器置于初速位置，旋转部位锁定牢固。

⑨ 自轮运转货物的动力传动装置已断开（机车车辆除外），制动手柄在重联位置并固定良好。

装车后，车站应对照确认电报进行复核，发现货物装后尺寸、重车重心高度等数据超出确认电报范围的，发站需重新向铁路局集团公司拍发超限超重货物运输申请电报。

（5）确认货物装载加固符合规定要求后，须对照确认电报重点复核、确认：

① 货物突出车端的尺寸、货物突出端与游车上所装货物的距离符合要求。

② 超限货物装后各部位的尺寸（高度和宽度）、重车重心高未超出确认电报范围。

③ 货物支重面长度（跨装货物支距）符合要求。

④ 其他各有关数据符合要求。

（6）确认符合确认电报条件后，用颜色醒目的油漆标画易于判定货物是否移动的检查线，在货物两侧明显处以油漆书写、刷印或粘贴“×级超限、×级超重”，或挂牌标识，并按规定在车辆上插挂货车表示牌。发站应按规定会同有关单位（部门）填写“超限超重货物运输记录”，在货物运单、货票、票据封套、编组顺序表上注明“超限货物”或“超重货物”或“超限超重货物”；以连挂车组装运时，应注明“连挂车组，不得分摘”；限速运行时，应注明“限速××km/h”。

（7）装车后，车辆转向架任何一侧旁承游间不得为零（结构规定为常接触式旁承的货车除外）。遇球形心盘货车一侧旁承游间为零时，可用千斤顶将压死一侧顶起，落顶后出现游间，表明货物装载符合要求。

使用落下孔、钳夹式车辆装载的货物，装后货物底部与轨面的距离不得少于 150 mm。

（二）超限、超重货物运输记录

车站装车后要以批示文电为依据进行复测，复测应与上级批准的计划装车尺寸相符，对复测后各超限部位的尺寸，以及运输有关事项，车站应会同工务、车辆等有关部门确认与实际情况相符无误后，填入“超限、超重货物运输记录”（见表 9-9）。否则应另行请示。途中货物检查时，应将检查结果填记在“超限、超重货物运输记录”乙页背面（见表 9-10）。

表 9-9　超限、超重货物运输记录

No.＿＿＿＿＿＿

甲页　　　　　　　　　　×级超限　　　　　　　　　×级超重　　　　　　　　　单位：mm

装车局			发站		经由线名		
到达局			到站		经由线名		
品　名			件数		每件重　吨	配重　吨	总重　吨
货物长度		支重面长度		转向架中心销间距离		重车重心高	
装车后尺寸	中心高		中心高的宽	左 右	记事		
	第一侧高		侧高的宽	左 右			
	第二侧高		侧高的宽	左 右			
	第三侧高		侧高的宽	左 右			
	第四侧高		侧高的宽	左 右			
车　种		车　号		标记载重	吨	轴　数	
文电内有关指示	国铁集团　　年　　月　　日　　国铁集团超限超重　　号　　批准使用　　车						
	铁路局集团公司　　年　　月　　日　　超限超重　　号　　批准使用　　车						
					本记录在　　　站作成，经检查符合确认的条件 发　　站签字 段签字 段签字 段签字 段签字 年　　月　　日		

注：

（1）不用的各栏应划去。

（2）按确认电报尺寸填记，小于确认电报尺寸时，将实际尺寸填于记事栏内，大于确认电报尺寸时，必须另电请求指示。

（3）“重车重心高”栏在不超出 2 000 mm 时须以［/］号标示之。

（4）一式两份，第一份仅为甲页留站存查；第二份为甲、乙页，随货运票据送到达站。

表 9-10 超限、超重货物运输记录背面检查结果记录

乙页

检查站名		检查站名	
检查站名		检查站名	
检查站名		检查站名	
检查站名		检查站名	
检查站名		检查站名	

规格 270×185 mm

（三）超限超重车运行

装有二级及以上超限货物的车辆禁止溜放。

1. 挂运前

（1）发站挂运超限、超重车前，应向铁路局集团公司调度所拍发超限超重车辆挂运申请电报（条件不具备时可使用传真或电话申请）。

（2）挂运跨及两个铁路局集团公司的超限、超重车辆前，需向邻局进行预报，并征得邻局调度所的同意后方可挂运。

相邻铁路局集团公司调度所间的预报内容，应包括挂运车次、确认电报号码、车型、车号（含游车、隔离车）、到站、品名、超限等级、超重等级和有关注意事项等。

（3）铁路局集团公司调度所接到车站挂运申请或邻局预报后应根据超限超重货物运输确认电报认真核对，制定管内具体运行条件，填写“超限超重车辆挂运通知单”，纳入日（班）计划，并将管内具体运行条件以调度命令的形式下达有关站段。

超限超重车辆挂运通知单

（4）车站接到挂运命令后，应及时做好车辆挂运准备工作，并将调度命令交值乘司机。

运行有限制条件的超限、超重车，除有特殊要求外，禁止编入直达、直通列车。

挂有超限车的列车，按《车站行车工作细则》（简称《站细》）规定的线路办理到发或通过。遇到特殊情况需要临时变更线路时，须得到铁路局集团公司批准。

接发超限列车固定线路、准许通行超限车的线路实际建筑限界应满足国家标准要求。车站应将接发超限列车固定线路及侵限设施设备纳入《站细》管理。

超限超重车辆挂运申请电报案例

2. 会车规定

挂有超限车的列车运行在双线、多线或并行单线的直线地段与邻线列车会车时，应遵守下列规定：

（1）邻线列车运行速度小于等于 120 km/h 的，两运行列车之间的最小距离大于 350 mm 者不限速，300 mm 与 350 mm 之间者运行速度不得超过 30 km/h，小于 300 mm 者禁止会车。

（2）邻线列车运行速度大于 120 km/h 小于等于 160 km/h 的，两运行列车之间的最小距离大于 450 mm 者不限速，400 mm 与 450 mm 之间者运行速度不得超过 30 km/h，小于 400 mm 者禁止会车。

（3）邻线列车运行速度大于 160 km/h 的，禁止会车。曲线地段与邻线列车会车，必须根据规定相应加宽。

3. 特殊情况下的运行速度规定

超限车在运行过程中，如超限货物的任何部位接近建筑物或设备时，应遵守下列规定：

（1）超限货物的任何超限部位与建筑物或设备之间的距离（简称限界距离），在 100 mm 与 150 mm 之间时，速度不得超过 15 km/h。

（2）限界距离在 150 mm 与 200 mm 之间时，速度不得超过 25 km/h。

限界距离不足 100 mm 时，由铁路局集团公司根据实际情况制定办法。

4. 电气化区段运行规定

电气化区段，超限货物顶部距接触网导线的垂直距离 $L \geqslant 350$ mm 时，可不停电运输。超限货物顶部距接触网导线的垂直距离，在线路平面海拔高度超过 1 000 m 时，应按每超过 100 m 增加 3.5 mm 的附加安全距离计算（不足 100 m 时四舍五入计算）。

三、超限车的途中检查与运输变更

由于超限列车在运行中受到各种力的影响，不可避免地有时会发生移动。为了确保行车安全，除需在发站开车前认真检查外，途中货检站应加强对超限、超重车辆的安全检查。

（一）货运检查主要内容

（1）货物列车中货物装载、加固状态：货物是否倾斜、移位、窜动、坠落、倒塌和渗漏；在设有超偏载仪的车站，还应检查货车是否超、偏载；加固材料、装置是否完好无损；货物超限装载和特定区段装载限制是否符合有关规定；加固绳索、铁线捆绑拴结是否符合规定。

（2）《铁路超限货物运输规则》规定的事项。

（3）《铁路货车超偏载检测装置运用管理办法》规定的内容。

（4）国铁集团规定的其他事项。

（二）重点检查、确认的内容

（1）有无超限超重货物运输记录及其填写是否完整。

（2）货物两侧明显位置是否有超限、超重等级标识。

（3）是否标画有检查线，货物有无移动，加固材料是否有松动和损坏。

（4）车辆转向架左右旁承游间不得为零（结构规定为常接触式旁承及球形心盘除外）。

检查确认后，须在超限、超重货物运输记录上记录检查结果，并签章。

（三）超限超重货物运输变更

超限超重货物变更到站时，除按普通货物变更有关规定办理外，还应遵守下列规定：

（1）受理变更的车站应为超限超重货物办理站。

（2）受理变更的车站应对货物的装载加固状况进行检查，确认状态良好后以电报的形式向铁路局集团公司重新申请，并注明原确认电报发布单位、电报号码、新到站及车号。

（3）受理变更的铁路局集团公司按规定确认或申请，变更后的运输要求按新确认电报执行。

（4）受理变更的车站应在“超限超重货物运输记录”中签认。

装后超出机车车辆限界基本轮廓的货物，经国铁集团批准，可不按超限货物办理。

超限超重货物运输变更

四、超限、超重货物到达作业

超限、超重货物到站应根据确认电报正确选择、确定卸车地点和货位，科学制订卸车方案，严格加强卸车组织，确保安全。

收货人组织自卸的，车站应与收货人签订自卸车协议，明确安全责任，并在卸车前与收货人办理完货物交付手续。

超限超重货物专列

安全通行确认方法

拓展阅读

几个混淆概念的比较

项目小结

（1）明确铁路限界概念及种类。
（2）掌握超限货物等级的划分并了解超重货物相关概念。
（3）掌握超限货物测量的方法。
（4）熟悉计算宽度的影响因素，并正确判定超限等级。

思政园地

构建中欧班列开放平台 推动内蒙古泛口岸经济高质量发展

项目训练与测试

一、技能训练

（一）训练任务

可熟练拍发铁路超限超重货物运输申请电报、铁路超限超重货物运输确认电报以及超限超重车辆挂运申请电报。

（二）训练目的

通过训练使学生了解铁路超限超重货物运输申请电报与确认电报拍发流程，熟练掌握各种超限超重货物运输电报的拍发内容，了解当前铁路超限超重货物运输的相关规定与政策并及时更新学习内容，确保学习内容的时效性。

（三）训练要求与准备

（1）建议学生登录中国铁路货运网上营业厅、各铁路局官网以及国内外从事货物运输的网站，了解超限超重货物的运输情况。
（2）针对训练资料内的具体案例，对超限货物的具体情况进行初判断，把握超限货物的作业流程，填写装车申请电报并完成确认电报的拍发。
（3）以小组为单位，模拟三种电报的拍发流程，组织学生进行成果分享。

（四）训练资料

《铁超限超重货物运输规则》《铁路超限超重货物运输申请电报》《铁路超限超重货物运输确认电报》等。

甲站承运履带式多功能车一辆，托运人提出“超限超重货物托运说明书”具体见表9-11，经核实各项数据与说明书相符，请拍发“铁路超限超重货物运输申请电报”。

表 9-11　超限超重货物托运说明书

<table>
<tr><td>发 局</td><td colspan="2">济</td><td>装车站</td><td colspan="2">甲</td><td colspan="4">预计装车后尺寸/mm</td></tr>
<tr><td>到 局</td><td colspan="2">乙</td><td>到 站</td><td colspan="2">郑</td><td colspan="2" rowspan="2">由轨面起高度</td><td colspan="2">由车辆纵中心线起</td></tr>
<tr><td>品 名</td><td colspan="2">多功能车</td><td>件 数</td><td colspan="2">1</td><td>左 宽</td><td>右 宽</td></tr>
<tr><td>每件重量</td><td>37.5</td><td>总重量</td><td></td><td>重心位置</td><td>950</td><td>中心高</td><td>4 141</td><td>255</td><td>255</td></tr>
<tr><td>货物长度</td><td colspan="2">11 000</td><td>支重面长度</td><td colspan="2">4 000</td><td>侧 高</td><td>2 831</td><td>1 630</td><td>1 630</td></tr>
<tr><td rowspan="4">高 度</td><td>中心高</td><td>2 930</td><td rowspan="4">宽 度</td><td>左 255</td><td>右 255</td><td>侧 高</td><td>1 211～2 711</td><td>1 710</td><td>1 710</td></tr>
<tr><td>侧 高</td><td>1 620</td><td>左 1 630</td><td>右 1 630</td><td>侧 高</td><td></td><td></td><td></td></tr>
<tr><td>侧 高</td><td>0～1 500</td><td>左 1 710</td><td>右 1 170</td><td>侧 高</td><td></td><td></td><td></td></tr>
<tr><td>侧 高</td><td></td><td>左</td><td>右</td><td>侧 高</td><td></td><td></td><td></td></tr>
<tr><td>要求使用车种</td><td colspan="3">N_{17K}</td><td>标记载重</td><td>60</td><td rowspan="2">侧 高</td><td></td><td></td><td></td></tr>
<tr><td>卸车时的要求</td><td colspan="5"></td><td></td><td></td><td></td></tr>
<tr><td rowspan="4">其他要求</td><td colspan="5" rowspan="4"></td><td colspan="3">车地板产高度</td><td>1 211</td></tr>
<tr><td colspan="3">垫木或转向架高度</td><td></td></tr>
<tr><td colspan="3">预计装在车上货物重心位置距轨面的高度</td><td>2 161</td></tr>
<tr><td colspan="3">重车重心高度</td><td>1 651</td></tr>
</table>

注：粗线栏内由铁路填记。

二、综合测试

（一）单选题

1. 根据货物的超限程度，超限货物分为（　　）个等级。

A. 一　　B. 二　　C. 三　　D. 四

2. 装有（　　）超限货物的车辆，禁止溜放。

A. 一级及以上　　B. 二级及以上　　C. 二级　　D. 各级

3. 自轨面起高度超过（　　），任何部位超限者属于上部超限。

A. 3 600 mm　　B. 4 000 mm　　C. 4 300 mm　　D. 4 800 mm

4. 超限、超重货物实行装车（　　）制度。

A. 巡检　　B. 确认　　C. 管理　　D. 质量签认

5. 使用落下孔车、钳夹式车辆装载的货物，装后货物底面与轨面的距离不得小于（　　）mm。

A. 100　　B. 150　　C. 200　　D. 250

6. 超限货物的任何超限部位与建筑限界之间的距离，范围为 100 mm 至 150 mm 时，时速不得超过（　　）。

A. 15 km　　B. 25 km　　C. 35 km　　D. 45 km

7. 超限超重货物运输电报代号“A”表示（　　）。

A. 车长值乘　　B. 超限部分　　C. 超限程度　　D. 超限等级

8. 二级超重活载系数 Q 值为（　　）。

A. $1.00<Q\leqslant1.05$　　B. $1.00\leqslant Q<1.05$

C. $1.05<Q\leqslant1.09$　　D. $1.05\leqslant Q<1.09$

9. 超限货物装车后测量货物的宽度自（　　）起，分别测量中心高度和不同侧高度处在其左侧和右侧的宽度。

A. 货物中心所在纵向垂直平面　　B. 货物重心所在纵向垂直平面

C. 车辆纵中心线所在垂直平面　　D. 线路纵中心线所在垂直平面

10. 使用普通平车装载超限货物测量车地板高度的方法是（　　）。

A. 在车地板上任意取一点测出至轨面的高度为车地板高度

B. 分别测出车地板四角至轨面的高度，取最大高度为车地板高度

C. 分别测出车地板四角至轨面的高度，取其平均值为车地板高度

D. 分别测出车地板四角至轨面的高度，取最小高度为车地板高度

（二）多选题

1. 根据货物超限部位所在的高度，超限货物分为（　　）三种类型。

A. 上部超限　　B. 中部超限　　C. 下部超限　　D. 底部超限

2.（　　）货物禁止无确认电报装车。

A. 超长　　B. 超限　　C. 超重　　D. 超高

3. 超限、超重货物变更到站时，受理变更的车站以电报向铁路局重新请示，并注明（　　）。

A. 原批准单位　　B. 车号　　C. 新到站　　D. 电报号码

4.《超规》规定：装车后，发站应填写超限超重货物运输记录，在（　　）上注明“超限货物”或“超重货物”或“超限超重货物”。

A. 货物运单　　B. 货票　　C. 票据封套　　D. 编组顺序表

5. 超限超重运输电报分为（　　）。

A. 更改电报　　B. 批示电报　　C. 请示电报　　D. 挂运电报

（三）判断题

（　）1. 装后超出机车车辆限界基本轮廓的货物，经国铁集团批准，可不按超限货物办理。

（　）2. 装车前测量超限货物侧高度，如有数个不同侧高度时，应由上至下测出每一个不同的侧高度。

（　）3. 超限货物到达国境站后，不再向上级请示装运办法。

（　）4. 货车上涂打有“限增”标记的不准增载。

（　）5. 跨装货物整列到达卸车后，整列空车回送到装车站时原车钩缓冲停止器可不拆除继续使用。

（　）6. 超限超重货物装车后，车辆转向架任何一侧旁承游间不得为零。

（　）7. 超限货物装载方法主要包括不突出车端板装载、突出车端板装载和两车跨装三种

主要方式。

(　　) 8. 运行上有限制条件的超限超重车辆，除有特别指示外，禁止编入直达、直通列车。

(四) 实作题

1. 钢梁一件，重 38 t，长 14 200 mm，宽 3 520 mm，高 2 300 mm，用 N_{16} 型平车为主车，一端突出，使用游车装载，横垫木高 180 mm，请确定是否符合装载规定，计算货物宽度并确定超限等级。

2. 一件重 60 t、长 16 m、半径 1 680 mm 的圆柱体货物，货物重心在其几何中心，拟用 N_{16} 普通平车两辆跨装。货物转向架高 400 mm，货物转向架中心销置于负重车中央，跨装支具为 14 m，试确定货物的超限等级。

3. 某时刻 A 站接某次货物列车，货运检查员进行货运检查作业，请依据列车编组顺序表记载内容，按货运检查作业标准程序，详述本次货物列车货运检查作业过程及安全注意事项，N_{17k}5076485 B 站发 C 站机械设备，木箱包装，外形尺寸如图 9-16 所示，单位为 mm，件重 52 t，重心高 1 350 mm。使用横垫木规格：长 3 000 mm，宽 350 mm，高 150 mm。均衡装载，该货物是否超限，列车运行上有无运行限制条件？（N_{17k} 自重 20 t，销距 9 000 mm，车底板高度 1 209 mm，空车重心高 723 mm）

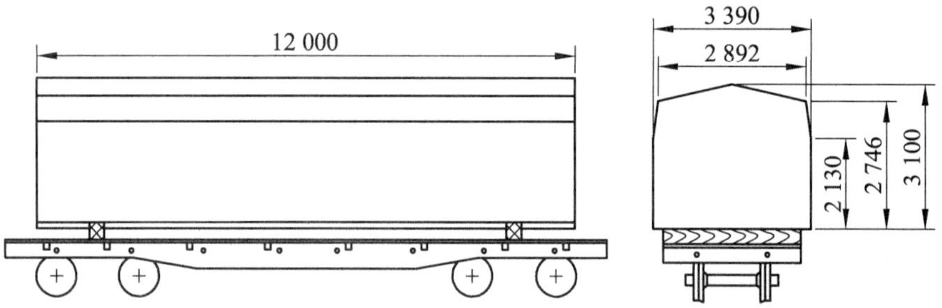

图 9-16

4. 运输一件大货，尺寸如图 9-17 所示（未给条件自设）。

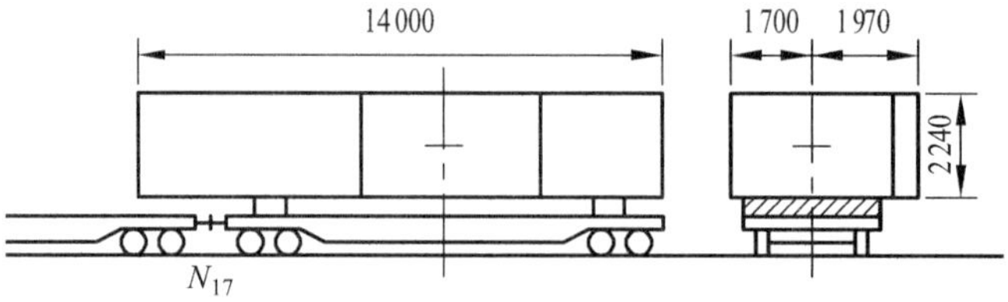

图 9-17

（1）试计算超限等级。

（2）试填写货物运单。

（3）试填写超限超重货物托运说明书。

（4）试填写超限超重货物运输记录。

（5）试填写超限超重货物运输请示电报。

（6）试填写超限超重货物运输批示电报。

（7）试填写超限超重货物运输挂运请示电报。

5. 某时刻 A 站接 41060 次货物列车，货运检查员进行货运检查作业，N_{17k}5076485、N_{17k}5076486 B 站发 C 站一件均重装备，突出车端装载，一端使用游车，货物外形尺寸：长 15 000 mm，宽 3 260 mm，高 2 200 mm，件重 55 t，使用横垫木高度 200 mm，货物突出端挠度忽略不计，装载方法如图 9-18 所示，请判断该货物装载是否超限，该装载方案是否还存在其他问题？（N_{17k} 自重 20 t，销距 9 000 mm，车底板高度 1 209 mm，空车重心高 723 mm，轴距 1 750 mm）

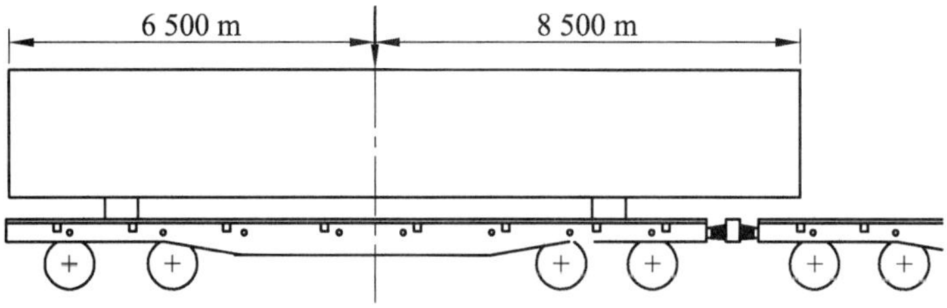

图 9-18

项目九综合测试参考答案请扫码观看

项目十　危险货物运输组织

知识目标

（1）能阐述危险货物类号及名称，每一类危险货物能列举出 1 至 2 个品名，并说出他们的性质和装卸保管注意事项。

（2）能根据危险货物品名编号判断所属类别。

（3）能识别危险货物运输的设施、设备，能区分不同的火灾类型和灭火器。

（4）能正确计算危险货物罐车的允许装载量和实际装载量。

能力目标

（1）能使用《铁路危险货物品名表》完成危险货物的品名编号、理化性质、包装类别、包装方法、包装标志、灭火方法、洗刷除污编号、急救措施、特殊规定的查找。

（2）能正确选择危险货物办理站。

（3）能正确进行危险货物的受理、承运、保管、装卸车组织、进行特殊防护，正确进行运输签认。

思政目标

（1）培养学生认真负责的工作态度。

（2）培养学生科学严谨的做事习惯。

项目思维导图

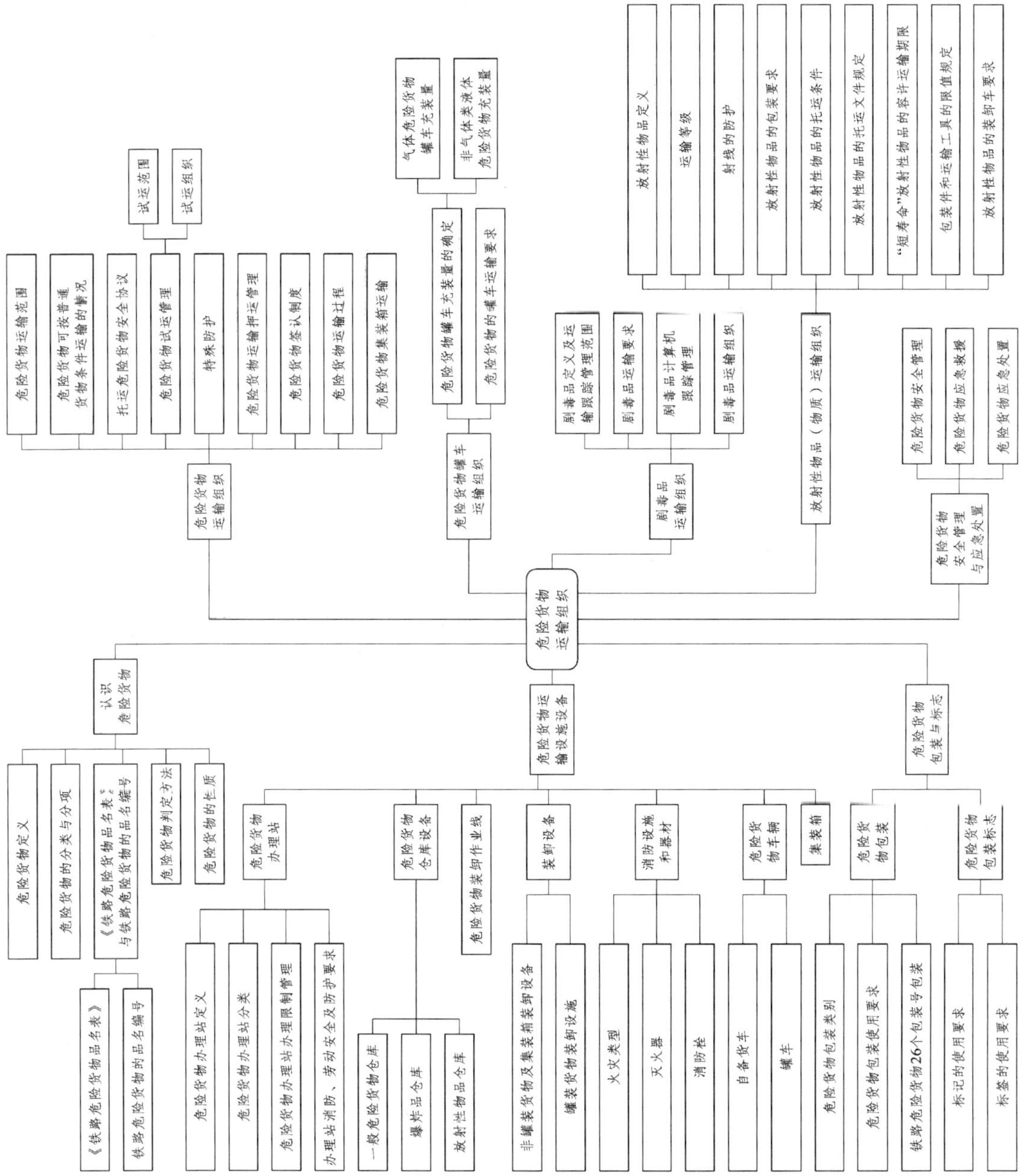
危险货物运输组织
危险货物运输组织
危险货物运输范围
危险货物可按普通货物条件运输的情况
托运危险货物安全协议
危险货物试运管理
试运范围
试运组织
特殊防护
危险货物运输押运管理
危险货物签认制度
危险货物运输过程
危险货物集装箱运输
危险货物罐车运输组织
危险货物罐车充装量的确定
气体危险货物罐车充装量
非气体类液体危险货物充装量
危险货物的罐车运输要求
剧毒品运输组织
剧毒品定义及运输跟踪管理范围
剧毒品运输要求
剧毒品计算机跟踪管理
剧毒品运输组织
放射性物品（物质）运输组织
放射性物品定义
运输等级
射线的防护
放射性物品的包装要求
放射性物品的托运条件
放射性物品的托运文件规定
"短寿命"放射性物品的容许运输期限
包装件和运输工具的限值规定
放射性物品的装卸车要求
危险货物安全管理与应急处置
危险货物安全管理
危险货物应急救援
危险货物应急处置
认识危险货物
危险货物定义
危险货物的分类与分项
《铁路危险货物品名表》与铁路危险货物的品名编号
《铁路危险货物品名表》
铁路危险货物的品名编号
危险货物判定方法
危险货物的性质
危险货物运输设施设备
危险货物办理站
危险货物办理站定义
危险货物办理站分类
危险货物办理站办理限制管理
办理站消防、劳动安全及防护要求
危险货物仓库设备
一般危险货物仓库
爆炸品仓库
放射性物品仓库
危险货物装卸作业线
装卸设备
非罐装货物及集装箱装卸设备
罐装货物装卸设施
消防设施和器材
火灾类型
灭火器
消防栓
危险货物车辆
自备货车
罐车
集装箱
危险货物包装与标志
危险货物包装
危险货物包装类别
危险货物包装使用要求
铁路危险货物26个包装号包装
危险货物包装标志
标记的使用要求
标签的使用要求

引导案例

危险品运输

危险货物运输中绝大多数是危化品运输，中国化工产业处于逐步扩张的阶段，但区域发展极不平衡，以石油、天然气等为基础原料的化工产业集群大多都分布在西部，而其输出产品的销售地和下游深加工企业又多集中在东部沿海地带，“产销分离”决定了“危化物流”运输的大量需求。

中国危化品运输方式有铁路运输、公路运输和水路运输，因为中国具备危化品运输资质的水运企业、水运船舶及其配载的容器短缺，长期以来导致水运效率低下，危化品采取水路运输面临着可选择性极小的困境；公路运输化工品物流企业虽然众多，但良莠不齐，给化工物流带来安全隐患且价格是铁路运输的 2 倍。而铁路运输企业凭借高度集中的管理制度，可以制定严格的危化品管理标准，使危化品运输得到有效的监管。所以铁路运输是危险货物运输非常重要的一种运输方式。

内蒙古××碱化工股份有限公司在乌海西站（内蒙古××碱化工股份有限公司专用线装车）托运一批氢氧化钠到达上海铁路局的丹阳站的江苏××集团有限责任公司专用线卸车，问能否办理？如何办理？货物主要危险性是什么？在运输组织中对包装有什么要求？并查出它们的品名编号、灭火方法。

任务 1　认识危险货物

任务导读

危险货物，是具有各种危险特性，容易造成人身伤亡、财产毁损或者环境污染而需要特别防护的物质和物品。铁路危险货物按其具有的危险性或主要危险性划分为 9 类，分别具有不同的性质，在装卸保管中具有不同的要求，《铁路危险货物品名表》既是判断货物是否为危险货物的重要依据，也是办理危险货物承运、配放、确定铁路危险货物的品名编号和运输条件的主要依据，一旦发生事故，还是判定货物性质、采取施救措施的参考。

知识点

一、危险货物定义

危险货物，是指具有爆炸、易燃、毒害、感染、腐蚀、放射性等危险特性，在铁路运输、装卸和储存保管过程中，容易造成人身伤亡、财产毁损或者环境污染而需要特别防护的物质和物品。

危险货物的定义，包含了以下四个方面的因素：

特性因素——危险货物具有爆炸、易燃、毒害、腐蚀、感染、放射性等特性，是对危险货物总体而言，并非每一种类（品名）都同时具有以上六种特性，这种特性还包括了一定条件下可能产生的后果。

过程因素——运输、装卸、储存保管三个过程中，铁路“运输”环节包括取送车、编组、解体及途中运输；“装卸车”环节包括发到站装卸、换装、倒装等装卸作业；“储存保管”环节主要指铁路车站（货场）的临时保管。从广义上讲，因危险货物大多在专用线（专用铁路）办理，于是，以上三个环节也包括了危险货物的短途搬运（进出货）及托运人仓库的储存保管。

后果因素——危险货物发生事故容易造成人身伤亡、财产毁损和环境污染，这里的“容易造成”是指违章操作，不采取防护措施或防护不当会发生事故，并非危险货物“一定会发生”事故。这里的“人身伤亡和财产毁损”泛指路内外的一切人员和财产的损失，即对社会政治、经济、环境、人类的伤害。

防护因素——针对危险货物的特性和物流作业过程，而需要采取“特别防护措施”，特别的而非一般的防护措施，是由货物内在“特性”和运输“动态”的外在条件决定的。

二、危险货物的分类与分项

根据《危险货物分类和品名编号》（GB 6944）和《危险货物品名表》（GB 12268），结合铁路运输实际情况，铁路危险货物按其具有的危险性或主要危险性划入 9 类中的一类；有些类别再分成项别。这些类别和项别见表 10-1。

表 10-1　危险货物类项名称表

类号及名称	项号及名称		铁危编号
1. 爆炸品	（1）有整体爆炸危险的物质和物品		11001～11148
	（2）有迸射危险，但无整体爆炸危险的物质和物品		12001～12057
	（3）有燃烧危险并有局部爆炸危险或局部迸射危险或两种危险都有，但无整体爆炸危险的物质和物品		13001～13061
	（4）不呈现重大危险的物质和物品		14001～14066
	（5）有整体爆炸危险的非常不敏感物质		15001～15005
	（6）无整体爆炸危险的极端不敏感物品		16001
2. 气体	（1）易燃气体		21001～21072
	（2）非易燃无毒气体		22001～22069
	（3）毒性气体		23001～23077
3. 易燃液体	（1）一级易燃液体		31001～31318
	（2）二级易燃液体		32001～ 32158
4. 易燃固体、易于自燃的物质、遇水放出易燃气体的物质	（1）易燃固体	（一级易燃固体）	41001～41074
		（二级易燃固体）	41501～41559
	（2）易于自燃的物质	（一级易于自燃的物质）	42001～42052
		（二级易于自燃的物质）	42501～42537
	（3）遇水放出易燃气体的物质	（一级遇水易燃物品）	43001～43057
		（二级遇水易燃物品）	43501～43510

续表

类号及名称	项号及名称		铁危编号
5. 氧化性物质和有机过氧化物	（1）氧化性物质	（一级氧化性物质）	51001 ~ 51086
		（二级氧化性物质）	51501 ~ 51530
	（2）有机过氧化物		52001 ~ 52123
6. 毒性物质和感染性物质	（1）毒性物质	（一级毒性物质）	61001 ~ 61205
		（二级毒性物质）	61501 ~ 61940
	（2）感染性物质		62001 ~ 62004
7. 放射性物质（物品）	六种形式：易裂变物质、低弥散放射性物质、低比活度放射性物质、表面污染体、特殊形式放射性物质、其他形式放射性物质		71001 ~ 71030
8. 腐蚀性物质	（1）酸性腐蚀性物质	（一级酸性腐蚀性物质）	81001 ~ 81135
		（二级酸性腐蚀性物质）	81501 ~ 81647
	（2）碱性腐蚀性物质	（一级碱性腐蚀性物质）	82001 ~ 82041
		（二级碱性腐蚀性物质）	82501 ~ 82526
	（3）其他腐蚀性物质	（一级其他腐蚀性物质）	83001 ~ 83029
		（二级其他腐蚀性物质）	83501 ~ 83515
9. 杂项危险物质和物品	（1）危害环境的物质		91001 ~ 91021
	（2）高温物质		92001、92002
	（3）经过基因修改的微生物或组织，不属感染性物质，但可以非正常地天然繁殖结果的方式改变动物、植物或微生物物质		93001

三、《铁路危险货物品名表》与铁路危险货物的品名编号

（一）《铁路危险货物品名表》

《铁路危险货物品名表》是判断货物是否为危险货物的重要依据，也是办理危险货物承运、配放、确定铁路危险货物的品名编号和运输条件的主要依据，一旦发生事故，还是判定货物性质、采取施救措施的参考。

《铁路危险货物品名表》（见表 10-2）由 13 栏组成：

第 1 栏：铁危编号。

第 2 栏：品名，为危险货物的正式名称及附加条件。

第 3 栏：别名，为危险货物正式名称以外的其他名称。

第 4 栏：信息化品名，为危险货物运输运单、货票填写以及货运管理使用名称。

第 5 栏：主要特性，为危险货物的主要物理、化学性质及危险性。

第 6 栏：包装标志，为危险货物包装标志。

第 7 栏：包装类，为按危险货物的危险程度划分的包装类。

第 8 栏：包装方法，为危险货物包装表的包装号及特定的包装方法。

第 9 栏：灭火方法，为推荐的灭火剂及灭火禁忌。

第 10 栏：洗刷除污编号，为洗刷除污方法编号及特殊洗刷除污方法。

第 11 栏：急救措施，为建议的临时急救措施。

第 12 栏：特殊规定，为有关该品名的特殊规定的顺序号。

特殊规定

第 13 栏：联合国及国标编号，联合国编号为联合国危险货物运输专家委员会《关于危险货物运输的建议书》中该品名的编号（仅供参考用），国标编号是 GB 12268 中的编号。

表 10-2 危险货物品名表（摘录）

铁危编号	品名	别名	信息化品名	主要特征	包装标志	包装类	包装方法	灭火方法	洗刷除污编号	急救措施	特殊规定	联合国及国际编号
1	2	3	4	5	6	7	8	9	10	11	12	13
41511A	萘	萘，精萘，萘饼，工业萘	萘（固）	无色或白色结晶或粉末，有特殊气味，比重 1.16，熔点 80 °C，闪点 79 °C，易挥发	8	Ⅲ	10，11，13，21，22，24	水、沙土、泡沫、干粉、熔融萘着火不能用水	3		6，29	1334

（二）铁路危险货物的品名编号

铁路危险货物的品名编号（简称铁危编号）由 5 位阿拉伯数字（有的带有英文大写字母）组成。第 1 位数字表示该危险货物的类别；第 2 位数字表示该危险货物的项别；第 3、4、5 位数字表示该危险货物品名的顺序号。顺序号 001—499 为该项一级危险货物，501—999 为该项二级危险货物（第三类除外），一级的危险性大于二级。

如：压缩氢铁危编号为 21001A，第一位数字“2”表示该物品为危险货物的第二类（气体），第二位数字“1”表示该物品为第二类中的第一项（易燃气体），第 3、4、5 位数字“001”表示压缩氢为该项的 001 顺序号。

危险货物同一铁危编号具有不同运输条件时，在数字编号后用英文大写字母（如 A、B、C……）表示。

如 21001A，21001B 分别表示同一铁危编号具有不同运输条件的压缩氢、金属氢化物储存系统中的氢。同一品名，不同状态的危险货物不能比照运输。

四、危险货物判定方法

危险货物的运输条件，相比于非危险货物更严格、更复杂。如果把危险货物误认为普通货物，就会降低危险货物的运输条件，如不采取特殊措施，就有可能酿成事故；如果把普通货物误认为危险货物，在运输过程中就会增加不必要的防护措施，延误货物的运送，影响铁路运输效率。

危险货物判定方法方面，如果采取按照定义去判定的方式，由于货运员知识和技能的局限性往往不能够正确、及时地判定，不具有可操作性，所以在危险货物的判定方面，在铁路运输中采取了列举法，即在《铁路危险货物品名表》(简称《品名表》)(见表 10-2) 中列载的品名，均属危险货物。

危险货物的具体判定方法，可按下述步骤进行：

(1) 在《铁路危险货物品名表》中列载的品名，均属危险货物，均按危险货物运输条件运输（特殊规定可按普通货物运输条件运输的品名除外）。

(2) 未列入《品名表》中，但国铁集团已确定并公布为危险货物的品名时，按国铁集团规定办理。

(3)《品名表》中未列载的产品且货物性质不明确的，托运人办理运输时应委托国家安全生产监督管理部门认定的检测鉴定机构进行性质技术鉴定，出具鉴定报告；属于危险货物时，应办理危险货物新品名试运。

在处理个别特殊问题时，我国铁路运输采取了适当的灵活措施。如对一些易燃但性质一般，引发事故条件有限的货物，另划归为“易燃普通货物”；有些虽属危险货物，但在包装、限量、环境等保障条件下可以按普通货物办理；有些货物，虽然目前安全条件不能保证，属“禁止运输”，但因其特性，仍属“危险货物”。

五、危险货物的性质

（一）爆炸品

在国防建设、开山筑路、房屋爆破等方面我们都要大量用到爆炸品，因此，掌握爆炸品的性质，确保爆炸品的运输安全具有重要的意义。

1. 爆炸品的定义

爆炸品系指受到高热、摩擦、撞击、震动或其他外界作用，能迅速发生剧烈化学反应，瞬间产生大量气体和热量，形成巨大的压力而发生爆炸，对周围环境造成破坏的物品。

品名摘录：

电引爆雷管（爆破用），铁危编号 11001；三硝基甲苯（干的或湿的，含水<30%），别名 TNT，铁危编号 11035。

猎枪子弹，铁危编号 12023A；民用火箭，铁危编号 12047。

礼花弹，别名焰火，铁危编号 13056；硝化纤维素（湿的，含乙醇≥25%），铁危编号 13014。

空投照明弹，别名空中照明弹，铁危编号 14035；烟花、爆竹、鞭炮，铁危编号 14055。

铵油炸药，铁危编号 15003；铵沥炸药，铁危编号 15004。

2. 爆炸品的性质

(1) 爆炸性。

爆炸品遇热、火焰、电火花、机械作用会发生爆炸，爆炸具有破坏性，表现为爆炸火球燃烧性，空气冲击波作用，固体飞散物作用，地震波作用。

爆炸品的爆炸具有反应速度快、释放大量热量、产生大量气体的特点。

爆炸的反应速度通常用爆炸速度（简称爆速）表示，爆速一般以 8 000 m/s 为界限，高于此限的为烈性炸药，低于此限的为一般炸药。

（2）敏感性。

在外界能量作用下，炸药发生爆炸的难易程度，称为炸药的敏感度。由于各种炸药的成分不同，其敏感度也不一样。外在因素（结晶、杂质、温度）也影响敏感度，敏感度一般以引起炸药爆炸所需要的最小外界能量来度量，这种能量称为起爆能。炸药的起爆能越小，其敏感度越高。在铁路运输中，炸药遭受撞击、摩擦、加热、遇火、遇光都有可能引起炸药爆炸，所以在炸药的保管、列车运行、调车作业及炸药的装卸作业过程中必须按章办事，防火花、防撞击、防摩擦，同时还要防止杂质（如砂石、金属屑等物）混入炸药，以免提高炸药的敏感度。

此外，爆炸品都具有易燃性，有些还具有毒性。

3. 装卸保管注意事项

装卸作业时，开关车门、车窗不得使用铁撬棍、铁钩等铁质工具，必须使用时，应采取防火花涂层等防护措施。装卸搬运时，不准穿铁钉鞋，使用铁轮、铁铲头推车和叉车时应有防火花措施。禁止使用可能发生火花的机具设备。照明时应使用防爆灯具。作业时应轻拿轻放，不得摔碰、撞击、拖拉、翻滚。有整体爆炸危险的物质和物品和有迸射危险，但无整体爆炸危险的物质和物品的装载和堆码高度不得超过 1.8 m。车、库内不得残留酸、碱、油脂等物质。发现跌落破损的货件时应及时妥善处理，不能同车或同库存放。

爆炸品必须存放于专库内，库房内应有避雷装置、防爆灯及低压防爆开关。仓库应有专人负责保管。库内应保持清洁，并隔绝热源与火源，在温度 40 °C 以上时，要采取通风和降温措施。爆炸品的堆垛间及堆垛与库墙间应有 0.5 m 以上的间隔，要避免日光直晒。

发现撒漏的爆炸品应及时用水润湿，撒以松软物后轻轻收集，并通知公安和消防人员处理。禁止将收集物品装入原包装中；有火灾危险时，应尽可能将爆炸品转移或隔离，要立即组织人员疏散；扑救时，禁用酸碱灭火器或沙土，可用水或其他灭火器灭火。施救人员应配备防毒面具。

（二）气体

气体通常以高压压缩的形式储存于钢瓶等承压容器内，它们在受热、撞击等作用时易引起爆炸，加之这些气体具有易燃、助燃、有毒等特性，在运输中应当引起我们的高度重视。

1. 气体的定义

本类气体系指符合下述两种情况之一的物质：

（1）在 50 °C 时，蒸气压大于 300 kPa 的物质。

（2）在 20 °C 及 101.3 kPa 标准压力下为气态的物质。

对一定量的气体，在温度不变的条件下，对其加压越大它的体积就会变得越小，利用气体的这个特性我们通常用高压的方式把气体压缩到钢瓶内储运。

处于压缩状态的气体叫作压缩气体。如果继续对压缩气体施压，压缩气体就会转化为液体，这就是铁路运输中的液化气体。但是有些气体仅仅使用加压的办法并不能使其变为液体，还必须在加压的同时降低其温度。

品名摘录：

压缩氢，铁危编号 21001A。

乙烷，铁危编号 21009；压缩氧，铁危编号 22001；压缩空气，铁危编号 22003。
液氯，铁危编号 23002；液氨，铁危编号 23003。

2. 气体的性质

（1）易燃易爆性。

气体中约有 54.1%是可燃气体，有 61%的气体具有火灾危险。可燃气体的主要危险性是易燃易爆性，所有处于燃烧浓度范围之内的可燃气体，遇火源都可能发生着火或爆炸，有的可燃气体在极微小能量的着火源作用下即可引爆。

（2）扩散性。

处于气体状态的任何物质都没有固定的形状和体积，且能自发地充满任何容器，由于气体分子间距离大，相互作用力小，所以非常容易扩散。

（3）可缩性和受热膨胀爆炸性。

压缩气体和液化气体通过高压和低温来实现压缩与液化，气体分子处于压缩状态，存在很大动能。当气体温度升高时，压力将随之增大。压力大至超过钢瓶所能承受的程度时，就会导致钢瓶爆炸。

（4）毒害性。

压缩气体和液化气体中，有些气体是剧毒气体，对人、牲畜都有很大的毒害性。当发生泄露时，有毒气体就会扩散到空气中，造成大面积的空气污染，被污染的空气长时间与人接触，将会引起人体中毒甚至死亡。

（5）不燃气体的窒息性。

当有大量的不燃气体（如二氧化碳）扩散到空气中时，有可能使人体因缺氧而窒息死亡。

此外，气体还具有带电性、腐蚀性、氧化性等危险性。

3. 装卸保管注意事项

装卸作业时，应使用抬架或搬运车，防止撞击、拖拉、摔落、滚动。防止气瓶安全帽脱落及损坏瓶嘴。装卸机械工具应有防止火花产生的措施。

气瓶装车时应平卧横放。装卸搬运时，气瓶阀不要对着人身。装卸搬运工具、工作服及手套不得沾有油脂。装卸有毒气体时，应配备防护用品，必要时使用供氧式防毒面具。

气瓶应存放于库内阴凉通风场所，防止日晒、油污，隔绝热源与火种，当库内温度超过 40 °C 时，应采取通风降温措施。

气瓶平卧放置时，堆码不得超过 5 层，瓶头要朝向同一方向，瓶身要填、塞妥实，防止滚动；立放时要放置稳固，防止倒塌。

气瓶着火时，应向钢瓶浇洒大量冷水，或将气瓶投入水中使之冷却，同时将周围气瓶和可燃物搬离现场。

当发现阀门松动漏气应立即拧紧，若无法关闭时，可将气瓶浸入冷水或石灰水中（氨气瓶只能浸入水中）。液化气瓶破裂时，应将裂口部位朝上。

扑救有毒气体或处理气瓶泄漏时，应戴防毒面具或站在上风处。

（三）易燃液体

易燃液体均为有机化合物，其中不少属于石油化工产品。该类货物除具有一般液体的性质外，还具有易燃、易爆、易挥发等性质。

1. 易燃液体的定义

凡闪点（闭杯）不高于 60.5 °C 或开杯闪点不高于 65.6 °C 的液体、液体混合物或含有固体的液体（不包括由于其危险性已列入其他类项的液体），均属易燃液体。

易燃液体在常温下易挥发，其蒸气与空气混合能形成爆炸性混合物，部分易燃液体还具有毒性或麻醉性。某些易燃液体，易自行聚合，放出热量和气体，导致容器胀裂。

品名摘录：

乙醇（无水），铁危编号 31161；汽油，铁危编号 31101；煤油，别名火油，铁危编号 32001。

乙醇饮料（按体积含乙醇>70%），别名含酒精饮料，铁危编号 32051A。

乙醇饮料（按体积含乙醇 24%～70%），别名含酒精饮料，铁危编号 32051B。

2. 易燃液体的性质

（1）高度的易燃性。

易燃液体的沸点较低，如汽油、醇、苯等在常温下能不断地挥发蒸气，挥发程度随温度的升高而增大，这些蒸气一旦接触明火甚至与火焰相隔一定距离就会燃烧，甚至爆炸。易燃液体的易燃程度通常用闪点来表示，闪点越低，其液体越易燃烧，危险性越大。

（2）蒸气的易爆性。

由于易燃液体都有很强的挥发性，当其挥发的蒸气和空气混合达到一定比例范围时，遇明火或火花后就会发生爆炸，这种比例范围称为该液体的爆炸极限。

易燃液体除上述主要特性外，还具有高度的流动扩散性、受热膨胀性、较大的蒸气压、晃动或流动易带电性、遇强酸及氧化剂等能发生剧烈反应而引起燃烧等特性。有的易燃液体还具有毒性。大多数易燃液体不溶于水，且比重小于 1，所以在灭火中不应使用水扑救。

3. 装卸保管注意事项

易燃液体装卸作业前应先通风，开关车门、车窗时不要使用铁制工具猛力敲打，必须使用时应采取防止火花产生的防护措施。作业人员不准穿铁钉鞋。装卸搬运过程中，不能撞击、摩擦、拖拉、翻滚。装卸机具应有防止火花产生的措施。装载钢桶包装的易燃液体，要采取防磨措施，不得倒放或卧放。

易燃液体应存放于阴凉通风场所，避免日晒，隔绝热源和火种。堆放要稳固，严禁倒置。库内温度超过 40 °C 时，应采取通风降温措施。容器受热膨胀时，应浇洒冷水冷却，必要时应移至安全通风处放气处理。

易燃液体发生着火时不宜用水来灭火，但对于比重大于水或溶于水的易燃液体，可用雾状水或开花水来灭火，同时应防止液体被冲散而扩大着火范围。发生容器渗漏时，应将易燃液体及时移至安全通风处更换包装，渗出的液体可用沙土等物覆盖后扫除干净。

（四）易燃固体、易于自燃的物质、遇水放出易燃气体的物质

此类物质易引起或促成火灾，本类物质按其燃烧特性可分为三类，分别是：易燃固体、易于自燃的物质、遇水放出易燃气体的物质。

1. 易燃固体

易燃固体燃点低，对热、撞击、摩擦敏感，易被外部火源点燃，燃烧迅速，并可能散发出有毒烟雾或有毒气体。

品名摘录：

红磷，铁危编号 41001；硫黄，铁危编号 41501。

易燃固体的主要特性：

（1）易燃性。

易燃固体容易被氧化，受热易分解或升华，遇火种、热源常会引起强烈、连续的燃烧。

（2）可分散性与被氧化性。

固体具有可分散性，一般来讲，物质的颗粒越细，其比表面积越大，分散性就越强。当固体粒度小于 0.01 nm 时，可悬浮于空气中，这样能充分与空气中的氧接触，发生氧化作用。另外易燃固体与氧化剂接触，能发生剧烈反应而引起燃烧或爆炸。

（3）热分解性。

某些易燃固体受热后不熔融，而是发生分解现象。有的受热后边熔融边分解，如硝酸铵在分解过程中往往会放出 NH_3 或 NO_2、NO 等有毒气体。一般来说热分解的温度高低直接影响危险性的大小，受热分解温度越低的物质，其火灾爆炸危险越大。

（4）对撞击、摩擦的敏感性。

易燃固体对摩擦、撞击、震动也很敏感。例如赤磷、闪光粉等受摩擦、震动、撞击等也能起火燃烧甚至爆炸。

（5）毒害性。

许多易燃固体有毒，或燃烧产物有毒，或有腐蚀性。

2. 易于自燃的物质

易于自燃的物质自燃点低，在空气中易于发生氧化反应，放出热量而自行燃烧。

品名摘录：

白磷，铁危编号 42001；锂电池，铁危编号 42040。

易于自燃的物质的特性：

（1）极易氧化。

自燃的物质多具有空气氧化、分解特性，且燃点较低。在未发生自燃前，一般都经过缓慢的氧化过程，同时产生一定热量，当产生的热量越来越多，积热使温度达到该物质的自燃点时，便会自觉地着火燃烧。

（2）易分解。

某些自燃物质的化学性质很不稳定，在空气中会自行分解，积蓄的分解热也会引起自燃，如硝化纤维素、硝化甘油等。

3. 遇水放出易燃气体的物质

遇水放出易燃气体的物质遇水或受潮可能放出易燃气体，这种气体与空气混合能够形成爆炸性混合物。这种混合物极易被引燃，所产生的冲击波和火焰可能对人和环境造成危害。

品名摘录：

钠，铁危编号 43002；碳化钙，别名电石，铁危编号 43025。

遇水放出易燃气体的物质的特性：

（1）遇水易燃易爆。

这些物质遇水或受潮时可发生剧烈的化学反应，并放出大量的可燃气体和热量，当放出的气体和热量达到可燃气体的自燃点或接触外来火源时，会立即着火或爆炸，所产生的冲击波和火焰可能对人和环境造成危害。电石等遇湿易燃物质存放在密闭容器中，遇湿后放出气体及热量逸散不出来而积累，致使容器内的气体越积越多，压力越来越大，当超过了容器强度时，就会胀裂容器以致发生爆炸。

（2）遇氧化剂和酸着火爆炸。

遇水放出易燃气体的物质除遇水能反应外，遇到氧化剂、酸也能发生反应，而且比遇到水更加剧烈，危险性更大。有些遇水反应较为缓慢，甚至不发生反应的物质，当遇到酸时，则能发生剧烈反应。

（3）自燃危险性。

有些物质不仅有遇水易燃危险，而且还有自燃危险性。如金属粉末类的锌粉等，在潮湿空气中能自燃，与水接触，特别是在高温下反应比较强烈，能放出氢气和热量。

（4）毒害和腐蚀性。

在遇水易燃物质中，有一些与水反应生成的气体是易燃有毒气体，如电石放出乙炔气体，金属磷化物放出的磷化氢、硅化物放出的四氢化硅，硫化物放出的硫化氢气体，而遇水易燃的物质有许多本身就是有毒的。

4. 装卸保管注意事项

装卸作业时不得摔碰、撞击、拖拉、翻滚，防止容器破损。特别注意勿使黄磷脱水，引起自燃。装卸机具应有防止火花产生的措施。雨雪天无防雨设备时，不能装卸遇水易燃物质。

应存放在阴凉、通风、干燥的场所，防止日晒、隔绝热源和火种，与酸类、氧化剂必须隔离存放，严禁露天存放遇水易燃物质。

对撒漏的物质，应谨慎收集妥善处理。撒漏的黄磷应立即浸入水中，硝化纤维素要用水浸湿，金属钠、钾应浸入煤油或液体石蜡中，电石、保险粉等遇水易燃物品撒漏，收集后进行安全处理，不得并入原货件中。

（五）氧化性物质和有机过氧化物

本类物质具有强氧化性，易引起燃烧、爆炸。

这些物质本身不但能导致可燃物的燃烧，与松软的粉末状可燃物能形成爆炸性混合物，对热、震动较为敏感。氧化性物质本身不一定可燃，但通常因放出氧或起氧化反应可能引起或促使其他物质燃烧。有机过氧化物是分子组成中含有过氧基的有机物质，由于过氧基不稳定，有机过氧化物属热不稳定物质，可分解放出氧和有机可燃物，其自身的可燃性，易引发燃烧或爆炸。

品名摘录：

过氧化钠，铁危编号 51002；氯酸钾，铁危编号 51031A。

过氧化二正辛酰（工业纯），铁危编号 52040；过甲酸，铁危编号 52050。

1. **氧化性物质性质**

（1）强氧化性。

氧化剂中的无机过氧化物均含有过氧基，很不稳定，易分解放出原子氧，其余的氧化剂则分别含有高价态的氯、溴、氮、硫、锰、铬等元素，这些高价态的元素都有较强的获得电子的能力。因此，氧化剂最突出的性质是遇易燃物品、可燃物品、有机物、还原剂会发生剧烈化学反应引起燃烧、爆炸。

（2）遇热分解性。

氧化剂遇高温易分解出氧和热量，极易引起燃烧爆炸。特别是有机过氧化物分子组成中的过氧基很不稳定，易分解放出原子氧，而且有机过氧化物本身就是可燃物，易着火燃烧，受热分解的生成物又均为气体，更易引起爆炸。所以，有机过氧化物相比于无机氧化物有更大的火灾爆炸危险。

（3）撞击、摩擦敏感性。

许多氧化剂如氯酸盐类、硝酸盐类、有机过氧化物等对摩擦、撞击、震动极为敏感。储运中要轻装轻卸，以免增加其爆炸性。

（4）与酸作用分解。

大多数氧化剂，特别是碱性氧化剂，遇酸反应剧烈，甚至发生爆炸。

（5）与水作用分解。

有些氧化剂，特别是活泼金属的过氧化物，如过氧化钠（钾）等，遇水分解，放出氧气和热量，有助燃作用，使可燃物燃烧，甚至爆炸。

（6）毒性和腐蚀性。

有些氧化剂具有不同程度的毒性和腐蚀性。

（7）强氧化剂与弱氧化剂之间的反应。

有些氧化剂与其他氧化剂接触后能发生复分解反应，放出大量热而引起燃烧、爆炸。如亚硝酸盐、次亚氯酸盐等，遇到比它强的氧化剂时显示还原性，发生剧烈反应而导致危险发生。因此，氧化剂也不能混储、混运。

2. **有机过氧化物性质**

（1）分解爆炸性。

由于有机过氧化物都含有过氧基-O-O-，而-O-O-是极不稳定的结构，对热、震动、冲击或摩擦都极为敏感，所以在受到轻微的外力作用时即分解。

（2）易燃性。

有机物一般都易燃，而有机过氧化物更容易燃烧。

（3）人身伤害性。

过氧化物容易伤害人的眼睛，如过氧化环己酮等对眼睛有伤害作用，其中某些过氧化物即使只与眼睛短暂接触，也会让眼角膜严重地受到伤害。因此，应避免眼睛接触过氧化物。

3. **装卸保管注意事项**

装车前，车内应打扫干净，保持干燥，不得残留有酸类和粉状可燃物。应选择在通风后作业。装卸搬运中不能摔碰、拖拉、翻滚、摩擦和剧烈震动。搬运工具不得沾有杂质。托盘和手推车尽量专用，装卸机具应有防止火花发生的防护装置。

应存放于阴凉通风场所，防止日晒、受潮，远离酸类和可燃物，特别要远离硫黄、金属粉末等还原性物质。亚硝酸盐类与其他氧化性物质应分库或隔离存放。堆垛不宜过大，注意通风散热。库内货位应保持清洁，对搬出后的货位应清扫干净。

氧化性物质撒漏时，应扫除干净，再用水冲洗。收集的撒漏物品，不得倒入原货件中，本类物质着火或被卷入火灾时，一般都很剧烈、快速，难于控制火势，最有效的方法是用大量的水或用水淹没其中。过氧化钠等着火时，不能用水扑救；其他氧化性物质燃烧用水灭火时，要防止水溶液流至易燃、易爆物品处。

（六）毒性物质和感染性物质

这一类是对人体特别有害的物质，按致病机理分为毒性物质和感染性物质。毒性物质指进入人体后累积达到一定的量，能与体液组织发生生物化学作用或生物物理变化，扰乱或破坏机体的正常生理功能，引起暂时性的或持久性的病理状态，甚至危及生命安全的物质和物品。感染性物质是指含有病原体的物质，包括生物制品、诊断样品、基因突变的微生物、生物体和其他媒介，如病毒蛋白等。它们以另一种机理扰乱或破坏肌体的正常生理功能。

1. 毒性物质

毒性物质是通过吞食、吸入或与皮肤接触后，损害人类健康、造成严重损伤甚至死亡，毒性物质包括急性经口毒性 $LD_{50}\leqslant 200$ mg/kg 的固体和 $LD_{50}\leqslant 500$ mg/kg 的液体；急性吸入毒性 $LC_{50}\leqslant 10$ mg/L 的蒸气、粉尘或烟雾的物质。同时也包括各种农药。

品名摘录：

三氧化二砷，别名砒霜，铁危编号 61007；煤焦沥青，铁危编号 61869。

毒性物质的危险特性：

（1）毒害性。

毒害性主要表现对人体及其他动物的伤害，引起人体及其他动物中毒的主要途径是呼吸道、消化道及皮肤。

呼吸中毒：在毒害品中，挥发性液体的蒸气和固体粉尘最容易通过呼吸道进入人体，尤其在工作现场，接触毒性物质时间较长，很容易引起呼吸道中毒。如氰氢酸、溴甲烷、苯胺、三氧化二砷等，进入人体后，随着血液循环还可以扩大中毒。

消化中毒：毒害品侵入人体消化道引起的中毒。主要是在进行毒性物质作业后，未经漱口、洗手、更换工作服等就喝水、饮食、吸烟，或操作中误将毒性物质服入消化器官，进入胃肠引起中毒、溶解被人体吸收后引起人身中毒。

皮肤中毒：一些能溶解于水或脂肪的毒物接触皮肤后侵入人体内引起中毒。如 1605、有机汞等。尤其通过皮肤破裂的地方侵入人体，并随着血液循环而迅速扩散。特别是氰化物的血液中毒，会导致人体很快死亡。

（2）易燃性。

毒性物质中，大多数都具有火灾的危险性。无机毒性物质中的金属氰化物和硒化物大都本身不燃，但都有遇水、遇湿易燃性（如氰化钠、氰化钾等），它们遇水、遇湿后放出的极毒的氰化氢气体是易燃气体。

（3）易爆性。

毒性物质中的芳香族含 2，4 位两个硝基的氯化物、萘酚，酚钠等化合物遇热、撞击等都能引起爆炸。并分解出有毒气体。

2. 感染性物质

感染性物质是指在接触到他们时被传染疾病的，已知或有理由认为有病原体的物质。

品名摘录：

感染性物质（对人感染），铁危编号 62001；诊断样品，铁危编号 62004。

3. 装卸保管注意事项

装卸车前应先行通风。装卸搬运时严禁肩扛、背负，要轻拿轻放，不得撞击、摔碰、翻滚，防止包装破损。装卸易燃毒性物质时，机具应有防止火花发生的措施。作业时必须穿戴防护用品。严防皮肤破损处接触毒物，作业完毕及时清洁身体后方可进食和吸烟。

应存放在阴凉、通风、干燥的库内，不得露天存放。与酸类应隔离存放，严禁与食品同库存放。必须加强管理，严防丢失和发生误交付。

固态毒性物质撒漏时，应谨慎收集处理，如氰化钠可用漂白粉或次氯酸钠处理；液体毒性物质渗漏时，可先用砂土、锯末等物吸收，妥善处理。被毒性物质污染的机具、车辆应进行洗刷除污。

发生火灾时，对遇水能发生危险反应的毒性物质（如金属铊、锑粉、铍粉、氟化汞、氟化铅、四氰基乙烯等）不得用水灭火。液体灭火，可根据有无水溶性和相对密度的大小，可选用抗溶性泡沫或机械泡沫及化学泡沫；固体则用雾状水、砂土、干粉等，氧、磷、砷、硒的化合物遇酸或水后产生有毒气体，不宜使用酸、碱和二氧化碳，也不宜用水灭火。氯化物用水灭火时，要防止含氯水飞溅在操作人员身体和脸部，尤其有伤口的地方。

处理撒漏毒性物质和扑救毒性物质火灾时，必须穿戴防护服、口罩、手套或防毒面具，施救人员要站在上风处。发现头晕、恶心、呕吐等现象，要立即转移至空气新鲜处。

（七）放射性物质

在自然界中有一些元素的原子核是不稳定的，它能自发地改变核结构从而转变为另一种核，同时放射出带电的或不带电的粒子，如铀-238 自发地放射出一种 α 粒子，转变为钍-234。这种原子核自发地发生核结构的改变，我们称之为核衰变或放射性衰变，在核衰变过程中，由原子核自发地、不断地向四周放射出人眼看不见的射线。这种放出射线的性能称为放射性。

1. 放射性物质定义

在托运货物中，任何含有放射性核素并且其活度和比活度均高于国家规定的豁免值者都属于放射性物品（物质）。

品名摘录：

金属铀（自燃的），铁危编号 71002；放射性物质（仪器或物品），铁危编号 72011。

2. 射线类型和特性

放射性物质能自发地不断放出 α、β、γ 射线或中子流，它们具有不同的穿透能力，过量的射线照射，对人体细胞有杀伤作用。若放射性物质进入体内，能对人体造成内照射危害。

（1）α射线。

α射线是带正电的粒子流，带两个单位的正电荷，电离能力强；射程很短，在空气中一般不超过 2 ~ 12 cm；穿透能力很弱，用一张纸、衣服或几十厘米的空气就能“挡住”。但因其电离能力强，一旦进入体内，会引起较大的伤害。

（2）β射线。

β射线是高速运动的电子流，由于它的速度高，所以它的能量也较大，穿透能力较强，但可被几毫米厚的铝片、塑料板“挡住”。β射线的电离能力较弱。

（3）γ射线。

γ射线是一种波长较短的电磁波（即光子流），不带电，而以光的速度在空间传播。射线穿透能力很强，而电离能力很弱。

（4）中子流。

中子流是不带电的中性粒子束。在自然界里，中子并不单独存在，只有在原子核分裂时才能从原子核里被释放出来。中子流的穿透能力很强，容易被含有很多氢原子的物质和碳氢化合物所吸收，如水、石蜡、水泥。相反，它却能通过很重的物质，如铁、铅等。

3. 放射性物质的其他特性

含有放射性核素的物质都有放射性，它既可以是金属也可以是其他化合物。在不同条件下，可分别以固、液、气三种物理状态存在。因此，除了共同的放射性特性外还会表现出一些其他特性，如易燃、易爆性，氧化性，腐蚀和毒害性等。

4. 半衰期和放射性活度

（1）半衰期。

放射性元素因放出射线而变成另一种新元素的有规律的核变化，称为放射性元素的衰变。放射性物质的原子数因衰变减少到原来一半所需要的时间，称为半衰期。每一种放射性元素都有一定的半衰期，如镭 226 的半衰期是 1620 年，碘 131 的半衰期是 8.04 d，在铁路运输中，通常把半衰期少于 15 d 的放射性元素称为“短寿命”放射性物品。

（2）放射性活度。

放射性活度是放射性物质放出射线强弱的一种物理量，其单位为 Bq（贝克）。

在铁路货物运输中，常用“放射性比活度”表示单位物质中所含放射性的强弱。其含义是：单位重量（或单位体积）的固体物质中所具有的放射性活度，常用单位有 Bq/kg（贝克/千克）、kBq/kg（千贝克/千克）。

5. 装卸保管注意事项

装卸车前应先行通风，严禁肩扛、背负、撞击、翻滚，作业时间应按《危规》中装卸放射性物质容许作业时间表的要求控制。堆码时应将辐射水平低的放射性包装件放在辐射水平高的包装件周围。在搬运Ⅲ级包装件时，应在搬运机械的适当位置上安装屏蔽物或穿防护围裙，以减少人员的受照剂量。

搬运放射性矿石、矿砂时，作业场所应喷水防止飞尘，作业人员应穿戴工作服、工作鞋，戴口罩和手套，作业完毕应全身清洗。

放射性物质的存放必须专库专用，仓库应通风良好、干燥、地面平坦，应有专人管理，按规定码放。遇到燃烧、爆炸可能危及放射性物质安全时，应迅速转移至安全处，并派专人看管。

运输中包装件破裂，内容物撒漏时，应立即向有关部门报告，由安全防护人员测量并划出安全区域，悬挂明显标志。

当人体受污染时，应在防护人员指导下迅速除污。若人员受到过量照射时，应立即送医院救治。放射性矿石、矿砂的包装件破损时不得运输。

放射性物品着火时，可用雾状水扑救，灭火人员应穿戴防护服（手套、靴子、连体工作服、安全帽），自给式呼吸器，对小火可用硅藻土惰性材料吸收，对大火应站在上风口用大量雾状水喷射包装体，也使邻近容器保持冷却状态，有利于保护屏蔽材料和辐射，但要注意消防用水流失过大时，可能造成大面积污染。为防止火灾后物质复燃，应以安全方式将残余物清除。

（八）腐蚀性物质

腐蚀性物质通过化学作用对接触的生物组织造成严重损伤，或在渗漏时会严重损害甚至毁坏其他货物或运载工具。如硫酸、硝酸、盐酸、烧碱等，但它们既是化工生产的基本产品，是化学工业的重要原料，也是铁路运输中运量较大的一类危险货物。

1. 腐蚀性物质定义

腐蚀性物质是指与完好皮肤接触不超过 4 h，在 14 d 的观察期中发现引起皮肤全厚度毁损，或在 55 °C 时，对 S235JR+CR 型或类似型号钢（一般为 20 号钢）或无覆盖层铝的表面均匀年腐蚀率超过 6.25 mm/年的物质。

品名摘录：

硝酸，铁危编号 81002；丙酸，铁危编号 81613。

氢氧化钠溶液，铁危编号 82001B；氧化钾，铁危编号 82007。

苯酚钠，铁危编号 83013；塑料沥青，铁危编号 83019。

2. 腐蚀性物质性质

（1）腐蚀性。

当腐蚀性物质与其他物质接触时，会使其他物质发生化学变化或电化学变化而受到破坏，这种性质就叫腐蚀性，这是腐蚀性物品的主要危险特性。其特点如下：

① 对人体的伤害。

腐蚀性物品的形态一般有液体和固体（晶体、粉状）两种，当人们直接接触物品后，会引起灼伤或发生破坏性创伤以至溃疡等；当人们吸入这些挥发出来的扬到空气中的粉尘时，呼吸道黏膜便会受到腐蚀，出现咳嗽、呕吐、头痛等症状。人体被腐蚀伤后，伤口往往不容易愈合。

② 对于有机物质的破坏。

腐蚀性物质能夺取木材、衣物、皮革、纸张及其他一些有机物质的水分，破坏其组织成分，甚至使之碳化。如有时封口不严的浓硫酸坛中进入杂草、木屑等有机物，浅色透明的酸液会变黑就是这个道理；浓度较大的氢氧化钠溶液接触棉质物，特别是毛纤维，即能使纤维组织受破坏而溶解；这些腐蚀性物品在储运过程中，若渗透或挥发出气体（蒸气），还能腐蚀库房的屋架、门窗、苫垫用品和运输工具等。

③ 对金属的腐蚀。

在腐蚀性物质中，不论是酸性的还是碱性的，对金属均能产生不同程度的腐蚀作用。浓硫酸虽然不易与铁发生作用，当储存日久后，吸收空气中的水分后浓度变稀薄后也能继续与铁发生作用，使铁受到腐蚀；又如冰醋酸，有时会使用铝桶盛装，但储存日久也能引起腐蚀，产生白色的醋酸铝沉淀；有些腐蚀品，特别是无机酸类，挥发出来的蒸气会对库房建筑物的钢筋、门窗、照明用品、排风设备等金属物料和对库房的砖瓦、石灰等产生腐蚀作用。

（2）毒害性。

腐蚀品中，有一部分能挥发出具有强烈腐蚀和毒害性的气体。如氢氟酸的蒸气在空气中浓度达到 0.025% ~ 0.05%时，即使只是短时间接触，也是有害的。

（3）易燃性、易爆性。

腐蚀品中，约 83%的具有引发火灾危险性，有的还是相当易燃的液体和固体，引发火灾的原因主要是一些无机腐蚀品，尽管本身不燃，但都具有较强的氧化性；有的还是氧化性很强的氧化剂，与可燃物接触或遇高温时，都有着火或爆炸的危险。

3. **装卸保管注意事项**

作业前应穿戴耐腐蚀的防护用品，对易散发有毒蒸气或烟雾的腐蚀性物质必须通风作业，并使用防毒面具。货物堆码必须平稳牢固，严禁肩扛、背负、撞击、拖拉、翻滚。装车前、卸车后必须清扫车辆，不得留有稻草、木屑、煤炭、油蜡、纸屑、碎布等可燃物。

应存放在清洁、通风、阴凉、干燥场所，防止日晒、雨淋。堆码应整齐稳固，不得与可燃物、氧化剂等混存。

发现液体酸性腐蚀性物质撒漏应及时撒上干砂土，清除干净后，再用水冲洗污染处，大量酸液溢漏时，可用石灰水中和。

着火时，不可用柱状水，一般可用雾状水或干砂、泡沫、干粉等扑救。以防腐蚀液体飞溅伤人；对遇水能剧烈反应及引起燃烧、爆炸或放出有毒气体的腐蚀性物质，如硫酸（浓），强碱等遇水放热物质，禁用水灭火。可用干砂、泡沫、石粉扑救。

（九）杂项危险物质和物品

杂项危险物质和物品是指第 1 类至第 8 类未包括的物质和物品。包括危害环境的物质、高温物质、经过基因修改的微生物或组织，不属感染性物质，但可以非正常地天然繁殖结果的方式改变动物、植物或微生物物质。

品名摘录：

石棉，铁危编号 91006；二氧化碳（固态），铁危编号 91009。

高温液体[未另列明的，100 °C≤温度＜其闪点（包括熔融金属、熔融盐类等）]，铁危编号 92001；高温固体（未另列明的，温度≥240 °C），铁危编号 92002。

任务 2　危险货物运输设施设备

任务导读

危险货物，因为具有爆炸、易燃、毒害、感染、腐蚀、放射性等危险特性，在铁路运输、装卸和储存保管过程中，容易造成人身伤亡、财产毁损或者环境污染，所以办理危险货物运输需要在危险货物办理站办理，其应符合铁路危险货物办理站、专用线货运安全设备设施有关技术条件等相关规定，具有危险货物仓库设备、消防设施和器材、装卸作业线、装卸设备、危险货物装运设备等。

知识点

一、危险货物办理站

运输危险货物应当在符合法律、行政法规和标准规定，具备相应品名办理条件的车站、专用铁路、铁路专用线间发到。

（一）危险货物办理站定义

危险货物办理站（以下简称办理站）是站内或接轨的专用线（含专用铁路，下同）办理危险货物发送（含换装，下同）、到达业务的车站。

办理站除应执行铁路货场、专用线的一般规定外，还应符合铁路危险货物办理站、专用线货运安全设备设施有关技术条件等相关规定以及有关法律、法规、规章对危险货物运输安全管理、安全作业、安全培训和应急处置等要求。

铁路局应根据危险货物运输需求和铁路运力资源配置等情况，对办理站统一规划，科学合理布局。

（二）危险货物办理站分类

危险货物办理站按类型分为三种：

（1）站内办理站：仅在站内办理危险货物业务的车站。

（2）专用线接轨站：仅在接轨的专用线办理危险货物业务的车站。

（3）兼办站：在站内和接轨的专用线均办理危险货物业务的车站。

危险货物办理站中大多数是专用线接轨站，只有少量的车站是仅在站内办理危险货物作业的站内办理站。

（三）危险货物办理站办理限制管理

《铁路办理站危险货物办理限制》（下称《办理限制》）是国铁集团规定危险货物办理站办

理限制的文件，办理站受理危险货物时，要求发到站、办理品名、装运方式与《办理限制》相统一。站内办理时，办理限制包括办理站名称，发送、到达品名及相应的装运方式。接轨的专用线办理时，办理限制包括接轨站、专用线名称，发送、到达品名及相应的装运方式；专用线共用时，还应包括共用单位名称，发送、到达品名及相应的装运方式等。

铁路局集团公司根据相关规定和要求，确认批准《办理限制》中管内增加或修改内容，并报国铁集团运输局公布。新增爆炸品、剧毒品、放射性物质（物品）和气体类危险货物办理限制时，由铁路局集团公司确认后将安全评估报告等相关材料报国铁集团运输局批准公布。

铁路局集团公司确认办理限制前，应组织对危险货物办理条件进行安全评估，并形成安全评估报告或安全评估意见，不符合安全要求的不得批准。

经国铁过轨运输的非国家铁路控股的合资铁路、地方铁路（已委托铁路局集团公司管理的除外）办理危险货物业务的，铁路局集团公司应首先核对其所属铁路运输企业是否按照《铁路危险货物运输安全监督管理规定》要求，向社会公布办理危险货物的车站名称、作业地点、办理品名、装运方式等信息；然后与其所属铁路运输企业签订危险货物过轨运输协议，交换上述有关信息；按照约定的交接地点、方式、内容、条件和安全责任等，与其所属铁路运输企业办理危险货物交接。

在专用线办理危险货物运输时，产权单位应与办理站（货运中心）签订专用线运输协议和危险货物运输安全协议。危险货物运输需要共用专用线时，应由产权单位、共用单位、办理站（货运中心）签订危险货物专用线共用协议。

危险货物运输安全协议、危险货物专用线共用协议每年签订一次。首次签订协议应在办理限制公布之后、正式运输前进行；办理限制内容发生变化时，应在办理限制公布之后、运输实施前重新签订协议。

危险货物运输安全协议、危险货物专用线共用协议有效期到期前 1 个月，办理站（货运中心）应通知相关单位按规定签订新协议。逾期未签订新协议的单位，由办理站（货运中心）、铁路局集团公司逐级上报国铁集团运输局在办理限制中取消。

（四）办理站消防、劳动安全及防护要求

办理站要建立健全消防、安全防护责任制，针对本站危险货物业务特点，对职工进行消防、安全防护教育和培训；确定重大危险源，按照国家有关规定，配置消防、安全防护设施和器材，设置消防、安全防护标志。消防、安全防护设施、器材需由专人管理，负责进行检查、维修、保养、更换和添置，确保消防、安全防护设施和器材齐全完好有效。

办理站应建立健全劳动保护制度，劳动安全与环保设施应符合国家和国铁集团等有关规定。对从事危险货物运输的作业人员应进行劳动安全保护教育，严格执行国家劳动安全卫生规程和标准，有效预防作业过程中的人身伤害事故。

办理站应建立健全劳动防护用品的购买、验收、保管、发放、使用、更换、报废等管理制度；按照劳动防护用品的使用要求，在使用前对其防护功能进行必要的检查。

办理站应建立直接从事危险货物运输人员的职业健康监护档案，做好职业健康管理工作。对直接从事危险货物运输的人员应按国家规定给予相应营养保健待遇；按要求定期组织职业健康体检，合理组织和安排健康休养等活动。

办理站应根据危险货物的运量、品类等情况，按《铁路危险货物办理站、专用线（专用铁路）货运安全设备设施暂行技术条件》的相关规定配备劳动保护用品和安全检测仪器等有关设施、设备，并按规定定期开展职业危害因素检测。

危险货物办理站建设

危险货物办理站安全评估内容

二、危险货物仓库设备

危险货物仓库是为存放危险货物而修建的封闭式建筑物。危险货物仓库分为一般危险货物仓库、爆炸品仓库和放射性物品仓库三类。

（一）一般危险货物仓库

一般危险货物仓库应按危险货物分类分别建造，化学性质相近、灭火方法相同的货物可合建一个仓库。

一般危险货物仓库应符合下列危险货物仓库建筑要求：

（1）危险货物仓库不应设在地下或半地下，仓库应采用单层结构，其耐火等级不应低于二级。不得设置高架仓库。

耐火等级

（2）仓库屋顶面应采用双层隔热和易泄压的轻质材料。

（3）仓库净高不得小于 4.2 m，应设带有防护措施的高窗，窗台高度不得低于 2.0 m。

（4）仓库应采用向外开启的非金属门、窗或悬开窗，当受到站台宽度限制时，可采用侧拉门，但应设宽度不得小于 0.8 m 的无门槛向外开启的疏散门。

采用机械装卸作业的货物仓库，大门洞口尺寸（宽×高）不得小于 3.0 m×3.0 m。

采用叉车作业时，仓库宽度不宜小于 15 m。

（5）地面和墙裙应不渗漏，耐酸、碱腐蚀，地面和 3 m 以下内墙面的材料应不产生火花并便于清洗。

（6）仓库应设独立的安全出口，且不应少于两个，并应经常保持通畅。

（7）仓库面积应符合相关规定。

每座仓库的最大允许占地面积

（8）硝酸铵仓库内严禁存放其他货物。

（9）仓库堆放硫黄时应有喷淋处理条件。

（10）储存液体危险货物的仓库应设置防止液体流散的设施。遇湿会发生燃烧爆炸的物品仓库应设置防水浸渍的措施。

（11）仓库的防火间距和安全距离分别符合相应要求。

一般危险货物仓库的防火间距和安全距离

（二）爆炸品仓库

爆炸品仓库包括民用爆破器材地面仓库、民用爆破器材地下仓库及覆土库和烟花爆竹仓库。

民用爆破器材地面仓库建筑应符合下列要求：

（1）仓库应为单层建筑，其耐火等级不得低于二级。

仓库可采用实心砌体结构承重，亦可采用符合防火要求的钢刚架结构。屋盖宜采用钢筋混凝土屋盖，不宜采用架空隔热层屋面。

黑火药仓库应采用轻质易碎屋盖或轻型泄压屋盖。

（2）每个仓库使用面积不宜超过 100 m^2，室内净高不宜低于 3 m，不宜大于 3.6 m。

仓库安全出口不应少于 2 个，当仓库面积小于 220 m^2 时，可设 1 个安全出口。库房内任一点到安全出口的距离不应大于 30 m。

（3）仓库门应符合下列规定：

① 仓库的门应向外平开，门洞宽度不应小于 1.5 m，高度不宜小于 2 m，不应采用侧拉门、弹簧门、卷闸门，且不应设门槛。

② 当仓库设置门斗时，应采用外门斗，此时的内、外两层门均应向外开启。

③ 仓库的门宜为双层，内层门应为通风用门，外层门应为防火、防盗门，两层门均应向外开启。

（4）仓库的窗应设置铁栅、金属网和能开启的窗扇，在勒脚处宜设可开、关的活动百叶窗或带活动防护板的固定百叶窗，并应装设金属网。

（5）仓库应采用不发生火花的导静电地面，当危险品以包装箱方式存放且不在仓库内开箱时，可采用一般地面。

雷管库房的地面应铺软垫。

（6）库房内不得设置办公室和生活用房。

（7）库房周围无杂草，仓库周围 25 m 范围内无针叶树或竹林，水沟无阻塞。

（8）仓库应设置防护屏障（硝酸铵仓库可以不设）。防护屏障的形式应根据总平面布置、运输方式、地形条件等因素确定，可采用防护土堤、钢筋混凝土防护挡墙等形式。

单层建筑仓库，防护屏障的高度不应小于屋檐高度；当仓库为单坡屋面时，不应小于低屋檐高度。

当防护屏障内建筑物较高，设置到檐口高度有困难时，防护屏障的高度可高出爆炸物顶面 1 m。

防护土堤的顶宽，不应小于 1 m，底宽应根据土质条件确定，但不应小于高度的 1.5 倍。钢筋混凝土防护屏障的顶宽、底宽，应根据计算药量设计确定。

（9）仓库的安全距离应符合相关规定

仓库安全距离应符合的相关规定

民用爆破器材地下仓库及覆土库的建筑结构及安全距离等应符合《地下及覆土火药炸药仓库设计安全规范》（GB 50154—2009）中的有关规定。

烟花爆竹仓库应符合烟花爆竹仓库建筑要求。

烟花爆竹仓库建筑要求

（三）放射性物品仓库

放射性物品仓库结构应符合如下要求：

（1）仓库宜采用地下建筑，房屋耐火等级不得低于二级，墙体及屋盖宜采用钢筋混凝土结构。

（2）门窗应具有良好的防射线穿透性能，室内墙面应平整、光滑，墙角应做成弧形。

（3）地面应便于洗刷并设地漏，屋面应设自然通风设施。

（4）仓库应采用衬铅板的木制、外开门。

（5）仓库安全出口不宜少于两个。

（6）仓库应采用装有铁栅和透明铅玻璃的高侧窗。

放射性物品仓库安全距离应按国家相关标准、规范执行。

三、危险货物装卸作业线

装卸作业线要求

危险货物装卸作业线是铁路车辆停放并进行装卸作业的线路，危险货物装卸作业线应为尽头式平直段线路。尽头式线路的末端应设置遇碰撞摩擦不产生火花的挡车器和钢筋混凝土车挡。最后一个车位的末端至挡车器的安全距离，不应小于 20 m。挡车器后的安全距离，不应小于 15 m。上述安全距离内严禁修建建（构）筑物或安装设备。挡车器外延 30 m 的范围内，不宜布置生产、使用、储存危险货物的设施。

四、装卸设备

（一）非罐装货物及集装箱装卸设备

危险货物装卸方式有人工装卸搬运、机械装卸搬运，装卸设备的类型应根据危险货物的品类、装卸方式、装卸机械性能确定。如非罐装货物装卸设备为防爆叉车等；集装箱货物为门（桥）式起重机、正面吊等；罐式集装箱为门（桥）式起重机等。装卸设备必须具有防爆性能，并能防止由于装卸作业摩擦、碰撞产生火花。对易产生静电的装卸设备要采取消除静电的措施。装卸腐蚀性物质的装卸设备应有相应的防腐蚀措施。

（二）罐装货物装卸设施

罐装货物装卸设施包括栈桥、鹤管、装卸泵（压缩机）、输送管道等。

罐车装卸栈桥

栈桥是为罐车、罐式集装箱装卸液体物料所设的装卸平台，由立柱、主梁、桥面板扶梯、栏杆、踏板等组成。罐装货物装卸栈桥及其线路，应采用横列式布置方式。当受到地形条件限制时，个别装卸栈桥及其线路，亦可采用纵列式布置。液化烃、轻质油品、毒性物质和腐蚀性物质的装卸栈桥宜单独设置；当不同时进行装卸作业时，液化烃和轻质油品可同桥布置。性质相近或相似的液体物料装卸时可同桥布置。栈桥及其附属物应使用耐火、耐腐蚀、不渗水材料建造，其耐火等级不低于三级。栈桥的桥面，宜高于轨面 3.5 m。栈桥上应设安全栏杆。栈桥两端和沿栈桥每 60 ~ 80 m 处，应设上下栈桥的梯子。

鹤管是液体罐装运输的主要装卸设备，布置于栈桥上，栈桥两端鹤位距栈桥端头的距离宜为 3 m。两侧同种物料鹤管间距应按罐车长度确定。

装卸泵（压缩机）是输送流体或使流体增压的机械。泵宜露天或半露天布置。在最低气温低于-30 °C 的地区应设泵房。在最低气温高于-20 °C 的地区不宜设泵房。最低气温介于-30 °C ~ -20 °C 的地区，可根据输送介质的性质、运行条件及当地气候特点，确定是否设泵房。当确定不设泵房时，如果该地区历年平均最热月 14:00 时的月平均温度高于 32 °C 或该地区历年平均降水量在 1 000 mm 以上，应设泵棚。

输送管道连接储罐和栈桥鹤管，是液体、气体物料的输送通道。管道应架空或沿地敷设。必须采用管沟敷设时，应采取防止物料在管沟内积聚的措施。地上或管沟内的管道，应敷设在管墩或管架上，保温管道应设管托。

五、消防设施和器材

消防设施主要有消防车道、消防水池、消防沙池、消防栓、灭火器、灭火毯等。

（一）火灾类型

按可燃物的类型和燃烧特性，根据国家标准《火灾分类》的规定，将火灾分为 A、B、C、D、E、F 六类。

A 类火灾指固体物质火灾。这种物质通常具有有机物质性质，一般在燃烧时能产生灼热的余烬。如木材、干草、煤炭、棉、毛、麻、纸张等火灾。

B 类火灾指液体或可熔化的固体物质火灾。如煤油、柴油、原油、甲醇、乙醇、沥青、石蜡、塑料等火灾。

C 类火灾指气体火灾。如煤气、天然气、甲烷、乙烷、丙烷、氢气等火灾。

D 类火灾指金属火灾。如钾、钠、镁、钛、锆、锂、铝镁合金等火灾。

E 类火灾指带电火灾。物体带电燃烧的火灾。

F 类火灾指烹饪器具内的烹饪物（如动植物油脂）火灾。

（二）灭火器

灭火器是一种可携式灭火工具。灭火器内放置化学物品，用以救灭火灾。灭火器是常见的防火设施之一，存放在公众场所或可能发生火灾的地方，不同种类的灭火器内装填的成分不一样，是专为不同的火灾起因而设。使用时必须注意以免产生反效果及引起危险。

灭火器的种类很多，按其移动方式可分为：手提式和推车式；按驱动灭火剂的动力来源可分为：储气瓶式、储压式、化学反应式；按所充装的灭火剂则又可分为：泡沫、干粉、卤代烷、二氧化碳、清水等。

灭火器类型

（三）消防栓

危险货物堆场、雨棚、仓库、装卸作业区应设室外消火栓。

室外消火栓是设置在建筑物外面消防给水管网上的供水设施，主要供消防车从市政给水管网或室外消防给水管网取水实施灭火，也可以直接连接水带、水枪出水灭火，是扑救火灾的重要消防设施之一。

六、危险货物车辆

危险货物应根据《铁路危险货物运输管理规则》的规定选用棚车、敞车、罐车、毒品专用车等货车装运，有危险货物专用线（或共用专用线）及专用储运附属设备设施的可以采用自备货车运输危险货物，运输的品类和业务范围应与设计内容一致且符合《铁路危险货物运输管理规则》的有关规定。

（一）自备货车

危险货物自备货车是企业为满足自身生产需要装运危险货物并经国家铁路过轨运输的货车。

企业危险货物自备货车包括装运危险货物的罐车、棚车、敞车、平车、矿石车及其他特种车。

危险货物自备货车过轨运输应按照《自备铁路车辆经国家铁路过轨运输管理办法》实行协议制管理。

自备罐车装运危险货物，品名范围及车种要求应符合铁路危险货物品名表“特殊规定”栏的特殊规定。未做规定的，由所属铁路局集团公司组织研究提出安全运输条件建议，报国铁集团运输局，国铁集团运输局组织专家进行技术审查，通过技术审查后公布安全运输条件。

（二）罐车

罐车是一种车体呈罐型的车辆，用来装运各种液体、液化气体及粉末状货物等。

罐车按用途可分为轻油罐车、粘油罐车、酸碱类罐车、液化气体罐车和粉状货物罐车；按其结构特点可分为有空气包、无空气包罐车；有底架、无底架罐车；上卸式和下卸式罐车等。

罐车的承载结构均为整体承载，由于罐体是一个卧式整体筒形结构，具有较大的强度和刚度，罐体不但能承受所装货物的重量，还可承担作用在罐体上的纵向力。因此，新型罐车基本取消了底架，采用无底架结构。

装运酸、碱类的罐车罐体为全黄色，罐体两侧纵向中部应涂装有一条宽 300 mm 黑色水平环形色带；装运煤焦油、焦油的罐体为全黑色，罐体两侧纵向中部应涂装有一条宽 300 mm 红色水平环形色带。装运黄磷的罐车罐体为银灰色，罐体中部无环形色带。

装运其他危险货物罐车罐体本底色应为银灰色，罐体两侧纵向中部应涂装有一条宽 300 mm 表示货物主要特性的水平环形色带：红色表示易燃性，绿色表示氧化性，黄色表示毒性，黑色表示腐蚀性。

环带上层 200 mm 宽涂蓝色，下层 100 mm 宽涂红色或黄色分别表示易燃气体或毒性气体。环带 300 mm 为全蓝色时表示非易燃无毒气体。

罐体两侧环形色带中部（有扶梯时在扶梯右侧）以分子、分母形式涂装有货物名称及其危险性，如苯：$\frac{\text{苯}}{\text{易燃、有毒}}$。对遇水会剧烈反应，事故处理严禁用水的货物，还应在分母内涂装有“禁水”二字，如硫酸：$\frac{\text{硫酸}}{\text{腐蚀、禁水}}$。在罐体两端头两侧环形色带下方危险货物包装标志涂装时符合《铁路危险货物运输管理规则》规定，规格：400 mm×400 mm。

苯、粗苯、甲苯、乙苯、二甲苯可用罐体涂打“苯类”字样的自备罐车运输；汽油、煤油、航空煤油、柴油、石脑油、溶剂油、轻质燃料油可用罐体涂打“轻油类”字样的自备罐车运输。

1. **轻油罐车**

轻油罐车可以运输汽油、煤油、轻柴油等轻质油类的石油产品及其他液体货物。由于轻油的渗透能力很强，容易渗漏，故一般利用虹吸原理采用上卸方式，罐体外部涂成银色，以减少太阳辐射热的影响，避免罐内液体温升过高，也减少了油类货物的蒸发。

2. **粘油罐车**

粘油罐车是运输原油、重柴油、润滑油等粘度较大油类的罐车。此类罐车采用下卸方式，在罐体下部设有排油装置。为了便于在寒冷地区的冬季卸出货物，加快卸货速度，在卸油时需要加热溶化油品，粘油罐车罐体上设有加温装置。

运送原油的罐车，罐体外部涂成黑色。

3. **粉状货物罐车**

粉状货物罐车利用流态化输送的原理来装、卸水泥、氧化铝粉等粉状货物。即用压力空气将粉状货物直接吹送到料仓内，实现装卸货物的机械化和自动化，减少对环境和人体的污染。

粉状货物气卸罐车一般有两种结构型式。一种是上卸式，一种是下卸式。

我国目前的粉状货物罐车主要有散装水泥罐车和氧化铝粉罐车。

4. **酸碱类罐车**

由于酸碱类化工产品具有较强的侵蚀作用和比重较大的特点，所以酸碱类对普通碳钢侵蚀较严重，所以这类罐车均具有底架。我国过去生产的 G_{10} 型浓硫酸罐车，容积为 27.3 m^3，G_{11} 型罐车，其容积为 36 m^3，供输送浓硫酸及碱类货物用。因浓硫酸和碱在低温时都会凝固，故 G_{11} 型罐车设有加温套，可通过蒸汽加温融化卸车。由于浓硫酸的腐蚀性较小，因此车内未衬抗腐材料，用这种罐车运送稀硫酸、盐酸等货物时，油罐内壁必须加衬保护层。对运送浓硫酸和稀硫酸的专用罐车，前者罐体采用不锈钢、后者罐体采用铝合金制作，这两种罐车都属于化工厂的自备专用车。

5. **液化气体罐车**

液化气体罐车主要用以运送液化石油气、液氨、液氯、丙烷、丁烷等液化气体。此类罐车工作压力较高，罐体属于压力容器，所以采用高强度钢板制造，除满足一般的罐车要求外，还须按照压力容器的要求进行设计、试验和检测。

液化气体罐车有设押运间和不设押运间两种形式。罐体上部设有安全阀、液相阀、气相阀、液位计、压力表、手压泵、手动紧急切断阀等部件。

目前液化气体罐车的种类主要有 GY_{40} 系列、GY_{60} 系列、GY_{80} 系列、GY_{95} 系列和 GY_{100} 系列等。

七、集装箱

集装箱是一种现代化的运输工具，但由于现有铁路通用集装箱的隔热性、耐腐蚀性以及在密闭容器中危险货物本身的特性，使得铁路通用集装箱在危险货物运输领域还处于发展阶段。危险货物通用集装箱与目前使用的“普通集装箱”，在设计和构造上大体相同，但是对箱体的隔热性，撒漏清洗的方便性，抗静电性，以及箱体材料的抗腐蚀性能等方面，都应有较高的要求，特别应采用耐酸碱的内壁防护条件。

危险货物专用集装箱是适用于装运某几类危险货物的集装箱。为了适应这些危险货物特殊需要，在箱体的设计和构造上，须要有更加严格的要求，如爆炸品专用集装箱对隔热、防静电等应有特殊要求，毒害品专用集装箱应对有利于洗刷除污做出特殊设计。此外，危险货物专用集装箱还应在箱体或箱门处，涂刷有明显的专用标志，如毒害品专用集装箱应在箱体和箱门处涂刷“毒害品专用箱”等标记。

罐式集装箱是液体化学品的最佳运输工具。与罐装、桶箱相比，使用罐式集装箱运输，损耗降低，使用方便，货物在途安全性提高，可减少包装费用和包装物处理费用，有利于环境保护。

罐式集装箱主要由罐体和箱体框架两部分构件组成。框架一般用高强度钢制成，其强度及尺寸应符合国际标准的要求，角柱上也装有国际标准角件，装卸时与国际标准集装箱相同；罐体的材料有钢和不锈钢两种，视所装货物的需要而定。有的在钢板上包一层不锈钢或在罐内壁涂一层环氧树脂。为了防止罐内货物残留于壁面上，罐体的内壁最好进行研磨抛光。罐体顶部设有人孔（即装货口），用于货物装卸，装货口的盖子必须水密，罐底设有排出阀。罐的结构应便于拆卸和容易清扫。此外，罐上还应设有安全阀和梯子，罐顶最好有踏脚板，便于人员在顶上操作。

铁路危险货物集装箱投入运用前，铁路局集团公司应按《铁路危险货物集装箱编号登记表》进行登记并编号，编号方式如：哈 TWX0001、京 TWX0001、上 TWX0001。

罐式箱的标记、承运、介质充装、安全防护等安全管理要求比照危险货物罐车有关条款办理。

任务 3　危险货物包装与标志

任务导读

危险货物的包装是危险货物运输的物质基础，是安全运输的根本保证。危险货物包装是指以保障运输、储存安全为主要目的，根据危险货物性质、特点，按国家有关法规、标准，专门设计制造的包装物、容器和采取的防护技术。危险货物包装不同于普通货物包装的基本要求，各种特殊的危险货物还有各种特殊要求，如钢瓶、爆炸品包装和放射性物质包装等。这些基本要求和特殊要求都必须经过规定的试验验证，并经过权威机关的认可。危险货物包装的材质、形式、规格、方法和单件质量，应当与所包装的危险货物的性质和用途相适应，便于装卸、运输和储存。

在我国，铁路运输的危险货物其运输包装应符合国家有关法律、法规、标准和《铁路危险货物运输管理规定》的要求，并与内装物的性质、特点相适应。

知识点

一、危险货物包装

（一）危险货物包装类别

根据其内装物的危险程度，危险货物包装划分为三种类别：
Ⅰ类包装：盛装具有较大危险性的货物，包装强度要求高。
Ⅱ类包装：盛装具有中等危险性的货物，包装强度要求较高。
Ⅲ类包装：盛装具有较小危险性的货物，包装强度要求一般。

（二）铁路危险货物包装表

危险货物包装表

铁路危险货物包装表中列载了 26 种包装方法，对应 26 种包装号，其包装要求如下：
1 号包装为钢质气瓶，钢质气瓶每瓶总质量不得超过 1 000 kg。
2 ~ 9 号是各种桶形包装。
12 ~ 23 号是各种箱形包装。

（三）铁路危险货物运输包装性能试验

危险货物包装性能试验

办理站受理危险货物时，托运人须具有包装检验合格证明文件。危险货物包装应经国家质量监督检验检疫部门认定的检验机构检验合格，出具包装检验报告，检验须符合《铁路危险货物运输包装性能试验规定》和《铁路危险货物运输包装性能试验要求和合格标准》。

1. 包装试验准备

内装物为固体时，应装到试验容器总容量的 95%以上，如用模拟物代替内装物进行试验时，模拟物应与其具有相同的物理性质（如密度、形状、粒度等）。内装物为液体时，应装到试验容器总容量的 98%以上，如用模拟物代替内装物进行试验时，模拟物应与其具有相似的密度和黏度。

瓦楞纸箱、钙塑瓦楞纸箱、纤维板箱、胶合板箱、硬纸板箱（桶）、纸袋，试验前应置于相对湿度 65%±2%和温度 20 °C±2 °C 的环境中至少 24 小时，并立即进行试验。

塑料箱、塑料桶、塑料罐、塑料材料复合包装（带有塑料内包装的组合包装，准备盛装固体的塑料袋除外）、钢塑复合桶、钙塑瓦楞纸箱及其内装物的温度降至-18 °C 以下时，方可进行跌落试验，内装物为液体，应始终保持液态；塑料箱、塑料桶、塑料罐、塑料材料复合包装（带有塑料内包装的组合包装，准备盛装固体的塑料袋除外）、钢塑复合桶、钙塑瓦楞纸箱及其内装物的温度应升至 40 °C 以上，方可进行堆码试验。

留有通气孔的容器，做液压、气密试验时，应将通气孔封闭。

为确定塑料容器与所装物的化学相容性，应将塑料容器内装满该种货物，静置 6 个月以上，再对该容器进行跌落、液压、气密和堆码试验。

2. 包装试验

各项试验须符合《铁路危险货物运输包装性能试验要求和合格标准》。

盛装固体的桶可不做液压试验。若盛装的固体受潮不致产生危险反应时，该桶也可不做气密试验。

除上述试验外，托运人还应按铁路主管部门的规定，根据货物的性质和包装容器的特点，做必要的其他试验。如：包装材料与内装物的相容性试验，玻璃容器的热稳定性试验，盛酸容器的耐酸度试验，瓦楞纸箱的防潮试验，塑料容器的老化试验，纸袋、塑料袋、塑料编织袋和复合塑料编织袋的性能试验以及喷雾罐的性能试验等。

二、危险货物包装标志

货物标志分为 3 类，即识别标志、储运图示标志和危险货物包装标志。

（1）识别标志是货运标签，用来区分不同运输批次之间的标志。主要有以下 7 部分内容：主要标志、批数件数号码标志、目的地标志、输出地标志、货物的品名、重量和体积标志、运输号码标志、附加标志。

（2）包装储运图示标志是根据货物对易碎、易残损、易变质、怕热、怕冻等有特殊要求所提出的搬运、储存、保管以及运输安全的注意事项。

包装储运图示标志

（3）危险货物包装标志即危险性能标志。

为了清楚、有效地识别危险货物的性质，保证装卸、搬运、储存、保管、送达的安全，应根据各种危险货物的特性，在运输包装的表面加上特别的图示标志，必要时再加以文字说明，以便于有关人员采取相应的防护措施，提醒各环节的作业人员，谨慎小心，严防事故发生。危险货物标志分为标记和标签，其中标记 4 个、标签 26 个，其图形分别标示了 9 类危险货物的主要特性。

危险货物包装标志

三、危险货物包装使用要求

包装不得重复使用（盛装气体类危险货物的钢瓶除外）。

包装和内包装应按《品名表》及《铁路危险货物包装表》的规定确定，同时还应符合下列要求：

（1）包装材料、材质、规格和包装结构应与所装危险货物性质和重量相适应。包装材料不得与所装物产生危险反应或削弱包装强度。

（2）充装液态货物的包装容器内至少留有 5%的余量（罐车及罐式集装箱装运的液体危险货物应符合《铁路危险货物运输管理规则》第十二章有关要求）。

（3）包装封口应根据内装物性质采用严密封口、液密封口或气密封口。装有通气孔的容器，其设计和安装应能防止货物流出和杂质、水分进入。

（4）包装应坚固完好，能抗御运输、储存和装卸过程中正常的冲击、振动和挤压，并便于装卸和搬运。

（5）包装的衬垫物不得与所装货物发生反应而降低安全性，应能防止内装物移动和起到减震及吸收作用。

（6）包装表面应保持清洁干燥，不得粘附所装物质和其他有害物质。

采用集装化运输的危险货物，包装应符合《铁路危险货物运输管理规则》的要求，使用的集装器具应有足够的强度，能够经受堆码和多次搬运，并便于机械装卸。

货物包装上应牢固、清晰地标明《危险货物包装标志》和《包装储运图示标志》中相应的包装标志和储运标志。

进出口危险货物在国内段运输时应粘贴或拴挂、喷涂相应的中文危险货物包装标志和储运标志。

包装应由取得工业产品生产许可证（列入国家实行生产许可证制度工业产品目录的包装）的企业生产，除符合国家有关标准外，还应符合《铁路危险货物运输包装性能试验规定》和《铁路危险货物运输包装性能试验要求和合格标准》，并经国家质量监督检验检疫部门认定的检验机构）检验合格，出具包装检验报告。包装检验机构对检验结果负责。

放射性物质（物品）运输包装容器应符合《放射性物品运输安全管理条例》《放射性物质安全运输规程》（GB 11806）的相关规定。压力容器应当符合国家特种设备安全监督管理部门制定并公布的《移动式压力容器安全技术监察规程》《气瓶安全技术监察规程》等有关安全技术规范要求，并在经核准的检验机构出具的压力容器安全检验合格有效期内。

任务4　危险货物运输组织（含危货箱）

任务导读

危险货物在铁路运输过程中应遵守《铁路危险货物运输管理规则》的要求，托运人应如实表明收货人名称以及货物的名称、性质、重量、数量等，签订托运危险货物安全协议，对货物进行符合要求的包装。承运人应按照要求进行受理、承运、存储保管、装卸车、挂运、检查，在运输过程中进行正确防护，保证危险货物运输安全。

知识点

一、危险货物运输范围

（1）危险货物仅办理整车和集装箱运输。

（2）铁路轮渡不办理危险货物运输。遇特殊需求时，应按国家有关规定执行。

（3）禁止运输法律、法规禁止生产和运输的危险物品、危险性质不明以及未采取安全措施的过度敏感或者能自发反应而产生危险的物品。

凡性质不稳定或由于聚合、分解在运输中能引起剧烈反应的危险货物，托运人应采用加入稳定剂或抑制剂等方法，保证运输安全。如：乙烯基甲醚、乙酰乙烯酮、丙烯醛、丙烯酸、醋酸乙烯、甲基丙烯酸甲酯等，并在货物运单“托运人记载事项”内填写“已加入稳定剂或抑制剂”字样。

二、危险货物可按普通货物条件运输的情况

铁路危险货物品名表“特殊规定”栏规定符合按普通货物运输条件的，铁路局集团公司应在其包装方法和包装标志满足危险货物要求，并使用整车或集装箱装载单一品名的情况下，批准其可按普通货物条件运输。托运人应在货物运单“托运人记载事项”栏内注明“×××（铁危编号），可按普通货物运输”[如“石棉（91006），可按普通货物运输”]。

三、托运危险货物安全协议

铁路局集团公司应与托运人每年签订托运危险货物安全协议，并将托运人名称、托运品名范围、协议有效期（起止日期）等上报国铁集团运输局备案，国铁集团运输局在危险货物托运人名称表中公布。

签订托运危险货物安全协议时，铁路局集团公司应查验托运人提供的下列相关材料：

（1）托运品名范围。

（2）营业执照。

（3）危险化学品安全生产许可证、安全使用许可证、经营许可证或工业产品生产许可证。办理民用爆炸物品、烟花爆竹业务的，提供民用爆炸物品生产许可证或烟花爆竹安全生产许可证；办理民用液化石油气、天然气业务的，提供燃气经营许可证；办理放射性物质（物品）业务的，提供辐射安全许可证等。对于列入《品名表》或经鉴定为危险货物，但未列入国家实行生产许可证制度的工业产品目录或《危险化学品目录》的货物品名，在办理危险货物运输时，可不提交相应的生产许可证或经营许可证等。危险化学品建设项目试生产（使用）期间办理危险货物运输时，应符合《危险化学品建设项目安全监督管理办法》相关规定。

（4）办理气体类危险货物运输的，提交轨道衡年检合格证。

（5）铁路危险货物运输事故应急预案。

（6）包装检验合格证明文件。

（7）法律、法规、规章规定的其他材料。

不符合规定的，不得签订托运危险货物安全协议。托运危险货物安全协议的有效期应在上述相应证照文书有效期内。

托运危险货物安全协议有效期到期前 1 个月，铁路局集团公司应通知托运人按规定签订新协议。逾期未签订新协议的托运人，由铁路局集团公司上报国铁集团运输局在危险货物托运人名称表中取消。

铁路局集团公司应将上述要求的相关材料的扫描件或彩色照片存档，填写托运人登记表，建立托运人材料信息化档案。

托运人的名称、办理的危险货物品名等发生变化以及换发证照文书时，应及时向铁路局集团公司提供新的证照文书等材料，重新签订托运危险货物安全协议，变更托运人材料信息化档案。

托运人的证照文书未按规定换证以及被依法暂扣或吊销的，托运人应及时、如实向铁路局集团公司说明，铁路局应及时在托运人材料信息化档案中予以注明，通知办理站不再受理业务，并上报国铁集团运输局备案公布。托运人未及时或如实向铁路局说明的，托运人应承担违约责任。铁路局集团公司未及时或如实向国铁集团运输局上报、造成不良后果的，铁路局集团公司应承担责任。

四、危险货物试运管理

（一）试运范围

1. 危险货物新品名试运

《品名表》中未列载的产品且货物性质不明确的，托运人办理运输时应委托国家安全生产监督管理部门认定的检测鉴定机构进行性质技术鉴定，出具鉴定报告；属于危险货物时，应办理危险货物新品名试运手续。鉴定机构对鉴定结果负责。

托运人提交技术鉴定前，需填写铁路货物运输技术说明书，一式四份。托运人对填写内容和送检样品真实性负责。托运人办理新品名试运时，应向铁路局提交试运技术条件、事故应急预案和环保应急处理预案。

铁路货物运输技术说明书

2. 危险货物新包装试运

托运人要求采用新包装（含改变包装，下同）时，应委托包装检验机构进行包装性能试验，合格后方可办理危险货物新包装试运手续。托运人申请试运前，应填写新运输包装申请表，一式四份。托运人办理新包装试运时，应向铁路局提交试运技术条件。

新运输包装申请表

（二）试运组织

危险货物新品名、新包装试运应符合《品名表》“特殊规定”栏的特殊规定，由铁路局批准，并报国铁集团运输局备案。经批准后，发站、铁路局、托运人各留存一份《技术说明书》和《新运输包装申请表》。试运应在指定的时间和区段内进行。跨铁路局试运时，由批准单位以电报形式通知有关铁路局。试运前办理站、托运人双方应签订试运安全运输协议。

新品名试运时，由托运人在货物运单“托运人记载事项”栏内注明“比照铁危编号×××新品名试运，批准号×××”字样。新包装试运时，由托运人在货物运单“托运人记载事项”栏内注明“新包装试运，批准号×××”字样。

试运时间 2 年。试运结束时，托运人应会同办理站将试运结果报主管铁路局。铁路局对试运结果进行研究后，提出试运报告、新品名铁路运输条件或新包装技术条件建议报国铁集团运输局。新品名铁路运输条件建议应包括事故应急预案和环保应急处理预案。国铁集团运输局组织专家进行技术审查，通过技术审查后公布新品名铁路运输条件或新包装技术条件，纳入正式运输。

五、特殊防护

为避免危险货物发生事故，根据危险货物特殊性质，在调车作业和运输编组隔离、车辆技术检查、整备、检修等技术作业中需采取特殊防护。

（一）危险货物车辆的溜放限制

危险货物车辆应避免冲撞，所以在调车作业时对装有某些危险货物的车辆规定“禁止溜放”，某些规定为“限速连挂”。规定禁止溜放和限速连挂货车的货物见表 10-3。

表 10-3　铁路车辆禁止溜放和限速连挂表

顺号	种　类	禁　止　溜　放 （调动这些车辆时禁止溜放和由驼峰上解体）	限　速　连　挂 （溜放或由驼峰上解体调车，车辆连挂速度不得超过 2 km/h）
1	爆炸品	有整体爆炸危险的物质和物品；有迸射危险，但无整体爆炸危险的物质和物品；有燃烧危险并有局部爆炸危险或局部迸射危险这两种危险都有，但无整体爆炸危险的物质和物品	不呈现重大危险的物质和物品； 有整体爆炸危险的非常不敏感物质；无整体爆炸危险的极端不敏感物品
2	气体	罐车（含空罐车）和钢质气瓶装载的易燃气体、毒性气体	① 非易燃无毒气体 ② 钢质气瓶以外其他包装装载的气体类危险货物
3	易燃液体	乙醚、二硫化碳、石油醚、苯、丙酮、甲醇、乙醇、甲苯	① 除禁止溜放栏内规定以外的装入玻璃或陶瓷容器的易燃液体 ② 汽油
4	易燃固体、易于自燃的物质、遇水放出易燃气体的物质	硝化纤维素、黄磷、硝化纤维胶片	三硝基苯酚[含水≥30%]，六硝基二苯胺[含水＞75%]，三乙基铅，浸没在煤油或密封于石蜡中的金属钠、钾、铯、锂、铷、硼氢化物
5	氧化性物质和有机过氧化物	过氧化氢、过氧化钠、过氧化钾、氯酸钠、氯酸钾、氯酸铵、高氯酸钠、高氯酸钾、高氯酸铵、硝酸胍、漂粉精和有机过氧化物	除禁止溜放栏内规定以外的装入玻璃容器的氧化性物质和有机过氧化物
6	毒性物质和感染性物质	玻璃瓶装的氯化苦、硫酸二甲酯、四乙基铅（包括溶液）、一级（剧毒）有机磷液态农药、一级（剧毒）有机锡类、磷酸三甲苯酯、硫代膦酰氯	① 禁止溜放栏内的货物装入铁桶包装时 ② 除禁止溜放栏内规定以外的装入玻璃或陶瓷容器的毒害性物质
7	放射性物质	二、三级运输包装或气体的放射性货物	
8	腐蚀性物质	罐车装载以及玻璃或陶瓷容器盛装的发烟硝酸、硝酸、发烟硫酸、硫酸、三氧化硫、氯磺酸、氯化亚砜、三氯化磷、五氯化磷、氧氯化磷、氢氟酸、氯化硫酰、高氯酸、氢溴酸、溴	除禁止溜放栏内规定以外的装入玻璃或陶瓷容器的腐蚀性物质
9	特种车辆	非工作机车，轨道起重机，机械冷藏车，大型的凹型和落下孔车，空客车及特种用途车（发电车、无线电车、轨道检查车、钢轨探伤车、电务试验车、通信车），检衡车	
10	特种货物	按规定“禁止溜放”的军用危险货物和军用特种货物	
11	其他车辆	搭乘旅客的车辆，国铁集团临时指定的货物车辆	乘有押运人员的货车
12	贵重、精密货物	由发站和托运人共同确定的贵重的以及高级的精密机械、仪器仪表	电子管、收音机、电视机以及装有电子管的机械
13	易碎货物	易碎的历史文物，易碎的展览品，外贸出口的易碎工艺美术品，易碎的涉外物质（指各国驻华使、领馆公用或个人用物品，外交用品，国际礼品，展品，外侨及归国华侨的搬家货物）	鲜蛋类，生铁制品，陶瓷制品，缸砂制品，玻璃制品以及用玻璃、陶瓷、缸砂容器盛装的液体货物
注	除顺号 1、2、9、10、11“禁止溜放”外，其他“禁止溜放”的货物车辆可向空线溜放		

（二）危险货物车辆的编组隔离限制

为了防止列车中内燃机车的烟火（火星）和电力机车接触网电弧对牵引的危险货物车辆发生影响，或两相邻（近）车辆装有货物的性质会互相影响，以及货物可能危及列车中人员安全，在编组列车时，应对装运某些货物的车辆的相互位置采取隔离措施，即用普通货物车将它们隔离开。规定编组需要隔离的货车见表 10-4。

（三）停止制动作用

某些货车因货物性质需停止制动作用，即关闭截断塞门，使本车制动不起作用，规定需停止货车制动作用的货物见《品名表》“特殊规定”栏。

六、危险货物运输押运管理

为了保证危险货物运输的安全，防止某些货物被盗、丢失或运输过程中发生意外时能够正确及时处理，一些危险货物需要进行押运。

（一）需要押运的货物

运输爆炸品（烟花爆竹除外）、硝酸铵、剧毒品（《品名表》“特殊规定”栏注有特殊规定 67 号的）、罐车装运气体类（含空车）危险货物实行全程押运。装运剧毒品的罐车和罐式箱不需押运。其他危险货物需要押运时按有关规定办理。新造出厂的和洗罐站洗刷后送检修地点的及检修后首次返空的气体类危险货物罐车不需押运，但应在货物运单注明“新造车出厂”“洗刷后送检修”或“检修后返空”字样。

（二）押运员要求

押运员应当掌握所押运危险货物的性质、危害特性、包装容器、载运工具的使用特性和发生意外的应急措施。押运员押运时应携带培训合格证明，并符合下列规定：

（1）押运员在押运过程中应遵守铁路运输的各项安全规定，并对自身安全和所押运货物的安全负责。

（2）押运员应了解所押运货物的特性，押运时应携带所需安全防护、消防、通信、检测、维护等工具以及生活必需品，应按规定穿着印有红色“押运”字样的黄色马甲，不符合规定的不得押运。押运员执行押运任务期间，严禁吸烟、饮酒及做其他与押运工作无关的事情。

（3）押运员在途中要严格执行全程押运制度，认真进行签认，严禁擅自离岗、脱岗。严禁押运员在区间或站内向押运间外投掷杂物。对押运期间产生的垃圾要收集装袋，到沿途有关站后，可放置车站垃圾存放点集中处理。

（4）押运员应熟悉应急预案及施救措施，在运输途中发现异常现象时，应及时采取应急措施并向铁路部门报告。

表 10-4　铁路车辆编组隔离表

<table>
<tr><th colspan="2">类型
货物种类
（品名编号）</th><th>隔离对象</th><th>距牵引的内燃、电力机车，推进运行或后部补机及使用火炉的车辆</th><th>距乘坐旅客的车辆</th><th>距装载雷管及导爆索车辆（11001，11002，11007，11008）△7</th><th>除雷管及导爆索以外的爆炸品△8</th><th>距散车、平车装载的易燃普通货物</th><th>距装载高出车帮易窜动的货物</th><th>备　注</th></tr>
<tr><td>气体（含空罐车）</td><td>易燃气体（21001～21072）
非易燃无毒气体（22001～22069）
毒性气体（23001～23077）</td><td>△1</td><td>4</td><td>4</td><td>4</td><td>4</td><td>2</td><td>2</td><td>运输气体类危险货物重、空罐车时，每列编挂不得超过 3 组，每组间的隔离车不得少于 10 辆</td></tr>
<tr><td colspan="2">一级易燃液体（31001～31085，31101～31302）
一级易燃固体（41001～41074）
一级易于自燃的物质（42001～42052）
一级氧化性物质（51001～51086）
有机过氧化物（52001～52123）
一级毒性物质（剧毒品）（61001～61204）
一级酸性腐蚀性物质（81001～81067、81101～81135）
一级碱性腐蚀性物质（82001～82041）
一级其他腐蚀性物质（83001～83029）</td><td>△2</td><td>2</td><td>3</td><td>3</td><td>4</td><td>2</td><td></td><td>运输原油时，与机车及使用火炉的车辆可不隔离。
运输硝酸铵时，与机车及使用火炉的车辆隔离不少于 4 辆</td></tr>
<tr><td colspan="2">放射性物质（矿石、矿砂除外）</td><td>△3</td><td>2</td><td>4</td><td>×</td><td>×</td><td>2</td><td>1</td><td>×标记表示不能编入同一列车</td></tr>
<tr><td rowspan="2">七〇七</td><td>一　级</td><td>△4</td><td>4</td><td>4</td><td>4</td><td>4</td><td>4</td><td>2</td><td rowspan="2">一级与二级编入同一列车时，相互隔离 2 辆以上，停放车站时相互隔离 10 m 以上，严禁明火靠近</td></tr>
<tr><td>二　级</td><td>△5</td><td>4</td><td>4</td><td>4</td><td>4</td><td>4</td><td>2</td></tr>
<tr><td colspan="2">敞、平车装载的易燃普通货物及敞车装载的散装硫黄</td><td>△6</td><td>2</td><td>2</td><td>2</td><td>2</td><td></td><td></td><td>装载未涂防火剂的腐朽木材的车辆，运行在规定的区段和季节须与牵引机车隔离 10 辆，如隔离有困难时，各铁路局与邻局协商规定隔离办法</td></tr>
<tr><td rowspan="2">爆炸品</td><td>雷管及导爆索（11001，11002，11007，11008）</td><td>△7</td><td>4</td><td>4</td><td></td><td>4</td><td>2</td><td>2</td><td></td></tr>
<tr><td>除雷管及导爆索以外的爆炸品</td><td>△8</td><td>4</td><td>4</td><td>4</td><td></td><td>2</td><td>2</td><td></td></tr>
</table>

货物种类（品名编号）		隔离对象	距牵引的内燃、电力机车，推进运行或后部补机及使用火炉的车辆	距乘坐旅客的车辆	距装载雷管及导爆索车辆（11001，1002，11007，11008）△7	除雷管及导爆索以外的爆炸品△8	距散车、平车装载的易燃普通货物	距装载高出车帮易窜动的货物	备注
气体（含空罐车）	易燃气体（21001～21072） 非易燃无毒气体（22001～22069） 毒性气体（23001～23077）	△1	4	4	4	4	2	2	运输气体类危险货物重、空罐车时，每列编挂不得超过3组，每组间的隔离车不得少于10辆
一级易燃液体（31001～31085，31101～31302） 一级易燃固体（41001～41074） 一级易于自燃的物质（42001～42052） 一级氧化性物质（51001～51086） 有机过氧化物（52001～52123） 一级毒性物质（剧毒品）（61001～61204） 一级酸性腐蚀性物质（81001～81067、81101～81135） 一级碱性腐蚀性物质（82001～82041） 一级其他腐蚀性物质（83001～83029）		△2	2	3	3	4	2		运输原油时，与机车及使用火炉的车辆可不隔离。 运输硝酸铵时，与机车及使用火炉的车辆隔离不少于4辆
放射性物质（矿石、矿砂除外）		△3	2	4	×	×	2	1	×标记表示不能编入同一列车
七〇七	一级	△4	4	4	4	4	4	2	一级与二级编入同一列车时，相互隔离2辆以上，停放车站时相互隔离10 m以上，严禁明火靠近
	二级	△5	4	4	4	4	4	2	
敞、平车装载的易燃普通货物及敞车装载的散装硫黄		△6	2	2	2	2			装载未涂防火剂的腐朽木材的车辆，运行在规定的区段和季节须与牵引机车隔离10辆，如隔离有困难时，各铁路局与邻局协商规定隔离办法
爆炸品	雷管及导爆索（11001，11002，11007，11008）	△7	4	4		4	2	2	
	除雷管及导爆索以外的爆炸品	△8	4	4	4		2	2	

注：① 小运转列车及调车隔离规定，由铁路局自行制定。

② 有△1标记的车辆与装载蜜蜂的车辆运输时按有关规定办理。

③ 空罐车可不隔离（气体类危险货物除外）。

（三）押运管理

气体类危险货物押运员应对押运间进行日常维护保养，破损严重的要及时向所在车站报告，由车站通知所在地货车车辆段按规定予以扣修。对门窗玻璃损坏等能自行修复的，应及时修复。押运员应按《气体类罐车押运员携带工具备品及证件资料目录》携带相关工具备品及证件，包括证件、资料、防护用品、消防用品、通信工具、检修备品。

气体类罐车押运员携带工具备品及证件资料目录

押运间仅限押运员乘坐，不允许闲杂人员随乘。运行时，押运间的门不得开启。押运间内应保持清洁，严禁存放易燃易爆物品及其他与押运无关的物品。对未乘坐押运员的押运间应锁闭，车辆在沿途作业站停留时，押运员应对不用的押运间进行巡检，发现问题，及时处理。

发站要对押运工具、备品、防护用品以及押运间清洁状态等进行严格检查，不符合要求的禁止运输。

车辆在检修时，要严格按有关规程加强对押运间检查、修理。在接到押运员的故障报告后要及时修理。气体类危险货物罐车检修完毕出厂前，罐车产权单位应主动到检修单位，按规程标准对押运间检修质量进行交接签认，并做好记录，确保气体类危险货物罐车押运间状态良好。

管理工作实行区段签认负责制。货检人员应与押运员在所押运的车辆前签认，签认内容见《全程押运签认登记表》。托运人再次办理运输时（含应押运的气体类罐车返空）应出具此登记表，并由车站保留 3 个月。对未做到全程押运的，再次办理货物托运时车站不予受理。

全程押运签认登记表

运输时发现押运备品不符合要求，押运员身份与携带证件不符或押运员缺乘、漏乘时应及时甩车，做好登记，并通知发站或到站联系托运人、收货人补齐押运员或押运备品，编制普通记录后方可继运。

（四）同一托运人、同一到站押运方式、车辆及人数规定

（1）气体类 6 辆重（空）罐车（含带押运间车辆）以内编为 1 组，每组押运员不得少于 2 人。每列编挂不得超过 3 组。每组间的隔离车不得少于 10 辆（原则上需要用普通货物车辆隔离）。

（2）剧毒品（《品名表》“特殊规定”栏注有特殊规定 67 号的）4 辆（含带押运间车辆）以内编为 1 组，每组 2 人押运；2 组以上押运人数由铁路局确定。

（3）硝酸铵 4 辆以内编为 1 组，每组 2 人押运；2 组以上押运人数由铁路局确定。

（4）爆炸品（烟花爆竹除外）每车 2 人押运。

上述车辆编组隔离除符合本条规定外，还应符合《铁路技术管理规程（普速铁路部分）》关于铁路车辆编组隔离的规定。

派有押运员的车辆，成组挂运时，途中不得拆解。

七、危险货物签认制度

为了保证危险货物作业按规定程序和作业标准进行，爆炸品、硝酸铵、剧毒品（非罐装、“特殊规定”栏有特殊规定 67 号）、气体类和其他另有规定的危险货物运输作业实行签认制度。发站、途中作业站和到站相关作业人员要对作业过程内容的完整性、真实性负责并在作业签认单签字确认，货检站未产生货检作业时，可不进行签认。严禁漏签、代签和补签。签认单保存期半年。铁路危险货物运输作业签认单有三种格式，分别为《铁路剧毒品运输作业签认单》《危险货物罐车作业签认单》和除剧毒品和罐车运输以外的其他危险货物使用的《铁路危险货物运输作业签认单》。

危险货物签认单

八、危险货物运输过程

（一）危险货物的托运、受理与承运

托运人托运危险货物时，应如实表明收货人名称、货物的名称、性质、重量、数量等，不得匿报、谎报品名、性质、重量，不得在普通货物中夹带危险货物。

1. 托运人主要工作

（1）与铁路局集团公司签订托运危险货物安全协议。

铁路局集团公司应与托运人每年签订托运危险货物安全协议，由国铁集团运输局在危险货物托运人名称表中公布。

（2）对货物进行符合要求的包装。

危险货物运输包装（以下简称包装）应符合国家有关法律、法规、标准和《铁路危险货物运输管理规则》的要求，并与内装物的性质、特点相适应。危险货物的包装和内包装应根据货物的性质、重量、运输种类、运输距离、气候状况以及货车装载状况按铁路危险货物品名表及《包装表》的规定确定，包装标志和储运标志应符合规定，具有包装检验合格证明文件。

（3）备齐必要的证明文件，正确填写并提交货物运单。

托运人托运危险货物时，应在货物运单“货物名称”栏内填写危险货物品名和铁危编号，在货物运单的右上角用红色戳记标明类项名称，并在货物运单“托运人记载事项”栏内填写经办人身份证号码，派有押运员的还需填写押运员姓名、身份证号码。

危险货物类项名称戳记

托运爆炸品或烟花爆竹时，托运人须相应出具运达地县级人民政府公安部门核发的《民用爆炸物品运输许可证》或《烟花爆竹道路运输许可证》，均应在货物运单“托运人记载事项”栏内注明许可证名称和号码，并在货物运单右上角用红色戳记相应标明“爆炸品”或“烟花爆竹”字样。

货物运单包装栏应按《铁路危险货物包装表》的规定填写相应的外包装和内包装名称。

2. 承运人的主要工作

（1）审查托运人提交的相关资料是否符合要求。

办理站受理危险货物时，应符合下列规定：

① 托运人名称与危险货物托运人名称表相统一。

② 国家对生产、经营、储存、使用等实行许可管理的危险货物，发站还应查验收货人提供的相关证明材料并留存备查；必要时，到站应进行复查。

③ 经办人身份证与货物运单记载相统一。

④ 货物运单记载的品名、类项、编号等内容与铁路危险货物品名表的规定相统一，并核查铁路危险货物品名表“特殊规定”栏有无铁路危险货物运输特殊规定（以下简称特殊规定）。

⑤ 发到站、办理品名、装运方式与办理限制相统一。

⑥ 货物品名、重量、件数与货物运单记载相统一。

⑦ 经办人具有培训合格证明。

⑧ 托运人具有包装检验合格证明文件。

⑨ 货物运单右上角用红色戳记标明编组隔离、禁止溜放或限速连挂等警示标记。

⑩ 其他有关规定。

（2）填写运单相关内容。

重点注意：

① 查《铁路危险货物运输管理规则》附件 7“铁路车辆禁止溜放和限速连挂表”，规定禁止溜放和限速连挂的货车在运单右上角、票据封套上用红色记明“禁止溜放”或“限速连挂”的字样。

② 查《铁路技术管理规程（普速铁路部分）》，规定编组需要隔离的货车在运单右上角、票据封套上用红色记明规定的三角标记。

③ 查铁路危险货物品名表，“特殊规定”栏规定停止制动作用的货车在运单右上角、票据封套上用红色记明“停止制动作用”的字样。

④ 派有押运员的成组危险货物车辆，要求成组连挂，不得拆解；发站应在该组车辆每一张货物运单上注明“成组连挂，不得拆解”，并将该组票据单独装入封套（剧毒品除外），封套上注明“成组连挂，不得拆解”。

3. 验　收

验收应重点检查货物品名、重量、件数与运单记载是否相统一；货物的状态是否良好；货物的运输包装和标志是否符合规定。

4. 保　管

危险货物应按其性质和要求存放在指定的仓库、雨棚等场地。遇潮或受阳光照射容易燃烧或产生易燃、易爆、有毒气体的危险货物不得在雨棚、露天存放。

危险货物存放时要求按类、项区别专库专用，如不同类项的危险货物确需同库混合存放，应符合铁路危险货物配放表的规定。编号不同的爆炸品不得同库存放。

铁路危险货物配放表

堆放危险货物的仓库、雨棚等场地应清洁干燥、通风良好，配备充足有效的消防设施。货场应设置明显的安全警示标志，应建立健全值班巡守制度。仓库作业完毕后应及时锁闭，剧毒品、爆炸品以及储存数量构成重大危险源的危险货物应加双锁，做到双人收发、双人保管。

（二）危险货物装卸作业

1. 选择适当的车辆

危险货物限使用棚车装运（《品名表》“特殊规定”栏有特殊规定的除外）。装运时，同一车限同一品名、同一铁危编号。

爆炸品、硝酸铵、氯酸钠、氯酸钾、黄磷和钢桶包装的一级易燃液体应选用 P_{64}、P_{64A}、P_{64AK}、P_{64AT}、P_{64GK}、P_{64GT}、P_{70} 等竹底棚车或木底棚车装运，并应对门口处金属磨耗板，端、侧墙的金属部分采用非破坏性措施进行衬垫隔离处理。如使用铁底棚车时，应经铁路局批准。

毒性物质限使用毒品专用车，如毒品专用车不足时，经铁路局批准可使用铁底棚车装运（剧毒品除外）。铁路局应指定毒品专用车保管（备用）站。

2. 装卸车设备要求

具有易燃易爆性质的危险货物装卸作业使用的照明设备及装卸机具应具有防爆性能，并能防止由于装卸作业摩擦、碰撞产生火花。

3. 装卸车要求

危险货物装卸作业前，应对车辆和仓库进行必要的通风和检查，向装卸工组说明货物品名、性质、作业安全事项并准备好消防器材和安全防护用品。对车辆采取防溜、防护措施。作业时要轻拿轻放，堆码整齐稳固，防止倒塌，严禁倒放、卧装（钢瓶等特殊容器除外）。装卸车作业要求如下。

（1）装车作业。

① 检查车辆。检查车种车型与规定装运货物相符，查看门窗状态、进行透光检查，确认车辆状况良好。

② 检查货物。检查货物品名、包装、件数与货物运单填写是否一致，以及货物包装是否符合规定。

③ 装车作业。传达安全注意事项及装载方案，检查消防器材和安全防护用品。装载货物（含国际联运换装）不得超过车辆（含集装箱，下同）标记载重量及罐车允许充装量，严禁增载和超装、超载。

④ 装车后工作。检查堆码及装载状态，查验门窗是否关闭良好，是否做好施封加锁工作等。

（2）卸车作业。

① 检查车辆。车辆状态及施封检查，核对票据与现车，确定卸车及堆码方法。

② 卸车作业。传达安全作业注意事项及卸车方案，检查消防器材和安全防护用品。

③ 卸车后工作。在收货人清理车辆残存废弃物后，对受到污染的车辆，及时回送洗刷所洗刷除污。清理车辆残存废弃物交由收货人负责处理。因污染、腐蚀造成车辆损坏的，要按规定索赔。

（三）危险货物特殊防护与押运

为避免危险货物发生事故，根据危险货物特殊性质，在调车作业和运输编组隔离、车辆技术检查、整备、检修等技术作业中需采取特殊防护，特殊防护事项要有明确规定，并应书面通知有关单位和人员。有关运输单据和货车上的表示方式见表 10-5。

表 10-5　特殊防护事项表

特殊防护事项	货车上的表示	运输单据上的表示
附件 7 中规定禁止溜放和限速连挂的货车	在货车两侧插挂“禁止溜放”或“限速连挂”的货车表示牌	在货物运单右上角、票据封套上用红色记明“禁止溜放”或“限速连挂”的字样
附件 6 中规定编组需要隔离的货车	① 在货车表示牌上要记明三角标记 ② 未限定“禁止溜放”或“限速连挂”的货车可用货车表示牌背面记明三角标记，并插于货车两侧	在货物运单右上角、票据封套上用红色记明规定的三角标记
《品名表》“特殊规定”栏中规定停止制动作用的货车	在货车表示牌上记明“停止制动作用”字样	在货物运单右上角、票据封套上用红色记明“停止制动作用”的字样

为了保证危险货物运输的安全，防止某些货物被盗、丢失或运输过程中发生意外时能够正确及时处理，一些危险货物需要进行押运。派有押运员的成组危险货物车辆，要求成组连挂，不得拆解；发站应在该组车辆每一张货物运单、货票上注明“成组连挂，不得拆解”，并将该组票据单独装入封套（剧毒品除外），封套上注明“成组连挂，不得拆解”。

（四）危险货物运输与签认

危险货物应快装、快卸、快取、快送、优先编组、优先挂运。站内停放危险货物车辆时，应采取安全防护措施，对需要看护的重点危险货物，由车站派员看守并报告铁路公安部门。

对于爆炸品、硝酸铵、剧毒品（非罐装、“特殊规定”栏有特殊规定 67 号）、气体类和其他另有规定的危险货物发站、途中站和到站应按规定程序和作业标准进行并签认。要对作业过程内容的完整性、真实性负责，严禁漏签、代签和补签。签认单保存期为半年。

（五）危险货物的到达

对到达的货物要及时通知收货人，做到及时交付货物，及时取送车辆。货位清空后，需及时清扫、洗刷干净。对撒漏的危险货物及废弃物，应及时通知收货人进行处理。对危险性大、撒漏严重的，要会同安监、卫生防疫、环保、消防等部门共同处理。

装过危险货物的货车，卸后应清扫干净。下列情况应进行洗刷除污：

（1）装过剧毒品的毒品车。

（2）发生过撒漏、受到污染（包括有刺激异味）的货车。

（3）回送检修运输危险货物的货车。

货车洗刷除污工艺应符合“铁路货车洗刷除污方法”。回送洗刷除污的货车，应在“特殊货车及运送用具回送清单”上注明品名及编号，并在货车两车门内外明显处粘贴“铁路货车洗刷回送标签”各一张。

货车经洗刷除污达到要求后应撤除货车洗刷回送标签，并在货车两车门内外明显处粘贴“铁路货车洗刷除污工艺合格证”各一张，并填写“洗刷除污登记表”。

铁路货车洗刷除污方法

铁路货车洗刷回送标签

铁路货车洗刷除污工艺合格证

洗刷除污登记表

未经洗刷除污合格的货车严禁使用或排空。

装过放射性物质（物品）的货车、苫盖的篷布及有关用具，卸后应由省级人民政府环境保护部门认定的有资质的辐射监测机构（以下简称辐射监测机构）对 α、β、γ 发射体的污染水平进行监测，监测结果应低于规定的限值，达到要求后方可排空使用。

对装过性质特殊、缺乏有效洗刷除污手段的货车，洗刷所应通知卸车站，要求收货人提供有效的洗刷除污方法和药物，再次洗刷处理。

九、危险货物集装箱运输

（一）危货箱装运危险货物范围

危货箱仅办理《品名表》中下列品类：

（1）铁路通用箱。

① 二级易燃固体。

② 二级氧化性物质。

③ 腐蚀性物质。

a. 二级酸性腐蚀性物质。

b. 二级碱性腐蚀性物质。

c. 二级其他腐蚀性物质。

（2）自备危货箱。

① 铁路通用箱规定的品类。

② 二级毒性物质。

危货箱装运上述第 1、2 项以外的危险货物，以及使用罐式集装箱装运危险货物的，由所属铁路局组织研究提出安全运输条件建议（罐式箱还应提出框架静强度及冲击试验合格报告），报国铁集团运输局。国铁集团运输局组织专家进行技术审查，通过技术审查后公布安全运输条件。

（二）危货箱运输要求

托运人托运危货箱时，应在货物运单“托运人记载事项”栏内填写箱内所装危险货物品名和铁危编号。

托运人应根据危险货物类别在箱体上拴挂相应包装标志。拴挂位置：箱门把手处（罐式箱在装卸料设施适当位置）各 1 枚，箱角吊装孔各 1 枚，共计 6 枚，需拴挂牢固，不得脱落。标志采用塑料双面彩色印刷，规格为：100 mm×100 mm。

车站办理危货箱时，应对品名、包装、标志、标记等进行核查，防止匿报、谎报危险货物或在危货箱中夹带违禁物品。严禁在站内办理危货箱的装箱、掏箱作业。

危货箱的堆码存放应符合《配放表》的有关规定。

危货箱同一车限装同一品名、同一铁危编号的危险货物，包装应与《铁路危险货物运输管理规则》要求一致。装箱应采取安全防护措施，防止货物在运输中倒塌、窜动和撒漏。运输时只允许办理一站直达并符合办理限制要求。

危货箱装卸车作业前，货运员应向装卸工组说明货物性质及作业安全事项，作业时应做到轻起轻放，不得冲撞、拖拉、刮碰。

收货人应负责危货箱的洗刷除污，并负责撤除拴挂的危险货物标志。无洗刷能力时，可委托铁路部门洗刷，费用由收货人负担。洗刷除污相关要求比照《铁路危险货物运输管理规则》有关条款办理。

办理罐式箱运输时，托运人、收货人、发到站、专用线、货物品名等应与办理限制相符。限使用集装箱专用平车（含两用平车）运输。

任务5　危险货物罐车运输组织

任务导读

罐车是一种车体呈罐型的车辆，用来装运各种液体、液化气体及粉末状货物等。铁路产权罐车限装品名为原油、汽油、煤油、航空煤油、柴油、石脑油、溶剂油、轻质燃料油及非危险货物的重油、润滑油。自备罐车装运危险货物，品名范围及车种要求应符合铁路危险货物品名表“特殊规定”栏的特殊规定。未做规定的，由所属铁路局组织研究提出安全运输条件建议，报国铁集团运输局。气体类危险货物在充装前应对空车进行检衡。充装后，需用轨道衡再对重车进行计量，严禁超装。充装非气体类液体危险货物时，应根据液体货物的密度、罐车标记载重量、标记容积确定充装量。充装量不得大于罐车标记载重量；同时要留有膨胀余量，充装量上限不得大于罐体标记容积的 95%，下限不得小于罐体标记容积的 83%。危险货物罐车运输应严格遵守《铁路危险货物运输管理规则》关于罐车运输的规定。

知识点

一、危险货物罐车充装量的确定

（一）气体危险货物罐车充装量

气体类危险货物装车单位应具有轨道衡计量设备，装运气体类危险货物罐车标记容积在 80 m^3 以上的应安装三台面轨道衡。

气体类危险货物在充装前应对空车进行检衡。充装后，需用轨道衡再对重车进行计量，严禁超装。

1. 允许充装量

充装量应按计算公式计算，但不得大于标记载重量；计算的充装量大于标记载重量时，充装量以标记载重量为准。

允许充装量的确定方法为：$W_{计算}=\Phi \cdot V_{标}$

当 $W_{计算} \geqslant P_{标}$时，$W_{许装}=P_{标}$

当 $W_{计算} < P_{标}$时，$W_{许装}=W_{计算}$

式中：

$W_{计算}$——根据重量充装系数确定的计算充装量，t；

$W_{许装}$——允许充装量，t；

Φ——重量充装系数，t/m^3；

$V_{标}$——罐车标记容积，m^3；

$P_{标}$——罐车标记载重，t。

常见介质的重量充装系数见表 10-6。

表 10-6　常见介质的重量充装系数表

充装介质种类	重量充装系数 Φ/（t/m^3）
液氨	0.52
液氯	1.20
液态二氧化硫	1.20
丙烯	0.43
丙烷	0.42
混合液化石油气	0.42
正丁烷	0.51
异丁烷	0.49
丁烯、异丁烯	0.50
丁二烯	0.55

注：液化气体重量充装系数，按介质在 50 °C 时罐体内留有 6%～8%气相空间及该温度下的比重求得。

2. 检衡复核充装量公式

$W_{空检} \geqslant W_{自重}$时，$W_{实装}=W_{总重}-W_{自重}$

$W_{空检} < W_{自重}$时，$W_{实装}=W_{总重}-W_{空检}$

要求 $W_{实装}$不得大于 $W_{许装}$，即：$W_{实装} \leqslant W_{许装}$。

式中：

$W_{实装}$——实际充装量，t；

$W_{自重}$——罐车标记自重，t；

$W_{总重}$——重罐车检衡重量，t；

$W_{空检}$——罐车空车检衡重量，t。

【例 10-1】某托运人使用标重 40 t，自重 43.8 t，容积 96 m^3的自备罐车装运液化石油气，经检衡，空车重 44.17 t，重车重 80.21 t，判断装载量是否符合铁路运输规定？

解：

（1）计算允许充装量。

$W_{计算}=\Phi \cdot V_{标}=0.42 \times 96 =40.32$（t）

$W_{计算} > P_{标}$，$W_{许装}=P_{标}=40$ t

（2）计算检衡复核充装量。

$W_{空检} \geqslant W_{自重}$时

$W_{实装}=W_{总重}-W_{自重}=80.2-43.8=36.4$（t）

（3）即：$W_{实装} < W_{许装}$装载量，符合铁路运输规定。

（二）非气体类液体危险货物充装量

充装非气体类液体危险货物时，应根据液体货物的密度、罐车标记载重量、标记容积确定充装量。充装量不得大于罐车标记载重量；同时要留有膨胀余量，充装量上限不得大于罐体标记容积的 95%，下限不得小于罐体标记容积的 83%。

即允许充装量应同时符合以下重量和体积要求：

（1）允许充装体积：$0.83V_{标} \leqslant V_{许装} \leqslant 0.95V_{标}$

（2）允许充装重量：$W=\rho \cdot V_{许装} \leqslant P_{标}$

式中：

W——允许充装量，t；

ρ——充装介质密度，t/m^3；

$V_{标}$——罐车标记容积，m^3；

$P_{标}$——罐车标记载重，t；

$V_{许装}$——罐车允许充装体积，m^3。

装车单位要严格执行铁路罐车允许充装量的规定，防止超装超载。各铁路局要做出规划，加大计量安全检测设备的投入，防止罐车装运的液体危险货物超装超载，确保运输安全。

【例 10-2】某托运人托运汽油（编号 31001），比重 0.71 t/m^3，使用标重 51 t、容积 60 m^3 的罐车装运，确定装载量。

解：

（1）允许充装体积：

$$0.83V_{标} \leqslant V_{许装} \leqslant 0.95V_{标}$$

（2）允许充装重量：

$$W_{许装}=\rho \cdot V_{许装} \leqslant P_{标}$$

$$0.83V_{标} \cdot \rho \leqslant V_{许装} \leqslant 0.95V_{标} \cdot \rho$$

$$0.83 \times 60 \times 0.71=35.36\ (\mathrm{t})$$

$$0.95 \times 60 \times 0.71 = 40.47\ (\mathrm{t})$$

（3）所以该罐车装载量为 35.36（t）~ 40.47（t）

二、危险货物的罐车运输要求

（1）危险货物罐车装卸作业应在专用线内办理。

（2）装运危险货物的罐车重车重心限制高度不得超过 2 200 mm。

（3）铁路产权罐车与自备罐车使用要求。

铁路产权罐车限装品名为原油、汽油、煤油、航空煤油、柴油、石脑油、溶剂油、轻质燃料油及非危险货物的重油、润滑油。对擅自涂改铁路产权罐车标记装运限定之外品名的，要立即扣车处理，同时追查有关责任单位、责任人的责任。厂、段修过期车辆不得装车运用。

自备罐车装运危险货物，品名范围及车种要求应符合铁路危险货物品名表“特殊规定”栏的特殊规定。未做规定的，由所属铁路局组织研究提出安全运输条件建议，报国铁集团运输局。安全运输条件建议应包括事故应急预案和环保应急处理预案。国铁集团运输局组织专家进行技术审查，通过技术审查后公布安全运输条件。

品名表关于自备罐车使用的“特殊规定”：

2（a）限使用耐压液化气企业自备罐车装运；

2（b）限使用铝制企业自备罐车装运；

2（c）限使用有橡胶衬里钢制罐车或特制塑料衬里企业自备罐车装运；

2（d）限使用钢制企业自备罐车装运，原油、汽油、煤油、航空煤油、柴油、溶剂油、石脑油、轻质燃料油可使用铁路产权罐车装运；

2（e）限使用不锈钢材质企业自备罐车运输。

承运危险货物自备货车时，应检查以下内容：

① 气体类危险货物。

a. 托运人或收货人的罐车产权单位名称应与“自备铁路车辆经国家铁路过轨运输证”（简称“过轨运输证”）的单位名称相统一。

b. 货物品名、托运人、收货人、发到站、专用线等应与办理限制相统一。

c. 货物品名应与罐体标记品名相统一。

d. 托运人提供的“铁路液化气体罐车充装记录”（简称“充装记录”）一式两份，一份由发站留存，一份随货物运单至到站交收货人。

e. 罐车产权单位提供的移动式压力容器使用登记证。

f. 虽符合上述 1 ~ 5 项条件，但车辆检修时间过期、证件过期、车况不良、罐体密封不严、罐体标记文字不清等有碍安全运输的不予办理运输。

② 非气体类液体危险货物。

非气体类液体危险货物运输时比照气体类危险货物规定办理，不检查移动式压力容器使用登记证，应检查铁路罐车容积检定证书和铁路罐车罐体检测报告。

③ 其他类危险货物。

其他类危险货物运输比照上述相应规定办理。

自备货车返空时，车站不再查验“过轨运输证”，其返空到站按空车托运人要求办理。

（4）危险货物罐车装、卸车要求。

装车前，托运人应确认罐车是否良好，罐体外表应保持清洁，标记、文字应能清晰易辨。罐体有漏裂，阀、盖、垫及仪表等附件、配件不齐全或作用不良的罐车禁止使用。

气体类危险货物充装前应有专人检查罐车，按规定对罐体外表面、罐体密封性能、罐体余压等进行检查，不具备充装条件的罐车严禁充装。罐车充装完毕后，充装单位应会同押运员复检充装量，检查各密封件和封车压力状况，认真详细填记《充装记录》，符合规定时，方可申请办理托运手续。

危险货物罐车装、卸车作业后，应及时关严罐车阀件，盖好人孔盖，拧紧螺栓，严禁混入杂质。

气体类危险货物罐车卸后罐体内应留有不低于 0.05 MPa 的余压。

（5）危险货物罐车运输变更要求。

气体类危险货物罐车运输不允许办理运输变更或重新托运，如遇特殊情况需要变更或重新托运时，需经铁路局批准。

危险货物运输变更或重新托运应符合有关要求。

任务 6　剧毒品运输组织

任务导读

剧毒品系指“危险化学品目录”中注明的剧毒化学品。这一类是对人体特别有害的物质。所以对这一类货物车站要进行重点检查和看管，防止发生丢失被盗等问题，其中部分有特殊规定的，值班站长要按技术作业过程对剧毒品车辆进行跟踪监控，运输时采用剧毒品黄色专用运单，并在运单上印有骷髅图案。

知识点

一、剧毒品定义及运输跟踪管理范围

剧毒品系指“危险化学品目录”中注明的剧毒化学品。

铁路危险货物品名表“特殊规定”栏有第 67 条特殊规定的，均实行铁路剧毒品运输跟踪管理，运输时采用剧毒品黄色专用运单，并在运单上印有骷髅图案。

未列入剧毒品跟踪管理范围的剧毒品不采用剧毒品黄色专用运单，但仍按剧毒品分类管理。

二、剧毒品运输要求

整列运输剧毒品时由国铁集团确定有关运输条件。

各铁路局要根据专用线办理剧毒品运输的情况，配齐专用线货运员。装车作业时，货运员要会同托运人确认品名、清点件数（罐车除外），监督托运人进行施封，并检查施封是否有效。装有剧毒品的车辆应在车辆上门扣用加固锁加固并安装防盗报警装置。到站卸车时，应与押运人、收货人共同确认封印状态，并及时与收货人办理交接手续。

车站货检人员对剧毒品车辆应作重点检查，用数码相机或手持机两侧拍照（如车号、施封、门窗状况），并存档保管至少三个月；运输过程中发现装有剧毒品的车辆或集装箱无封、封印无效以及有异状时，应立即甩车，并报告铁路公安部门共同清点，按规定进行处理。如发生丢失被盗等问题，立即报告铁路局集团公司和国铁集团调度、货运部门及铁路公安部门。

各级货运、运输等部门，要把剧毒品日常运输纳入每日交班内容，严格掌握发运、途中和交付的情况。

三、剧毒品计算机跟踪管理

剧毒品（铁路危险货物品名表“特殊规定”栏有第 67 条特殊规定的）运输实行三级计算机跟踪管理。

（1）铁路剧毒品运输计算机跟踪管理应以办理站为基础，国铁集团、铁路局集团公司和车站，根据不同层次管理要求建立信息管理系统。

（2）计算机跟踪管理工作由国铁集团负责方案规划和监督指导，铁路局集团公司负责方案

实施和日常管理，铁路信息技术部门负责软件维护、更新、完善等技术支持，保证系统正常运转。

（3）办理剧毒品运输的车站应与剧毒品计算机跟踪管理系统联网运行。需具备原始信息及时发送和接收能力，要求配备相应的传输、通信、打印等信息跟踪管理设备。

（4）装车站要将剧毒品货票所载信息，及时生成《剧毒品运输管理信息登记表》，实时报告剧毒品运输跟踪管理系统。内容包括剧毒品车的车号（集装箱类型、箱号及所装车号）、发到站、品名及编号、件数、重量和承运、装车日期等。

（5）挂有剧毒品车辆的列车，应在“运统一”记事栏中注明“D”字样，并将剧毒品车辆的车种车号、发到站、货物品名、挂运日期、挂运车次等信息及时报告给铁路局行车确报系统和剧毒品运输跟踪管理系统。

（6）中途站发现装有剧毒品的车辆或集装箱无封、封印无效以及有异状时，应立即甩车，报告所属铁路局和铁路公安部门，并共同清点。同时按规定及时以电报形式，向发到站及所属铁路局和国铁集团报告有关情况。继续运送时，按第（4）条办理。

（7）剧毒品到站后和卸车交付完毕后，立即将车种车号（集装箱箱型、箱号及所装车号）、发到站、托运人、收货人、品名及编号、件数、重量、到达日期、到达车次、交付日期等信息上网报告剧毒品运输跟踪管理系统，并在2小时内通知发站。

四、剧毒品运输组织

铁路局调度应将剧毒品运输纳入日（班）计划并负责全程跟踪。跨局运输时，各局间调度要互相进行预报，预报内容包括挂运车次、车种、车号、品名、发站、到站。各级调度部门要及时组织挂运，重点组织放行，成组运输的不得拆解，无特殊情况不得保留；挂有剧毒品的列车遇特殊情况，必须停车或保留时，要通知车站采取监护措施，同时报告铁路公安部门。

各级调度部门要掌握每天6点和18点装车、接入、交出、到达的剧毒品运输情况。

剧毒品运输安全要作为重点纳入车站日班计划、阶段计划。车站编制日班计划、阶段计划时要重点掌握，优先安排改编和挂运。车站要根据作业情况建立剧毒品车辆登记、检查、报告和交接制度，值班站长要按技术作业过程对剧毒品车辆进行跟踪监控。

（一）列车出发作业

车号员要认真编制列车编组顺序表（运统一），并在剧毒品车辆记事栏内标记“D”符号。发车前认真核对现车，确保出发列车编组、货运票据和列车编组顺序表内容一致。发车后，要及时发出列车确报。

车站调度员（车站值班员）于列车出发后，将剧毒品车辆的挂运车次、编挂位置等及时报告铁路局调度，并将信息登录到剧毒品运输信息跟踪系统。

（二）列车改编作业

车站调度员（调车区长）要准确掌握剧毒品车辆信息，及时安排解编作业，正确编制调车作业计划，并在调车作业通知单上注明标记。严格执行剧毒品车辆禁止溜放和限速连挂规定。

调车指挥人员要按调车作业计划，将剧毒品车辆的作业方法、注意事项直接向司机和调车作业人员传达清楚，严格按要求进行调车作业。作业完毕，及时将剧毒品车辆有关信息向车站调度员（调车区长）报告。

（三）列车到达作业

车号员严格执行核对现车制度，发现列车编组、货运票据和列车编组顺序表（运统一）内容不一致时，及时记录并向车站调度员（调车区长）汇报。对剧毒品车辆要进行标记。

货检人员对剧毒品车辆要重点进行检查。要认真检查剧毒品车辆等状态，没有押运员的应及时通知发站派人处理并采取监护措施，同时报告铁路公安部门。

完成上述工作后应将有关情况及时报告车站调度员（调车区长）。

任务 7　放射性物品（物质）运输组织

任务导读

放射性物品（物质）能自发地放射出带电的或不带电的粒子，人体如果受到辐射会造成伤害，所以放射性物品（物质）运输时应尽量减少人体受到的辐射，放射性物品的包装除应符合危险货物包装有关规定外，还应满足放射性物品的包装要求，为加强管理，放射性物品托运时须提交规定的托运文件。

知识点

一、放射性物品定义

在托运货物中，任何含有放射性核素并且其活度和比活度均高于国家规定的豁免值者属于放射性物品（物质）。

二、运输等级

放射性物品包装件根据其外表面辐射水平和运输指数分为三个运输等级，见表 10-7。

表 10-7　放射性物品包装件运输等级

运输等级（标志颜色）	包装件外表面任意一点最大辐射水平（H）/（mSv/h）	运输指数（TI）
Ⅰ级（白色）	$H \leqslant 0.005$	$TI=0$（注 1）
Ⅱ级（黄色）	$0.005 < H \leqslant 0.5$	$0 < TI \leqslant 1$
Ⅲ级（黄色）	$0.5 < H \leqslant 2$	$1 < TI \leqslant 10$
Ⅲ级（黄色）	$2 < H \leqslant 10$	$10 \leqslant TI$（注 2）

注：1. 对于 $TI \leqslant 0.05$ 的包装件均认为 $TI=0$，其他情况 TI 都应取一位小数，计算 TI 时只进位不舍位；

2. 应按特殊规定 1 办理。

包装件的运输指数和表面辐射水平等级不一致时，按较高一级的确定运输等级。

三、射线的防护

射线的防护根据射线损害人体的途径分为：外照射防护和内照射防护。

（一）外照射防护措施：时间防护、距离防护、屏蔽防护

作业人员与放射性物质最小安全距离应符合表 10-8 的要求。每人每天装卸放射性货物的时间不得超过容许作业时间表 10-9 的限值。

表 10-8　作业人员与放射性物质最小安全距离表

照射时间 距外包装外表面最小安全距离/m 包装件的运输指数（*TI*）	照射时间 *h*（小时）[天]					
	1	2	4	10	24[1]	48[2]
0.2	0.5	0.5	0.5	0.5	1.0	1.0
0.5	0.5	0.5	0.5	1.0	1.5	1.5
1.0	0.5	0.5	1.0	1.5	2.5	2.5
2.0	0.5	1.0	1.5	2.0	4.0	4.0
4.0	0.5	1.0	2.0	3.0	5.0	5.0
8.0	1.0	2.0	2.5	4.0	7.0	7.0
10.0	1.5	2.5	3.0	5.0	8.0	8.0

表 10-9　装卸放射性物质容许作业时间表

包装件运输等级	包装件表面辐射水平/（mSv/h）	运输指数 *TI*	徒手作业	简单工具（距包装件表面约 0.5 m）	半机械化操作（距包件表面 1 m）	机械化操作（距包件表面 1.5 m）
Ⅰ级	≤0.005	0（注 1）	6 h	—（注 2）	—	—
Ⅱ级	0.01	0	4 h	6 h	—	—
	0.05	0	1.5 h	6 h	—	—
	0.1	0.1	40 min	3 h	—	—
	0.2	0.3	20 min	2 h	6 h	—
	0.3	0.6	15 min	1.5 h	6 h	—
	0.4	0.8	10 min	1 h	5 h	—
	0.5	1.0	7 min	40 min	5 h	—
Ⅲ级	0.6	1.5	×（注 3）	40 min	5 h	—
	0.8	2.0	×	25 min	3.5 h	6 h
	1.0	3.0	×	20 min	2.5 h	4 h
	1.2	4.0	×	15 min	1.7 h	3 h
	1.4	5.0	×	12 min	1.5 h	2 h
	1.8	7.0	×	10 min	1 h	1.5 h
	2.0	10.0	×	8 min	30 min	1 h

注：1. 对于 *TI*≤0.05（即 0.000 5 mSv/h）的货包，其运输指数均认为 0；
2. “—”表示不必限制；
3. “×”表示不容许。

（二）内照射防护措施

（1）作业时，禁止饮食、饮水和吸烟，穿工作服、戴手套和口罩。作业完毕时应换穿清洁的衣服，并对手及可能污染的部位进行清洗或检查。

（2）为了防止放射性粉尘、烟雾、气体通过呼吸道进入人体内，装卸作业前应通风，仓库内应保持清洁，清扫时要用潮湿的拖布拖拭，库内应有良好的通风。

（3）作业时要注意安全，防止放射性物品包装破损，特别要防止沾有放射性物品的货件部位损伤皮肤，身上有伤口时禁止作业。

四、放射性物品的包装要求

放射性物品的包装除应符合危险货物包装有关规定外，还应满足下列要求：

（1）包装件应有足够的强度，保证内容物不泄漏和散失。内、外容器应封严、盖紧，能有效地减弱放射线强度至允许水平并使放射性物品处于次临界状态。

（2）便于搬运、装卸和堆码，重量在 5 kg 以上的包装件应有提手；袋装矿石、矿砂袋口两角应扎结抓手；30 kg 以上的应有提环、挂钩；50 kg 以上的包装件应清晰耐久地标明总重。

（3）应在包装件两侧分别粘贴、喷涂或拴挂放射性货物包装标志。

五、放射性物品的托运条件

（1）托运放射性物品的，托运人应当持有生产、销售、使用或者处置放射性物品的有效证明，使用与所托运的放射性物品类别相适应的运输容器进行包装，配备必要的辐射监测设备、防护用品和防盗、防破坏设备，并编制运输说明书、核事故与辐射事故应急响应指南、装卸作业方法、安全防护指南。运输说明书应当包括放射性物品的品名、数量、物理化学形态、危害风险等内容。

（2）托运一类放射性物品、B 型包装件、气体放射性物品、国家管制的核材料以及《品名表》内未列载的放射性物品时，应由托运人的主管部门与国铁集团商定运输条件。

国家管制的核材料主要是：

① 易裂变物质，包括 233U（铀-233）、235U（铀-235）、239Pu（钚-239）和 241Pu（钚241），或含有易裂变物质的材料和制品；

② T（氚、3H），含 T 的材料和制品；

③ 6Li（锂-6）含 6Li 的材料和制品；

④ 其他需要管制的核材料和制品。

（3）托运一类放射性物品的，托运人应当委托有资质的辐射监测机构对其表面污染和辐射水平实施监测，辐射监测机构应当出具辐射监测报告。托运二类、三类放射性物品的，托运人应当对其表面污染和辐射水平实施监测，并编制辐射监测报告。

监测结果不符合国家放射性物品运输安全标准的，不得托运。

（4）托运一类放射性物品的，托运人应当编制放射性物品运输的核与辐射安全分析报告书，报国务院核安全监管部门审查批准。

六、放射性物品的托运文件规定

托运人应当向办理站提交运输说明书、辐射监测报告、核与辐射事故应急响应指南、装卸作业方法、安全防护指南，承运人应当查验、收存。

托运人提交文件不齐全的，办理站不得承运。

运输国家管制的核材料时，托运人还需提交下列文件：

（1）托运一类放射性物品的，提交国务院核安全监管部门颁发的一类放射性物品运输容器设计批准书；托运二类放射性物品的，提交运输容器设计资料报国务院核安全监管部门备案的证明；托运三类放射性物品的，提交运输容器设计符合国家放射性物品运输安全标准的证明文件。

（2）托运一类放射性物品的，提交国务院核安全监管部门颁发的一类放射性物品运输容器制造许可证；托运二类放射性物品的，提交运输容器制造单位报国务院核安全监管部门备案的证明。

（3）使用境外单位制造的一类放射性物品运输容器的，提交国务院核安全监管部门颁发的使用批准书；使用境外单位制造的二类放射性物品运输容器的，提交运输容器材料报国务院核安全监管部门备案的证明。

（4）托运国家管制的核材料，提交国家核安全主管部门颁发的核材料许可证。

（5）进出口运输的，出具国家原子能主管部门颁发的核材料许可证及国务院对外贸易主管部门签发的进出口许可证。

（6）法律、法规规定的其他文件。

七、“短寿命”放射性物品的容许运输期限

托运“短寿命”放射性物品时，应在货物运单“托运人记载事项”栏内注明货物容许运输期限。容许运输期限应大于铁路货物运到期限三天。

八、包装件和运输工具的限值规定

（1）货包、外包装和运输工具外表面放射性污染不得超过下列限值。

① 对 β、γ 和低毒性 α 发射体为 4 Bq/cm^2；

② 所有其他 α 发射体为 0.4 Bq/cm^2。

（2）货包、外包装的运输指数不大于 10，车内各包装件运输指数总和不大于 50。I 类低比活度放射性物品运输指数总和不受限制。易裂变物质的货包或外包装的临界安全指数不大于 50，车内各包装件临界安全指数总和不大于 50。

（3）运输工具或包装件外表面任一点辐射水平不大于 2 mSv/h，距运输工具 2 m 处的任一点辐射水平不大于 0.1 mSv/h。

九、放射性物品的装卸车要求

放射性包装件装车时，运输包装等级小的包装件应摆放在运输包装等级大的包装件周围。作业人员与放射性物品最小安全距离应符合表 10-8 的要求。每人每天装卸放射性货物的时间不得超过容许作业时间表 10-9 的限值。

任务 8　危险货物安全管理与应急处置

任务导读

危险货物，因其具有各种危险特性，容易造成人身伤亡、财产毁损或者环境污染，所以对它们的运输须加强安全管理，为了在危险货物发生事故时，能及时控制危险源或事故成灾范围，防止事态扩大，把损失降低到最低程度，各危险货物运输单位须制定危险货物运输应急预案，发生铁路危险货物运输事故，铁路各级有关部门应当立即组织铁路危险货物运输各相关单位，按照铁路危险货物运输事故应急预案组织实施救援，不得拖延、推诿。

知识点

一、危险货物安全管理

国铁集团运输局归口管理国家铁路危险货物运输工作。铁路局集团公司是管内铁路危险货物运输管理的责任主体，各相关单位（部门）落实领导负责制、专业负责制、岗位负责制、逐级负责制，确保铁路危险货物运输安全。

铁路危险货物运输各相关单位（部门）应建立健全铁路危险货物运输事故应急预案和信息网络，完善预警预防应急措施，定期组织应急演练，有效处置铁路危险货物运输突发事故，最大限度地减少人员伤亡、财产损失、环境污染和社会负面影响。

铁路危险货物运输各相关单位（部门）应加强危险货物运输从业人员的技术业务培训，切实提高危险货物运输人员的技术管理水平和技术业务素质，保证危险货物运输专业技术管理人员的稳定。

铁路危险货物运输各相关单位（部门）应积极推进铁路危险货物运输现代科技手段的开发和应用，充分运用铁路危险货物运输安全监控系统实现危险货物运输源头控制、过程控制、在途控制、综合管理和风险控制。

铁路危险货物运输各相关单位（部门）应建立健全危险货物运输安全例会制度，针对存在问题，制定整改措施，不断提高危险货物运输管理水平。应建立和完善安全责任追究制度，对危险货物运输中发生的各种问题，按照“事故原因未查清不放过，事故责任者未处理不放过，整改措施未落实不放过，事故教训未吸取不放过”的原则，查明原因，追究责任，吸取教训，防微杜渐。

各铁路局应落实财政部、国家安全生产监督管理总局《企业安全生产费用提取和使用管理办法》（财企〔2012〕16 号）等相关规定，健全有关机制，保证铁路危险货物运输安全监控系统、安全监控监测设备、货车消毒和洗刷除污设备、应急救援设备器材及防护用品的配置、运用、维护、检修以及应急演练、安全评价、安全培训等需要。

二、危险货物应急救援

危险货物事故应急预案是指危险货物由于各种原因造成或者可能造成人员伤亡及其他重大社会危害时，针对该事件的特点，在事故发生的紧急时刻，为及时控制危险源或事故成灾范围，防止事态扩大，把损失降低到最低程度而采取的预先确定的行动方案。

国铁集团负责制定《铁路危险货物运输应急预案框架指南》。铁路各级部门应根据《铁路危险货物运输应急预案框架指南》，制定和完善铁路危险货物运输事故应急预案及施救信息网络，并根据危险货物运输的发展变化，及时修改、补充和完善有关内容。

施救信息网络，是指为制定“事故应急预案”而汇集的相关涉及范围的共享信息资源，包括设定报告程序的联络部门和通信方式。

铁路各级部门要做好与地方政府主管部门及消防、环保、疾控中心等部门的协调、沟通工作，经常保持联系，确保信息畅通和救援工作的顺利进行。

办理站要建立义务应急救援队伍，制订事故处置和应急预案，设置醒目的安全疏散标志，保持疏散通道安全畅通；定期组织事故救援演练，开展预防自救工作，并对活动进行记录和总结，并对巡查情况进行完整记录。

办理站应急预案应细化到所办理的危险货物具体品名，并补充完善环保应急处理预案。办理站和货检站应配齐危险货物检测、应急救援、安全防护等器材，并进行经常性维护、保养，保证器材状态完好，可用、能用、会用；存放地点便于取用，确保在应急救援工作中发挥作用；强化器材使用培训工作，保证人员掌握操作规程，正确、熟练使用器材。

铁路危险货物运输各相关单位应配备相应的应急救援和安全防护设备，定期组织危险货物运输应急预案的培训和演练，检查和分析存在的问题，不断提高对事故的预防和处置能力。

铁路危险货物运输各相关单位应建立危险货物运输应急处置案例和应急演练总结报送制度，凡启动应急预案的，或组织应急演练的，结束后及时报送国铁集团运输局。

三、危险货物应急处置

发生铁路危险货物运输事故，铁路各级有关部门应当立即组织铁路危险货物运输各相关单位，按照铁路危险货物运输事故应急预案组织实施救援，不得拖延、推诿。

铁路各级有关部门应当按照下列规定，采取必要的应急处置措施，减少事故损失，防止事故蔓延、扩大：

（1）立即组织营救和救治受害人员，疏散、撤离或者采取其他措施保护危害区域内的其他人员。

（2）迅速控制危害源，测定危险化学品的性质、事故的危害区域及危害程度。

（3）针对事故对人体、动植物、土壤、水源、大气造成的现实危害和可能产生的危害，迅速采取封闭、隔离、洗消等措施；

（4）对危险货物运输事故造成的环境污染和生态破坏状况进行监测、评估，并采取相应的环境污染治理和生态修复措施。

危险货物发生泄漏、火灾及其他行车事故时，车站应立即启动应急预案，迅速向铁路有关部门、地方政府及公安、消防、环保、卫生防疫部门报告，并速请熟悉货物性质及罐体构造的部门协助处置。要设立警戒区，组织人员向逆风方向疏散，防止危险货物流入水域。易燃、有毒液体发生泄漏时，应及时阻断火源。对标有“禁水”标记的罐车，严禁用水施救。对有毒气体施救时应站在上风方向，防止中毒事故发生。

放射性包装件破损时不得继续运输，放射性物质（物品）发生泄漏事故时，要立即启动应急预案，事故地点应按辐射水平 0.005 mSv/h 为依据划出警戒区并悬挂警告牌，派人看护。

发生危险货物运输事故造成货物损失时，按《铁路货物损失处理规则》规定进行报告，同时按《危险货物运输事故分析报告》填报。

拓展阅读

铁路危险货物运输应急预案框架指南

项目小结

铁路运输是危险货物运输非常重要的一种运输方式，铁路危险货物按其具有的危险性或主要危险性划分为 9 类，危险货物因其具有危险特性，容易造成人身伤亡、财产毁损或者环境污染，因而在铁路运输中需要特别防护。

思政园地

据产业调研网发布的 2021～2027 年中国电石行业现状研究分析及发展趋势预测报告显示，“十三五”时期，我国仍处于发展的重要战略机遇期，电石工业面临着难得的发展机遇。世界经济形势逐步企稳回暖，而我国仍将是世界化工行业的投资焦点。随着经济总量的增长和人民生活水平的提高，国内市场对于聚氯乙烯、醋酸乙烯/聚乙烯醇、石灰氮等电石下游产品的需求量将稳定增长。我国石油资源短缺而煤炭资源相对丰富，决定了电石行业在满足下游需求方面仍将发挥不可替代的作用。因此在未来一段时期内，电石行业仍存在一定的发展空间，我国电石市场中长期走势依然向好。

来源：产业调研网 > 调研报告 > 石油化工行业 > 2021～2027年中国电石行业现状研究分析及发展趋势预测报告

讨论思考：电石品名为碳化钙，别名电石，铁危编号 43025，在铁路运输中属于危险货物，作为铁路运输企业，应做好哪些工作，才能安全地把电石运输到收货人的工厂、仓库，助力中国全面建成社会主义强国。

项目训练与测试

一、技能训练

（一）训练任务

某厂新购置 G_{60K} 型自备罐车，准备用于装运汽油，汽油比重 0.71 t/m^3，试查找汽油的铁危编号、所属类项、物理化特性、包装要求、特殊规定，计算该种车型装运汽油准许的装载重量和体积范围。试帮助该厂办理托运，帮助车站办理受理承运。

（二）训练目的

通过本训练，使学生回顾危险货物运输设备和巩固危险货物运输组织，练习罐车装载量的计算。

（三）训练要求与准备

以小组为单位完成训练任务。

（四）训练资料

“铁路危险货物品名表”《铁路危险货物运输管理规则》。

二、综合测试

（一）填空题

1. 在铁路运输中，凡具有__________、__________、__________、__________、__________、__________ 等特性，在运输、装卸和储存保管过程中，容易造成人身伤亡、财产毁损和环境污染而需要特别防护的货物，均属危险货物。

2. 铁危编号由 5 位阿拉伯数字（有的带有英文大写字母）组成。第 1 位数字表示该危险货物的__________；第 2 位数字表示该危险货物的__________；后 3 位数字表示该危险货物品名的顺序号。顺序号 001 ~ 499 为该项__________级危险货物，501 ~ 999 为该项__________级危险货物（第三类除外），一级的危险性大于二级。

3. 在铁路运输中，通常把半衰期少于 __________的放射性元素称为“短寿命”放射性物品。

4. 危险货物办理站按类型分为三种：__________、__________ 、__________。

5. 办理站受理危险货物时，要求发到站、办理品名、装运方式与__________相统一。

6. 根据其内装物的危险程度由小到大，危险货物包装类别分别是__________________、__________________、__________________。

7. 铁路产权罐车限装品名为____________、____________、____________、____________、____________、______________、______________、______________轻质燃料油及非危险货物的重油、润滑油。

8. 装运酸、碱类的罐车罐体为________，罐体两侧纵向中部应涂装有一条宽________黑色水平环形色带；装运煤焦油、焦油的罐体为全黑色，罐体两侧纵向中部应涂装有一条宽300 mm 水平环形色带。装运黄磷的罐车罐体为____________，罐体中部无环形色带。

9. 装运其他危险货物罐车罐体本底色应为银灰色，罐体两侧纵向中部应涂装有一条宽300 mm 表示货物主要特性的水平环形色带：红色表示__________，绿色表示___________，黄色表示_____________，黑色表示_____________。

环带上层 200 mm 宽涂蓝色，下层 100 mm 宽涂红色或黄色分别表示_______或_______。环带 300 mm 为全蓝色时表示______________。

罐体两侧环形色带中部（有扶梯时在扶梯右侧）以分子、分母形式涂装有货物名称及其危险性，如苯：_____________。对遇水会剧烈反应，事故处理严禁用水的货物，还应在分母内涂装有“禁水”二字，如硫酸：_______________。

苯、粗苯、甲苯、乙苯、二甲苯可用罐体涂打_____________字样的自备罐车运输；汽油、煤油、航空煤油、柴油、石脑油、溶剂油、轻质燃料油可用罐体涂打 _____________字样的自备罐车运输。

10. 剧毒品系指______________________。

11. 铁路危险货物品名表“特殊规定”栏有第_____________条特殊规定的，均实行铁路剧毒品运输跟踪管理，运输时采用_____________运单，并在运单上印有骷髅图案。

12. 剧毒品（铁路危险货物品名表“特殊规定”栏有第 67 条特殊规定的）运输实行三级计算机 _____________管理。

13. 放射性物品包装件根据其外表面辐射水平和运输指数分为___________个运输等级。

14. 包装件的运输指数和表面辐射水平等级不一致时，按__________确定运输等级。

（二）判断题

1. 只有同时具有爆炸、易燃、毒害、腐蚀、感染、放射性等特性的物品才是危险货物。（　）

2. 撒漏的危险货物应谨慎收集然后并入原货件。（　）

3. 大多数氧化剂遇酸不反应。（　）

4. 易燃液体发生着火时宜用水来灭火。（　）

5. 易燃液体装卸作业前应先通风。（　）

6. 对遇水能剧烈反应及引起燃烧、爆炸或放出有毒气体的腐蚀性物质，如硫酸（浓），强碱等遇水放热物质，禁用水灭火。可用于砂、泡沫、石粉扑救。（　）

7. 危险货物包装可以重复使用。（　）

8. 危险货物包装材料材质、规格和包装结构应与所装危险货物性质和重量相适应。包装材料不得与所装物产生危险反应或削弱包装强度。（　）

9. 充装液态危险货物的包装容器内至少留有 15%的余量。（　）

10. 危险货物包装封口应根据内装物性质采用严密封口、液密封口或气密封口。装有通气孔的容器，其设计和安装应能防止货物流出和杂质、水分进入。（　）

11. 危险货物包装应坚固完好，能抗御运输、储存和装卸过程中正常的冲击、振动和挤压，并便于装卸和搬运。（　）

12. 危险货物包装的衬垫物不得与所装货物发生反应而降低安全性，应能防止内装物移动和起到减震及吸收作用。(　　)

13. 危险货物包装表面应保持清洁干燥，不得粘附所装物质和其他有害物质。(　　)

14. 危险货物包装上应牢固、清晰地标明《危险货物包装标志》和《包装储运图示标志》中相应的包装标志和储运标志。(　　)

15. 进出口危险货物在国内段运输时危险货物包装应粘贴或拴挂、喷涂相应的中文危险货物包装标志和储运标志。(　　)

项目十综合测试参考答案请扫码观看

项目十一　鲜活货物运输组织

知识目标

（1）了解鲜活货物的定义、分类、运输特点和要求。
（2）了解鲜活货物运输设备，了解易腐货物机械冷藏车运输条件表。
（3）了解使用棚车运输易腐货物的措施。
（4）掌握鲜活货物受理、承运、装卸、挂运和途中作业等方面的有关规定。

能力目标

能正确地组织指挥办理一批易腐货物和一批活动物的发送作业、途中作业和到达作业，确保鲜活货物运输安全。

思政目标

（1）培养学生使其能体谅他人的情感。
（2）培养学生形成珍惜时间的习惯。
（3）培养学生养成尊重农民的观念。

项目思维导图

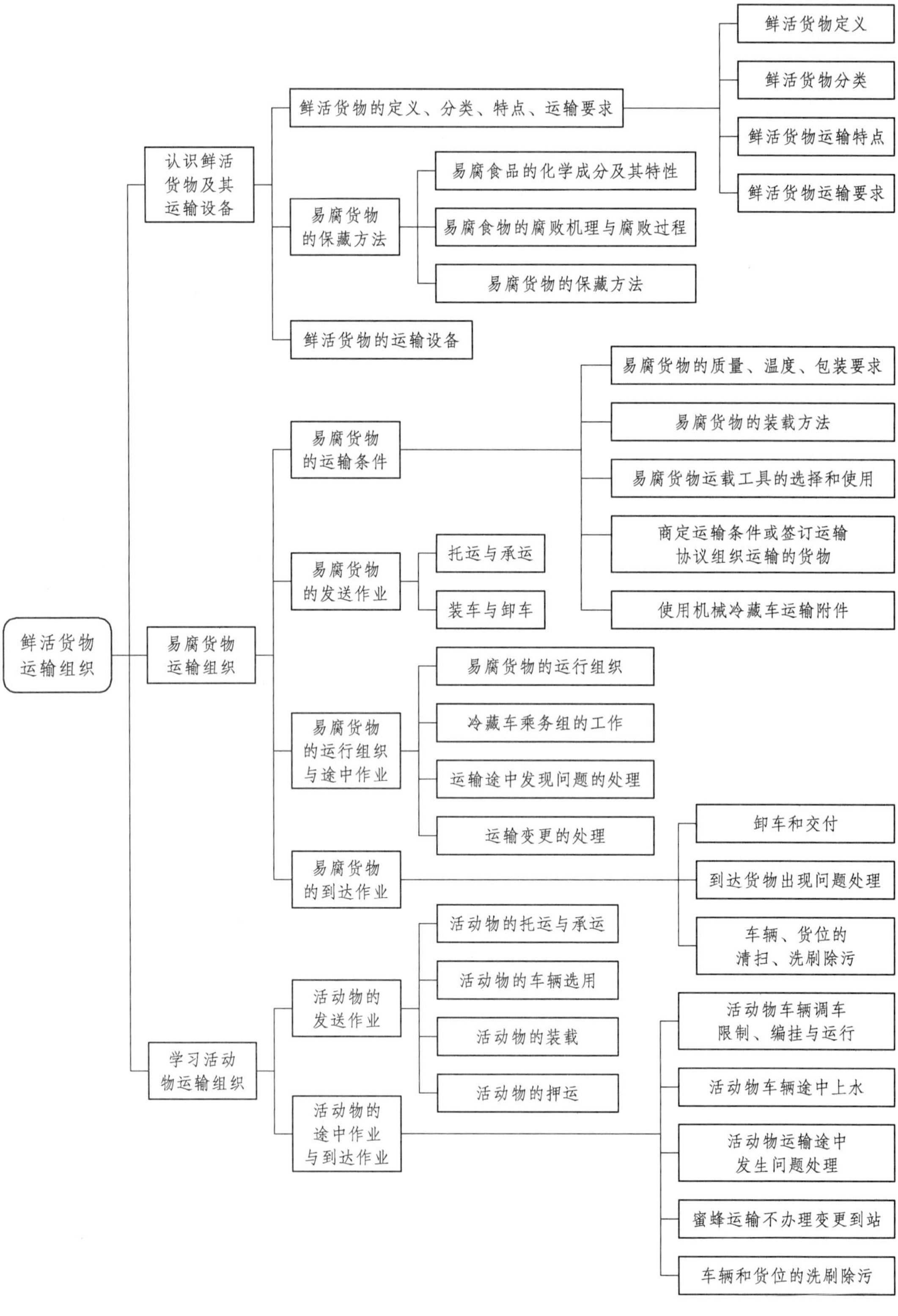
鲜活货物运输组织
认识鲜活货物及其运输设备
鲜活货物的定义、分类、特点、运输要求
鲜活货物定义
鲜活货物分类
鲜活货物运输特点
鲜活货物运输要求
易腐货物的保藏方法
易腐食品的化学成分及其特性
易腐食物的腐败机理与腐败过程
易腐货物的保藏方法
鲜活货物的运输设备
易腐货物运输组织
易腐货物的运输条件
易腐货物的质量、温度、包装要求
易腐货物的装载方法
易腐货物运载工具的选择和使用
商定运输条件或签订运输协议组织运输的货物
使用机械冷藏车运输附件
易腐货物的发送作业
托运与承运
装车与卸车
易腐货物的运行组织与途中作业
易腐货物的运行组织
冷藏车乘务组的工作
运输途中发现问题的处理
运输变更的处理
易腐货物的到达作业
卸车和交付
到达货物出现问题处理
车辆、货位的清扫、洗刷除污
学习活动物运输组织
活动物的发送作业
活动物的托运与承运
活动物的车辆选用
活动物的装载
活动物的押运
活动物的途中作业与到达作业
活动物车辆调车限制、编挂与运行
活动物车辆途中上水
活动物运输途中发生问题处理
蜜蜂运输不办理变更到站
车辆和货位的洗刷除污

引导案例

冷藏运输冻羊肉的托运与承运

鲜活货物既是社会生产和人们生活的必需品，也是重要的贸易物资。随着我国经济建设的发展，鲜活货物的品种和运量逐步增长。搞好铁路鲜活货物运输，对于促进我国经济和贸易的发展，提高人们生活水平起着重要作用。

某托运人在甲站托运冻羊肉 160 t，其中 80 t 运至乙站，另 80 t 运至丙站，乙站与丙站在同一径路上，且相距 150 km，可否承运？应如何选择载运工具？装车作业时间有何要求？请确定包装与装载方法，确定运输温度，填写运单、机械冷藏车（BX 型车）装车通知单、机械冷藏车作业单，如托运人想使用棚车运输，应如何办理？

任务 1　认识鲜活货物及其运输设备

任务导读

鲜活货物包括肉、蛋、乳制品、速冻食品、冻水产品、鲜蔬菜、鲜水果、花卉植物等易腐货物以及活家禽、家畜等活动物，鲜活货物虽然目前在铁路运输中运量不大，但在货物流通领域中是非常重要的一类货物，是人民美好生活最基础的需要，随着铁路鲜活货物运输先进设备的应用和铁路鲜活货物运输服务水平的提高，鲜活货物在铁路运输中的运量必将大大增加，鲜活货物运输设备的运用也必将大量增加。

知识点

一、鲜活货物的定义、分类、特点、运输要求

（一）鲜活货物定义

鲜活货物是指在铁路运输过程中需要采取制冷、加温、保温、通风、上水、加冰等特殊措施，以防止出现腐烂、变质、冻损、生理病害、病残死亡等问题的货物。

（二）鲜活货物分类

鲜活货物分为易腐货物和活动物两大类。

1. 易腐货物

易腐货物包括肉、蛋、乳制品、速冻食品、冻水产品、鲜蔬菜、鲜水果、花卉植物等 13 个大类，这 13 个大类分别为：速冻食品、冻水产品、肉类、肉类制品、油脂类、禽蛋类、乳制品、糖果类、饮品、鲜蔬菜、鲜水果、坚果类、其他。其中速冻食品包括速冻水果、速冻蔬菜、速冻调理方便食品；冻水产品包括冻鱼、冻虾、蟹、贝类；肉类包括猪肉、牛肉、羊肉、兔肉、禽肉；肉类制品包括火腿、腌肉、熏肉、腊肉等熟肉制品、熏蒸火腿、火腿肠、

香肠（腊肠）等；油脂类包括动物油、食用油；禽蛋类包括冰蛋、鲜蛋；乳制品包括冷冻乳品、奶油、炼乳、鲜乳、乳类饮品；糖果类包括巧克力糖果、蜜饯；饮品包括非酒精类、酒类；鲜蔬菜包括叶菜类、根茎类、瓜菜类、花菜类、茄果类、葱蒜类；鲜水果包括仁果类、核果类、柑橘类、浆果类、瓜类、热带亚热带水果；其他包括花卉植物、罐头。常见品名见“易腐货物机械冷藏车运输条件表”（《铁路鲜活货物运输规则》附件 1）。

易腐货物机械冷藏车运输条件表

易腐货物按其热状态分为冻结货物、冷却货物和未冷却货物。冻结货物是指经过冷冻加工成为冻结状态的易腐货物。冷却货物是指经过冷却处理，温度在冻结点以上的易腐货物。未冷却货物是指未经过任何冷处理，完全处于自然状态的易腐货物。

2. 活动物

活动物包括禽、畜、兽、蜜蜂、活水产品等。

（三）鲜活货物运输特点

1. 品类多、运距长、组织工作复杂

我国出产鲜活类货物有几千种之多，性质各不相同，运距长，加之南北方气温相差大，不仅同一地区在不同季节需要不同的运输条件，就是在同一季节，当车辆行经不同地区时，也要变换运输条件。在一次运送过程中，可能兼有冷藏、保温和加温三种运送方法。鲜活类货物的组织工作与普通货物相比要复杂得多。

2. 季节性强、运量波动大

鲜活类货物大部分是季节性生产的农副产品，水果集中在三、四季度，南菜北运集中在一、四季度，水产品集中在春秋汛期。在收获季节，运量猛增；在淡季，运量大大降低。

3. 运输时间紧迫

鲜活类货物本身的特点是新鲜、成活。鲜活性质能否保持与运输时间的长短密切相关。铁路在运输鲜活货物时，虽然使用了特种车辆，采取了特殊措施，若是运输时间过长，还是会影响鲜活货物原来的质量。

4. 易受外界气温、湿度和卫生条件的影响

鲜活类货物一般比较娇嫩，热了容易腐烂，冷了容易冻坏，干了容易干缩，碰破了及卫生条件不好容易被微生物侵蚀，使易腐货物腐烂变质，使活动物病残死亡。为此，人们采取各种保藏方法来抑制微生物的滋长，减缓呼吸作用，以延长保藏时间。其中，冷藏的方法是迄今最普遍、最有效的保藏食品的方法。

（四）鲜活货物运输要求

托运的鲜活货物必须质量良好，无病残，包装适合货物性质并能保证铁路运输安全。按照货物性质、容许运输期限及运送全程的季节和气候条件选择合适的车辆、装载方法和运送方法，并根据需要采取预冷、制冷、加温、保温、通风、上水、加冰或押运等措施，以最大限度地保持货物质量。

在鲜活货物运量集中的区段，应开行鲜活货物或以鲜活货物为主的班列、直达、快运等快速货物列车。在其他区段，应积极组织挂运快速货物列车。

承运人应根据鲜活货物季节性强、运量波动大、时间要求快的特点，加强运输组织工作，坚持优先受理、优先配空、优先进货装车、优先取送、优先编组、优先挂运。

二、易腐货物的保藏方法

（一）易腐食品的化学成分及其特性

易腐货物运输中产生货物损坏及灭失绝大多数是因为发生腐烂，而能够发生腐烂是由易腐货物的化学成分决定的。易腐食品的主要化学成分包括蛋白质、脂肪、糖类、维生素、酶、有机酸、水、矿物质等。

（二）易腐食物的腐败机理与腐败过程

引起易腐食物腐败的原因有多种，主要有以下 4 个方面。

1. 微生物作用

微生物作用又称生物作用，对于动物性食物来说，主要是微生物的作用。动物性食品屠宰过后，构成它的细胞都已死亡，也就不能抵抗外来微生物的入侵，由于细菌、霉菌和酵母在食品内的繁殖，使蛋白质和脂肪分解，变成氨、游离氮、硫化醛、硫化铜、二氧化碳等简单物质，同时产生臭气和有毒物质。此外，还使维生素受到破坏，有机酸分解，随着微生物的几何级数繁殖，越来越加速食品的分解、消耗，最终导致其腐败变质不能食用。

2. 呼吸作用

呼吸作用又称生物化学作用，指植物性的食品虽离开母株，但本身仍有生命活动，吸收氧气、放出二氧化碳、水分和热量。它们用呼吸作用产生的免疫功能抵御外界微生物的入侵，但会以消耗自身体内的营养物质为代价，随着营养物质的消耗、水分的蒸发，植物体内抗病性逐渐减弱，到了一定程度细菌就会乘虚而入，加速各种营养成分的分解，植物体内营养物质消耗完毕后，就不能再维持其生命，而此时，细菌会乘机快速繁殖，使水果、蔬菜很快腐烂变质。

3. 化学作用

化学作用又称氧化作用，即果、蔬碰伤，表皮受损后，果、蔬为抵抗微生物的入侵，自身会加强呼吸作用，使食品碰伤部位的成分被氧化，生成黑褐色的物质，这就加速了自身的成熟过程，从而很快导致腐败变质。

4. 其他作用

其他作用如鼠类、昆虫的叮咬，人为的机械损伤，也会加速易腐食品的腐败过程。

（三）易腐货物的保藏方法

清楚了易腐货物腐烂变质的原因，就可以得出保藏这些货物的方法。凡是能用以抑制微生物的滋长，减缓呼吸作用的方法，均可达到延长易腐货物保藏时间的目的，如：气调法、减压法、表面涂层法、冷藏法等，冷藏方法比较有效并常被采用。

1. **冷藏方法的优点**

（1）能很好地保持食品原有的色、香、味不变。

（2）冷源价格比较低廉，加工成本不高。

（3）适合对食品进行大规模加工。

（4）冷藏食品对人体健康无不良影响。

2. **食品的冷藏方法**

（1）冷却方法。

植物性食品为了保持其新鲜状态一般多采用冷却状态下储藏的方式。因为水果与蔬菜采摘后仍有生命活动，本身能控制机体内酶的作用，其呼吸作用可抵御微生物的入侵，与采摘前不同的是不能再从母株中获得水分和营养物质，而是在继续生存中不断消耗积累的营养物质和水分。随着呼吸作用的延续，本身的色泽、风味、质地、营养成分也会逐渐变化。为了实现长期储藏就必须降低其呼吸强度，控制在适当范围，否则会引起生理病害。温度降低，水果、蔬菜呼吸强度也降低。但温度过低反而会出现冻坏现象，所以不同品类的水果、蔬菜都有一个合适的冷却温度。但在合适的温度环境中为避免植物性食品内的水分过分蒸发而影响其外观和质量，在储藏环境中也要求保持一定的空气相对湿度。

（2）冻结方法。

适合对动物性食品的加工。因为动物性食品屠宰过后所有构成组织的细胞均已死亡，对微生物的入侵也无能为力，温度降低减弱了微生物的繁殖能力，而降低到一定温度，可使微生物停止繁殖，使物品长时间不会腐坏。所以储藏温度越低储藏时间就越长。

冻结加工方法有两种，一种是慢冻，另一种是速冻。慢冻时由于冻结速度慢，食品中细胞和细胞间首先出现冰晶，细胞内尚未冻结的液体由于外面汁液浓度的增大和饱和蒸汽压的降低促使细胞内液体水透过细胞膜扩散出来使大部分水冻结于细胞间隙中，形成大冰晶，体积便会增大，对细胞壁产生胀力，而细胞壁在 0 °C 以下逐渐硬化就会造成刺穿细胞膜。当食品解冻时大量汁液便会流出导致食品质量明显下降。

速冻时由于冻结速度快，细胞内、外几乎同时产生小冰晶。这样细胞内外压力一致，解冻后能恢复食品的原貌。

3. **食品冷藏条件**

用冷藏方法储存食品温度当然是主要条件，但必须保持恒定的温度，否则微生物会加速繁殖。除控制环境温度外，环境的湿度高低、植物性食品适时的通风换气以及有无良好的储藏卫生条件对食品的质量都大有影响。在实际储运过程中温度和湿度可以互相配合。例如温度越低为了减少干耗要求相对湿度大一些，相反温度高些时相对湿度则可以小一些。植物性食品采摘后为了尽快消除其田间热，应马上预冷降温保管在预冷库内，动物性食品屠宰后除马上上市的采用冷却方法保藏外，宜立即送入速冻间进行速冻加工达到较长期储藏的目的。

三、鲜活货物的运输设备

运输易腐货物的运输设备有冷藏车、冷藏集装箱运输车组、棚车、敞车，目前铁路使用的主要是机械冷藏车；运输活动物的运输设备有专用车辆、敞车或有窗的棚车。

（一）冷藏车

铁路易腐货物冷藏运输目前使用的主要为 B_{22}、B_{23}、B_{10} 型机械冷藏车。机械冷藏车基本性能见表 11-1。机械冷藏车采用制冷机制冷，它克服了加冰冷藏车温度不可调，车内保持温度不够低，寒季运送不能加温，途中需要加冰所补冰、补盐服务，降低旅行速度等缺点。

B_{22}、B_{23} 型机械冷藏车为 5 辆一组，5 辆一组的机冷车均由 1 辆发电乘务车和 4 辆货物车组成。发电乘务车位于车组中部，两端各挂两辆货物车，如图 11-1 所示。各货物车可以任意换位及调头连挂。机冷车车组为成组集中供电，单车独立制冷或加温的形式。目前我国还有少量单辆运用的 B_{10} 型机械冷藏车。

表 11-1　机械冷藏车基本性能表

车型	自重/t	载重/t	容积/m^3	装货面积/m^2	车内装载尺寸/m（长×宽×高）	最大外部尺寸/mm（长×宽×高）	门孔尺寸/mm（宽×高）	车组自重/t	车组载重/t	车组全长/m	车内可保持的温度/°C	特点
B_{22}	38	46	105	46	18×2.558×2.3	21 938×3 020×4 670	2 700×2 300	206	184	107.7	−24～+14	5 节机械冷藏车组，1 辆工作车，两端各 2 辆货物车
B_{23}	38.2	45.5	105	46	18×2.560×2.3	21 938×3 134×4 640	2 702×2 306	206	182	110.1	−24～+14	同上
B_{10}	41.1	38	100	43.6	17.3×2.56×2.3	21 938×3 094×4 700	2 700×2 300	—	—	—	−24～+14	单节机械冷藏车

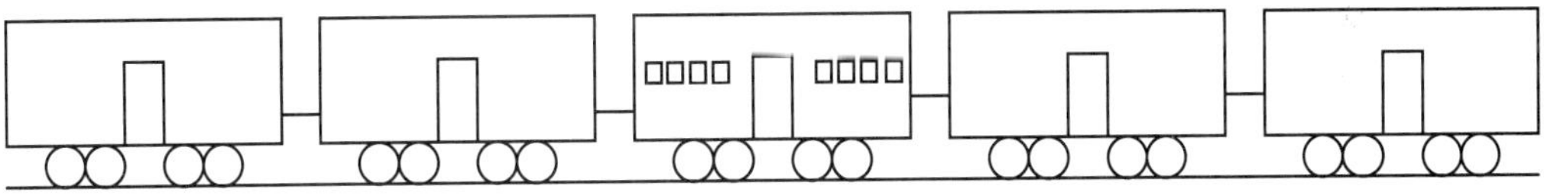

图 11-1　五节式机械冷藏车组连接状况

现仅以 B_{23} 为例，简要介绍其主要结构和主要设备特点。B_{23} 型机械冷藏车车组由一辆发电乘务车和四辆货物车组成，如图 11-1 所示。车组为集中供电，货物车单车独立制冷或加温。各货物车的制冷或加温既可在发电乘务车内的总配电柜上集中控制，也可以在货物车上单独控制。发电车上装有两台容量均为 64 kW 的交流工频同步柴油发电机组，分别安装在发电车的两端，承担货物车的供电，车组或单辆货物车也可以用三相外接电源进行预冷或加温，每台发电机承担两辆货物车的供电。货物车上各装有一套制冷、加温机组，通过顶棚风道向车内输送冷风或热风。当外温在 45 °C 时，货物车内温度可达−24 °C。当外温在−45 °C 时，货物车内温度可达 14 °C。另外乘务室装有数字式测温仪，通过对测温仪的转换开关的换接，可分别测量各货物车内的温度。每一车组还配有携带式半导体温度检验仪，将检验仪的插头插入货物车两侧门处的专用插座内，即可得到车内温度。

机械冷藏车原理

（二）家畜车

主要用于运输活牛、活猪、活羊及活家禽等。车内设有适应运输活家畜（家禽）的设备，还设有押运人员乘坐间。主要车型有 J_1、J_2、J_3、J_4、J_5、J_6，载重量分别为 10 t、15 t、10 t、18 t、20 t、16.6 t，其中 J_6 型为活牛专用车，分为押运人生活间和装货间两部分。

家畜车的车墙、车门设置有调节窗、端窗、通风窗等通风调温装置。车内一般分为 2～3 层，设有饲料用具存放架。安装水箱、水管等储、给水设备，有的还设有饲料槽。

（三）活鱼车

用于运送活鱼、鱼苗的专用车。车内设有运送活鱼的设备，如水槽和水循环设备等。使用时，鱼、鱼苗盛放在水槽内，水池内的水在水泵的作用下，通过水循环装置流动，经水槽上的喷雾器喷入空气中再落入水槽，将氧气带入水中，不断循环，给水增氧。

（四）棚车、敞车

棚车、敞车属于通用货车。运输易腐货物时确因冷藏车不足，承运人可根据托运人的要求，按“使用棚车运输易腐货物的措施”规定使用棚车运输。装运活动物可根据规定选用敞车或有窗的棚车。使用时，可根据需要增设装载装置、装车备品并采取相应防护措施。

（五）铁路上水站

机械冷藏车、BX 型车组及活动物在中途上水，由铁路指定的上水站免费供应。

上水站站名表

（六）冷藏集装箱运输车组

铁路冷藏集装箱运输车组装备，主要包括发电车、冷藏集装箱车及冷藏集装箱等 3 大部分。这 3 大装备的功率、制式须相互匹配，并与列车编组方式及数量相适应。

1. 发电车

发电车是冷藏集装箱运输车组中的电力能源供应装备，其输出功率、电压要满足车组的冷藏集装箱用电需要，且电压稳定。

2. 冷藏集装箱

冷藏集装箱是冷藏集装箱运输车组中的载货装备，当前铁路冷藏集装箱是柴电一体式冷藏集装箱，包括 40 英尺和 45 英尺两种，其技术参数如表 11-2 所示，其箱内设置有制冷机组，具有制冷保温及温度调节功能。

表 11-2　铁路冷藏集装箱主要技术参数表

箱型	自重/kg	最大总重/kg	容积/m^3	最大外部尺寸（长×宽×高）/mm	最大内部尺寸（长×宽×高）/mm	允许堆码重量/kg	接电电压/V	使用环境温度/°C	油箱容积/L	箱内控温范围/°C	持续运行时间	特点
40 英尺柴电一体式	6 400（油箱装满）	34 000	64	12 192×2 438×2 896	11 468×2 290×2 528	68 000	380	−40～+80	800	−29～+27	取决于货物、外温等因素，一般为 16 天	具备双向通信、自动监测、远程控制等智能化功能
45 英尺柴电一体式	6 900～7 180（油箱装满）	34 000	74.5/73.8	13 716×2 438×2 896	12 716/12 598×2 294×2 554	68 000	380	−40～+80	400/470/543	−29～+27	取决于货物、外温等因素，一般为 10 天	具备双向通信、自动监测、远程控制等智能化功能

3. 冷藏集装箱车

冷藏集装箱车是冷藏集装箱运输车组中的运输装备，其装箱工况要满足冷藏集装箱的长度、总质量要求，车辆上安装的供电管线设施的功率、电压要与车组的冷藏集装箱需求相适应。目前铁路冷藏集装箱主要车型为 BX_{1K}，其技术参数如表 11-3。

表 11-3　BX 型车主要技术参数表

车型	自重/t	载重/t	长度/mm	承载面长度/mm	装载工况	供电电压/V	最大负荷	最高运行速度/（km/h）	特点
BX_{1K}	19.8	61	14 738	13 800	2 个 20 ft 集装箱、1 个 40 ft 或 45 ft 集装箱（总重 34 t）	380	92 kW 及以上	120	

具备冷藏集装箱接电条件的集装箱办理站站名表

四、冷链运输

冷链物流指冷藏冷冻类食品在生产、加工、贮藏运输、销售，到消费前的各个环节中始终处于规定的低温环境下，以保证食品质量，减少食品损耗的一项系统工程。

易腐货物由于其易腐特性，不仅需要专门的冷藏设施设备，而且对物流中强调的时效性和成本控制的需求更为强烈，对冷藏链各环节组织协调性的要求更高，亦即对于易腐货物这种更为特殊的、复杂的物品供应过程，更需要运用先进的物流技术和理念。在适宜冷藏环境中的流通过程或是在高效流通条件下的冷藏链，会使食品质量得到加倍保护。构建完整的冷藏链及快速流通体系，是提高易腐货物供应质量的最佳措施和途径。

冷链运输是冷链物流中最重要，实现起来也最困难的一个环节。冷链运输是指在运输全过程中，无论是运输、装卸搬运、变更运输方式、更换包装设备等环节，都使所运输货物始终保持一定温度的运输。

冷链运输过程必须依靠冷冻或冷藏等专用车辆或集装箱进行，冷冻或冷藏专用车辆（集装箱）除了需要有与一般货车（集装箱）相同的车（箱）体与机械之外，必须额外在车（集装箱）上设置冷冻或冷藏与保温设备。在运输过程中要特别注意必须是连续的冷藏，因为微生物活动和呼吸作用都随着温度的升高而加强，如果运输中各环节不能保证连续冷藏的条件，那么货物就有可能在这个环节中开始腐烂变质。在运输时，应该根据货物的种类、运送季节、运送距离和运送地方确定运输方法。在运输过程中，尽量组织“门到门”的直达运输，提高运输速度，温度要符合规定。

任务 2　易腐货物运输组织

任务导读

易腐货物包括肉、蛋、乳制品、速冻食品、冻水产品、鲜蔬菜、鲜水果、花卉植物等，易腐货物在铁路运输过程中容易出现腐烂、变质、冻损等情况，所以运输易腐货物必须提供必要的运输条件，其中肉、花卉植物、种子、苗木和其他繁殖材料有可能携带疫病，运输时必须提出检疫证明。

知识点

一、易腐货物的运输条件

（一）易腐货物的质量、温度、包装要求

托运人托运易腐货物时，货物的质量、温度、包装和选用车辆，均须符合“易腐货物机械冷藏车运输条件表”[《铁路鲜活货物运输规则》(下称《鲜规》)附件 1，部分摘录见表 11-4]、“易腐货物运输包装表”(《鲜规》附件 2）的规定。货物质量、包装、温度达不到要求时，承运人有权拒绝承运货物。

1. 易腐货物的质量

易腐货物应有良好的初始质量，例如速冻叶菜类成品外观平整形状规则、均匀，棱角分明，冻结良好，单冻产品色泽符合本产品应有色泽，无粘连，块冻产品色泽鲜亮，镀冰衣完整、清澈，无黄枯叶、褐变叶，产品包装完好无破损，无复冻现象；鲜蔬菜的叶菜类成熟适度，色泽正，新鲜、清洁，无腐烂、开裂、黄叶、抽薹或发芽，无异味，无冷害、冻害、病虫害及机械伤，无雨湿、水渍；又如速冻米面食品（馄饨、包子、水饺、汤圆、面点）、速冻

蒸煮食品、速冻熏烤食品、速冻玉米等外观轮廓清晰，外形完整，不破、不裂，不偏芯，产品表面无明显冰晶存在，无异味、无杂质，产品包装完好无破损，无复冻现象。

表 11-4　易腐货物机械冷藏车运输条件表摘录

<table>
<tr><th rowspan="2">品类顺号</th><th rowspan="2">货物品类</th><th rowspan="2">货物品名</th><th rowspan="2">货物热状态</th><th colspan="2">装车时货物质量要求</th><th rowspan="2">运输温度/°C</th><th rowspan="2">适用包装号或包装</th><th colspan="2">装载方式</th><th rowspan="2">说明</th></tr>
<tr><th>感官质量</th><th>承运温度/°C</th><th>装载要求</th><th>装载号</th></tr>
<tr><td>1</td><td colspan="10">速冻食品</td></tr>
<tr><td>1.4</td><td>速冻调理方便食品</td><td>速冻面米食品（馄饨、包子、水饺、汤圆、面点）、速冻蒸煮食品、速冻熏烤食品、速冻玉米等</td><td>冻结</td><td>外观轮廓清晰，外形完整，不破、不裂，不偏芯，产品表面无明显冰晶存在。无异味、无杂质。产品包装完好无破损。无复冻现象</td><td>-18 以下</td><td>-15 以下</td><td>3</td><td>紧密堆码</td><td></td><td></td></tr>
<tr><td>3</td><td colspan="10">肉类</td></tr>
<tr><td rowspan="5">3.1</td><td rowspan="5">猪肉</td><td rowspan="5">冻分割肉、冻猪肉、冻猪胴体、冻猪副产品及其制品（冻火腿等）</td><td rowspan="5">冻结</td><td rowspan="5">冻结良好。肌肉有光泽，红色或稍暗，脂肪乳白色或粉白色。无不良异味，无变形，无复冻现象</td><td>-18 以下</td><td>-15 以下</td><td rowspan="5">3（猪头、胴体可不加包装）</td><td rowspan="5">紧密堆码</td><td rowspan="5"></td><td rowspan="5"></td></tr>
<tr><td>-15 以下</td><td>-12 以下</td></tr>
<tr><td>-12 以下</td><td>-10 以下</td></tr>
<tr><td>-15 以下</td><td>-12 以下</td></tr>
<tr><td>-12 以下</td><td>-10 以下</td></tr>
<tr><td>7</td><td colspan="10">乳制品</td></tr>
<tr><td>7.1</td><td>冷冻乳品</td><td>冰激淋、雪糕、冰棍、雪泥、甜味冰、冷冻饮品</td><td>冻结</td><td>产品个体形态完整，不变形，不软塌，不收缩；无明显粗糙的冰晶，无气孔。有奶脂或植脂等产品固有的香味，香气纯正，无异味。无可见杂质。产品包装完整、不破损，封口严密，内容物无外露或裸露现象。无复冻现象</td><td>-18 以下</td><td>-15 以下</td><td>3</td><td>紧密堆码</td><td></td><td></td></tr>
<tr><td rowspan="4">7.5</td><td rowspan="4">鲜乳</td><td rowspan="2">鲜奶（巴氏杀菌奶除外）</td><td>冷却</td><td rowspan="2">色泽呈乳白色或稍带微黄色。无肉眼可见杂质和其他异物。具有新鲜乳品固有的香味，无其他异味。包装完整、无破损</td><td>2～6</td><td rowspan="2">2～6</td><td rowspan="2">3</td><td rowspan="2">紧密堆码</td><td rowspan="2"></td><td rowspan="2"></td></tr>
<tr><td>未冷却</td><td></td></tr>
<tr><td rowspan="2">调味奶</td><td>冷却</td><td rowspan="2">色泽均匀一致，具有乳品固有的滋味和气味，无凝块、黏稠现象，无肉眼可见杂质和异物</td><td>2～6</td><td rowspan="2">2～6</td><td rowspan="2">3</td><td rowspan="2">紧密堆码</td><td rowspan="2"></td><td rowspan="2"></td></tr>
<tr><td>未冷却</td><td></td></tr>
</table>

续表

品类顺号	货物品类	货物品名	货物热状态	装车时货物质量要求		运输温度/°C	适用包装号或包装	装载方式		说明
				感官质量	承运温度/°C			装载要求	装载号	
10	鲜蔬菜									
10.1	叶菜类	苋菜、茴香、甜菜、菊苣、青菜、油菜、抱子甘蓝、结球甘蓝、芹菜、小白菜、蓟菜、芥蓝、大白菜、羽衣甘蓝、莴苣、欧芹、菠菜、牛皮菜、结球莴苣、莴笋、茼蒿、蕹菜等	冷却	成熟适度，色泽正，新鲜、清洁。无腐烂、开裂、黄叶、抽薹或发芽，无异味，无冷害、冻害、病虫害及机械伤。无雨湿、水渍	0~3	0~3	3、4、5、6、7	稳固装载，留通风空隙	1、2、3、4、5、6	
			未冷却							

2. **易腐货物的运输包装**

易腐货物的运输包装在保护产品质量，方便装卸储运，提高运输工具的装载能力等方面起着重要作用，《鲜规》对易腐货物的运输包装进行了详细的规定，共分为9个包装号，分别为：1号木箱、2号花格木箱、3号纸箱、4号钙塑箱、5号塑料箱（含塑料筐）、6号竹筐、7号条筐、8号编织袋、9号桶，每一种包装的包装材料、包装要求、包装规格、货物净重或容积要求、堆码实验要求在“易腐货物运输包装表”中做了详细具体规定，易腐货物在选用包装时应符合该易腐货物运输包装表规定。

易腐货物的包装表

3. **货物承运温度**

承运温度是指装车时货物温度，易腐货物承运时是否达到承运标准，直接影响到冷量消耗和货物质量，使用机械冷藏车运输易腐货物，装车时的温度应符合“易腐货物机械冷藏车运输条件表”的规定，高于“易腐货物机械冷藏车运输条件表”规定或商定的运输温度的上限时，经托运人确认不影响货物质量的，可以组织运输，但托运人应与发站和乘务组签订运输协议。

发站应认真抽查托运货物的质量、包装及安全防护用品是否符合要求。使用机械冷藏车装运时，发站应在装车时会同乘务组对货物的温度、质量、包装和安全防护用品进行抽查，并将抽查情况记录在“机械冷藏车作业单”（《鲜规》附件7，见表11-8）内。货物包装和破验部位的恢复由托运人负责。

使用冷藏集装箱运输时，冷藏集装箱装箱前预检和温度设置等操作，以及箱内货物的质量、温度、包装和装载，由托运人负责，可参考机械冷藏车办理，且货物装载高度不得超过箱内限高标识线。

（二）易腐货物的装载方法

易腐货物应按“易腐货物机械冷藏车运输条件表”“易腐货物装载方法表”（《鲜规》附件3）规定的方法装载。易腐货物装载方法分为两类。

1. 紧密堆码法

紧密堆码法可减少货物间空隙，减缓货物本身冷量的散失，如冻结运输的货物，同时还可以提高货车静载重，如油脂类、肉类制品、禽蛋类、乳制品、糖果类、饮品。

2. 留通风间隙法

留通风间隙法是在货物或货件间留有通风间隙或通风道，保证空气流通，共 6 个装载号。

（1）1 号装载法——品字形装车法。

奇数层与偶数层货件交错、骑缝装载，如图 11-2 所示。

（2）2 号装载法——“一二三、三二一”装车法。

第一层按间隔一件、二件、三件留空隙；第二层按间隔三件、二件、一件留空隙；奇数层同第一层，偶数层同第二层，如图 11-3 所示。

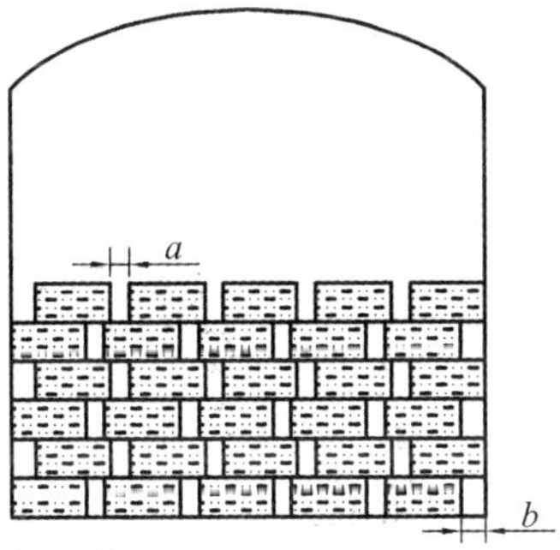

空隙值 a=4 ~ 5 cm；b=4 ~ 5 cm

图 11-2　品字形装车法

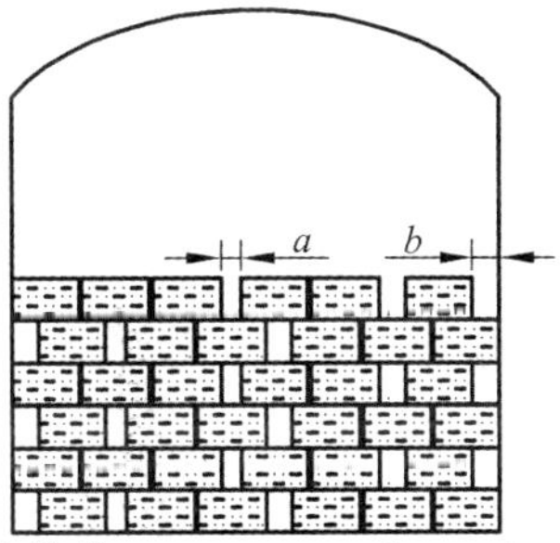

空隙值 a=3 ~ 4 cm；b=5 ~ 6 cm

图 11-3　“一二三、三二一”装车法

（3）3 号装载法——井字形装车法。

货箱侧板之间留空隙，端板之间紧靠，奇数层装法相同，偶数层装法相同；奇数层与偶数层交叉堆放形成井字，如图 11-4 所示。

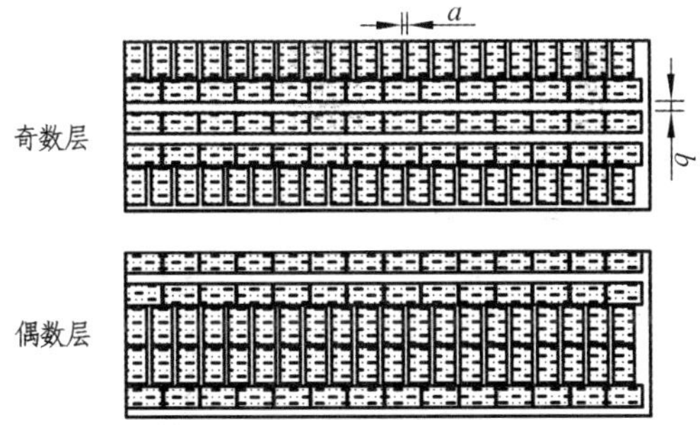

空隙值 a=3 ~ 4 cm；b=3 ~ 4 cm

图 11-4　井字形装车法

（4）4 号装载法——筐式装载法之一（筐口对装法一）。

底层两侧的箩、篓、筐等大筐口朝下，中间的大筐口朝上，第二层则方向相反，奇数层装法相同，偶数层相同，如图 11-5 所示。

（5）5 号装载法——筐式装载法之二（筐口对装法二）。

底层及奇数层全部大筐（箱）口朝上，第二层及偶数层全部大筐（箱）口朝下，如图 11-6 所示。

（6）6 号装载法：筐式装载法之三（筐式顺装法）。

每层的筐（箱）口大头朝上，按顺序堆装，如图 11-7 所示。

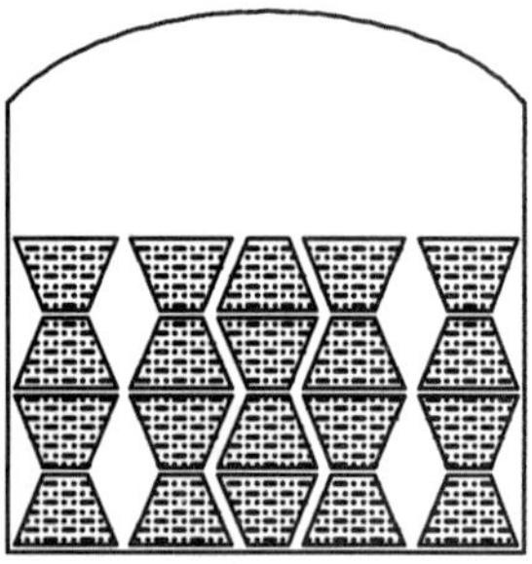

图 11-5　筐口对装法一

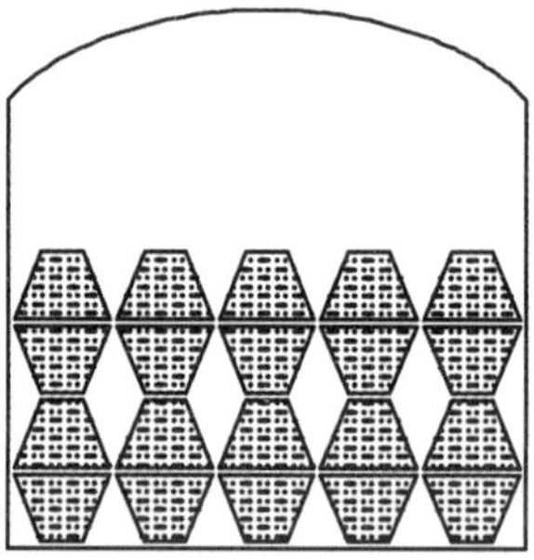

图 11-6　筐口对装法二

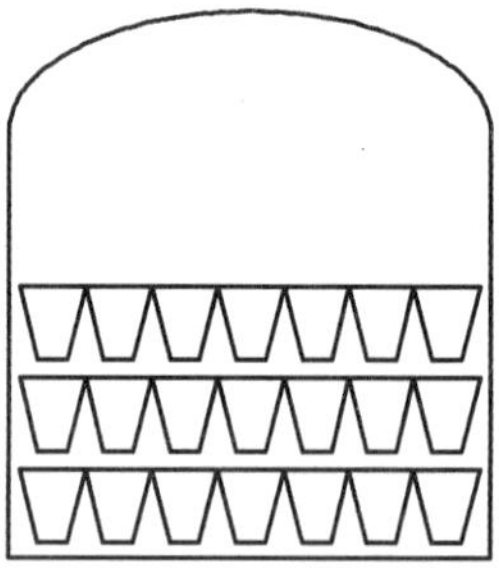

图 11-7　筐式顺装法

筐式装载方法适合于喇叭形竹筐、柳条筐装载的水果、蔬菜堆码用，也适用于梯形塑料箱类包装。

（三）易腐货物运载工具的选择和使用

装运易腐货物应使用冷藏车或冷藏集装箱。在一定季节和区域内不易腐烂、变质、冻损的易腐货物，经托运人确认不影响货物质量的，承运人可根据托运人的要求，使用棚车或通用集装箱装运。使用棚车装运时，应按“使用棚车运输易腐货物的措施”规定办理。

1. 机械冷藏车

使用机械冷藏车（包括空车回送和回空代用），应由发站逐级上报国铁集团调度部门，经国铁集团调度命令承认后方可使用。车站应将调度命令号码填记在“机械冷藏车（BX 型车）装车通知单”内。

机械冷藏车组和 BX 型车组，可组织同一到站卸车的两站分装，或同一发站装车的两站分卸。但两分装或分卸站应为同一径路，距离不超过 500 km。第一装车站的装车数或第二卸车站的卸车数不得少于全组车的一半（枢纽地区除外）。两站分装（卸）是指车组中不同货物车在不同车站装（卸）车，同一货物车只能在一个车站装（卸）车。

机械冷藏车组中不同的货物车，可以装运温度要求不同的货物。

2. 冷藏集装箱

上路运输的冷藏集装箱应符合铁路集装箱运输有关规定，并确保技术状态良好。使用外挂式发电机组的冷藏集装箱，经发送铁路局集团公司同意后可组织运输。运输过程中，要确保发电机组安装稳固并采取有效防脱落措施，冷藏集装箱和发电机组的合计重量不得超过集装箱标记总重、车站起重能力、货车载重等规定限制。

使用冷藏集装箱运输易腐货物且需要途中供电服务的，应按规定填记“冷藏箱供电作业单”。车站接收冷藏集装箱时，冷藏集装箱的温度与托运人设定的运输温度相差明显（一般按4 °C 掌握），经托运人确认不影响货物质量的，可以组织运输，但应在“冷藏箱供电作业单”的备注栏内注明“温度不符，质量托运人自负”字样，并经托运人签认。

冷藏箱供电作业单

使用冷藏集装箱运输易腐货物，不需要途中供电服务的，承托双方凭箱号、封印和箱体外状交接；在承运人的运输责任期内，箱体没有发生危及货物安全的损坏，箱号、施封号码与运单记载一致，施封有效时，箱内货物质量由托运人负责。

使用冷藏集装箱运输易腐货物，需要途中供电服务的，承托双方凭箱号、封印、箱体外状和箱内温度交接；在承运人的运输责任期内，箱体没有发生危及货物安全的损坏，箱号、施封号码与运单记载一致，施封有效，途中供电正常时，箱内货物质量由托运人负责。

使用自备冷藏集装箱运输易腐货物，因冷藏集装箱自身质量问题造成损失的，由托运人负责；由此需要途中倒装的，相关费用由托运人承担。

使用铁路冷藏集装箱运输易腐货物，因冷藏集装箱自身质量问题造成损失的，由箱主单位负责；因操作不当造成货物损失和冷藏集装箱故障、破损的，由使用单位负责。

冷藏集装箱发电机所用柴油装载量不得超过油箱容积的95%。

3. 使用棚车运输易腐货物的措施

（1）易腐货物是否适合棚车运输，由托运人确定，并在运单“托运人记载事项”栏内记明“要求使用棚车，因此造成的货损自负”字样。

（2）运输途中各地区有外温低于-10 °C 时，使用棚车装运玻璃瓶装的酒、罐头、饮料类货物必须采取保温措施。

（3）采取防寒、保温、隔热措施时，所用材料应清洁无污染。

（4）装车作业时，对需要通风运输的水果、蔬菜等易腐货物要留有足够的通风空隙。同时可将车辆门窗开启固定，用栅栏将货物挡住，并在货物运单“承运人记事”栏注明“圈开”（“圈开”表示开门窗运输），“圈开”应转记在“列车编组顺序表”记事栏内。开启的门窗最外突出部位不得超限。

（5）使用棚车运输易腐货物时，是否需要押运由托运人确定。

（四）商定运输条件或签订运输协议组织运输的货物

下面情况应商定运输条件或签订运输协议组织运输，承运人按与托运人商定的运输条件或签订的运输协议组织运输，除承运人责任外，货物质量由托运人负责。

使用机械冷藏车运输“易腐货物机械冷藏车运输条件表”中未列名的易腐货物时，如货物热状态、货物包装、装车时质量要求、运输温度及装载方式可比照类似品名货物时，托运人应与发站和乘务组商定运输条件，签订运输协议，并将比照的品类顺号、货物品名、运输条件记录在货物运单“托运人记事”栏和“机械冷藏车作业单”内。

使用机械冷藏车运输经过基因修改、非正常天然繁殖、使用过生长激素或经过化学药物处理等降低了耐储运性的果蔬时，托运人应与发站和乘务组商定运输条件，签订运输协议，并将运输条件记录在货物运单“托运人记事”栏和“机械冷藏车作业单”内。

使用机械冷藏车运输易腐货物，托运人要求不按《鲜规》规定条件办理时，应在确认货物不致出现腐烂、变质、冻损等问题的前提下，与发站和乘务组商定运输条件，签订运输协议，并将运输条件记录在货物运单“托运人记事”栏和“机械冷藏车作业单”内。

使用机械冷藏车运输易腐货物，装车时的温度高于《易腐货物机械冷藏车运输条件表》规定或商定的运输温度的上限时，经托运人确认不影响货物质量的，可以组织运输，但托运人应与发站和乘务组签订运输协议。

不同品名的易腐货物，如运输温度要求接近、货物性质允许混装的，可按一批托运，在同一机械冷藏车内组织混装运输，此时，托运人应与发站和乘务组商定运输条件，签订运输协议，并将运输条件记录在货物运单“托运人记事”栏和“机械冷藏车作业单”内。

使用机械冷藏车运输《易腐货物机械冷藏车运输条件表》中未列名、且无法比照其他品名办理的易腐货物，应按如下规定试运：

（1）试运前，托运人应与发站商定运输条件，提出“铁路易腐货物试运申请表”一式三份，托运人、发站、发送铁路局集团公司各一份。

铁路易腐货物试运申请表

（2）发站将“铁路易腐货物试运申请表”报铁路局集团公司，经批准后组织试运，铁路局集团公司将有关情况上报国铁集团备案并抄送相关铁路局集团公司。

（3）托运人应将试运批准号和运输条件记录在货物运单“托运人记事”栏和“机械冷藏车作业单”内。

（4）发站在确认首批试运货物安全抵达到站后，方可发出次批试运货物。同一发站、品名、运输条件的货物，首批试运不得超过 4 车。试运期不得超过 1 年。

（5）试运期间，如货物在运输过程中出现腐烂、变质、冻损等问题，须立即停止试运。发站应组织有关人员分析损失原因，并将结果报铁路局集团公司。需要继续试运的必须制定改进措施，重新办理试运手续。

（6）试运结束后，发站应将试运总结报铁路局集团公司，铁路局集团公司将有关情况报国铁集团。

二、易腐货物的发送作业

（一）托运与承运

1. 做好必要的准备工作

托运人要落实货源，备齐单证，准备好必要的货物安全防护用品。车站、托运人、收货人应密切配合，及时做好装车、卸车和搬运工作，并采取必要的防护措施，防止货物在装卸、搬运过程中出现腐烂、变质、冻损、污染、生理病害、病残死亡等问题。

托运的鲜活货物必须质量良好，无病残，包装适合货物性质并能保证铁路运输安全。按照货物性质、容许运输期限及运送全程的季节和气候条件选择合适的运载工具、装载方法和运送方法，并根据需要采取预冷、制冷、加温、保温、通风、上水或押运等措施，以最大限度地保持货物质量。

托运需要检疫的鲜活货物时，托运人应按国家有关规定提出检疫证明，入境的国际铁路联运鲜活货物，凭海关的放行通知办理。

应提供检疫证明的鲜活货物包括：

（1）动物和动物产品。

（2）列入应施检疫的植物、植物产品名单的植物和植物产品，运出发生疫情的县级行政区域之前。

应施检疫的植物、植物产品名单

（3）种子、苗木和其他繁殖材料，不论是否列入应施检疫的植物、植物产品名单和运往何地。

（4）法律法规规定的其他情况。

2. 运单的填写要求

托运易腐货物时，托运人应在货物运单“货物名称”栏内填记货物名称，同时在“托运人记事”栏内注明易腐货物品类顺号、热状态及容许运输期限（日数）。使用冷藏集装箱运输易腐货物，且途中需要供电服务时，托运人应在货物运单注明“BX 车供电运输”字样，并在“托运人记事”栏内注明运输温度。

易腐货物容许运输期限须大于铁路规定的运到期限 3 日以上。

应按国家有关规定提出检疫证明时，在货物运单“托运人记事”栏内注明检疫证明的名称和号码，车站凭此办理运输，并按规定在铁路货运电子商务系统中留存证明文件的影像资料。

使用机械冷藏车运输易腐货物时，托运人应按《易腐货物机械冷藏车运输条件表》规定或与承运人商定的运输条件，在货物运单“托运人记事”栏内具体注明装载货物的运输温度要求和“途中控温”“途中不控温”“途中通风”“途中不通风”等字样。

3. 按一批托运的规定

使用机械冷藏车时，不同热状态的易腐货物不得按一批托运。按一批托运的易腐货物，一般限同一品名；不同品名的易腐货物，如运输温度要求接近、货物性质允许混装的，可按一批托运，在同一机械冷藏车内组织混装运输，此时，托运人应与发站和乘务组商定运输条件，签订运输协议，并将运输条件记录在货物运单“托运人记事”栏和“机械冷藏车作业单”内。

一般情况下，下列货物不得混装运输：

（1）具有强烈气味的货物和容易吸收异味的货物。

（2）易产生乙烯气体的货物和对乙烯敏感的货物。

（3）水果和肉类，蔬菜和乳制品。

（二）装车与卸车

1. 调配车辆

承运人应调配技术状态良好、干净清洁的铁路货车（集装箱），托运人在装车（箱）前必须检查车辆（集装箱）状况，发现状态不良不能保证货物安全和运输质量的，应及时提出，承运人应予调换；对不清洁的车辆（集装箱），车站要组织清扫、洗刷。按规定需要消毒的，由托运人按卫生部门和动物卫生监督部门要求办理。

机械冷藏车装载货物的重量，不得超过车辆的标记载重量。冷藏集装箱总重应符合集装箱运输有关规定。

冷藏车、铁路冷藏集装箱严禁用于装运易污染、腐蚀和损坏车辆或箱体的非易腐货物。

无包装的水果、蔬菜（西瓜、哈密瓜、南瓜、冬瓜除外）等易污染、损坏车内设备或箱体的易腐货物不得用冷藏车、铁路冷藏集装箱装运。

冷藏集装箱装车方案

2. 装车准备

使用机械冷藏车运输易腐货物时，发站应与托运人商定进货、装车等事项，将计划装车时间、装车地点、货物品名及热状态、重量、到站等事项填记在“机械冷藏车（BX 型车）装车通知单”内，于装车前 12 h 交给乘务组；两站分装的，第二装车站应在车辆到达后及时交给乘务组。乘务组应在装车前做好上水、补足油料、预冷车辆等工作。

使用 BX 型车组运输冷藏集装箱时，发站应于装车前 6 h 将“机械冷藏车（BX 型车）装车通知单”交给冷藏车乘务组。

机械冷藏车装车通知单

使用冷藏集装箱运输易腐货物时，车站应与托运人、收货人商定冷藏集装箱进出站、站内接电等事项，减少冷藏集装箱非工作状态的站内停留时间，避免发生货损。具备冷藏集装箱接电条件的集装箱办理站见《铁路鲜活货物运输规则》。

使用机械冷藏车运输易腐货物时，在装车前必须预冷，待车内温度降低到规定温度后（协议运输从其约定），方可装车。机械冷藏车车内预冷温度：冻结货物为-3 ~ 0 °C；香蕉为 11 ~ 15 °C；菠萝、柑橘为 9 ~ 12 °C；其他易腐货物为 0 ~ 3 °C。

3. 装　车

易腐货物应按“易腐货物机械冷藏车运输条件表”“易腐货物装载方法表”规定的方法装载。

经过预冷的冷藏车装车时，应采取措施保持车内温度。在装卸车作业中应使用不致损坏车内设备的工具，不得挤碰循环挡板和挤占车体压筋之间的空隙，上层货物距离循环挡板至少应留出 50 mm 的空隙，不得在货物分层间使用影响通风的隔板。货物在车内的堆码，应当保证两侧车门能够方便开启。开关车门时，严禁乱砸硬撬。在采取保温、防寒、防湿等措施时，严禁以钉、钻、铆等方式损坏冷藏车车体。

易腐货物装卸车作业时，应轻拿轻放。

冷藏集装箱装卸和搬运时，应稳起轻放，避免冲撞，防止损坏。

装运冷藏集装箱应使用集装箱专用平车或共用平车，并符合集装箱运输有关规定。

车站、铁路专用线（专用铁路）、冷藏车乘务组要认真按车填写“机械冷藏车作业单”“冷藏箱供电作业单”，并做好传递交接工作。“机械冷藏车作业单”一式三份，一份由发站留存，一份随车递送到站保存，一份由机械冷藏车乘务组交配属单位存档。

车站、冷藏车乘务组和托运人、收货人应加强装卸车组织工作，缩短装卸时间。易腐货物作业车停站时间原则上不得超过该站的货车停留时间。单节机械冷藏车每辆装（卸）车作业时间（不包括洗车和预冷时间，下同）不得超过 3 h。货物车为 4 辆的机械冷藏车组，每组装（卸）车作业时间不得超过 6 h，每车的装（卸）车作业时间不得超过 3 h。装（卸）车期间需要制冷的，要在“机械冷藏车作业单”中注明起止时间，超过上述规定时间的，车站按规定核收有关费用。

车站货运员和冷藏车乘务组应对装卸车作业进行指导，发现问题及时联系托运人、收货人共同解决。货物装车完毕，冷藏车乘务组应检查车门是否关闭严密，及时记录车内温度并开机调温。

需要途中供电服务的冷藏集装箱装车后，冷藏车乘务组负责冷藏集装箱的电源连接、温度检查，发现影响正常运输的异常情况，应及时报告和处理。卸车前，车站应通知冷藏车乘务组，冷藏车乘务组应按规定做好检查记录，并将冷藏集装箱电源连接线拔出和复位；具备卸车条件后，冷藏车乘务组通知车站。未配备冷藏车乘务组的，相关工作由车辆配属单位负责。

机械冷藏车作业单

三、易腐货物的运行组织与途中作业

（一）易腐货物的运行组织

发站承运易腐货物后应在货物运单“承运人记事”上标注“△K”（表示装运易腐货物）。“△K”对应标记应转记在“列车编组顺序表”记事栏内。

各级调度对装有鲜活货物的列车、车辆应重点掌握，防止途中积压。对装有鲜活货物的车辆，除由于在中间站装（卸）车必须编入摘挂、小运转列车外，途中均应编入快运列车或直通、直达、区段列车。车辆在编组站、区段站的中转停留时间，原则上不得超过车站有关去向的货车中转停留时间，中转停留超时的，车站要主动联系上级调度部门尽快安排挂运。

需中途上水的机械冷藏车、BX 型车组应编在列车中部，乘务组应提前拍发电报将有关情况通知前方上水站。机械冷藏车、BX 型车组需要上水时，各车站应予以支持并免费供水。

冷藏集装箱（无论空重）、机械冷藏车、BX 型车组（不具备供电功能的除外）禁止溜放。车站应在冷藏集装箱的货物运单、特殊货车及运送用具回送清单上注明“禁止溜放”。BX 型车组运输途中不得拆解。

装有易腐货物的车辆，在运行途中不得保留。遇有特殊情况需要保留时，保留站应立即向铁路局集团公司调度、货运部门报告，同时采取措施妥善处理，并编制普通记录说明原因。

为便于检修和管理，机械冷藏车和 BX 型车组（有人值乘）临时备用时，应停留在有上水条件的枢纽地区或车站。

（二）冷藏车乘务组的工作

冷藏车乘务组应按《机械冷藏车运输条件表》规定或商定的温度要求保持车内温度，对未冷却的易腐货物应在最短时间内将车内温度降到规定的范围。同时定期对车内温度状况进行监控，在装车后及运输途中，每隔 2 h 记录一次各车内的温度，每 6 h 填写一次“机械冷藏车作业单”。使用机械冷藏车装运水果、蔬菜和其他需要通风运输的货物时，应根据具体情况定期进行通风作业。

BX 型车组的冷藏车乘务组应做好途中供电工作，确保冷藏集装箱供电正常，并在沿途车辆技检作业时，对冷藏集装箱温度进行检查和记录。未配备冷藏车乘务组的，车辆配属单位要做好远程监控和应急处置工作。

（三）运输途中发现问题的处理

装有易腐货物的车辆、集装箱因技术状态不良等原因发生滞留不能继运时，滞留站应及时报告铁路局集团公司调度、货运部门，并尽量组织按原运输条件倒装。由于气温、技术条件等限制不能倒装又不宜在当地处理的货物，滞留站应通知发、到站和及时联系托运人、收货人，并限时提出处理办法。超过要求时间未接到答复或因等候答复使货物造成损失时，由发生地铁路局集团公司与发送铁路局集团公司协商处理。

沿途各站发现冷藏集装箱箱门开启、油箱漏油、电源连接线脱落等问题，影响运输安全时，应及时处理和报告。甩车处理的，必要时应通知箱主单位或托运人配合处置。

运输途中发现易腐货物腐烂、变质、冻损、污染、生理病害、病残死亡等问题时，发现单位应立即通知车站联系托运人、收货人并妥善处理，防止货物损失扩大。

处理货物腐烂、变质情况时，应扣除运输途中的合理损耗。

（四）运输变更的处理

易腐货物需要变更到站时，可办理一次，但容许运输期限要大于重新计算的运到期限 3 日以上。

四、易腐货物的到达作业

（一）卸车和交付

到站对到达的易腐货物应及时组织卸车和交付。

车站、铁路专用线（专用铁路）、机械冷藏车乘务组要认真按车填写“机械冷藏车作业单”到站作业记录。

收货人领取货物时，必须将货物的装车备品、防护用品、衬垫物品等全部搬出。卸车单位负责将卸后的车辆和货位清扫干净。

铁路箱掏空后，掏箱单位应将集装箱清扫干净，将箱门关闭良好，撤除无关标记。

（二）到达货物出现问题处理

易腐货物运抵到站，联系不到收货人或收货人拒绝领取时，到站应自发出领货通知次日起（不能实行领货通知时，为卸车完了的次日）或收货人拒绝领取之日起，1 日内及时通知发站和托运人，征求处理意见。托运人自接到通知之日起，2 日内提出处理意见答复到站。对于超过容许运输期限仍无人领取的货物，或收货人拒领而托运人又未按规定期限提出处理意见的货物，或虽未超过上述期限，但是货物已开始腐坏、变质时，到站可按无法交付货物或依据有关规定处理。

到达货物出现腐烂、变质、冻损、污染、生理病害、病残死亡等问题时，到站应立即组织卸车并按规定编制货运记录，使用机械冷藏车的应会同乘务组组织卸车。收货人有异议的，不得拒绝卸车或中途停止卸车，否则因此造成的扩大损失由收货人承担。

发现食品运输污染的，应立即向铁路食品安全监管办公室报告。

（三）车辆、货位的清扫、洗刷除污

收货人领取货物时，必须将货物的装车备品、防护用品、衬垫物品等全部搬出。卸车单位负责将卸后的车辆和货位清扫干净。

铁路箱掏空后，掏箱单位应将集装箱清扫干净，将箱门关闭良好，撤除无关标记。

被动物、动物产品等污染的车辆（铁路箱）、货位，卸车（掏箱）单位要彻底洗刷除污，保证没有残留的污水、秽物。按规定需要消毒的，由收货人按卫生部门和动物卫生监督部门要求办理。车辆（铁路箱）洗刷除污、消毒后适当通风，晾干后再关门。机械冷藏车洗刷除污、消毒后须经车站和乘务组检查验收，棚、敞车和铁路箱洗刷除污、消毒后须经车站检查验收。卸车单位没有货车洗刷除污条件的，车站应根据调度命令填写“特殊货车及运送用具回送清单”，向铁路局集团公司指定的洗刷除污站回送。

清扫、洗刷除污费用由收货人承担。

任务 3　学习活动物运输组织

任务导读

活动物包括禽、畜、兽、蜜蜂、活水产品等，活动物运输时必须提供较适宜的运输环境，进行适当的照料，所以运输活动物应选用合适的车辆并派人押运，由于活动物有可能携带疫病，所以运输活动物必须按国家有关规定提出检疫证明，一旦在途中发生问题，应采取隔离等控制措施，防止动物疫情扩散。严禁乱扔染疫、疑似染疫的活动物，病死或死因不明的活动物尸体。

知识点

一、活动物的发送作业

（一）活动物的托运与承运

托运活动物时，托运人应按国家有关规定提出检疫证明，在货物运单“托运人记事”栏内注明检疫证明的名称和号码，车站凭此办理运输，并按规定在铁路货运电子商务系统中留存证明文件的影像资料。入境的国际铁路联运鲜活货物，凭海关的放行通知办理。

承运活动物时，发站应在货物运单“承运人记事”栏标注“活动物”和“禁止溜放”，“活动物”和“禁止溜放”应转记在“列车编组顺序表”记事栏内。托运人提出需要途中上水的，发站在货物运单注明。

托运蜜蜂时，托运人要按车填写物品清单（一式两份，一份留站存查，一份托运人自留）。物品清单要记明蜜蜂的空箱数、有蜂箱数、押运人所带的生活用品、饲养工具及蜜蜂饲料等。

托运猛禽、猛兽时，托运人应与发站商定运输条件和运输防护方法，报发送铁路局集团公司批准。跨局运输时，发送铁路局集团公司应将商定的事项通知相关铁路局集团公司。托运人应在货物运单“托运人记事”栏内注明商定的运输条件和运输防护方法。

蜜蜂进站时，托运人必须在蜂箱巢门外安装好纱罩，防止蜜蜂飞出蜇人，遮蔽信号，影响车站作业和行车安全。蜂箱巢门未安装纱罩的，发站不得承运。

（二）活动物的车辆选用

装运活动物应选用专用车辆、敞车或有窗的棚车。

装运牛、马、骡、驴、骆驼等大牲畜，应使用木（竹）地板货车，并采取有效措施将活动物拴紧；确因木（竹）地板货车不足需要使用其他货车时，应采取衬垫等防滑措施。

装运活鱼不得使用全钢棚车及车窗不能开启的棚车（采用增氧机运输的除外）。托运人随车携带增氧机时，必须配带 1 至 2 只灭火器。随车携带的动力用柴油不得超过 100 kg。柴油应盛装于小口塑料桶内，口盖必须拧紧，严密不漏。严禁使用汽油动力增氧机，严禁携带汽油上车。

（三）活动物的装载

承运人应调配技术状态良好、干净清洁的铁路货车，托运人在装车（箱）前必须检查车辆状况，发现状态不良不能保证货物安全和运输质量的，应及时提出，承运人应予调换；对不清洁的车辆，车站要组织清扫、洗刷。按规定需要消毒的，由托运人按卫生部门和动物卫生监督部门要求办理。

禽、畜可单层或多层装载，每层的装载数量由托运人根据季节、运输距离、活动物的体积及选用的车种车型等情况确定。装运活动物的车辆可开启门窗，但应采取措施防止大牲畜头部伸出，并在货物运单“承运人记事”栏注明“圈开”（“圈开”表示开门窗运输），“圈开”应转记在“列车编组顺序表”记事栏内。对开启的车门应捆绑牢固，并用栅栏将活动物挡住。开启的门窗最外突出部位不得超限。

（四）活动物的押运

运输活动物时，托运人必须派熟悉动物特性的押运人随车押运，负责做好动物的饲养、饮水、换水、洒水、看护和安全工作。押运人每车一至两人。押运人只限携带途中生活用品和途中需要的饲料和饲养工具，并严格遵守“押运人须知”和铁路的有关规定。为放蜂需要带的狗必须装在铁笼内，并交验检疫证明。

二、活动物的途中作业与到达作业

（一）活动物车辆调车限制、编挂与运行

装蜜蜂的车辆与装载农药的车辆原则上不得编挂在同一列车上。如因车流不足、分别挂运有困难，在本次列车运行全程内不发生列车折角转向运行的条件下，可编入同一列车内，但应将蜜蜂车挂在农药车的前部，并隔离 4 辆以上。

蜜蜂车和生石灰车编在同一列车内时应隔离 2 辆以上，并将蜜蜂车挂在生石灰车的前部。

为保证铁路作业安全，蜜蜂在车站和运输过程中不得放蜂。蜜蜂到达到站后，要尽快办理卸车、交付手续，并及时搬出货场。

（二）活动物车辆途中上水

活动物在中途上水，由铁路指定的上水站免费供应。上水用具由托运人或押运人自备。对挂有活动物需要上水车辆的列车，发站或上水站应拍发电报依次向前方上水站进行预报，上水站应将其接入备有上水设备的股道。上水预报电文内容和代号如下：

内容	开车月、日	车次	车型车号	货物品名	到站	收货人
代号	（1）	（2）	（3）	（4）	（5）	（6）

注：1. 在电文首部冠以“上水预报”字样。

2. 整列运输时，代号（3）只报车型、车数，不报车号。代号（6）由最后一个上水站向到站预报。

（三）活动物运输途中发生问题处理

运输过程中发现活动物染疫、疑似染疫、病死或死因不明时，押运人应及时通知车站。

车站发现上述情况时，应及时向当地兽医主管部门、动物卫生监督机构或者动物疫病预防控制机构报告，同时拍发电报通知发、到站和上级主管部门，并采取隔离等控制措施，防止动物疫情扩散。严禁乱扔染疫、疑似染疫的活动物，病死或死因不明的活动物尸体。

（四）车辆和货位的洗刷除污

活动物的排泄物以及垫料、包装物、容器等污染物应由押运人或收货人在铁路指定站或到站清除，并按动物防疫部门的规定处理，不得中途随意向车外抛撒，不得违规在中途站清扫和冲洗。

被动物、动物产品等污染的车辆、货位，卸车单位要彻底洗刷除污，保证没有残留的污水、秽物。按规定需要消毒的，由收货人按卫生部门和动物卫生监督部门要求办理。车辆洗刷除污、消毒后适当通风，晾干后再关门。机械冷藏车洗刷除污、消毒后须经车站和乘务组检查验收，棚、敞车和铁路箱洗刷除污、消毒后须经车站检查验收。卸车单位没有货车洗刷除污条件的，车站应根据调度命令填写“特殊货车及运送用具回送清单”，向铁路局集团公司指定的洗刷除污站回送。

清扫、洗刷除污费用由收货人承担。

项目小结

鲜活货物，是指在铁路运输过程中需要采取制冷、加温、保温、通风、上水等特殊措施，以防止出现腐烂、变质、冻损、生理病害、病残死亡等问题的货物。鲜活货物分为易腐货物和活动物两大类，本项目主要学习鲜活货物运输设备，易腐货物运输组织和活动物运输组织。

思政园地

阅读材料：阅读材料见二维码。

临沂冷冻食品新鲜走进成都、重庆

讨论思考：作为铁路运输企业，应如何提供更优质更多元化的冷链运输服务以满足人民、社会和国家对生鲜、冷冻产品运输的需求？

项目训练与测试

一、技能训练

（一）训练任务

收集自己家乡生鲜类土特产及美食信息，分析它们的存储、保藏条件，结合铁路鲜活货物运输条件和运输组织过程说一说如何把它们保质、保量、经济、便利地运到其他地区或其他国家，推广到更多人的餐桌上。

（二）训练目的

通过训练使学生掌握鲜活货物的货物运输条件和运输组织过程，培养学生综合利用所学知识解决实际问题的能力，增强学生社会责任意识。

（三）训练要求与准备

通过咨询亲戚朋友、进行社会调查，网上查找等方式收集资料，结合本项目所学知识按不同地域或不同物品分组在同学间分析、探讨、进行思想碰撞，写出总结。

（四）训练资料

《铁路鲜活货物运输规则》、网络资源。

二、综合测试

（一）填空题

1. 鲜活货物系指在铁路运输过程中需要采取制冷、加温、保温、通风、上水、加冰等特殊措施，以防止腐烂变质或（　　　　）的货物。

2. 鲜活货物分为（　　　　）两大类。

3. 易腐货物按其热状态分为冻结货物、冷却货物和（　　　　）。

4. 鲜活货物运输应坚持（　　　　）、优先进货装车、优先取送、优先编组、优先挂运。

5. 运输冷却的香蕉承运温度应为（　　　　）。

6. 使用机械冷藏车运输易腐货物，托运人要求不按《铁路鲜活货物运输规则》规定条件办理时，应在确认货物不致出现腐烂、变质、冻损等问题的前提下，与（　　）商定运输条件，签订运输协议，并将运输条件记录在货物运单“（　　）”栏和“机械冷藏车作业单”内。

7. 冷藏车严禁用于装运易污染、（　　　　）和损坏车辆的非易腐货物。

8. 使用机械冷藏车（包括空车回送和回空代用），应由发站逐级上报（　　　　），经调度命令承认后，方可使用。

9. 机械冷藏车在运输途中，每隔 2 h 应记录一次各车内的温度，每 6 h 填写一次（　　　）。

10. 机械冷藏车组，可组织同一到站卸车的两站分装或同一发站装车的两站分卸，但第一装车站的装车数或第二卸车站的卸车数不得少于全组车数的（　　）（枢纽地区除外）。

11. 托运易腐货物时，托运人应在货物运单“货物名称”栏内填记货物名称，同时在“托运人记事”栏内注明易腐货物（　　）。

12. 托运人托运易腐货物时，货物的包装须符合（　　）的规定。

13. 用冷藏车冷藏运输易腐货物时，在装车前必须预冷车辆，待车内温度（　　　）后，才能装车。

14. 使用机械冷藏车装运易腐货物时，发站应会同机械车乘务人员对承运货物的（　　　）进行抽查。

15. 使用机械冷藏车装运冻结货物时，车内预冷温度为（　　　）。

项目十一综合测试参考答案请扫码观看

项目十二　货运收入

知识目标

（1）熟悉铁路货运收入构成，简述铁路货物运费计算程序，掌握铁路货物运输费用计算方法。

（2）掌握整车货物运费计算方法。

（3）掌握集装箱货物运费计算方法。

（4）掌握零散快运货物运费的计算方法。

（5）识别并掌握铁路杂费收费项目及标准。

能力目标

（1）会根据运费计算程序能确定运价里程、运价号、运价率、计费重量。

（2）能独立完成一般整车货物运费核算。

（3）能独立分情况完成特殊条件运输整车货物运费核算。

（4）能独立完成对不同种类集装箱货物运输运费核算。

（5）会计算零散及快运货物运费。

（6）会正确分析并综合计算铁路货运杂费。

思政目标

（1）从运费的收取中，培养学生实事求是、一切从实际出发、理论联系实际、坚持在实践中检验真理和发展真理的良好工作习惯。

（2）尊重知识，通过运费计算程序和标准，培养学生严谨、踏实的工匠精神和认真负责的职业意识。

（3）引导学生对新事物进行探索，不断寻求发展机遇，通过运费分析计算，正确看待事物发展的过程，既要看到道路的曲折，又要看到前途的光明。

项目思维导图

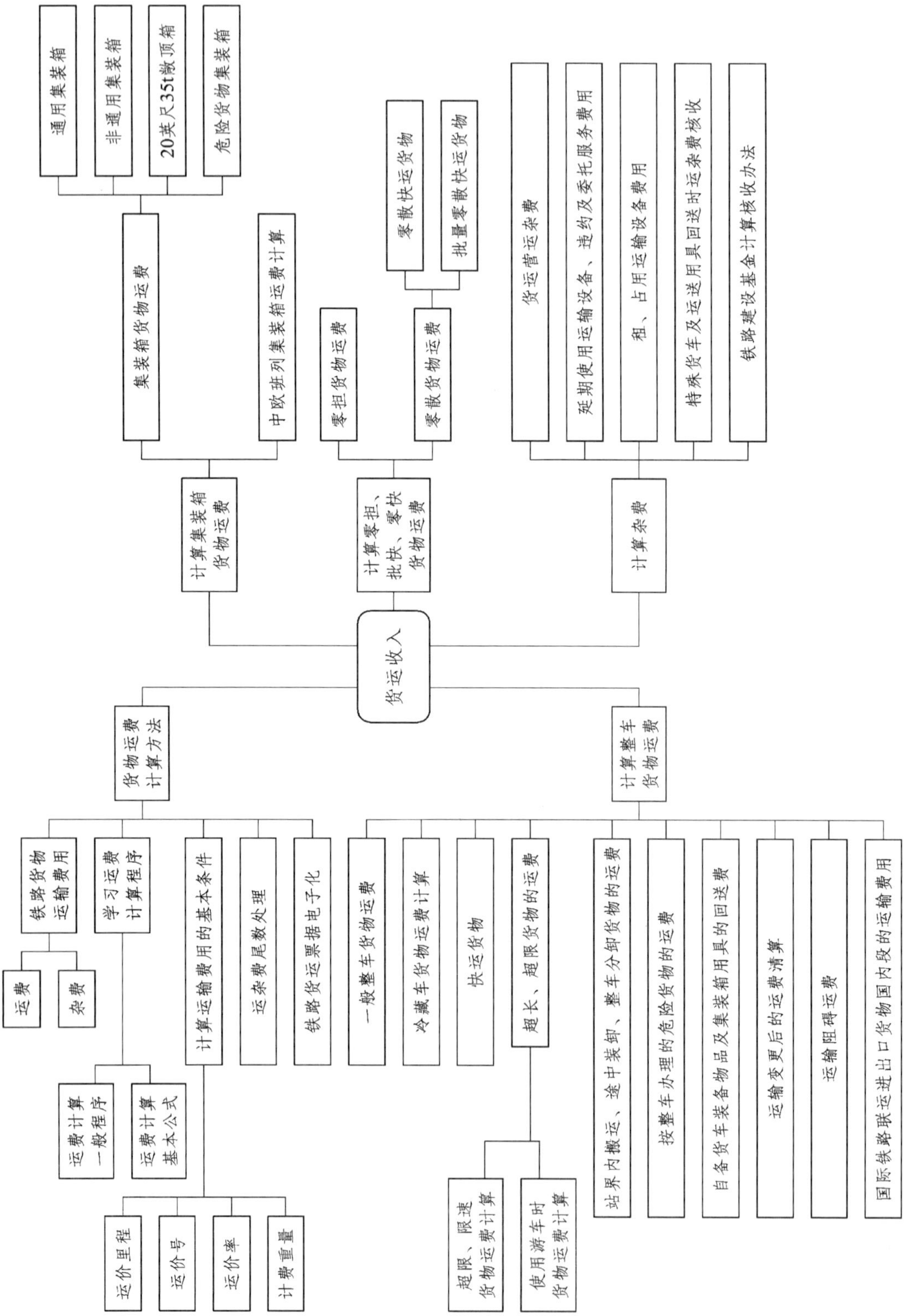
货运收入
计算集装箱货物运费
集装箱货物运费
通用集装箱
非通用集装箱
20英尺35t敞顶箱
危险货物集装箱
中欧班列集装箱运费计算
计算零担、批快、零快货物运费
零担货物运费
零散货物运费
零散快运货物
批量零散快运货物
计算杂费
货运营运杂费
延期使用运输设备、违约及委托服务费用
租、占用运输设备费用
特殊货车及运送用具回送时运杂费核收
铁路建设基金计算核收办法
货物运费计算方法
铁路货物运输费用
运费
杂费
学习运费计算程序
运费计算一般程序
运费计算基本公式
计算运输费用的基本条件
运价里程
运价号
运价率
计费重量
运杂费尾数处理
铁路货运票据电子化
计算整车货物运费
一般整车货物运费
冷藏车货物运费计算
快运货物
超长、超限货物的运费
超限、限速货物运费计算
使用游车时货物运费计算
站界内搬运、途中装卸、整车分卸货物的运费
按整车办理的危险货物的运费
自备货车装备物品及集装箱用具的回送费
运输变更后的运费清算
运输阻碍运费
国际铁路联运进出口货物国内段的运输费用

引导案例

分析以下运费核算是否正确：

新乡发八里轮胎一车，60 t，运行至洛阳东站时，遇自然灾害阻碍运输，托运人要求变更到站至徐州北站。洛阳东站处理变更，并核收变更手续费。徐州北按新乡—洛阳东和洛阳东—徐州北里程计算运费，退货主运费总和 4 377.60 元。问洛阳东站和徐州北站费用核算是否正确？

（新乡—八里的运价里程 1 434 km，京九分流 74 km，轮胎运价号整车 5 号，运价率：基价 1：18.60 元/他，基价 2：0.103 元/吨公里，计费重量 60 t）

思考问题：

1. 铁路货物运费是如何收取的？
2. 整车货物运价号和运价率以及计费重量的判定依据是什么？
3. 货物运输变更运输费用是如何清算的？

任务 1　货物运费计算方法

任务导读

铁路货物运输费用是对铁路运输企业所提供的各项生产服务消耗的补偿。包括车站费用、运行费用、服务费用和额外占用铁路设备的费用等。本任务主要介绍铁路货物运费收费项目及核算方法，要求学生掌握运费计算程序，会使用铁路货运制票系统填制并打印货物运单，达到货运核算员的岗位技能要求。本任务主要的规章依据《铁路货运运价规则》(简称《价规》)。

知识点

一、铁路货物运输费用

铁路货物运输费用是对铁路运输企业所提供的各项生产服务消耗的补偿。包括车站费用、运行费用、服务费用和额外占用铁路设备的费用等。

1. 运　费

广义运费包含基价 1 运费、基价 2 运费，特定区段运费（合资、地方铁路公司运费，临管线运费），特定加价运费（京九分流运费），狭义运费包含国铁区段基价 1 运费、基价 2 运费。

2. 杂　费

铁路货物运输杂费（简称杂费）是铁路货物运输费用的组成部分。

铁路运输的货物（包括企业自备车或租用铁路货车）自承运至交付的全过程中，铁路运输企业向托运人、收货人提供的辅助作业和劳务，以及托运人或收货人额外占用铁路设备，使用用具、备品所发生的费用，均属货运杂费。

二、学习运费计算程序

1. 运费计算一般程序

（1）按《货物运价里程表》（简称《里程表》）计算出发站至到站的运价里程。

（2）根据货物运单上填写的货物名称查找“铁路货物运输品名分类与代码表”“铁路货物运输品名检查表”，确定适用的运价号。

（3）整车、零担货物按货物适用的运价号，集装箱货物根据箱型和箱类、冷藏车货物根据车种分别在“政府指导价铁路整车货物运价率表”“市场调节价铁路零担、集装箱及整车运价率表”中查出适用的运价率（即基价 1 和基价 2，以下同）。

政府指导价铁路整车货物运价率表　　　　市场调节价铁路零担、集装箱及整车运价率表

货物适用的基价 1 加基价 2 与货物的运价里程相乘之积后，再与确定的计费重量（集装箱为箱数或规定计费重量）相乘，计算出基础运费。

（4）杂费按《铁路货物运价规则》（简称《价规》）的规定计算。

2. 运费计算基本公式

按现行《价规》规定，不同运输种类的货物计费公式如下。

（1）整车货物。

按重量计费：

运费=（基价 1+基价 2×运价里程）×计费重量

按轴数计费：

运费=（基价 2×运价里程）×轴数

（2）零担货物。

运费=（基价 1+基价 2×运价里程）×计费重量/10

（3）集装箱货物。

运费=（基价 1+基价 2×运价里程）×箱数

三、计算运输费用的基本条件

（一）运价里程

货物运价里程应根据《里程表》按照发站至到站间国铁正式营业线最短径路（与国家铁路办理直通的合资、地方铁路和铁路运输企业临管线到发的货物也按发、到站间最短径路）计算，但《里程表》内或铁路运输企业另有规定有计费径路的，按规定的计费径路计算。运价里程不包括专用线、货物支线的里程。

1. 车站和里程查找方法

根据《里程表》首先从站名音序索引表或站名首字笔画索引表中，查出发站和到站在《里

程表》中的页数，即可从《里程表》中找出发站和到站至接算站间的里程，通过计算得出发到站间的里程。

用来计算跨及两条或两条以上线路车站间运价里程的车站称为接算站。《里程表》上一般用“★”表示，图上一般用“○”表示接算站在路网上位于两条或两条以上线路的汇集交叉点。

2. 最短径路

最短径路，是指发站至到站间运价里程最小的经由路线。货物运价里程最短径路示意图分为货物运价里程最短径路示意图（环状线）和××站起点货物运价里程最短径路示意图两种。货物运价里程最短径路示意图（环状线），表明了当发、到站在同一环状线上时，从发站至到站的最短径路。其使用方法就是根据环状线路上的以各个发站为始点至箭头指示的车站为环状里程的一半，确定发站至到站的最短径路，环状线路上的数字为半环的运价里程。

3. 运价里程按实际经由计算的情况

下列情况发站在货物运单内注明，运价里程按实际经由计算。

（1）因货物性质（如鲜活货物、超限货物等）必须绕路运输时。

（2）因自然灾害或其他非铁路责任，托运人要求绕路运输时。

（3）属于班列运输的货物，按班列径路运输时。

承运后的货物发生绕路运输时，仍按货物运单内记载的径路计算运输费用。

实行统一运价的营业铁路与特价营业铁路直通运输，运价里程应分别计算。

4. 应另加入运价里程计算的情况

（1）通过轮渡时，应将规定的轮渡里程加入运价里程内计算；

粤海轮渡线：海安南—海口，26 km。江阴轮渡线：靖江南—江阴北，6 km。渤海轮渡线：烟台北—旅顺西，189 km。

【例 12-1】徐州北站发青岛港一车水路联运整车货物，经由连云港换装，请计算运价里程。

解：根据《里程表》计算出徐州北至连云港站的运价里程为 227 km。查“铁路和货物联运换装站到码头线里程表”，连云港站到码头线的里程为 2 km。运价里程为：227+2=229（km）。

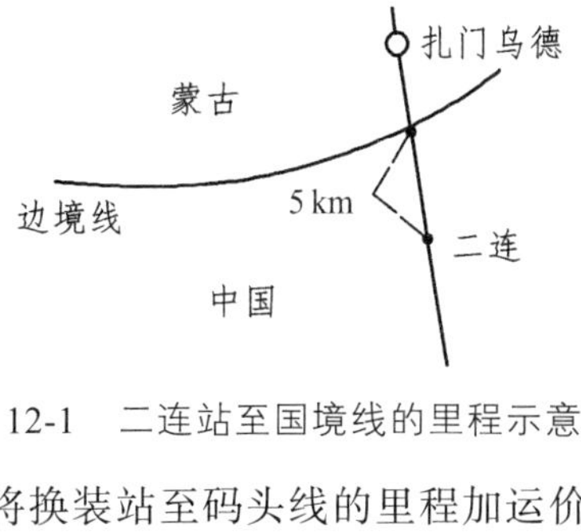

图 12-1　二连站至国境线的里程示意图

（2）水陆联运的货物，应将换装站至码头线的里程加运价里程内计算（里程可按《里程表》中的“铁路和货物联运换装站到码头线里程表”确定）。

（3）国际联运货物。进、出口货物的运价里程，应将国境站至国境线的里程计算在内。里程可按《里程表》中的“国际联运国境站到国境线里程表”确定。

【例 12-2】包头东站经由二连出口到俄罗斯一整车货物，请计算运价里程。

解：根据《里程表》计算出包头东站至二连站的运价里程为 640 km。查“国际联运国境站到国境线里程表”，二连站到国境线的里程为 5 km，运价里程为：640+5=645（km）。

《里程表》下方“注：仅限发到本线各站的货物使用”的线路，不作为确定最短径路的线路，应按原定的计费径路计算运价里程。如沈阳铁路局管内锦州站至海城站间有两条径路。如图 12-2 所示，一条从锦州经由沟帮子、沈阳到海城，为 367 km，另一条从锦州经由沟海线（沟帮子至唐王山）到海城，为 172 km，以上两条径路比较，通过沟海线运价里程较近，但根据《里程表》沟海线下“注”，货物运价里程应按经由沟帮子、沈阳到海城的径路来确定（即按 367 km 计算）。

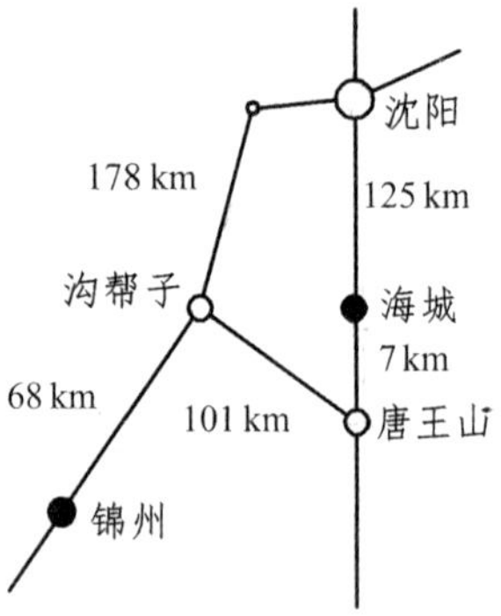

图 12-2　锦州、海城间的最短径路

5. **特殊情况运价里程的计算**

（1）站界内搬运的货物，按实际运输里程（不足 1 km 的尾数进整为 1 km）计算运价里程。

（2）区间装卸货物，途中装车按后方货运站计算运价里程；途中卸车按前方货运站计算运价里程。

（3）整车分卸的货物，按照发站至最终到站的运价里程计算。

（4）货物运输变更运价里程的计算：

货物发送后，托运人要求变更到站时，运价里程应按发站至处理站，处理站至新到站分别计算。

对已承运的货物，因自然灾害发生运输阻碍变更到站时，运价里程按发站至处理站与处理站至新到站的实际经由里程合并通算。如至新到站经由发站至处理站的原经路时，计算时应扣除原经路的回程里程。进口货物在国境站应收货人的代理人要求，受理货物运输变更时，运费按进口国境线至新到站的里程通算。

（二）运价号

国铁集团现行铁路货物运价实行分号运价制。整车货物运价号分为 7 个（1 ~ 6 号、机械冷藏车）；零担货物运价号分为 2 个（21 号、22 号）；集装箱货物运价号分为 2 个（20 英尺箱、40 英尺箱）。按照货物运单上填写的货物品名，《铁路物运输品名分类与代码表》和《铁路货物运输品名检查表》，确定出该批货物适用的运价号。

1. **列名内的货物**

列表内的货物即在货物《分类表》和《检查表》中列载了货物具体名称或概括名称的货物。

（1）先查《检查表》。从品名首字汉语拼音索引表或品名首字笔画索引表中，查出该品名在货物运输品名检查表中的页数，再根据《检查表》查出该品名的拼音码、代码和运价号。

（2）《分类表》和《检查表》中有具体名称时，按具体名称判定类别和运价号，不属该具体名称的不能比照。但由于货物的别名、俗名、地方名称等不同，而实际属于该具体名称的，仍应按该具体名称判定类别和运价号。

（3）《分类表》和《检查表》中无该具体名称时，则按概括名称判定类别和运价号，并须遵守以下规定：

① 适用制材或加工工艺概括名称的，除明定者外，均不分用途。当货物具有两种以上制材时，则按其主要制材判定类别和运价号。

② 适用用途概括名称时，除明定者外，均不分制材，并在用途概括名称后加括弧注明该货物具体名称。如药用的桑皮在检查表中无此名称，则在运单上写成中药材（桑皮）130131。

③ 适用自然属性概括名称的，除明定者外，均不分用途、制材、形态、品种。

2. **未列名的货物**

在《分类表》和《检查表》中既无该货物的具体名称，又无概括名称或难以判定概括名称时，按小类→中类→大类的顺序逐层次判定其归属的收容类目。各类均不能归属的货物，则列入总收容类目→9990 未列名的其他货物。

（三）运价率

铁路货物运价率是根据运价号相应制定出对应于每运价号的基价 1 和基价 2。基价 1 是货物在发站及到站进行发到作业时单位重量（箱数）的运价，只与计费重量（箱数）有关，与运价里程无关。基价 2 是指货物在途期间单位重量（箱数）每一运价公里的运价，与计费重量（箱数）与运价里程有关。

1. **整车货物**

运价号为 1 号时无基价 1，基价 2 的单位为“元/轴·公里”；运价号为 2～6 号时基价 1 的单位为“元/吨”，基价 2 的单位为“元/吨·公里”；机械冷车基价 1 的单位为“元/吨”，基价 2 的单位为“元/吨·公里”。

2. **零担货物**

基价 1 的单位为“元/10 千克”，基价 2 的单位为“元/10 千克·公里”。

3. **集装箱货物**

基价 1 的单位为“元/箱”，基价 2 的单位为“元/箱·公里”。

对于铁路的货物的运价率，国铁集团会根据实际情况结合市场需求不定期进行调整。目前，根据运输货物品名的不同，分为“政府指导价铁路整车货物运价率”和“市场调节铁路零担、集装箱及整车运价率”。

表 12-1　铁路货物运价率表（2022.05.15）

办理类别名称	运价号	基价 1		基价 2	
		单位	标准	单位	标准
整车	1			元/轴公里	0.525
整车	2	元/吨	9.50	元/吨公里	0.086

续表

办理类别名称	运价号	基价 1		基价 2	
		单位	标准	单位	标准
整车	3	元/吨	12.80	元/吨公里	0.091
整车	4	元/吨	16.30	元/吨公里	0.098
整车	5	元/吨	18.60	元/吨公里	0.103
整车	6	元/吨	26.00	元/吨公里	0.138
整车	机械冷藏车	元/吨	20.00	元/吨公里	0.140
零担	21	元/10 千克	0.22	元/10 千克公里	0.001 11
零担	22	元/10 千克	0.28	元/10 千克公里	0.001 55
集装箱	20 ft	元/箱	440.00	元/箱公里	3.185
集装箱	40 ft	元/箱	532.00	元/箱公里	3.375

货物运价的定价权限、管理权限与要求

（四）计费重量

计费重量是指用来计算运输费用的货物重量。货物运费与计费重量有关，因此，计算运费时，首先应根据所运送的货物确定计费重量。整车货物运费计费重量单位为 t（t 以下四舍五入）、轴；零担货物计费重量单位为 10 kg（不足 10 kg 进整为 10 kg）；集装箱计费以箱为单位。

计费重量是根据货物实际重量、轴数、箱数按有关规定确定的，以下各节将结合不同情况分别进行介绍。

四、运杂费尾数处理

每项运费、杂费的尾数不足 1 角时按四舍五入处理。各项杂费凡不满一个计算单位，均按一个计算单位计算（另有规定者除外）。

五、铁路货运票据电子化

铁路货运票据电子化是为适应国内运输“一单制”运输需求，对现有的铁路信息系统进行优化，构建一种信息双向传输共享的运输信息集成工作模式。

（一）实施范围

货运票据电子化实施范围包括整车、集装箱、批量、零散货物运输，以及不良货车、检修车、机车车辆、用具、货物回送等业务，铁路货运、车务、车辆和机务等相关作业环节依据货运票据电子信息进行管理，组织作业军事运输、水陆联运、零散货物快运环线运输等暂按原有作业模式执行，但今后也将实现电子化。

（二）主要票据

货运票据电子化相关票据主要包括：货物运单（含国际联运国内段运单）、货车装载清单、特殊货车及运送用具回送清单（简称回送清单）、货运记录、普通记录、商务记录、物品清单、不良货车通知单、装卸作业单、货车篷布交接单、货车调送单、垫款通知书、车辆检修通知单、检车回送单、检修车辆竣工验收移交记录、检修车辆工移交记录、新造车辆竣工移交记录、货物运输变更要求书、超限超重货物运输记录、调卸作业单、列车编组顺序表等。

（三）信息系统

1. 货运信息系统

交接单、货车调送单、垫款通知书，车辆检修通知单、检车回送单、检修车辆竣工验收移交记录、检修车辆工移交记录、新造车辆竣工移交记录、货物运输变更要求书超限超重货物运输记录、调卸作业单、列车编组顺序表等。

（1）铁路货运电子商务系统，简称电商系统，主要用于整车、批量快运、集装箱、国际联运、班列的需求提报，自备车辆回送，运单受理，专用线装车作业信息录入，专用线接轨需求提报等。

（2）铁路货运站安全监控与管理系统，简称货运站系统，主要用于整车、批量快运、零散快运装卸车，专用线装卸车路企交接，军运装卸车，路产篷布、需洗刷除污的货车、铁路运营用衡器、装卸机具、军运备品和装置回送，普通记录编制等。

（3）铁路集装箱运输管理信息系统，简称集装箱系统，主要用于集装箱装卸车，铁路箱进出站、空箱回送等。

（4）电子货运票据管理系统，简称货票系统，主要用于整车、集装箱、批量快运制单、内交付、杂费核收，取消托运，运输变史等。

铁路货运制票操作流程

（5）铁路零散货物快运系统，简称零散系统，主要用于零散快运需求提报、制单、装车计划编制、车入库确认交付，1.5 t 箱回送等。

（6）铁路集装化用具管理系统，简称集装化系统，主要用于铁路集装化用具回送等。

（7）铁路保价运输管理系统，简称保价系统，主要用于货物损失处理，货运记录、商务记录编制，保价收统计等。

（8）接取送达系统主要用于零散、批量快运、整车、集装箱接取送达派单，数据统计等。

（9）铁路货检安全监控与管理系统，简称货检系统，主要用于分配并执行货检作业任务，查看货检作业轨迹，编制普通记录，签认超限超重货物运输记录、危险货物运输作业签认单等。

（10）铁路货运电子票据综合应用管理系统，简称票据管理系统，主要用于凭回送清单回送铁路车辆的回送与签收，调卸作业，票车异常解绑与绑定，车辆票据信息查询等。

2. 相关信息系统

（1）铁路车站综合管理信息系统，简称现车系统，主要用于列车到达、解体、编组、出发的生产过程管理。

（2）铁路运输信息集成平台，简称信息集成平台，主要用于查询列车运行线匹配情况。

（3）车站十八点统计分析系统，简称十八点系统，主要用于车站日生产数据上报、查询、统计等。

任务 2　计算整车货物运费

任务导读

整车货物运输是指一批货物的重量、体积、形状或性质需要以一辆及其以上货车装运。但有些货物，由于性质特殊，或需要特殊照料，或受铁路现有设备条件的限制，尽管不够整车运输条件，也必须按照整车托运（特准者除外），整车货物按照对运输条件要求的不同分为一般条件运输和特殊条件运输。

通过学习本任务，我们可以对一般条件下整车货物运输费用和特殊条件下整车货物运输费用进行核算，掌握货物运费计算方法，加深对铁路货运知识的巩固学习。

知识点

一、一般整车货物运费

（一）计费重量

整车货物的计费重量，除下列情况外，均按货车标记载重量（简称标重，以下同。标重尾数不足 1 t 时四舍五入）计费。货物重量超过标重时，按货物重量计费。

（1）使用矿石车、平车、砂石车，经铁路局批准装运“铁路货物运输品名分类与代码表”“01”“0310”“04”“06”“081”和“14”类货物按 40 t 计费，超过时按货物重量计费。

（2）表 12-2 中所列货车装运货物时，计费重量按表中规定计算，货物重量超过规定计费重量的，按货物重量计费。

（3）使用自备冷板冷藏车装运货物时按 50 t 计费；使用自备机械冷藏车装运货物时按 60 t 计费；使用标重不足 30 t 的家畜车，计费重量按 30 t 计算；使用标重低于 50 t、车辆换长小于 1.5 的自备罐车装运货物时按 50 t 计费（表 12-2 中明定的车种车型按第 2 项办理）。

（4）始发、中途均不加冰运输的加冰冷藏车和代替其他货车装运非易腐货物的铁路冷藏车，均按冷藏车标重计费。

（5）车辆换长超过 1.5 的货车（D 型长大货物车除外）本条未注明计费重量的，按其超过部分以每米（不足 1 m 的部分不计）折合 5 t 与 60 t 相加之和计费。

（6）米、准轨间换装运输的货物，均按发站的原计费重量计费。

承运人提供的 D 型长大货物车的车辆标重大于托运人要求的货车吨位时，经中铁特货运输公司批准可根据实际使用车辆的标重减少计费重量，但减吨量最多不得超过 60。

表 12-2　整车货物规定计费重量表

车种车型	车种	计费重量/吨	附注
B_6 B_{6N} B_{6A} B_7	加冰冷藏车	38	
BSY	冷板冷藏车	40	
B_{18}	机械冷藏车	32	8 辆装货
B_{19}	机械冷藏车	38	4 辆装货
B_{20} B_{21}	机械冷藏车	42	4 辆装货
B_{10}	机械冷藏车	44	单节
B_{22} B_{23}	机械冷藏车	48	4 辆装货
B_{15E}	冷藏车改造车	56	
SQ_1	小汽车专用平车	80	
QD_3	凹底平车	70	
GY_{95S} GY_{95} GH_{40} GY_{40} $GH_{95/22}$ $GY_{95/22}$	石油液化气罐车	65	
GY_{100S} GY_{100} $GY_{100\text{-I}}$ $GY_{100\text{-II}}$	石油液化气罐车	70	

（二）运价率

根据托运人在货物运单上所填写的货物名称，按照《铁路货物运输品名分类与代码表》查出该批（项）货物所适用的运价号，按承运当日实行的运价率，查出该批货物适用的运价率。

（1）按一批办理的整车货物，运价率不同时，按其中高的运价率计费。

（2）运价率加（减）成的确定。

《铁路货物运输品名分类与代码表》中规定的加（减）成应先计算出其适用的运价率后，再按下述规定进行加（减）成计算。

① 一批或一项货物，运价率适用两种以上减成率计算运费时，只适用其中较大的一种减成率。

② 一批或一项货物，运价率适用两种以上加成率时，应将不同的运价率相加之和作为适用的加成率。

③ 一批或一项货物，运价率同时适用加成率和减成率时，应以加成率和减成率相抵后的差额作为适用的加（减）成率。

例如某站发送一件超级超限货物，用自备车装运。其运价率既适用于加成率又适用于减成率，超级超限货物加成率 150%，用自备车装运减成率 20%。因此该批货物适用的运价率为加成 150%-20%=130%。

二、冷藏车货物运费计算

（一）计费重量

机械冷藏车、加冰冷藏车运送易腐货物按规定计费重量计费（见表 12-2），超过时按货物重量以吨为单位四舍五入计费。

（二）运价率

以冷藏车运送货物，按货物运价率表中不同车型的冷藏车的运价率计算运费，特殊情况按下述方法办理：

（1）途中不需要加温（或托运人自行加温）或制冷的机械冷藏车按机械冷藏车的运价率减 20%计费。

（2）使用铁路机械冷藏车运输，要求途中保持温度-12 °C（不含）以下的货物，按机械冷藏车运价率加 20%计费。

（3）自备冷藏车、隔热车（即无冷源车）和代替其他货车装运非易腐货物的铁路冷藏车，均按所装货物适用的运价率计费。

【例 12-3】集宁站发开封站冻羊肉 120 t，用 B_{19} 型机械冷藏车组装运（4 辆装货）。

（1）途中制冷且要求车内保持温度为-12 °C，试计算其运费。

（2）途中制冷且要求车内保持温度为-13 °C，试计算其运费。

解：查货物运价里程表可知，最短径路里程为 1 112 km（最短径路经京包线、北同蒲线、太焦线、陇海线）。使用机械冷藏车，根据机械冷藏车运价率核算该批货物运费。

（1）途中制冷保持温度为-12 °C 时：

$$运费=（20+0.140\times1\ 112）\times38\times4\approx26\ 703.40（元）$$

（2）途中制冷保持温度为-13 °C 时：

$$运费=（20+0.140\times1\ 112）\times（1+20\%）\times38\times4\approx32\ 044.00（元）$$

【例 12-4】桂林北发往沈阳南的蔬菜一批重 20 t，用 B_{10} 型车一辆装运，途中不制冷，试计算其运费。

解：查货物运价里程表可知最短径路运价里程为 2 962 km，由于途中不制冷，运价率按机械冷藏车运价率减 20%计费，计费重量为规定计费重量 44 t。

$$运费=（20+0.140\times2\ 962）\times（1-20\%）\times44\approx15\ 300.70（元）$$

三、快运货物

按快运办理的货物的运费计算等同于不按快运办理的货物，但需加收快运费。快运费的费率为该批货物运价率的 30%。

【例 12-5】如上例中货物要求快运时，除核收运费外，试计算该批货物快运费。

解：快运费=（20+0.140×2 962）×（1-20%）×44×30%≈4 590.20（元）

四、超长、超限货物的运费

（一）超限、限速货物运费计算

运输超限货物，由于超限货物和需限速运行的货物运输条件特殊，办理手续复杂，影响铁路运输效率，增加运输成本，因而运送这类货物时，发站应将超限货物的超限等级在货物运单货物名称栏内注明，其运费计算按下列规定进行。

1. 超限货物运费

（1）一级超限：按运价率加 50%计费。

（2）二级超限：按运价率加 100%计费。

（3）超级超限：按运价率加 150%计费。

对安装超限货物检查架的车辆，不另收运费。

2. 限速货物运费

需要限速运行（不包括仅通过桥梁、隧道、出入站线限速运行）的货物，按运价率加 150%计费。

需要限速运行的超限货物，只核收本条规定的加成运费，不另核收超限货物加成运费。

【例 12-6】天津站发呼和浩特站机器一批重 26 t，为超级超限，使用一辆 60 t 平车装运，试计算其运费。

解：查里程表，最短径路里程为 761 km，机器运价号为 5 号运价，因其为超级超限，所以运价率加成 150%计算。

$$运费=（26.00+0.138\times761）\times（1+150\%）\times60\approx19\ 652.70（元）$$

【例 12-7】上海南站发常州站变压器一台重 20 t，以一辆 60 t 平车装运，装车后货物为一级超限，重车重心高 2 260 mm，需要限速运行，试计算其运费。

解：查里程表，最短径路里程为 181 km，变压器运价号为 6 号运价，该货物为需限速运行的超限货物，则运价率加成 150%计算。

$$运费=（26.00+0.138\times181）\times（1+150\%）\times60\approx7\ 646.70（元）$$

（二）使用游车时货物运费计算

超长、超限货物运送时，在一些情况下，除使用负重的主车负担货物重量外，还需使用游车满足货物对长度的需要，因而需要加挂游车，所以要核收多使用的游车运费，游车运费按下列规定计算：

（1）超长、超限货物使用游车时，游车运费按主车货物的运价率和游车标重计费。运输超限货物或需要限速运行的货物使用游车时，游车运费不加成。

（2）利用游车装运货物，所装货物运价率高于主车货物运价率时，按所装货物的运价率核收游车运费。

（3）两批货物共同使用游车时，游车运费各按主车货物的运价率及游车标重的 1/2 计算。

（4）自轮运转的轨道机械，以企业自备货车或租用铁路货车作游车时，按整车 1 号运价率核收游车运费；自轮运转的轨道机械，以铁路货车作游车时，按整车 5 号运价率和游车标重核收游车运费。

（5）D 型长大货物车运输货物需用隔离车时，隔离车不另核收运费。隔离车加装货物时，按加装货物适用的运价率核收运费。

【例 12-8】山海关站发乌海站桥梁架一件长 6.3 m，重 39 t，使用一辆 60 t 平车一端突出装运，另用一辆 60 t 平车做游车，试计算这批货物运费。

解：查里程表最短径路运价里程为 1 569 km。

主车：查桥梁运价号为 5 号，计费重量为 60 t；

游车：因游车上未装货物，所以按主车桥梁的运价号 5 号，计费重量为游车标重 60 t。

$$\begin{aligned}运费&=主车运费+游车运费\\&=(18.6+0.103\times1\,569)\times60+(18.6+0.103\times1\,569)\times60\\&\approx21\,624.80（元）\end{aligned}$$

【例 12-9】攀枝花站发往桂林北钢管一批重 51 t，使用一辆 60 t 平车一端突出装运，另使用一辆 60 t 平车做游车，托运人利用游车装载一箱医用仪器，试计算其运费。

解：查里程表最短径路运价里程为 1 767 km。

主车：计费重量为 60 t，钢管运价号为 5 号；

游车：计费重量为 60 t，运价率为钢管与医用仪器之间高者，钢管运价号为 5 号，医用仪器运价号为 6 号，因而游车运价号为 6 号。

$$\begin{aligned}运费&=主车运费+游车运费\\&=(18.6+0.103\times1\,767)\times60+(26.00+0.138\times1\,767)\times60\\&\approx28\,226.80（元）\end{aligned}$$

【例 12-10】株洲北站发武昌站一批水泥电杆（超长货物）重 42 t，以一辆 60 t 平车装载，与另一批货物共同使用一辆 60 t 平车做游车，试计算其运费。

解：查运价里程表，最短径路运价里程为 414 km。

主车：计费重量为 60 t，运价号为 5 号；

游车：因共用游车，所以计费重量为游车标重的 1/2 即 30 t，运价号为该主车货物水泥电杆的运价号即 5 号。

$$\begin{aligned}运费&=主车运费+游车运费\\&=(18.6+0.103\times414)\times60+(18.6+0.103\times414)\times30\\&\approx5\,511.80（元）\end{aligned}$$

五、站界内搬运、途中装卸、整车分卸货物的运费

该三种形式为整车运输特殊形式，其运费计算如下：

（1）站界内搬运的货物，按实际运输里程（不足 1 公里的尾数进整为 1 公里）和该批货物适用的运价率计算运费，不另收取送车费。

（2）途中装卸货物，不论托运人、收货人要求在途中装卸地点的前方或后方货运站办理托运或领取手续，途中装车按后方货运站计算运价里程；途中卸车按前方货运站计算运价里程，不另收取送车费。

（3）整车分卸的货物，按照发站至最终到站的运价里程计算全车运费和押运人乘车费；途中每分卸一次，另行核收分卸作业费 80 元（不包括卸车费）。

六、按整车办理的危险货物的运费

运输危险货物，根据危险货物的性质、等级按下列规定计费：

（1）一级毒性物质（剧毒品）按运价率加 100%；

（2）爆炸品、易燃气体、非易燃无毒气体、毒性气体、一级易燃液体（代码表 02 石油类除外）、一级易燃固体、一级自燃物品、一级遇水易燃物品、一级氧化性物质、有机过氧化物、

二级毒性物质（有毒品）、感染性物质、放射性物质按运价率加 50%。

【例 12-11】包头站发往银川碳化钙（电石）（铁危编号：43025）58 t，以一辆 P_{62} 型车运送，计算运费。

解：查货物运价里程表：包头—银川运价里程为 511 km，碳化钙（电石）运价号为 5 号，且碳化钙（电石）是一级遇水发出易燃气体的物质，因此运价率加 50%。

$$运费=（18.6+0.103\times511）\times（1+50\%）\times60\approx6\ 411.00（元）$$

七、自备货车装备物品及集装箱用具的回送费

（1）托运人自备的货车装备物品（禽畜架、篷布支架、饲养用具、防寒棉被、粮谷挡板）、支柱等加固材料和运输长大货物用的货物转向架、活动式滑枕或滑台、货物支架、座架及车钩缓冲停止器，凭收货人提出的特价运输证明书回送时，不核收运费。

（2）托运人自备的可折叠（拆解）的专用集装箱、集装笼、托盘、网络、货车篷布，装运卷钢、带钢、钢丝绳的座架、玻璃集装架和爆炸品保险箱及货车围挡用具，凭收货人提出的特价运输证明书回送时，整车按 2 号运价率计费。

八、运输变更后的运费清算

托运人或收货人要求货物运输变更时，应提出领货凭证和货物运输变更要求书办理运输变更。

（1）货物发送前取消托运时，由发站处理，运输合同即终止，相应运单、货票作废。

费用清算：由发站退还全部运费和按里程计算的杂费，如货物运费低于变更手续费时，免收变更手续费，但不退还运费。

（2）货物发送后，托运人或收货人要求变更到站（包括同时变更收货人）时，变更处理站在承运人记载事项栏内记载有关变更事宜，并将变更事项记入货票内。

费用清算：运费与押运人乘车费应按发站至处理站，处理站至新到站分别计算，由到站向收货人清算。运输费用多退少补。

（3）货物发送后，托运人或收货人要求变更收货人，变更处理站在承运人记载事项栏记载有关变更事宜，并记入运单内。

费用清算：由到站核收变更手续费。

【例 12-12】石家庄发长沙东雪梨 1 500 件，重 32 t，用一辆 B_{22} 型冷藏车运送，发送前托运人取消托运，费用如何清算？

解：查里程表，最短径路为 1 312 km，计费重量为规定计费重量 48 t，按机械冷藏车运价率计算。

$$原收运费=（20.0+0.140\times1\ 312）\times48=9\ 776.60（元）$$

应收变更手续费 100.00 元。

发站应退还发货人费用为：9 776.60−100.00=9 676.60（元）

九、运输阻碍运费

对已承运的货物，因自然灾害发生运输阻碍变更到站时，处理站应在货物运单上记明有

关变更事项。新到站处理运费如下：

（1）运费按发站至处理站与自处理站至新到站的实际经由里程合并通算。若新到站经由发站至处理站的原经路时，计算时应扣除原经路的回程里程，杂费按实际发生核收。

（2）运输阻碍免收变更手续费。

【例 12-13】2019 年 9 月 28 日，*A* 站发 *B* 站盘条一车，货重 30 t，使用标重 60 t 敞车装运，苫盖铁路 D 型篷布一块运行至 *C* 站时，遇自然灾害阻碍运输，托运人要求变更到站至 *E* 站某专用线（距车站中心线 4.6 km）。10 月 5 日到达，当日送专用线卸车完毕，10 月 10 日收货人将货车篷布送回车站，请计算 *E* 站应退补的费用（装卸费不计）。

（运价里程如图 12-18 所示，全程国铁电气化区段，盘条运价号整车 5 号，运价率基价 1：18.6 元/吨、基价 2：0.103 元/吨公里。）

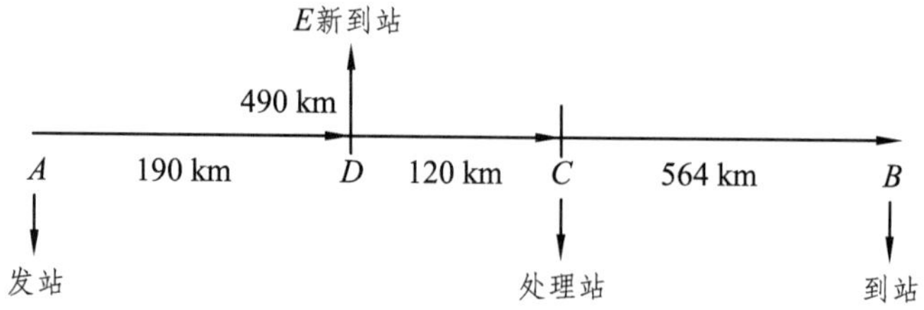

图 12-3

解：依《价规》第 47 条运费按发站至处理站与处理站至新到站的实际经由里程合并通算。如至新到站经由发站至处理站的原经路时，计算时应扣除原经路回程里程。对整车、35 t 敞顶箱装运的焦炭（03）、钢铁及有色金属产成品（钢锭钢坯 0520、钢材 0530、有色金属及其加工材 0571、半导体材料 0573、石油套管油管 0574）实行实重计费。（铁总运电 2016154 号）。2018 年 9 月 20 日起，整车运输实行实重计费时，最低按货车标重的 60%计费（价货电 2018195 号）。

（1）原票据已收的费用：

运费：

$$(18.6+0.103\times874)\times36\times0.991\times0.991\ 1+0.007\times874\times36=4\ 060.9（元）$$

铁建基金：

$$0.033\times874\times36\times0.991\times0.991\ 1=1\ 019.8（元）$$

根据《中国铁路总公司关于调整部分铁路货运杂费有关事项的通知》[铁总货（201946 号）]，取消货车篷布使用费。

印花税：

$$4\ 060.90\times0.000\ 5=2.0（元）$$

（2）新到站 *E* 站核收的运费：

$$190+120+120+490-120=800（km）$$

运费：

$$(18.6+0.103\times800)\times36\times0.991\times0.991\ 1+0.007\times800\times36=3\ 772.8（元）$$

印花税：

$$3\ 772.8\times0.000\ 5=1.9（元）$$

铁建基金：

$$0.033\times800\times36\times0.991\times0.991\ 1=933.5（元）$$

取送车费：

$$4.6\times2=9.2\text{（km），不满 1km 部分进整，取 10 km，}10\times8.1\times1=81.0\text{（元）}$$

货车篷布延期使用费：$1\times60\times3=180.0$（元）

（3）E 站应退补的费用：

退运费：4 060.9-3 772.8=2 881（元）

退基金：1 019.8-933.5=86.3（元）

（4）印花税不退不补，补收取送车费 81.0 元，补收货车篷布延期使用费 180.0 元。

【例 12-14】石家庄运往汉口站服装一批，用 60 t 棚车装运，货车运行至孟庙站时前方发生水灾，中断行车。承运人根据托运人要求变更到徐州北站，计算新到站徐州北站清算的费用。

解：（1）原收运费。

石家庄至汉口运价里程 929 km，运价号为 5 号，计费重量为 60 t。

原收运费=（18.60+0.103×929）×60=6 857.20（元）

（2）变更后运费。

发站至处理站里程为 406+139=545 km，处理站至新到站里程为 139+375=514 km，扣除原经路回程里程 139 km，变更新到站里程为 545+514-139=920 km，如图 12-8 所示。运价号为 5 号，计费重量为 60 t。

变更后运费=（18.60+0.103×920）×60=6 801.60（元）

（3）新到站徐州北清算。

应退运费=原运费-变更后运费=6 857.20-6 801.60=55.60（元）

免收变更手续费。

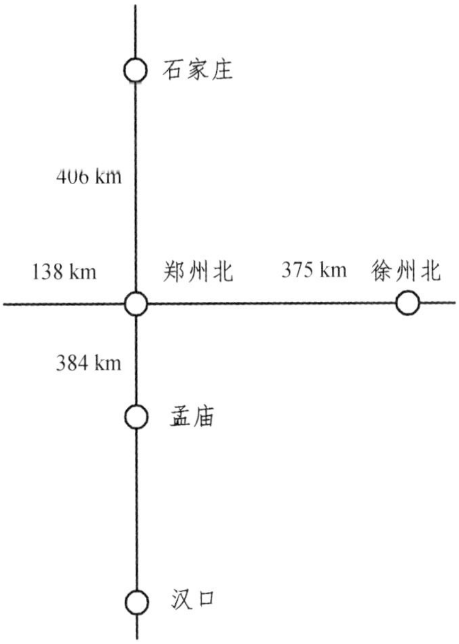

图 12-4

十、国际铁路联运进出口货物国内段的运输费用

（1）进口货物国内段运费、国际铁路联运进出口货物在国境站上发生的杂费和国际铁路

联运过境货物在国境站的换装费，均在国境站向收货人（托运人）或其在国境站的代理人核收。

（2）出口货物按发站承运当日实行的运价率计算；进口货物按进口国境站在运单上加盖日期戳当日实行的运价率计算。杂费按发生当日实行的费率计算。

（3）进口整车货物，按下列规定计费重量计费：

① 以一辆车或数辆车接运一批货物以及数辆车套装接运数批货物（包括换装剩余的整车补送货物），按接运车辆标重计费。货物重量超过标重时，按货物重量计费。

② 以一辆车接运数批货物，每批按 30 t 计费，超过 30 t 按货物重量计费。

③ 原车过轨不换装货物，按车辆标重计费，货物重量超过标重时，按货物重量计费。

④ 汽车按接运车辆标重计费。发送路用双层平车装运的小轿车，换轮直达到站时，每车计费重量为 90 t。

（4）出口整车货物在国境站过秤发现超载（即超过国际联运容许的增载 5%）时，对卸下超载部分货物，从发站至国境站止的里程，按整车运价率核收运费、卸费和暂存费，并按《国际铁路货物联运协定》的规定加收上述运费五倍的罚款。

（5）进、出口货物落地时，货物装卸费和暂存费按“杂费”的规定计费。

任务 3　计算集装箱货物运费

任务导读

集装箱运输是指以集装箱这种大型容器为载体，将货物集合组装成集装单元，以便在现代流通领域内运用大型装卸机械和大型载运车辆进行装卸、搬运作业和完成运输任务，从而更好地实现货物“门到门”运输的一种新型、高效率和高效益的运输方式。本任务主要学习铁路各类集装箱货物运输费用的核算制票，要求学生通过学习，达到货运核算员的职业岗位技能标准。

知识点

一、集装箱货物运费

集装箱运费（20 英尺 35 t 敞顶箱除外）以箱为单位计费，不再考虑箱内所装货物重量，但所装货物重量与自重之和不得超过集装箱总重，根据使用箱型所适用运价率及其发到站间运价里程，按照下列公式计算：

集装箱运费=（基价 1+基价 2×运价里程）×箱数

（一）通用集装箱

按照使用的箱数和“铁路货物运价率表”中规定的集装箱运价率计算。

20 英尺 35 t 通用集装箱按运价率加成 20%。

45 英尺通用集装箱按运价率加成 10%。

（二）非通用集装箱

运价率按“铁路货物运价率表”中对应箱型（45 英尺、50 英尺按 40 英尺统计）规定的集装箱运价率加成进行计算，主要箱型加成比例见表 12-3。

表 12-3　集装箱运价率加成表

20 英尺箱		40 英尺箱	
箱型	加成比例	箱型	加成比例
35 t 通用集装箱	20%	45 英尺通用集装箱	10%
35 t 干散货箱	20%	罐式集装箱	30%
标重大于 30.48 t 但不超过 35 t 的非标集装箱	20%	40 英尺冷藏集装箱（使用 BX 型车供电运输）	40%
罐式集装箱	5%	45 英尺冷藏集装箱（使用 BX 型车供电运输）	50%
25 英尺汽车板架箱	20%	40 英尺冷藏集装箱（使用 BX 型车供电运输）	0%
35 t 台架式卷钢箱	20%	45 英尺冷藏集装箱（使用 BX 型车供电运输）	10%
20 英尺冷藏集装箱（使用 BX 型车供电运输）	30%	—	—
20 英尺冷藏集装箱（使用 BX 型车供电运输）	0%	—	—

【例 12-15】某托运人在金华站发聊城站正大专用催化剂 40 t，保价 20 万，使用 2 个 20 英尺罐式集装箱装运，请计算金华站核收的运费。

解：依据为铁运电〔2002〕176 号，《价规》22 条。

计费里程：1 308 km，基价 1 为 440 元/箱，基价 2 为 3.185 元/箱公里

运费=（440+3.185×1 308）×2×（1−20%）=7 369.60（元）

（三）20 英尺 35t 敞顶箱

运费比照整车计费，适用所装货物的整车运价号、运价率及运价里程。装运焦炭（03）、钢铁（0520、0530、0571、0573、0574）、木材（10）时，按实重计费；装运其他货物时，按 32 t 计算运费。

【例 12-16】邢台站发德州站铁矿粉一批 28 t，托运人要求使用 35 t 敞顶箱装运。请计算运费。

解：邢台站到德州站运价里程 320 km，铁矿粉运价号为 4 号，基价 1 为 16.3 元/吨，基价 2 为 0.098 元/吨公里，计费重量 32 t。

运费为：（16.3+0.098×320）×32=1 525.10（元）。

（四）危险货物集装箱

集装箱装运危险货物按“铁路货物运价率表”中的运价率和下列加成计算：

（1）一级毒性物质（剧毒品）加成 100%。

（2）爆炸品、易燃气体、非易燃无毒气体、毒性气体、一级易燃液体（代码表 02 石油类除外）、一级易燃固体级自燃物质、一级遇水易燃物质、一级氧化性物质、有机过氧化物、二级毒性物质（有毒品）、感染性物质、放射性物质加成 50%。

任务 4　计算零担、批快、零快货物运费

任务导读

在铁路货物运输中，有一些货物因为体积或者重量不够整车运输条件的，按零担或者零散快运办理托运。按零担托运的货物，一件体积不得小于 0.02 m^3（一件重量在 10 kg 以上的除外），每批不得超过 300 件；零散快运适用于重量不足 30 t 且体积不足 60 m^3 的所有品类货物；批量零散快运适用于重量在 30 t 或体积在 60 m^3 以上的成件包装货物。

本任务主要结合当前铁路运输情况，介绍铁路零担货物运输、零散快运以及批量零散快运运输费用的核算，培养学生使其掌握铁路货运核算员岗位技能。

知识点

一、零担货物运费

（一）计费重量

零担货物按货物重量或货物体积折合重量择大计费，即每立方米重量不足 500 kg 的轻浮货物，按每 1 立方米体积折合重量 500 kg 计算，但下列货物除外：

（1）本规则有规定计费重量的货物（指裸装货物）按规定计费重量计费。

（2）“铁路货物运输品名分类与代码表”列“童车”“室内健身车”“209 其他鲜活货物”“9914 搬家货物、行李”“9960 特定集装化运输用具”等裸装运输时按货物重量计费。

表 12-4　零担货物规定计费重量表

顺号	货物名称	计费单位	规定计费重量/kg
1	组成的摩托车： 双轮； 三轮（包括正、侧带斗的，不包括三轮汽车）	 每辆 每辆	 750 1 500
2	组成的机动车辆、拖斗车（单轴的拖斗车除外）： 车身长度不满 3 m； 车身长度 3 m 以上，不满 5 m； 车身长度 5 m 以上，不满 7 m； 车身长度 7 m 以上；	 每辆 每辆 每辆 每辆	 4 500 15 000 20 000 25 000
3	组成的自行车	每辆	100
4	轮椅、折叠式疗养车	每（辆）件	60
5	牛、马、骡、驴、骆驼	每头	500
6	未装容器的猪、羊、狗	每头	100
7	灵柩、尸体	每具（个）	1 000

除上述两种特殊情况外，零担货物的计费重量均为按货物重量或货物体积折合重量择大计费，即每立方米重量不足 500 kg 的轻浮货物，按每 1 m^3 体积折合重量 500 kg 计算。其目的是为保持零担货物运价与整车货物运价之间合理的比价关系，避免货物运输中发生运费倒挂、化整为零的现象，折合重量根据托运人在货物运单“托运人记载事项”栏内填记的货物长×宽×高的尺寸按下式计算：

$$折合重量（kg）=500（kg/m^3）\times 体积（m^3）$$

托运人托运零担货物时，除在货物运单上正确填记货物重量外，还应在货物运单“托运人记载事项”栏内填记货物的长×宽×高的体积，托运人托运一批同一规格的货物时，应记明单件货物的规格与体积。

外形不规则的货物的体积，应按紧密堆码状态的外廓尺寸组成的立方体确定。

货物长、宽、高的计算单位为 m，保留两位小数，第三位小数四舍五入。体积的计算单位为 m^3，保留两位小数，第三位小数四舍五入。按折合重量计费的零担货物，应在计费重量数前记明“尺”及折合重量。

【例 12-17】某站发送一批零担货物，重 225 kg，体积为 0.82 m^3，试确定计费重量。

解：① 实际重量 225 kg。

② 体积折合重量为 0.82（m^3）×500（kg/m^3）=410 kg。

③ 因为体积折合重量＞实际重量，所以计费重量应为折合重量 410 kg，记为“尺 410 kg”。

发站对托运人填记的货物规格、体积等事项可进行抽查，必要时会同托运人复测更正，车站对经常运输的轻浮零担货物，可在调查研究的基础上，制定出轻浮零担货物按体积的折合重量表或采用其他简便速算办法，经铁路局核准后实行。

（二）运费计算

零担货物起码运费为每批 2.00 元，即当计算出的一批零担货物的运费不足 2.00 元时，按 2.00 元收取。

零担货物运价率按承运当日的“零担货物运价率”确定。

（1）运价率不同的零担货物在一个包装内或按总重量托运时，按该批或该项货物中运价率高的计费。

【例 12-18】某托运人从西安西站发往锦州站货物一批，其中课本 4 件，挂图 2 件，总重 358 kg，总体积 0.94 m^3，按总重量托运，试计算其运费。

解：查里程表，最短径路运价里程为 1 698 km。因该批货物按总重量托运，确定运价率时应选较高的运价率计费。课本运价号为 21 号，挂图运价号为 22 号，所以运价率应选 22 号运价率。

该批货物按体积折合重量为 500×0.94=470 kg，大于实际重量 358 kg，因此计费重量记为“尺 470 kg”。

$$运费=（0.28+0.001\ 55\times 1\ 698）\times 470/10\approx 136.90（元）$$

（2）在货物运单内分项填记重量的零担货物，应分项计费，但运价率相同时，重量应合并计算。

【例 12-19】王某从包头东站发石家庄南站毛线 100 kg，体积 1 m^3；运动鞋 700 kg，体积 1.2 m^3；运动帽 191 kg，体积 1.35 m^3；分栏填记，试计算运费。

解：查运价里程 1 051 km。因为毛线的运价号为 21 号，而鞋、帽运价号均为 22 号，所以：毛线单独确定计费重量，而鞋帽重量合并为计费重量。

毛线 100 kg，体积 1 m^3，实际重量=100 kg，折合重量=1 m^3×500（kg/m^3）=500 kg，计费重量为尺 500 kg。运动鞋 700 kg，体积 1.2 m^3；运动帽 191 kg，体积 1.35 m^3，实际重量=700+191=891 kg，体积折合重量 2.55（m^3）×500（kg/m^3）=1 275 kg，计费重量为尺 1 280 kg。

运费=（0.22+0.001 11×1 051）×500/10+（0.28+0.001 55×1 051）×1 280/10≈313.70（元）

（3）托运人自备的可折叠（拆解）的专用集装箱、集装笼、托盘、网络、货车篷布，装运卷钢、带钢、钢丝绳的座架、玻璃集装架和爆炸品保险箱及货车围挡用具，凭收货人提出的特价运输证明书回送时，零担按 22 号运价率计费。

二、零散货物运费

（一）零散快运货物

（1）零散快运用于每一批重量不足 40 t 且托运体积不足 80 m^3 的货物。煤（01）、石油（02）、焦炭（03）、金属矿石（04）、钢铁（05）、非金属矿石（06）、磷矿石（07）等七个大宗货物品类，以及棚车以外车辆装运的货物不得按零散快运办理。

（2）零散货物快运按照客户的选择分为站到站、门到站、站到门、门到门四种服务方式，由发站按照不同的服务方式分别报价。

（3）零散货物快运不受货物最小重量、最小体积限制，每批货物起码计费重量为 50 kg，超过 50 kg 以 10 kg 为单位。

（4）零散货物快运作业站根据货物计费重量和报价计算每批货物费用，对外一口报价，一次核收，以元为单位，尾数四舍五入。站到站的起码运费为每批 20 元。

（5）一批货物涉及两个及以上货物品名时，按一批分别加总货物的实际重量和体积，按加总后的货物重量或体积折合重量择大确定该批货物的计费重量。

（二）批量零散快运货物

（1）批量零散快运适用于每一批托运重量 40 t 及以上或体积 80 m^3 及以上的货物。对批量品类货物且单批重量不足 40 t，体积不足 80 m^3 时，亦可比照批量零散快运办理，最低按 40 t 或 80 m^3 计费。

（2）批量零散快运货物运价率以整车 4 号运价为基准指导价。批量零散货物快运运费中包含的铁路建设基金、合资、地方铁路运费。

（3）批量零散快运货物计费时，按批对货物的实际重量和体积分别加总，按加总后的货物重量或体积折合重量择大确定该批货物的计费重量。货物实际重量为包括货物包装物重量在内的总重量。

对重质货物，每批最低按 40 t 计费；对轻泡货物，每批最低按 27 t 计费。重质货物按每立方米大于或等于 33 kg、轻泡货物按每 1 m^3 小于 333 kg 确定。

快速货物班列装运批量零散货物混装时，混装的货物应符合批量零散货物品类要求，使用“混装货物（P）”品名，品名代码 998000 混装货物的计费重量按各组成货物品类的实际重量或体积折合重量加总计算。

【例 12-20】大朗站发贵阳南站方便面一批 20 t，货物体积 112 m^3，按批量快运组织，请确定计费重量。

解：判断货物属于重质货物或轻泡货物：20 000÷112 179（kg/m^3）＜333（kg/m^3），为轻泡货物体积折算重量：112×250=28 000（kg）货物实重 20 t，该货物属轻泡货物，按体积折算重量为 28 t，大于轻泡货物最低计费重量 27 t，计费重量应确定为 28 t。

任务 5　计算杂费

任务导读

铁路货物运输杂费是铁路货物运输费用的组成部分。铁路运输的货物（包括企业自备车或者租用铁路货车）自承运至交付的全过程中，铁路运输企业向托运人、收货人提供的辅助作业和劳务，以及托运人或收货人额外占用铁路设备，使用用具、备品所发生的费用，均属货运杂费。通过本任务的学习，我们要分析杂费项目、掌握杂费核算方法，综合掌握货物运输费用计算。

知识点

一、货运营运杂费

1. 取送车费

（1）核收条件。

使用铁路机车往专用线、货物支线（包括站外出岔）或专用铁路的站外交接地点调送车辆，核收取送车费。

向专用线取送车，由于货物性质特殊或设备条件等原因，按规定加挂隔离车时，隔离车按规定使用的车数核收取送车费。

应托运人要求已将空车送至装车地点，该托运人又不需要时，取送车费照收。

调入重车卸后在原地装车，到达重车的收货人和出发重车的托运人相同时，不另收取送车费。以下情况除外：

① 调入重车卸后虽在原地装车，但托运人不是到达重车的原收货人；

② 重车卸后虽仍由原收货人利用装车，但需经铁路机车调移作业地点。

（2）费率。

取送车费费率见表 12-5。

表 12-5　铁路货运取送车费费率

项目		单位	费率
整车取送车费		元/车公里	8.10
集装箱取送车费	20 英尺箱	元/车公里	4.05
	40 英尺箱	元/车公里	8.10

（3）计算方法。

取送车费=费率×计费里程×车数（箱数）。

计算取送车费的里程，应自车站中心线起算，到交接地点或专用线最长线路终端止，里程按往返合计（不足 1 km 的尾数进整为 1 km），取车不另收费。

【例 12-21】某站专用线长度 1 435 m，请计算送入该专用线棚车 2 辆，需核收的取送车费。

解：1 435×2=2 870（km），则计算取送车费的里程为 3 km。

取送车费为：8.10×3×2=48.6（元）。

2. 机车作业费

（1）核收条件。

托运人或收货人使用铁路机车进行取送车辆以外的其他作业时，核收机车作业费。

（2）费率。

机车作业费费率见表 12-6。

表 12-6　机车作业费费率

项目	单位	费率
机车作业费	元/半小时	90

3. 押运人乘车费

（1）核收条件。

派有押运人押运的货物，核收押运人乘车费。军运另执行有关规定。

（2）费率。

押运人乘车费费率见表 12-7。

表 12-7　押运人乘车费费率

项目	单位	费率
押运人乘车费	元/人百公里	3.00

（3）计算方法。

押运人乘车费=费率×计费里程×押运人数

押运人乘车费计费里程由发站按国铁的运价里程（含办理直通的铁路局临管线和工程临管线）计算，通过合资、地方铁路的将其通过的合资、地方铁路运价里程合并计入；在合资、地方铁路到发的，由发站统一计算，分段核收。

【例 12-22】*A* 站发 *E* 站一车货物，2 人随车押运，如下图所示，其中 *BC*、*DE* 分别为合资地方铁路。请计算押运人乘车费。

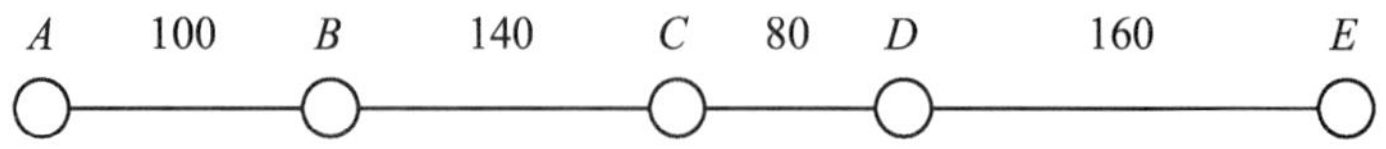

解：押运人乘车费分两段计算：

押运人乘车费 1：3.00×[（100+140+80）/100]×2=3.00×42=24（元）。

押运人乘车费 2：3.00×（160/100）×2=3.00×2×2=12（元）。

4. 集装箱使用费

（1）核收条件。

使用铁路集装箱装运货物，向托运人核收集装箱使用费。

（2）费率。

表 12-8　集装箱使用费费率表

项目			单位	费率
集装箱使用费	20 英尺箱	250 km 以内	元/箱	35.00
		251 km 以上每增加 100 km 加收	元/箱	6.00
	40 英尺箱	250 km 以内	元/箱	70.00
		251 km 以上每增加 100 km 加收	元/箱	12.00

（3）计算方法。

集装箱使用费按发站至到站的运价里程（含与国铁办理直通运输的合资、地方铁路的运价里程）计算核收。

使用铁路通用集装箱装运危险货物时，集装箱使用费加 20%核收。

使用罐式箱使用费按通用集装箱标准加成 200%。

铁路冷藏集装箱、40 英尺隔热集装箱使用费按通用集装箱标准加成 300%。

【例 12-23】*A* 站至 *B* 站计费里程 1 148 km，使用 2 个 20 英尺铁路箱装运瓷砖，请计算该集装箱使用费。

解：集装箱使用费 250 km 以内每箱 35 元，251 km 以上每增加 100 km 加收 6 元。即 1 148−250=898，共 9 个 100 km。

集装箱使用费为：（35.00+9×6.00）×2=178（元）。

5. 接取送达费

（1）核收条件。

对货物从托运人约定交货地点至铁路车站公共装卸场所或货物从铁路车站公共装卸场所至收货人约定接货地点的短途运输，核收接取送达费。

（2）费率。

接取送达费费率见表 12-9。

表 12-9　铁路货运接取送达费费率

项目			单位	费率
接取送达费	整车	起码里程 10 km 以内	元/吨	13.00
		超过起码里程	元/吨公里	0.60
	零担	起码里程 10 km 以内	元/100 千克	1.30
		超过起码里程	元/100 千克公里	0.06
	20 英尺箱	起码里程 10 km 以内	元/箱	300.00
		超过起码里程	元/箱公里	20.00
	40 英尺箱	起码里程 10 km 以内	元/箱	450.00
		超过起码里程	元/箱公里	30.00

（3）计算方法。

每单位重量货物接取送达费=每单位重量货物起码里程费率+（计费里程–起码里程）×超过起码里程后每公里费率计费里程：起码里程 10 m，之后里程按 0、5 取整，1、2 去，8、9 进，3、7、4、6 作 5。

货物快运接取送达费计费重量按发送铁路局集团公司确定的计费重量计算。

货物快运两端接取送达里程分别计算，按发生作业的铁路局集团公司确定的标准分别计费。当实际发生的距离与托运人提出的相差 5 km 以内时，原则不再补收。

到站短驳里程超过 50 km 或污秽、易碎、贵重、易腐货物的到站接取送达费，发站须与到站协商确定价格。

【例 12-24】某站为托运人送达一整车货物 60 t，送达里程为 38 km，请计算应核收的接取送达费。

解：送达里程为 38 km，则计费里程为 40 km。接取送达费为：[13.00+（40 –10）×0.601]×60=1 860（元）

6. 货物装卸费

（1）核收条件。

由承运人负责货物装卸作业的，按规定核收货物装卸费。

（2）计算方法。

整车、零担、集装箱货物装卸作业费、上门装卸作业费以及准、米轨间整车货物直通运输换装费，按“铁路货物装卸作业计费办法”及相关规定计费。

整车、零担货物计算装卸费的计费重量，按货物运单计算运价的计费重量确定。但整车货物的货物重量不足货车标重的 60%时，按货车标重的 60%计费。上门装卸货物的装卸费按货物重量计费。

7. 货物保价费

（1）核收条件。

托运人托运行包、货物选择保价运输时，按照托运人的声明价格办理保价运输手续并核收货物保价费。

（2）计算方法。

行包、货物的保价费按保价金额乘以《铁路保价运输规则》规定的所适用的保价费率计算。

行包、货物的保价费应与运费同时核收。保价费尾数不足 1 元时，按四舍五入处理至元，每批起码额为 1 元。

8. 装载加固材料使用服务费

（1）核收条件。

因装车、换装等原因，按规定需要对货物加固、包装、防冻、防护等处理时使用的材料，核收装载加固材料使用服务费。

（2）计算方法。

装载加固材料使用服务费按所用材料成本加 15%计算，具体加成幅度由铁路局集团公司在不超过 15%的幅度内自主确定。

9. **换装费**

（1）核收条件。

准、米轨间整车货物直通运输换装时或进口货物在国境站换装时应核收换装费。

（2）计算方法。

准、米轨间整车货物直通运输换装费，按《铁路货物装卸作业计费办法》及相关规定计费。

进口货物在国境站的换装费，整车普通货物每吨 16 元，其中炭黑、沥青、焦油及按危险货物运送条件运送的货物每吨 32 元。

普零货物每 10 kg 0.16 元，危零货物每 10 kg 0.32 元。集装箱按国内标准规定计算。

笨重货物的换装费率，整车货物每件重量 501 ~ 1 000 kg 每吨 18 元，1 001 ~ 3 000 kg 每吨 22 元，3 001 ~ 5 000 kg 每吨 28 元，5 001 ~ 8 000 kg 每吨 35 元，8 001 ~ 15 000 kg 每吨 42 元 15 001 ~ 20 000 kg 每吨 52 元，20 001 ~ 80 000 kg 每吨 68 元，超过 80 t 每吨 80 元；笨重零担货物按上述标准计算；笨重危险货物按上述标准加 50%计算。

发送路用专用货车装运的小轿车，换装费按每吨 24 元计算。

液体货物的换装费率，原油每吨（按货物重量，以下同）22 元，每年 11 月 1 日至次年 3 月 31 日的冬季换装作业需加温时，每吨加收 8 元。剧毒品每吨 100 元，有毒品每吨 60 元，其他液体货物每吨 50 元。

10. **声明价格费**

进、出口货物声明价格费，按货物运单记载的声明价格的 3‰计算。

11. **换轮作业费**

（1）核收条件。

进、出口货物在国境站换轮运输时，应按规定核收换轮作业费。

（2）费率。

换轮作业费费率见表 12-10。

表 12-10　换轮作业费费率

项目	单位	费率
换轮作业费	元/轴	319

（3）计算方法。

换轮作业费=换轮数×费率

二、延期使用运输设备、违约及委托服务费用

1. **仓储费**

（1）核收条件。

货物承运后和交付前在车站仓储时或货物承运前和交付后仍在车站仓储，或货物仅在车站仓储时，按规定核收仓储费。

（2）费率。

仓储费费率见表 12-11。

表 12-11　铁路货运仓储费费率

项目			单位	费率
仓储费	承运后交付前	整车货物	元/车日	150.00
		零担货物	元/批百千克日	1.50
		20 英尺箱	元/箱日	75.00
		40 英尺箱	元/箱日	150.00
	仓储服务时	20 英尺箱	元/箱日	75.00
		40 英尺箱	元/箱日	150.00
		其他货物	元/吨日	2.50

（3）计算方法。

货物承运后和交付前在车站仓储时，在应收费时间段的前三日，按规定费率的 50%计费。自第四日起，铁路运输企业可根据各地的不同情况适当浮动，上浮幅度最大不得超过规定费率的 100%，下浮不限。

承运前货物搬入仓库、雨棚等车站指定的地点仓储时，按货物重量计费。

铁路车站为冷藏集装箱提供专用场地及供电服务时，核收仓储费，按普通集装箱仓储费标准加成 100%。

危险货物和易燃货物的仓储费率按普通货物费率加 100%计算。

【例 12-25】某站货场 2019 年 5 月 3 日到达 20 英尺通用集装箱铝锭 10 箱，其中铁路集装箱 5 箱，自备集装箱 5 箱，5 月 4 日卸车并发出领货通知，5 月 11 日收货人领取集装箱出站，请计算应核收的仓储费。

解：应从 5 月 7 日起核收 5 天的仓储费。

仓储费为：$75.00\times50\%\times3\times10+75.00\times2\times10=2\,625$（元）。

2. 货车延期占用费

（1）核收条件。

在专用线（含铁路的段管线、厂管线）、专用铁路内装卸及其他按规定由托运人、收货人自行装卸的铁路货车（D 型长大货物车除外），占用铁路货车超过规定占用时间标准的，核收货车延期占用费由托运人、收货人自行装卸的 D 型长大货物车，自调到装卸地点（或交接地点）之日起的第四日起，到装卸完了（或交接地点交接完毕）之日止，按日（不足一日按一日）核收货车延期占用费。

（2）费率。

货车延期占用费费率见表 12-12。

表 12-12　货车延期占用费费率　　单位：元/车小时

计费时间	1～10h	11～20h	21～30h	30h 以上
机冷车	10	20	30	40
罐车	6.5	13	19.5	26
其他货车	5.7	11.4	17.1	22.8

注：BH1 型铁路隔热保温车货车延期占用费按机冷藏车标准执行。

（3）计算方法。

确定计费时间，根据不同计费时间段分别计算铁路货车延期占用费。

铁路货车延期占用费=计费时间×对应费率×车数。

① 专用线、专用铁路货车最低免费时间标准为：装车时间 4.5 h，卸车时间 4.0 h。货车延期占用费计费时间不足 1 h 的部分，不足半小时不计算，达到或超过半小时按 1 h 计算。

易腐货物作业车停站时间原则上不得超过该站的货车停留时间。单节机械冷藏车每辆装（卸）车作业时间（不包括洗车和预冷时间，下同）不得超过 3 h。货物车为 4 辆的机械冷藏车组，每组装（卸）车作业时间不得超过 6 h，每车的装（卸）车作业时间不得超过 3 h。

② 超出规定占有时间计算。

a. 专用线及其他根据规定由托运人、收货人自行组织装卸货车时，货车延期占用费计费时间，等于自铁路将货车送到规定的装卸车地点交给企业时起，至企业通知该批货车装卸完交给铁路时止的时间，减去该批货车占用时间标准。

b. 专用铁路货车延期占用计费时间，等于自铁路将货车送到约定的交接地点交给企业时起，至企业将货车送回约定的交接地点交给铁路时止的时间，减去该专用铁路货车占用时间标准。

c. 如铁路送到专用线、专用铁路的货车数量，超过企业一批作业能力（专用线、专用铁路一批作业能力由车站和企业共同查定），则超过的车数按另一批统计占用时间。如一批货车中占用时间标准不同，则按其中最长占用时间标准计算。

d. 在专用线、专用铁路内进行两次作业的货车，其占用时间标准应相应增加，但不得超过两次作业占用时间标准之和。

【例 12-26】某站 2019 年 5 月 20 日当天铁路机车 4 时 30 分送重棚车 4 辆进行作业，5 时送至专用线卸车地点并交接完毕，17 时 40 分该专用线所有车辆装卸作业完毕并通知车站。该专用线一次作业能力 5 车。请计算应核收的专用线延期占用费。

解：实际作业时间为 13 h，专用线延期占用费为：

$$(13-4)\times4\times5.70=9\times4\times5.70=205.20（元）$$

3. 货车篷布延期使用费

（1）核收条件。

① 到达专用铁路、铁路专用线的铁路篷布，自货车调到交接地点次日起，2 日内由收货人将铁路篷布送到车站指定地点。收货人未按规定日期将铁路篷布送回的，按规定核收货车篷布延期使用。

② 铁路篷布损坏、丢失时，因托运人或收货人责任坏、丢失的，自指定送回车站之日起，至赔偿当日止，同时核收篷布延期使用费。

③ 铁路篷布不得外借或挪作他用。发现时须进行改正，并按规定核收篷布延期使用费。

（2）费率。

货车篷布延期使用费费率见表 12-13。

表 12-13　货车篷布延期使用费费率

项目	单位	费率
货车篷布延期使用费	元/张日	60.00

（3）计算方法。

货车篷布延期使用费=货车篷布延期使用费费率×货车篷布延期使用天数×张数

【例 12-27】甲站专用线 8 月 6 日到达篷布两张，8 月 12 日才送回车站，请计算应核收的货车篷布延期使用费。

解：该篷布应从 8 月 9 日起核收货车篷布延期使用费，共 4 日。

货车篷布延期使用费为：60.00×4×2=480（元）。

4. 集装箱延期使用费

（1）核收条件。

① 托运人或收货人使用铁路箱超过下列期限，自超过之日起核收集装箱延期使用费：

a. 站内装箱的，应于约定进货日期当日装完。站内流程与标箱的，应于领取的当日内掏完。

b. 到达的集装箱，应于承运人发出领货通知的次日起算，2 日内领取集装箱。

c. 集装箱出站的，重去空回或空去重回时，应于领取的次日送回；重去重回时，应于领取的 3 日内送回。铁路局集团公司可延长本款规定的集装箱出站免费使用期限，但最长不得超过领取的 7 日内。

d. 集装箱出站的，因托运人原因空去空回时，应于出站之日起核收集装箱延期使用费。

② 在车站存放的铁路箱不得挪作他用。如有挪用，对挪用者自挪用之日起核收规定费率 2 倍的集装箱延期使用费。

（2）费率。

集装箱延期使用费费率见表 12-14。

表 12-14 集装箱延期使用费费率

项目		单位	费率
集装箱延期使用费	20 英尺箱/40 英尺箱（5 日内）	元/箱日	10.00/20.00
	20 英尺箱/40 英尺箱（6 日起）	元/箱日	60.00/120.00

（3）计算方法。

装箱延期使用费=费率×集装箱延期使用天数×箱数

冷藏集装箱、40 英尺隔热集装箱延期使用费按通用集装箱标准加成 300%。

【例 12-28】某站货场 2019 年 4 月 3 日到达 20 英尺通用集装箱铝锭 20 箱，4 月 4 日卸车并发出领货通知，4 月 10 日收货人领取集装箱出站，4 月 13 日将铁路空箱送回，请计算应核收的集装箱延期使用费。

解：应核收 6 天集装箱延期使用费。

集装箱延期使用费为：10.00×5×20+60.001×20=2 200（元）。

5. 违约金

（1）承运后发现托运人报、错报货物品名填写运单，致使货物运费减收或危险货物匿报、错报货物品名按一般货物运输时，按批核收全程正当运费两倍的违约金，不另补收运杂费差额。

（2）到站发现货物的实际重量超过发站确定的计费重量时，对超过部分应按该批货物适用的运价率补收全程正当运杂费。

（3）集装箱货物超过集装箱标记总重时，每 100 kg 按对应箱型运价率的 5%核收违约金。

6. 运杂费迟交金

从应收该项运杂费之时的次日起至付款日止，每迟延一日，按运杂费（包括垫付款）迟交总额的 1%核收。

【例 12-29】某站货场 2019 年 10 月 9 日到达 2 车粮食，当日发出领货通知，10 月 15 日收货人来办理交付，共需支付装卸费 1 870.00 元，请计算车站应核收多少运杂费迟交金。

解：应核收 10 月 11 日至 10 月 15 日共 5 天的运杂费迟交金。

运杂费迟交金为：$1\,870.00\times5\times1\%=9.4$（元）。

7. 赔偿费

（1）核收条件。

铁路集装箱、篷布、绳索和车辆配件等设备损坏、丢失时，按规定向责任者核收赔偿费。

（2）计算方法。

车辆配件赔偿费：按照铁路运输企业内部零部件价格和车辆维修费用标准执行。

篷布赔偿费：按当年篷布购置价格赔偿。

集装箱赔偿费：丢失或因损坏报废时，按市场重置价格赔偿。损坏时，按实际发生费用（包括修理费、修理回送费、延期使用费及吊装搬运费等）赔偿。

8. 货车滞留费

（1）核收条件。

进、出口货物由于托运人、收货人原因，造成货车在国境站上滞留时，核收货车滞留费。

（2）费率。

货车滞留费费率见表 12-15。

表 12-15　货车滞留费费率

计费时间	单位	1～5 日	6～10 日	11 日及以上
费率	元/车日	元/车日	元/车日	元/车日

（3）计算方法。

进、出口货物由于托运人、收货人原因，造成货车在国境站上滞留时，应按货车滞留日数（不包括铁路正常办理手续的时间），从货车到达次日起，核收货车滞留费（滞留时间不足 12 h 的免收）。危险货物货车滞留费在上述标准基础上加成 10%。

铁路运输企业最高可上浮 200%，下浮不限。

三、租、占用运输设备费用

1. 合资、地方铁路及在建线货车占用费

（1）核收条件。

国铁货车进入铁路工程在建线、临管线或合资、地方铁路时，分别向其管理单位核收合资、地方铁路及在建线货车占用费。

（2）费率。

合资、地方铁路及在建线货车占用费费率见表 12-16。

注：BH1 型铁路隔热保温车合资地方铁路及在建线货车占用费按机械冷藏车标准执行。

2. 合资、地方铁路货车篷布占用费

（1）核收条件。

国铁的货车篷布进入未与国铁办理直通运输的合资、地方铁路时，向合资、地方铁路核收合资、地方铁路货车篷布占用费。

（2）费率。

合资、地方铁路货车篷布占用费费率见表 12-16。

表 12-16　合资、地方铁路货车篷布占用费费率

项目		单位	费率
合资、地方铁路货车篷布占用费	D 型篷布	元/张日	60.00
	其他篷布	元/张日	30.00

（3）计算方法。

货车篷布占用费=费率×张数占用时间。

3. 自备车或租用铁路货车停放费

（1）核收条件。

自备车或租用铁路货车由于托运人或收货人的原因在铁路站线或未出租的路产专用线存放，核收自备或租用货车停放费。

（2）费率。

自备车或租用铁路货车停放费费率见表 12-17。

表 12-17　自备车或租用铁路货车停放费费率

项目	单位	费率
自备车或租用铁路货车停放费	元/车日	40.00

（3）计算方法。

从货车到达的次日起，到调离存放地点之日止，按日（存放时间不足 12 h 的免收）核收自备或租用货车停放费。

4. 车辆使用服务费

（1）核收条件。

① 有偿使用铁路货车，向使用人核收车辆使用服务费。

② 铁路施工单位经国铁集团批准用于线路施工用途的路用车，改变施工用途或超出规定使用范围装用货物时，按“在专用线、专用铁路上”的货车使用服务费率，自车辆移交之日起核收车辆使用服务费。

（2）费率。

车辆使用服务费费率见表 12-18。

表 12-18　车辆使用服务费费率

项目			单位	费率
车辆使用服务费	在营业线上	罐车，散装水泥、粮食专用车	元/吨日	3.60
		其他货车（机冷车、D 型长大货物车除外）	元/吨日	3.00
	在专用线、专用铁路上	罐车，散装水泥、粮食专用车	元/吨日	7.20
		其他货车（机冷车、D 型长大货物车除外）	元/吨日	6.00
	机械冷藏车	单节性	元/车日	160.00
		5 辆型	元/车组日	660.00
	长大货物车	超过 180 t	元/吨日	8.60
		标重不足 180 t	元/吨日	5.00

（3）计算方法。

车辆使用服务费按车辆标重（机械冷藏车按车组）计算。

5. 路产专用线使用服务费

（1）核收条件。

出租路产专用线时，应自接轨道岔尖端起，按线路总长度向租用人核收路产专用线使用服务费。

（2）费率。

路产专用线使用服务费费率见表 12-19。

表 12-19　路产专用线使用服务费费率

项目	单位	费率
路产专用线使用服务费	元/延米年	200.00

（3）计算方法。

路产专用线使用费按月计算，不足一月按一月计算。铁路运输企业最高可上浮 100%，下浮不限。

6. 机车使用服务费

（1）核收条件。

出租铁路机车，向使用人核收机车使用服务费。

（2）费率。

机车使用服务费费率见表 12-20。

表 12-20　机车使用服务费费率

项目	单位	费率
机车使用服务费	元/台日	3 050.00

（3）计算方法。

机车使用服务费不分机型，按单台机车计算，双节机型加倍。机车使用服务费包含折旧费、大中小检修费用、油脂费以及间管费。

铁路运输企业可根据实际有偿使用的机车情况在费率标准的20%范围内上下浮动。

7. **货运场地使用服务费**

（1）核收条件。

出租铁路货场仓库、站台、场地，向使用人核收铁路货运场地服务费。

（2）费率。

货运场地使用服务费费率见表 12-21。

表 12-21　货运场地使用服务费费率

类型	单位	费率
仓库	元/平方米月	6
带雨棚站台	元/平方米月	4
露天站台	元/平方米月	3
露天场地（货位）	元/平方米月	2

（3）计算方法。

货运场地使用服务费均按月计算，不足一月按一月计算。

铁路运输企业可根据车站位置、地段和市场情况，比照当地实际水平，在200%幅度内上浮、在50%幅度内下浮。

四、特殊货车及运送用具回送时运杂费核收

特殊货车及运送用具回送时，运杂费按以下规定核收。

1. **凭“特殊货车及运送用具回送清单”免费回送的货物**

（1）铁路产权集装化用具回送。

产权属于铁路部门的集装化用具，车站可凭铁路局集团公司货运主管部门的批准文件，填记“特殊货车及运送用具回送清单”免费回送。

（2）运送下列铁路所属的货车或用具（产权属国铁集团），车站填记“特殊货车及运送用具回送清单”免费回送。

① 按规定免费挂运的非运用车。

② 卸（送）空罐车（润滑油专用空罐车除外）、散装粮食车（L17 型）、散装水泥车（K15 型、U60 型）、长大货物车（D 型）、运梁专用车（N15 型）、加冰冷藏车（B 型）、毒品专用车（W 型）、集装箱专用车（X 型）。

③ 向指定站回送需要洗刷除污的货车。

④ 铁路空集装箱。

⑤ 运营用衡器。

⑥ 按规定以调度命令免费运送的装卸机械和工具。

⑦ 军用移动设备（军用备品）、军用移动站台和装卸备品、军用捆绑加固材料（装置）。

⑧ 货车篷布以及根据调度命令调拨、送修及修好返回的防湿篷布。

⑨ 国铁集团规定免费回送的其他物品。

2. **免费运送下列货物时，需填制货物运单**

（1）托运人自备的货车装备物品、支柱等加固材料和运输长大货物用的货物转向架、活动式滑枕或滑台、货物支架、座架及车钩缓冲停止器，凭收货人提出的特价运输证明书回送时，不核收运费。

（2）铁路产权润滑油专用空罐车应由收货人提报运输需求，填制货物运单免费回送。

（3）批量货物快运使用托运人自备托盘在铁路局集团公司管内运输，托盘不计重收费，通过铁路回送至发站时使用特价运输证明书，免收铁路运费、装卸费。

（4）20 英尺 35 t 自备敞顶箱以空箱在到站回空且回空距离不超过重箱运距时，暂免回空运费。

（5）成都局、海南省各货运站回送托运人自备的托盘集装网（软托盘）、集装袋、集装笼时，凭特价运输证明书办理，免收铁路运费和装卸费。

3. **其他货物**

（1）托运人自备的可折叠（拆解）的专用集装箱、集装笼、托盘、网络、货车篷布，装运卷钢、带钢、钢丝绳的座架、玻璃集装架和爆炸品保险箱及货车围挡用具，凭收货人提出的特价运输证明书回送时，整车按 2 号、零担按 22 号运价率计费。

（2）自备集装箱回空运输。

① 承运人利用自备集装箱回空运货物按对应箱型的运价率计费，在货物运单铁路记载事项栏内注明，免收回空运费。

② 自备集装箱空箱运输按“铁路货物运价率表”规定重箱运价率的 40%计算。空重联运、重空联运时，空箱运价率按重箱运价率的 10%计算，建设基金同比例核收。

③ 20 英尺 35 t 顶箱自备空箱运输时，比照 20 英尺自备箱回空计费。35 t 敞顶箱自备箱在到站回空且回空距离不超过重箱运距时，暂免回空运费。

【例 12-30】某货主 3 月 31 日将 2 个 20 英尺空自备集装箱汽运至 *A* 站，4 月 1 日启运并提出“空重联运”需求经铁路发至 *B* 站，*A* 站至 *B* 站运费、基金里程 200 km，电气化里程 5 km，请计算 2 个自备集装箱所产生的运费。

解：

运费为：（40+3.185×200）×2×10%=215.4（元）

铁路建设基金为：0.264×200×2×25%=26.4（元）

印花税为：运费×0.000 5=0.1（元）

五、铁路建设基金计算核收办法

（1）铁路建设基金按国铁正式营业线和实行统一运价的运营临管线的运价里程计算。铁路建设基金由发站一次核收。

（2）国际联运国内段铁路建设基金，出口货物由发站核收，进口货物由国境站核收。

军事运输也按规定的费率核收铁路建设基金。

（3）铁路建设基金的计费重量：整车、零担货物按该批运费的计费重量计算；集装箱货物按箱计费。

货物运单内分项填记重量的货物，按运费计费重量合并计算。

（4）铁路建设基金的尾数不足 1 角按四舍五入处理。

（5）免收运费的货物、站界内搬运的货物免收铁路建设基金。

（6）货物承运后发生运输变更时，按《铁路货物运价规则》处理运费的方法处理。

（7）承运后发现托运人匿报、错报货物品名，致使铁路建设基金少收时，到站除按正当铁路建设基金补收差额外，另核收该差额等额的违约金。

（8）国铁的正式营业线和实行统一运价的运营临管线按“铁路建设基金费率表”规定的费率核收铁路建设基金。

铁路建设基金的计算公式为：

$$建设基金=费率\times计费重量（箱数或轴数）\times运价里程$$

表 12-22　铁路建设基金费率表

<table>
<tr><th colspan="3">项目
种类</th><th>计费单位</th><th>农药</th><th>磷矿石</th><th>其他货物</th></tr>
<tr><td colspan="3">整车货物</td><td>元/吨公里</td><td>0.019</td><td>0.028</td><td>0.033</td></tr>
<tr><td colspan="3">零担货物</td><td>元/10 千克公里</td><td>0.000 19</td><td colspan="2">0.000 33</td></tr>
<tr><td colspan="3">自轮运转货物</td><td>元/轴公里</td><td colspan="3">0.099</td></tr>
<tr><td rowspan="8">集装箱</td><td colspan="2">1 吨箱</td><td>元/箱公里</td><td colspan="3">0.019 8</td></tr>
<tr><td colspan="2">10 吨箱</td><td>元/箱公里</td><td colspan="3">0.277 2</td></tr>
<tr><td colspan="2">20 英尺箱</td><td>元/箱公里</td><td colspan="3">0.528 0</td></tr>
<tr><td colspan="2">40 英尺箱</td><td>元/箱公里</td><td colspan="3">1.122 0</td></tr>
<tr><td rowspan="4">空自备箱</td><td>1 吨箱</td><td>元/箱公里</td><td colspan="3">0.009 9</td></tr>
<tr><td>10 吨箱</td><td>元/箱公里</td><td colspan="3">0.138 6</td></tr>
<tr><td>20 英尺箱</td><td>元/箱公里</td><td colspan="3">0.264 0</td></tr>
<tr><td>40 英尺箱</td><td>元/箱公里</td><td colspan="3">0.561 0</td></tr>
</table>

注：整车化肥、黄磷、豆饼、豆粕免征铁路建设基金。

拓展阅读

铁路货运电子商务平台升级上线

项目小结

本项目主要学习铁路货物运输费用的计算与核收办法，包括货物运输收入种类以及运费的计算程序、一般条件整车货物运费计算，特殊条件整车货物运费计算、集装箱货物运费计算、零担零散快运货物运费计算以及杂费收费项目和标准等内容，要求学生学会角色转换，进行货运核算员岗位模拟，掌握技能要求。

思政园地

中国发展的速度与温度

项目训练与测试

一、技能训练

（一）训练任务

（1）表述铁路货物运费计算程序。

（2）查找《货物运价里程表》确定包头东—兰州西运价里程。

（3）分析计算不同运输种类货物运费及杂费。

（二）训练目的

通过训练使学生熟练掌握铁路各种运输种类货物运输费用的收取规则以及各项杂费的核算办法，掌握货物运费计算条件的确定方法，了解当前铁路货物运输费用收取相关规定与政策并及时更新学习内容，已达到学习内容的时效性；分小组完成任务有利于培养学生团队合作意识。

（三）训练要求与准备

建议学生利用 95306 货运官网获取资源，指导学生进行运价号、运价里程等条件的查找确定方法；要求学生认真细致分析，计算结果准确，程序完整；准备笔、纸、计算器等工具；进行分组，方便讨论和任务完成。

（四）训练资料

《铁路货物运价规则》《货物运价里程表》《铁路货运营业办理站示意图》等。

二、综合测试

（一）单选题

1. 查找运价里程通过轮渡时，应将规定的（　　）加入运价里程内计算。

A. 专用线　　B. 货物支线　　C. 轮渡里程　　D. 水运

2. 超限货物的运价里程按（　　）里程计算。

A. 最短径路　　B. 绕路经由　　C. 实际经由　　D. 提出申请

3. 铁路运输收入分为（　　）

A. 行包收入、货运收入、客运收入、代收款

B. 客运收入、货运收入

C. 客运收入、货运收入、铁路建设基金、代收款

D. 票款收入、运费收入、杂费收入

4. 限速运行的一级超限货物，运价率加成（　　）。

A. 50%　　B. 100%　　C. 150%　　D. 30%

5.“货运运价里程表”中符号△货表示（　　）

A. 货场不办理货运营业　　B. 专用线不办理货运营业

C. 站内不办理货运营业　　D. 站内及专用线均不办理货运营业

6. 托运人自备的托盘、网络、货车篷布，凭收货人提出的特价运输证明书回送时，整车按（　　）运价率计费。

A. 2 号　　B. 3 号　　C. 4 号　　D. 5 号

7. 使用 B_{10} 型机械冷藏车装运冻品，其计费重量为（　　）t。

A. 38　　B. 42　　C. 44　　D. 48

8. 自轮运转的轨道机械，以自备货车或租用铁路货车作游车时，按（　　）运价率核收游车运费。

A. 整车 5 号　　B. 整车 6 号　　C. 整车 1 号　　D. 空车

9. 水泥罐式集装箱按“铁路货物运价率表”中规定的运价率加（　　）计算。

A. 50%　　B. 100%　　C. 30%　　D. 20%

10. 承运人提供的 D 型长大货物车的车辆标重大于托运人要求的货车吨位时，经中铁特货运输公司批准可根据实际使用车辆的标重减少计费重量，但减吨量最多不得超过（　　）t。

A. 60　　B. 30　　C. 50　　D. 70

（二）实作题

1. 托运人从南翔站托运一批冻肉 38 t 到无锡北站某专用线，使用 B_{10} 机械冷藏车装运，托运人要求途中保持温度-18 °C 以下，请计算运费（运价里程 119 km）。

2. 柳州南发贵阳南站汽轮机一台，重 40 t，为超级超限，使用一辆 60t 平车装运，请计算运费（运价里程 603 km）。

3. 衡阳站发孟庙站桥梁架一件，长 16.3 m，重 39 t，使用一辆 60 t 平车一端突出装运，另用一辆 60 t 平车做游车，请计算这批货物运费（运价里程 955 km）。

4. 重庆南站发十堰站水泥桥墩一批，重 51 t，使用一辆 60 t 平车一端突出装运，另使用一辆 60 t 平车做游车，托运人利用游车装载机器一台，请计算运费（运价里程 767 km）。

5. 某年 4 月 8 日，*A* 站使用 NX_{17BK} 装运一个铁路 45 英尺冷藏集装箱至 *B* 站，货物品名为冻猪肉，货重 25 t，托运人自装，请计算发站运输费用（*A*—*B* 计费里程 610 km，基金里程 610 km），托运人未支付到站杂费。

6. 某年 6 月 8 日，*A* 站发 *B* 站，使用铁路 35 t 敞顶箱一组货物，品名为玉米，专用线自装，专用线全长 2.6 km，保价合计 5 万元，全程里程 1 022 km，计费里程 1 009 km，电化里

程 516 km，非电气化合资铁路（0.155 1 元/吨公里）13 km。请计算发站运输费用。托运人未支付到站杂费。

7. 某托运人从甲站某专用线（专用线长度 5.46 km）使用 B_{20} 型机械冷藏车（5 辆型）一组，装运蔬菜 102 t 到乙站果蔬专用线（专用线长度 4.2 km），途中不需要制冷，并在记事栏内注明托运人不支付到站杂费。到达乙站后接到发站电报，托运人要求变更收货人，收货人因不能按时卸车，要求租用 3 日，计算发、到站应核收的运杂费。已知：运价里程 663 km，基金里程 663 km。

8. 石家庄运往汉口站毛巾一批，用 60 t 棚车装运，货车运行至孟庙站，托运人要求变更到徐州北站，计算新到站徐州北站清算的费用。

9. 托运人张某在金华站发聊城站正大有限公司二级氧化性物质碘酸（51515）40 t，使用 2 个 20 ft 集装箱装运，箱号：TBGU5006367，TBGU5008040。计算金华站应核收的运杂费（金华站至聊城站运价里程 1 308 km）。

10. 计算以下整车货物运费：

顺号	货物发站	到　站	货物品名	包装	重量/kg	车型	备　注
1	通　化	张家口南	葡萄酒	纸箱	48 000	P60	
2	阳　泉	保　定	煤	散	61 300	C62	
3	太原北	天津南	机械构件	木箱	20 000	N17	超级超限
4	南京西	石家庄	化工设备	裸	35 000	N17	一端使用游车，一级超限
5	西安东	下花园	桥式起重机梁		21 500	N12	一端突出，使用游车
6	烟　台	厦　门	苹　果	纸箱	24 000	B10TB	途中不制冷
7	石家庄	江　岸	鸡　肉	纸箱	120 000	B10TB	途中制冷，−16 °C
8	长沙北	深圳北	活　鸭	笼	1 000	J5	活动物、快运（运费仅收到广州）
9	—	—	苯	—	46 000	G60	危险货物
10	佛　山	邢　台	卫生洁具	纸箱	45 000	P62	到达郑州北托运人要求变更到洛阳东
11	石家庄	汉　口	桃	纸箱	120 000	B22	发送前托运人取消托运

项目十二综合测试参考答案请扫码观看

项目十三 货物损失处理

知识目标

（1）阐明货物损失的含义、种类及等级；归纳记录的种类、适用范围和编制要求；整理货物损失处理程序及相关工作要点；适用货物损失速报的编制内容和格式；复述“两无货物”的处理要求。

（2）区分货物的保价运输、保险运输的概念和特点；比较货物保价运输和保险运输的区别；概述货物保价运输业务工作要点。

（3）熟记货运安全管理的基本要求；学会货运安全因素分析；懂得发送、途中、到达作业安全管理要点。

能力目标

（1）能正确编制货运记录、普通记录；能开展货物损失调查，编制货物损失报告；能进行货物损失资料整理和保管。

（2）能根据保价（保险）运输要求，进行货物损失赔偿；能拟定铁路保价运输营销文案。

（3）能触类旁通把握货运安全工作要点，能把握货运安全工作关键卡控点，制订《货运安全工作手册》。

思政目标

（1）培养学生爱岗敬业、办事公道、廉洁奉公的职业品格，始终坚持人民至上、服务人民、奉献社会的人生观。

（2）树立安全第一、预防为主、综合治理的安全责任观，自觉遵循铁路安全生产规律，正视安全生产工作的长期性、艰巨性和复杂性，守好铁路事业的安全底线。

项目思维导图

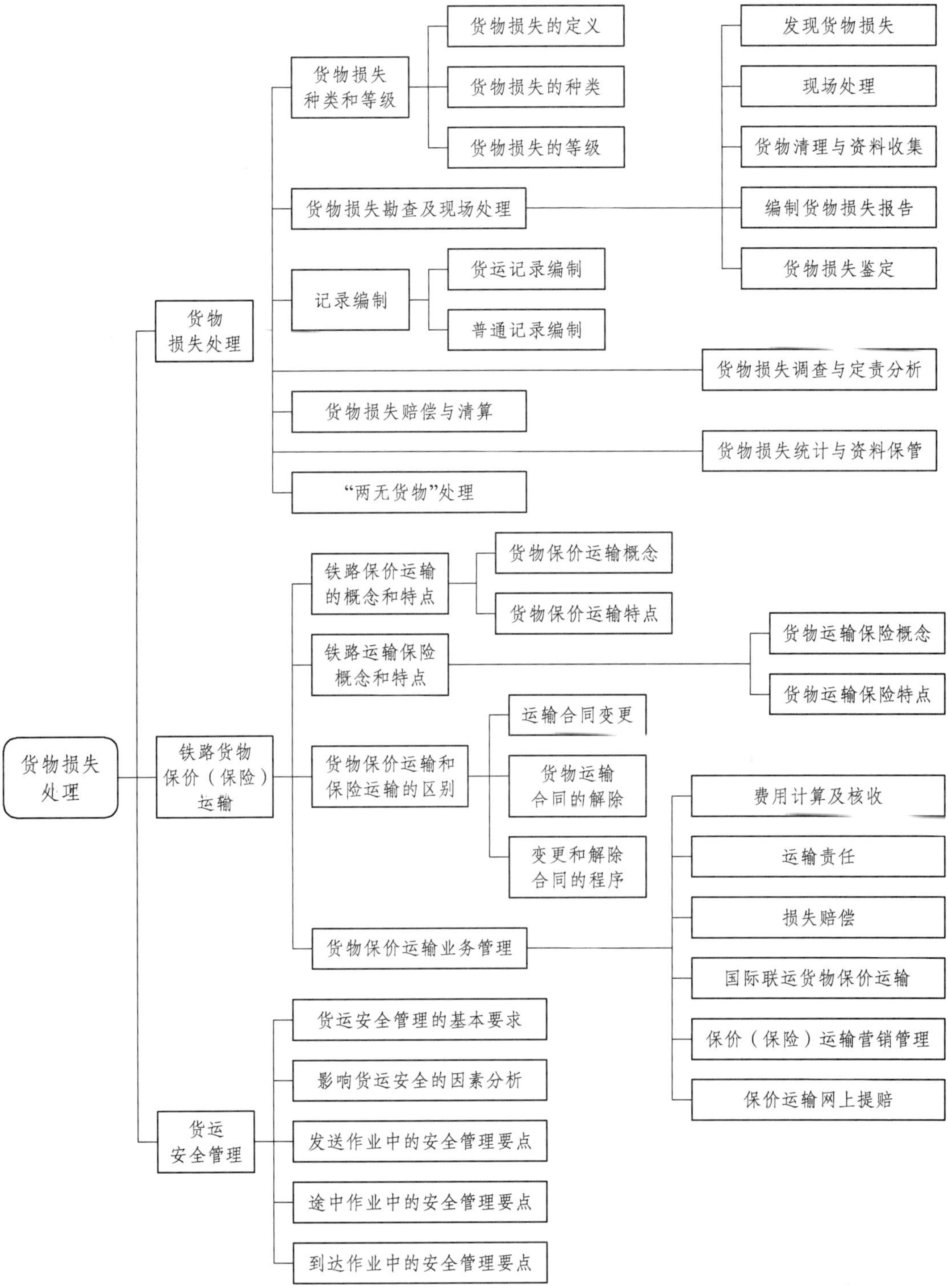

货物损失处理
货物损失处理
货物损失种类和等级
货物损失的定义
货物损失的种类
货物损失的等级
货物损失勘查及现场处理
发现货物损失
现场处理
货物清理与资料收集
编制货物损失报告
货物损失鉴定
记录编制
货运记录编制
普通记录编制
货物损失调查与定责分析
货物损失赔偿与清算
货物损失统计与资料保管
“两无货物”处理
铁路货物保价（保险）运输
铁路保价运输的概念和特点
货物保价运输概念
货物保价运输特点
铁路运输保险概念和特点
货物运输保险概念
货物运输保险特点
货物保价运输和保险运输的区别
运输合同变更
货物运输合同的解除
变更和解除合同的程序
货物保价运输业务管理
费用计算及核收
运输责任
损失赔偿
国际联运货物保价运输
保价（保险）运输营销管理
保价运输网上提赔
货运安全管理
货运安全管理的基本要求
影响货运安全的因素分析
发送作业中的安全管理要点
途中作业中的安全管理要点
到达作业中的安全管理要点

引导案例

铁路货运为您“保价”护航

为强化保价服务体系，广铁集团根据上级制定的《铁路保价运输规则》《铁路保价运输管理办法》《铁路货物损失处理规则》《铁路货物损失处理作业标准》等规章制度，对职工进行专业技术培训、评比，并建设标准化安全室，提高业务水平。根据规定，客户可根据货物实际价值，自愿支付保价费，若货物在运输过程中发生损失，即可按规定获取赔偿。

“保价买的是安心，更是保障。”广东鸿景物流集团有限公司相关负责人表示，尤其是针对一些高价值、易损耗货物，预先防范风险十分必要。

“今年一季度，广州货运中心已编制 1 383 份货运记录。”该中心保价货物损失理赔专员介绍，“目前，提赔办理周期基本控制在 2 天内，对于承运人责任明确的未办赔案卷，会由货物损失处理人员主动联系客户，做到主动、及时、真实、合理，在提供优质服务的同时，切实保障客户利益。”

目前铁路保价实行国铁集团、铁路局集团公司、货运站段、车间、货运站点等 5 级联动管理，通过“全方位、全流程、全覆盖”的方式，全面提高保价运输质量。

为此，广铁集团货运部成立党员指导小组，各货运站点以党支部为单位成立党员先锋队，本着预防为主的原则，以“源头防范、过程控制、到达监控、货损理赔”为运输保障，宣传保价政策，维护客户关系，强化营销组织，进一步扩大保价服务半径。广州货运中心多措并举，理顺保价理赔思路，积极主动联系客户，确保保价理赔落到实处。在发生货物灭失、短少、损坏时，中心要求各营业站点及时勘查、调查、并进行限时理赔；对于承运人责任明确的货物损失，优先对外理赔，后划分内部责任，做到主动、及时、合理。同时，畅通轻微损失赔偿渠道，对理赔不超过 1 000 元的小额赔偿，可由受理各营业站点当日受理审核、当日支付赔偿。

（资料整理自：广州铁路官方澎湃号）

导入问题：

1. 广铁集团货运中心是如何处理货物损失理赔的？
2. “保价”对铁路货运客户有哪些好处？

任务 1　货物损失处理程序

任务导读

货物损失处理是铁路运输工作的重要组成部分，是一项政治性、政策性、业务性很强的工作。铁路货物损失处理工作的好坏，关系到我国法律的尊严，关系到托运（收货）人、承运人双方合法权益，关系到铁路运输企业的形象，它是铁路运输售后服务的重要内容。本任务主要的规章依据为《铁路货物损失处理规则》（简称《货损规则》）。

知识点

一、货物损失种类和等级

（一）货物损失的定义

货物在铁路运输过程中（自铁路运输企业接收货物时起，至货物交付收货人时止）发生灭失、短少或者损坏属于货物损失。

（二）货物损失的种类

货物损失分为五类：

（1）火灾。

（2）被盗（有被盗痕迹）。

（3）丢失（全批未到或部分短少、漏失，没有被盗痕迹）。

（4）损坏（破裂、变形、磨伤、摔损、部件破损、湿损、腐烂、植物枯死、活动物死亡、污染、染毒等）。

（5）其他（办理差错及其他原因造成的货物损失）。

按照公安部、劳动部、国家统计局联合公发《火灾统计管理规定》第四条规定："凡在时间或空间上失去控制的燃烧所造成的灾害，都为火灾。"货车或车站货运设施、设备发生燃烧，但未造成货物损失的火灾，不应列为货运火灾事故。

"被盗痕迹"以包装撕破为表面特征。对于包装封条开裂、捆匝脱落，内品短少或被调换，除有证据证明属于被盗之外，按丢失事故处理。货物全批灭失，件数短少，包装破损内品短少均按丢失事故处理。

铁路运输过程中发生的办理差错（未构成货物损失的），如误办理（违反营业办理限制、停限装命令）、误运送、误交付、票货分离等，按照本规则规定程序处理。

（三）货物损失的等级

货物损失分为四级：

（1）一级损失：货物损失款额（以下简称损失款额）10 万元以上的。

（2）二级损失：损失款额 1 万元以上未满 10 万元的。

（3）三级损失：损失款额 1 000 元以上未满 1 万元的。

（4）轻微损失：损失款额未满 1 000 元的。

二、货物损失处理工作的方针、原则及基本要求

铁路货物损失处理工作应贯彻预防为主、及时处置、优质服务的方针，分层管理、逐级负责。货物发生损失时，应本着对托运人和收货人负责的原则，积极抢救，采取保护措施，尽量减少损失。

对货物损失发生的原因和责任认定，必须调查研究，查清事实，根据国家法律、行政法规及国铁集团的有关规定进行处理。对于承运人责任明确的货物损失，应先对外赔付，后划

分铁路内部责任，做到主动、及时、真实、合理。

货物损失处理人员负责货物损失处理工作。货物损失处理人员有权检查作业安全情况，制止违章违纪；履行货物损失勘查、调查、理赔、分析和统计上报等工作职责。货物损失处理人员行使职权时，应坚持原则、秉公办事。

三、货物损失处理程序

货物损失处理作业包括货物损失发现和现场处理、货物损失调查与定责分析、货物损失赔偿与诉讼、货物损失统计及两无货物处理。

货物损失处理作业程序如下：

（1）货物损失发现和现场处理程序。

抢救处理→报告货物损失→货物损失勘察→货物清理→收集资料→编制货物损失报告。

（2）货物损失调查与定责分析程序。

现场核实→编制货运记录→确定货物损失种类、等级→拍发货物损失速报→损失调查→查询答复→损失原因和程度鉴定→划分承运人与托运人和收货人间责任→划分承运人内部责任→过失责任分析。

（3）货物损失赔偿与诉讼程序。

审核资格→审核资料→赔偿与清算→诉讼。

（4）货物损失统计程序。

损失统计→数据上报。

（5）两无货物处理程序。

编制记录→收集保管→查询处理→报批变卖。

货物损失处理作业程序如图 13-1 所示。

货物损失处理工作均须通过保价系统进行。各级货物损失处理人员应严格按系统操作手册执行，保证录制信息的完整、准确、及时。各级信息部门应保证系统环境安全，运行稳定，网络畅通。系统发生软、硬件故障，无法正常使用时，应由其主管直属站段负责处理。

任务 2　货物损失勘查及现场处理

任务导读

铁路货物损失处理工作是货物运输的重要环节，是衡量货运工作质量的重要标准，主动、迅速、妥善处理货物损失，是提高货运安全工作质量和服务水平、维护铁路声誉的基本要求。

对货物损失处理工作，应持积极的态度。一是对运输的货物采取必要的防范措施，确保货物运输安全；二是在发生货物损失后要积极组织抢救，采取保护措施，尽量减少损失；三是要开展调查研究，查找货物损失的原因，按照规定进行处理。

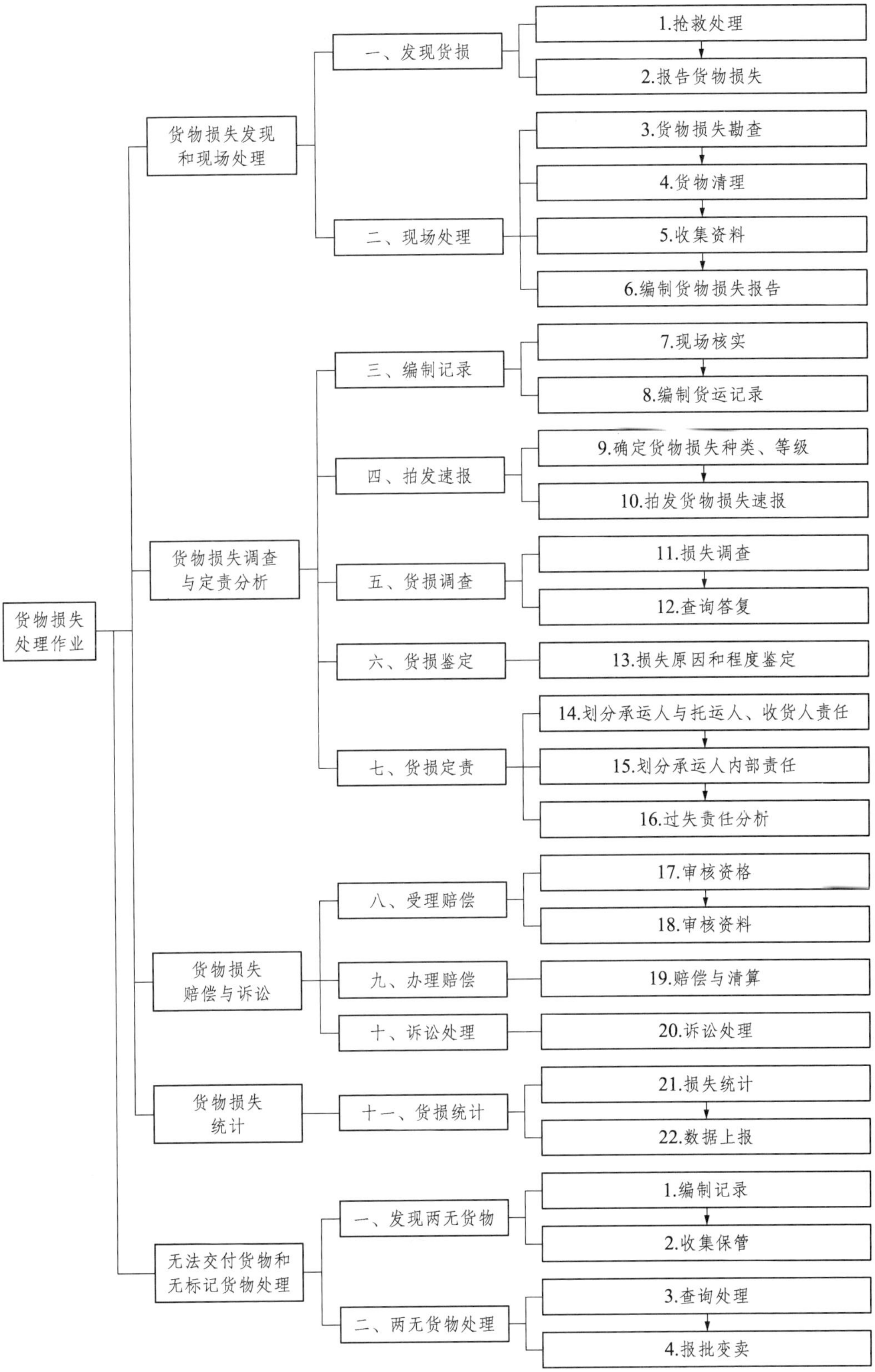

图 13-1　货物损失处理作业程序图

知识点

一、货物损失现场处理作业程序

发现货物损失后，发现人员应保护现场，立即向车站负责人和货物损失处理人员报告。接到报告后，车站负责人应组织有关人员立即赶赴现场进行货物损失勘查、清理、资料收集并编制“货物损失报告”。必要时通知托运人或收货人。依据《铁路货运事故处理作业》(TB/T 3114—2005)，货物损失现场处理作业程序如图 13-2 所示。

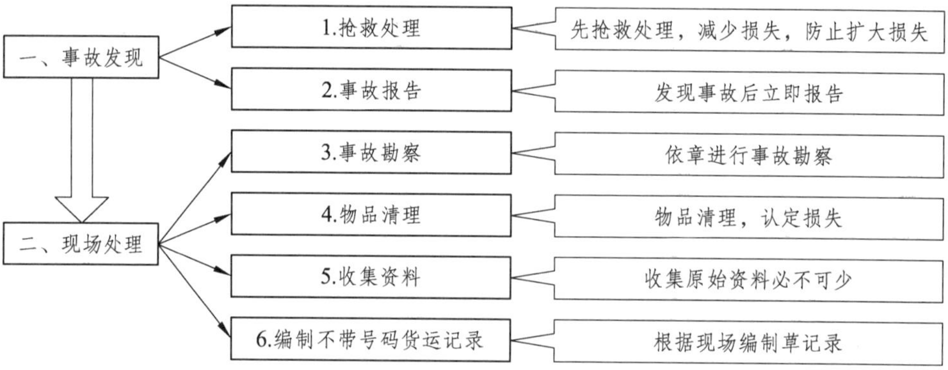

图 13-2　货物损失现场处理作业程序

货物损失报告

物流企业（包括铁路物流企业或铁路运输企业委托的社会物流企业，下同）在接取送达过程中发现货物损失时，应由物流企业相关人员对发生损失的货物情况进行拍照留存，并编制货物损失报告连同货物损失现场照片一并交车站。

（一）抢救处理

（1）发现火灾，罐车装运的压缩气体、液化气体泄漏，剧毒品、爆炸品、放射性物品被盗丢失等情况，立即向公安和有关部门报告；遇有列车（或货车）火灾，还应向列车调度报告。

（2）查阅损失货物（车）的运输票据信息，了解货物的具体名称及特性。

（3）将损失货物（车）与相邻货物（车）分离。

（4）及时组织卸车或将货物转移至安全地点。

（二）信息报告

发现货物损失应及时报告并通知货物损失处理人员，相关部门按如下报告：

（1）发现火灾，罐车装运的压缩气体、液化气体泄漏，剧毒品、爆炸品、放射性物品被盗丢失以及估计损失款额达到一级损失等情况时，应在 1 h 内逐级报告，并在 24 h 内向有关车站、直属站段、铁路局集团公司和有关铁路公安部门以电报形式拍发“货物损失速报”，抄送国铁集团货运部。

“货物损失速报”内容如下。

> （一）损失等级、种类。
>
> （二）发现损失的时间、地点。
>
> （三）发站、到站、货物名称、承运日期。
>
> （四）车种、车型、车号、运单号码、办理种别、保价或保险金额（金额前注明“保价”“铁险”或“商险”字样）。
>
> （五）损失概要。
>
> （六）对有关单位的要求。

（1）拍发速报时，在电文首部冠以“货物损失速报”字样，（一）至（六）项为各项代号。速报由车站主管领导审核签发。

（2）发现货物被盗、火灾等情况，发现单位（人）应立即向公安、消防部门报案，同时向上级主管部门或人员报告。

（3）货物损失涉及铁路交通事故的，应报告铁路局集团公司列车调度、安全监督管理部门。

（4）货物损失涉及车辆技术状态的，应通知车辆部门。

（5）货物损失涉及活动物或食品污染变质的，应通知防疫、检疫部门。

（6）货物损失涉及参加保险的货物，必要时应通知保险公司。

（7）货物损失涉及海关监管的货物，应通知海关监管部门。

（8）货物损失涉及环境污染的货物，应通知环保部门。

（9）由于货物染毒或危险货物发生货物损失，造成人员伤亡时，应通知劳动保护等有关部门。

（10）必要时经主管领导同意通知托运人或收货人。

货物损失速报案例

二、货物损失的现场处理

（一）火灾

参加人员：现场施救的货物损失处理人员、公安（消防）人员、应急处置小组人员等相关人员。

1. 货车（箱）火灾

重点勘查并记明火灾列车车次、货车种类、到达时间、编挂位置及上一责任货检站检查情况、邻车情况、牵引机车类型；记明车辆状态（车底板、闸瓦、防火板等）；查看车内货物装载现状、起火部位、四周货物烧损情况；了解货物装载（苫盖物）高度；掌握可能造成起火的各种迹象。

（1）棚车：重点勘查并记明门窗关闭状态、施封加固及烟囱口关闭情况，并妥善保管封印。

（2）敞车：重点勘查并记明篷布苫盖、绳索捆绑状态，货物装载加固，包装、衬垫材料等情况。

（3）集装箱：重点勘查并记明箱体状态、箱门关闭、施封加固情况。

2. 货场火灾

重点勘查并记明损失货物所处位置；着火点货位原来堆放何种货物和火源，仓库、雨棚、相邻设备及周围堆放货物等情况；货物入库（区）时间和货物交接检查情况；仓库电线、灯具情况；装卸作业用的叉车、吊车等作业机具的防火情况；人员出入情况。

注：以上均要记明火灾发生和扑灭的时间，被烧货物状态。现场勘查场景必须留有关键部位的影响资料。

（二）被盗丢失

参与人员：货物损失处理人员、车站负责人、货运员、公安人员等相关人员。

1. 货车（箱）内货物被盗丢失

重点勘查并记明列车车次、到达时间、开始作业和卸车完了时间、编挂位置及上一责任货检站检查情况；车（箱）体状态、施封状态；车内货物装载现状，车（箱）内货物装载状态，是否装满（能否容下少件），有无明显被盗痕迹，包装破损内货短少时，记明破损货件装载位置，破口尺寸，短少货物的具体品名、数量（无法判明短少数量时，应记明现有数量或现状），涉及重量时应检斤，并记明现有重量。

（1）棚车、冷藏车、罐车：重点勘查并记明车体、门窗关闭状态、施封加固情况。其中棚车装运的，车窗处被盗丢失时，记明货物装于车窗位置以及该车窗锁闭状态；货车两侧或一侧上部施封时，记明下部门扣是否损坏、封印的站名和号码；车门缝处货物被盗割的，记明货物现状。

（2）敞车：重点勘查并记明篷布苫盖、绳索捆绑状态，货物装载情况，表层货物现状，篷布有破口时，记明破口位置、尺寸，新旧痕迹和破口处货物的状态，出现篷布绳索明显被割断或割断后再接的情况，也要如实记明绳索现状。

（3）集装箱：重点勘查并记明箱号、箱体和箱门状态、破损部位的尺寸、新旧痕迹和箱门密封情况；施封加固及集装箱在车内的装载位置和箱距，箱内货物装载现状及容积、现有数量或短少数量。

2. 货场内货物被盗丢失

重点勘查并记明卸车入库（区）时间，卸车班组、货运员、库区货运员的交接情况；包装破损内货短少时，查明损失货件在库区堆码情况及周围货物出库情况。

注：以上现场勘查场景必须留有关键部位的影响资料。

（三）损坏

参加人员：货物损失处理人员、车站负责人、货运员、托运（收货）人等相关人员。

1. **破损类损坏**

重点勘查并记明：

① 货物现状、破损程度、货物位置、码放地点及周边货物现状、有无碰撞痕迹、接触货物有无窜动或冲撞痕迹；

② 包装损坏状态、破损部位、新痕旧痕、内货固定及衬垫情况，包装是否符合规定；

③ 篷布质量和苫盖、捆绑加固状态；

④ 加固方法是否符合规定，加固材料及质量是否符合方案要求；

⑤ 是否有包装储运图示标志，是否按包装储运图示标志装载堆码，起重工具及吊卸方式是否符合规定；

⑥ 查明卸入库区时间、库区货运员的交接检查情况；

⑦ 发生湿损检查货车（箱）定检及是否透光和罐体状态、阀门关闭情况；

⑧ 涉及车辆技术状态时，应注明车辆检修时间、检修单位，通知车辆部门检查。

货车（箱）内货物损坏时还要检查货物装载位置、高度及所接触货物有无窜动或冲撞痕迹，特别是对机械类货物包装出现破损时，记明底托、支架立柱、横梁等有无折断或变形，货物裸露表面是否有破裂、变形、零部件明显折断等状况，以及是否有周围衬垫材料破损、脱落、丢失的情况，并要对该处货物裸露部位表面进行检查。

2. **湿损类损坏**

重点勘查并记明：

① 湿损货物在货车或集装箱内的装载位置、湿损数量及程度；

② 车辆、集装箱的定检修单位和时间，车体或箱体不良部位和尺寸，是否透光，箱门配件及密封条等情况；

③ 敞车装运苫盖篷布的，记明货物装载状况、篷布质量、苫盖、绳索捆绑等情况，篷布所属单位；

④ 货物在库（区）内发生湿损时，记明卸车时间、仓库是否漏雨，露天存放的货物是否苫盖篷布及篷布质量，有无衬垫。

3. **变质类损坏**

重点勘查并记明运输条件、到达时间、承运时间、卸车时间和货物运单、列车编组顺序表记载的容许运到期限、实际运到时间、易腐货物及△(K)标等有关事项。

① 机械冷藏车、冷藏箱：检查车（箱）内外温度、货物温度，车（箱）门胶条密封现状、车（箱）门加固、施封情况，货物温度、货物在车（箱）内装载方式、高度，变质货件装载位置、货物包装及内部衬垫现状方式、质量及内部衬垫情况；机械冷藏车还需乘务员出具的普通记录证明和机械冷藏车作业单作为附件。

② 棚、敞车：确认有无采取防寒、保温、隔热、通风等措施；检查货物装载方法、包装及内部衬垫和加固、苫盖、隔离等情况是否符合要求；检查是否符合棚、敞车装运易腐货物条件。

4. **活动物死亡**

重点勘查并记明检疫证明的名称和号码，死亡原因；核实运输条件、沿途上水情况、容器质量及装载密度；检查车辆安插货车表示牌情况，货物运单的记事内容，核实发站承运、装车、挂运、到达时间及货物列车隔离情况。

5. 植物枯死

重点勘查并记明发站承运、装车、挂运、到达时间；核实运输条件，了解枯死原因；检查装载方法、包装，清点植物枯死数量；了解承运时的质量。

6. 污染类损坏

重点勘查事项：

① 查明损失货物在货车（箱）内装载位置、包装状况，周围货件装载情况及有无撒漏情况；

② 检查接触本批货物的车地板、端侧墙状态；

③ 查明被污染货物和污染源货物的性质、名称、位置、面积、包装情况以及两者之间的距离；

④ 检明车辆来源，检查车辆内外是否贴有“铁路货车洗刷回送标签”及车辆清扫、衬垫情况；

⑤ 查明发生损失货物卸车、入库时间及库区货运员交接情况、损失货件堆放位置、原堆放何物和性质及相邻货物情况；

⑥ 查明货物损失货件在库区的码放位置、包装及漏失情况；

⑦ 粮食、食品染毒或人员中毒时，保留原车；

⑧ 多批货物混装时，污染物和被污染货物应分别编制货运记录。

说明：集装货物外部状态发生被盗、丢失、损坏可比照 2、3 项内容进行现场处理，还应记明集装用具状态，堆码方式。货物散落时，应检查清点并记明现有数量，若无法清点数量的可检斤，并记明全批复查重量。集装货物拆盘（捆）卸车时，要对每盘（捆）件数清点。

同一集装件内重量、规格、件数不同的货物发生被盗、丢失、损坏时，要记明该集装件全批货物重量，并分别记明完好和损坏的各种规格货件的重量、件数。

注：以上现场勘查场景必须留有关键部位的影像资料。

（四）货物与票据信息不符的处理

1. 有票据信息无货物（空车有票）

空车有重车票据信息，发现站扣车后在铁路货运票据综合应用管理系统录入空车有票信息，编制普通记录，并联系票据记载到站、发站进行核对，经到站确认为已卸空车，到站在货运站系统或集装箱系统做卸车补录操作，电子票据信息车号置空，发现站在现车系统重新取票并确认后，按空车组织挂运。

到站确认货物未到时，联系票据记载发站进行核对。

经发站确认为漏装的，调配空车，进行漏装货物补装作业，并在铁路货运票据综合应用管理系统编制普通记录，修改票据车号信息，有票空车票车解绑置空。发现站在现车系统重新取票并确认后，按空车组织挂运。发站在现车系统取票并确认后，票据捆绑到新车号上。

确认为错装的，发站应追查运单记载的货物实际位置，通知重车所在车站扣车，并根据重车站反馈信息，在铁路货运票据综合应用管理系统编制普通记录，修改运单车号信息，有票空车票车解绑置空。发现站在现车系统重新取票并确认后按空车组织挂运。重车所在站在现车系统重新取票并确认后组织错装车辆挂运。

经发站确认未对该车进行装车作业的，联系信息部门查明原因后处理。

2. **有货物无票据信息（重车无票）**

发现重车无票据信息时，发现站扣车调查，并在铁路货运票据综合应用管理系统编制普通记录。确认为重车空排的，发现站在保价系统编制货运记录回送；确认为发站错装的，联系发站处理。

3. **货物与票据信息均有，但两者不符**

如发生办理差错，根据具体情况，可采用拍发电报、编制记录、电话联系等方式及时采取措施，纠正错误、减少损失，发站及相关站应积极配合，对相互推诿、处理不积极造成货物损失及损失程度扩大的，追究责任单位责任。

发生误办理、误运送时，发现站应及时联系发站（误运站），由发站（误运站）提出处理意见，如需回送发站或正确到站时，凭货运记录回送。

发生误交付时，由交付站负责追回货物后交与正确收货人；如因发站责任造成误交付时，发站应积极配合到站处理；发站拍发的更正收货人电报不能作为变更收货人的依据。

三、货物清理与资料收集

参加人员：货运员。

（一）货物清理

（1）依据票据信息、物品清单或箱标记载，清点损失货件，做出物品损失清单或现有物品清单。

（2）损失货件与完整货件分别码放。

（3）损失货物涉及重量的，将发生损失的货件和完整的货件分别检斤（中途站只对成件货物中的损失货件进行检斤）。

（4）妥善收集处理货物损失现场的残货、残渣。

（二）收集资料

（1）收集各种原始纸质资料、单据、封印、照片等。

（2）收集货物损失货车到达时间，货运检查、送入卸车地点、时间，货车作业时间、班组、人员等资料。

（3）涉及车辆技术状态时，收集车辆部门的检查记录。

（4）涉及检疫、防疫、公安、海关等部门时，收集相应的证明材料。

四、编制货物损失报告

参加人员：货运员或物流企业相关人员、货装值班员（审核签字）。

货物损失报告应由货运员或负责接取送达的物流企业相关人员根据现场勘查情况，在发现当日编制。货物损失报告应如实记载损失货物及有关方面的当时现状，填写字体要工整清晰，项目各栏填写齐全，并应由编制人本人签字。货物损失报告相关人员签字栏必须本人签字，不得盖章代替。货物损失报告有涂改时，在涂改处应加盖编制人员的人名章。

（1）货运员根据货物损失勘查内容，逐项填写货物损失报告，由货运值班员对报告中的事实和内容进行审核并签字后，连同与货物损失有关的材料、施封锁、现场影像等一并在发现当日送交货物损失处理人员（或车站理赔安全室）。

（2）物流企业（包括铁路物流企业或铁路运输企业委托的社会物流企业）在接取送达过程中发现货物损失时，应由物流企业相关人员对发生损失货物情况拍照留存，并编制货物损失报告交货物损失处理人员（或车站理赔安全室）。

（3）其他有关人员会同检查的，应在编制的货物损失报告上签字，同时注明所属单位名称。

五、货物损失鉴定

货物发生损失不能判明发生原因和损坏程度，车站应会同收货人（托运人）或物流企业进行损失鉴定，必要时邀请有鉴定能力的第三方机构进行鉴定。损失鉴定应在发现站现场就地进行，现场难以鉴定时，经与收货人（托运人）协商同意后，可移至适当场地进行鉴定。

损失货物鉴定时，应按批编制“货物损失鉴定书”。“货物损失鉴定书”应加盖处理站货物损失处理专用章或单位公章，参加人员应签字或盖章，第三方机构参加鉴定的，还需加盖鉴定单位的印章或附出具的货物损失鉴定报告。

货物损失鉴定书

车站组织货物损失鉴定时应由货运负责人、货物损失处理人员等两人以上参加鉴定。

鉴定一般应自编制货运记录之日起 10 个工作日内完成，以“货物损失查复书”（以下简称查复书）送有关单位。情况特殊需要延期时，应以查复书或电报说明原因通知有关单位，但最长不得超过 30 日。

货物损失查复书

鉴定所支出的费用（包括整理、化验等费用），应在“货物损失鉴定书”中记明。属于收货人（托运人）责任的，由收货人（托运人）支付；属于承运人责任的，由责任单位承担。

任务 3　记录编制

任务导读

为了在货物发生损失时及货物运输中特殊事项，判明真相，分析原因，划清责任，必须根据不同情况，分别编制必要的记录。铁路货运中的记录分为货运记录、商务记录和普通记录三种。本部分重点介绍货运记录和普通记录的编制。

知识点

一、货运记录编制

（一）货运记录的定义与作用

货运记录（包括商务记录）作为货物发生损失时的证明。货运记录是指货物在铁路运输过程中发生货物损失及遇有《货损规则》规定的情况，需要证明承运人同托运人或收货人之间责任和铁路内部之间责任时，车站在发现货物损失次日内按批（车）所编制的证明。

货运记录是划分责任、提出赔偿的依据。这个作用应理解为既是承运人内部各单位间，也是承运人与托运人、收货人间划分责任的依据，同时也是承运人与托运人、收货人间相互提出赔偿的依据。

从各种记录中可以了解货运工作质量，还可根据记录内容进行综合分析，找出某一时期货物运输工作中的薄弱环节和事故发生规律及主要原因，以便提出防范对策，制定安全措施。可以说货运记录是货物损失情况的真实写照，是文字式的照片，是证明货物损失发生情况的原始材料，是货物损失的档案。因此，我们必须予以高度的重视，严肃、认真地对待记录的编制工作。

货运记录　　商务记录

（二）货运记录的适用范围

凡是货物在铁路运输过程中发生货物损失的，车站均应在发现损失次日内按批（车）编制货运记录。遇有下列情况时也应编制货运记录：

（1）发生《货规》《管规》及其引申规则办法中所规定需要编制的情况时。

（2）自备篷布、自备集装箱运输发生损失时。

（3）一批货物中的部分货物补送或损失货物及误运送、误办理及其他情况货物需要回送时。

（4）发现无标记、无法交付货物，公安机关查获铁路运输中被盗、被诈骗的货物以及公安机关缴回的赃款移交车站，沿途拾得的铁路运输货物交给车站处理时。

（5）托运人组织装车，收货人组织卸车，货车施封良好，篷布苫盖和敞车、平车、砂石车货物装载外观无异状，收货人提出货物有损失经承运人确认时。

（6）集装箱运输的货物，箱体完整、施封良好，交付完毕次日内，收货人提出货物有损失经承运人确认时。

说明：为反映、了解货物（车）和其他方面的真实情况，便于货物损失的分析和处理，《货损规则》明确规定发生以上六种情况也应编制货运记录。

凡是在运输过程中发生货物损失的，不论何种原因、谁的责任、发现（发生）的时间，均应编制货运记录用以记录货物损失的真实现状。记录编制的时间要求，是发现之日起次日内按批（车）编制货运记录，“次日内”是指发现的当日和次日两天时间内，以自然日为准，按零点划分。

“承运人确认”是指确认货物损失的事实，而不是确认货物损失的原因和责任。

国际联运货物发生损失，车站应按批编制商务记录，按《国际铁路货物联运协定》的规定处理。

（三）货运记录的编制要求

货运记录分为货主页、存查页。其中货主页为一页绿色 A4 专用纸（背面印有索赔须知），存查页为一页白色 A4 纸。货运记录及号码由保价系统生成。各单位应加强货运记录空白货主页的使用管理，健全管理制度，防止记录丢失，且不得挪作他用。

货运记录根据货物损失报告编制。货物损失处理人员接到货物损失报告后，应核实货物损失报告各栏填写是否齐全正确，相关资料是否齐全，并在保价系统中加载货物损失报告照片。必要时，要到现场核实损失货物情况。

货运记录由车站货物损失处理人员编制。编制记录要如实记载货物损失及有关方面的当时现状，不得在记录中作损失责任的结论，记录各栏应逐项填记。

货运值班员应对货物损失报告中的事实和内容进行审核并签字，同时要求参加检查货物（车）的有关人员签字，强调货物损失处理人员对货物损失报告内容与现场情况勘查核实。货运记录相应签字栏由货物损失处理人员将货物损失报告上的其他相关人员签名转录在保价系统中货运记录相应栏内。货物损失报告与货运记录存查页一并保管。

1. 一般要求

编制货运记录要严肃认真，如实记载损失货物及有关方面的当时现状，不得虚构、假想和臆测，也不得在记录中作损失责任的结论，以体现记录的真实性和准确性。记录用词必须准确、简练、明了，不能用揣测、笼统、含糊的词句。记录要能客观地反映出损失发生的原因和责任，使损失处理做到原因明、定责准、结案快。

货运记录各项应逐项填记。

“一般情况”栏，应根据运单及票据封套记载及到达车次、实际作业时间逐项填记。

“票据原记载”栏，应按损失货物运单记载事项详细填写，如有货无票可填记“无票”字样。

“按照实际”栏，应按货物实际情况填写，凡经检斤的货物应在“重量”栏内加以注明。如有票无货，可填写“无货”字样。

“货物损失详细情况”栏，应记明以下内容：

（1）车辆来源及货运检查情况（货车车体、门窗、施封、篷布苫盖等情况）。

（2）损失货件的实际状态和损失程度。

（3）货物包装、装载状态、装载位置和周围的情况。

（4）对损失货件的处理情况。

2. 重点要求

编制货运记录应重点勘查并记明车（箱）体、门窗、施封或篷布的情况，货物包装及装载加固状态，损失货物装载位置、损失程度等。

货物损失涉及重量的，应将发生损失的货物和完整货物分别检斤，中途站只对成件货物中的损失货物进行检斤，填入记录的“按照实际”栏内。

货物损失在二级以上或难以描述现场状况和判明责任时，须用影像设备留存货损现场关键证据影像资料，为货物损失处理提供依据。

具体重点勘查并记明的事项参照“货物损失勘查及现场处理”部分的要求（或《货损规则》附件 2 规定）办理。

通过保价系统打印的货运记录（货主页）加盖货物损失处理专用章和带有所属单位名称的人名章后生效。非系统打印、有涂改或手写的货运记录无效。

货运记录案例

二、普通记录编制

（一）普通记录的定义与作用

普通记录作为现状交接证明。它是在没有发生货物损失的前提下，作为铁路内部办理交接检查作业时发现货物（车、箱）有异状时需要证明交接现状的证明材料，不得作为对外的证明。因此普通记录是一般证明文件，不能作为要求赔偿的依据。

普通记录应在发现当日编制，“当日”以自然日为准。

普通记录

（二）普通记录的适用范围

在铁路运输过程中，遇有下列情况之一，须在发生（发现）当日按批（车）所编制普通记录：

（1）发生《货规》《管规》及其引申规则办法中所规定需要编制的情况时。

（2）货物损失涉及车辆技术状态时。

（3）货车发生换装整理时。

（4）集装箱封印失效、丢失或封印站名、号码与票据信息不一致或未按规定使用施封锁时。

（5）卸车（换装）发现货物件数或重量较票据记载信息多出时。

（6）依据其他有关规定，需要证明时。

在办理货运检查交接作业时发现问题，按规定拍发的交接电报应视为普通记录。

（三）普通记录的编制要求

普通记录及号码由相关系统生成。带号码的普通记录，编制单位打印存查，接方打印留存作为证明。

1. 一般要求

编制普通记录要严肃认真，如实记载有关情况；无运转车长值乘的列车，接方进行货运检查发现问题后，按规定拍发的电报应作为有车长值乘时交方出具的普通记录。

2. 重点要求

应记明交接时货车车体、门窗、施封或篷布、绳网的现状，货物包装及装载加固状态。

① 货车封印失效、丢失、封印站名或号码无法辨认时，应记明失效、丢失和无法辨认的具体情况。

② 封印的站名或号码与货运票据信息或补封记录记载不符时，应记明封印实际站名或号码。

③ 施封的货车未在货运票据信息上记明施封号码时，应记明现车施封状况。

④ 车辆技术状态不良时，应记明车种、车型、车号和车辆不良的具体情况，检修单位名称及年月。

⑤ 发现货车两侧或一侧上部施封时，应记明下部门扣是否损坏。

⑥ 棚车车体及集装箱专用车、平车装运的集装箱箱体发生损坏时，应记明损坏位置、尺寸、新痕旧痕和箱号。

站车交接中发现的问题按规定拍发电报。其内容除包括普通记录反映的情况外，还应记明列车的车次及到达时间，货车的车种、车号，发现问题的简要处理情况。

货物损失涉及车辆技术状态时，车站编制的普通记录应记明车辆部门证明文件号码。

三、货运记录编制后的处理

1. 发站编制货运记录后的处理要求

发站编制的货运记录，由发站负责处理。发站应联系托运人，征求托运人对损失货物的处理意见，确定是就地处理还是继续运输。如确实无法联系托运人时，应在货运记录编制当日将案卷传输到站处理。

2. 中途站编制货运记录后的处理要求

中途站编制的货运记录，应在货运记录编制当日将案卷传输到站处理，并向有关站调查，同时告知发站。

一批货物中部分货物发生损失时，应对损失货件拴挂“损失货物标签”继运到站。继运到站前应对发生损失的货物采取防护措施，防止损失扩大。全批误到的可不拴挂“损失货物标签”（见图 13-3）。

发生火灾、货物变质、活动物死亡、气体类危险货物泄漏以及剧毒品、爆炸品、放射性物品被盗丢失，货物损失能在发现站处理的，发现站应积极处理；不能在发现站处理的，应在货运记录编制当日将案卷传输到站处理，由发现站负责查明原因。

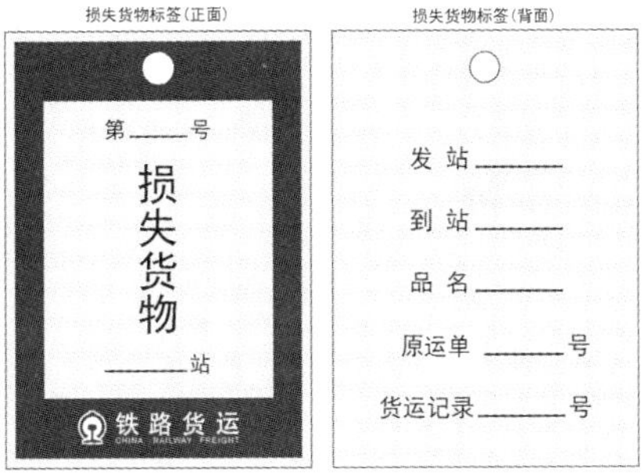

图 13-3　损失货物标签

中途站（包括到站）发现海关关封开启或损毁，应及时通知海关监管部门处理，并报直属站段。对于海关监管货物，因特殊原因需要换装，卸车前应通知海关等有关部门，共同监督启封、卸车，如有货物损失，应按章编制货运记录（或商务记录）。

3. 到站编制货运记录后的处理要求

到站编制的货运记录（货主页）应及时交给收货人，收货人领取货运记录时应在存查页上签收。

到站卸车时，遇有发站或中途站编制的货运记录，应按照货运记录记载的情况，认真核对现货，无论情况是否相符，均应重新编制货运记录交收货人，原记录打印留存。

到站编制的货运记录，应在货运记录编制当日将案卷传输发站及有关站调查。属自站责任的应在货运记录编制当日将案卷传输发站调查承装情况；他站责任时应在货运记录编制当日将案卷传输有关站调查。

调查案卷传输后，件数不足的货物补送齐全，在向收货人补交时应收回原货运记录（货主页），并及时通知有关站结案。补交时发生损失的，应重新编制货运记录并调查。情况相符时，发站或中途站编制的原记录（存查页）视为货物损失报告与重新编制的货运记录一并打印保存。

整车货物变更到站，新到站检查发现货车封印或货物装载状态有异状，货物发生损失时（包括附有变更站或中途站记录的），案卷传输变更站及有关站调查。

任务 4　货物损失调查定责与赔偿清算

任务导读

货物损失发生后，在完成对货物损失勘查与现场处理后，需要展开调查定责、赔偿清算工作。调查的目的是查明发生货物损失的原因和责任，调查意见应在查复书中记明。划分货物损失责任应以事实为根据、规章为准绳。货物损失处理结案后，需完成对货物损失赔偿材料整理保管，分析出货运管理工作的薄弱环节，为采取针对性措施提供依据。

知识点

一、货物损失调查与定责分析

（一）货物损失调查处理

车站发现货物损失，除按规定编制货运记录外，还应在货运记录编制当日以查复书形式，通过保价系统对货物损失的原因和责任进行调查。即货运记录必须附货物损失查复书，在记录编制当日通过系统进行送查。必要时，车站可派人对发现货物损失的现场及相关环节进行实地调查。调查的目的是查明发生货物损失的原因和责任，调查意见应在查复书中记明。

所有办理货运业务（含货物快运）的车站，均应在保价系统内注册。保价系统发生软、硬件故障，车站暂无法正常使用时，应由其主管直属站段负责调查、答复。

1. 调查所需的材料文档及相关要求

在保价系统传输案卷时应附货物损失相关资料，目的在于了解情况、分析原因、妥善处理货物损失。资料通过高拍仪、数码相机、扫描仪等设备录制成电子文档，在保价系统中一次性加载，以便处理站掌握货物损失的完整资料，快速定责、确定损失。加载内容主要包括以下内容：

（1）货物运单、站车交接电报、普通记录。

（2）使用施封锁施封的货车、集装箱货物发生被盗、丢失，须加载封印照片以及损失货件的现场照片；个人物品或装载的品名、件数、规格不同的货物发生被盗、丢失，货物运单未附物品清单时，须加载经车站检查的现有货物数量和包装特征的清单。

（3）分析责任所需的装载清单、封印照片、货物损失现场照片等。

（4）车辆技术状态检查记录、货物损失鉴定书及其他有关材料（可按需要后附）。

一辆货车内多批货物发生损失时，上述材料应分别录制并加载。

2. 车站接到调查案卷后的处理要求

车站接到调查案卷后，应核对所附材料是否齐全、正确，接到的纸质速报和查询电报，应于当日在收件上加盖收文日期戳记，登记于“货物损失（记录、调查、赔偿）登记簿”内，并按以下规定办理：

（1）初次接到调查案卷，如果核对所附材料不符合调查所需材料文档的要求而影响调查时，应一次提出，自接到案卷之日起 3 日内以查复书要求处理站补充材料。

（2）调查案卷如果有误到情况，自接到之日起次日内以查复书告知处理站，同时抄送正确接收站。

（3）属于自站责任的，自接到案卷之日起 3 日内以查复书答复送查站，告知发、到站。

对已明确为自站责任，但还需要向有关单位索取补充材料，了解货物损失和到达交付情况时，应以查复书要求处理站补充。

（4）属于他站责任的，以查复书说明理由和根据，自收到案卷之日起 3 日内答复处理站，转送责任站，并抄送发、到站和有关单位。一级损失的，应抄报主管铁路局集团公司。

（5）因情况复杂，责任站不能在上述第（3）款规定期限内调查答复（包括要求暂缓赔偿的），需要延期时，应在 3 日内提出理由，告知发、到站（铁路局集团公司）。但此项延期自收到案卷之日起，最多不得超过 30 日。

货物损失（记录、调查、赔偿）登记簿

3. 一级货物损失的处理要求

除运输途中发生的火灾、货物变质、活动物死亡、气体类危险货物泄漏和剧毒品、爆炸品、放射性物品被盗丢失，损失货物需要就地处理等情况，由发现铁路局集团公司处理外，其他一级货物损失由到达铁路局集团公司处理。

发现货物一级损失，发现铁路局集团公司应立即深入现场组织处理。涉及其他铁路局集团公司责任时，自拍发货物损失速报之日起 10 日内邀请有关铁路局集团公司参加处理，召开分析会，形成会议纪要。一级货物损失会由处理铁路局集团公司组织召开，相关方（托运人、收货人和铁路局集团公司以外其他单位）均须参加分析会，并在形成的会议纪要上签字。处理、责任铁路局集团公司通过协商意见一致时，可以不召开分析会。

有关铁路局集团公司接到货物损失速报后，应组织调查，并按处理铁路局集团公司通知的开会日期参加分析会，签署会议纪要。铁路局集团公司间对损失责任划分意见一致时，由处理铁路局集团公司将会议纪要连同有关调查材料送到达铁路局集团公司；铁路局集团公司间对损失责任划分意见有分歧时，应在会议纪要内阐明各自意见。

涉及托运人、收货人责任和铁路局集团公司以外其他单位（包括社会物流企业）责任时，由处理铁路局集团公司负责通知相关人员参加分析会，有关单位应积极配合。

（二）货物损失责任划分

1. 货物损失责任划分的原则

划分货物损失责任应以事实为根据、规章为准绳。在查明货物损失情况和原因的基础上，首先应按国家法律、行政法规及国铁集团的有关规定划清承运人与托运人、收货人之间的责任。

划分铁路内部各单位及物流企业责任时，货运安全检测监控设备（以下简称监控设备，包括轨道衡、超偏载检测装置、视频监控等设备）影像资料、检测数据（货物重量短少 2 t 以上），电子施封锁的监控数据，应作为判定货物损失责任的依据。具体按照《货损规则》和有关规定办理。

铁路内部货物损失责任划分办法

2. 货物损失调查定责工作

货物损失调查定责工作由到站（中途终止运输的，为货物终止运输站）、到达铁路局集团公司负责，但发站承运后装车前、货物承运前在车站仓储或货物仅在车站仓储的，定责工作由发站或仓储办理站负责。发生货物损失后，记录编制站应初步判定是否为承运人责任，难以判定的应由到站在进一步调查后确定。

属于承运人责任的，铁路内部责任确定后，由定责单位填写查复书并下达“货物损失定责通知书”（以下简称“定责通知书”），送主管铁路局集团公司、责任铁路局集团公司、责任单位和发、到站及有关单位。查复书的内容应包含定责意见及定责依据。

定责通知书

3. 对定责意见发生争议的处理

对货物损失定责意见有争议，经一次往返查复不能取得一致时，争议单位应在收到对方查复书 3 日内向到站提出要求裁定的查复书，并按下列规定办理：

（1）轻微损失责任，到站应在收到要求裁定的查复书之日起 3 日内裁定。

（2）三级损失责任，到站应在收到要求裁定的查复书之日起 3 日内将定责意见上报主管铁路局集团公司，由到达铁路局集团公司裁定。

（3）二级损失责任，到站应在收到要求裁定的查复书之日起 3 日内将定责意见上报主管铁路局集团公司，由到达铁路局集团公司与相关铁路局集团公司协商，到达铁路局集团公司裁定。

（4）一级损失责任，到达铁路局集团公司应将定责意见连同会议纪要等材料上报国铁集团裁定。

一级损失责任，国铁集团的裁定为最终裁定。二级、三级损失责任，到达铁路局集团公司的裁定为最终裁定。轻微损失责任，到站的裁定为最终裁定。

争议单位提出要求裁定的查复书后，到站应在规定时间内按权限做出裁定或上报。对二级、三级损失责任，到站未按规定上报的，由争议单位上报主管铁路局集团公司，协商到达铁路局集团公司处理。到达铁路局集团公司应及时提出裁定意见。

争议单位未在 3 日内提出要求裁定的查复书，不得再对定责单位提出的定责意见提出异议。

国铁集团、铁路局集团公司做出裁定意见后，应将裁定意见以查复书告知到站及相关单位。到站接到裁定意见后，应重新下达 “定责通知书”。

凡按规定权限定责的货物损失，责任站（铁路局集团公司）必须尊重定责意见。

4. 货物损失定责与结案时限

对承运人责任明确的货物损失处理要坚持快速调查、快速定责。自到站编制货运记录之日起，对轻微、三级损失处理期限最长不得超过 10 日；对二级、一级损失处理期限最长不得超过 30 日。

货物损失案件应及时结案。赔偿要求人未在法定有效期间内提出赔偿要求的，法定有效期期满的次日为结案时间；赔偿要求人在法定有效期间内提出赔偿要求的，以办理完毕赔偿手续并下达“定责通知书”时间为结案时间；经调查确认为非承运人责任的，以调查确认时间为结案时间。对符合结案条件的，要在保价系统内做结案处理；自然结案的，由保价系统自动结案。

责任单位收到定责通知书后，应于 10 日内确定责任部门，超过 30 日仍不能确定责任部门的，列货运部门责任（保价系统默认）。定责单位超过规定时间不调查、不定责的，列本单位货运部门责任（保价系统默认）。

5. 货物损失非过失责任的界定

货物发生的损失，凡属下列情形之一者，属非过失责任。非过失责任的货物损失不影响对铁路局集团公司、直属站段、车站货运部门及个人的考核评比。

（1）货物在运输过程中被哄抢。

（2）在车站范围之外发生的货物被盗、丢失、损坏。

（3）非承运人过失引起的货场或列车火灾、爆炸、染毒。

（4）非承运人过失造成的货物湿损、污染。

（5）由于铁路行车原因造成的货物损失。

（6）因自然灾害，易腐货物超过容许运输期限到达而造成的腐烂。

（7）托运人派人押运的货物，既不是押运人责任又非承运人过失发生的火灾、染毒，导致货物损失。

（8）到站由收货人组织卸车的货物在货车交接时，集装箱门到门运输的货物在卸车时，发现封印失效、丢失，造成货物丢失或损坏。

（9）托运人以自备篷布苫盖货物，在运输途中自备篷布丢失、损坏及造成货物损失时。

（10）其他非承运人过失造成的但属于承运人负责赔偿的货物损失。

6. 货运安全分析总结工作的要求

车站、直属站段、铁路局集团公司应按季度、年度对货运安全情况进行总结分析并逐级上报。

对过失责任货物损失要严格按照“损失原因不查清不放过、损失责任者得不到处理不放过、整改措施不落实不放过、教训不吸取不放过”的原则，认真组织分析，二级、三级、轻微损失的，自接到案卷之日起（自站发现的自发现之日起）10 日内，由车站主管站长主持召开分析会确定责任部门，以“货物损失责任分析报告表”报告主管直属站段、铁路局集团公司；一级损失的，自责任明确之日起 10 日内，由责任铁路局集团公司主持召开管内货物损失责任分析会，并将结果报国铁集团货运部。

国铁集团每年不定期召开货运安全例会，处理有争议的或典型的货物损失案例。

货物损失责任分析报告表

二、货物损失赔偿与清算

货物损失赔偿工作事关客户切身利益，是铁路货运工作的关键环节。做好货物损失赔偿工作能大大提高铁路货运服务质量，提升客户满意度。货物损失赔款清算是铁路局集团公司之间按规定办理的货物损失垫赔款的资金结算。

（一）受理赔偿

车站对收货人或托运人的赔偿要求，按《货规》规定受理。但在运输途中发生的火灾、货物变质、活动物死亡等情况就地处理时，经与托运人、收货人协商同意，可由发现站受理，并通知发、到站。

1. 承运人责任明确的货物损失索赔的受理

对承运人责任明确的货物损失，收货人或托运人向到站或发站提出赔偿要求时，到站或发站均应受理。

受理赔偿要求时，应审核赔偿要求人的权利、有效期限、“赔偿要求书”内容，以及规定的证明文件[货运记录（货主页）原件、有效身份证明以及与货物损失有关的其他材料]。审核无误后，在“赔偿要求书收据”上加盖货物损失处理专用章，交给赔偿要求人。

赔偿要求书

通过铁路货运电子商务系统网上受理客户提出的赔偿要求时，受理站审核客户上传的电子赔偿材料后，需将“暂不受理”“同意受理”“不同意受理”等不同的受理情况以“客户通知书”通过铁路货运电子商务系统告知客户。

客户通知书

赔偿款额按照《铁路法》《货规》和铁路货物保价运输的有关规定计算。赔偿额尾数不足1元时，进整处理至元。

2. 非承运人责任的货物损失索赔的受理

车站上报直属站段、铁路局集团公司的赔偿资料，经审核确定不属于铁路责任时，直属站段、铁路局集团公司应说明理由与依据，告知受理站。受理站以盖有货物损失处理专用章或单位公章的函件答复赔偿要求人，同时将全部赔偿材料（赔偿要求书除外）复印留存后退还赔偿要求人，并做好解释工作，同时告知有关单位。对非承运人责任的保价货物损失，收货人或托运人向到站或发站提出补偿要求时，比照赔偿程序受理。

（二）赔偿和清算

1. 赔偿处理权限

轻微损失的赔偿由受理站审核办理。赔偿要求人要求以现金支付赔款的，由车站按财务规定当日完成现金赔付；赔偿要求人要求通过银行转账的，由受理站在下达“货物损失赔（补）偿通知书”（以下简称“赔通”）当日将赔偿材料报主管直属站段，由直属站段转账。轻微损失赔款备用金由车站主管直属站段财务部门按照备用金管理制度办理和监督。

赔偿通知书

三级损失的赔偿由受理站在受理当日，以查复书写明调查过程、损失款额、赔偿金额等上报主管直属站段，抄送发、到站及相关站，由主管直属站段审核办理。

二级、一级损失的赔偿及保价货物损失补偿，由受理站在受理当日，以查复书写明调查过程、损失款额、赔（补）偿金额等上报主管铁路局集团公司，抄送发、到站及相关站，由主管铁路局集团公司审核办理。

涉及物流总包业务的，由签约单位按合同约定指定车站办理赔偿；不属车站办理权限的，由车站在受理当日，以查复书写明调查过程、损失款额、赔（补）偿金额等上报主管直属站段或铁路局集团公司，抄送发、到站及相关站，由主管直属站段或铁路局集团公司按合同约定审核办理。

2. 赔款处理

（1）“赔通”的填发。

办理赔（补）偿单位应填发“赔通”，并加盖货物损失处理专用章。“赔通”分为正本、副本，正本为领、付款凭证，副本为赔款通知。通过铁路货运电子商务系统网上办理赔偿的，应将“赔通”加载至铁路货运电子商务系统上告知客户。

（2）办理赔偿的期限。

办理赔偿的期限，自受理赔偿要求的次日起至填发“赔通”之日止为 2 个工作日。特殊情况下办理赔偿的最长期限：直属站段不超过 5 个工作日，铁路局集团公司不超过 10 个工作日。

（3）赔款的支付。

“赔通”下达后，经办人员应于 2 个工作日内与财务人员办理交接手续并签认。财务部门接到“赔通”后，应在 5 个工作日内支付赔款。

货物损失赔款由赔偿单位按照《国家铁路集团公司运输成本费用管理核算规程》的规定核算。涉及物流总包业务的，由签约单位按规定支付或冲减违约金。

3. 清算处理

一批赔款额或铁路局集团公司间分摊后的款额不足 1 000 元时，互不清算，由处理单位列销。

1 000 元以上的跨局货物损失赔款，由处理铁路局集团公司汇总，以“财务通知书”附“赔通”和“定责通知书”，按月向责任铁路局集团公司清算一次，但处理铁路局集团公司超过 3 个月未向责任铁路局集团公司清算的，责任铁路局集团公司可不予清算。责任铁路局集团公司接到处理铁路局集团公司清算的“财务通知书”后，按月向处理铁路局集团公司支付垫赔款。责任铁路局集团公司不得退回“赔通”。

涉及物流总包业务的，支付违约金的签约铁路局集团公司，每季度次月 10 日前与责任铁路局集团公司办理资金结算。

4. 涉及诉讼的处理

赔偿要求人向法院提起的诉讼案，按照国铁集团及所属企业法律纠纷案件处理的有关规定执行。法院调解或判决承运人责任生效后，由被告单位先行垫付铁路承担的款额。涉及被告单位以外铁路其他单位责任时，应根据法院的调解或判决和本规则有关规定确定责任。

5. 其他赔偿情况的处理

在赔偿后又找到货物的，由货物所在站按无法交付货物处理，维持原来定责不变。

被盗丢失货物损失赔偿后，公安机关破案证明属其他单位责任时，按下列规定处理：

（1）赔款额不满一级损失的，维持原来定责不变。

（2）赔款额为一级损失的，原责任单位将原调查材料、原赔通和公安机关破案证明一并报主管铁路局集团公司审核后，自原货运记录编制之日起 180 日内，向新的责任铁路局集团公司填发“赔通”和“定责通知书”，转送上述材料。新的责任铁路局集团公司应及时转账，落实责任。超过上述期限的，仍维持原来定责不变，新的责任铁路局集团公司不予受理。

三、货物损失统计与资料保管

通过货物损失统计，可以掌握一段时期内货物损失发生及赔偿的情况，并从中分析出货运管理工作的薄弱环节，为采取针对性措施提供依据。同时，货物损失统计工作还是积累历年货运安全资料的一项重要工作，为今后分析货运安全情况提供数据依据。

（一）货物损失统计

1. 统计货物损失的口径与分工

车站、直属站段、铁路局集团公司对于货物损失的责任（无论是否发生赔款），均须逐件统计。货物损失按结案日期统计上报。列铁路局集团公司其他责任的，由铁路局集团公司统计上报。铁路局集团公司、直属站段根据“赔通”和“定责通知书”，检查督促管内各单位及时统计上报。

货物损失统计以一批作为一件。但由于自然灾害、火灾、行车原因，在同一车站（区间）、同一列车内、同一时间发生的多批货物损失应按一件统计，其损失等级按损失款额总和确定。一件损失由几个责任单位共同承担时，货物损失件数由主要责任单位统计；无主要责任单位的，除另有规定者外，按造成货物损失的车站顺序，由第一个责任单位统计。

因托运人、收货人责任或押运人过错使铁路运输工具、设备或第三者的货物造成损失时，分别由发站、到站统计货物损失件数，责任部门列“其他路外”。

货物在接取时发生的责任货物损失，由发站统计；货物在送达时发生的责任货物损失，由到站统计；责任部门列“接送”。货物承运前和交付后仍在车站仓储或货物仅在车站仓储时发生的责任货物损失，由提供仓储服务的车站统计，责任部门列“货运”。

2. 货物损失统计相关报表的填写

车站、直属站段、铁路局集团公司应按月统计货物损失，于次月 5 日前在保价系统中统计“货物损失统计报告”和“货物损失综合统计分析报告表”。过失责任的货物损失单独统计，在“货物损失统计报告”表的相应栏内画一斜线，分子表示过失责任，分母表示过失责任与非过失责任的合计数，无过失责任时，斜线可省略。

货物损失统计报告

货物损失综合统计分析报告表

（二）货物损失资料保管

1. 货物损失案卷资料的保管要求

办理赔（补）偿的原始材料及货物损失案卷文档由受理站保存。货物损失赔偿材料分别由定责单位、责任单位和办理赔偿单位完整打印后保存。材料自结案的次年 1 月 1 日起，保管 3 年。

2. 施封锁的保管要求

车站对施封锁（包括在专用线、专用铁路）应建立保管、请领、发放、使用、销毁或回收制度，严格做好去向登记。编有记录的施封锁，卸车站均自卸车之日起保管 180 日后方可销毁。未编有记录的施封锁保管 30 日后，方可销毁或回收。有源电子施封锁还应按时返厂。

遇车站更名时，自更名之日起，原站名的施封锁可继续使用半年。

任务 5 “两无货物”处理

任务导读

通常把无法交付货物和无标记货物简称为“两无货物”（下同）。“两无货物”的处理要本着认真负责的态度，坚持“妥善保管、物归原主、合法移交、按章处理”的原则。

知识点

一、发现“两无货物”

1.“两无货物”的范围界定

具体来说，下列货物为无法交付货物：

（1）从承运人发出领货通知次日起（不能实行领货通知的，从卸车完了的次日起），经过查找，满 30 日（搬家货物满 60 日）仍无人领取的货物。

（2）收货人拒领，托运人又未按规定期限提出处理意见的货物。

（3）赔偿后又找回但收货人拒领的货物。

下列货物为无标记货物：

（1）清仓（库、区）、清扫车底检查发现的无标记货物。

（2）在铁路沿线拣拾以及公安部门交给车站的无标记货物。

（3）车站内散落的零件、货底以及其他无票据信息、无标记的货物。

2.“两无货物”的记录编制

参加人员：货运员、货物损失处理人员、车站货运负责人（需开包检查时）、公安人员。

（1）发现无法交付货物和无标记货物时，货运员应于发现或发生的当日进行登记、妥善保管并报告理赔安全室，货物损失处理人员应于当日编制货运记录。

（2）无法付货物记录编制应重点记载货物到达、卸车时间和通知领货方式、时间及次数。

（3）无标记货物的前期处理。经核查凡能判明发、到站或托运人、收货人的，或其他单位认领的无标记货物，应拴挂“损失货物标签”，凭货运记录向正当发、到站回送。对不能判明发、到站或托运人、收货人的无标记货物，应在车站货运负责人、货物损失处理人员等不少于 3 人的情况下打开包装检查，寻找能正确交付的线索，编制物品清单。无标记货物记录编制应重点记载注明货物名称、包装特征、重量、发现日期和卸下车次等有关事项，在保价系统内详细记载货物的件数、具体货物名称、包装及特征，内装物品数量、规格、尺寸、颜色、生产厂家及每件重量，同时应加载货物照片，以便各单位查找核对和认领，尽可能将货物交与收货人或托运人，减少损失。

（4）如公安等部门直接将无标记货物移交理赔安全室的，可由货物损失处理人员直接编制货运记录，但记录内必须有移交部门（人员）的盖章或签字。

（5）车站自编制货运记录之日起经查找 30 日仍无线索，填写“无标记（无法交付）货物处理书”上报主管铁路局集团公司。车站不得将无标记货物交给个人取送或带送，不得自行用无标记货物顶替抵补自站责任的丢失货物。

无标记（无法交付）货物处理书

3.“两无货物”的收集保管

参加人员：“两无货物”管理小组（包括货物损失处理人员、货运员、公安人员等相关人员）。

车站应设立“两无货物”保管仓库（区），实行专库（区）保管，建立定期清库（区）制度，确定为“两无货物”的，应移至专用库（区）保管，须拴挂“损失货物标签”。具体要求如下：

（1）实行分区管理，隔离设置，编号单独存放。

（2）根据编制的货运记录，按编制时间顺序登记于“两无货物”登记簿内。

（3）“两无货物”应及时登记入账、妥善保管，管理台账的货物损失处理人员与保管货物的货运员进行账务核对。

（4）对军运物资、历史文物、珍贵图书、重要资料和违禁物品等在移交前应妥善保管。

二、处理“两无货物”

1.“两无货物”的移交和信息处理

参加人员：货物损失处理人员。

（1）无法交付货物。

① 对无法交付货物，到站应按规定积极联系发站及托运人、收货人，征求处理意见。发站应积极配合各项工作。

② 发现无标记货物时，应立即查对车站现存货物及当日的装车、卸车的货物有无漏装、误装、误卸、误交付等情况；及时寻找线索以便物归原主。各主要货运站、“两无货物”集中保管处理站间，可定期或不定期交换无标记货物的资料和信息，以便物归原主。

③ 车站对外站的少件记录查询应立即认真查对并答复，积极给外站查货人员提供工作方便。

（2）无标记货物。

① 对无标记货物，凡能判明到站的，立即向到站回送；只能判明装车站的，立即向装车站回送。

② 到站收到他站回送的无标记货物后，认真确认正当收货人，核对原批货物交付情况，如原批交付正确，应向收货人查询原批货物是否混入他批货物，没有混入的，则按规定上报处理；如原批货物有短少记录，且与回送的无标记货物相符时，则向收货人交付，收回记录并入案卷。

③ 装车站收到回送的无标记货物后，应核对现货和车站编制的记录，看是否编有与该记录相关的其他记录。

（3）特殊物品。

① 对鲜活、易腐、易燃、易爆、放射性、剧毒品等不宜长期保管的货物，如车站发现有变质、燃烧、爆炸和泄漏等危险时，可先以电话请示铁路局集团公司同意后处理，然后补报报批手续。

② 对军运物资、历史文物、珍贵图书、重要资料和违禁物品等货物，应分别向省（军）级的军事、公安、文化等主管部门无价移交，做好移交记录，不允许交给其他部门或自行处理。

2.“两无货物”的审批和变卖处理

参加人员：两无货物处理小组、主管铁路局集团公司、当地有关部门（特殊物品）。

（1）“两无货物”的上报处理，须经车站“两无货物”处理小组审核后，提出书面处理意见，附上开列的货物清单，加盖车站公章后上报。

（2）无法交付货物按规定上报当地有关部门审批，当地有关部门不办理审批的，上报主管铁路局集团公司审批；无标记货物按规定上报主管铁路局集团公司审批。

（3）主管铁路局集团公司必须以书面形式批复、批复要明确具体的处理方案和意见。

（4）车站按当地有关部门和主管铁路局批复的意见由“两无货物”处理领导小组成员会同有关人员进行处理。

（5）车站接到书面批复意见后，按规定将货物移交处理单位处理或变卖。“两无货物”的变卖，可按国务院办公厅《关于公物处理实行公开拍卖的通知》（国办发〔1992〕48 号）的规定公开拍卖，也可采取变卖的方式。

（6）军用品、药品、危险品、国家禁止及限制运输的物品、机要文件和各种证件不得变卖，应移交公安机关或有关部门处理。

任务 6　铁路货物保价（保险）运输

任务导读

铁路向现代物流转型，是以满足客户需求为目标，从传统铁路货运拓展为物流全过程服务，将运输、仓储、装卸、配送、包装、加工、信息处理等业务有机结合，不断强化铁路安全便捷、低成本、全天候、绿色环保四个优势和特征，充分发挥铁路在社会物流体系中的骨干作用。随着铁路发展现代物流的进程不断深入，市场对铁路物流全过程的货物安全提出了更高的要求，将保价（保险）运输的范围扩大到铁路物流全过程。

本任务主要的规章依据为《铁路保价运输规则》(简称《保价规则》)。

知识点

一、铁路保价运输的概念和特点

（一）货物保价运输概念

《中华人民共和国铁路法》(下称《铁路法》) 规定，铁路运输企业应当对承运的货物自接受承运时起到交付时止发生的灭失、短少、变质、污染或者损坏，承担赔偿责任，未按保价运输承运的货物，按照实际损失赔偿，但最高不超过国务院铁路主管部门规定的赔偿限额。

《铁路货物运输规程》规定，货物损失的赔偿价格，不保价运输的货物，不按件数只按重量承运的货物，每吨最高赔偿 100 元；按件数和重量承运的货物，每吨最高赔偿 2 000 元；个人托运的搬家货物、行李每 10 kg 最高赔偿 30 元，实际损失低于上述赔偿限额的，按货物实际损失的价格赔偿。

这些规定主要基于以下因素考虑：第一，我国铁路长期实行低运价，并以货物的重量为计费单位，货物运输收入与货物价值相差较大，按货物的实际价格赔偿，货物发生损失时，铁路负担太重，铁路承担的货物价值与获得的效益是不相适应的。第二，赔偿限额是国际通行的做法，是指赔偿的最高极限，也是铁路运输企业规定的赔偿责任限制。限额赔偿的规定，托运人高价值货物发生损失时得不到足额赔偿。为了保障托运人的合法权益。使托运人损失后得到足额赔偿，铁路运输企业按照《铁路法》规定开办保价运输服务。

铁路保价运输，是指托运人在托运货物时向铁路运输企业声明实际价格，并缴纳保价费，当货物在运输过程中发生损失时，铁路运输企业以托运人的声明价格为基础计算赔偿损失。

（二）货物保价运输特点

铁路保价运输具有下列特点：

（1）保价运输是实行赔偿限额后，为了保证承运人、托运人双方权益对等，在法律上给予托运人的一种权益。

（2）保价运输应以全批货物的实际价格办理。货物的实际价格包括其本身的价格、税费、包装费用和已发生的运输费用，不包括尚未发生的铁路运输费用。

（3）除国际联运国外段运输外，铁路运输的货物都可以参加保价运输。

（4）货物保价运输的责任范围是铁路物流全过程。铁路向现代物流转型，就是以满足客户需求为目标，从传统铁路货运拓展为物流全过程服务，将运输、仓储、装卸、配送、包装、加工、信息等业务有机结合，不断强化铁路安全，便捷、低成本、全天候、绿色环保的优势和特色。

（5）除保价运输对托运人的货物损失起补偿作用外，铁路可以直接采取特殊的技术和措施，保证货物运输安全。

（6）货物保价运输是运输合同的组成部分。托运人选择保价运输时，应在货物运单“货物价格”栏内如实填写货物的实际价格。铁路运输企业有权利有责任检查保价运输有关事项的内容填记是否清楚、齐全。如对保价金额有异议，可要求托运人提交价格的有关依据。

二、铁路运输保险概念和特点

（一）货物运输保险概念

货物运输保险是以运输途中的货物作为保险标的，保险双方订立保险合同，投保人按合同约定向保险公司缴纳保险费，在保险有效期内，由于自然灾害和意外事故造成货物损失时，由保险公司承担赔偿责任。

（二）货物运输保险特点

货物运输保险是以运输途中的货物作为保险标的，保险双方订立保险合同，投保人按合同约定向保险公司缴纳保险费，在保险有效期内，由于自然灾害和意外事故造成货物损失时，由保险公司承担赔偿责任。

货物运输保险具有以下特点：

（1）保险标的具有较大的流动性。一般的保险标的处于相对静止状态，而货物运输保险的标的为运输中的货物，为了实现货物位移，货物经常处于流动状态，而由于流动性特点，其损失发生地往往不是保险合同签订地，保险公司要委托出险地代理人代查勘代理赔。

（2）保险责任范围较广泛。除负责保险标的货物损失的直接损失以及为减少货物损失所支付的施救、保护费用外，还负责保险货物由于外来原因所造成的保险货物的损失，如渗漏、污染、包装破裂等，通过附加险负赔偿责任。

（3）保险期限的确定方式特殊。一般的财产保险合同的保险期限都是以时间来确定。货物运输保险期限以运输里程来确定，自起运地仓库或储存处所开始运输时生效。直至该项货物运达保险单所载目的地收货人的最后仓库或储存处所，称为“仓到仓”。

（4）货物运输保险金额按照约定价值承保。货物运输保险属于定值保险单性质，保险货物发生损失，根据约定价值按损失程度计算赔偿，不受出险时货物价格变动的影响。

（5）保险单的可转让性。货物运输保险期限较短，为了方便商品交易，保险单一般可随物权的转让而转让。

（6）货物运输保险一般有免赔条件。通常情况下，货物运输保险的免赔条件为：每批货物损失的免赔额（率）为多少元或损失金额的百分比。如中欧班列运输险规定每次事故免赔额（率）为人民币 2 000 元或损失金额的 10%，以高者为准。

三、货物保价运输和保险运输的区别

货物保价运输和货物保险运输都具有补偿托运人和收货人经济损失的目的，但二者有所不同：

（1）依据的法律不同。保价依据的是铁路运输法律规范，保险依据的是保险法规。

（2）责任范围不同。保价责任主要是铁路责任造成的货物损失；保险责任是在运输过程中因自然灾害、意外事故及外来原因导致的全部或部分损失。根据国内货物运输法律条款的规定，保险货物因铁路责任造成的货物损失、保险公司向投保人补偿后，有向铁路追赔的权利。

（3）目的不同。保价运输的目的是解决铁路限额赔偿不足以补偿托、收货人的损失而设立的一种特殊的制度。保险的目的是补偿因自然灾害、意外事故造成的经济损失，保价运输是运输责任的延续，保险运输是社会赔偿的方式。

（4）对标的货物的安全管理不同。铁路保价运输相关约定是铁路货物运输合同的组成部分，铁路作为承运人直接参加货物运输工作，有条件对保价货物采取特殊的安全管理措施；保险合同与铁路运输合同无关，保险公司不参与货物运输管理，只是货物发生损失后采取经济补偿。

（5）资金运用的范围不同。保险公司核收的保费收入，除用于赔偿外，主要用于整个社会的经济、福利等设施的建设，保价运输的保费收入，除用于赔偿外，主要用于改善铁路设备设施，提高铁路安全运输质量，更好地服务托、收货人。

四、货物保价（保险）运输业务管理

（一）费用计算及核收

1. 受理承运

受理行包、货物保价运输时，应审查运输单据中有关保价运输内容的填记情况，正确核收保价费。

车站受理一批保价金额在 50 万元及以上的整车（含批量零散快运，下同）、集装箱货物，一批保价金额在 20 万元及以上的零担（含零散快运，下同）货物，或其他需要重点看护的保价货物，应建立“重点保价行包、货物△B运输台账”。车站应在货物运单“承运人记事”栏中选择“△B”戳记或用红色书写。

2. 费用计算及核收

保价运输时应按货物保价金额的一定比例交纳保价费。货物保价费按保价金额乘以适用的货物保价费率计算。按保价运输办理的货物，应全批保价，不得只保其中一部分。保价费率不同的货物按一批托运时，应分项填记品名及保价金额，保价费分别计算。保价费率不同的货物合并填记时，适用于其中最高的保价费率。保价费率分为五个基本级和两个特定级，其费率分别为 1‰、2‰、3‰、4‰、6‰、10‰和 15‰，基于货物别的费率标准见表 13-1。

行包、货物保价基本费率如下：

（1）行李保价费率为 0.5%。

（2）包裹保价费率为 1%。

（3）货物保价费率根据货物运输品名分类及运输方式确定，详见《铁路保价运输规则》附件 1。行包、货物的保价费按保价金额乘以所适用的保价费率计算。

表 13-1　货物保价费率表

货物类别	费率						
	基本级费率					特定级费率	
	1‰	2‰	3‰	4‰	6‰	10‰	15‰
01 类	全部						
02 类			10	其他			
03 类	全部						
04 类	其他		20				
05 类	10	其他	72/74/79	61/62/71/73			
06 类	其他	92/93					
07 类	全部						
08 类	其他	39/91/93/94/95/96	14/50/92				40
09 类				全部			
10 类	其他	41		49			
11 类		全部					
12 类			全部				
13 类	22	10	其他				
14 类	全部						
15 类			其他		70		
16 类	10/91	92	其他				
17 类		其他	16/22/23/24/32/35	31/34	33		
18 类		11/93/99	12/23/29		其他		
19 类	其他	92	91				
20 类			16		其他	14/19/40/50/62/69/94	15
21 类	其他	29/39/41/51/52/93	15/42	91	92		
22 类		27	其他	10/31/41	24/25		
23 类			全部				

续表

货物类别	费率						
	基本级费率					特定级费率	
	1‰	2‰	3‰	4‰	6‰	10‰	15‰
24 类	10/31		其他	95	93		
25 类			全部				
99 类	11/12/23/24/31/33/34/41/42/60	13/21/22	其他	15/17/51/52	16/73/74		

注：1. 集装箱费率按下表执行：

箱　型	费　率
35 吨敞顶箱	按所装货物适用的整车保价费率
其他箱型	3‰（2431 类课本按 1‰）

2. 冷藏车装运的需要制冷的货物，均按该货物保价费率的 50%计算。
3. 超限、超重货物均按该货物的保价费率加收 50%计算。
4. 特快、快速货物班列货物混装时，保价费率按全批货物实际价格的 3%计算。
5. 仅仓储的保价费率按该货物保价费率的 50%计算。
6. 零散货物快运的保价费率按照 3%计算（保价金额在 1 000 元以下的按每批 3 元核收）。批量货物快运保价费率按照相应的整车货物保价费率计算。
7. 一口价运输等业务中保价费率另有规定的，按规定执行。
8. 各铁路运输企业结合管内具体情况，依本表规定可浮动费率。

（二）运输责任

铁路运输企业从接收行包、货物时起，至将行包、货物交付收货人时止，对保价行包、货物发生的损失承担赔偿责任。

"铁路运输企业接收行包、货物"是指铁路运输企业在车站、托运人行包或货物存放地点接收行包、货物或在约定的交接地点交接完毕；"行包、货物交付收货人"是指铁路运输企业在约定的交接地点交接完毕、在车站或货场内点交完毕或送达行包、货物指定地点收货人签收完毕。仅在车站仓储的货物发生损失也在赔偿责任范围内。

由于下列原因造成保价行包、货物损失的，铁路运输企业依法不承担赔偿责任：

（1）不可抗力。

（2）货物或行包中的物品本身的自然属性，或者合理损耗。

（3）托运人（含押运人）、收货人或者旅客的过错。

不可抗力是指铁路运输企业无法预见、无法预防、无法避免和无法控制的事件；对于货物自身的自然属性导致的合理损耗是指铁路运输企业采取合理措施的情况下仍然存在的损耗，如果是由于铁路运输企业没有采取合理措施而造成的损耗应当按照货物损失给予赔偿；押运人是指托运人委派的押运人，对于铁路运输企业委派的押运人，按照铁路与押运公司的合同规定给予赔偿；这里的旅客仅指行李、包裹的所有人，不是泛指所有铁路旅客。

（三）损失赔偿

1. 保价货物的损失赔偿

保价行包、货物在铁路运输过程中发生承运人责任的损失时，承运人应对行包、货物损失进行赔偿。保价行包、货物在铁路运输过程中发生损失时，车站应编制证明行包、货物损失的记录交给客户，同时，告知客户索赔流程、时限及需要准备的证明文件。对承运人责任明确的保价行包、货物损失，收货人或托运人向到站（营业部）或发站（营业部）提出赔偿要求时，到站（营业部）或发站（营业部）均应受理。行包、货物损失赔偿程序及权限、期限等，分别按行包和货物损失处理的有关规定执行。国际联运保价货物在国内段发生损失时，按国内保价运输有关规定进行保价赔偿处理。

保价行包、货物发生损失时，按实际损失赔偿，赔偿额按下列标准计算：

（1）全批损失时，最高不超过该批行包、货物的保价金额。

（2）部分损失时，按损失行包、货物占全批行包、货物的价值比例乘以保价金额计算。

（3）分项填记物品名称和保价金额的，赔偿额分别计算。赔偿额尾数不足 1 元时，按进整处理至元，起码赔偿金额为 1 元。

2. 保险货物的损失赔偿

在货物铁路运输过程中，对由于自然灾害或者意外事故造成保险标的本身的直接物质损失，应尽力采取必要、合理的措施，防止或者减少损失，并立即通知保险人；在保护事故现场的同时，应协助保险人进行事故调查。保险事故发生后，被保险人为防止或者减少保险标的的损失所支付的必要的、合理的费用，保险人按照保险合同的约定负责赔偿。

3. 保险保价货物的损失赔偿

既保险又保价的货物在运输中发生损失，对不属于铁路运输企业免责范围的，按照实际损失赔偿，但最高不能超过保价额，由铁路运输企业承担赔偿责任。对于保险公司先行赔付的，比照对保险货物损失的赔偿处理。

4. 非保价货物的损失赔偿

非保价货物实行限额赔偿，即不按件数只按重量承运的货物，每吨最高赔偿 100 元；按件数和重量承运的货物，每吨最高赔偿 2 000 元；个人托运的搬家货物、行李每 10 kg 最高赔偿 30 元。实际损失低于上述赔偿限额时，按货物实际损失的价格赔偿；如果损失是铁路运输企业故意或者重大过失造成的，不适用赔偿限额的规定，按照实际损失赔偿，由铁路运输企业承担赔偿责任。

5. 保价补偿

符合补偿范围的保价货物在铁路运输过程中发生损失，经调查既不属于铁路承运人责任，又不是托运人、收货人以及押运人故意或过失行为造成的，铁路局集团公司可酌情对保价货物损失进行补偿。

保价补偿范围包括：

（1）集装箱运输的货物。

（2）托运人、收货人自装卸的货物。

（3）有押运人的货物。

（4）因超过运到期限造成使用价值降低的货物。

（5）其他特定条件的货物。

（四）国际联运货物保价运输

1. **办理范围**

国际联运货物托运人、收货人或其代理人，可在发站、国（过）境站办理国内段保价运输。目前办理的只是国际联运国内段货物保价运输，可在发站或国（过）境站办理。出口（过境）货物的保价运输，由发站办理至国境站；进口（过境）货物的保价运输，由国（过）境站办理至到站（过境站）。

2. **保价金额**

出口（过境）货物办理保价运输时，托运人在提报日运输需求时勾选“保价运输”，并在“货物价格”栏填写货物的实际价格，作为保价金额。货运票据电子化后，出口货物的托运人办理保价运输同国内运输货物的规定一致。保价金额应按全批货物贸易合同的实际价格（均折合人民币计价）填记，不应只保其中的一部分。车站受理国际联运进出口（过境）货物保价运输时，如对保价金额有异议，可要求托运人、收货人或其代理人提交证明价格的有关依据。

3. **保价费核收及保价赔偿**

办理保价运输的国际联运货物，铁路运输企业应向托运人、收货人或其代理人收取货物保价费。货物保价费率按《货物保价费率表》的规定执行。国际联运进出口货物保价费应与运费同时核收。但根据托运人、收货人或其代理人要求，货物保价费也可以使用“运费杂费收据”单独核收，在货物运单“承运人记事”栏内注明“保价费另收”。

办理保价运输的国际联运货物，在国内段发生损失时，按国内段保价运输有关规定进行保价赔偿处理。

（五）保价（保险）运输营销管理

1. **费率浮动**

国铁集团制定行包、货物的保价基本费率；保价基本费率按《铁路保价运输规则》的规定执行。

铁路局集团公司可根据管内实际，综合考虑市场竞争状况、地域、季节及托运人意愿、承保物品运量及品类、出险率和赔付率等因素，对保价基本费率实行浮动。保价费率浮动可以针对客户实施，可以针对品类或运输方式等实施，也可按物流总包项目实施（其中保价收入应不低于该物流总包项目总额的 1%）。保价费率浮动调整由铁路局集团公司负责管理。

保价费率浮动应考虑市场情况，适度控制浮动幅度，保持相对稳定。直属车务站段间或枢纽地区同一名称的行包、货物保价费率应保持基本一致。管内同一托运人同一名称的保价费率可实行统一浮动。保价费率的最小浮动单位为 0.1%。

重点客户可执行长期稳定保价费率，对上年度没有发生损失赔偿或赔付率较低的，可适当下浮本年度保价费率。铁路局集团公司可与重点客户签订协议，约定保价费率，特殊情况也可对协议客户的货物按车或按吨约定保价费。

保价费率浮动期限原则上不超过一年（以自然年计）。对确需延长浮动期限的，铁路局集团公司应于次年初重新公布。

2. **客户关系管理**

铁路局集团公司应加强保价客户关系管理，建立保价重点客户档案。档案应包括客户基本信息、发送站、主要运输货物名称、运量、保价金额、执行的保价费率、年缴纳保价费数额、损失统计、理赔统计、保价协议执行情况等信息。铁路局集团公司还应建立客户的沟通协调机制，采取召开保价运输意见征询会、保价客户恳谈会等多种形式加强与客户的沟通。

直属车务站段应建立保价主要客户档案。档案应包括客户基本信息、运输货物名称及运量（是否保价）、损失统计、理赔统计等内容。直属车务站段还应建立定期走访保价客户制度，征求有关保价运输及理赔服务意见和建议，及时处理反映的问题。

3. 营销宣传

铁路局集团公司应加强保价营销宣传，根据管内保价运输特点，落实国铁集团保价营销宣传总体要求，充分利用广告、展板等形式，积极开发互联网等新媒介，扩大保价营销宣传覆盖范围，提高社会及铁路内部干部、职工对保价运输的认知度，并定期组织开展保价营销宣传经验交流。

直属车务站段应进行针对性的保价营销宣传，采取在营业厅（室）等公共场所展示铁路保价标识（《铁路保价运输管理办法》）、提供保价知识宣传图册、开展保价理赔常识宣传、办理运输业务时进行必要风险提示等方式，增强保价营销宣传效果。

（六）保价运输网上提赔

客户通过 95306 网上提赔时，要求同步传输原始提赔材料，且“赔偿要求书”上的内容须与“货运记录”记载的内容一致。车站货损处理人员接收到提赔需求信息后，登录铁路保价运输管理系统，审核其是否符合赔偿条件，符合条件的，完善并保存“赔偿要求书收据”内容。

针对网上提赔，车站货损处理人员要用“客户通知书”的形式答复“提赔人”是否可以办理或需要补充材料的情况。对符合赔偿条件的案卷，车站须完备“损失概况”及“核赔依据”等信息后，以“赔偿审批报告”的形式交主管人员及车站领导审批并签署意见，并将签认后的“赔偿审批报告”加载至提赔案“货物损失照片”内。

车站依据《货损规则》，由相关单位办理赔偿。轻微损失的赔偿由受理站下发“货物损失赔（补）偿通知书”；对三级以上货物损失查复书，写明调查过程、定责及核赔款额、办赔人联系方式等内容，以全卷传输的形式上报主管站段、路局。

办理完赔偿需及时补充“货物损失定责通知书”相关数据并分劈责任款额。办赔的相关资料均要加载在案卷“货物损失照片”内。结案后将“货物损失案卷登记簿”及相关资料保存。材料自结案的次年 1 月 1 日起保管三年。货物损失案卷如图 13-4 所示。

货物损失案卷

第××××A0451102 号

记录编制站	黄村	编制日期	20××.11.22
办理种别	批量	记录号码	GHRB1000533
发站	石家庄北	到站	黄村
车种车号	$P_{62NK3466336}$	运单号码	××××A0451102
货物名称	纸张	损失种类	损坏
托运人	石家庄××股份有限公司	收货人	北京××商务印刷有限公司
投保种类	保价	保价金额	177 000.00
提赔日期	20××.11.15	损失金额	4 826.00
赔偿金额	2706.00	结案日期	20××.11.26

图 13-4　货物损失案卷封皮界面

整个理赔服务流程如图 13-5。

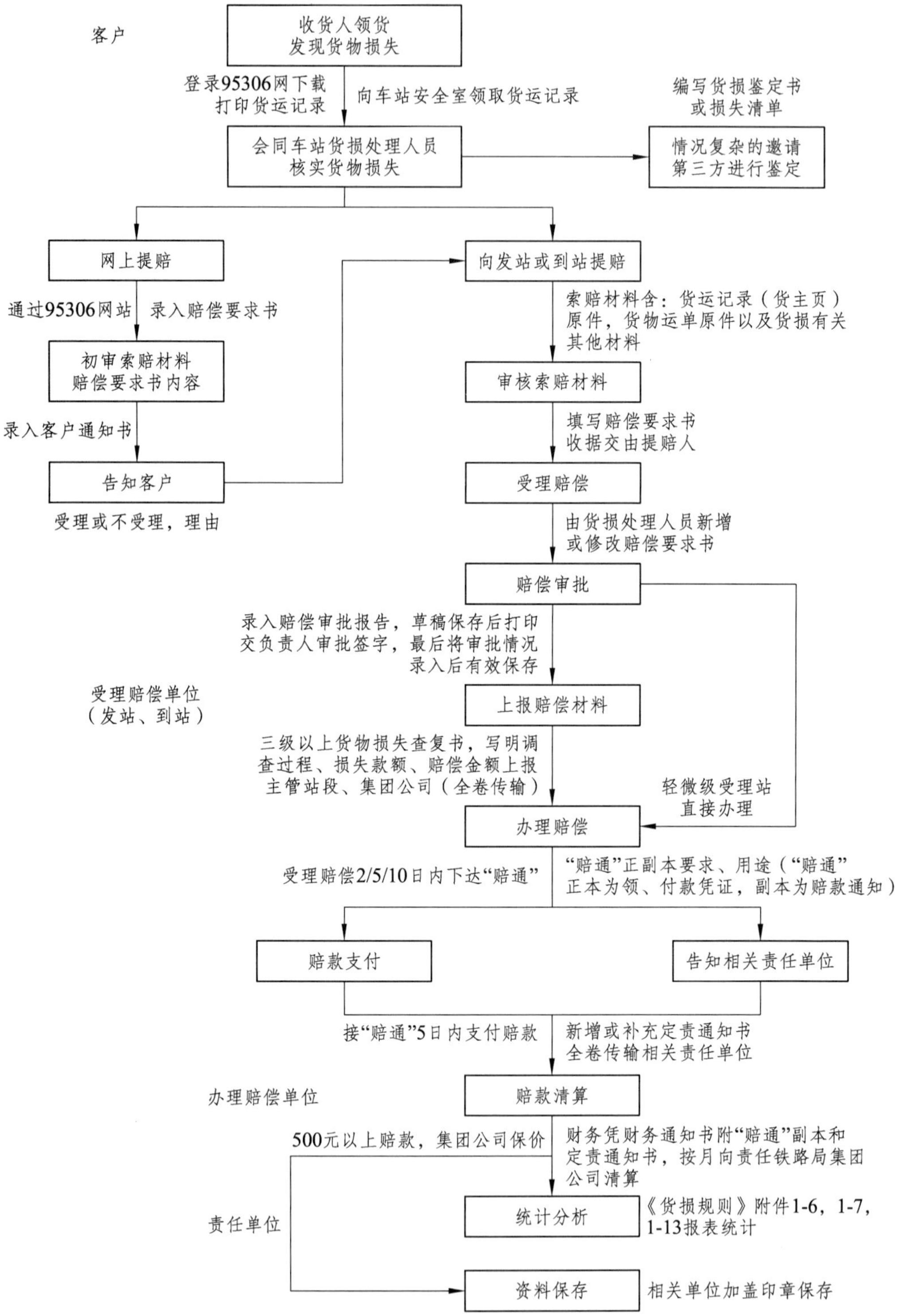

图 13-5　理赔服务流程图

任务 7　货运安全管理（拓展）

任务导读

铁路运输生产过程是在全国几万千米的铁路网上进行的，从货物受理承运时起到到站交付为止，要经过若干个车站，许多不同工种的作业，任何一个岗位、一个环节出现问题，都会影响货物运输的安全和运输的质量。所以，加强货运安全管理不仅是铁路内部管理的需要，也是客户的必然要求。

知识点

一、货运安全管理的基本要求

货运安全管理的基本要求

二、影响货运安全的因素分析

影响货运安全的因素分析

三、发送作业中的安全管理要点

发送作业中的安全管理要点

四、途中作业中的安全管理要点

途中作业中的安全管理要点

五、到达作业中的安全管理要点

到达作业中的安全管理要点

项目小结

本项目围绕《铁路货物损失处理规则》《铁路保价运输规则》《铁路安全管理条例》等相关法规，重点阐述了铁路货物损失处理办法和货物保价（保险）运输管理办法，梳理了货运安全管理工作的要素与要求。结合货物损失案例，加强对货运记录与普通记录编制、货物损失报告、货物损失责任划分、货物损失赔偿等重要技能点的训练，在训练处理货物损失的过程中，强化安全责任意识。

思政园地

铁路榜样马玉新：敢打敢拼，驰骋货运“战场”

项目训练与测试

一、技能训练

（一）训练任务

以小组为单位，完成对典型案例的货物损失处理。

（二）训练目的

通过训练使学生掌握货物损失处理程序，能根据《货损规则》《保价规则》等要求，理清货物损失事实，处理货物损失。

（三）训练要求与准备

准备《货损规则》《保价规则》，打印好空白的“货运记录”“货物损失速报”“赔通”等表格；认真研读资料，结合所学知识和相关规章依据正确进行货物损失处理。

（四）训练资料

20××年 11 月 26 日 *A* 站编开 34066 次 9 时 27 分进 *B* 站到达场 11 道，9 时 31 分货检发现机后 14 位车型车号：$P_{64GK3452606}$，两侧车门及车窗均有烟冒出。*B* 站立即向公安及有关部门报告，并迅速启动应急预案。9 时 41 分将该车隔离送入无电区段；9 时 50 分 *B* 站会同公安对该货车进行启封，同时淋水施救，火灾于 12 时 40 分扑灭。经过调查，该事故车为 *C* 站（郑局）发 *B* 站（广铁）的一车皮棉，启封施救前车门窗关闭良好，加固无异状，下部施封锁两枚（施封锁编号 F29513/F29514），施封有效，封印号码与票记相符。

B 站会同公安勘察及清点情况如下：该车实装皮棉 60 件，与票记相符。全批货物规格一致，使用编织袋包装，码垛 2 层，顶层货物距车顶有 500 mm 空容，进入车中检查发现，车辆后端左侧中、上层有 23 件货物有不同程度的烧损，全车货物因施救全部过水淋湿，现卸于 *B* 站货一库，具体损失待鉴定。会同车辆部门检查该车为木地板车，车地板无损坏，防火板安装正确，技术状态良好，车进后部车厢顶棚及端墙有烧痕。之后，火灾原因经公安部门鉴定，该货物为外罩塑膜编织带捆缠木夹板包装，由于车内货物装载不良，造成货垛倒塌进而引发火灾。

经查该批货物的运单号为 HKSQA0043087，于 20××年 11 月 23 日承运，托运人为 *C* 市×××商贸公司，装车时由托运人自装，到站为 *B* 站，收货人为 *B* 市××纺织品公司，卸车时由车站卸车。该车于 20××年 11 月 26 日随 34066 次列车到达 B 站，当日 13 时卸车，当日 14 时 40 分卸车完了。该批货物保价金额 10 万元。

请说明 *B* 站在本次货物损失处理过程中，需要做哪些具体工作？并编制货运记录、拍发货物损失速报、编制货物损失鉴定书。

二、综合测试

（一）单选题

1. 货物损失分为火灾、被盗、丢失、（　　）、其他。

　A. 污染　　B. 短少　　C. 染毒　　D. 损坏

2. 甲站专用线自装一车白糖，棚车装载，到乙站专用线卸车，车门窗关闭良好，施封有效，收货人提出件数短少，经专用线货运员检查确认属实，应编制（　　）。

　A. 货运记录　　B. 普通记录　　C. 货损报告　　D. 证明材料

3. 按保价运输办理的货物，托运人应以全批货物的（　　）保价。

　A. 市场价格　　B. 实际价格　　C. 合同价格　　D. 参考价格

4. 自货物损失发现之日起，对轻微、三级损失处理期限最长不得超过（　　）日。

　A. 3　　B. 7　　C. 10　　D. 30

5. 车站发现火灾，罐车装运的压缩气体、液化气体泄漏，剧毒品、放射性物品被盗丢失以及估计损失款额达到一级损失等情况时，应在（　　）向有关车站、直属站段、铁路局集团公司以电报形式拍发“货物损失速报”，抄送国铁集团运输局。

　A. 1 小时内　　B. 2 小时内　　C. 次日内　　D. 24 小时内

（二）多选题

1. 以下哪些属于货物损失速报的内容（　　）。

A. 损失等级、种类。

B. 发现损失的时间、地点。

C. 发站、到站、品名、承运日期。

D. 车种、车型、车号、运单号码、办理种别、保价或保险金额（金额前注明“保价”或“保险”字样）。

2. 下列情况中需要编制普通记录的有（　　）。

A. 货车发生换装整理时　　B. 货物被盗

C. 货物损失涉及车辆技术状态时　　D. 货物丢失

3. 由于（　　）原因造成的货物损失的，铁路运输企业不承担赔偿责任。

A. 不可抗力　　B. 货物本身的自然属性

C. 货物的合理损耗　　D. 托运人、收货人的过错

4. 下列属于影响货运安全的因素有（　　）。

A. 货物属性　　B. 装载加固情况

C. 运输人员素质　　D. 运输设备状况

5. 货运交接检查的内容包括（　　）。

A. 列车中货物装载、加固状态　　B. 车辆篷布苫盖状态

C. 施封及门、窗、盖、阀关闭情况　　D. 货车票据完整情况

（三）实作题

1. 20××年 12 月 6 日 *A* 站承运到 *B* 站大米一车，承运人装车、苫盖篷布一块，件数 2 400 件，该车 12 月 10 日到达 *B* 站、到站卸前检查，车体良好，篷布捆绑无异状，运行前端顶部有 100 cm×80 cm 破口，破口处有明显凹坑，卸见货物实有 2 350 件。*B* 站于次日编制货运记录，12 月 14 日送 *A* 站查询。*A* 站 12 月 14 日收到查复书，次日答复 *B* 站，称托运人与该站签订了承责证明。该批货物系站内对装，如出现短少、湿损均由托运人承担，铁路不予承责。请回答：

（1）承运人是否应当承担赔偿责任？

（2）请分析以上两站有无过错。

（提示：《铁路法》免责范围、记录送查时限的规定）

2. C 站发 D 站机床配件一批 10 件，价值 1 万元（每件配件价值均等，重量均等），重量 830 kg，到达 D 站卸车清点短少 2 件，重量 166 kg，会同收货人根据物品清单进行核对所少货物，收货人向 D 站提出赔款 3 520 元，请按下列条款分别计算赔款额。

（1）托运人未参加保价（保险）运输。

（2）托运人在发站托运货物时，参加了保价运输，保额 1 万元。

（3）托运人在发站托运货物时，参加了保价运输，但只保了 5 000 元。

（提示：未保价与保价运输赔偿金额的计算）

3. 20××年 7 月 6 日，*A* 站（甲集团公司）承运到 *E* 站（丙集团公司）大豆一车，车号

C4613666，承运人装车，苫盖篷布一块，件数 1 200 件，件重 50 kg，全批保价 20 万实际价值 24 万。该车 7 月 10 日到达 *E* 站，到站卸前检查，车体良好，篷布捆绑无异状，运行前端顶部有 1 000 mm×800 mm 破口，破口处有明显凹坑，卸见货物实有 1 160 件。其中 100 件有 60%的湿损，80 件有 90%的湿损。湿损件联系饲料公司按 1.5 元/kg 处理。*E* 站于次日编制 007128 号货损记录，7 月 14 日送 *A* 站查询，*A* 站 7 月 14 日收到查复书，次日答复 *E* 站，称托运人与该站签订了承责证明，该批货物系站内对装，如出现短少、湿损、霉变均由托运人承担，铁路不予承责，卷退 *E* 站。

E 站查阅沿途超偏载数据显示货物重量分别为：*A* 站货票记载 60 t（1 200 件，件重 50 kg）；*B* 站（甲集团公司）59.8 t，*C* 站（乙集团公司）59.6 t；*D* 站（丙集团公司）57.3 t，*E* 站复衡 57.4 t。请回答：

（1）承运人是否应当承担赔偿责任？

（2）分析以上两站有无过错？

（提示：敞车装运苫盖铁路篷布货物发生损失）

4. *A* 站承运 *B* 站整车玉米一车，棚车，1 200 件，60 t，货物实际价格 15 万元。承运人装车，施封两枚，途中到达 *C* 货检站发现一侧无封，按规定补封电告上一货检站并抄发到站。到站卸见短少 25 件，另 100 件有不同程度湿损霉变，整理鉴定后损失 40 件。该案例由承运人承担赔偿责任。请回答：

（1）*B* 站货物损失处理人员应重点勘察哪些内容？

（2）如托运人没有办理保价运输，怎么赔偿？

（3）如托运人参加了保价运输，保额 5 万元，怎么赔偿？

（提示：棚车装运货物发生损失）

5. 20××年 3 月 10 日 *A* 站（直属站）发 *B* 站整车 1 车，车号 $C_{64K4625389}$，压榨机 4 件，木箱包装，运单号码 HBSA0766523 保价 100 万元，该车 3 月 14 日到达 *B* 站，3 月 15 日卸前检查运行前端，其中 1 件木箱包装一侧有一处破洞，检内货有明显被盗痕迹，且台面有多处磨伤和划痕，车内货物用铁线加固，初步估算货物损失已超过 10 万元，*B* 站于当日卸车。请根据上述情况，拍发一份“货物损失速报”。

（提示：货物损失速报格式）

6. 货运记录详情内容：*A* 站发 *B* 站批量快运板纸（棚车装运 60 件，重量 57 t，保价 20 万元）。该车卸检车门窗关闭良好，施封两枚有效。开启车门见内货有倾斜倒塌，即通知收货人会同卸车，卸见上货均外罩塑膜编织带捆缠木夹板包装。其中 13 件（规格 880 mm×1 230 mm）全部垮塌散盘，内货窜出，视内货均有不同程度的折皱变形及尘污；另有 19 件外罩塑膜及内货 1 侧各破约 25 mm×30 mm×1 mm ~ 30 mm×40 mm×2 mm 不等的新痕，并有不同程度的折皱变形及尘污（其中 16 件规格 880 mm×1 230 mm，3 件规格 846 mm×1 194 mm）该货车内自码 1 ~ 2 个高，损失件位于中部前端。具体损失待鉴定。

已知条件：

（1）全批货物 60 件实际价值 378 492 元其中 40 件规格 880 mm×1 230 mm，单价 6 900 元/t；20 件规格 846 mm×1 194 mm，单价 6 800 元/t。

（2）13 件规格 880 mm×1 230 mm 损坏重量 9 286.5 kg，19 件中，16 件规格 880 mm×1 230 mm 损坏重量 3 048 kg，3 件规格 846 mm×1 194 mm，损坏重量 510 kg。

（3）损坏纸张按废纸处理残值 12 844.5 kg×0.2 元/kg=2 568.9 元。

（4）中途站未发现有调车作业冲撞。

请帮助 *B* 站定责。做出货物损失鉴定书（格式见书中相关二维码内容，相关内容自行补充），计算出应赔偿给收货人的损失款额，按照权限应怎样办理赔偿？

项目十三综合测试参考答案请扫码观看

参考文献

[1] 左瑛. 铁路货运组织（第 2 版）[M]. 成都：西南交通大学出版社，2015.

[2] 戴实. 铁路货运组织（第 3 版）[M]. 北京：中国铁道出版社，2015.

[3] 孟维军. 铁路货运组织[M]. 北京：中国铁道出版社，2021.

[4] 韩梅，郎茂祥. 铁路货物运输（第 2 版）[M]. 北京：中国铁道出版社，2022.

[5] 李笑红. 铁路超重货物运输[M]. 北京：北京交通大学出版社，2017.

[6] 崔艳萍. 中欧班列实务[M]. 北京：中国铁道出版社，2019.

[7] 左瑛. 铁路一般条件货物运输组织[M]. 北京：北京交通大学出版社，2019.

[8] 苏桂莲. 铁路特殊条件货物运输组织[M]. 北京：北京交通大学出版社，2019.

[9] 杨浩. 铁路重载运输[M]. 北京：北京交通大学出版社，2010.

[10] 朱晓宁. 集装箱运输与多式联运[M]. 北京：中国铁道出版社，2016.

[11] 陈宜吉. 铁路货运组织[M]. 北京：中国铁道出版社，2010.

[12] 索占鸿，朱昌锋. 集装运输[M]. 北京：中国铁道出版社，2005.

[13] 蔡昱. 铁路货运组织（第 2 版）[M]. 成都：西南交通大学出版社，2020.

[14] 杨延梅，朱大鹏. 运输包装学[M]. 成都：西南交通大学出版社，2010.

[15]《铁路货运岗位作业培训教材》编委会. 铁路货运岗位作业培训系列教材[M]. 成都：西南交通大学出版社，2021.

[16] 郑全成. 运输与包装（第 3 版）[M]. 北京：北京交通大学出版社，2020.

[17] 中华人民共和国铁道部. 铁路货物运输规程[M]. 北京：中国铁道出版社，2004.

[18] 中国铁路总公司. 铁路货物装载加固规则[M]. 北京：中国铁道出版社，2015.

[19] 中国国家铁路集团有限公司. 铁路危险货物运输管理规则[M]. 北京：中国铁道出版社，2019.

[20] 中国铁路总公司. 铁路鲜活货物运输规则[M]. 北京：中国铁道出版社，2018.

[21] 中国铁路总公司. 铁路集装箱运输规则[M]. 北京：中国铁道出版社，2018.

[22] 中国铁路总公司. 铁路集装箱运输管理规则[M]. 北京：中国铁道出版社，2006.

[23] 中国国家铁路集团有限公司. 铁路货物损失处理规则[M].北京：中国铁道出版社，2019.

[24] 中华人民共和国铁道部. 铁路货物运输管理规则[M]. 北京：中国铁道出版社，2006.

[25] 中国铁路总公司. 铁路货物运价规则[M]. 北京：中国铁道出版社，2013.

[26] 中国铁路总公司. 铁路超限超重货物运输规则[M]. 北京：中国铁道出版社，2016.